2026학년도
중등임용 상업시험 대비

Ok teacher! 옥티의

상업임용 기출문제집

유경옥 편저

- 24개년(2002년~2025년) 기출문제 수록
- 상업과목 전 범위(경영, 무역, 회계, 금융) 완벽 해설
- 최신 교육과정 및 변경된 기준에 맞춰 문제 재구성 및 해설
- 강의 수강 시 타 자격사 기출 경향 함께 제공
- 카페 [상업임용 옥티]에 접속해 도서 구매 인증 시 임용 키워드모음집 증정

dm 동문사

저자의 말

안녕하세요, 상업임용시험을 준비하는 선생님들과 함께 하는 옥티(Ok Teacher) 유경옥입니다. 우선, 이 책의 첫 페이지를 열어주셔서 진심으로 감사합니다.

이 기출문제집은 단순한 학습 자료를 넘어, 상업교육의 오랜 역사와 미래를 담아내고자 하는 저의 간절한 바람이 담겨 있습니다. 지난 2002년부터 2025년까지의 방대한 기출문제를 수록하며, 단순히 답을 제시하는 것을 넘어 시대의 흐름과 맞지 않거나 현재의 교육과정 및 기준에 부합하지 않는 문항은 과감하게 재구성하고, 현재 기준에 맞는 답을 제시하여 혼란 없이 학습에 집중할 수 있도록 하였습니다.

저 또한 상업임용시험을 치렀던 수험생이었고, 10년간 교직에 몸담았던 교사였습니다. 그렇기에 선생님들이 겪는 시험 준비의 어려움과 교직에 대한 간절함을 누구보다 깊이 이해하고 있습니다. 교직 경험의 유무, 경력의 길이에 관계없이 '상업과목'에 대한 뜨거운 열정으로 이 길을 선택하신 모든 선생님들께 깊은 존경을 표합니다.

상업임용시험을 연구하고 강의할수록, 우리 상업과목이 얼마나 깊고 넓은 학문인지 새삼 깨닫습니다. 결코 쉬운 길이 아니기에 저 역시 이 과정을 통해 늘 배우고 성장하고 있습니다. 선생님들의 합격을 위한 든든한 조력자로서, 이 방대한 지식의 바다를 함께 항해하며 최적의 길을 안내하고자 합니다.

이 책은 상업과목 전 범위에 대한 깊이 있는 분석과 해설을 담고 있습니다. 강의 현장에서 얻은 통찰을 바탕으로, 선생님들의 학습에 실질적인 도움이 될 수 있도록 빈틈없는 대비를 돕고자 최선을 다했습니다.

저를 믿고 이 책을 선택해주신 모든 선생님들께 다시 한번 감사드립니다. 여러분의 합격이라는 간절한 꿈이 현실이 될 수 있도록, 옥티는 앞으로도 꾸준히 연구하고 강의하며 여러분의 길을 밝히겠습니다. 나아가 이 책이 상업교육 자체의 가치를 높이고, 상업임용의 성장과 부흥에 기여하는 작은 불씨가 되기를 진심으로 바랍니다.

선생님들의 빛나는 미래를 응원하며,
유경옥 올림.

※ 제시된 통계는 본 서에 수록된 기출문제의 출제 경향을 분석한 통계 자료입니다.
※ 둘 이상의 이론이 복합적으로 출제된 문항은 출제 비중이 높은 분야로 분류하였습니다.

제1장 경영/경제

영역 연도	경제활동과 상업	경영 관리·인사조직·전략	ERP	유통·물류·생산관리	마케팅	계
2025	2	2	1		1	6
2024	1	3		1		5
2023	1	2			1	4
2022	3	2	1		2	8
2021	1	1	2	2	1	7
2020		2		2	1	5
2019						
2018	1	2		2	1	6
2017		2	1	2	1	6
2016		2		2	2	6
2015	1	1		1	1	4
2014	1	3			2	6
2013	1	4		1	2	8
2012						
2011						
2010	1	2	1	1	3	8
2009	1	2	1	2	3	9
2008		2	1	2		5
2007		2			1	3
2006		3				3
2005		1		2	1	4
2004		3				3
2003		1		1	1	3
2002		1			1	2
계	14	43	8	21	25	111

제2장 무역

영역 연도	무역총론	무역계약 및 무역거래조건	국제운송 및 해상보험	무역서류 및 비즈니스	계
2025	2	2	1		5
2024		2	1		3
2023	3	2			5
2022	1	1	1		3
2021	3	1		1	5
2020		2	1		3
2019					
2018		2	1		3
2017	1	3			4
2016	2	1		1	4
2015		2			2
2014		2	1	1	4
2013	2	2		2	6
2012					
2011					
2010		2		2	4
2009	1	1		3	5
2008	1	1			2
2007	1	1			2
2006		2			2
2005	2	2		1	5
2004		2		1	3
2003	1				1
2002	1	2			3
계	21	35	6	12	74

제3장 회계

영역 연도	기준서	회계 순환	현금 및 매출 채권	금융 자산	재고 자산	유형 자산	기타 자산	부채	자본	포괄 손익 계산서	현금 흐름표	재무 비율	회계 변경	세무 회계	원가 관리 회계	계
2025		1					1		1			2	1	1	1	8
2024	1				1	1					1			2	1	7
2023			1				1					1		2	2	7
2022					1			1		1				1	2	6
2021					1	1						1		1		4
2020					1		1	1				1			1	5
2019																
2018	1				1				1						2	5
2017	1						1			2						4
2016				1	1	1	1									4
2015		1	1								1	1				4
2014		1	1							1					1	4
2013	1		1		1						1	1	1		1	7
2012																
2011																
2010		1			1	1		2			1	1			2	9
2009					1				1		1	2	1		1	7
2008		1		1		1				1					2	6
2007		1						2			1	1				5
2006	1	1		1		1									1	5
2005		3									1				1	5
2004		1			1	1									2	5
2003		2										1			1	4
2002			1					1		1		1			1	5
계	5	13	5	3	10	7	5	7	3	6	7	13	3	7	22	116

제4장 금융/재무관리

영역 연도	은행 및 통화정책	증권 및 투자	보험	계
2025				0
2024		1	1	2
2023		1		1
2022				0
2021	1			1
2020			1	1
2019				
2018				0
2017	1			1
2016				0
2015		1		1
2014	1		1	2
2013		1	1	2
2012				
2011				
2010		1		1
2009		1	1	2
2008	1			1
2007	1			1
2006		1		1
2005				0
2004	1			1
2003		1		1
2002				0
계	6	8	5	19

CONTENTS

PART 01 기출문제

PART 02 답안 및 풀이

CONTENTS

PART 01

기출문제

CHAPTER 01

경영/경제

제1절 경제 활동과 상업

01 다음의 (가)는 '상업 경제' 과목 수업 활동의 일부이며, (나)는 수업 시간에 배운 내용을 바탕으로 학생이 수업 중 작성한 학습지이다. 이를 이용하여 〈작성 방법〉에 따라 순서대로 서술하시오. [4점]

[2022 상업 임용]

(가)

교 사:	경제 활동의 주체는 가계, 기업, 정부, 외국으로 구분할 수 있습니다. 오늘 수업에서는 가계, 기업, 정부만을 대상으로 한 국민 경제 활동 순환에 대해 배우도록 하겠습니다.
학 생 들:	네!
교 사:	가계는 소비의 주체이고, 기업은 (㉠)의 주체이며, 정부는 재정의 주체입니다.
학 생 A:	선생님, 경제 주체는 무엇을 제공하고 어떤 대가를 받는지를 구체적으로 알고 싶습니다.
교 사:	가계는 기업에게 노동을 제공하고 임금을 받습니다. 각 경제 주체가 다른 경제 주체에게 무엇을 제공하고 어떤 대가를 받는지를 모둠별로 조사한 후, 알아보기 쉽게 그림으로 정리해 보세요.

(나)

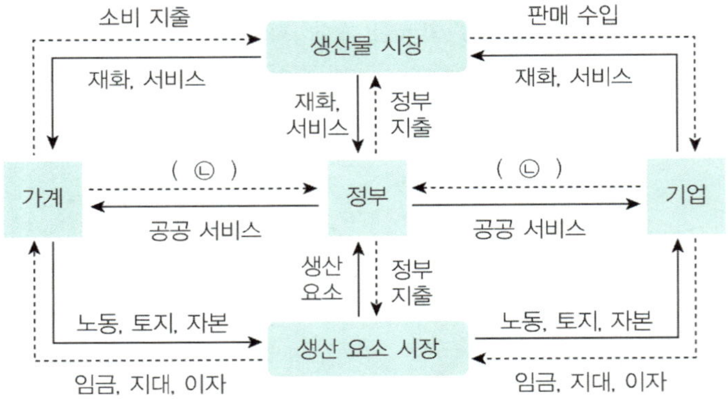

〈작성 방법〉

○ 괄호 안의 ㉠, ㉡에 들어갈 용어를 순서대로 쓸 것.

○ (나)의 실선 화살표와 점선 화살표가 무엇을 의미하는지를 각각 서술할 것.

02 다음의 (가)는 X재와 Y재 사이, X재와 Z재 사이의 연관재에 관한 설명이고, (나)는 Y재 개별 시장의 가격 변화에 따른 수요량과 공급량의 관계이다. 〈조건〉을 고려하여 〈작성 방법〉에 따라 순서대로 서술하시오. [4점] [2023 상업 임용]

(가)

> X재 가격이 상승함에 따라 Y재의 수요량이 증가하고, Z재의 수요량은 감소한다. 반면, X재 가격이 하락함에 따라 Y재는 수요량이 감소하고, Z재는 수요량이 증가한다. (단, X, Y, Z재는 수요와 공급의 법칙을 따르며, 각 재화의 수요와 공급 곡선은 모두 직선이다.)

(나)

〈Y재 시장〉

가격(원)	수요량(개)	공급량(개)
80	1,200	800
90	1,100	900
100	1,000	1,000
110	900	1,100
120	800	1,200

• ㉠X재 가격이 20원 하락했을 때, Y재의 수요량이 모든 가격 수준에서 200개씩 감소한다.

〈조건〉

ㅇ X재 가격 변화에 따라 Y재 시장의 공급량은 모든 가격 수준에서 (나)에 제시된 표와 동일하다고 가정할 것.

〈작성 방법〉

ㅇ (가)에서 X재와 Y재 사이, X재와 Z재 사이의 연관재의 종류를 순서대로 쓸 것.
ㅇ (나)의 밑줄 친 ㉠의 경우, Y재 시장의 새로운 균형 거래량을 쓰고, 그 계산 과정을 (가)의 X재 관계와 관련하여 서술할 것.

03 다음 〈자료〉를 읽고, 〈작성 방법〉에 따라 순서대로 서술하시오. [4점] [2024 상업 임용]

〈자료〉

 〈모나리자〉 레오나르도 다빈치 (루브르 박물관 소장)	이 작품은 프랑스 파리의 루브르 박물관에서 소장하고 있는 진본(眞本)으로, 16세기 화가였던 레오나르도 다빈치가 그린 인물화이다. 해당 작품이 시장에서 거래된다고 가정해 보면, 재화의 생산자인 다빈치가 사망하여 이와 동일한 그림은 더 이상 생산될 수 없다. 따라서 이 그림의 (㉠)량은 고정되어 있기 때문에 (㉠)의 가격 탄력성은 (㉡)(이)라고 할 수 있다.

〈작성 방법〉

- 괄호 안의 ㉠에 공통으로 해당하는 용어를 쓸 것.
- 괄호 안의 ㉡에 해당하는 용어를 쓸 것.
- 밑줄 친 내용을 그래프로 작성할 것. (단, x축은 수량(Q)으로 표시하고 y축은 가격(P)으로 표시하며, 작성한 그래프가 수요곡선인 경우에는 D, 공급곡선인 경우에는 S로 표시하여 작성할 것.)

04 다음은 여행을 준비하는 두 학생의 대화이다. 이를 이용하여 〈작성 방법〉에 따라 순서대로 서술하시오. [4점] [2022 상업 임용]

학생 A :	방학이 시작되면 3일 동안 국내 여행을 가는 건 어때?
학생 B :	좋지. 그런데 나는 그 기간에 마트에서 아르바이트할 예정이야. 거기서 하루에 8만 원씩 준대.
학생 A :	그래? 나는 이번 방학에 아르바이트할 계획은 없어. 우리 같이 여행 가자. 너 여행 가는 거 좋아하잖아?
학생 B :	물론 좋아하지. 여행 경비는 얼마 정도 들까?
학생 A :	여행사를 운영하는 우리 삼촌을 통해 알아봤는데 3일 동안의 여행 경비는 1인당 10만 원이면 충분하대. 하지만 만족감은 그보다 더 클 거야.
학생 B :	그 정도면 괜찮네. 나는 여행을 좋아해서 3일 동안 여행 가는 즐거움을 돈으로 환산하면 30만 원 가치는 될 거야.
학생 A :	그래. 우리 같이 여행 가자!
학생 B :	음… 생각 좀 해 볼게,

〈작성 방법〉

- ㅇ 대화 장면에 제시된 내용만 고려할 것.
- ㅇ 3일 동안 여행 가는 것에 대해 학생 A 입장에서의 명시적 비용과 학생 B 입장에서의 기회비용을 쓸 것.
- ㅇ 금전적인 측면만을 고려할 때, 학생 B가 3일 동안 여행 가는 것이 합리적인 선택인지를 쓰고, 그 이유를 기회비용의 개념을 활용하여 서술할 것.

05 다음은 '상업 경제' 과목의 수업 장면이다. 이를 이용하여 〈작성 방법〉에 따라 순서대로 서술하시오. [4점]

[2021 상업 임용]

교　사: 오늘은 경제 원칙에 대해서 배웠는데 사례를 활용하여 질의 응답하는 시간을 가져 볼게요. 다음 표를 참고하여 답해 보세요.

학생들: 네!

〈경제 원칙에 따른 상품의 선택〉

상품 / 상점	P 휴대폰		Q 휴대폰	
	가격(천원)	효용	가격(천원)	효용
A 상점	800	1,000	800	1,100
B 상점	900	1,000	900	1,100

교　사: 먼저, 최대 효과의 원칙을 적용할 때 구입할 휴대폰은 무엇일까요?

학생 A: (㉠)입니다.

교　사: 정답입니다. 그러면 (㉠)을/를 어느 상점에서 구입해야 할까요?

학생 B: A 상점입니다.

교　사: 정확하게 대답했어요. 칭찬합니다. 그러면 (㉠)을/를 A 상점에서 구매할 때 적용된 경제 원칙은 무엇입니까?

학생 C: (㉡)입니다.

교　사: 훌륭합니다.

학생 D: 선생님! 질문이 있어요. 저는 이번에 받은 아르바이트 급여로 휴대폰도 사고 싶고 태블릿도 구입하고 싶어요. 둘 다 가지고 싶지만 제가 가지고 있는 돈으로는 둘 중 1가지만 구매할 수 있는데, 어떤 것을 구입해야 할지 모르겠어요.

교　사: 고민되겠군요. 돈이 한정된 상태니 더 필요한 물건을 먼저 구입하는 것이 어떨까요?

학생 D: 아! 그럼 저는 휴대폰을 구입해야겠어요.

교　사: 휴대폰을 선택하고, 태블릿 구매를 포기하였군요. 이렇게 한정된 자원에서 휴대폰을 선택하는 데 따르는 대가로 태블릿을 포기하는 것을 (㉢)(이)라고 합니다.

〈작성 방법〉

- 괄호 안의 ㉠에 공통으로 들어갈 상품명을 쓸 것.
- 괄호 안의 ㉡에 들어갈 원칙을 제시하고, 그 이유를 서술할 것(단, 구매 예산의 한도는 고려하지 않음).
- 괄호 안의 ㉢에 들어갈 용어를 쓸 것

06 (가), (나)에 해당하는 상인 보조자가 갖는 공통적인 특징은? [2점] [2009 상업 임용]

(가) 특정한 상인에 종속하여 경영상의 노무에 종사하는 자 (나) 일정한 상인을 위하여 독립적인 지위에서 상시 그 영업 부류에 속하는 거래의 대리 또는 중개를 하는 자

① 법적 지위는 상인이다.
② 경업 금지 의무가 있다.
③ 고정적인 급료를 받는다.
④ 자연인과 법인 모두 가능하다.
⑤ 고용 계약 관계를 가지고 있다.

07 다음의 대리점 직원 채용 공고에 나타난 보조 상인이 지켜야 할 의무가 무엇인지 쓰시오. [2점]
[2014 상업 임용]

직원 채용 공고 ○○자동차(주)와 대리점 계약을 체결하여 충실히 사업체를 운영하고 있는 대리점입니다. 이번에 사업 확장으로 인해 관련 분야 경력직 사원을 다음과 같이 모집하고 있습니다. ▸ 모집 부문 : 영업직 ▸ 자격 조건 : 관련 분야 2년 이상 근무 경력자 ▸ 보수 : 기본급 1,200만 원 + 성과급 (4대 보험 포함) ▸ 접수처 : △△대리점 총무부 ○○자동차(주) △△대리점

08 다음은 '상업 경제' 과목의 체험 학습 보고서의 일부이다. ( ) 안에 들어갈 내용을 쓰시오. [2점]
[2015 상업 임용]

체험 학습 보고서 주제 : 보조 상인에 대한 조사 ○○지역에 있는 보조 상인에 대해 다음과 같이 조사하였다. ▸ 조사 대상 : △△상인 ▸ 역할 : 타인에게 물품을 위탁받아 매매하고, 그 대가로 수수료를 받는 상인이다. ▸ 거래 대상 : 불특정 다수 ▸ 거래 명의 : (   ) ▸ 수 수 료 : 위탁자

09 다음은 상업 경제 과목의 수업 장면이다. 괄호 안의 ㉠, ㉡에 들어갈 내용을 순서대로 쓰시오. (단, 2015. 12. 1. 공표된 상법을 근거로 함.) [2점] [2018 상업 임용]

> 교　　사: 국가법령정보센터 홈페이지에서 상법을 검색해서 대리상의 경업 금지 의무를 찾아보세요.
> 학 생 A: 그런데 경업 금지 의무는 보조 상인이 아니라 (㉠)에 있어요.
> 교　　사: 스크롤을 내리면 대리상에서도 찾을 수 있어요.
>
> …(중략)…
>
> 교　　사: 이번 수업 시간에 알게 된 내용을 정리해 보세요.
> 학 생 B: 상법을 통해서 위탁자가 지정한 가격보다 더 비싼 가격으로 팔면, 그 차액은 다른 약정이 없는 한 (㉡)의 이익이 된다는 것도 알게 되었어요.

10 그림은 상법상의 상인, 보조 상인, 거래 상대방 간의 상행위를 나타낸 것이다. 이에 대한 설명으로 옳은 것은? [2점] [2010 상업 임용]

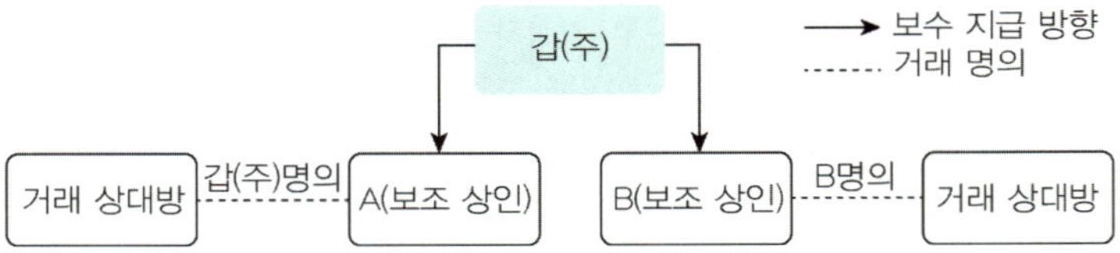

① A는 자신이 매매가를 결정한다.
② A는 대리상이고 B는 중개상이다.
③ B는 갑(주)에 대하여 경업피지 의무를 가진다.
④ A와 B는 갑(주)에 대하여 보수청구권을 가진다.
⑤ B가 다른 거래 상대방과 거래하려면 갑(주)의 동의가 있어야 한다.

11 다음은 잠재적인 소비자의 지불용의(의사)에 관한 내용이다. 괄호 안의 ㉠에 들어갈 용어와 괄호 안의 ㉡에 들어갈 수치를 순서대로 쓰시오. [2점]

[2025 상업 임용]

> 특정 재화에 대해 소비자가 지불하고자 하는 최대 금액을 지불용의(의사)라고 한다. 지불용의(의사)는 소비자가 특정 재화에 얼마나 가치를 부여하는지를 나타낸다. 그리고 소비자의 지불용의(의사)에서 시장가격을 뺀 금액을 (㉠)(이)라고 한다.
>
> X재 시장에 이 재화를 구매하려는 잠재적인 소비자 A, B, C, D, E가 있다. 다섯 사람의 X재에 대한 지불용의(의사)는 아래 〈표〉와 같다. 이들은 자신의 지불용의(의사)가 시장가격보다 작지 않을 때 X재를 구매한다.
>
> 만약, X재의 시장가격이 50원이라면, 다섯 사람에게 발생하는 (㉠)의 총금액은 (㉡)원이다.
>
> 〈표〉

잠재적인 소비자	A	B	C	D	E
지불용의(의사)	100원	40원	80원	50원	70원

12 다음은 환경 관련 국제 협약에 관한 내용이다. 이에 해당하는 국제 협약으로 옳은 것은? [2점]

[2013 상업 임용]

> • 1989년에 채택되어 1992년에 발효되었다.
> • 우리나라는 1994년에 가입하였다.
> • 협약의 목적은 유해 폐기물의 국가 간 불법 이동에 따른 지구 규모의 환경오염 방지와 개발 도상국의 환경 친화 사업을 지원하기 위한 것이다.

① 빈 협약
② 바젤 협약
③ 람사르 협약
④ 기후 변화 협약
⑤ 생물 다양성 보존 협약

13 다음은 독점에 대해 학생이 정리한 노트이다. 이를 이용하여 〈작성 방법〉에 따라 순서대로 서술하시오. [4점] [2022 상업 임용]

○ 독점의 정의 : 어떤 재화나 서비스의 (㉠)이/가 단일 기업에 의해 이루어지는 시장 조직 형태
○ 독점의 생성 원인
- (㉡)
  - 기업이 생산 규모를 확대함에 따라 생산비가 낮아지는 경우
- 특허권
  - 어떤 기업이 특허법에 의해 독점권을 부여받는 경우
- 생산 요소의 독점
  - 생산에 필요한 원료를 어느 한 기업이 독점하고 있는 경우

○ 독점 기업의 단기 균형

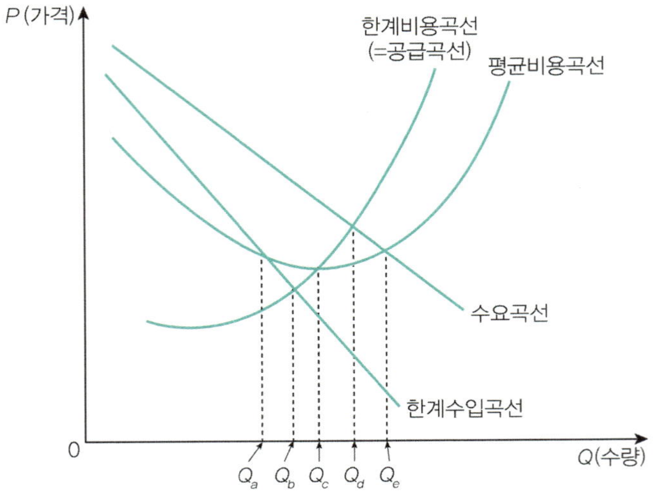

[그림] 독점 기업의 단기 균형

- 독점 기업의 이윤 극대화 생산 수준은 [그림]의 Q_a~Q_e 중 (㉢)에서 결정됨.

〈작성 방법〉

○ 괄호 안의 ㉠, ㉡에 들어갈 용어를 순서대로 쓸 것.
○ 괄호 안의 ㉢에 들어갈 지점을 쓰고, 그 이유를 서술할 것.

14 다음의 (가), (나)는 자연독점기업의 가격 및 생산량에 관한 내용이다. 〈작성 방법〉에 따라 순서대로 서술하시오. [4점] [2025 상업 임용]

(가)

> 경쟁시장에서의 기업과 달리 자연독점기업은 스스로 가격을 설정하여 자신의 이윤을 극대화한다. 이에 따라 경쟁적 시장과 비교해서 자연독점기업이 생산하는 재화 및 서비스는 가격이 높고 생산량이 적다. 이 문제를 해결하기 위한 정부 정책으로 다음의 세 가지를 생각할 수 있다.
>
> 첫째, 정부가 자연독점기업이 생산하는 재화 및 서비스의 가격을 (㉠)비용으로 통제할 수 있다. 이렇게 하면 자연독점기업의 이윤은 영(0)이 되지만 경쟁적 시장과 비교해서 여전히 가격은 높고 생산량이 적다.
>
> 둘째, 정부가 자연독점기업이 생산하는 재화 및 서비스의 가격을 (㉡)비용으로 통제하는 것이 가능하다. 이때는 자연독점기업의 가격, 생산량이 경쟁적 시장에서의 가격, 생산량과 같아진다. 다만, 자연독점기업은 이윤이 마이너스(-)가 된다.
>
> 셋째, 정부가 재화나 서비스를 직접 생산하여 무상(無償)으로 공급할 수 있다. 이 경우 생산량은 최대가 되지만 손실도 가장 크다.

(나)

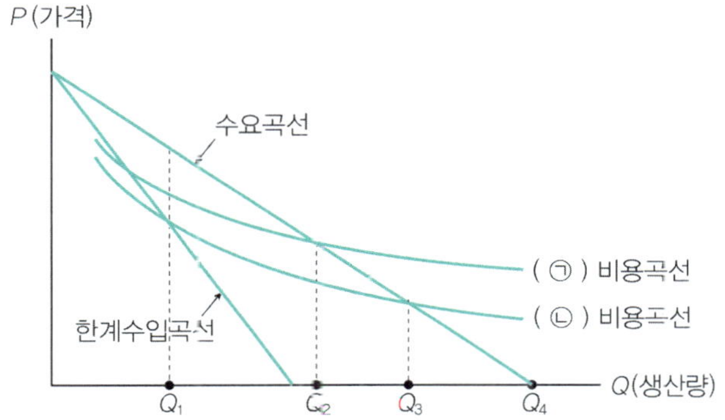

[그림] 자연독점기업의 생산량

〈작성 방법〉

○ (가), (나)에서 괄호 안의 ㉠에 해당하는 용어를 쓸 것.

○ (가), (나)에서 괄호 안의 ㉡에 해당하는 용어를 쓸 것.

○ 사회 전체적으로 가장 효율적인 생산량은 (나)의 $Q_1 \sim Q_4$ 중 어디인지 쓰고, 그 이유를 서술할 것.

제2절 경영의 기초와 경영 환경

01 다음은 세 회사의 경영 현황에 관한 내용이다. (가), (나), (다)에 해당하는 경영관리 기법 명을 쓰시오. [3점] [2006 상업 임용]

> (가) W사는 요즈음 이탈 고객이 급격히 늘어나 고민하고 있다. 신규 고객을 확보하는 비용보다 이탈 고객을 유지하는 비용이 저렴하다. 따라서 잠재 고객 활성화, 신규 고객 확보, 우수 고객의 충성도 향상, 고객 맞춤 서비스 등의 전략이 필요하다. 이에 기획실에서는 멤버십카드를 발행하여 평생 고객 가치를 극대화하고, 고객 관리를 위한 정보 · 사내 프로세스 · 전략 · 조직 등의 관리 체계를 구축하는 데 인터넷과 데이터 마이닝 통계 기법을 비롯한 정보 기술이 필요한 경영관리 기법을 도입하기로 하였다.
>
> (나) X사의 CEO는 고객 이탈률과 판매 현황, 현금 흐름 등의 자료를 해당 부서에 요청하였다. 그러나 자료 수합에 많은 시간이 소요되어 적시에 생산 계획을 수립하지 못했다. 이에 기획실에서는 사내의 모든 정보 흐름을 체계화하여 모든 임직원들이 관련 정보를 공유하여 업무 처리 속도가 빠르고 투명하게 하기 위해 구매, 자재, 생산, 영업, 회계, 인사 부서의 모든 경영자원들을 하나로 통합 관리하는 경영관리 기법을 도입하기로 하였다.
>
> (다) Y사는 인당 연평균 1,000만 원의 인적자원개발비를 투자하여 왔다. 그러나 이러한 교육 결과의 지식이 사내에 활용되지 않고 개개인에게서 사장되는 문제점이 있다. 이에 기획실에서는 구성원 각자가 알고 있는 노하우, 경험, 지식 등을 체계화하고 서로가 공유하여 기업 경쟁력을 향상시키는 경영관리 기법을 도입하기로 하였다.

02 다음은 경영혁신기법에 관한 설명이다. 각 항의 설명에 알맞은 경영혁신기법을 쓰시오. [3점] [2004 상업 임용]

> (가) 기업은 조직의 핵심 역량집중, 외부의 전문성 활용, 경비절감 등을 통해 경영의 유연성과 효율성을 높이기 위하여 특정 업무를 외부의 전문기업에 위탁 운영한다.
>
> (나) 어느 특정한 분야에서 가장 우수한 성과를 내고 있는 다른 기업의 독특한 기법을 배워 자기혁신을 도모한다.
>
> (다) 기업이 기존업무의 역할과 수행방법을 근본적으로 재검토한 후, 새로운 방식으로 설계하여 업무를 처리함으로써 경영효과를 개선한다.

03 최근 급변하는 경영 환경에 따라, 기업은 생존 차원에서 새로운 경영혁신기법들을 도입하고 있다. (가), (나), (다)에서 설명하고 있는 각각의 기법을 쓰시오. [3점] [2008 상업 임용]

(가) 기업이 구매, 생산, 물류, 판매, 인사, 회계 등을 각각 별도의 시스템으로 구축하여 운영하던 것을 하나의 통합된 시스템으로 구축하여 운영함으로써 경영 자원을 좀 더 효율적으로 관리하는 경영혁신기법이다. (나) 조직의 중간 관리층과 계층구조 등을 슬림화하고 불필요한 인력을 줄이는 등의 방법으로 조직 규모를 축소시킴으로써, 경비 절감은 물론 원활한 의사소통과 신속한 의사결정을 가능하게 하는 경영혁신기법이다. (다) 급변하는 기업 환경에 대응하여 미래의 비전 달성과 경쟁력을 확보하기 위해 혁신적인 방법으로 사업 구조를 바꾸어 나가거나 재구축하는 경영혁신기법이다.

04 다음은 컴퓨터 관련 제품 및 서비스를 구입하는 고객에게 대출 서비스를 제공하는 ○○금융 회사의 문제 해결 사례이다. 이에 적용된 경영 혁신 기법으로 가장 적절한 것은? [2.5점] [2013 상업 임용]

○○금융 회사의 영업 사원이 고객의 제품 구입 대출과 관련하여 전화를 받아 업무를 처리하는 과정에 소요되는 기간은 평균 6일에서 14일까지였다. 이와 같이 처리 기간이 길어 다른 금융 회사로 이동하는 고객의 수가 증가하였다. 따라서 ○○금융 회사는 이 과정을 분석한 결과, 실제 업무 수행에 투입되는 시간은 90분에 불과하였으나, 부서 간 업무 전달이 비효율적으로 이루어지기 때문에 업무 처리 기간이 6일 이상 소요된다는 점을 발견하였다. 문제는 개인의 생산성이 아니라 대출 승인 프로세스의 구조 자체에 있었다. 이 문제를 해결하기 위하여 기존의 부문별 전문가들이 7단계로 처리하던 업무를 한 사람의 종합 업무 담당자로 교체하여 대출 승인 업무를 처음부터 끝까지 담당하여 처리하도록 하였다. 그 결과 6일 이상이 소요되던 대출 승인 업무 처리 기간을 4시간으로 줄일 수 있었다. - 홍일유, 『디지털 기업을 위한 경영 정보 시스템』-

① 6시그마
② 아웃소싱
③ 벤치마킹
④ 전략적 제휴
⑤ 리엔지니어링

05 그림은 소유와 경영의 분리 정도를 기준으로 구분한 경영자 유형이다. (가), (나)에 대한 설명으로 옳은 것을 〈보기〉에서 고른 것은? [1.5점] [2013 상업 임용]

(가) : 소유와 경영의 미분리

⬇

고용 경영자: 소유와 경영의 형식적(또는 부분적) 분리

⬇

(나) : 소유와 경영의 실질적(또는 완전한) 분리

〈보기〉

ㄱ. (가)는 개인의 이익과 회사의 이익을 혼동할 수 있다.
ㄴ. 고용 경영자는 (가)보다 경영에 관한 의사결정 권한이 많다.
ㄷ. (나)는 소유자로부터 출자 기능을 제외한 모든 경영권을 위임받아 경영 활동을 주관한다.
ㄹ. 기업이 대규모화하고 기업 활동이 고도로 복잡해짐에 따라 (나)보다 (가)의 수가 증가한다.

06 (가)~(다)의 내용에 해당하는 경영자의 유형에 관한 설명으로 옳은 것을 〈보기〉에서 고른 것은? [2점] [2009 상업 임용]

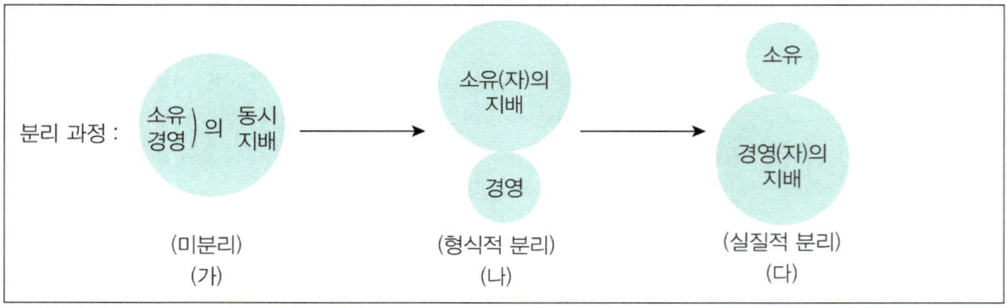

〈보기〉

ㄱ. (가)는 경영 방법이 복잡한 기업에서 많이 보게 된다.
ㄴ. (나)는 기업의 소유주로부터 약정한 급여를 받고 위임받은 경영 활동을 담당한다.
ㄷ. (다)는 전문적 지식과 기술을 지니고 있으며, 일반적으로 대규모 주식회사에서 많이 보게 된다.
ㄹ. (다)는 혁신 또는 위험 부담 등에 대한 독자적 의사결정 권한과 출자 의무를 가진다.

07 기업이 채무를 다 상환하지 못하는 경우, 출자자가 부담하는 채무의 범위에는 유한책임과 무한책임이 있다. 우리나라 상법에 규정하고 있는 회사기업의 종류를 제시하고, 각 회사기업의 출자자가 부담하는 채무의 범위를 쓰시오. [5점] [2004 상업 임용 변형]

	회사기업의 종류	채무의 범위
①		
②		
③		
④		
⑤		

08 다음은 기업 설립에 관한 그림이다. 이 그림을 이용하여 〈작성 방법〉에 따라 순서대로 서술하시오. [4점] [2020 상업 임용]

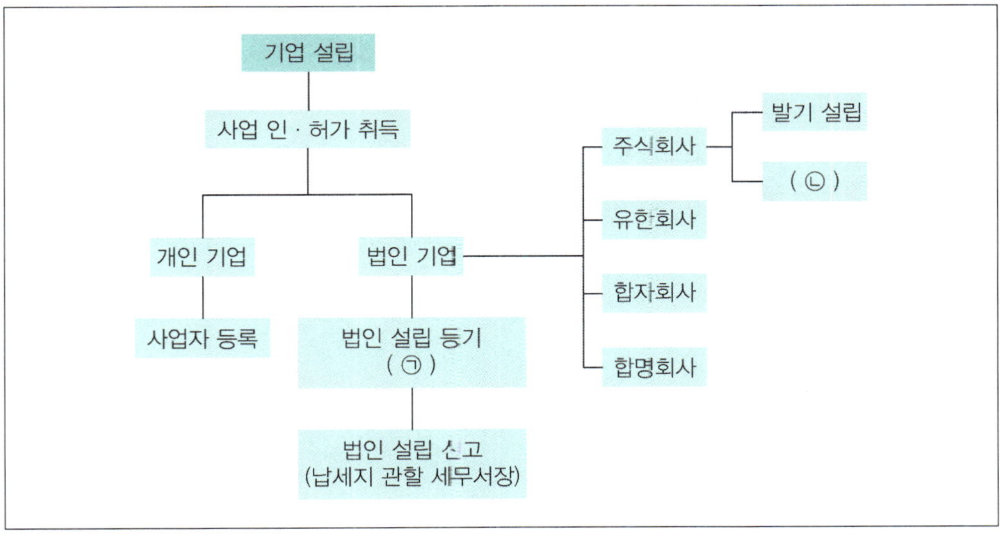

〈작성 방법〉

○ 괄호 안의 ㉠에 들어갈 법인 설립 시의 등기 기관을 제시할 것.
○ 설립 방법과 관련하여 괄호 안의 ㉡에 들어갈 용어를 제시할 것.
○ 합자회사와 합명회사의 책임사원 구성에 대하여 각각 서술할 것.

09 다음은 '창업 일반' 과목의 수업 장면이다. (　　　) 안에 들어갈 용어를 쓰시오. [2점]

[2015 상업 임용]

> **수업 주제: 주식회사의 설립**
>
> 교사: 주식회사를 설립하기 위해서는 발기인을 구성해야 합니다. 또한 주식회사의 조직과 활동에 관한 기본 규칙을 확정하여 기재하고 발기인 전원이 기명 날인 또는 서명을 하는 문서가 중요합니다. 이것을 무엇이라고 합니까?
> 학생: 제가 조사해보니 (　　　)(이)라고 합니다.
> 교사: 맞습니다.

10 다음은 창업 일반 과목의 수업에서 교사와 학생들이 나눈 대화이다. 괄호 안의 ㉠, ㉡ 각각에 공통으로 들어갈 용어를 순서대로 쓰시오. [2점]

[2018 상업 임용]

> 교　사: 창업을 하기 위해서는 창업의 3요소가 필요합니다. 창업 시 필요한 3요소는 무엇일까요?
> 학 생 A: 창업을 위해선 우선 (㉠)이/가 필요합니다.
> 학 생 B: 창업 아이템(기술)이 필요합니다.
> 학 생 C: 창업을 위한 (㉡)이/가 필요합니다.
> 교　사: 네. 창업의 3요소는 (㉠)와/과 창업 아이템(기술), 그리고 (㉡)이/가 필요하지요.

11 다음은 기업 집중(business concentration)의 2가지 형태와 그 특징을 나타낸 것이다. 이를 이용하여 (가), (나)에 해당하는 기업 집중 형태를 순서대로 쓰시오. [2점] [2020 상업 임용]

구분	(가)	(나)
형태	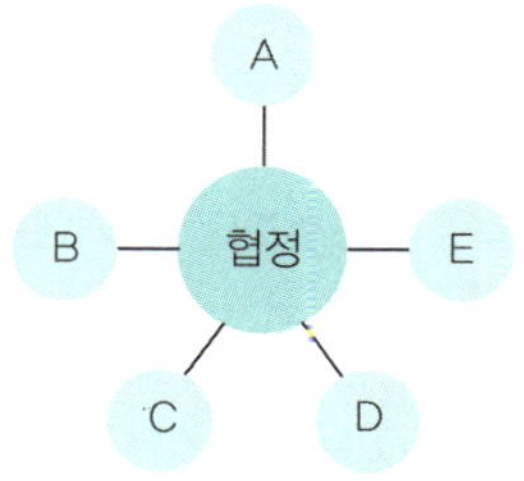	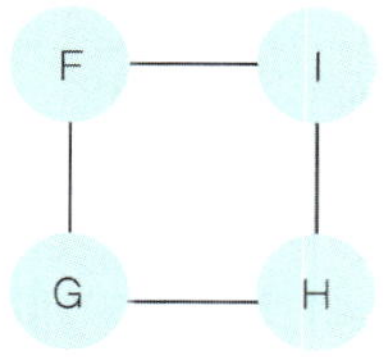
	A, B, C, D, E는 각각 독립기업	F, G, H, I는 비독립기업
특징	• 법률적, 경제적으로 독립성 유지 • 내부 간섭 배제 • 다수결에 의한 의사결정 • 계약에 의한 결합체	• 법률적, 경제적으로 독립성 상실 • 강력한 내부 간섭 • 독점적 기업지배 • 동종 · 이종 기업 간 결합

12 다음 각 항의 설명에 알맞은 기업의 사회적 책임에 대한 유형을 쓰시오. [3점] [2003 상업 임용]

> ① 주주, 소비자, 거래처, 정부기관, 지역사회 등의 요구를 잘 조정하여야 한다.
> ② 지역주민의 고용증대와 소득 향상에 기여하며, 장학재단의 설립, 병원 건설, 자선단체에 대한 기부를 하여야 한다.
> ③ 기업은 지속적으로 유지 · 발전하여야 하며, 이를 위해서는 적정이윤이 확보될 수 있도록 효율적인 경영을 하여야 한다.

13 다음은 '기업과 경영' 과목 수업에서 교사가 설명한 내용이다. 괄호 안의 ㉠, ㉡에 각각 공통으로 해당하는 용어를 순서대로 쓰시오. [2점] [2023 상업 임용]

> 윤리는 일반적으로 개인 또는 집단의 의사결정이나 행동이 옳은지 잘못되었는지를 구분해 주는 가치 판단의 기준 체계를 의미합니다. 이런 관점에서 기업 윤리는 기업의 경영 활동에서 나타나는 행동의 옳고 그름 또는 선악을 구분해 주는 도덕적 가치나 규범적 판단 기준과 관련된 의사 결정 기준이라고 정의할 수 있겠지요.
>
> 그렇다면 경영자는 어떠한 윤리에 근거하여 의사결정을 할까요? 여기에는 다양한 관점이나 접근법이 있겠지만, 우리가 첫 번째로 살펴볼 기업 윤리와 관련된 철학은 (㉠)입니다. (㉠)의 목표는 '최대 다수의 최대 행복'이며, 벤덤(J. Bentham)과 밀(J. Mill)에 의해 체계화되었지요. 이는 과거에서 현재까지 정치, 경제, 공공 정책 등에 많은 영향을 미쳤다고 평가받고 있습니다.
>
> …(중략)…
>
> 현대 사회에서 기업 윤리의 필요성이 더욱 강조된 것은 기업의 (㉡)와/과 밀접한 관련이 있어요. 기업의 (㉡)은/는 경제 사회에서 하나의 기업 시민으로서 자사의 이익은 물론 사회 전체의 복지 증진을 위해 바람직한 의사 결정과 행동을 수행해야 하는 의무를 뜻합니다. 그 이유는 기업이 이해관계자 또는 경영 환경과 지속적으로 상호작용하는 개방 시스템이므로 기업이 성장 및 발전하는 과정에서 야기하는 사회적 손실을 사회에 환원해야 하는 의무가 발생하기 때문이지요.
>
> 최근에는 기업의 (㉡) 활동이 'ESG 경영'이라는 개념을 통해 더욱 확산되고 있습니다. 따라서 기업이 지속 가능한 경쟁 우위를 창출하기 위해서는 기업 윤리와 기업의 (㉡)에 대한 인식 제고가 필수적이라 할 수 있어요. 미래 경영자인 여러분들도 그 중요성에 대해 앞으로 더 많은 관심을 가지기 바랍니다.

14 다음은 ○○상업고등학교의 신규 교사와 수석 교사가 나눈 대화이다. 〈작성 방법〉에 따라 순서대로 서술하시오. [4점] [2025 상업 임용]

> 신규 교사: 학습 영역의 학습 요소에 ESG 경영이 새롭게 추가되었네요.
>
> 수석 교사: 맞습니다. ESG 경영은 재무적 성과 외에 비재무적 성과도 기업 가치를 구분 짓는 주요한 잣대가 된다는 내용입니다. ESG는 '환경(Environmental)', '사회 (Social)', '(㉢)'의 영어 단어 첫 알파벳을 딴 용어로, 2004년 UN 보고서에서 처음 사용되었지요. 그와 관련된 내용은 알고 계시죠?
>
> 신규 교사: 물론입니다. '환경'은 (㉣)을/를 주로 다룹니다. '사회'는 이해관계자, 지역사회, 주변 조직 등과 기업의 관계성을 주로 다룹니다. '(㉢)'은/는 기업이 환경과 사회 측면의 가치를 실현할 수 있도록 투명하고 신뢰도 높은 조직을 구축하는 것과 관련된 내용을 다룹니다.

〈작성 방법〉

- 괄호 안의 ㉢에 해당하는 용어를 쓰고, 괄호 안의 ㉣에 적합한 내용을 서술할 것.

제3절 경영 관리와 경영 전략

01 그림은 기업의 목표 달성을 위한 패욜(H. Fayol)의 경영 관리 순환 과정이다. (가)~(다)에 대한 설명으로 옳은 것만을 〈보기〉에서 있는 대로 고른 것은? [2점] [2013 상업 임용]

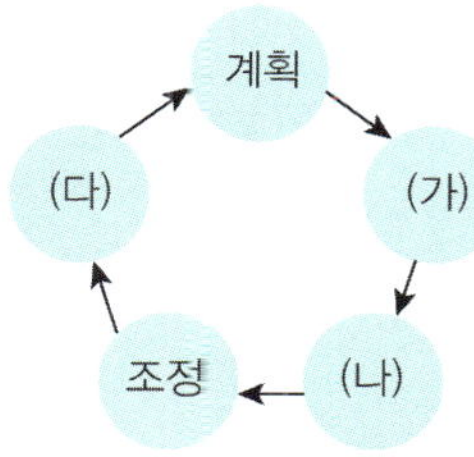

〈보기〉
ㄱ. (가) 과정에서는 기업의 미래를 예측하여 경영 활동이 효율적으로 수행될 수 있도록 목표와 방침을 설정한다.
ㄴ. (나) 과정에서는 구성원들이 자기가 맡은 업무를 자발적으로 수행하도록 동기를 부여하고 지도·감독한다.
ㄷ. (다) 과정에서는 경영 활동이 계획대로 수행되었는지 확인하고 차이를 분석한다.

02 다음은 창업을 준비하고 있는 김 대표와 박 컨설턴트의 대화이다. 대화에서 박 컨설턴트가 제시하고 있는 밑줄 친 ㉠, ㉡의 조직화 원칙 2가지의 내용을 순서대로 서술하시오. [4점] [2016 상업 임용]

김 대 표: 저는 지금 창업하기 위한 첫 단계로 기업의 이념과 목표를 설정하고 이를 실행할 수 있는 계획을 수립하였습니다. 다음 단계는 무엇을 해야 합니까?
박 컨설턴트: 계획 수립 후의 단계는 조직화 단계입니다.
김 대 표: 아! 그렇군요. 그러면 조직화를 하는 데에는 어떤 것들이 중요합니까?
박 컨설턴트: 김 대표님, 조직화에는 여러 가지 중요한 원칙들이 있습니다. 이중에는 ㉠<u>권한과 책임의 원칙</u>과 ㉡<u>감독 한계의 원칙</u>을 먼저 고려하시면 좋을 것 같습니다.

03 다음의 조직구조는 어떤 형태의 조직인지 쓰시오. [2점] [2005 상업 임용]

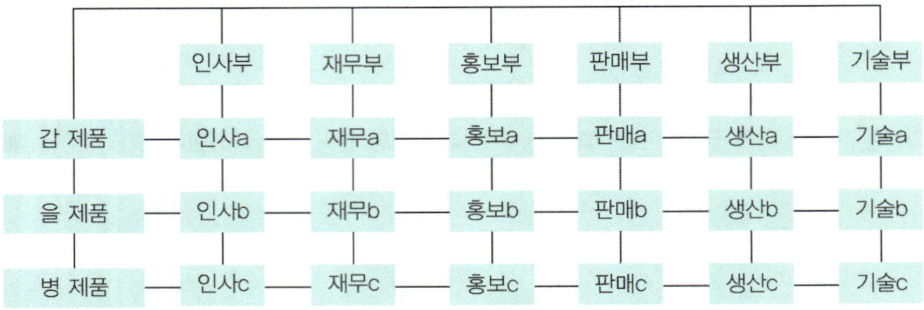

04 다음은 기업의 조직 형태와 특징을 제시한 것이다. (가), (나)에 해당하는 조직 형태를 순서대로 쓰시오. [2점] [2018년 상업 임용]

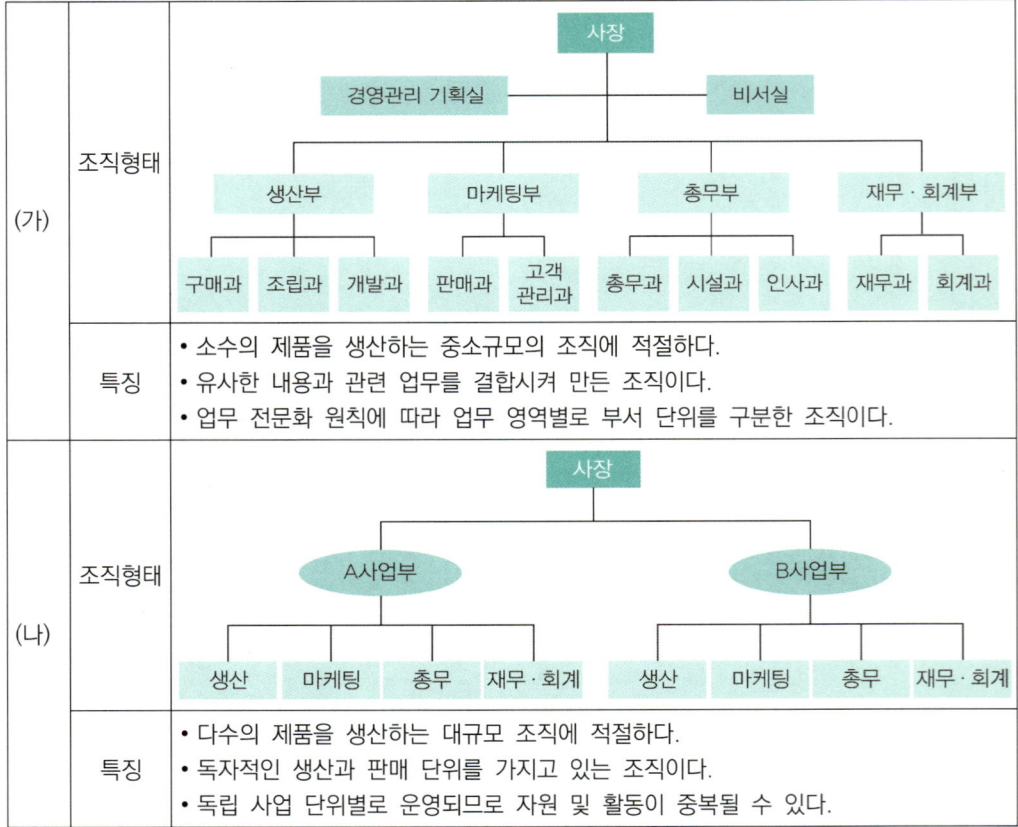

(가)	조직형태	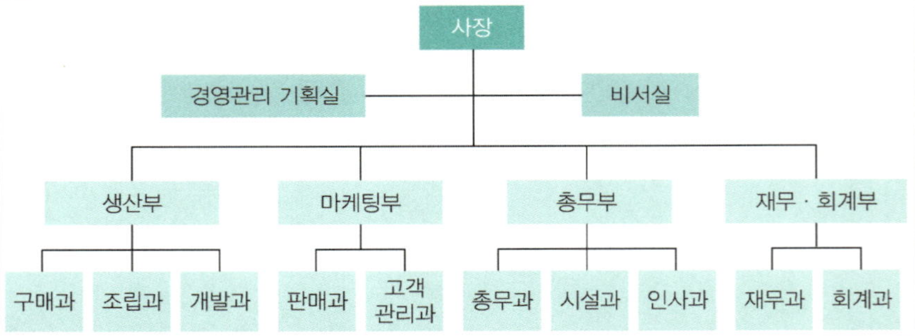
	특징	• 소수의 제품을 생산하는 중소규모의 조직에 적절하다. • 유사한 내용과 관련 업무를 결합시켜 만든 조직이다. • 업무 전문화 원칙에 따라 업무 영역별로 부서 단위를 구분한 조직이다.
(나)	조직형태	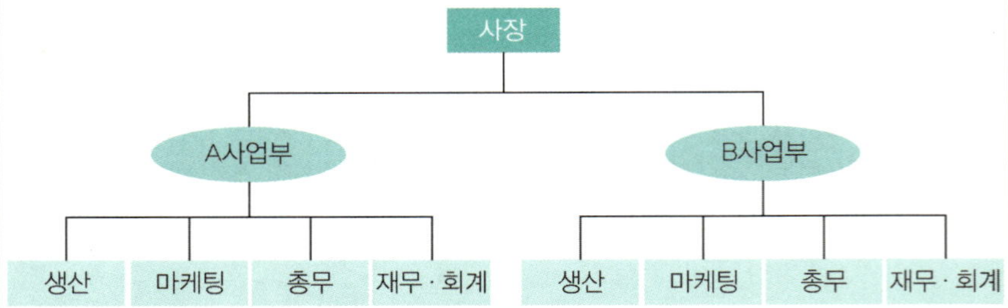
	특징	• 다수의 제품을 생산하는 대규모 조직에 적절하다. • 독자적인 생산과 판매 단위를 가지고 있는 조직이다. • 독립 사업 단위별로 운영되므로 자원 및 활동이 중복될 수 있다.

05 다음은 조직의 목표를 효과적으로 달성하기 위하여 구축한 다양한 형태의 조직 구조에 관한 설명이다. (가), (나), (다)에 해당하는 각각의 조직 구조를 쓰시오. [3점] [2008 상업 임용]

> (가) 특정한 사업 계획을 달성하기 위하여 이에 필요한 인력과 자원을 조직, 편성하여 운영하고, 그 사업 계획의 목표를 달성하면 인력과 자원을 원대복귀시키는 형태의 조직을 말한다.
> (나) 상호보완적인 기술이나 지식을 가진 소수의 구성원이 공동목표 달성을 위해 구성되어 상호책임을 공유하고, 문제해결을 위한 공동접근의 방법을 활용하는 조직을 말한다.
> (다) 연구 개발, 원재료의 조달 및 부품 생산, 조립, 판매 등의 과정에서 여러 개의 기업들이 참여하여 특성화된 분야별로 협력하는 기업들의 집합을 말하는데, 이러한 형태의 조직에서는 각 참여 기업들이 자신이 가장 잘할 수 있는 분야에 집중하기 때문에 최고의 경쟁력을 유지할 수 있다.

06 다음과 같은 상황에 따라 사업부제 조직으로 전환하고자 하는 경우 이에 대한 평가 중 옳지 않은 것은? [2점] [2010 상업 임용]

> ○○회사는 의류 사업에 진출하여 계속 성장을 거듭한 결과 의류에 사용되는 직물 공장을 인수하였고, 식품 사업으로까지 사업을 확장하였다. 이에 따라 현재 제품 라인과 사업 영역의 확대로 사업의 복잡성이 심화되었다. 따라서 이 회사에서는 사업 전체를 관리 · 통제하기가 어려워져 의류, 직물, 식품 등 3개의 사업부제 조직으로 전환하고자 한다.

① 각 사업부가 독립성을 가지고 운영되므로 전문화와 분업이 촉진된다.
② 사업부의 성과에 대한 평가가 용이하므로 경영자가 기업 활동을 통제하기 쉽다.
③ 사업부 간 연구 개발, 회계, 판매, 구매 등의 활동이 조정되어 관리 비용이 감소된다.
④ 식품 사업부의 경우, 독립된 하나의 기업처럼 운영되는 사업부제 조직이 바람직하다.
⑤ 직물 사업부의 경우, 의류 사업부와의 상호 의존성이 강하여 사업 부제가 효과적이지 않다.

07 그림은 ○○기업의 경영 전략 수립 과정이다. (가)의 과정에서 이루어지는 활동으로 가장 적절한 것은? [2점] [2013 상업 임용]

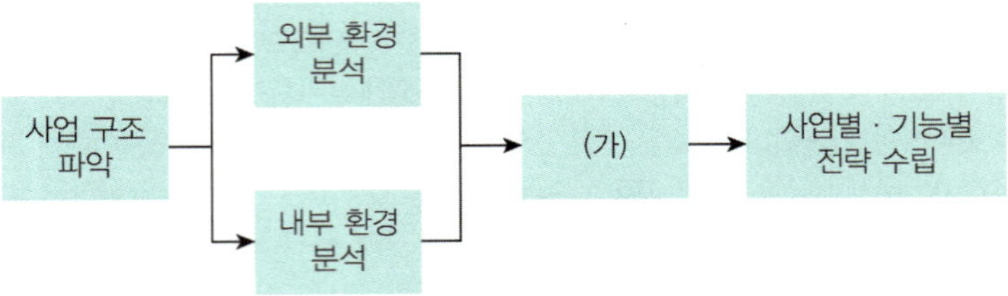

① 시장 조사를 한다.
② 전략적 과제를 도출한다.
③ 기회 및 위협 요인을 도출한다.
④ 기업 내의 강점 및 약점 요인을 도출한다.
⑤ 사업별로 경영 자원을 재배분하여 세부 계획을 수립한다.

08 다음 표는 오프라인 서점을 운영하고 있는 ○○기업의 SWOT 분석 결과이다. 이를 바탕으로 온라인 비즈니스에 추가로 진출하려는 경우 취해야 할 OW 전략으로 가장 적절한 것을 〈보기〉에서 고른 것은? [2점] [2010 상업 임용]

Strength	Weakness
• 오프라인에서의 높은 인지도 • 종합 문화 공간으로서의 이미지 • 자체 e-book 개발 능력	• 온라인에서의 낮은 인지도 • 온라인 전문 인력의 부족 • 온라인 비즈니스에 대한 노하우 부족
Opportunity	**Threat**
• e-book 등 디지털 콘텐츠 시장의 성장 가능성 • 인터넷 사용의 확산 • 전자상거래에 대한 관심 증가	• 대체 유통 시스템의 발달 • 전반적인 경기 침체 • 디지털 콘텐츠의 성장으로 인한 오프라인 기반 약화 가능성

〈보기〉

ㄱ. 시장에서 철수하는 전략
ㄴ. 핵심역량을 보완·강화하는 전략
ㄷ. 현재의 제품과 시장에 집중하는 전략
ㄹ. 다른 기업과 전략적 제휴를 하는 전략

09 다음은 어느 대학 내 창업보육센터에서 창업자와 센터 내 보육 매니저 간 대화의 일부이다. 괄호 안의 ㉠에 들어갈 용어를 쓰고, 밑줄 친 ㉡의 개념을 서술하시오. [4점]

[2017 상업 임용]

창 업 자: 보육매니저님, 우리 회사의 드론 제품 개발이 잘 진행되고 있습니다. 그런데, 드론 제품은 이미 다양한 상품군이 출시되어, 신제품 출시 전략 수립이 쉽지 않네요. 외부 환경을 분석해야 할 것 같은데, 좋은 분석방법이 있을까요?

보육매니저: 예, 포터(M. Porter)는 산업구조분석 틀을 제시하였고, 다섯 가지 경쟁적인 세력에 의해 산업의 수익률이 결정된다고 했어요. 기존 기업과의 경쟁, 잠재적 진입자의 위협, 대체재의 위협, 구매자의 교섭력 그리고 공급자의 교섭력이 바로 다섯 가지 세력입니다.

창 업 자: 그렇군요. 전 세계 드론 산업은 매년 급성장하고 있고, 신규 진입기업들이 다양한 제품군을 출시하고 있습니다만, 잘 아시다시피 중국의 D 드론사의 시장점유율이 매우 높습니다. 그 회사는 이미 규모의 경제를 달성하였고, 절대적인 비용우위와 제품 차별화, 브랜드 충성도와 유통망을 확보하고 있어요. 어떻게 시장에 진입할지 고민입니다.

보육매니저: 드론 산업에 신규로 진입하려는 기업들을 어렵게 만드는 대표적 원천들을 언급하셨는데요, 일반적으로 그러한 것을 (㉠)(이)라고 합니다. 이는 D 드론사처럼 기존 기업들이 신규 진입기업에 대해 갖는 우위이지만, 진입하려는 기업에는 비용을 발생시키는 요인입니다. 그럼에도 불구하고 새로운 틈새시장을 발견하시고, 해당 시장에 혁신적인 신제품을 출시하는 우회전략 수립이 바람직합니다.

창 업 자: 고맙습니다. 그리고 우리 회사가 창업한 지 1년이 지나고 보니 벌써 자금이 바닥나고 있어요. 혹시 좋은 방법이 없을까요?

보육매니저: 우리 보육센터에서는 ㉡<u>엔젤(angel)</u>을 연결해 드리고 있습니다. 이들은 전문적인 투자회사인 벤처 캐피털(venture capital)과는 다릅니다. 투자를 미끼로 경영기밀이나 기술을 훔치려는 나쁜 엔젤도 있기 때문에 믿을 만한 엔젤을 찾는 것이 관건입니다.

창 업 자: 잘 알겠습니다. 여러 가지로 도움이 많이 되었습니다. 고맙습니다.

10 다음 설명에 알맞은 모델명을 쓰고, 제조업체에서 수행하는 2가지 활동명을 쓰시오. [3점]

[2007 상업 임용]

이 모델을 적용하여 기업의 핵심 프로세스와 핵심 역량을 체계적으로 평가하면 그 기업이 갖고 있는 경쟁 우위의 원천을 분석할 수 있다. 이 모델에 따르면 제조업체에서 수행하는 활동은 '물류 투입, 운영 및 작업, 물류 산출, 마케팅과 판매, 서비스의 절차를 따라 이루어지는 활동'과 '기업 인프라, 인적 자원 관리, 기술 개발, 조달 업무를 구성되는 활동'의 2가지로 구분된다.

(가) 모델명:

(나) 활동명:

11 다음의 가치사슬에서 (가)~(마)에 대한 설명으로 옳지 않은 것은? [2점] [2009 상업 임용]

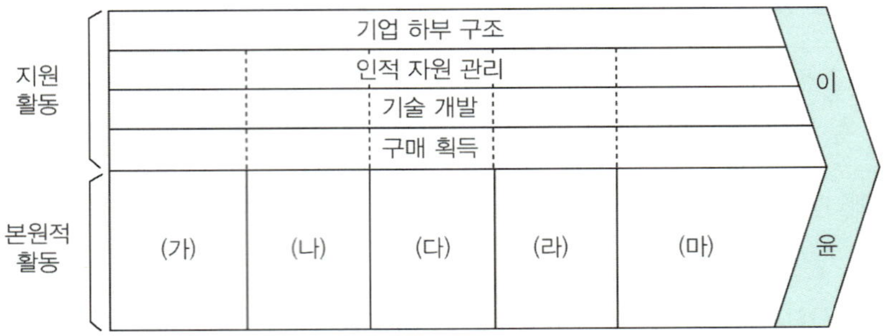

① (가)는 생산에 필요한 원재료나 자재 관리 등과 같은 활동을 포함한다.
② (나)는 효과적 자본 조달 및 운용 등과 같은 활동을 포함한다.
③ (다)는 완성품 보관, 주문 처리 등과 같은 활동을 포함한다.
④ (라)는 판매 촉진, 광고 등과 같은 활동을 포함한다.
⑤ (마)는 제품 설치, 수리 등과 같은 서비스 활동을 포함한다.

12 다음의 기업 사례를 읽고, 사업 포트폴리오 분석(business portfolio analysis) 기법 중 보스턴 컨설팅 그룹(Boston Consulting Group)이 제안한 방식에 따라 유형을 분류할 때, 괄호 안의 ㉠, ㉡은 어느 유형에 해당하는지를 순서대로 쓰시오. [2점] [2016 상업 임용]

> 자동차 부품 회사를 경영하는 김 대표이사는 최근 사업부 전략을 고민하고 있다. 적합한 전략을 수립하기 위해 2개의 사업부를 보스턴 컨설팅 그룹이 제안한 시장 성장률과 시장 점유율을 기준으로 분류하였다.
> (㉠): A 부품 사업부는 업계의 연 평균 시장 성장률보다 높은 성장률을 보이고 있으나, 상대적 시장 점유율이 0.5에 해당한다.
> (㉡): B 부품 사업부는 평균 성장률이 둔화되어 업계의 연 평균 시장 성장률보다 낮고, 상대적 시장 점유율은 0.3에 해당한다.

13 다음은 마케팅 전략 기법 중 사업 포트폴리오 분석에 관한 수업에서 교사가 설명한 내용이다. 이를 이용하여 〈작성 방법〉에 따라 순서대로 서술하시오. [4점]

[2024 상업 임용]

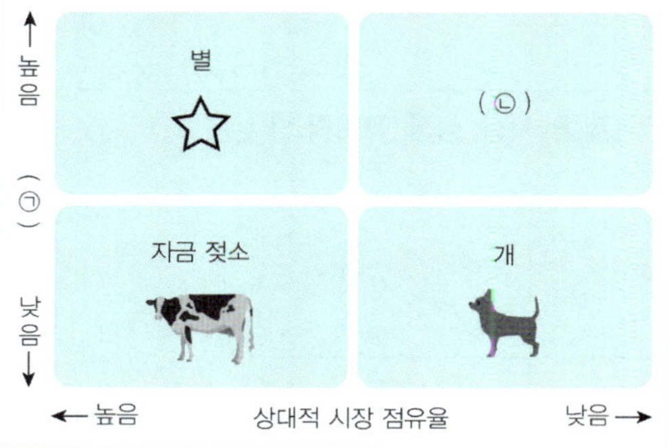

BCG(Boston Consulting Group) 매트릭스 분석

- 기업의 시장 전략 수립을 위해 개발된 분석법으로, 각 사업부의 투자, 유지, 철수 전략을 수립하는 데 활용
  - 상대적 시장 점유율: 시장 내 자사 사업부의 경쟁력 지표
  - (㉠): 자사 사업부가 속한 시장의 매력도 지표

〈작성 방법〉

○ 괄호 안의 ㉠에 공통으로 해당하는 용어와 ㉡에 해당하는 용어를 각각 순서대로 쓸 것.

○ 자금 젖소 유형, 개 유형에 속한 각 사업부에 적합한 전략을 각각 순서대로 서술할 것.

14 다음은 사업 포트폴리오 분석 방법인 BCG Matrix이다. 이를 이용하여 〈조건〉에 따라 서술하시오. [5점]

[2014 상업 임용]

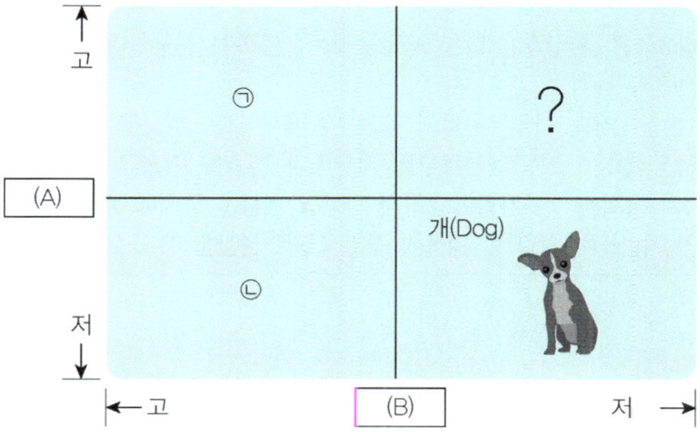

〈조건〉

○ ㉠부분에 해당하는 용어를 쓰고, 이를 (A)와 (B) 측면에서 설명할 것.

○ ㉡부분에 해당하는 용어를 쓰고, ㉡ 부분에 해당하는 사업 단위가 현상유지 전략을 선택하였다는 가정하에, 이 전략을 선택한 이유를 쓸 것.

15 다음의 (가)는 '기업의 성장전략'이라는 주제로 개최된 강연 세미나 슬라이드 화면이고, (나)는 학생이 강연을 들으며 정리한 노트 필기 내용이다. 이를 이용하여 괄호 안의 ㉠에 공통으로 들어갈 용어와 ㉡에 들어갈 용어를 순서대로 쓰시오. [2점] [2021 상업 임용]

(가)

[앤소프(H.I.Ansoff)의 제품-시장 성장 매트릭스]

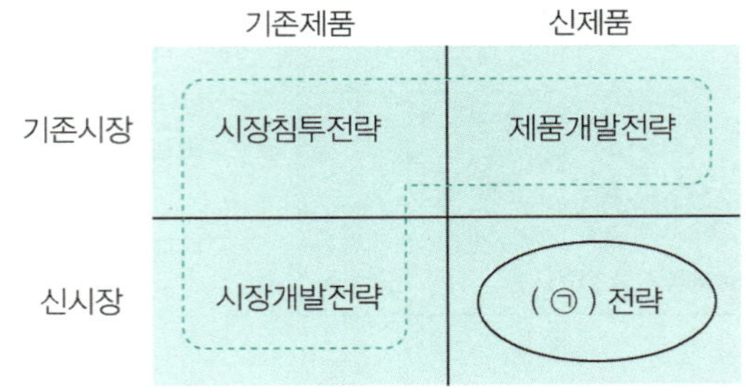

(나)

강연 주제 : 기업 수준에서 선택할 수 있는 성장전략

1) 집중화전략: 기존의 사업 내에서 성장기회 모색
   - 시장침투전략: 기존제품을 기존시장에서 보다 많이 판매하여 시장 점유율을 높임으로써 성장 추구 (예: □□기능성 건강 음료를 하루 3회 마시는 마케팅 캠페인 시행)
   - 제품개발전략: 기존제품을 대체할 수 있는 신제품을 개발하여 기존 고객들에게 판매함으로써 성장 추구 (예: ◇◇면도기에서 신소재 면도기 출시)
   - 시장개발전략: 기존제품으로 새로운 시장을 개척함으로써 성장 추구 (예 : ○○베이비로션이 유아용 시장에서 성인용 시장으로 진출)

2) (㉠)전략: 기존 사업과는 다른 새로운 사업 분야에 진출하여 성장기회 모색
   ○ (㉠)전략의 목적
   - 위험 분산: 개별 사업부문들의 경기순환에서 오는 위험을 줄일 수 있음.
   - 내부시장 활용: 기업 내부로부터 자본이나 인력을 손쉽게 조달 가능함.
   - (㉡)의 경제성: 한 기업이 2가지 이상의 제품을 동시에 생산할 때 소요되는 비용이 서로 독립적인 기업들이 각각 한 제품씩 개별적으로 생산할 때 소요되는 비용의 합보다 훨씬 적게 됨.

16 다음은 S대학의 균형성과표(BSC: balanced scorecard)에 관한 성과지표 사례이다. (가), (나), (다), (라)에 가장 적합한 관점명을 쓰시오. [4점] [2006 상업 임용]

관점	성과지표 사례
(가)	대학의 성과가 이사회에 어떻게 보고되는가? 지표 예: 등록목표 달성, 이익목표 달성, 원가절감 등
(나)	대학의 비전 달성을 위하여 학생 및 산업체 고객에게는 어떻게 보여지고 있는가? 지표 예: 대학이미지 제고, 이해관계자 만족도, 이해관계자 서비스 개선 등
(다)	학생 및 교직원 고객만족을 위하여 대학은 어떠한 부문에 탁월해야 하는가? 지표 예: 인사관리 효율성, 휴학 및 자퇴 관리, 자격증 취득 관리, 교육품질 관리, 학생 관리 등
(라)	대학의 비전을 달성하기 위하 변화하고 개선하는 능력을 어떠한 방법으로 배양해야 하는가? 지표 예: 교수능력 향상, 우수 학생 자원 확보, 신교육과정 개발, 우수교수 초빙 등

17 다음은 '기업과 경영' 과목 수업에서 경영학의 발전 과정에 대해 교사와 학생들이 나눈 대화이다. 괄호 안의 ㉠, ㉡에 들어갈 용어를 순서대로 쓰시오. [2점] [2022 상업 임용]

교 사: 경영학의 발전 과정 초기에는 대량 생산의 효율성을 높이는 것에만 주로 초점이 맞추어져 있었어요. 그러다 보니 어떤 문제가 발생하게 되었을까요?

학생 A: 노동자들이 많이 힘들었을 것 같아요. 모던 타임스에서 매일 나사못만 조이던 찰리 채플린이 생각나네요.

교 사: 맞아요. 노동자가 기계의 부속품처럼 여겨지며, 인간 소외 현상이 발생하게 되었지요. 하버드 대학 메이오(E. Mayo) 교수 연구팀은 과학적 관리법이 과연 실제 생산성을 높이는지 검증하고자 (㉠) 실험을 진행하게 됩니다. 결과는 어땠을까요?

학생 B: 효율적인 대량 생산을 위해 업무 과정을 표준화한다거나 작업 조건을 개선한다면 생산성이 오르지 않을까요?

교 사: 의외로 (㉠) 실험 결과, 작업장 조건 변화는 생산성 향상과 유의한 관계가 없는 것으로 나타났어요. 예를 들어 작업장의 조명도를 높였을 때 생산성이 올라갔지만 다시 낮추었을 때도 생산성은 계속 올라갔지요. 왜 생산성은 계속 올라갔을까요?

학생 C: 노동자들의 숙련도가 일시적으로 향상되어서 그런 것은 아닐까요?

교 사: 좋은 의견이지만, 정확한 이유는 노동자 본인들이 실험 집단으로 선택되었다는 자부심으로 더 열심히 일했다는 것이었습니다. 즉, 주변으로부터 관심을 받았다는 것만으로도 행복감을 느껴 일에 대한 동기부여가 향상되었다고 볼 수 있지요. 이 실험 결과는 (㉡)(이)라는 이론 확립의 결정적 계기가 되었고, (㉡)은/는 인간의 심리적 상태, 사회적 욕구를 중시하며 인간 중심 경영 기법으로의 큰 변화를 가져다주었어요.

제4절 조직행동 및 인사관리

01 와이너(B. Weiner) 귀인 이론(attribution theory)의 ㉠귀인 4가지를 쓰고, 다음 밑줄 친 내용에 해당하는 ㉡가장 적절한 귀인 1가지를 쓰시오. (단, ㉠과 ㉡을 표기하여 답안을 작성할 것.) [2점]

[2014 상업 임용]

> 학생 A : 오늘이 ○○회사 합격자 발표하는 날인데 어떻게 됐어?
> 학생 B : 불합격했어.
> 학생 A : 그렇구나, 하지만 다음번에도 기회가 있으니까 힘내. 그런데 불합격하게 된 원인이 뭐라고 생각해?
> 학생 B : 내가 생각하기에는 회계 분야의 시험문제가 어려웠던 것 같아.
> 학생 A : 그래, 힘내서 다음번엔 꼭 합격해.

02 다음은 '기업과 경영' 수업에서 학습하는 매슬로우(A. Maslow)의 욕구 단계 이론에 관한 〈자료〉이다. (가)는 해당 이론을 나타내는 그림이고, (나)는 각 단계별 욕구에 대한 내용을 순서 없이 제시한 것이다. 욕구 단계 이론에 맞게 2단계부터 5단계까지 ㉠~㉣을 순서대로 배열하고, ㉢에 해당하는 용어를 쓰시오. [2점] [2024 상업 임용]

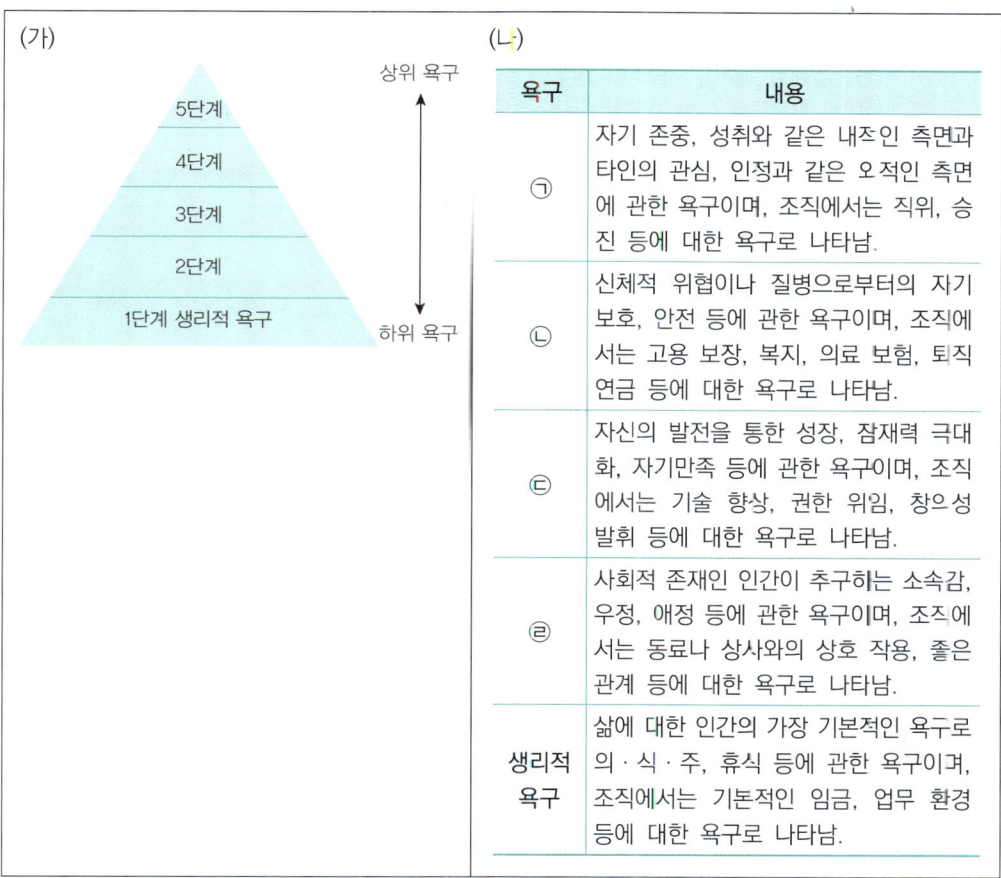

〈자료〉

(가)

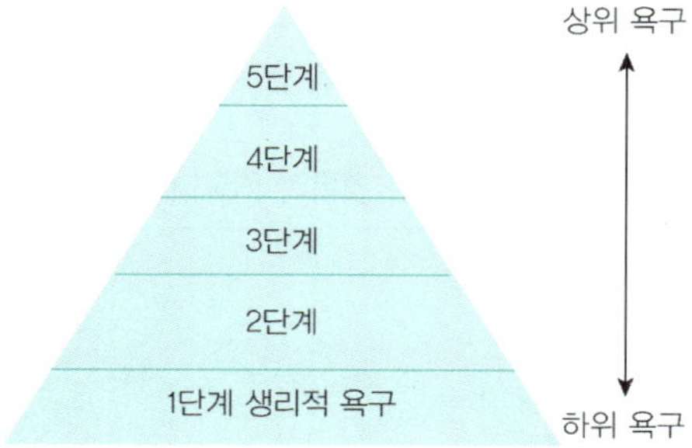

(나)

욕구	내용
㉠	자기 존중, 성취와 같은 내적인 측면과 타인의 관심, 인정과 같은 외적인 측면에 관한 욕구이며, 조직에서는 직위, 승진 등에 대한 욕구로 나타남.
㉡	신체적 위협이나 질병으로부터의 자기 보호, 안전 등에 관한 욕구이며, 조직에서는 고용 보장, 복지, 의료 보험, 퇴직 연금 등에 대한 욕구로 나타남.
㉢	자신의 발전을 통한 성장, 잠재력 극대화, 자기만족 등에 관한 욕구이며, 조직에서는 기술 향상, 권한 위임, 창의성 발휘 등에 대한 욕구로 나타남.
㉣	사회적 존재인 인간이 추구하는 소속감, 우정, 애정 등에 관한 욕구이며, 조직에서는 동료나 상사와의 상호 작용, 좋은 관계 등에 대한 욕구로 나타남.
생리적 욕구	삶에 대한 인간의 가장 기본적인 욕구로 의·식·주, 휴식 등에 관한 욕구이며, 조직에서는 기본적인 임금, 업무 환경 등에 대한 욕구로 나타남.

03 매슬로우(Maslow)의 욕구 5단계를 순서대로 쓰고, 다음 사례 중에서 해당 욕구 단계에 (가), (나), (다), (라), (마)를 선택하여 표시하시오. [4점] [2006 상업 임용]

> (가) 복학생 H는 스쿨버스에서 내려 허기진 배를 움켜잡고 우선 식당에서 볶음밥을 먹었다.
> (나) 학우들과 학습 동아리에 가입하고, 취미 생활을 위한 커뮤니티에도 가입하면서 적극적인 대학 생활을 하였다.
> (다) 사색과 종교생활을 통하여 자신의 정체성을 확립하고, 자신의 잠재 능력을 최대한 발휘하고자 미래와 관련된 독서를 하였다.
> (라) 불안한 마음으로 대학 사무실에서 등록을 마치고, 해당 학과장과 향후 진로 및 학습 계획에 대해 상담을 한 후에 마음이 진정되었다.
> (마) 학우들과 커뮤니티 회원들로부터 신망이 두터워지도록 열심히 학과 활동과 커뮤니티 활동을 하였다.

04 다음은 학생이 허즈버그(F. Herzberg)의 동기부여 이론에 관한 수업을 들으면서 정리한 학습 노트이다. 이를 이용하여 〈작성 방법〉에 따라 순서대로 서술하시오. [2023 상업 임용]

허즈버그(F. Herzberg)의 2요인 이론

- 매슬로우(A. Maslow)가 보편적인 인간 행위에 대해 설명한 욕구단계 이론과는 달리, 허즈버그는 실제 경영 현장 상황을 반영한 동기부여 이론을 제안함.
- 허즈버그는 조직 구성원들과의 인터뷰 분석 결과를 통해 그들의 만족과 불만족 각각에 영향을 미치는 직무 요인들이 별개의 차원에 속한다는 것을 발견하였으며, 이러한 직무 요인들을 크게 2가지로 분류하였음.
  - (㉠)요인 : 성취감, 책임감, 인정, 도전, 성장과 발전 등
  - (㉡)요인 : 감독, 임금, 작업 조건, 회사 정책, 고용 안정 등

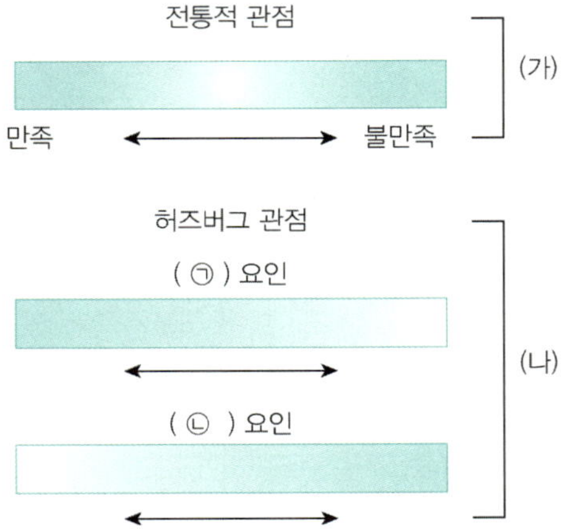

〈작성 방법〉
- ○ 괄호 안의 ㉠, ㉡에 각각 공통으로 해당하는 용어를 순서대로 쓸 것.
- ○ (가)와 비교하여 (나)를 만족과 불만족의 차원에서 서술할 것.
- ○ (나)에 근거하여 만족을 높이기 위한 방안을 서술할 것.

05 다음은 학생이 의사소통 네트워크 유형에 관한 수업을 들으면서 정리한 학습 노트이다. 이를 이용하여 〈작성 방법〉에 따라 순서대로 서술하시오. [4점] [2024 상업 임용]

의사소통 네트워크 유형의 특성	
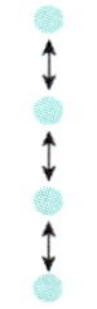	사슬형 권한과 명령 체계가 뚜렷한 관료적 집단에서 수직적 경로를 통해 의사 전달이 이루어짐.
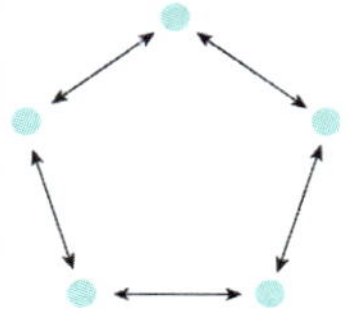	(㉠) 위원회, 테스크포스와 같이 특정 목적을 가진 집단으로 구성원들 간 서열이나 지위가 중시되지 않음.
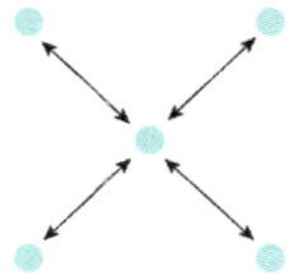	(㉡) 리더를 통해 의사소통하며 단순 과업 수행 시에 신속하고 정확한 정보 전달이 이루어짐.
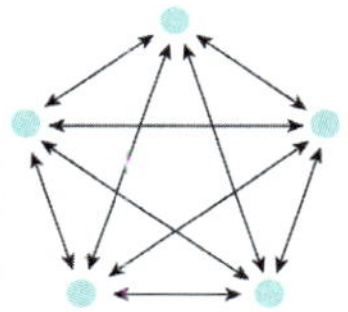	완전연결형 모든 집단 구성원들 간 의사소통 및 상호 정보 교환이 이루어지며 복잡한 과업에 선호됨.
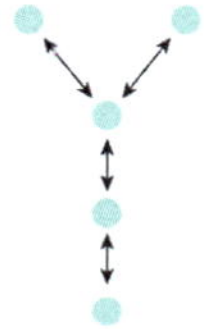	Y형 집단 내에 특정 리더가 있는 것은 아니지만 비교적 집단을 대표 혹은 조정하는 인물이 존재함.

〈작성 방법〉

○ 괄호 안의 ㉠, ㉡에 해당하는 용어를 각각 순서대로 쓸 것.
○ 완전연결형에서 권한의 집중도 수준, 의사결정의 수용도 수준을 각각 순서대로 서술할 것.

06 다음은 리더십 이론에 관한 설명이다. (가), (나), (다)의 설명에 알맞은 리더십 이론을 각각 쓰시오. [3점]

[2007 상업 임용]

> (가) 효과적인 리더십은 리더 개인의 신체, 교육적 배경, 지능, 책임감과 관련이 깊다.
> (나) 리더십의 원천은 종업원이나 부하를 향한 리더의 태도나 행위라는 관점으로, 리더의 행동은 민주형, 전제형, 자유 방임형 리더십으로 구분하기도 한다.
> (다) 전쟁과 같은 급박한 환경에서는 과업 중심적 리더십이 효과적이고, 인간 행동의 변화를 목표로 하는 교육 현장에서는 인간 관계 중심적 리더십이 더 효과적이다.

07 다음은 리더십에 대한 다양한 관점을 순서 없이 제시한 것이다. 리더십 이론 발전 과정에 맞게 (가)~(라)를 순서대로 배열하고, (라)에 해당하는 이론의 명칭을 쓰시오. [2점]

[2022 상업 임용]

이론	내용
(가)	리더십의 효과성을 높이기 위해 리더의 변화 주도 행위를 강조하는 이론이다. 예를 들어 변혁적 리더십은 리더의 카리스마, 동기부여, 지적 자극, 개별적 배려를 통해 조직 목표 달성과 함께 구성원들의 성장과 발전을 촉진한다.
(나)	리더가 구성원들에게 보여 주는 행동 유형을 리더십으로 규정하는 이론이다. 예를 들어 오하이오 주립 대학 연구팀과 미시간 대학 연구팀은 리더십 행동 유형을 크게 인간 중심과 과업 중심으로 구분하였다.
(다)	뛰어난 리더십은 리더가 가진 차별적인 특성에서 비롯된다는 이론이다. 예를 들어 평균적인 사람들보다 신체 조건이 우월하다거나, 자신감이나 판단력이 높다거나, 인간관계 능력이 탁월하면 훌륭한 리더가 될 가능성이 높다고 설명한다.
(라)	리더십 유형, 구성원 특성, 환경적 요인 등이 복합적으로 리더십 결과에 영향을 미친다고 주장하는 이론이다. 예를 들어 리더 자신이 처해 있는 맥락을 잘 이해해야만 효과적인 리더가 될 수 있다고 설명한다.

08 다음의 (가)는 리더십 이론에 관한 수업 슬라이드 자료이고, (나)는 학생이 수업을 들으며 상황이론에 대한 내용을 정리한 학습 메모이다. 〈작성 방법〉에 따라 순서대로 서술하시오. [4점] [2025 상업 임용]

(가)

오늘의 수업 주제 : 리더십 관련 이론 (1) 리더십의 유효성은 리더가 보여 주는 행동에 따라 결정된다. - 블레이크(R. Blake)와 뮤톤(J. Mouton)의 관리격자 모형 : 생산에의 관심 vs. 인간에의 관심 (2) 거래적 리더십과 대조되는 이론으로, 리더십 유효성 제고를 위해 리더의 변화 주도 능력을 강조한다. - 베스(B. Bass)의 리더십 구성 요인 : (㉠), 지적 자극, 영감적인 동기 부여, 개별적 배려 (3) 리더십의 유효성은 리더와 상황 간 적합성에 의해 결정된다. - 피들러(F. Fiedler)의 상황이론 : 리더십 유형과 3가지 상황 변수의 상호작용 (4) 리더의 잠재적 자질이나 개인적 특성이 리더십의 유효성을 결정한다. - 바너드(C. Barnard)의 리더 자질 : 체력, 지식, 기억력, 결단력, 지구력, 인내력 등

(나)

〈피들러(F. Fiedler)의 상황이론 학습 메모〉 • 3가지 상황변수를 조합하여 리더가 처한 상황을 가장 호의적인 상황부터 가장 비호의적인 상황까지의 8가지로 분류하고, 각 상황별로 효과적인 리더십 유형을 확인하였음. • 리더에게 가장 호의적인 상황을 3가지 상황변수를 모두 활용하여 설명하면, 리더와 구성원 간 관계가 좋고, 직위 권력이 강하며, (㉡) 경우라고 할 수 있음. • 리더가 가장 호의적인 상황에 처해 있는 경우에는 (㉢) 지향적 리더십이 효과적임.

〈작성 방법〉

○ (가)의 (1)~(4) 중 리더십 이론 발전 과정상 가장 최근에 등장한 이론의 번호와 그 이론의 명칭을 쓸 것.

○ (가)의 (2)에서 괄호 안의 ㉠에 해당하는 용어를 쓸 것.

○ (나)에서 괄호 안의 ㉡에 적합한 내용을 서술하고, 괄호 안의 ㉢에 해당하는 용어를 쓸 것.

09 다음은 ○○회사 고졸 인턴사원의 인사 업무와 관련된 대화이다. 괄호 안의 ㉠, ㉡에 해당하는 문서명을 쓰시오. (단, ㉠과 ㉡을 표기하여 답안을 작성할 것.) [2점] [2014 상업 임용]

> 사원: 직무 분석 결과에 따라 이번에 고졸 인턴사원으로 입사한 김 군이 담당하게 될 업무에 대한 (㉠) 입니다. 이 문서를 보시면 수행해야 할 업무가 무엇이고, 그 업무는 어떤 요건들을 필요로 하는지 등 직무 특성을 중심으로 잘 나와 있습니다.
> 대리: 그런데 이 문서에는 인적 요건은 나와 있지 않습니다.
> 사원: 여기에 직무내용 뿐만 아니라 직무요건, 특히 인적 요건에 큰 비중을 둔 문서인 (㉡)이/가 있습니다.
> 대리: 이 문서는 고용, 훈련, 승진, 전직의 기초 자료로 활용되기 때문에 잘 보관해야 합니다.

10 다음의 (가)는 종업원의 토익(TOEIC) 점수이고, (나)는 평가자 C의 인사 평가 결과의 일부이다. 아래의 〈조건〉을 참조하여 평가자 C가 인사 평가 과정에서 범한 오류는 지각오류의 유형 중 어떤 오류에 해당하는지를 쓰시오. [2점] [2017 상업 임용]

(가)

이름	점수
종업원A	900
종업원B	600

(나)

이름	협조성	책임감	적극성
종업원A	95	96	98
종업원B	88	85	80

〈조건〉

ㅇ 평가자 C가 인사 평가 과정에서 범한 오류의 유형은 다음을 고려하여 판단할 것.
  - 평가자 C는 종업원의 토익 점수를 중요하게 생각하며, 토익 점수가 높은 종업원에게 인사 평가 점수를 높게 주는 경향이 있음.
  - 종업원 A는 종업원 B에 비해 협조성, 책임감, 적극성이 부족함.

11 전자부품을 제조하는 홍길동 씨는 종업원들에게 다음 조건을 모두 충족하는 임금제도를 도입하고자 한다. 홍길동 씨가 도입하고자 하는 임금제도와 그 산출등식을 쓰시오. [4점] [2002 상업 임용]

〈조건〉

> 임금이 제품의 단위당 원가에 미치는 영향은 항상 일정하게 유지한다.
> 임금과 성과는 비례한다.

① 임금제도 :

② 산출등식 :

12 다음은 A회사의 경영자와 노동자가 공통된 과제를 민주적이고 합리적인 방식으로 해결해 나가기 위하여 노동자를 경영에 참가시키는 방안에 관한 대화 내용이다. 갑, 을, 병이 주장하는 경영참가제도의 종류를 쓰시오. [3점] [2004 상업 임용]

> 갑: 회사가 증자할 때, 일정 기준에 따라 종업원에게 신주를 유상 또는 무상으로 인수할 수 있게 하여, 종업원도 주주총회를 통해 의사결정에 참여할 수 있게 하자.
> 을: 노사 간에 공통적인 문제가 발생했을 때, 근로자도 경영자와 대등한 입장에서 상호 협의하여 해결하기 위한 협력기구를 만들어 노동자의 의견이 경영에 반영될 수 있게 하자.
> 병: 노사간에 목표이익을 설정하고, 그 목표이익을 초과하여 달성한 이익의 일부를 노동자에게 배분하도록 하자.

제5절 ERP

01 (가)는 전사적 애플리케이션의 일종인 '이것'의 도입 또는 구축을 통해 조직 성과를 향상시킨 사례이다. (나)는 전사적 애플리케이션의 아키텍처를 나타낸 것이다. (가)에서의 밑줄 친 '이것'이 무엇인지 그 명칭을 영어로 쓰고, '이것'이 (나)에서의 ㉠~㉢ 중 어느 것에 해당하는지 쓰시오. 또한 '이것'의 도입 또는 구축 효과 중에서 관리자의 의사결정 측면에서의 효과 1가지를 서술하시오. [4점] [2017 상업 임용]

(가)

> 세계적인 알루미늄 및 알루미늄 제품 생산업체인 A사는 31개국에 걸쳐 200여 개의 지점을 가지고 있다. A사는 부서 중심으로 조직을 운영하고 있었고, 각 부서는 나름대로의 정보시스템들을 가지고 있었다. 이러한 시스템 중 상당수는 중복된 부분들이 있었고 비효율적이었다. A사는 동종 업계의 다른 회사들과 비교할 때 조달 및 재무 프로세스들을 수행하는 비용은 훨씬 더 높았으며, 그 사이클 타임 (어떤 프로세스의 시작부터 끝나는 시점까지 걸린 시간) 역시 길었다. 전 세계에 퍼져 있는 A사의 지사들은 하나의 조직처럼 운영될 수 없었다.
>
> 이러한 문제 해결을 위하여 A사는 '이것'의 구현을 통해 다수의 중복적인 프로세스와 시스템들을 제거할 수 있었다. '이것'을 통해 제품 영수증 확인과 지불 생성이 자동화되었고, A사의 미지급금 거래처리 업무 부담이 89%나 줄었으며, 재무 및 조달 활동들을 중앙집중화할 수 있었다.

(나)

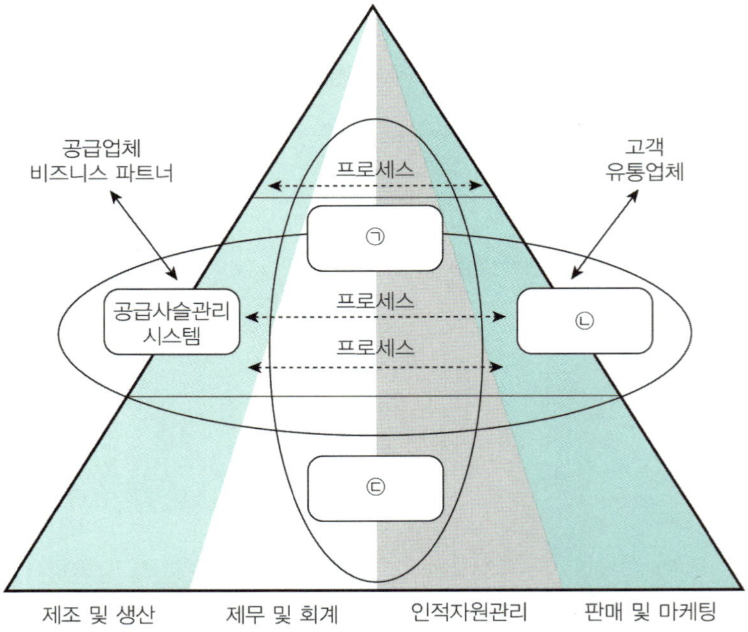

조직의 기능 영역

02 다음은 어느 기업에서 제시한 e-commerce의 프레임워크(framework)이다. (가)에 관련된 설명으로 옳은 것을 〈보기〉에서 고른 것은? [2점] [2009 상업 임용 변형]

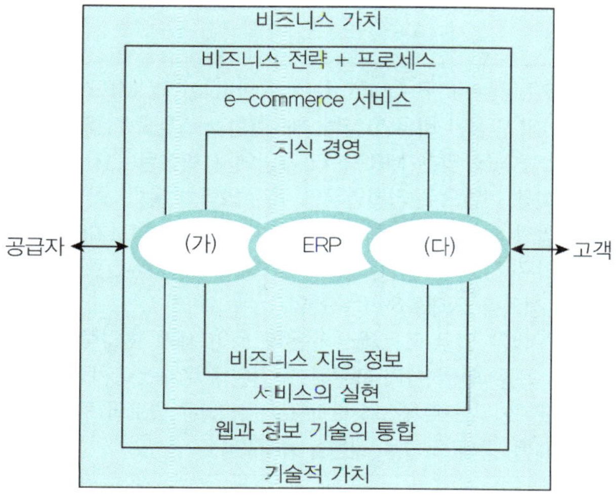

〈보기〉

ㄱ. 신규 고객 창출보다 기존 고객 유지에 중점을 둔다.
ㄴ. 유통 공급 과정상의 배송 시간을 단축하는 효율성을 높인다.
ㄷ. 세분화된 고객의 특성에 맞는 타깃 마케팅의 기반을 구축한다.
ㄹ. 업무 절차를 간소화시키고 리드타임을 줄이며 재고량을 감소시킨다.
ㅁ. BPR과 동시에 추진하는 것이 효과적이며 프로세스 혁신을 통해 기업 내부의 업무 처리 방식을 최적화한다.

03 다음은 ERP(Enterprise Resource Planning) 시스템에 관한 설명이다. 이를 이용하여 〈작성 방법〉에 따라 순서대로 서술하시오. [4점] [2021 상업 임용]

(1) ERP시스템 개념

- ERP는 MRP(Material Requirement Planning)와 MRP II(Manufacturing Resource Planning II)의 단점인 비유연 성을 최소화한 시스템으로, 자재소요관리 중심인 MRP와 제조자원관리에 초점을 맞춘 MRP II의 개념에서 확장된 전사적자원관리시스템임.
- ERP는 표준화를 기반으로 기업업무의 모든 영역을 통합, 최적화할 수 있도록 (㉠) 기법을 적용하여 기업의 업무를 개선해 줌과 동시에 최신의 정보기술을 이용하여 시스템을 구축한 기업 통합관리용 정보시스템임. (㉠) 기법은 기존 업무흐름을 획기적으로 혁신하여 업무효율을 높이고 성과를 극대화하려는 것임.
- ERP시스템은 많은 업무 프로세스 전문가 등이 세계 초일류 기업의 선진 업무 프로세스를 벤치마킹하여 공동 개발하였기 때문에, 구현된 프로세스 자체가 세계적인 표준 업무 프로세스임. 이러한 표준 업무 프로세스의 도입으로 기업들은 별도의 투자 없이 자동적으로 (㉠)을/를 수행하는 효과를 통해 혁신을 실현할 수 있음

(2) ERP시스템의 기능적 특성

- ERP시스템은 ㉡<u>패키지 프로그램에서 제공하는 특정 기능</u>의 설정을 통해 미리 내장된 업무 기능이나 업무 프로세스를 자사의 업무 특성에 맞게 맞춤화하여 사용할 수 있으므로 기업규모별, 업종별로 다양한 기업들에 적용이 가능함. 이로 인해 ERP시스템은 기존의 시스템에 비하여 구축시간이나 변경시간을 단축할 수 있고 유지보수 부담이나 비용도 줄일 수 있음.

(3) ERP시스템 구축과정

- 일반적으로 ERP시스템은 4단계 구축과정을 거치게 됨. 다음은 본격적인 가동단계 전 ERP 시스템의 4단계 구축과정 중 일부를 순서 없이 배열한 것임.

  ㉮ <u>프로토타이핑(Prototyping)</u>
  ㉯ GAP분석(패키지 기능과 To-Be 프로세스와의 차이 분석)
  ㉰ 모듈조합화(Configuration)

〈작성 방법〉

- 괄호 안의 ㉠에 공통으로 들어갈 용어를 쓸 것.
- 밑줄 친 ㉡에 해당하는 용어를 쓸 것.
- ERP시스템의 구축과정에 맞게 ㉮~㉰를 순서대로 배열하고, ERP시스템 구축과정에서 밑줄 친 ㉮의 의미를 서술할 것.

04 다음 ERP의 발달 과정 중 (가), (나), (다)에 대한 설명으로 옳은 것을 〈보기〉에서 고른 것은? [2점]

[2010 상업 임용]

(가) → (나) → ERP → (다)

〈보기〉

ㄱ. (가)는 자재소요량, BOM, 판매정보 3가지를 기반으로 한다.
ㄴ. (가)는 재고를 줄일 목적으로 하는 자재수급관리를 위한 시스템이다.
ㄷ. (나)는 자재소요계획으로서 소품종 대량생산 체제에 적합하다.
ㄹ. (나)는 수주, 생산, 재무 등의 관리를 통하여 제조 활동을 효율적으로 관리하는 시스템이다.
ㅁ. (다)의 주요한 목적은 공급자 간의 전략적인 제휴이다.
ㅂ. (다)는 BPR을 통한 내부 자원의 최적화를 위해 ERP의 기능을 보다 향상시킨 것이다.

05 다음의 (가)는 확장형 ERP(Extended Enterprise Resource Planning)의 기본 개념, (나)는 ERP 패키지 선정 기준 및 도입 방법에 대해 설명한 내용이다. 괄호 안의 ㉠, ㉡에 해당하는 용어를 순서대로 쓰시오. [2점]

[2022 상업 임용]

(가)

- 확장형 ERP는 기존의 ERP 시스템에 기능적, 기술적 사항이 추가되어 발전된 개념으로 e-비즈니스 지원 시스템과 (㉠)을/를 포함한다. 이는 기업의 가치 창출과 주주의 이익 증대를 목표로 한 주요 관리 프로세스 운영을 통해 신속한 성과 측정 및 대안 수립을 가능하게 한다.
- (㉠)은/는 경영자의 전략적 의사 결정을 위해 기업 운영에 필요한 전략적 부분을 지원하고 경영 정보를 제공해준다. 대표적인 단위 시스템으로는 균형성과표(Balanced Score Card, BSC), 가치중심경영(Value-Based Management, VBM), 활동 기준경영(Activity-Based Management, ABM)이 이에 속한다.

(나)

- ERP 패키지를 도입할 때, 패키지 선정 기준은 패키지가 제공하는 기능, ERP 시스템 보안성, 편리성, 공급업체의 지원, 문서화, 가격, 기업 요구 사항의 부합 정도 그리고 도입하는 기업에 맞도록 조정하는 변경의 용이성을 의미하는 (㉡)의 가능 여부 등을 고려하여야 한다.
- ERP 패키지를 도입하는 방법으로 (㉡)(이)란 ERP 공급업체에서 제공하는 ERP 패키지 프로그램 도입 기업의 업무 환경 및 실정에 맞게 변경, 추가, 확장 등을 통해 미리 준비된 가이드에 따라 시스템의 상세한 규격을 정의하는 파라미터를 설정하는 것이다. 이는 수천 개의 테이블로 표현되는 여러 업무 프로세스 중에서 자사의 목적에 부합하는 업무 프로세스와 일치되는 것을 선택하고, 각 테이블에 파라미터를 설정하는 방식으로 구체화해 가는 작업을 말한다.

06 다음은 (주)◇◇가 운영하는 ERP(Enterprise Resource Planning) 시스템의 인사급여 모듈 중 연말정산 관련 〈자료〉이다. 이를 이용하여 괄호 안의 ㉠에 공통으로 들어갈 서류의 명칭과 ㉡에 공통으로 들어갈 용어를 순서대로 쓰시오. [2점] [2021 상업 임용]

〈자료〉

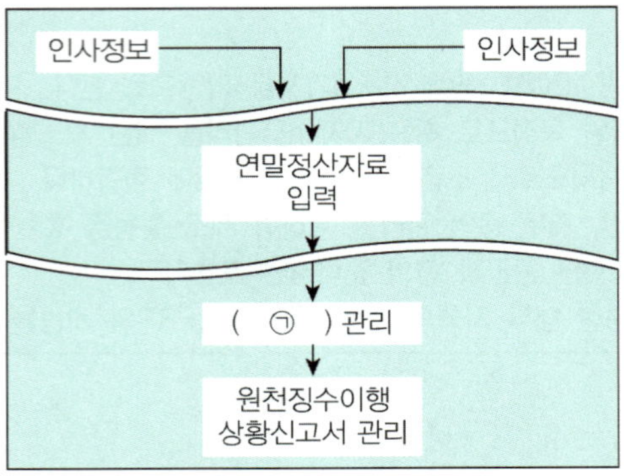

가. ERP시스템에서 인사정보와 급여정보 등을 바탕으로 연말에 근로자에게 연말정산 관련 자료를 받아 입력하고 검증한 후, 확정된 연말정산 결과를 토대로 근로소득의 금액과 그밖에 필요한 사항을 적은 (㉠)을/를 근로소득자에게 발급해야 함.

나. ERP시스템상 급여정보에는 (㉡)급이 포함되어 있음.
(㉡)급은 인적요소기준의 연공급과 직무요소기준의 직무급을 절충한 형태의 임금체계로서, 직무급과 연공급의 단점을 보완할 수 있으며 우수 인재를 유인하고 유지할 수 있다는 장점이 있음.

07 다음은 (주)○○가 운영하는 전사적 자원 관리(ERP) 시스템상의 인사/급여 모듈에 관한 〈자료〉이다. (가)는 (주)○○의 인사/급여 관리 업무 프로그램 운용 프로세스를 나타내는 그림이고, (나)는 (가)의 프로세스 중 '1단계 기초 환경 설정' 이후의 단계를 순서 없이 제시한 것이다. (가)의 단계에 맞게 ㉠~㉢을 순서대로 배열하고, 괄호 안의 ㉣에 들어갈 용어를 쓰시오. [2점] [2025 상업 임용]

〈자료〉

(가)

1단계 기초 환경 설정	인사/급여 업무를 효율적으로 수행하기 위하여 기본적인 환경을 설정하는 모듈
⬇	
2단계 인사관리	인사 정보, 인사 기록 카드, 인사 발령 내역 등을 등록하여 관리하는 모듈
⬇	
3단계 급여 관리	기업의 임직원에 대하여 실제 지급되는 급여를 계산하고 급여 대장 및 급여 명세 등을 관리하는 모듈
⬇	
4단계 세무 관리	관할 세무서에 신고할 서류를 작성하고 관리하는 모듈

(나)

구분	내용
기초환경설정	[지급 공제 항목 등록] 기본급 및 각종 수당, 상여금 등의 급여/상여 지급 항목과 4개 사회보험료, 소득세, 주민세 등 급여와 상여에서 공제할 항목을 등록한다.
㉠	근태 관리 시스템에서 마감한 사원별 근태 내역을 근거로 급여 계산을 완료한다.
㉡	사원 등록 메뉴에 입력된 사원별로 인적 정보, 재직 정보, 급여 정보 등 가장 기본적인 정보와 가족 사항, 자격 면허, 병역, 채용/거주, 학력, 경력 등 자세한 개인 신상 정보를 등록한다.
㉢	소득세법상의 소득 금액과 원천 징수된 세액을 집계하여 그 징수일이 속하는 달의 다음 달 10일까지 아래의 (㉣)을/를 작성하여 국세청 홈택스 전자 신고를 통해 관할 세무서장에게 제출한다.

■ 소득세법 시행규칙 [별지 제21호서식]

① 신고구분						[ ](㉣) [ ]원천징수세액환급신청서	② 귀속연월	년 월
매월	반기	수정	연말	소득처분	환급신청		③ 지급연월	년 월

원천징수 의무자	법인명(상호)		대표자(성명)		일괄납부 여부	여, 부
					사업자단위과세 여부	여, 부
	사업자(주민)등록번호		사업장 소재지		전화번호	
					전자우편주소	@

❶ 원천징수 명세 및 납부세액 (단위: 원)

소득자 소득구분		코드	원천징수명세					납부세액		
			소득지급(과세 미달, 일부 비과세 포함)		징수세액					
			④ 인원	⑤ 총지급액	⑥ 소득세 등	⑦ 농어촌특별세	⑧ 가산세	⑨ 당월 조정 환급세액	⑩ 소득세 등(가산세 포함)	⑪ 농어촌특별세
근로소득	간이세액	A01								
	중도퇴사	A02								
	일용근로	A03								

08 다음 그림은 수출입 업무나 통관 업무 등과 관련된 각종 행정 및 상거래 서식을 표준화된 전자문서의 형태로 바꾸어 컴퓨터로 주고받는 방식을 나타낸 것이다. 이와 같이 표준화된 상거래 서식 또는 공공 서식을 서로 합의한 표준에 따라 전자문서를 만들어 컴퓨터 및 통신을 매개로 상호 교환하는 방식을 무엇이라고 하는지 쓰시오. [2점] [2008 상업 임용]

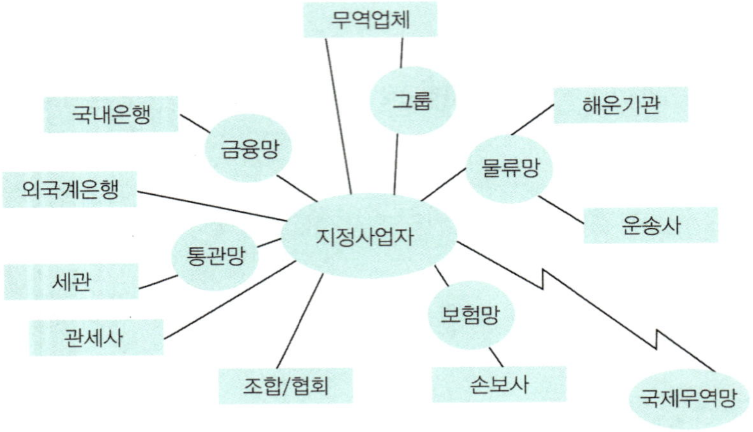

제6절 유통과 물류

01 그림은 약속어음, 환어음, 당좌수표의 상호 관련성을 나타낸 것이다. A~D 각각에 해당되는 특징을 바르게 설명한 것을 〈보기〉에서 고른 것은? [2점] [2009 상업 임용]

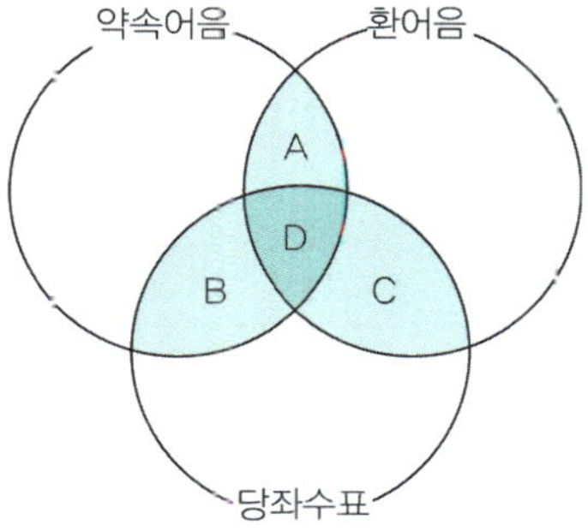

〈보기〉

ㄱ. A 부분은 발행인과 지급인이 같다.
ㄴ. B 부분은 지급기일이 표시되어 있다.
ㄷ. C 부분은 지급 위탁증권이다.
ㄹ. D 부분은 유가증권이다.

02 그림은 유통 경로 유형 중 하나이다. 최근 유통 경로가 단축되면서 최종 소비자를 대상으로 하는 ㉠의 역할이 점차 커지고 있다. ㉠의 명칭을 쓰고, ㉠이 제조업자를 위해서 수행하는 역할을 3가지만 서술하시오. [5점] [2015 상업 임용]

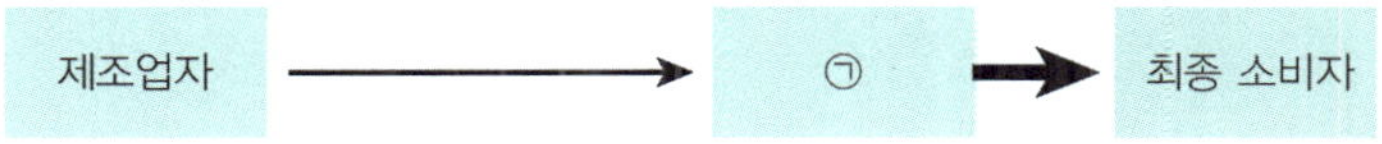

03 다음은 창업 기업의 성공 스토리에 대한 신문 기사이다. 신문 기사에서 밑줄 친 ㉠의 개념, 밑줄 친 ㉡의 내용을 순서대로 서술하시오. [4점] [2016 상업 임용]

> 2012년 2월에 P사는 '복분자 숙성주'를 개발하여 특허를 받았다. 그 당시 P사는 사업 자금의 대부분을 신제품 개발에 쏟아부어 자금 여력이 부족하였다. 또 다른 문제는 유통 경로 개척이었다. 창업 기업의 애로점 중의 하나인 유통 경로 설계 문제를 해결하기 위하여 자사가 직접 유통할 것인지, 중간상을 활용할 것인지 몇 달 고민 끝에 P사는 중간상을 활용하기로 결정하였다. 막상 중간상을 활용하기로 결정하였지만, ㉠**유통집약도(distribution intensity)**의 문제는 여전히 남아 있었다. P사는 유통집약도의 3가지 방식 중 ㉡**전속적 방식**을 적용하기로 결정하고, 신제품을 유통하였다. 이후 '복분자 숙성주'는 시장에서 품귀 현상이 발생했고, 제품이 입소문을 타면서 성공적으로 시장을 넓힐 수 있었다.
>
> …(하략)…
>
> - ○○신문, 2015년 12월 3일자 -

04 다음의 (가)는 ○○상업고등학교의 '유통 일반' 수업 자료이고, (나)는 학생이 수업을 들으며 정리한 학습 메모이다. 이를 이용 하여 〈작성 방법〉에 따라 순서대로 서술하시오. [4점] [2021 상업 임용]

(가)

○○상업고등학교 유통 일반 수업 자료 날짜 : 2020년 ××월 ××일

제품유형과 유통경로 전략에 대한 이해

1. 제품유형과 유통경로 전략 간 관련성

1) 제품유형

일반적으로 소비재는 구매 습관에 따라 3가지 제품유형으로 분류해 볼 수 있다. 첫 번째 유형은 소비자가 자주 구매하고, 제품 구매에 최소한의 노력과 시간을 투입하여 습관적 구매가 이루어지는 제품으로 치약, 세제, 비누 등이 이에 속한다. 두 번째 유형은 ㉠소비자가 구매 전에 몇 개의 점포를 방문하여 브랜드 대안들의 가격, 디자인, 품질 등을 비교하여 구매하며, 정보수집과 대안비교에 많은 시간과 노력을 투입하는 제품으로서 가구, 의류, 가전제품 등을 들 수 있다. 마지막 유형은 소비자의 브랜드 충성도가 매우 높고, 상당한 구매노력을 기꺼이 감수하려고 하며, 대체재가 별로 없는 제품으로 독특한 브랜드 정체성을 지니는 명품 시계, 고급 카메라, 유명 디자이너 패션 의류 등이 이에 속한다.

2) 유통경로 전략

최적 유통경로구조 결정을 위해 중요한 의사결정은 유통집중도(distribution intensity), 즉 각각의 경로 형태에 있어 자사 제품을 취급할 경로구성원 수를 결정하는 것이다. 제조업체가 선택할 수 있는 유통경로 전략은 크게 3가지 대안을 고려할 수 있다. 첫째, 가능한 한 많은 점포들이 자사 제품을 취급하도록 하는 유통경로 전략이다. 둘째, 특정 지역에서 하나의 점포에만 자사 제품의 판매권을 부여하는 (㉡) 유통경로 전략이다. 이 전략은 각 판매 지역별로 자사 제품을 취급하는 중간상의 수를 의도적으로 제한하는 것으로 유통업체에 대한 통제력이 가장 높은 점이 특징이다. 셋째, 지정된 지역에서 일정 규모와 자격을 갖춘 소수의 중간상을 선정하여 이들에게 자사 제품에 대한 판매권을 부여하는 전략이다.

… (하략) …

(나)

유통 일반 학습 메모 날짜 : 2020년 ××월 ××일

- 유통경로 전략 선택 시 제품특성 고려가 중요!
- 제품유형에 따라 유통경로 전략을 다르게 선택할 필요성이 있겠군.
- 치약, 세제 등의 제품에는 ㉢선택적 유통경로 전략이 적합!

〈작성 방법〉

- 밑줄 친 ㉠에 해당하는 제품유형의 명칭과 괄호 안의 ㉡에 들어갈 용어를 순서대로 쓸 것.
- 제품유형 특성과 유통경로 전략 간 적합성 관점에서, 밑줄 친 ㉢을 바르게 고쳐 쓰고 그 이유를 서술할 것.

05 다음은 디지털 시장에 관한 것이다. 〈자료〉를 이용하여 〈작성 방법〉에 따라 순서대로 서술하시오. [4점]

[2018 상업 임용]

〈자료〉

> 인터넷은 (㉠) 문제를 완화시킨다. (㉠)은/는 거래 주체의 한쪽이 다른 쪽보다 거래에 대한 중요한 정보를 더욱 많이 가질 때 발생한다. 이때 정보는 그들의 상대적 교섭력을 결정하는 데 영향을 미친다. 디지털 시장에서 소비자(구매자)들과 공급자들은 제품에 가격이 매겨지는 것을 '파악'할 수 있으며, 이런 의미에서 디지털 시장은 전통적 시장에 비해 더욱 '투명'하다고 할 수 있다.
>
> 예를 들어, 중고차 시장의 경우 웹에 중고차 판매업자가 등장하기 이전에는 중고차 판매업자와 구매자 간에 분명한 (㉠)이/가 존재했다. 중고차 판매업자들은 팔려고 하는 자동차의 정보, 즉 차량의 어떤 부분이 현재 어떤 상태인지와 과거의 사고 이력 등을 이미 알고 있는 반면, 중고차를 사려는 구매자들은 차량에 대한 이러한 정보가 없었다. 그들이 알 수 있는 것이라고는 차의 외관이나 시운전을 해 본 뒤의 승차감 정도뿐이었다. 이러한 정보 부족으로 구매자들은 중고차 구매에 대한 불만이 많았다.
>
> 반면 오늘날의 구매자들은 실시간으로 중고차 시세뿐만 아니라 중고차 판매업자별 매물 정보를 제공하는 웹 사이트에 접근할 수 있으며, 다수의 중고차 구매자들은 인터넷을 이용하여 중고차 구매 만족도를 높이고 있다. 이와 같이 웹은 중고차 구매를 둘러싸고 있는 (㉠)을/를 감소시켜 왔다. (가) 이는 결과적으로 중고차 판매업자와 구매자 간의 교섭력에 변화를 가져오게 되었다.
>
> 인터넷은 수많은 사람들이 많은 양의 정보를 직접적으로, 즉시, 무료로 교환할 수 있도록 해주는 디지털 시장을 만들어 냈다. 디지털 시장은 유통업체나 소매점과 같은 중개상을 거치지 않고 소비자들에게 직접 판매할 수 있는 많은 기회를 제공한다. 유통 과정에서 소비자들에게 직접 판매하거나 중개상들의 숫자를 감소시킴으로써 기업들은 더 높은 수익을 얻을 수 있다. 가치사슬상의 중개 단계들을 담당하는 조직들이나 비즈니스 프로세스 단계들을 없애는 것을 (㉡)(이)라 한다.

〈작성 방법〉

- ㉠에 공통으로 들어갈 용어와 ㉡에 들어갈 용어를 순서대로 제시할 것.
- 웹(Web)에 중고차 판매업자가 등장하기 이전과 이후를 비교할 때, 밑줄 친 (가)에 제시된 중고차 판매업자의 교섭력이 어떻게 달라졌는지를 서술할 것.
- ㉡(으)로 인한 소비자들의 이점을 제품의 가격 측면에서 서술할 것.

06 다음은 프랜차이즈 창업 기업인 ○○도시락의 사례에 대한 신문 기사 내용이다. ○○도시락 가맹본부와 가맹점 간 발생한 유통 경로의 갈등 유형을 쓰고, 사례에서 나타난 경로갈등의 원인 2가지를 서술하시오. [4점] [2017 상업 임용]

> 요즘 대학가에는 ○○도시락 열풍이 거세게 불고 있다. ○○ 도시락은 2014년 1월에 서울의 한 대학가에서 저렴하면서 맛있고 실속 있는 도시락으로 사업을 시작하였으며, 빠른 입소문으로 창립 당해에 전국 주요 대학가를 상권으로 하는 50개의 가맹점을 모집하였다. ○○도시락의 프랜차이즈 가맹본부는 맛과 서비스를 표준화하기 위해 매뉴얼 정비, 가맹점주 교육, 슈퍼바이저 훈련 등을 통해 가맹점 내실화를 기한 결과, 2016년 11월 현재 전국적으로 대학가 인근의 200개 가맹점을 확보하였다.
>
> 그러나 급속한 성장의 이면에는 ○○도시락 가맹본부와 가맹점 간에 발생한 갈등이 증폭되고 있었다. 이러한 갈등은 다른 프랜차이즈 가맹본부와 가맹점 간에도 일부 발생하고 있다. 이 유통경로 갈등은 유통경로 내의 다른 수준(단계)에 있는 경로 구성원 간에 발생하는 것을 의미한다.
>
> 실제로 ○○도시락 가맹본부는 2016년 3월부터 현재까지, 수익성이 높은 특정 대학가 상권에 20개의 직영점을 출점하였다. 이처럼 ○○도시락 가맹본부가 인근 가맹점과의 영업지역보호 라는 가맹계약 조항도 무시한 채 출점함에 따라 경로갈등의 불씨를 지폈다. 가맹본부의 직영점이 출점된 대학가의 기존 가맹점들은 매출감소라는 현실적 문제에 직면하게 되었다. 이에 따라 직영점이 출점한 상권의 가맹점 사업자들은 가맹본부를 찾아가 강력한 항의를 하였으나, 가맹본부와 가맹점 간 현실에 대한 입장 차이만 확인하고 합의점을 찾지 못하였다. 일련의 사태로 최근 100개 이상의 가맹점들은 ○○도시락 가맹점 사업자 협의회를 구성하고, ○○도시락 가맹본부의 일방적인 직영점 출점에 공동으로 대응하기 시작하였다.
>
> …(하략)…
>
> \- ◇◇신문, 2016년 11월 17일자 -

07 다음 내용에 해당하는 시스템을 쓰시오. [2점] [2005 상업 임용]

> • 매출과 관련된 정보를 수집하여 집중적으로 관리할 수 있다.
> • 일일이 자료를 입력하지 않아 시간과 노력을 절약할 수 있다.
> • 판매장, 음식점, 전문점 및 그 밖의 여러 분야에서 적용할 수 있다.
> • 시스템을 사용하기 위해서는 바코드(bar code)가 상품에 인쇄되어 있어야 한다.
> • 각 상품의 정보를 수집, 가공, 처리하는 과정에서 상품의 품목별 관리가 가능하다.

(   ) 시스템

08 다음은 24시 판매점에 관한 자료이다. ① (가)와 같은 판매 및 재고관리를 위한 점포자동화시스템을 무엇이라 하며, ② 이 시스템은 (나)의 판매가격 구성요소 중 주로 무엇을 낮추기 위한 것이며, ③ (다)의 자료에 의하여 갑 상품의 판매가격에서 매입원가를 제외한 마진(margin)을 계산하시오. [3점]

[2003 상업 임용 변형]

> (가) 판매관리의 현대화 방안으로 상품 바코드를 이용하여 컴퓨터와 종합정보통신망이 결합된 점포자동화시스템을 구축한다.
> (나) 판매가격은 매입가격, 매입비용, 영업비, 이익으로 구성된다.
> (다) 갑 상품의 판매가격 구성 자료는 다음과 같다.
>
> | | | | | | |
> |---|---|---|---|---|---|
> | 공장인도가격 | ₩1,000,000 | 반입운송비 | ₩80,000 | 반입운송보험료 | ₩20,000 |
> | 영업비 | 40,000 | 판매이익 | 100,000 | | |

① 판매 및 재고관리를 위한 점포자동화시스템
② 주로 낮추기 위한 판매가격의 구성요소
③ 갑 상품의 마진

09 다음은 ○○회사가 당면하고 있는 문제를 해결하기 위해 도입하고자 하는 기법과 기술을 설명한 것이다. (가)에 해당하는 기법과 (나)에 해당하는 기술을 각각 쓰시오. [2점] [2008 상업 임용]

> (가) ○○회사는 제품 생산에 필요한 다양한 원재료를 원자재 업체로부터 조달받고 있으나, 정보의 공유와 호환이 이루어지지 않아 생산에 큰 차질을 빚고 있다. 이를 해결하기 위해서 원자재 업체나 부품 업체로부터 공장과 창고에 이르기까지의 물자, 정보, 자금 등의 흐름을 신속하고 효율적으로 관리할 수 있는 기법을 도입하고자 한다.
> (나) 제품의 원활한 공급을 위해 제품에 부착된 칩의 정보를 물체에 대한 접촉 없이 주파수를 이용해 읽고 기록할 수 있는 기술을 도입하고자 한다. 제품에 대한 정보를 포함하고 있다는 점에서 기존의 바코드와 비슷하지만 단순히 제품 및 가격 정보 이외에 더 많은 다양한 정보를 포함할 수 있어 제품의 유통 정보를 유용하게 사용할 수 있으며 무선 지불 등에도 활용할 수 있다.

10 다음에 해당하는 정보 통신 기술을 이용하여 가능한 것을 〈보기〉에서 고른 것은? [2점] [2013 상업 임용]

- 전파 식별이라고도 한다.
- 반도체 칩이 내장된 태그, 라벨, 카드 등에 데이터를 저장한다.
- 무선 주파수를 이용하여 비접촉식으로 데이터를 읽어내는 인식 시스템이다.
- 바코드의 저장 능력과 스마트카드의 접촉 방식에 대한 한계를 극복하기 위해 확대 적용되고 있다.

〈보기〉

ㄱ. 제품의 유통 과정에서부터 재고 관리에 이르기까지 제품에 대한 정보를 효율적으로 관리하는 데 이용할 수 있다.

ㄴ. 자동 인식되어 게이트의 자동화, 통과 위치, 시점 등 물류 정보를 화주, 운송사 등에게 제공하는 데 이용할 수 있다.

ㄷ. 이사회와 경영진의 책임 아래 수행되는 기업 지배 구조의 일부로 조직의 전략과 목표를 유지하고 확장하는 데 이용할 수 있다.

ㄹ. 한 조직의 전략을 성공적으로 달성하기 위해 고객, 재무, 내부 업무 프로세스, 학습 및 성장의 네 가지 관점을 고려한 성과 측정에 이용할 수 있다.

11 다음은 주문형 자전거 제조 전문 중소기업에서 사장과 물류팀장이 나눈 대화의 일부이다. ( ) 안에 공통으로 들어갈 용어를 쓰시오. [2점] [2017 상업 임용]

사　　장:	최근에 주문형 자전거의 고객 주문량이 급격히 늘어나서 그동안 회사가 직접 수행하던 물류업무에 차질이 발생하였고, 배송서비스 등에 대한 고객불만이 증가하고 있어요. 좋은 방안이 없겠습니까?
물류팀장:	예, 사장님. 그렇지 않아도 저희 물류팀에서 다방면으로 조사한 결과, 국내외 다수의 기업들이 물류비 절감이나 고객서비스 향상 등을 위해 물류업무의 일부나 전체를 외부의 물류업체에 맡기는 외주물류와 (　　)물류를 실행하고 있습니다.
사　　장:	아, 그렇군요. 말씀하신 내용에 대해 좀 더 구체적으로 설명을 해 주시겠습니까?
물류팀장:	예, 외주물류는 주로 운영측면에서 원가절감에 초점을 두는 반면, (　　)물류는 원가절감 그 이상의 성과인 경쟁력 확보, 고객서비스 향상 등 전략적 관점에서 물류업무를 외부의 물류전문기업에 위탁하는 것으로 조사되었습니다.
사　　장:	그래요. (　　)물류를 관련 협회에서는 어떻게 정의합니까?
물류팀장:	예, 미국 물류관리협회에서는 (　　)(이)란 물류경로 내의 다른 주체와의 일시적이거나 장기적인 관계를 가지고 있는 물류경로 내의 대행자 또는 매개자를 의미하며, 화주와 단일 혹은 복수의 (　　)이/가 일정 기간 동안 일정 비용으로 일정 서비스를 상호 합의하에 수행하는 과정을 (　　)물류라고 정의하고 있습니다.
사　　장:	잘 알겠네요. 혹시 또 다른 방안은 없나요?
물류팀장:	예, 있습니다. 최근에는 (　　)물류 기능 외에 공급사슬관리 및 해결책을 제시하고, IT나 컨설팅 등의 부가가치 서비스를 제공하는 전문물류업체도 일부 있다고 조사 되었습니다만, 여러 여건상 우리 회사에 이를 도입하는 것은 시기상조라고 판단됩니다

12 다음은 국제 바코드 표준 체계에 관한 내용이다. 〈작성 방법〉에 따라 순서대로 서술하시오. [4점]

[2018 상업 임용]

1. GS1—13 표준형

880 $M_1M_2M_3M_4M_5M_6$ $I_1I_2I_3$ C/D

(㉠)　　　　(㉡)

8 809123 456785

GS1—13 표준형의 체계 바코드 심벌

2. GS1—13 코드 생성 과정

880 ⟶ (　　㉠　　)

880 912345

880912345 678

880912345 678 5 ⟶ (　　㉡　　)

〈작성 방법〉

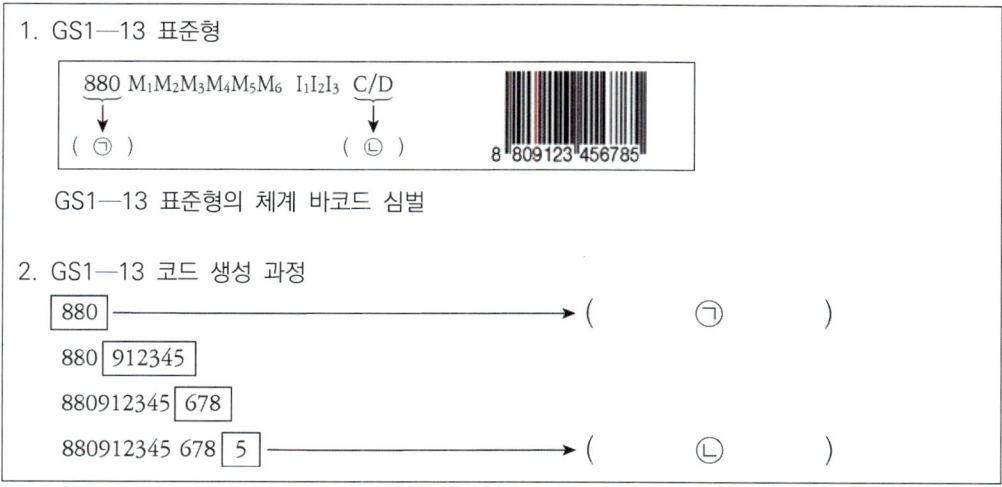

- ㉠, ㉡ 각각에 공통으로 해당하는 코드의 명칭을 제시할 것.
- 바코드의 단점 2가지를 서술할 것.

13 다음은 물류에 관한 설명이다. [3점]

[2008 상업 임용]

- 물류란 물적 유통의 약자로서 수송, 하역, 노관, 포장, 정보 등이 중요한 요소가 되며, 물자를 공급자로부터 수요자에게 이동시키는 것으로 시간적, 장소적 가치를 창출한다. 이러한 물류에는 ① 3S 1L의 원칙, 7R의 원칙 등이 있다.
- ② 7R의 원칙 중 6가지는 적절한 상품(right commodity), 적절한 시기(right time), 적절한 양(right quantity), 적절한 장소 (right place), 적절한 인상(right impression), 적절한 가격(right price)이다.
- ③ 일반기업은 생산과 마케팅만 담당하고 전문 물류업체가 생산 지점에서 소비자까지의 운송과 유통 부문을 도맡아 하는 물류 토탈서비스이다. 기존의 물류 아웃소싱이 화주기업과 물류기업 간의 관계를 기반으로 한다면, 이 물류는 전략적 제휴 관계이다.

① 3S 1L의 원칙 중 1L과 ② 7R의 원칙 중 나머지 1가지를 각각 쓰고 ③의 내용에 해당하는 물류의 명칭을 쓰시오.

14 그림은 물류의 영역별 구성과 체계를 나타낸 것이다. (가)~(다)의 영역에 대한 설명으로 옳은 것을 〈보기〉에서 모두 고른 것은? [2점] [2010 상업 임용]

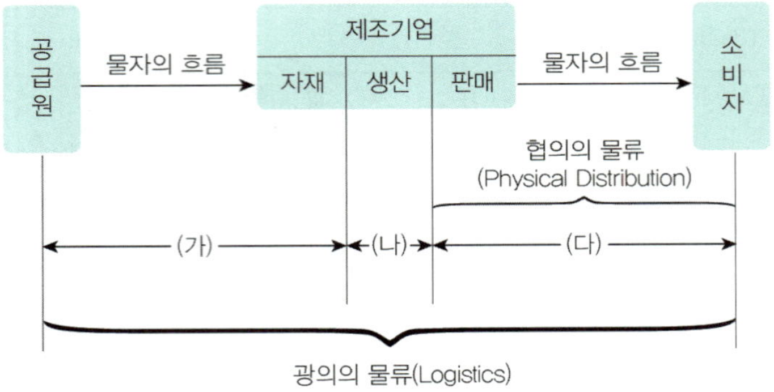

〈보기〉

ㄱ. (가)는 원자재의 조달에서부터 제조기업의 생산공정에 투입되어 완제품으로 포장되기까지의 과정이다.
ㄴ. (나)는 운반, 하역의 자동화와 창고의 자동화가 중요한 요소로 작용한다.
ㄷ. (다)는 생산된 제품을 소비자에게 전달하는 물류활동으로 수·배송 활동이 중요하다.

15 다음은 물류 영역별 분류에 관한 설명이다. 이를 이용하여 괄호 안의 ㉠, ㉡에 들어갈 용어를 순서대로 쓰시오. [2점] [2020 상업 임용]

물류 영역	내용
조달 물류	원자재나 부품 등의 공급자로부터 자재창고까지의 물류 활동으로 포장, 수배송, 하역, 보관, 재고관리 등의 물류 활동
회수 물류	판매 과정에서 부수적으로 발생하는 파렛트, 컨테이너, 포장재 및 빈 용기 등을 고객으로부터 회수 하여 재사용하기 위한 물류 활동
(㉠)	생산된 제품을 소비자에게 공급하기 위한 보관 및 수배송, 창고관리, 주문처리 등의 물류 활동
생산 물류	자재창고 출고에서부터 생산공정으로 운반, 하역, 제품창고 입고까지의 물류 활동
반품 물류	판매된 제품의 반품에 따른 물류 활동으로 반환된 물품을 회수, 운반, 분류, 정리, 보관, 처리하는 물류 활동
(㉡)	제품의 설계 시부터 구매, 생산, 유통, 판매 후 폐기 및 재사용에 이르기까지 전 물류 과정을 통해 환경의 유해 요소를 제거하거나 최소화할 수 있는 물류 활동

제7절 생산관리

01 다음은 '기업과 경영' 수업에서 생산 관리 부문에 대해 교사와 학생들이 나눈 대화이다. 이를 이용하여 〈작성 방법〉에 따라 순서대로 서술하시오. [4점] [2024 상업 임용]

> 교 사: 오늘은 생산 관리 부문에 대해 학습해 보도록 할게요. 과거의 가내 수공업 방식에서 테일러(F. Taylor)의 과학적 관리 방식으로의 전환은 당시 상당히 획기적인 변화였어요. 이후 포드(H. Ford)의 '3S' 즉, 단순화, 표준화, (㉠) 원칙 기반의 컨베이어벨트 시스템 활용은 과학적 관리 방식을 더 발전시켜 기업의 생산성 증대에 크게 기여했죠.
>
> 학생 A: 흥미롭네요. 그럼 그 이후의 생산 관리 분야는 또 어떻게 발전되었나요?
>
> 교 사: 현대에 와서 생산 관리 분야는 더욱 체계화되어, 생산 관리의 목표를 품질, 원가, 납기, (㉡)의 4가지로 구분하고 있어요. 더불어 기업들은 품질 관리 차원에서 전사적 품질 관리, (㉢), ISO 9000 인증 등에 많은 노력을 기울여 왔지요.
>
> 학생 B: 선생님, (㉢)에 대해 좀 더 자세히 설명해 주실 수 있으신가요?
>
> 교 사: 물론이죠. (㉢)은/는 통계적 용어로 제품 생산 과정에서 발생할 수 있는 오류를 측정하고 제거하여 결함을 최소화시킴으로써 완벽한 제품을 지향하는 과학적이고 합리적인 문제 해결 방식이에요. 좀 더 구체적으로 생산상 결함의 발생률을 100만분의 4 이하 수준으로 낮추는 것이죠.

〈작성 방법〉

- 괄호 안의 ㉠에 해당하는 용어를 쓰고, 그 의미를 서술할 것.
- 괄호 안의 ㉡에 해당하는 용어를 쓸 것.
- 괄호 안의 ㉢에 공통으로 해당하는 용어를 쓸 것.

02 다음은 기업의 경쟁력 제고를 위한 벤치마킹(benchmarking) 사례이다. A 기업이 B 기업으로부터 벤치마킹하고자 하는 밑줄 친 이것을 쓰시오. [2점] [2016 상업 임용]

> 과자류를 생산하는 A 기업은 최근 지속적으로 운송비, 보관 및 재고 관리비, 포장비, 하역비 등의 물류비용이 증가하는 반면, 고객의 서비스 만족도는 낮아지고 있어서, 이에 대한 대응 방안을 도출하고자 한다. 경쟁 회사를 벤치마킹하기 위해서 조사한 결과, B 기업은 **<u>이것</u>**을 실행하여 물류와 관련된 비용을 20% 이상 감소시켰고, 주문 충족률이 거의 100%에 도달하였으며, 각종 운영 비용을 절감하였다.
>
> 이것을 구체적으로 보면, 제조업체인 B기업은 공급업체, B 기업의 생산 공장, 도매상, 소매상, 창고 · 보관업자 그리고 최종 소비자 간에 원자재, 제품, 관련 정보의 상 · 하향 흐름이 이어지도록 전사적 자원 관리(Enterprise Resource Planning :ERP)의 확장형 정보시스템을 활용하여 관리하고 있었다.
>
> **<u>이것</u>**은 1980년대 중반에 미국의 의류업계 등에서 신속 반응 시스템(Quick Response System: QRS)으로 시작되어, 식료품 제조업체와 대형 슈퍼마켓 등이 연대한 효율적 소비자 반응(Efficient Consumer Response: ECR)으로 발전하면서 본격적으로 정착된 개념이다.
>
> 결국, A 기업이 벤치마킹하고자 하는 **<u>이것</u>**은 고객의 서비스 만족도를 제고시키면서, 시스템의 전반적인 비용을 최소화할 수 있도록 전체 최적화를 추구하는 혁신적인 물류 관리 접근법이다.

03 다음은 공급사슬관리 시스템에 관한 〈자료〉이다. 이 〈자료〉를 이용하여 〈작성 방법〉에 따라 순서대로 서술하시오. [4점] [2020 상업 임용]

〈자료〉

> 제조기업들은 공급업체와의 관계 관리를 지원하기 위해 공급사슬관리(Supply Chain Management: SCM) 시스템을 이용한다. 이 시스템은 공급업체, 구매기업, 유통업체, 물류회사들이 주문, 생산, 재고 수준, 제품과 서비스의 배송에 관한 정보를 공유하도록 하여 제품과 서비스를 효율적으로 구매, 생산, 배송할 수 있도록 지원한다. 공급사슬 가시성(Supply Chain Visibility)이란 공급사슬의 상류와 하류의 모든 영역을 실시간으로 볼 수 있는 능력을 말한다. 제조기업들은 수요에 대응하기 위해서 상류와 하류에서 발생한 고객에 관한 정보와 함께 공급자에 관한 정보도 모두 알아야 한다. 공급사슬관리에서는 공급사슬상의 이러한 고객과 공급자에 관한 정보와 관련된 ㉠문제 또는 해결해야 할 당면과제가 반복적으로 발생하고 있다.
>
> 공급사슬관리 시스템은 두 가지로 구분될 수 있다. 우선 공급사슬 (㉡) 시스템은 기업이 기존의 공급사슬을 모델링할 수 있도록 해주고, 제품에 대한 수요를 예측할 수 있도록 해주며, 제품에 대해 최적화된 조달 계획 및 생산계획을 수립할 수 있도록 해준다. 이러한 시스템은 기업이 주어진 기간 안에 얼마나 많은 제품을 제조할 수 있는지를 결정하고, 원재료에 대한 재고 수준을 설정하며, 완성된 제품을 어디에 저장할지 결정하고, 제품 전달을 위해 사용할 운송 수단을 판단하는 등, 더 나은 운영상의 의사결정을 할 수 있도록 도와준다.
>
> 한편 공급사슬 (㉢) 시스템은 제품이 적정 장소에 가장 효율적인 방법을 통해 전달될 수 있도록 유통센터 및 유통창고를 거치는 제품의 흐름을 관리한다. 이 시스템은 제품의 물리적 상태, 원재료에 대한 관리, 창고 및 수송에 대한 운영, 모든 이해 당사자에 관한 재무 정보 등을 파악할 수 있도록 해준다. 바코드와 RFID 등을 사용해서 물류 실행 업무를 효율화하며, 또한 제품의 반환과 관련된 역배송에 대한 관리도 담당한다.

〈작성 방법〉

- ㅇ 밑줄 친 ㉠에 해당하는 용어를 제시하고, 그 개념을 서술할 것.
- ㅇ 괄호 안의 ㉡, ㉢에 들어갈 용어를 각각 순서대로 제시할 것.

04 그림은 품종과 생산량에서 본 생산 형태를 나타낸 것이다. (가), (나)에 대한 설명으로 옳은 것을 〈보기〉에서 고른 것은? [2점] [2009 상업 임용]

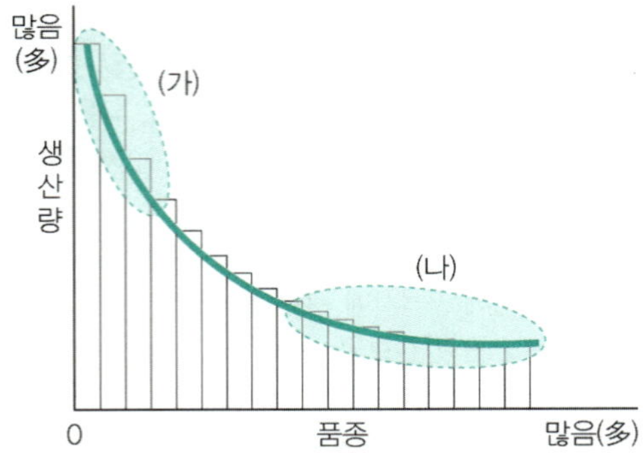

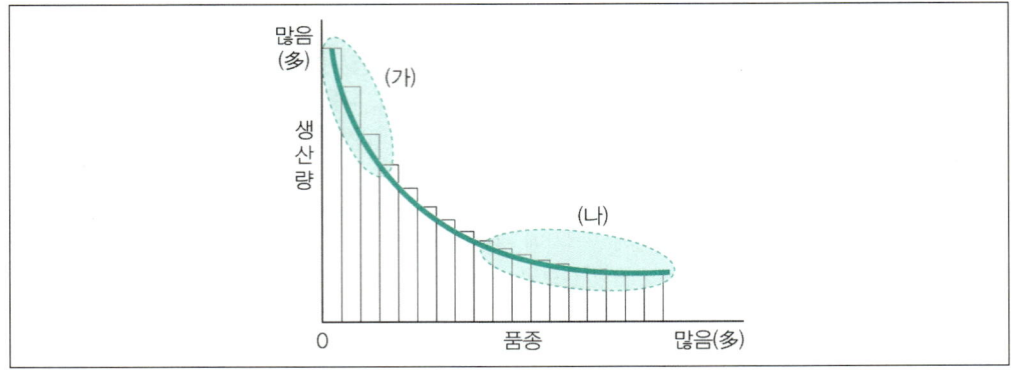

〈보기〉
ㄱ. (가)는 다양한 수요 변화에 대한 유연성이 크다.
ㄴ. (가)는 전용 설비를 이용하고 예측 생산에 유리하다.
ㄷ. (나)는 석유 정제업, 화학 공업, 자동차 제조업 등에서 볼 수 있는 생산 형태이다.
ㄹ. (나)는 유연 생산 시스템(Flexible Manufacturing System) 도입으로 공정을 유연화시킬 수 있다.

05 다음 자료에 의하여 경제적 주문량(EOQ: economic order quantity)을 계산하시오. [3점] [2005 상업 임용]

갑 제품의 연간 수요는 200,000개, 1회 주문 비용은 20,000원이고, 연간 단위당 재고 유지 비용은 2,000원이다.

① 계산식:
② 경제적 주문량(EOQ): 개

06 다음은 도소매업과 제조업을 함께 영위하는 (주)□□의 영업 · 생산 · 구매 관리 모듈의 일부가 도함된 ERP(Enterprise Resource Planning) 시스템 구축 관련 〈자료〉이다. 이를 이용하여 괄호 안의 ㉠에 들어갈 용어와 ㉡에 공통으로 들어갈 용어를 순서대로 쓰시오. [2점] [2021 상업 임용]

〈자료〉

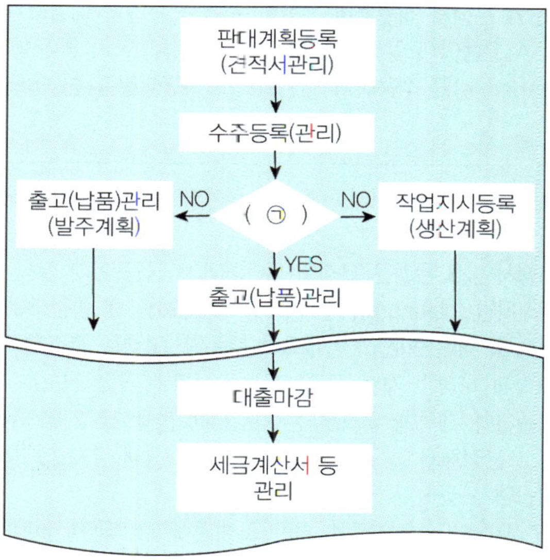

(주)□□는 ERP시스템 구축 시 새로운 생산시스템 도입에 가장 큰 관심을 두고 있으며, ERP시스템 구축에 참여한 컨설턴트는 다음과 같은 생산시스템을 추천하였음

- (㉡) 생산시스템은 투입되는 자원의 낭비를 지속적으로 줄이고 고부가가치를 생산할 수 있는 합리적 프로세스를 구축하여 조직성과를 제고하도록 하는 시스템임. 일반적으로 과잉생산, 대기시간, 이동, 공정, 불필요한 움직임 등에 의한 낭비(waste)의 제거를 목적으로 함.
- JIT(Just In Time) 생산시스템을 좀 더 체계화하고 발전시킨 (㉡) 생산시스템은 고객 관점에서 비부가가치, 즉 낭비를 최대한 제거하는 가치창출에 주력함. 반면, JIT 생산시스템은 생산 현장 관점에서 필요한 때에 필요한 만큼 생산하는 방식으로 유연성과 생산성을 추구하면서 생산비용 최소화에 주력한다는 점에서 차이가 있음.

제8절 마케팅

01 다음은 시중 은행인 A 은행의 직원들이 은행이 직면한 문제를 해결하기 위하여 새로운 시스템 도입을 논의하는 상황이다. A 은행이 도입하려는 시스템의 명칭을 쓰고, B 은행의 고객 관리 방법에 대하여 파레토법칙(pareto principle)을 적용하여 설명하시오. 또한 밑줄 친 ㉠의 개념을 서술하시오. [4점]

[2016 상업 임용]

> 마케팅본부장 : 고객들이 자신의 기여도에 따라 좀 더 나은 대우를 받기를 원하는데 좋은 방법이 없을까요?
>
> 전 산 실 장 : 경쟁사인 B 은행은 고객의 최근 3개월 금융 거래 실적 등을 고려하여, 최상위 5%의 플래티넘 (platinum), 상위 15%의 골드(gold), 중간 30%의 실버(silver), 나머지 하위 50%의 아이언(iron) 등급으로 나누어, 고객을 관리하고 있는 것으로 알고 있습니다.
>
> 마케팅본부장 : 그렇게 하려면 개별 고객에 대한 상세한 금융 정보를 모아 관리해야 하지 않나요?
>
> 전 산 실 장 : 맞습니다. 그래서 우리 A 은행도 고객 접점별로 개별 고객에 대한 상세한 정보를 수집하고 분석해서, 신규 고객 확보나 기존 고객 유지 및 활성화 등의 활동을 할 수 있는 시스템 도입이 시급히 요구됩니다.
>
> 마케팅본부장 : 그 시스템이 도입되면 기존 고객들에게 ㉠**<u>교차 판매(cross-selling)</u>**와 상향 판매(up-selling)가 가능해지나요?
>
> 전 산 실 장 : 예, 이미 많은 경쟁 은행들이 그 시스템을 도입하여 적용하고 있습니다.

02 다음은 고객 만족도-충성도의 관계를 보여 주는 그림이다. 그림에 대해 옳게 설명한 것을 〈보기〉에서 고른 것은? [점]

[2C10 상업 임용]

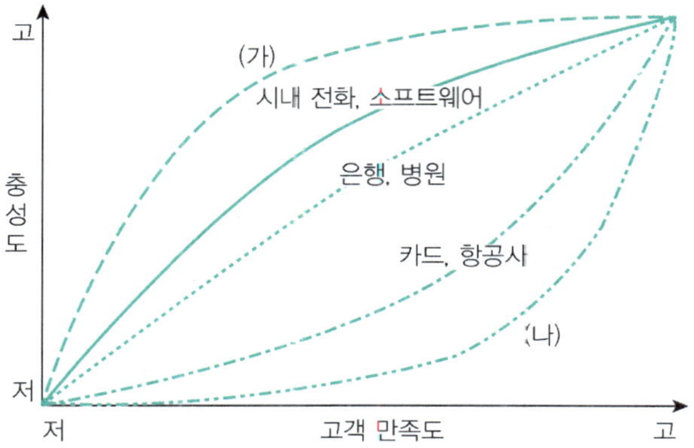

〈보기〉

ㄱ. (가)는 (나)에 비해 상대적으로 경쟁이 심하다.
ㄴ. (가)에는 음식점, 비디오 대여점 등이 해당된다.
ㄷ. (나)는 (가)에 비해 상대적으로 신규 고객의 유치보다 기존 고객의 유지가 더 중요하다.
ㄹ. 높은 충성도를 위해서 (나)는 (가)에 비해 상대적으로 더 높은 수준의 고객 만족도를 필요로 한다.

03 창업에 필요한 자료를 조사하는 과정이다. 아래 조사 내용을 참고하여 A에 해당하는 정보의 원천과 B에 해당하는 조사의 성격을 바르게 묶은 것은? [2점] [2009 상업 임용]

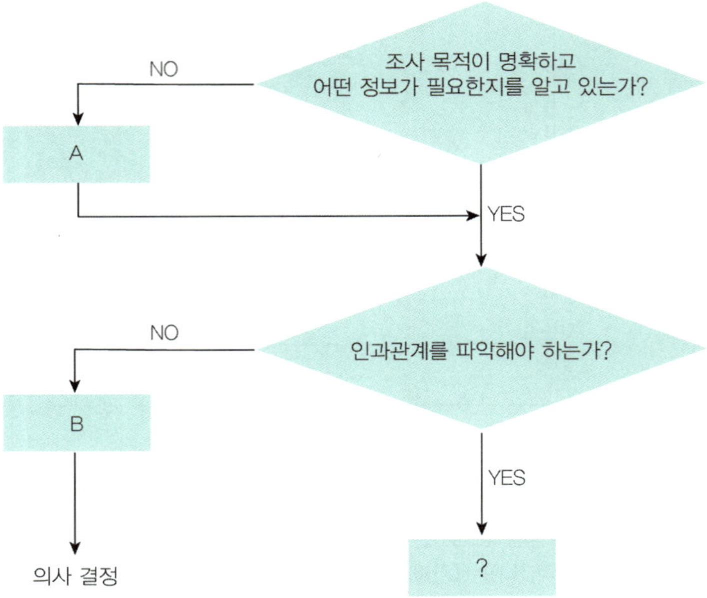

A의 조사 내용

- 학교 기업 관련 창업 보고서
- 판매 제품의 특성 매출액 관련 문헌
- 개발된 설문지 문항

B의 조사 내용

- 현 상황을 정확하게 파악하기 위한 설문지 배포 및 자료수집
- 인구통계적 변수를 이용한 조사

	A의 정보 원천	B의 조사 성격
①	1차 자료	탐색적 조사
②	1차 자료	기술적 조사
③	1차 자료	인과적 조사
④	2차 자료	탐색적 조사
⑤	2차 자료	기술적 조사

04 다음은 여성용 면도기를 전문적으로 생산하는 ㈜행복의 마케팅 조사에 관한 사례 내용의 일부이다. 괄호 안의 ㉠에 들어갈 마케팅 조사기법의 명칭과 ㉡에 들어갈 용어를 순서대로 쓰고, ㈜행복의 설문 조사 목적을 서술하시오. [4점] [2017 상업 임용]

> ㈜행복은 국내 여성용 면도기 시장을 선도하는 기업이다. 그러나 6개월 전부터 다국적 면도기업체들이 여성용 면도기 시장에 다양한 신제품을 출시하여, ㈜행복의 시장점유율이 감소하고 있다. 다국적 기업인 G사는 피부 저자극 면도기, 고가의 고성능 면도기를 주력 제품으로 출시하였고, 다른 N사는 3중 면도날의 고성능 제품을 출시하였다. ㈜행복의 마케팅팀장은 경쟁사에 대응하는 신제품 전략을 수립하기 위해 2가지 마케팅조사를 실시하기로 결정하였다.
>
> 먼저, ㈜행복의 마케팅팀장은 시장조사 전문기관인 ㈜C&D에 다음과 같은 (㉠)을/를 의뢰하였다. 이에 따라 ㈜C&D는 여성용 면도기를 자주 사용하는 10명의 20~30대 여성 한 그룹을 대상으로, 자유로운 분위기 속에서 응답자들 간 여성용 면도기 사용 시 제품별 장 · 단점, 제품 태도, 재구매 의도, ㈜행복의 면도기 제품에 대한 개선사항 등을 토론하는 형식의 (㉠) 을/를 실시하였다. 조사결과, ㈜행복의 여성용 면도기는 면도 성능이 우수하나, 피부 자극을 유발하는 점이 단점으로 지적되었다. (㉠)은/는 6~12명 이내 소수의 응답자를 대상으로 전문 진행자가 심층적인 토론을 유도하여 유용한 조사가 가능하다는 장점이 있지만, 비계량적인 조사이기 때문에 조사결과를 일반화하기가 어렵다는 단점이 있다.
>
> 두 번째로, ㈜행복은 여성용 면도기 제품 사용실태와 만족도 설문 조사를 ㈜C&D에 추가적으로 의뢰하였다. 이후, ㈜C&D는 여성용 면도기 소비자 표본 프레임(sample frame)을 확보하는 것이 불가능하고 전수조사가 매우 어렵기 때문에 비확률표본추출방법을 활용한 표본조사를 실시하기로 결정하였다. 구체적으로 1,000명의 20대 이상 50대 이하 여성용 면도기 소비자를 7대 도시-서울시 300명, 부산시 200명, 나머지 5개 시(대구, 광주, 대전, 인천, 울산) 각각 100명-로 나누어 대인조사를 통해 설문지를 수집하는 표본 조사설계를 수립하였다. 이러한 (㉡)표본추출방법은 상업적 마케팅조사에 널리 활용되는데, 미리 정해진 분류기준에 의해 전체 표본을 여러 집단으로 구분하고 각 집단별로 필요한 대상을 추출하는 방법이다. 조사자가 집단분류기준을 효과적으로 선정하여 이를 잘 적용한다면, 모집단의 특성을 반영할 수 있다는 장점이 있다.

05 다음은 마케팅 조사를 위한 설문지 제작에 사용된 척도의 형태에 대한 설명이다. 이에 해당하는 척도명을 쓰시오. [2점] [2014 상업 임용]

마케팅 부서에서 시장 조사 업무를 맡고 있는 강 팀장은 이번 신제품 출시와 관련하여 설문지를 구성하면서 가장 먼저 소비자의 성별에 따른 제품 선호도를 분류하기로 결정했다. 성별은 순위, 등간격, 절대 영점이 존재하지 않으므로 빈도분석과 교차분석이 가능하도록 남자는 M, 여자는 F로 구분하기로 했다.

06 다음 소비자 구매행동 중 ①과 ②에 알맞은 내용을 쓰시오. [2005 상업 임용]

문제(욕구)의 인식 → 정보의 탐색 → (①) → 구매 결정 → (②)

①

②

07 다음의 (가)는 □□상업고등학교의 '소비자행동 분석' 수업에서 교사가 판서한 자료이고, (나)는 학생 영희의 노트북 구매 경험에 관한 설명 자료이다. 이를 이용하여 〈작성 방법〉에 따라 순서대로 서술하시오. [4점] [2021 상업 임용]

(가)

수업주제 : 소비자 구매의사결정에 대한 이해
1. 구매의사결정과정 :
   문제인식 → 정보탐색 → 대안평가 → 구매 → 구매 후 행동
2. 각 단계별 세부적 학습 내용
   (1) 문제인식 : 욕구의 환기
   (2) ㉠정보탐색 :2가지 유형
   (3) 대안평가 : 보완적 방식 vs. 비보완적 방식
   (4) 구매 : 소비자 구매행동 유형
   (5) 구매 후 행동 : 구매 제품에 대한 ㉡만족 혹은 불만족

(나)

□□상업고등학교 학생 영희는 3년 전에 구매한 노트북이 사용 중 전원이 자주 꺼지고 무게가 무거워 이동 중 사용에 불편함을 느끼고 있었다. 그러던 중 TV 광고를 통해 최근 노트북 제조사 들이 특수 소재를 적용하여 경량화를 달성한 신제품을 앞다투어 출시하고 있다는 것을 알게 되어 노트북을 교체해야겠다는 생각이 들었다.

영희는 ㉢대표적인 노트북 브랜드 A, B의 특징과 브랜드 B의 A/S 강화에 관한 TV 뉴스 내용 등을 기억에서 회상할 수 있었다. 최근 인터넷 검색을 통해 신생 기업이 출시한 브랜드 C가 경쟁사 대비 가격이 가장 저렴하다는 것을 알게 되어, 해당 브랜드를 포함한 총 3개 브랜드를 대상으로 대안평가를 실시하였다. 다음은 평가 기준에 대한 중요도와 브랜드별 평가 기준에 대한 점수를 나타낸 것이다.

㉣노트북에 대한 영희의 평가표

평가 기준	중요도	브랜드별 평가 기준에 대한 점수		
		A	B	C
무게	40	5	3	3
디자인	20	3	4	5
A/S	30	4	5	3
가격	10	4	4	5
합계	100			

※ 브랜드별 평가 기준에 대한 점수: 1(매우 나쁨)-5(매우 좋음)

〈작성 방법〉

- (가)의 밑줄 친 ㉠의 2가지 유형 중 (나)의 밑줄 친 ㉢에 해당하는 유형을 쓸 것.
- (나)의 밑줄 친 ㉣을 이용한 평가 결과, 점수의 합계가 가장 높은 1위 브랜드를 알파벳 대문자로 쓰고, 영희의 입장에서 1위 브랜드와 비교하여 2위 브랜드가 어떤 점을 개선해야 하는지 근거를 포함하여 서술할 것(단, 평가는 보완적 방식을 적용할 것).
- (가)의 밑줄 친 ㉡이 어떻게 결정되는지를 기대 불일치 모형에 근거하여 제시할 것.

08 다음의 (가)는 친구 A가 러닝머신 구매 직후 친구 B와 나눈 대화이며, (나)는 친구 A가 러닝머신을 일주일간 사용한 후 친구 B와 나눈 대화이다. 이를 이용하여 〈작성 방법〉에 따라 서술하시오. [4점]

[2022 상업 임용]

(가)

> 친구 A: 나 드디어 그토록 갖고 싶었던 ○○러닝머신 샀어!
> 친구 B: 축하해, 부럽다. 기분이 어때?
> 친구 A: ㉠당연히 좋긴 한데, 가격이 비싸면서 반품도 안 된다니까 괜히 걱정되더라. 그리고 곧 □□러닝머신 신제품이 출시된다니까 더 기다릴 걸 그랬나 하는 생각도 들고...
> 친구 B: 신경 쓰지 마. 일단 써 보고 나중에 후기 들려줘.

(나)

> 친구 B: 잘 지냈어? ○○러닝머신 후기 들려줘야지!
> 친구 A: 음… 생각했던 것보다는 별로네.
> 친구 B: 왜? 너 그 ○○러닝머신 엄청 가지고 싶어 했잖아.
> 친구 A: ㉡그랬지. 소음이 적다고 해서 기대를 많이 했었거든. 그런데 실제로 사용해 보니까 생각보다 소음이 심하고, 심지어 조작 버튼도 많이 불편해.

〈작성 방법〉

- ㅇ 마케팅의 소비자 행동론 관점에서 작성할 것.
- ㅇ 밑줄 친 ㉠과 연관된 용어를 쓰고, 그 용어의 개념을 서술할 것.
- ㅇ 밑줄 친 ㉡과 연관된 이론적 모형을 쓰고, 그 모형을 적용하여 (나)에서 제품에 대한 친구 A의 심리적 상태를 서술할 것.

09 김 교사는 마케팅 과목 수업에서 '소비자 정보 처리 과정'을 도식화한 [자료 1]을 이해시키기 위하여 [자료 2]의 사례를 적용하였다. [자료 2]의 밑줄 친 ㉠~㉤에 해당되는 설명으로 옳지 않은 것은? [2점]

[2010 상업 임용]

[자료 1] : 소비자 정보 처리 과정

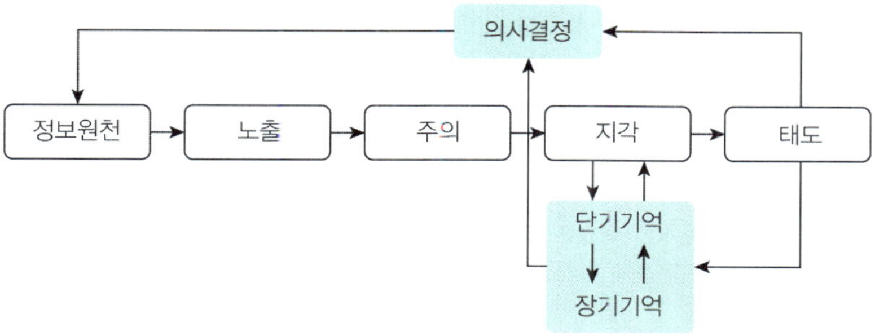

[자료 2] : ○○회사의 제품 광고 사례

○○회사는 소비자들에게 자사 제품에 대한 자극을 주기 위하여 ㉠TV 광고를 하였다. 자사 제품 광고를 보도록 하기 위하여 ㉡고향의 이미지에 적합한 유명 탤런트를 모델로 활용하였다. ㉢오랫동안 기억하도록 찌개가 끓는 모습과 소리를 보여 주고, '장독대'라는 브랜드명을 반복적으로 들려주었다. ㉣소비자의 기억 속에 고향, 어머니 손맛, '장독대'의 관계를 강화시켰다.

〈중략〉……

소비자 A는 어머니가 해 주신 된장찌개 생각이 나서 매점으로 재료를 구입하러 갔다. A는 유명 탤런트 ㉤얼굴 사진이 들어 있는 포장을 보고 광고가 생각나서 그 상품을 구매하였다.

① ㉠은 소비자의 의도적 노출을 유도하기 위한 광고이다.
② ㉡은 소비자의 주의 선택성을 높이기 위한 것이다.
③ ㉢은 소비자의 심상적 정교화와 언어적 정교화를 돕는 것이다.
④ ㉣의 소비자 관계강화는 스키마형성과 관련된 것이다.
⑤ ㉤의 소비자가 구매한 제품의 포장에 있는 얼굴 사진은 인출 단서이다.

10 다음은 데스크톱 키보드 제조 · 판매업체인 (주)○○ 마케팅팀의 STP 전략 회의 내용이다. 이를 이용하여 〈작성 방법〉에 따라 순서대로 서술하시오. [4점] [2023 상업 임용]

> 팀 장: 우리 회사에서 지금까지 준비해 온, 첨단 기능이 탑재된 무선 키보드 마케팅 전략에 대해 논의해 보고자 합니다.
> 팀원 A: 먼저 시장 세분화가 필요할 것으로 생각됩니다.
> 팀원 B: 이번 제품의 특성상 ㉠<u>나이나 세대</u>를 기준으로 시장을 나누면 어떨까요?
> 팀원 A: 그렇다면 20~30대 시장은 어때요? 그들은 제품으로 자신으로 표현하려는 욕구가 강하고, IT 제품에 친숙하면서도 상당한 구매력을 가지고 있으니까요.
> 팀 장: 좋은 의견입니다. 20~30대 시장은 수익성 측면에서 시장 매력도가 높기 때문에 목표 시장으로 선정해도 괜찮을 것으로 판단되네요. 어떤 마케팅 전략이 적합할까요?
> 팀원 B: 비차별화나 차별화 마케팅 전략보다는 (㉡)마케팅 전략이 적합할 것으로 생각됩니다. 마케팅 믹스를 그 시장에만 초점을 두고 적용하자는 것이지요.
> 팀 장: 좋습니다. 다음 회의에서는 이 제품의 (㉢)에 대해 논의하도록 하겠습니다.

〈작성 방법〉

- 밑줄 친 ㉠에 해당하는 시장 세분화 범주를 쓸 것.
- 괄호 안의 ㉡에 해당하는 용어를 쓸 것.
- 마케팅 전략 수립의 STP 단계에 근거하여 괄호 안의 ㉢에 해당하는 단계의 용어를 쓰고, 그 개념을 서술할 것.

11 다음은 ○○ 회사의 표적 시장에 대한 선정 전략 과정이다. 이 과정에 대한 설명으로 옳은 것을 〈보기〉에서 고른 것은? [2점] [2013 상업 임용]

판매 현황 조사	구분	선호하는 샌드위치
	어린이	치즈 샌드위치
	어른	김치 샌드위치

⬇

표적 시장 선정	치즈 샌드위치 시장
	김치 샌드위치 시장

⬇

광고 계획	광고의 초점을 '고유한 맛을 지닌 샌드위치'라는 개념으로 정하여 맛이 다르다는 점으로 소비자에게 소구(appeal)할 계획이다.

〈보기〉

ㄱ. 시장 세분화 변수는 연령이다.
ㄴ. 시장 포지셔닝 유형은 속성 포지셔닝이다.
ㄷ. 소득 수준에 따른 시장의 세분화 전략을 채택하였다.
ㄹ. 표적 시장의 선정은 역차별 마케팅 전략을 사용하였다.

12 (가)의 차별화 마케팅을 비차별화 마케팅과 비교하여 설명하고, (가)와 (나)에서 말하는 차별화의 개념 차이를 설명하시오. [20점] [2009 상업 임용]

(가) 차별화 마케팅은 다수의 세분화된 시장별로 별개의 제품 또는 마케팅 프로그램을 운영하는 것이다. 차별화 마케팅을 실시하면 일반적으로 비차별화 마케팅보다 더 많은 소비자들을 만족시킬 수 있으며, 매출 증대와 이익 증가를 기대할 수 있다.
(나) 제품 차별화는 기업이 판매하는 자사의 제품을 성능, 디자인 등의 면에서 소비자의 요구에 더 적합하도록 다른 경쟁 제품과 구별시키는 활동이다.

13 다음 자료를 참고하여 물음에 답하시오. [점] [2003 상업 임용]

> (가) 마케팅 관리자가 마케팅 활동을 수행하기 위한 도구(4Ps)를 마케팅 믹스(marketing mix)라 한다. 마케팅 믹스에는 제품(Product), 유통(Place) 등이 있다.
> (나) 마케팅 활동에는 마케팅에 참여하는 참가자(4Cs)가 필요하다. 마케팅 활동에 참여하는 참가자들로는 기업(Company), 유통경로 구성원(Channel), 경쟁사(Competitor) 등이 있다.

① 위 (가)항에서 예시한 마케팅 믹스 외에 나머지 2가지를 쓰시오.
② 위 (나)항에서 예시한 참가자 외에 나머지 1가지를 쓰시오.

14 다음은 ○○기업의 마케팅 사례이다. 이 사례의 ○○기업이 신제품에 사용한 브랜드 전략의 명칭을 쓰고, 이 브랜드 전략의 장점 2가지를 서술하시오. [4점] [2016 상업 임용]

> 즉석 조리 식품을 생산하는 ○○기업은 전자레인지용 카레 신제품을 출시하면서, 프리미엄급 맛을 선호하는 2030세대를 표적고객으로 선정하였다. ○○기업은 자사의 기존 컵라면 제품의 '퀵(Quick)'이라는 잘 알려진 브랜드를 활용하여 전자레인지용 카레 신제품에 '퀵(Quick)-프리미엄 커리'라는 브랜드를 붙여 시장에 출시하였다.

15 다음은 판매 가격 정책의 유형들을 설명한 것이다. (가), (나), (다)의 설명에 알맞은 가격 정책 용어를 각각 쓰시오. [3점] [2007 상업 임용]

> (가) 우선 제품을 싸게 판매한 다음에, 그 제품에 필요한 소모품이나 부품 등을 비싼 가격에 판매함으로써 더 큰 이익을 거두는 정책
> (나) 처음에는 고가격을 책정하였다가 시간이 지남에 따라 가격을 내리는 정책
> (다) 신제품의 가격을 낮게 책정하여 초기에 많은 고객을 확보함으로써 신속히 시장에 침투하고자 하는 정책

16 다음은 가격정책의 예를 나타낸 그림이다. 이 그림을 이용하여 〈작성 방법〉에 다라 순서대로 서술하시오. [4점] [2020 상업 임용]

(가)

〈메뉴판〉	〈여행상품〉
 햄버거: 3,900원 감자튀김: 2,000원 탄산음료: 2,000원 치즈스틱: 2,000원 너겟: 2,000원	
㉠ 선택 A: 햄버거 + 감자튀김 + 탄산음료 = 6,500원 선택 B: 햄버거 + 치즈스틱 + 탄산음료 = 6,500원	㉡ 스페인 일주 7박 9일 트어 항공료, 숙박비, 입장료, 관광버스비, 식비, 여행자 보험 모두 포함 가격 1,600,000원

(나)

기본요금 3,800원 + 주행거리 요금 4,500원
택시요금 = 8,300원

〈작성방법〉

- (가)의 ㉠, ㉡에 공통으로 적용되는 가격제 명칭을 제시할 것.
- (나)에 적용되는 가격제 명칭을 제시할 것.
- (가)의 ㉠에 적용되는 가격제 명칭을 제시하고, ㉠과 ㉡에 적용되는 가격제를 상호 비교하여 차이점 1가지를 서술할 것.

17 다음은 '마케팅과 광고' 수업에서 기업의 가격 전략에 대해 교사와 학생들이 나눈 대화이다. 〈작성 방법〉에 따라 순서대로 서술하시오. [4점] [2025 상업 임용]

> 교　사: 가격은 기업의 수익에 직접적인 영향을 주는 마케팅 믹스 변수라는 점에서 매우 중요합니다. 그러나 기업이 가격을 제대로 책정하는 것은 쉽지 않습니다. 기업의 입장에서 볼 때 상품 가격을 이익이 보장되지 못할 정도로 지나치게 낮게 정하는 것도 문제지만, 그렇다고 수요가 없을 정도로 너무 높게 책정하는 것도 현실적으로 어렵습니다. 따라서 기업은 상품 가격을 결정할 때 가격의 하한선을 결정하는 원가와 더불어 가격에 대한 소비자의 심리와 행동을 종합적으로 고려할 필요가 있습니다.
>
> 학생 A: 기업이 손해를 보고 판매할 수는 없으니, 원가 이하로 가격을 결정하는 것이 어렵다는 것은 이해가 되는데, 가격에 대한 소비자의 심리와 행동을 고려한다는 것은 어떤 의미인지 궁금합니다.
>
> 교　사: 좋은 질문입니다. 이와 관련하여 다음의 3가지 가격 개념을 이해하는 것이 중요합니다. 먼저, (㉠)(이)란 소비자가 상품 가격이 비싼지 싼지를 평가할 때, 비교 기준으로 사용하는 가격을 말합니다. 예를 들어 특정 노트북의 가격이 (㉠)보다 높으면 비싸다고 생각하고, 반대로 (㉠)보다 낮으면 싸다고 지각하는 것입니다. 두 번째로, (㉡)을/를 적용한 전략도 있습니다. 이는 상품 가격의 숫자에 대한 소비자들의 심리적 반응을 활용하는 것입니다. 예를 들어 상품 가격을 10,000원으로 표기하는 대신에 9,900원으로 표기할 경우 실질적인 상품 가격 차이는 크지 않지만, 소비자들은 해당 상품을 각각 10,000원대 상품과 1,000원대 상품으로 인식하게 되어 심리적으로 실제 상품 가격보다 저렴하다고 지각하게 됩니다. 마지막으로, 유보가격은 소비자가 어떤 상품에 대해 지불할 용의가 있는 최고 가격을 의미합니다. 즉, 특정 노트북 가격이 유보가격 이하이면 구매를 하지만, 이보다 높으면 구매를 꺼리게 됩니다.
>
> 학생 B: 가격 결정에 원가뿐만 아니라 소비자 심리도 큰 영향을 미치는 것이 흥미롭네요. 그렇다면 판매자는 상품 가격을 소비자의 유보가격 수준까지 올려야 이익을 극대화할 수 있겠네요.
>
> 교　사: 네, 맞습니다. 실제로 (주)○○는 자사 신상품을 시장에 출시하면서, 초기에 잠재 구매자들의 유보가격이 가장 높은 세분시장부터 높은 가격을 설정하고, 다음으로 유보가격이 높은 세분시장 순으로 가격을 낮추는 ㉢<u>초기고가전략(market-skimming pricing)</u>을 사용하여 이익을 극대화할 수 있었습니다.

〈작성 방법〉

- 괄호 안의 ㉠, ㉡에 해당하는 용어를 순서대로 쓸 것.
- 밑줄 친 ㉢의 가격 전략을 채택하기에 적합한 경우를 (1) 표적 소비자의 가격 민감도, (2) 경쟁자의 시장 진입 용이성의 측면에서 각각 서술할 것.

18 그래프는 상품의 가격 변동에 따라 소비자가 느끼는 만족 · 불만족의 함수 관계를 표시한 것이다. 소비자가 이득과 손실을 지각하는 기준점이 되는 가격과 이러한 함수 관계를 활용한 마케팅 전략을 바르게 묶은 것은? [2.5점] [2009 상업 임용]

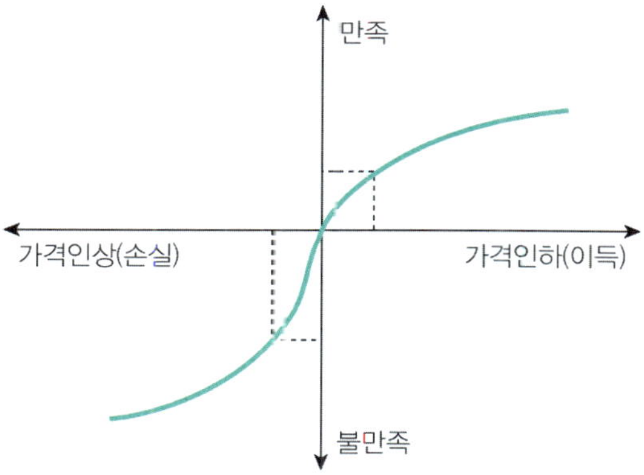

	가격	마케팅 전략
①	준거가격	기업 홍보(PR)
②	준거가격	할인 쿠폰
③	유보가격	리베이트
④	유보가격	연불 판매
⑤	최저수용가격	스키밍

19 광고의 목적 중의 하나는 구매활동에 대한 사람들의 심리적 반응을 일으키게 하는 것이다. 광고의 심리적 기능인 AIDMA에 대해 설명하시오. [5점] [2002 상업 임용]

A:
I:
D:
M:
A:

20 다음은 ○○기업군과 △△기업군이 사용하고 있는 마케팅 전략에 대한 내용이다. 이를 이용하여 〈조건〉에 따라 서술하시오. [10점] [2014 상업 임용]

> 대부분의 기업들은 이익을 창출하기 위한 수단의 하나로써 여러 가지 경영정보시스템을 이용하고 있다. 이러한 시스템으로부터 산출된 정보는 기업의 전략 수립에 많은 도움을 주고 있으며, 생산 기업들의 판매를 촉진하기 위한 전략에는 푸시(push) 전략과 풀(pull) 전략이 있다.
>
> 산업재를 생산하는 ○○기업군은 주로 ㉠ 푸시 전략을 사용하는 경우가 많으며, 소비재를 다루는 데 있어서 직접 마케팅을 하는 △△기업군은 ㉡ 풀 전략만을 사용하는 것이 보통이다. 그러나 대부분의 대규모 기업들은 두 가지 전략을 혼용해서 사용하는 것이 일반적이다. 산업재와 소비재 시장에서 사용되는 촉진 수단의 상대적 중요도는 아래 그림과 같다.
>
> 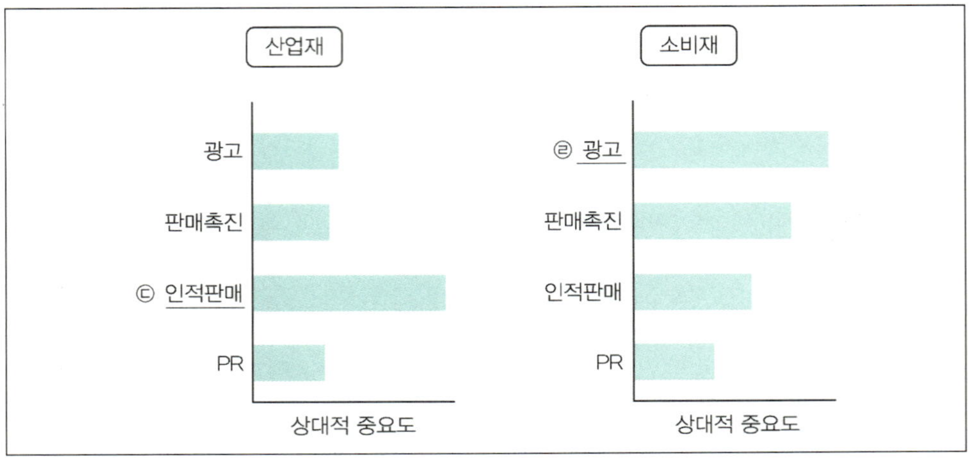
>

〈조건〉

- ㉠과 ㉡의 개념을 쓸 것.
- ○○기업군인 경우 ㉢이 다른 촉진 수단에 비해 상대적 중요도가 높은 이유를 쓸 것.
- △△기업군인 경우 ㉣이 다른 촉진 수단에 비해 상대적 중요도가 높은 이유를 쓸 것.
- ㉠과 ㉡이 공통적으로 추구하는 목표를 생산량과 관련지어 쓸 것.

21 다음의 (가)는 ○○제품의 제품 수명 주기이다. 〈작성 방법〉에 따라 순서대로 서술하시오. [4점]

[2018 상업 임용]

(가) 제품 수명 주기

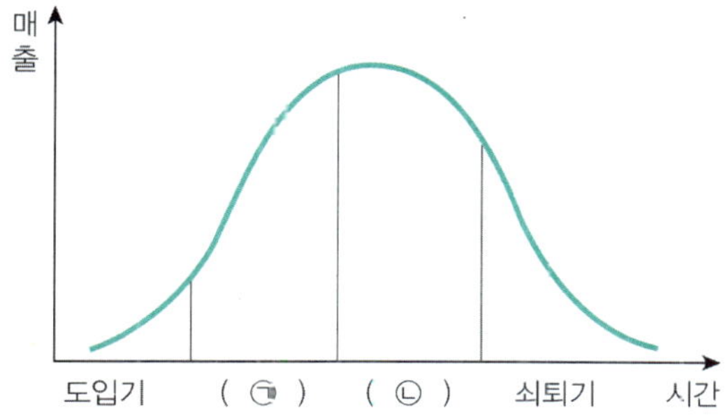

〈작성 방법〉

○ ㉠, ㉡ 단계에 해당하는 명칭을 제시할 것.

22 기업이 개발하여 판매하는 신제품은 처음 시장에 도입된 후 소비자로부터 인기를 유지하다가 소비자의 기호변화, 경쟁사의 진입, 기술의 진보 등으로 인하여 점차 매출이 하락하게 된다. 이와 같이 한 제품이 시장에 처음 나와서 사라질 때까지의 과정을 4단계로 구분하는 경우, 도입기 이후의 과정을 순서대로 쓰시오.

[2004 상업 임용]

① ② ③

23 그래프는 공산품의 제품 수명 주기를 나타낸 것이다. (가)~ (라) 단계에 대한 설명으로 적절한 것만을 〈보기〉에서 있는 대로 고른 것은? (단, 독점과 과점 제품은 고려하지 않는다.) [2점] [2013 상업 임용]

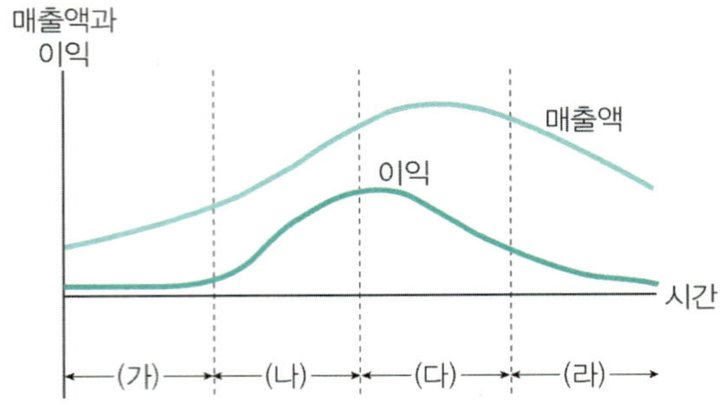

〈보기〉
ㄱ. (가) 단계에서는 비차별적 마케팅 전략이 적합하다. ㄴ. (나) 단계에서는 신제품 개발이 이루어진다. ㄷ. (라)보다 (다) 단계에서 동종 기업 간 경쟁이 더 치열하다.

24 다음의 (가)는 '마케팅과 광고' 과목 수업에서 교사가 활용한 '제품 수명 주기' 그림이며, (나)는 그 특성과 유형에 관해 학생이 작성한 보고서이다. 이를 이용하여 〈작성 방법〉에 따라 서술하시오. [4점]

[2022 상업 임용]

(가)

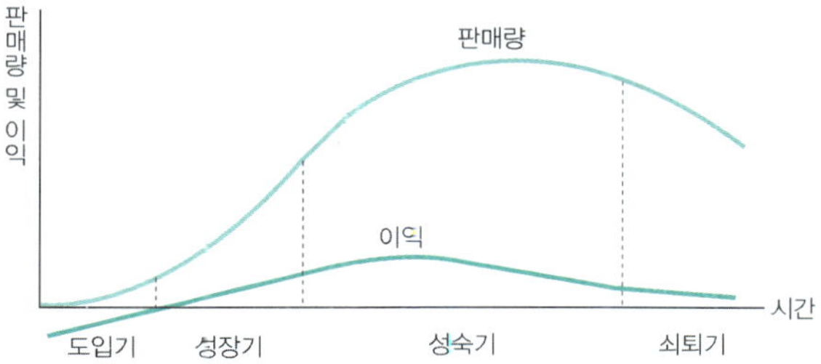

(나)

• 제품 수명 주기의 특성

단계	내용
도입기	신제품이 시장에 처음 출시되어 제품에 대한 구매자 수요가 적다. 이 단계에서는 판매량이 적고, 유통 및 홍보 비용이 높기 때문에 이익이 적자이거나 매우 낮다.
성장기	시장에서 제품 판매가 급증하고 더불어 생산자의 학습 효과로 인해 이익이 증가하기 시작한다. 이 단계에서는 촉진 비용이 대규모 판매에 따라 분산된다.
성숙기	구매자들이 이미 제품을 많이 구입하여 판매량이 다소 주춤한다. 이 단계에서는 경쟁에서 살아남기 위해 (㉠) 또는 제품 수정 전략을 적극 활용할 수 있다

(㉠) 전략	비사용자의 사용자 전환, 경쟁사 고객 유치, 새로운 세분 시장 진출
제품 수정 전략	제품의 품질, 특징, 스타일 등의 개선

…(하략)…

• 제품 수명 주기의 유형

구분	그림	내용
(㉡) 제품	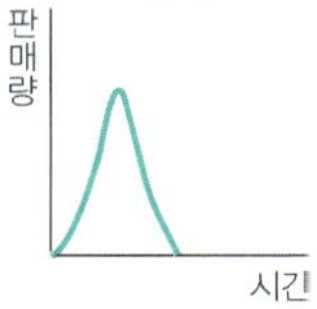	제품에 대해 구매자들이 즉각 열광하며 판매량이 정점을 찍지만 빠르게 쇠퇴하는 유형이며, 당시 인기 있는 유명 연예인을 활용한 편의점 간편식 제품들이 적절한 예시이다
무한 성숙기형 제품	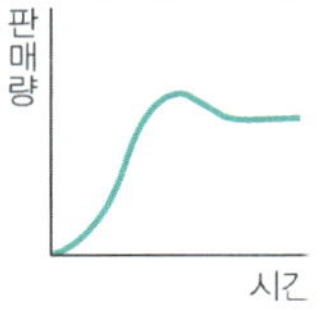	제품이 출시된 이후 오랫동안 많은 구매자들에게 지속적으로 판매되는 유형이며, 일상에서 자주 구매하는 탄산음료나 통조림 등이 적절한 예시이다.

…(하략)…

〈작성 방법〉

○ 성장기 단계에서 제품 원가의 변화, 경쟁자 수의 변화에 대해 순서대로 서술할 것.

○ 괄호 안의 ㉠에 공통으로 들어갈 용어와 ㉡에 들어갈 용어를 순서대로 쓸 것.

25 ○○자동차회사(주)에서 기업 경영 활동에 필요한 내용을 요약한 〈주요 항목〉의 ㉠~㉣에 대하여 설명하고, 이 회사에서 생산되는 자동차 제품에 적용될 제품수명주기(Product Life Cycle : PLC)가 〈자료〉와 같은 경우 PLC의 각 단계별 특징을 마케팅과 생산시스템 관점에서 서술하시오. [30점] [2010 상업 임용]

〈주요 항목〉

㉠ 자동차 생산에 가장 적합한 공장 시설(설비) 배치 유형 및 그 유형의 장 · 단점
㉡ 도요타 생산방식의 주축을 이루는 JIT(Just In Time) 시스템의 구성 요소
㉢ 제품과 서비스의 불량을 획기적으로 줄일 수 있는 6시그마(σ)의 의미
㉣ 효율적인 고객 관리를 위한 CRM(Customer Relationship Management)의 고객 데이터베이스 분석 방법

〈자료〉

제품수명주기

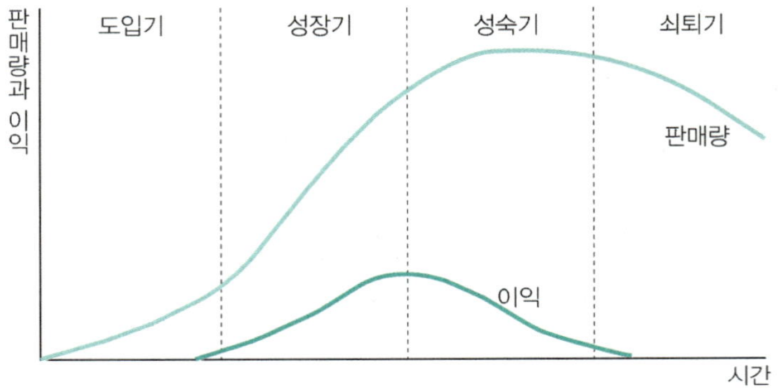

26 다음은 ○○자동차㈜의 현재 상황이다. 〈조건〉을 고려하여 이 회사의 STP 전략에 대하여 논술하시오. [10점] [2015 상업 임용]

> ○○자동차㈜는 승용차를 생산하는 회사이다. 이 회사는 전체 승용차 시장을 대상으로 한 가지 색상의 단일 모델 승용차를 대량 생산하여 경쟁 제품보다 낮은 가격으로 판매하고 있다. 그러나 소비자들이 이러한 차종에 싫증을 느껴 이 회사의 매출은 점차 감소하고 있다.
>
> ○○자동차㈜가 이를 해결하기 위해 자동차 시장을 조사한 결과, 차종에 대한 고객별 선호도의 차이가 매우 뚜렷하게 나타났다. 20대는 다양한 경승용차, 30~40대는 레저용 SUV, 50대는 안전한 중형 승용차를 선호하는 것으로 나타났다. 그런데 이 회사는 자원이 제한되어 있기 때문에 모든 소비자의 욕구에 맞는 자동차를 생산할 수 없는 상황에 처해 있다.
>
> 따라서 이 회사는 3개의 세분 시장 중 기존의 생산 라인에서 생산할 수 있는 경승용차 시장을 표적으로 제품을 생산하여 판매하려고 한다. 또한, 이렇게 생산된 제품은 높은 연비와 낮은 가격을 강조하여 다양한 방법으로 소비자에게 소구(appeal)할 계획이다.

〈조건〉

- ㅇ 시장 세분화 변수를 포함하여 쓸 것.
- ㅇ 표적 시장 선정 시 고려해야 할 요인 3가지를 포함하여 쓸 것.
- ㅇ 표적 시장을 선택할 때 사용한 전략을 쓸 것.
- ㅇ 제품 포지셔닝을 하기 위해 취할 수 있는 마케팅 믹스 수단을 쓸 것.

CHAPTER 02

무역

제1절 무역 총론

01 다음은 간접 무역의 형태이다. (가), (나)에 대한 설명으로 옳은 것은? [1.5점] [2013 상업 임용]

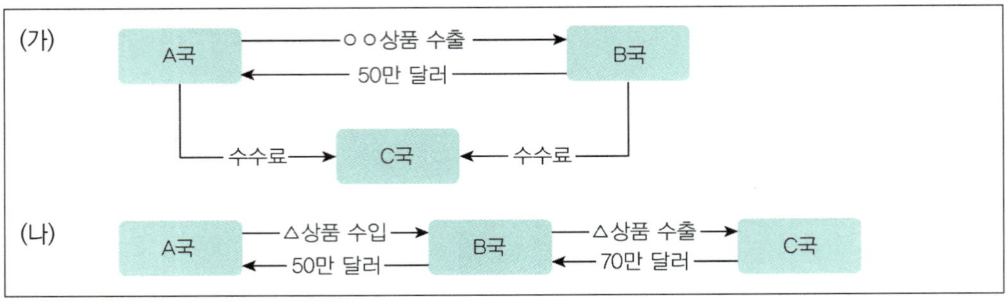

① (가)의 C국은 거래 결과에 대해 무한책임을 진다.
② (가)는 A국과 B국 사이에 국제수지 균형을 이루려는 무역이다.
③ (나)의 C국은 자기 책임과 자기 비용으로 거래한다.
④ (가), (나)는 무역외 수입을 목적으로 한다.
⑤ (가)는 통과 무역, (나)는 삼각 무역에 속한다.

02 다음은 △△상업고등학교 '국제 상무' 수업의 한 장면이다. 이를 이용하여 〈작성 방법〉에 따라 순서대로 서술하시오. [4점] [2021 상업 임용]

> 교사: 여러분, 무역거래의 형태 중에서 우리나라에서는 전혀 상품을 제조하지 않으면서도 무역을 통해 이익을 얻을 수 있는 방법이 있는데, 어떤 방법인지 알고 있나요?
> 학생: 네, 선생님. 우리나라의 무역업자가 보유한 정보망을 활용해 A 국가에서 제조한 상품을 B 국가의 수입업자에게 소개해 주고 수수료(commission)를 받는 방법이 있어요.
> 교사: 맞아요. 그런 무역거래 형태를 중개무역이라고 하죠. 그리고 다른 방법은 무엇이 있을까요?
> 학생: 글쎄요. 혹시 우리나라의 무역업자가 A 국가에서 제조한 상품을 수입해서 해당 상품이 필요한 B 국가의 수입업자에게 재수출하는 것이라면 가능하지 않을까요?
> 교사: 그렇죠. 이러한 무역거래 형태를 (㉠)(이)라고 하는데, 「대외무역관리규정」에서 이러한 거래 형태에 대해 수출할 것을 목적으로 물품 등을 수입하여 보세구역 및 보세 구역 외 장치 허가를 받은 장소 또는 자유무역지역 이외의 국내에 반입하지 않고 수출하는 수출입이라고 규정하고 있어요. 무역업자는 이러한 거래를 통해 매매차익을 얻을 수 있죠. 이렇게 획득한 매매차익은 ㉡<u>외화가득액</u>으로서 ㉢<u>수출실적</u>으로 인정받을 수 있어요.

〈작성 방법〉

- 「대외무역관리규정」(산업통상자원부고시 제2019-197호, 2019. 11. 18., 일부개정)에 근거하여 작성할 것.
- 괄호 안의 ㉠에 들어갈 용어를 쓸 것.
- 밑줄 친 ㉡을 계산하기 위해 수출금액과 수입금액의 기준이 되는 Incoterms® 2020 조건 2가지를 쓰고, 그 조건을 포함하여 산출 방법을 순서대로 서술할 것.
- 밑줄 친 ㉢의 인정 시점을 쓸 것.

03 다음 그림은 섬유 제품의 수입관세 부과에 따른 경제적 효과를 나타내는 시장 상황이다. 주어진 〈조건〉과 〈작성 방법〉에 따라 순서대로 서술하시오. [4점] [2021 상업 임용]

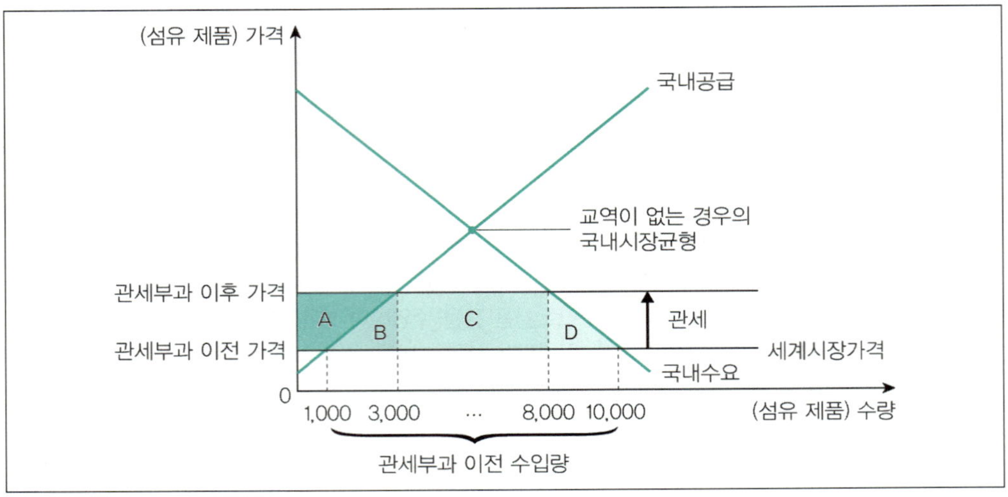

〈조건〉

- 섬유 제품의 국내시장을 개방함으로써 세계시장가격이 국내 시장가격으로 형성됨.
- 관세부과로 섬유 제품의 세계시장가격에 영향을 줄 수 없는 경제적 소국의 경우로서 관세의 경제적 효과에 관한 부분 균형분석임(단, 다른 변수는 고려하지 않음).

〈작성 방법〉

- ○ 그림에서 C 부분은 무엇을 의미하는지 쓸 것.
- ○ 그림에서 관세부과에 따른 수입 감소량을 제시할 것.
- ○ 관세부과에 따른 경제적 순손실에 해당하는 2개의 영역을 기호(알파벳 대문자)와 함께 각각 그 의미를 서술할 것.

04 세계의 여러 나라는 자국의 산업을 보호하기 위해 비관세장벽을 많이 사용하고 있다. 이는 비관세장벽이 관세와는 다른 여러 가지 특성이 있기 때문이다. 비관세장벽의 특성 중에서 4가지만 기술하시오. [4점] [2002 상업 임용]

①
②
③
④

05 다음의 (가)는 개별 국가에서 채택하는 무역정책의 유형과 수단이며, (나)는 해당 무역정책의 이론적 근거에 관한 내용이다. 이를 이용하여 〈작성 방법〉에 따라 순서대로 서술하시오. [4점] [2022 상업 임용]

(가)

> 만약 전 세계가 완전 개방하의 무역을 하면 최적의 조건에서 최대의 부를 창출할 수 있다. 하지만 현실에서는 모든 국가가 수단과 정도의 차이는 있어도 (㉠)을/를 쓰고 있는 실정이다. 이는 가격과 품질 면에서 국제적으로 경쟁력이 부족한 국내 상품을 수입 상품과의 경쟁으로부터 배제하여 국내 생산 증가를 도모하고 경제발전을 추구하는 무역정책이다. 또한 (㉠) 을/를 채택하는 국가는 자국의 경제를 위해 관세와 관세 이외의 수입할당제, 수입허가제와 같은 다양한 (㉡)을/를 활용하고 있다. 예를 들어, 수출국의 수출보조금에 대해 수입국은 브조금 지급과 국내 산업 피해 여부를 조사하고 중대한 피해가 확인되면 해당 금액 이하의 (㉢)을/를 부과할 수 있다. 우리나라 관세법(법률 제16838호, 2019.12.31, 일부 개정)에서는 제3장 제2절 저2관에서 (㉢)의 부과 대상, 부과 시기 등에 대해 구체적으로 규정하고 있다.

(나)

> (㉠)의 가장 강력한 이론적 근거로 인정받고 있는 이 주장에 의하면, 진정한 의미의 비교 우위 확인은 장기적이고 동태적인 비교 우위 분석을 통해 가능하다. 즉, 현재 비교 우위를 갖고 있지 못하더라도 잠재적으로 성장할 가능성이 높다고 판단되면 관세, 보조금 등과 같은 수단을 통해 육성하는 것이 국가적으로 유리하다. 그러나 이 주장에 근거한 무역정책을 실제로 수행하는 데 있어서는 많은 어려움이 따른다. 왜냐하면 해당 정책을 실시할 당시에는 어느 산업을 선정하여, 어떠한 방법으로, 얼마 동안이나 지원해야 하는지를 알 수 없기 때문이다. 이 주장과 관련해서 학계에서는 밀(J. Mill), 배스터블 (C. Bastable) 등이 제시한 기준을 통해 어느 산업을 선정할 것인가에 대한 해답을 찾고자 노력하였다.

〈작성 방법〉

○ (가), (나)에 제시된 내용에 한정할 것.

○ 괄호 안의 ㉠에 공통으로 들어갈 용어를 쓰고, (나)에서 설명하는 ㉠에 대한 이론적 근거를 서술할 것.

○ 괄호 안의 ㉡, ㉢에 들어갈 용어를 순서대로 쓸 것.

06 오늘날 경제 통합을 추구하는 국제 경제 블록화 현상이 전 세계적으로 심화되면서 지역별 경제 통합 체제가 강화되고 있다. (가), (나), (다)의 설명에 알맞은 국제 지역 경제 통합이나 협정의 구체적 명칭을 각각 쓰시오. [3점] [2007 상업 임용 변형]

> (가) 1989년에 태평양 연안의 한국, 미국, 캐나다, 일본, 오스트레일리아, 뉴질랜드, 동남아시아 국가 연합 6개국 등 12개국이 참가하여 이 조직을 결성하였고, 이후에 중국 등이 추가로 가입하여 현재는 전체 회원국 수가 21개국이다. 이 경제 협력체는 개방적 지역주의를 원칙으로 하며 경제 발전 단계가 다양한 선진국과 개발도상국이 공동으로 참여하고 있다.
> (나) 미국, 캐나다, 멕시코 3개국이 상호 간 무역 장벽을 제거하고 자유로운 교역을 증진하는 것을 목표로 체결하였다. 이 협정은 2020년 7월 1일부터 공식적으로 발효되어 역내 교역을 강화하고 역외국에 대해서는 차별적인 무역 정책을 유지한다.
> (다) 1994년 1월에 유럽 연합 12개국과 스위스를 제외한 유럽 자유 무역 연합(EFTA) 6개국 (오스트리아, 아이슬란드, 핀란드, 노르웨이, 포르투갈, 스웨덴)이 모여 구성한 조직이다.

07 다음은 경제통합의 여러 형태 중 관세동맹의 효과를 설명한 것이다. (가), (나)의 효과를 쓰시오. [2점] [2005 상업 임용]

> (가) 관세동맹으로 인해 효율적인 역외 생산자로부터 비효율적인 역내 생산자로 상품의 공급이 전환되기 때문에 자원배분 측면에서는 마이너스 효과를 가져온다.
> (나) 관세동맹은 상대적으로 비효율적인 국내공급원으로부터 효율적인 해외공급원으로 생산을 이동시키기 때문에 자원배분 측면에서는 플러스효과를 가져온다.

08 다음 자료에 근거할 때, ○○(주)가 A국 시장에 진입하는 데 가장 적합한 방식은? [2점] [2009 상업 임용]

> **○○(주)의 기업 현황**
> - 브랜드 파워가 약하다.
> - 생산 원가가 증가하고 있다.
> - 유휴 생산 시설을 보유하고 있다.
> - 특허 등록된 생산기술을 보유하고 있다.
>
> **A국의 경제 환경**
> - 수입 장벽이 높다.
> - 외국인 투자 규제가 높다.
> - 금융시장의 개방 정도가 낮다.
> - 국내 제조업체에 대한 정책적 지원이 있다.

① 직접 수출 ② 라이선싱 ③ 프랜차이징
④ 해외 간접 투자 ⑤ 해외 직접 투자

09 다음은 계약 방식에 의한 기업의 해외시장 진출 유형의 일부를 설명한 것이다. (가), (나)에 해당하는 것으로 옳은 것은? [2점] [2013 상업 임용]

(가)	• 목표 시장에서의 판매 가능성이 낮고, 불확실한 경우 수출이나 직접 투자보다 유리하다. • 특정 기업이 보유하고 있는 특허, 상표 및 상호, 노하우 등을 외국에 있는 기업으로 하여금 일정한 조건으로 이용할 수 있도록 허가하는 대신에, 로열티 또는 기타 형태로 그 대가를 받기로 당사자 간에 계약을 체결한다.
(나)	• 일종의 플랜트 수출이며, 중화학 공장이나 설비 등을 가동 직전까지 설치해 주고 발주자에게 인도하는 방식이다. • 공장이나 설비뿐만 아니라 엔지니어링 기술, 노동, 관리 기법 등도 발주자에게 이전한다.

10 다음은 기업의 국제경영 활동 형태 중 지적재산거래에 관한 설명이다. (가), (나)에 해당하는 경영 방식을 쓰시오. [2점] [2005 상업 임용]

> (가) 한 기업이 일정 기간 동안 현지 기업의 일상적인 경영이나 영업활동을 대신 관리해 주고 일정한 대가를 받는 경영 방식이다.
> (나) 한 기업의 상호, 상표, 기술 등의 사용권을 일정한 수수료를 받고 다른 기업에게 제공하며, 조직, 마케팅 및 일반 관리 부분까지 지원하는 경영 방식이다.

① (가)
② (나)

11 국제 마케팅 관리자는 그 기업의 능력과 해외시장의 잠재력 등을 종합적으로 고려하여 해외시장 진출을 결정하여야 한다. 다음은 자사가 가지고 있는 기술이나 지식을 외국 기업에 일정한 대가를 받고 이전하기로 하는 계약을 통하여 해외 시장에 진출하는 형태를 설명한 것이다, (가), (나), (다), (라)에 해당하는 계약 방식을 각각 쓰시오. [4점] [2008 상업 임용]

> (가) 특정 국가의 기업이 가지고 있는 특허, 노하우, 상표 등과 같은 무형의 산업재산권을 외국의 특정 기업에 일정 기간 동안 사용권을 부여하는 방식으로, 이 대가로 해당 기업으로부터 로열티(royalty)와 같은 형태의 보상을 받는 계약이다.
> (나) 본국의 제공 기업이 해외의 현지 기업들에게 그 지역 내에서 제품 상표 기술 등의 사용권을 허용하고, 나아가서는 조직, 마케팅 기법 및 일반관리 부문까지 지원하는 방식이다. 그리고 그 대가로 상표나 상호 사용료, 원료 공급권이나 경영 참여권 등을 확보하게 된다.
> (다) 지식, 경험 및 기술 등의 비즈니스 노하우를 가지고 있는 본국의 기업이 계약에 의해 해외 특정 기업의 일상적인 경영이나 영업 활동을 대신 수행해 주고 일정한 대가를 받는 방식으로, 경영 서비스를 수출하는 방식의 일종이다.
> (라) 어떤 사업 또는 계획을 추진하기 위하여 기업 또는 정부가 필요한 경영자원을 공동으로 출자하여 관리하고, 목표를 달성한 다음에 해체하는 형태로 해외 진출을 하는 방식이다.

12 다음의 (가)는 해외 시장 진입 전략의 유형을 설명한 것이고, (나)는 이 유형에 더하여 교사와 학생이 나눈 대화이다. 괄호 안의 ㉠, ㉡에 각각 공통으로 해당하는 용어를 순서대로 쓰시오. [2점] [2023 상업 임용]

(가)

> (㉠)은/는 기업이 외국의 다른 기업에 생산 및 제조 기술을 제공하면서 제품의 생산을 주문하고, 완성된 제품을 공급받아 현지 시장이나 제3국의 시장에 판매하는 방식이다. 이는 생산 측면에서 강점을 지닌 제조 기업과 마케팅 측면에서 강점을 지닌 마케팅 기업의 합작 방식이라 할 수 있는데, 대표적인 사례가 주문자 상표 부착 생산 방식(OEM: Original Equipment Manufacturing)이다.

(나)

> 학생: 선생님, (㉠)의 장점에 대해 설명해 주세요.
> 교사: 네. 기업이 직접 공장을 운영하지 않고도 신속하게 해외 진출을 할 수 있습니다. 그리고 목표 시장이 너무 작거나 해당 국가에 대한 수출 제한이 있을 때에 적절한 전략이 될 수도 있죠.
> 학생: 그렇군요. 혹시 제조기업이 생산 및 제조 기술을 제공받아 성장하게 되면 주문 기업에게 잠재적인 (㉡) 기업이 될 수도 있지 않을까요?
> 교사: 맞습니다. 주문 기업 입장에서 (㉠)의 단점으로는 잠재적인 (㉡) 기업을 생성시킬 수 있고, 현지의 적합한 제조기업 발굴이 어려울 수 있다는 점을 들 수 있습니다.

13 다음은 (주)○○에서 해외시장진출 방법에 관하여 사장과 전략 팀장이 나눈 대화의 일부이다. 괄호 안의 ㉠에 공통으로 들어갈 용어와 ㉡에 공통으로 들어갈 용어를 순서대로 쓰시오. [2점] [2021 상업 임용]

사　　장: 지난 경영전략회의에서 논의된 해외시장진출 방법에 대한 검토 결과가 나왔습니까?

전략팀장: 네, 사장님. 전략팀에서 종합적으로 검토한 결과, 수출 방식이나 라이선싱, 프랜차이징 등의 계약 방식에 의한 해외시장진출보다는 (㉠) 방식에 의한 진출이 적합하다고 판단됩니다.

사　　장: 제안해 주신 방법에 대해 좀 더 구체적인 설명을 부탁드립니다.

전략팀장: (㉠)은/는 기업이 자본, 기술, 토지, 노동력, 공장 및 설비 등과 같은 생산적 자산의 취득을 통해 해외에 기업을 설립하여 경영에 개입하거나 지배권을 행사하고자 하는 국제화 전략으로, 우리 회사와 같이 특정 해외시장에 전력하고 있는 경우에 주로 사용되는 방식입니다.

사　　장: 알겠습니다. (㉠)의 구체적인 방법으로 어떤 것이 있습니까?

전략팀장: 일반적으로 (㉠)은/는 합작투자와 단독투자로 구분되고, 단독투자는 크게 신설투자와 (㉡)의 2가지 선택이 가능합니다.

사　　장: 합작투자는 파트너와의 의견 조정이 쉽지 않아 선택하기 어렵겠네요. 그럼 신설투자의 장점과 단점은 무엇인가요?

전략팀장: 신설투자는 투자기업이 현지의 토지매입 및 임차를 통해 생산시설을 새롭게 조성하는 형태로서 설비 규모와 인력고용 등을 원하는 대로 결정할 수 있다는 장점이 있지만, 투자결정 후 생산시설 가동 시까지 평균 3~4년 내외의 많은 시간이 소요된다는 단점이 있습니다.

사　　장: 그렇군요. 지금 우리 회사의 경우 신속한 해외시장 진입이 관건이라는 점에서, 해외 현지 기업의 주식 매수를 통한 경영권 확보와 현지 기업이 이미 보유 중인 생산설비, 브랜드, 유통망을 활용하여 빠른 속도로 시장진입이 가능한 (㉡)을/를 통해 해외 시장진출을 모색하는 것이 좋을 것 같습니다.

전략팀장: 잘 알겠습니다. 세부적인 추진계획을 수립한 후에 다시 보고드리도록 하겠습니다.

14 다음은 러그만(A. Rugman)의 모형을 적용한 글로벌 기업의 해외시장 진출 방식에 관한 수업에서 교사가 설명한 내용이다. 이를 이용하여 〈작성 방법〉에 따라 순서대로 서술하시오. [4점] [2023 상업 임용]

> **글로벌 기업의 해외시장 진출 방식 선택 전략**
> 이론: 러그만(A. Rugman)의 모형
> 내용: 글로벌 기업이 해외에 진출할 때 무역 장벽과 (㉠)의 유·무에 따라 (㉡), 라이선싱, (㉢) 진출 방식을 선택하는 과정 및 전략을 제시함.
> 특징: 2가지 기준에 따라 진출 방식을 선택하기 때문에 상당한 시간과 비용이 절감되는 반면, 복잡한 해외시장 상황을 면밀히 반영하기 어려움.
>
> 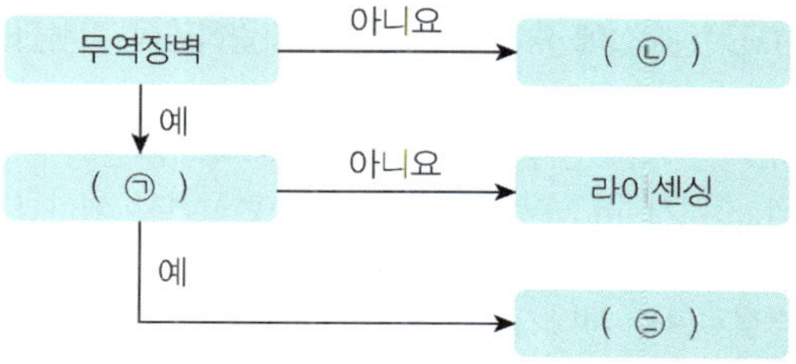
>

〈작성 방법〉

- 괄호 안의 ㉠에 공통으로 해당하는 용어를 쓸 것.
- 괄호 안의 ㉡에 공통으로 해당하는 용어를 쓰고, 그 개념을 서술할 것.
- 괄호 안의 ㉢에 공통으로 해당하는 용어를 쓸 것.

15 다음은 기업의 국제화 과정에 대해 교사와 학생들이 나눈 대화이다. 〈작성 방법〉에 따라 순서대로 서술하시오. [4점] [2025 상업 임용]

> 교 사: 기업의 국제화 과정은 일반적으로 국내 시장 지향 단계의 국내 기업으로 출발하여, 해외에 제품을 판매하고 대가를 받는 수출 기업을 거쳐 해외 현지 시장 지향 단계의 기업으로 발전하게 됩니다. 해외 현지 시장 지향 단계의 기업은 2개국 이상에서 해외 현지 법인을 운영하며 국제 경영 활동을 수행하는데, 이러한 기업을 (㉠)(이)라고 합니다. 이 기업은 지난 시간에 다룬 수출이나 계약 방식과 달리 (㉡) 방식으로 해외 현지 시장에 진출함으로써 수출에 대한 각종 관세와 비관세장벽, 환율 위험 등을 회피하고 현지 시장 수요 충족을 위해 현지 생산 공장 시설에 투자하여 경영에 개입하거나 지배권을 행사하는 경영활동을 수행합니다.
>
> 학생 A: 해외 현지 시장 지향 단계의 기업이 생산 지역의 다변화를 통해 보호무역 장벽을 우회하고 현지 해외 소비자 니즈를 충족하기 위해 현지에서 생산과 판매 활동을 영위하는 현지화(localization) 전략이 필요하다는 점은 이해가 갑니다. 하지만 이러한 현지화 전략이 비용 측면의 경쟁우위를 지니기는 어렵지 않을까요?
>
> 교 사: 아주 좋은 질문입니다. (㉠)은/는 현지화에 대한 필요성을 인식하는 것과 동시에 글로벌화(globalization)를 추진해야 하는 상반된 압력에 직면하게 됩니다. 즉, ㉢ 규모의 경제 활용이 가능한 입지에 생산 시설을 위치시키고, 전 세계 소비자들의 동질적 수요를 가정하여 이를 충족하기 위해 표준화된 제품을 생산 · 판매하는 글로벌화의 필요성도 깨닫게 됩니다.
>
> 학생 B: 현지화와 글로벌화의 2가지 상반된 요구에 잘 대처해야 한다는 것이 중요하면서도 어려운 문제일 것 같네요. 기업의 국제화 다음 단계는 어떻게 되나요?
>
> 교 사: 기업의 국제화 마지막 과정은 글로벌화와 현지화 전략 간 조화를 추구하며 세계 시장 지향의 명실상부한 글로벌 기업으로 발전하는 단계입니다. 이 단계의 글로벌 기업은 ㉣<u>세계 시장 전체를 하나의 원자재 조달원, 생산 기지, 판매 시장으로 보고 모든 경영 활동을 지구상의 최적지에서 운영</u>하게 됩니다.

〈작성 방법〉

- ㅇ 괄호 안의 ㉠, ㉡에 해당하는 용어를 순서대로 쓸 것.
- ㅇ 밑줄 친 ㉢의 개념을 서술할 것.
- ㅇ 글로벌기업이 밑줄 친 ㉣의 실행을 위해 기업의 부문별 활동을 국가별로 배치하는 데 활용하는 포터(M. Porter)의 모형 명칭을 쓸 것.

16 다음은 우리나라에서 원화와 미국 이외 국가의 화폐를 교환할 때, 환율을 산정하는 방법을 나타낸 그림이다. 괄호 안의 ㉠에 들어갈 용어를 쓰고, 〈작성 방법〉에 따라 한국 기업 A가 중국 기업 B에 수출하기 위한 수출 상품의 원화 표시 단가를 제시 당일 환율을 적용하여 위안화로 표시하면 얼마인지 쓰시오. [2점]

[2017 상업 임용]

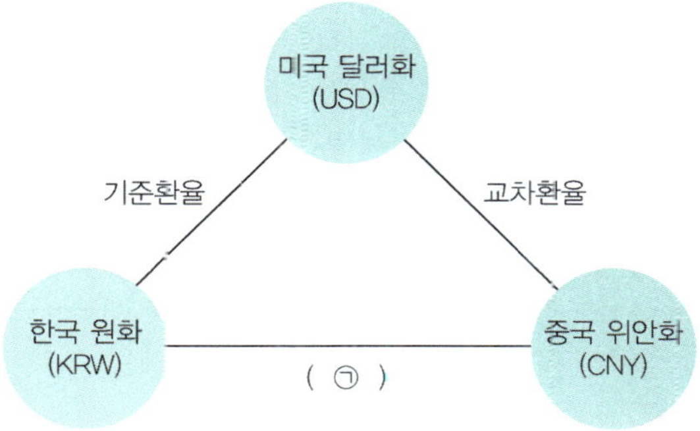

〈작성 방법〉

- ○ 수출 상품의 원화 표시 단가 : 10,000원
- ○ 제시 당일 환율 :USD 1＝KRW 1,200, USD 1＝CNY 6.72
- ○ 위안화 표시는 예와 같이 소수점 아래 둘째 자리까지 표시하시오. (예 : CNY 62.00)
  - * 소수점 아래 셋째 자리에서 버림 할 것.

17 다음은 2014년도에 발생한 국제 거래이다. 서비스 수지의 산출 과정과 금액, 경상 수지의 산출 과정과 금액을 순서대로 쓰시오. (단, 국제간의 송금방식은 T/T(전신환 송금)에 의하며, 전신료 등의 수수료는 무시함.) [4점]

[2016 상업 임용]

[2014년도 국제 거래]

① 국내 해운회사가 수출 화물에 대한 운송료로 외국으로부터 미화 2만 달러를 영수함.
② 외국 기업이 현금으로 미화 5만 달러를 국내 기업에 투자함.
③ 국내 기업이 미화 3만 달러를 송금받고 물품을 수출함.
④ 국내 기업이 미국 회사가 가지고 있는 상표권의 사용료로 미화 1만 달러를 송금함.
⑤ 내국인이 해외여행 시 여행 경비로 현금 미화 5만 달러를 사용함.
⑥ 국내 자선단체가 외국에 미화 2만 달러 상당액의 구호 물품을 보내 줌.
⑦ 국내 기업이 미화 8만 달러를 송금하고 원유를 수입함.
⑧ 미국의 프로야구팀에 소속된 한국인 선수가 구단으로부터 받은 연봉 미화 5만 달러를 국내의 부모님께 송금함.
⑨ 외채에 대한 이자로 외국에 미화 3만 달러를 지급함.

18 다음 설명에서, ① (가)의 현지법인과 같은 범세계적 기업을 무엇이라 하며, ② (나)와 같은 국제수지, ③(다)와 같은 국제수지를 상품거래에 의한 수지와 구분하여 무엇이라고 하는지 쓰시오. [3점]

[2003 상업 임용 변형]

(가) 반도체 제조기업인 A 회사는 날로 상승하는 국내 고임금 노동력을 저렴한 노동력으로 대체하고, 수출의 다변화 및 무역장벽을 해소할 목적으로 필리핀, 베트남 및 중국에 각각 현지법인을 설립하였다. 현지법인의 소유권은 여러 국가에 분산되어 있으며, 각국의 법인은 자율적 경영을 할 수 있도록 조직구조가 분권화된다. 그리고 발생한 이윤은 현지 국가에 재투자하는 것을 원칙으로 하는 범세계적 조직망을 갖는다.
(나) 현지법인 설립 후 투자 배당금, 이자에 대한 수취가 비약적으로 증가하였다.
(다) 현지법인에서는 특허권 사용료를 수취한다.

① (가)
② (나)
③ (다)

19 다음의 (가)는 수출입품목 관리 체계와 관련된 규범의 개정 고시문의 일부이며, (나)는 무역구제제도 중 어느 하나의 신청 요건이다. 〈작성 방법〉에 따라 순서대로 서술하시오. [4점] [2025 상업 임용]

(가)

(㉠)
[시행 2022. 9. 7.] [산업통상자원부고시 제2022-153호, 2022. 9. 7., 일부개정]
1. 개정 이유
• 일부 철강제품에 대한 EU 및 영국의 (㉡) 수정사항을 반영하기 위해 (㉠)을/를 개정함
2. 주요 개정내용
• 일부 품목의 국가쿼터 제외(EU - 후판 및 일반형강, 영국 - 도금강판)
- EU : 일부 압연제품(후판) 및 일반형강 제외
- 영국 : 일부 도금한 제품 제외
3. 시행일
① (시행일) 이 고시는 2022년 9월 7일부터 시행한다.

(나)

(㉡)의 신청 요건
① 특정 물품의 일정 기간 동안의 수입량이 절대적으로 증가하거나 국내 생산과 비교하여 상대적으로 증가할 것.
② (㉢).
③ ①과 ②의 인과관계가 있을 것.

〈작성 방법〉

○ (가)에서 괄호 안의 ㉠에 해당하는 용어를 쓸 것.
○ (가), (나)에서 괄호 안의 ㉡에 해당하는 용어를 쓸 것.
○ 괄호 안의 ㉡과 같은 무역구제제도의 신청 요건 3가지 중 괄호 안의 ㉢에 해당하는 요건을 서술할 것.

20 다음은 ○○상업고등학교 학생이 한국무역협회 견학 중 해외 마케팅실 직원과 나눈 대화이다. 〈조건〉을 고려하여 〈작성 방법〉에 따라 순서대로 서술하시오. [4점] [2023 상업 임용]

학생: 국가의 무역 관리에 관해 질문이 있습니다. 우리나라는 수출입 거래 확대와 공정한 거래 질서 확립을 위해 어떤 노력을 하고 있나요?
직원: 무역 관리를 위한 각종 법률과 제도적 장치를 마련하고 있습니다. 이러한 무역 관리는 무역의 3대 기본법이라고 불리는 대외무역법, 외국환거래법, (㉠)을/를 근간으로 하고 있습니다.
학생: 3대 기본법의 핵심은 각각 무엇인가요?
직원: 대외무역법은 무역 전반에 관한 기본 법률이며, 외국환 거래법은 수출입 대금의 결제 방법을 관리하는 법률입니다. 그리고 (㉠)은/는 수출입 물품의 통관을 적정하게 하고, 국민 경제의 발전에 이바지함을 목적으로 하는 법률입니다.
학생: 그럼, 우리나라에서는 무역 참여 당사자를 어떻게 규정하고 있나요?
직원: 대외무역법에서는 수출 또는 수입을 하는 자, 외국의 수입자 또는 수출자에게서 위임을 받은 자 및 수출과 수입을 위임하는 자를 (㉡)(으)로 규정하고 있습니다. 이와 함께 수출 진흥과 해외시장 개척 등을 목적으로 (㉡) 중에서 수출 노하우가 풍부한 업체를 전문무역 상사로 지정 · 지원하고 있습니다.
학생: 네, 잘 알겠습니다. 사실 저는 창업에도 관심이 많습니다. 만약에 제가 미래에 무역회사를 창업한다면, 한국무역 협회에 신고하는 절차는 어떻게 되나요?
직원: 우리나라는 무역업이 완전 자유화되어 누구나 사업자 등록증만 있으면 무역을 할 수 있습니다. 다만, 무역을 업으로 하고자 하는 자는 (㉢)을/를 한국무역협회장에게 신청하여야 하며, 접수 즉시 신청자에게 (㉢)이/가 부여 됩니다. 무역 금융으로 수출 자금을 조달하거나 수출입 신고를 해야 하는 경우, (㉢)을/를 기재해야 합니다.
학생: 마지막으로, ㉣<u>우리나라의 대외무역법에서 정하는 무역의 대상에 증권의 국제 매매도 해당되나요?</u>

〈조건〉

○ 대외무역법([시행 2021. 2. 5.], [법률 제16929호, 2020. 2. 4., 타법개정])을 기준으로 할 것.

〈작성 방법〉

○ 괄호 안의 ㉠, ㉡에 각각 공통으로 해당하는 용어를 순서대로 쓸 것.
○ 괄호 안의 ㉢에 공통으로 해당하는 용어를 쓰고, 밑줄 친 ㉣에 관한 직원의 적절한 답변을 서술할 것.

21 다음은 무역 회사에서 사원과 부장이 나눈 대화의 일부이다. 괄호 안의 ㉠, ㉡에 각각 공통으로 들어가야 할 용어를 순서대로 쓰시오. [2점] [2016 상업 임용]

> 사원: 부장님, 독일의 수입업자 A가 우리 회사의 여성용 블라우스를 수입하고 싶다는 메일을 보내왔습니다.
> 부장: 그래요? 그 회사는 우리와 거래한 적이 없는 것 같은데요?
> 사원: 예, 그동안 독일의 수입업자 A는 일본의 B 회사에서 수입했는데, 이번부터는 우리 회사의 제품을 수입하기를 원한다고 합니다.
> 부장: 그래요? 수입선을 바꾸는 이유가 무엇이라고 합니까?
> 사원: 한국 제품과 일본 제품의 품질이 큰 차이는 없지만, 한 · EU 자유무역협정(FTA)에 따라 한국 제품을 수입할 경우 관세 혜택을 볼 수 있어서 유럽 시장 내에서는 가격 경쟁력이 높다고 합니다.
> 부장: 그렇군요! 그러면 수입업자 A가 수입 통관 시에 관세 혜택을 볼 수 있도록 (㉠)을/를 반드시 송부해야 되겠네요.
> 사원: 예, 안 그래도 수입업자 A가 보내온 메일에서 선적 서류를 보낼 때, 한국산임을 증명할 수 있는 (㉠)을/를 반드시 포함시켜 달라고 요청했습니다.
> 부장: 그래요? 그러면, 관세청 홈페이지에 들어가서 여성용 블라우스에 대한 (㉡) 코드 번호를 찾아 EU와 독일에서 동일한 (㉡) 코드 번호에 대한 관세율이 얼마인지 확인하고, 한 · EU 자유무역협정(FTA)에 따라 무관세일 경우 우리가 제시할 수 있는 가격 범위를 설정해 보세요.
> 사원: 예, 알겠습니다.

제2절 무역계약 및 무역거래조건

01 다음은 무역계약의 법적 성격에 관한 설명이다. (가), (나)에 해당하는 계약의 성격을 쓰시오. [2점]

[2005 상업 임용]

(가) 매매 당사자 간에 계약이 성립되면 계약당사자들은 상호 일정한 의무를 부담하는 계약이다. (나) 매도인의 청약에 대하여 매수인의 승낙만으로 성립하는 계약이다.

02 다음은 한국의 ○○Trading Co.와 미국 뉴욕에 있는 Tomas Co., Ltd. 간의 무역계약 체결 과정이다. 이 과정에서 계약의 준거법에 따른 계약 성립일은 언제인지 쓰시오. [2점]

[2017 상업 임용]

한국의 ○○Trading Co. 무역부 김 대리는 2016년 9월 9일 미국 뉴욕에 있는 Tomas Co., Ltd.로부터 A 상품에 대한 구매 요청서(Purchase Note)를 항공우편(Airmail)으로 받았다. 김 대리는 사장에게 결재를 받은 후, 2016년 9월 19일 Tomas Co., Ltd.에 구매 요청서상의 조건대로 계약을 체결하겠다는 승낙 통지를 항공우편으로 발송하였다. 발송한 항공우편은 현지 시간으로 2016년 9월 22일 Tomas Co., Ltd.에 도착하였다. 그런데 Tomas Co., Ltd.의 사장은 2016년 9월 20일부터 일주일간 유럽으로 출장을 가서 사무실에는 2016년 9월 27일에 출근하여 자신이 보냈던 구매요청서에 대한 승낙 통지가 왔다는 사실을 알았다. 구매요청서상에 계약의 준거법은 "The United Nations Convention on Contracts for the International Sale of Goods(CISG) 1980."라고 되어 있었다.

03 다음의 (가)는 신용장 거래의 준거규정인 신용장 통일 규칙(UCP 600)의 일부이며, (나)는 국제 물품 매매에 있어서 적용되는 국제 물품 매매 계약에 관한 UN 협약(CISG) 규정의 일부이다. 〈조건〉을 고려하여 〈작성 방법〉에 따라 순서대로 서술하시오. [4점] [2023 상업 임용]

(가)

Article 30 a. The words "about" or "approximately" used in connection with the amount of the credit or the quantity or the unit price stated in the credit are to be construed as allowing a tolerance not to exceed (㉠)% more or (㉠)% less than the amount, the quantity or the unit price to which they refer. b. A tolerance not to exceed (㉡)% more or (㉡)% less than the quantity of the goods is allowed, provided the credit does not state the quantity in terms of a stipulated number of packing units or individual items and the total amount of the drawings does not exceed the amount of the credit. …(하략)…

(나)

Article 18 (1) A statement made by or other conduct of the offeree indicating assent to an offer is a(n) (㉢). Silence or inactivity does not in itself amount to (㉢). (2) A(n) (㉢) of an offer becomes effective at the moment the indication of assent reaches the offeror. A(n) (㉢) is not effective if the indication of assent does not reach the offeror within the time he has fixed or, if no time is fixed, within a reasonable time, due account being taken of the circumstances of the transaction, including the rapidity of the means of communication employed by the offeror. …(하략)…

〈조건〉

○ 국제물품매매계약에 관한 UN협약(CISG: United Nations Convention on Contracts for the International Sale of Goods), 신용장 통일 규칙 (UCP 600: Uniform Customs and Practice for Documentary Credits 600)을 기준으로 할 것.

〈작성 방법〉

○ 무역 계약에서 약정하는 수량 조건과 관련하여 괄호 안의 ㉠, ㉡에 각각 공통으로 하당하는 숫자를 순서대로 쓸 것.

○ 무역 계약 성립과 관련하여 괄호 안의 ㉢에 공통으로 해당하는 용어를 영문자로 쓰고, ㉢의 효력 발생 원칙을 서술할 것.

04 다음은 W무역회사의 임원 회의 내용이다. 각 이사들이 제안하는 무역계약 형태를 쓰시오. [3점]

[2006 상업 임용]

> (가) 영업이사는 매매 당사자 상호 간에 동일한 상품을 지속적으로 거래하여 왔고, 매 거래 시마다 계약을 체결하는 것이 불편하므로 연간 혹은 장기간 기준으로 계약할 것을 제안하였다.
> (나) 경리이사는 매 거래 시마다 계약을 체결하는 번거로움은 따르지만 시장 변동 상황에 능동적으로 대처하고, 분쟁을 사전에 방지하기 위하여 거래건별로 계약할 것을 제안하였다.
> (다) 기획이사는 지금까지 지속적으로 거래한 S수입업자 이외에는 동일 품목을 오퍼하지 않을 뿐만 아니라, 자사의 특정 품목만 거래하는 조건으로 계약할 것을 제안하였다.

05 한국의 A기업은 지금부터 10개월 후인 2002년 가을에 미국의 B기업으로부터 곡물을 수입하고자 한다. 수입하는 곡물의 품질 조건을 계약할 경우에 FAQ조건, GMQ조건, USQ조건 중에서 어느 조건으로 계약하는 것이 타당한지를 그 이유와 함께 설명하시오. [4점] [2002 상업 임용]

06 다음은 매매계약서의 일부이다. ( ) 안에 들어갈 표준품의 품질 결정 방법 중에서 가장 적절한 것을 쓰시오. [2점] [2014 상업 임용]

> **매매계약서**
>
> 계약번호: 2013-12-12344　　　　　날짜: 2013년 12월 1일
>
> 본 계약은 수출국의 ○○(주)와 수입국의 △△(주) 사이에 다음과 같이 체결한다.
>
> ㅇ 품명: 냉동 오징어　　　　ㅇ 품질 조건: (　　　　)
>
> ㅇ 수량: 3,000kg　　　　ㅇ 단가: US $ 20/kg
>
> ㅇ 대금결제 조건: D/P
>
> 단, △△(주)는 계약하는 제품의 품질을 외관상 확인하기 어렵기 때문에 일단 현품을 인수하고, 문제가 발생하면 ○○(주)가 변상을 하는 조건으로 한다.

07 다음의 (가)는 항공화물운송장(Air Waybill)의 일부이고, (나)는 신용장(L/C)과 신용장통일규칙(UCP 600) 23조의 일부이다. 〈작성 방법〉에 따라 순서대로 서술하시오. [4점] [2025 상업 임용]

(가)

Shipper's Name and Address	Shipper's Account Number ANUKIEC-20241007	Not Negotiable **Air Waybill** Issued by KONA CARGO AIR
ANU Bio-Chemical Inc, Korea KICE 4F, 114 Pangyo, Seongnam-si, Gyeonggi-do, Korea Tel: +82-31-7000-6000 Fax: +82-31-7000-6001		Copies 1, 2 and 3 of this Air Waybill are originals and have the same validity.
㉠ Consignee's Name and Address MAERK Bioscience Inc. Germany 90504, 2049, Vermon Blvd., Frankfurt am Main, Germany Tel: +49-213-5000-0000 Fax: +49-213-5000-0001	Consignee's Account Number MAERK-20241101	It is agreed that the goods described herein are accepted in apparent good order and condition (except as noted) for carriage SUBJECT TO THE CONDITION OF CONTRACT ON THE REVERSE HEREOF. ㉡<u>ALL GOODS MAY BE CARRIED BY ANY OTHER MEANS INCLUDING ROAD OR ANY OTHER CARRIER UNLESS SPECIFIC CONTRARY INSTRUCTIONS ARE GIVEN HEREON BY THE SHIPPER, AND SHIPPER AGREES THAT THE SHIPMENT MAY BE CARRIED VIA INTERMEDIATE STOPPING PLACES WHICH THE CARRIER DEEM APPROPRIATE</u>. THE SHIPPER'S ATTENTION IS DRAWN TO THE NOTICE CONCERNING CARRIER'S LIMITATION OF LIABILITY. Shipper may increase such limitation of liability by declaring a higher value for carriage and paying a supplemental charge if required.
Issuing Carrier's Agent Name and City		
Agent's IATA code	Account No. ANUKIEC-20241007	Accounting Information / Optional Shipping Information "FREIGHT PREPAID"
Airport of Departure(Addr. of First Carrier) and Requested Routing Incheon to Frankfurt/Main Germany		Reference Number

To	By First Carrier	to	by	to	by	Currency	CHGS Code	WT/VAL PPD	WT/VAL COLL	Other PPD	Other COLL	Declared Value for Carriage / Declared Value for Customs
SFO	OZ ICN/SFO/FRA	FRA	AS			USD						

Airport of Destination Frankfurt/Main Airport	Requested Flight/Date OZ242/ 12 DEC, AS1142/13 DEC	Amount of Insurance	INSURANCE - If carrer offers insurance, and such insurance is requestred in accordance with the conditions therof, indicate amount to be insured in figures in box marked "Amount of Insurance".

Handling Information Depart from Inchern(ICN) Airport, transit through San Francisco(SFO), arrive at Frankfurt(FRA)	SCI

(나)

LETTER OF CREDIT

: 27 Sequence of Total	: 1/1	: 42C Drafts at ...	: Draft at Sight for Full Invoice Value
: 40A Form of Documentary Credit	: Irrevocable	: 43P Partial Shipment	: Not Allowed
: 20C Documentary Credit Number	: ANU1007	: 43T Transhipment	: Not Allowed
: 31C Date of Issue	: NOV. 7, 2024	: 44E Airport of Departure	: Incheon, Korea
: 31D Date of Place of Expiry	: DEC. 27, 2024 Korea	: 44F Airport of Destination	: Frankfurt, Germany
: 50 Applicant	: MAERK Bioscience Inc.	: 44C Latest Date of Shipment	: DEC. 15, 2024
: 59 Beneficiary	: ANU Bio-Chemical Inc.	: 45A Description of Goods	: Mechanical Parts

UCP 600

[Article 23] Air Tranport Document

…(중략)…

b. For the purpose of this article, transhipment means unloading from one aircraft and reloading to another aircraft during the carriage from the airport of departure to the airport of destination stated in the credit.

c. i. An air transport document may indicate that the goods will or may be transhipped, provided that the entire carriage is covered by one and the same air transport document.

ii. An air transport document indicating that transhipment will or may take place is acceptable, even if the credit prohibits transhipment.

〈작성 방법〉

- (가)의 ㉠을 참고하여, 항공화물운송장의 발행 형식을 제시하고, 그 형식의 특성을 1가지 서술할 것.
- (가)의 밑줄 친 ㉡과 (나)를 참고하여, 운송 화물의 환적 가능 여부와 개설은행의 수리 가능 여부를 각각 제시하고, 그 이유를 서술할 것.

08 다음의 (가)는 상업송장의 예시이고, (나)는 Incoterms® 2020 중 CIF 규칙의 일부이다. 〈작성 방법〉에 따라 순서대로 서술하시오. [4점] [2025 상업 임용]

(가)

<table>
<tr><td colspan="5">COMMERCIAL INVOICE</td></tr>
<tr><td colspan="2" rowspan="2">Seller

KICE Electronics Inc. Korea
Coex 4F, 511, Gangnam-ro,
Gangnam-gu, Seoul, Korea
Tel: +82-2-6000-7000
Fax: +82-2-6000-7001</td><td colspan="3">Invoice No. and Date

SEL-1010 October 15, 2024</td></tr>
<tr><td colspan="3">L/C No. and Date

KTX104851 September 7, 2024</td></tr>
<tr><td colspan="2">Consignee

To the order of Wellsbank,
Torrance Branch, CA, USA Tel: +1-213-2391</td><td colspan="3">Buyer

2059, Atesia Blvd. Torrance, CA, USA
Cosco Wholesale Price Inc.
Tel: +1-314-4771</td></tr>
<tr><td>Port of Loading
Gwangyang, Korea</td><td>Port of Destination
Longbeach, USA</td><td colspan="3" rowspan="2">Terms of Delivery and Payment

CIF (㉠) Port L/C at sight
Incoterms 2020</td></tr>
<tr><td>Vessel / Flight
HMM Victoria</td><td>Departure Date
October 17, 2024</td></tr>
<tr><td rowspan="4">(㉡)/
No. &Kind of pkgs

Cosco
Longbeach, USA
No.1/10~10/10
C/T</td><td>Goods Description</td><td>Quantity</td><td>Unit Price</td><td>Amount</td></tr>
<tr><td>OLED TV 70″</td><td>100 pcs</td><td>USD 1,000.00</td><td>USD 100,000.00</td></tr>
<tr><td>Advance Payment Amount</td><td>2 times</td><td>USD 5,000.00</td><td>USD 10,000.00</td></tr>
<tr><td>Total Claim Amount</td><td></td><td></td><td>USD 90,000.00</td></tr>
<tr><td colspan="5" align="right">Signed by
KICE Electronics Inc. Korea

Jong-Won, Park/CEO</td></tr>
</table>

(나)

CIF A5 Insurance The insurance shall cover, at a minimum, the price provided in the contract plus 10%(i.e. 110%) and shall be in the currency of the contract.

〈작성 방법〉

- 괄호 안의 ㉠, ㉡에 해당하는 것을 순서대로 쓸 것.
- (나)에서 제시한 적화보험의 부보비율을 고려하여, (가)에서 제시한 보험목적물의 보험가입금액(USD)을 쓰고, 그 계산 과정을 서술할 것

09 김 교사가 '상업 경제' 과목 수업 시간에 학생들에게 제시한 〈A 회사의 경영 사례〉이다. A 회사가 ㉠ 방식의 국제화 전략을 채택하는 동기를 3가지 제시하고, INCOTERMS 2020의 FOB와 CIF에 더하여 ㉡을 중심으로 분석하여 A 회사에 적합한 무역거래조건을 제안하시오. [15점] [2010 상업 임용 변형]

> **〈A 회사의 경영 사례〉**
>
> 한국의 A 회사는 국내에서 어느 정도 성공을 거두고 있는데, 국내시장에서의 성장 한계를 극복하기 위하여 기업의 성장 전략 중 해외로의 시장개발(market development) 즉 ㉠ 국제화 전략을 채택하였다. 다만 국제화에 대한 경험 부족과 활용할 내부자원의 부족으로 수출 활동에 한정하기로 하였다.
>
> 해외 거래처 발굴을 위하여 전자무역의 수단인 무역거래알선 사이트(Trade Lead)를 통하여 'Offers to Buy'를 검색하여 미국의 B 회사가 A 회사의 제품 수입에 관심을 가지고 있다는 것을 알게 되었다. B 회사에 거래 제의를 하기 전에 A 회사는 INCOTERMS 2020에 있는 무역거래조건 중 많이 이용되고 있는 FOB와 CIF에 대하여 ㉡ 개념, 물품의 인도 및 소유권의 이전, 위험 및 비용 부담, 해상 운송 및 보험 계약 등에 관해 비교하고 장·단점을 파악하여 A 회사에 적합한 무역거래조건을 선택하고자 한다.

10 다음은 한국의 수출상인 (주)○○이 미국 New York에 소재하고 있는 수입상에게 CIF New York Incoterms® 2020에 따라 수출하려는 가격 산출 비용의 일부이다. 〈자료〉를 이용하여 〈작성 방법〉에 따라 순서대로 서술하시오. [4점] [2018 상업 임용 변형]

〈자료〉

> - 제조원가(물품 검사비, 포장비 포함) : US$100,000
> - 내륙운송비(서울-부산) : US$700
> - 해상운송비(선적비용 포함) : US$3,000
> - 수출통관비 : US$300
> - 해상보험료(ICC(C)약관 기준) : US$1,000
> - 수입통관비 : US$700
> - 수입관세 : US$5,000

〈작성 방법〉

- ㅇ 자료에 제시된 내용에 한정할 것.
- ㅇ (주)○○의 수출가격 산출 과정과 금액을 제시할 것.
- ㅇ (주)○○이 선적을 이행한 후 수입상에게 제공하여야 할 전통적인 필수 서류 중 선화증권(Bill of Lading) 이외의 2가지 서류를 제시할 것.

11 무역계약의 〈조건〉에 대한 설명 중 옳은 것을 〈보기〉에서 고른 것은? [2점] [2010 상업 임용 변형]

〈조건〉

- 한국의 수출업자 갑(甲)회사와 미국의 수입업자 을(乙)회사는 무역계약을 체결하였음.
- 물품을 부산항에서 선적하여 LA항까지 해상운송하기로 함.
- 갑(甲)회사는 부산항에서 LA항까지의 해상운임과 해상 보험료를 부담하기로 함.

〈보기〉

ㄱ. 수입통관은 을(乙)회사가 하여야 한다.
ㄴ. 가격조건의 표시는 'CIF Busan'으로 표시한다.
ㄷ. 갑(甲)회사는 LA항의 본선에 물품이 적재될 때까지 위험을 부담한다.
ㄹ. Incoterms 2020에 의하면, 당사자 간에 별도의 약정이 없는 경우 갑(甲)회사는 최소담보 (minimum cover)조건으로 부보 하면 된다.

12 다음은 외국환에 의한 결제 방식에 관한 설명이다. (가), (나)의 설명에 해당하는 결제 방식을 쓰시오. [2점] [2005 상업 임용]

(가) 수입업자가 외국환은행을 통하여 수출업자에게 대금을 보내는 방식이며, 주로 소액의 운송료 · 보험료 등을 결제할 때 이용된다.
(나) 수출업자가 외국환은행을 통하여 수입업자로부터 대금을 회수하는 방식이며, 주로 무역거래의 상품 대금 결제에 이용된다.

13 다음은 무신용장에 의한 수입 대금의 결제에 관한 자료이다. ① (가)의 추심 결제방식, ② (가)의 환어음 종류 , ③ (나)의 추심 결제방식을 쓰시오. [2004 상업 임용]

(가) 수입업자는 수출업자가 발행한 환어음의 제시가 있으면 곧 대금을 지급하는 조건으로 상품을 수입하기로 하였다. 수입업자는 추심은행으로부터 선적서류와 환어음이 도착되었다는 통지를 받고, 환어음 대금을 수표 발행하여 지급한 후 선적서류를 받다. (나) 수입업자는 3개월 후에 대금을 지급하는 조건으로 상품을 수입하였다. 추심은행으로부터 선적서류와 환어음이 도착되었다는 통지를 받고, 환어음을 인수한 후 선적서류를 받다.

① (가)의 추심 결제방식
② (가)의 환어음 종류
③ (나)의 추심 결제방식

14 그림에 나타난 무역 대금 결제 방법에 관한 설명으로 옳은 것을 〈보기〉에서 고른 것은? [2점] [2009 상업 임용]

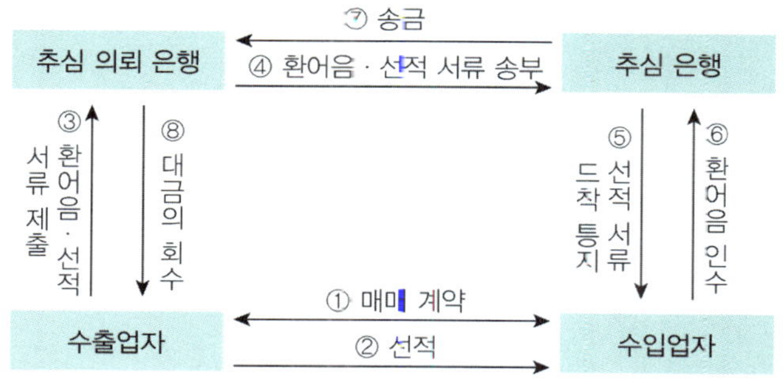

〈보기〉
ㄱ. 외상 거래의 성격을 가지고 있다. ㄴ. 약정된 만기일에 대금을 결제한다. ㄷ. 환어음에 대해 추심 은행이 지급을 보증한다. ㄹ. 환어음 대금을 결제한 후 운송 서류를 인도받는다.

15 다음은 무역계약에서 대금결제까지의 흐름을 나타낸 그림이다. 이 그림에 해당하는 대금결제방식을 영어로 쓰고, 이 결제방식이 신용장 결제방식과 다른 점 2가지를 서술하시오. [4점] [2017 상업 임용]

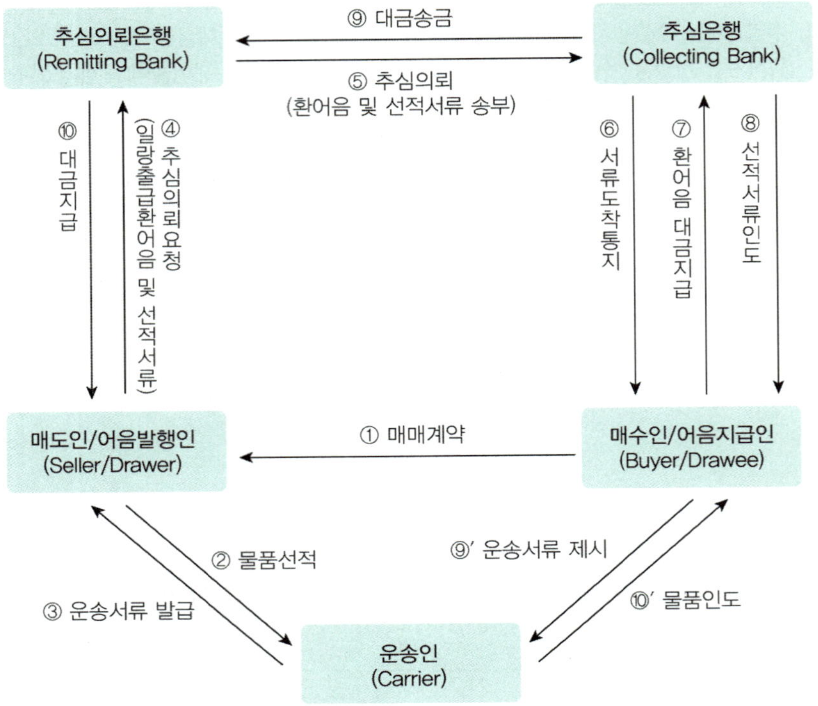

16 다음은 무역 분쟁과 그 해결 방법에 관한 내용이다. 밑줄 친 ㉠을 3가지 제시하고, ㉡에 해당하는 국제 협약의 명칭을 순서대로 서술하시오. [4점] [2018 상업 임용]

> 무역 거래를 이행하는 과정에 거래 당사자에게 분쟁이 발생하는 경우가 종종 있다. 가령 매도인이 선적을 불이행하거나 지연 선적한 경우, 그리고 매도인이 선적한 물품의 상위(相違), 품질 불량, 수량 부족 등으로 인하여 분쟁이 발생하기도 한다. 또한 매수인은 계약을 체결한 후 상품 가치가 하락하거나 경기 불황으로 인하여 손해가 야기될 것이 예상되는 경우 물품의 사소한 하자나 계약 조건상의 여러 이유로 물품의 인수를 거절하거나 대금을 미지급하기도 한다.
>
> 이러한 분쟁을 해결하는 방법은 당사자 간의 교섭과 양보로 직접 해결하는 화해가 있으며, 제3자에 의해서 해결하는 알선, 조정, 중재, 소송 등이 있다. 여기서 중재는 당사자 간 합의로 사법상의 분쟁을 중재인의 판정에 의하여 해결하는 방법이지만, 소송은 법원의 판결에 의하여 분쟁을 강제적으로 해결하는 방법이다. 중재는 소송과 비교할 때, 정해진 기간 내에 단심제로 신속한 분쟁 해결, 중재인 선임의 자율성, 충분한 변론 기회 보장 이외에도 기타 ㉠여러 가지 장점이 있기 때문에 국내외적으로 널리 이용되고 있다.
>
> 또한 중재는 법원의 판결이 아닌 민간인에 의한 자주적인 분쟁 해결 제도이므로 외국에서 내려진 중재 판정이 국내에서 동일하게 효력을 발생하여 집행될 수 있는 제도적 장치가 필요하다. ㉡UN은 국제간에 외국중재판정에 대한 보장을 받을 수 있도록 국제 협약을 제정하였으며, 우리나라도 이 협약에 가입되어 국내외 중재 판정을 승인 및 집행하고 있다.

17 다음은 무역 클레임의 해결 방법 중에서, 제3자의 공정한 판단에 의해 해결하는 방법을 설명한 것이다. (가), (나)에 해당되는 우리말 용어를 각각 쓰시오. [4점] [2007 상업 임용 변형]

> (가) The process by which an impartial third party makes an independent investigation and suggests a solution to a dispute.
> 1) The act of a third person in intermediating between two contending parties with a view to persuading them to adjust or settle their dispute.
> 2) Bringing about a peaceful settlement or compromise through the benevolent intervention of an impartial third party.
>
> (나) A process of dispute resolution in which a neutral third party renders a decision after a hearing at which both parties have an opportunity to be heard. This may be voluntary or contractually required.
> 1) An agreement for taking and abiding by the judgment of selected persons in some disputed matter, instead of carrying it to established tribunals of justice. And the award shall be binding upon both parties concerned.
> 2) The process by which parties to a dispute submit their differences to the judgment of an impartial third person or group selected by mutual consent.

18 다음은 무역 클레임에 관해 (주)○○ 사장과 직원이 나눈 대화이다. 〈조건〉을 고려하여 〈작성 방법〉에 따라 순서대로 서술하시오. [4점] [2023 상업 임용]

> 직원: 사장님, 지난달 미국으로 선적한 수출품의 대금 결제에 문제가 발생하였습니다. 미국 바이어로부터 수출품이 계약과 일치하지 않아서 계약을 해지하겠다는 연락을 받았습니다. 우리 회사가 계약 조건을 정상적으로 이행 하였음에도 불구하고 미국 바이어가 불합리한 요구를 하는 것으로 판단됩니다.
>
> 사장: 해당 바이어와 계약을 체결할 때 분쟁 해결 관련 조건은 어떻게 합의하였나요?
>
> 직원: 비사법적 분쟁 해결 방법인 중재 조건으로 합의하였습니다. 구체적으로 중재지, 중재 기관, 중재 규칙에 대해 합의 하였습니다.
>
> 사장: 그렇군요. 중재보다는 (㉠)이/가 명확한 방법이 아닌가요?
>
> 직원: (㉠)은/는 법원에 제소하여 이의 판결에 의해 분쟁을 강제적으로 해결하는 방법입니다. (㉠)에 의한 판결은 재판권이 상대국까지 미치지 못하고 비용과 시간도 많이 소요됩니다. 따라서 무역거래에서는 (㉠)을/를 통해 분쟁을 해결하기보다는 중재가 유리하다고 생각합니다.
>
> 사장: 네, 잘 알겠습니다. 그럼 중재 기관은 어디로 합의하였나요?
>
> 직원: 우리나라의 상설 중재 기관인 (㉡)을/를 중재 기관으로 합의하였습니다.
>
> 사장: 그럼, (㉡)의 판정이 미국에서도 인정되나요?
>
> 직원: 우리나라와 미국을 포함한 세계 주요국 대부분이 뉴욕협약 (New York Convention)에 가입하였으며, 협약체약국들은 외국 중재 판정의 승인 및 집행을 보장받을 수 있습니다.
>
> 사장: 만약 (㉡)에서의 판정이 우리 예상대로 나온다면 다행이지만 그렇지 않았을 때는 ㉢판정에 대해 3심까지 진행할 수 있나요?
>
> 직원: 해당 내용에 관해서는 전문가의 의견을 구한 후 다시 보고 드리겠습니다.

〈조건〉

- 중재법([시행 2020. 2. 4.], [법률 제16918호, 2020. 2. 4., 일부 개정])을 기준으로 할 것.

〈작성 방법〉

- 괄호 안의 ㉠, ㉡에 각각 공통으로 해당하는 용어를 순서대로 쓸 것.
- 밑줄 친 ㉢에 관한 답변으로 3심까지의 진행 가능성 여부를 제시하고, 그 이유를 서술할 것.

19 다음은 인코텀즈 2020(Incoterms® 2020)의 내용에 관한 〈자료〉이다. 이를 이용하여 〈작성 방법〉에 따라 순서대로 서술하시오. (단, 당사자 간의 별도의 약정은 고려하지 않음.) [4점] [2024 상업 임용]

〈자료〉

(가)

> (㉠)(이)란 매도인이 자신의 구내 또는 기타 지정된 장소에서 물품을 매수인의 임의처분 상태로 놓아둘 때 매도인의 물품 인도 의무가 완료되는 규칙으로, 매도인은 물품을 수취용 차량에 적재하지 않아도 되고, 물품의 수출통관이 요구되더라도 이를 수행할 필요가 없다.
>
> 반면, (㉡)은/는 물품이 지정목적지에서 도착 운송 수단에 실린 채 양하 준비된 상태로 매수인의 처분하에 놓이는 때에 매도인의 물품 인도 의무가 완료되는 규칙이다. (㉡)은/는 매도인이 물품을 목적지까지 운송하는 데 관련된 모든 비용과 위험을 부담해야 하고, 수출통관(수출통관의 이행, 수출관세의 지급, 수출통관절차의 수행)뿐만 아니라 수입통관(수입통관의 이행, 수입관세의 지급, 수입통관절차의 수행)까지도 이행하여야 한다는 규칙이다.

(나)

> 운임 · 보험료포함인도(CIF)에서 물품의 인도는 매도인이 물품을 선박에 적재하거나 또는 이미 그렇게 인도된 물품을 조달하는 것이다. 물품의 멸실 또는 훼손의 위험은 물품이 선박에 적재된 때 이전한다.
>
> 본 규칙은 해상운송이나 내수로 운송에만 사용되어야 한다. 물품이 컨테이너 터미널에서 운송인에게 교부되는 경우에 일반적으로 그러하듯이, 둘 이상의 운송 방식이 사용되는 경우에 사용하기 적절한 규칙은 CIF가 아니라 운송비지급인도(CIP) 이다.

〈작성 방법〉

- (가)의 괄호 안의 ㉠, ㉡에 해당하는 인코텀즈 2020 규칙을 영어 약자로 각각 쓸 것.
- (나)의 CIF와 CIP에서 매도인이 부보해야 하는 담보조건을 각각 쓰고, 담보범위의 정도를 기준으로 그 차이점을 서술할 것.

20 The following is part of the explanation of INCOTERMS 2020. What type of INCOTERMS 2020 is the following? [2점] [2013 상업 임용 변형]

- This rule is to be used only for sea or inland waterway transport.
- The seller delivers the goods on board the vessel or procures the goods already so delivered.
- The risk of loss of or damage to the goods transfers when the goods are on board the vessel, such that the seller is taken to have performed its obligation to deliver the goods whether or not the goods actually arrive at their destination in sound condition, in the stated quantity or, indeed, at all.
- This rule has two critical points, because risk passes and costs are transferred at different places.
- The seller owes no obligation to the buyer to purchase insurance cover: the buyer would be well-advised therefore to purchase some cover for itself.

① CFR ② CIF ③ DAP
④ FCA ⑤ FOB

21 다음은 무역가격조건에 관한 설명이다. ( )에 알맞은 내용을 쓰시오. [4점] [2004 상업 임용 변형]

(①) means that the seller delivers the goods on board the vessel at the named port of shipment. The risk of loss of or damage to the goods transfers when the goods are on board, and the buyer bears all costs from that moment onwards. This rule is used exclusively for sea or inland waterway transport.

The (②) term means that the seller delivers the goods to the buyer by making them available to the carrier or another person nominated by the buyer at a named place. This rule is highly flexible, suitable for any mode of transport, and precisely defines the point of risk and cost transfer. If the parties do not intend for delivery to occur on board a vessel, the (②) term should generally be used.

22 다음은 무역가격 조건에 관한 설명이다. 괄호에 알맞은 용어를 영어로 쓰시오. [4점] [2006 상업 임용 변형]

> (가) (①) means that the seller delivers the goods on board the vessel or procures the goods already so delivered. The seller must pay the costs and freight necessary to bring the goods to the named port of destination, but the risk of loss of or damage to the goods, as well as any additional costs due to events occurring after the time of delivery, are transferred from the seller to the buyer. This rule applies only to sea or inland waterway transport.
>
> (나) (②) means that the seller delivers the goods to the buyer by placing them at the buyer's disposal at a named place (such as a factory or warehouse). This named place may or may not be the seller's premises. For delivery to occur, the seller does not need to load the goods on any collecting vehicle, nor does it need to clear the goods for export, where such clearance is applicable.

23 다음은 INCOTERMS에 규정된 무역가격 조건에 관한 설명이다. (　　　)안에 공통으로 들어갈 용어를 영어로 쓰시오. [2점] [2008 상업 임용 변형]

> (　　　) means that the seller delivers the goods on board the vessel or procures the goods already so delivered. The seller must pay the costs and freight necessary to bring the goods to the named port of destination but the risk of loss of or damage to the goods, as well as any additional costs due to events occurring after the time of delivery, are transferred from the seller to the buyer. However, in (　　　) the seller also has to procure marine insurance against the buyer's risk of loss of or damage to the goods during the carriage.

24 다음의 (가)와 (나)는 Incoterms® 2020에 대한 내용이다. (가)와 (나)의 자료를 이용하여 〈작성 방법〉에 따라 순서대로 서술하시오 (단, 당사자 간의 별도의 약정은 고려하지 않음). [4점] [2020 상업 임용 변형]

(가)

- 한국의 수출업체 A상사와 미국의 수입업체 B상사는 USD100,000의 물품매매계약을 체결하였음.
- A상사는 경기도 수원(Suwon)에서 미국 시카고(Chicago)까지 운송계약을 체결하고 운송비(carriage)를 지급하였음.
- A상사는 시카고까지의 운송위험을 부보하기 위해서 보험자와 운송보험계약을 체결하고 보험료를 지급하였음.

(나)

- This rule means that the seller delivers the goods, once unloaded from the arriving means of transport, at the named place of destination, or procures the goods already so delivered. This is the only Incoterms® rule that requires the seller to unload goods at the destination.

〈작성 방법〉

○ (가)에 해당하는 Incoterms® 2020의 규칙(조건)을 표기 방법에 의거하여 제시할 것.
○ (가)에서 A상사가 부보해야 할 최소한의 보험금액을 제시할 것.
○ (가)와 (나)에서 매도인의 위험이전(transfer of risks)의 분기점을 각각 순서대로 서술할 것.

25 다음은 Aria Trading Co.가 F&S Co., Ltd.에 보낸 Offer Sheet이다. 괄호 안의 ㉠에 들어갈 용어를 〈작성 방법〉에 따라 영어로 쓰시오. 그리고 밑줄 친 ㉡을 해석하고, 이 offer의 종류를 쓰시오. [4점]

[2017 상업 임용 변형]

Aria Trading Co.

123 Sang-up Building, 147 Gangnam-Daero, Gangnam-Gu, Seoul, Korea
Tel: +82-2-123-4567, Fax: +82-2-123-4568, E-mail: ariatradingco@gmail.com

Date : Oct. 25, 2016
Ref. No. : EX161025AT

Messrs : F&S Co., Ltd.
730 Seventh Ave. West, New York, NY 10118, USA

OFFER SHEET

We are pleased to offer you the following goods on the terms and conditions as stated below.

HS No.	COMMODITY& DESCRIPTION	QUANTITY	UNIT PRICE	AMOUNT
6403.12	SKI BOOT			(㉠)BUSAN KOREA
	-STYLE NO. A100	2,000 PCS	@US $ 50.00	US $ 100,000
	-STYLE NO. A200	2,000 PCS	@US $ 50.00	US $ 100,000
	TOTAL	4,000 PCS		US $ 200,000

Terms & Conditions
Origin : Republic of Korea
Payment: By an Irrevocable L/C at sight to be issued in our favor
Time of Shipment: Within 30 days after receipt of your L/C
Place of Shipment: Busan, Korea
Destination: New York, USA
Packing: Export standard packing
Inspection: Seller's inspection to be final
Validity: Nov. 15, 2016
Remarks: ㉡Subject to our final confirmation

We are looking forward to your valued order for the above offer.

Aria Trading Co.
Jun-Young Park
DIRECTOR, TRADING DEPARTMENT

〈작성 방법〉

○ ㉠은 Incoterms 2020의 조건 중 하나이며, 다음에 부합하는 가격조건임.
- It means that the seller delivers the goods on board the vessel nominated by the buyer at the named port of shipment.
- The risk of loss of or damage to the goods transfers when the goods are on board the vessel, and the buyer bears all costs from that moment onwards.

26 다음의 (가)는 신용장(L/C) 내용의 일부이고, (나)는 (가)에 따라 발행된 환어음 내용의 일부이다. 이를 이용하여 〈작성 방법〉에 따라 순서대로 서술하시오. [4점] [2024 상업 임용]

(가)

…(상략)…

52A Issuing Bank: ABC Bank, New York
31D Date of Expiry: June 30, 2023
50 Applicant: NY Corporation
59 Beneficiary: KK TRADING CO., Ltd.
513, Yeongdong-daero, Gangnam-gu, Seoul, 06164, Korea
41D Available with/by: XYZ Bank, Seoul by negotiation
42C Draft at: ㉠30 days after sight
32B Currency Code Amount: USD 53,000.00
39A ㉡Percentage Credit Amount Tolerance: 10/10
57A Advise Through Bank: LH Bank, Seoul

…(하략)…

(나)

BILL OF EXCHANGE

NO. 123456 Date: JUNE 15, 2023
For USD 53,000.00 Place: SEOUL, KOREA
AT 30 DAYS AFTER SIGHT OF THIS FIRST BILL OF EXCHANGE(SECOND OF THE SAME TENOR AND DATE BEING UNPAID) PAY TO (㉢) OR ORDER THE SUM OF SAY US DOLLARS FIFTY THREE THOUSAND ONLY VALUE RECEIVED AND CHARGE THE SAME TO ACCOUNT OF NY Corporation DRAWN UNDER THE (㉣)

…(하략)…

〈작성 방법〉

- (가)에서 밑줄 친 ㉠에 해당하는 대금 지급 기간과 같은 추심결제방식의 종류를 쓰고, 밑줄 친 ㉡에 해당하는 의미를 서술할 것.
- (나)의 괄호 안의 ㉢, ㉣에 해당하는 신용장(L/C)의 당사자를 (가)에서 찾아서 각각 순서대로 쓸 것.

27 다음은 신용장 통일 규칙(UCP 600) 제5조에 관한 내용이다. 이와 관련된 설명으로 옳은 것을 〈보기〉에서 고른 것은? [2.5점]

[2013 상업 임용]

신용장의 거래에 있어서 모든 관계 당사자는 서류상의 거래를 행하는 것이며, 이들 서류에 관련될 수도 있는 물품, 용역 및 기타 계약 이행에 의해 거래되는 것은 아니다.

〈보기〉

ㄱ. 신용장의 편리성에 관한 설명이다.
ㄴ. 신용장의 추상성에 관한 설명이다.
ㄷ. 취소 불능 신용장을 개설한 경우에만 적용된다.
ㄹ. 도착한 물품이 계약 내용과 달라도 신용장 조건과 일치된 서류를 제출하면 은행은 대금을 지급하여야 한다.

28 다음은 무역 사례의 일부이다. (가) 서류의 명칭을 쓰고, (나) 수입업자 P는 수출업자 K에게 지급한 대금을 신용장 개설은행을 통하여 회수할 수 있는지 그 여부를 이유와 함께 서술하시오. [5점]

[2015 상업 임용]

수출업자 K는 신용장에 제시되어 있는 조건에 맞추어 선박 회사를 통해 수출 물품을 선적하였다. 수출업자 K는 (가) <u>수출 대금 회수 시의 필수 서류 중 하나인 유통 가능한 유가증권을 선박회사에서 발급</u>받은 후, 신용장에서 요구하는 모든 서류를 갖추어서 은행에 환어음 매입을 의뢰하였다.

매입은행은 수출업자 K가 제출한 서류가 신용장 조건과 일치한다는 점을 확인한 후에 대금을 지급하였고, 매입한 환어음과 제출된 모든 서류를 신용장 개설은행에 송부하여 대금 상환을 요청하였다. 개설은행은 도착한 서류를 심사한 후 신용장상의 조건과 일치한다고 판단하여 매입은행에 대금을 상환하였다.

일정 기간 후에 수입업자 P는 수출업자 K가 보낸 물품을 수령하였는데, 도착한 물품은 계약 조건과 완전히 다른 물품이었다. 그래서 (나) <u>수입업자 P</u>는 이 사실을 수출업자 K에게 통보하였고 신용장 개설은행에 대금 반환을 요청하였다.

29 다음의 (가)는 신용장 내용의 일부와 이와 관련된 신용장통일 규칙(UCP 600)에 대한 설명이며, (나)는 신용장통일규칙(UCP 600) 5조의 내용이다. 이를 이용하여 〈작성 방법〉에 따라 순서대로 서술하시오. [4점] [2022 상업 임용]

(가)

ㅇㅇ Bank Singapore Branch
21 Collyer Quay #03-06 Singapore 0104
Date and Place : 7 Sep. 2021, Singapore (ORIGINAL for ㉠)

<table>
<tr><td rowspan="2">IRREVOCABLE
DOCUMENTARY CREDIT</td><td colspan="2">Credit Number</td></tr>
<tr><td>of Issuing Bank IC771187</td><td>of Advising Bank
A8801-712-00872</td></tr>
<tr><td>Advising Bank
□□ Bank, Seoul, Korea</td><td colspan="2">Applicant
△△ Trading Co. Ltd. Singapore</td></tr>
<tr><td rowspan="2">(㉠)

◇◇ International Co. Ltd.
CPO Box 1234, Seoul, Korea</td><td colspan="2">Amount
USD 45,000.00</td></tr>
<tr><td colspan="2">Expiry
Date: 10 Jan. 2022 in (㉠)'s country for negotiation</td></tr>
<tr><td colspan="3">Dear Sir(s),
We hereby issue in your favour this documentary credit which is available by negotiation with any bank of your draft at sight drawn on us accompanied by the following documents :
1) Signed Commercial Invoice in triplicate
2) Full set of clean on board ocean Bill of Lading made out to our order marked 'Freight Prepaid' and notify applicant.
3) Packing List in duplicate
4) Insurance Policy in duplicate …(하략)…</td></tr>
<tr><td>Shipment form Korea
to Singapore
latest 31 Dec. 2021</td><td colspan="2">(㉡)
□ allowed
□ not allowed
…(하략)…</td></tr>
<tr><td colspan="3">Special condition(s):
-All banking charges outside Singapore are for account of (㉠).
…(하략)…</td></tr>
</table>

- 신용장통일규칙(UCP 600) 10조에 의하면 신용장은 개설 은행과 (㉠)의 동의 없이 조건이 변경되거나 취소될 수 없으며, 확인 은행이 있다면 해당 은행의 동의도 필요하다.
- 신용장통일규칙(UCP 600) 19조에 의하면 (㉡)은/는 신용장에 기재된 발송지, 수탁지 또는 선적지로부터 최종 목적지까지의 운송 도중에 하나의 운송 수단으로부터 양하되어 다른 운송 수단으로 재적재되는 것을 의미한다.

(나)

Article 5 Documents v. Goods, Services or Performance
Banks deal with documents and not with goods, services or performance to which the documents may relate.

〈작성 방법〉

ㅇ 괄호 안의 ㉠, ㉡에 들어갈 용어를 순서대로 쓸 것. (단, 영문자, 국문자 표기 모두 가능함.)
ㅇ (나)의 설명에 해당하는 신용장 거래의 고유 원칙을 제시하고, 그 의미를 서술할 것.

30 다음은 무역을 위한 국내 거래 사례이다. 이 사례에서 언급하고 있는 밑줄 친 이것의 명칭을 쓰시오. [2점]

[2016 상업 임용]

> 국내에 있는 수출업자 A는 영국의 수입업자 B와 신용장 결제 조건으로 스마트폰 수출 계약을 체결하였다. 수출업자 A는 스마트폰 제조에 필요한 부품을 국내의 제조업체 C로부터 공급받기 위해 계약 체결을 요청하였다. 제조업체 C로부터 "우리도 수출 실적으로 인정받고자 하니 **이것**으로 대금 결제를 요청한다."라는 답신을 받고 수락하였다.
>
> 수출업자 A는 영국으로부터 도착한 원신용장(Master L/C)을 근거로 주거래 은행에 제조업체 C를 수혜자로 하는 **이것**의 발행을 요청하였고, 주거래 은행은 **이것**을 발행하였다. 따라서 제조업체 C는 물품을 수출업자 A에게 공급한 후, 수출업자 A가 발행한 물품수령증명서(인수증)를 첨부하여 발행은행에 대금 지급을 요청하였다. 그 후 바로 공급한 물품 대금을 받았고 수출 실적으로도 인정받았다.

31 다음의 (가)는 외화획득용 물품의 국내 구매 절차이고, (나)는 무역 관련 서류 중 ㉡에 관한 특징이다. 이를 이용하여 〈작성 방법〉에 따라 순서대로 서술하시오. [4점]

[2021 상업 임용]

(가)

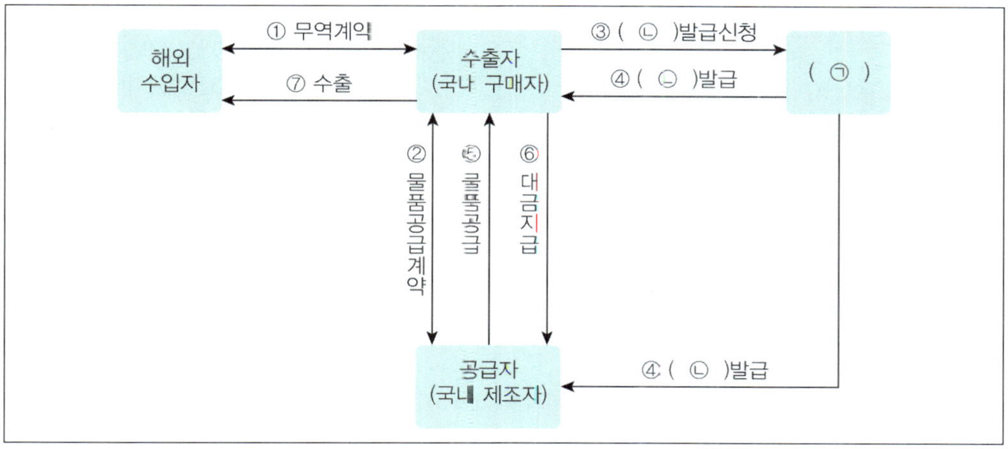

(나)

> • 이 서류는 내국신용장에 준하여 발급하는 증서로서, 전자무역 문서로 발급신청 및 발급 가능함.
> • 「대외무역관리규정」에 근거하여 이 서류로 국내 공급자도 외화획득이행에 관한 혜택을 받을 수 있음.

〈작성 방법〉

- 「대외무역관리규정」(산업통상자원부고시 제2019-197호, 2019. 11. 18., 일부개정)에 근거하여 작성할 것.
- 괄호 안의 ㉠에 들어갈 기관의 명칭을 쓸 것.
- 괄호 안의 ㉡에 공통으로 들어갈 서류의 명칭을 쓰고, 이 서류를 통해 공급자(국내 제조자)가 받을 수 있는 혜택을 2가지 제시할 것.

32 다음 (가)의 신용장을 이용하여 〈작성 방법〉에 따라 순서대로 서술하시오. [4점] [2020 상업 임용]

(가)

…(상략)…		
40A	: FORM OF DOCUMENTARY CREDIT	: IRREVOCABLE
20	: DOCUMENTARY CREDIT NUMBER	: 5550258509
31C	: DATE OF ISSUE	: 20191122
40E	: APPLICABLE RULES	: UCP LATEST VERSION
31D	: DATE AND PLACE OF EXPIRY	: 20191210 KOREA
51A	: APPLICANT BANK	: DELHI BANK N.A., CHENNAI, INDIA
50	: APPLICANT	: TAMA INDIA LTD.
59	: BENEFICIARY	: KOREA TRADE CO. XX BUILDING 1405 SAMSUNGDONG 143, SEOUL, KOREA
41D	: AVAILABLE WITH … BY …	: ANY BANK BY NEGOTIATION
42A	: DRAWEE	: (㉠)
42C	: DRAFTS AT …	: ㉡ 60 DAYS AFTER SIGHT
47A	: ADDITIONAL CONDITIONS	
1. 3 PERCENT MORE OR LESS IN QUANTITY AND AMOUNT ACCEPTABLE.		
71B	: CHARGES	: ALL BANKING CHARGES, INCLUDING ADVISING FEE AND COMMISSION IN LIEU OF EXCHANGE, OUTSIDE INDIA ARE FOR ACCOUNT OF BENEFICIARY
57A	: "ADVISE THROUGH" BANK	: DAEHAN BANK KANGNAM BRANCH
…(하략)…		

〈작성 방법〉

- 수입상은 수출상의 선적 및 매입서류 준비 일정이 촉박하다는 의견에 따라 신용장의 유효기간을 2019년 12월 30일로 연장하려고 한다. 이러한 경우 동의를 받아야 하는 신용장의 두 당사자를 제시할 것(단, 확인은행은 제외함).
- 괄호 안의 ㉠에 들어갈 신용장의 당사자를 제시하고, 밑줄 친 ㉡과 '60 DAYS AFTER DATE'의 기산일을 비교하여 서술할 것(단, 기산일은 ISBP(International Standard Banking Practice)를 적용함).

33 다음은 DAVID & YOUNG Co., Ltd.가 K-Star Trading Co.에 보낸 OFFER SHEET이다. 이 OFFER SHEET의 조건대로 K-Star Trading Co.는 신용장 개설은행에 신용장 개설을 요청하였다. DAVID & YOUNG Co., Ltd.는 통지은행을 통해 이 신용장을 2014년 11월 2일에 받았다. DAVID & YOUNG Co., Ltd.가 계약 조건 및 신용장 조건을 어기지 않고 물품을 선적해야 하는 최종일은 언제인지 쓰시오. [2점] [2015 상업 임용]

DAVID & YOUNG Co., Ltd.

350 Fifth Ave. West. New York, NY10118, USA

Tel: 1234567890, Fax: 2345678901, E-mail: David350@dy.com

Date: Oct. 25, 2014

Ref. No. : 2014-10-1012

Messrs: K-StarTrading Co.
345 Youngdong Building,
115 Gangnam-Daero, Gangnam-Gu, Seoul, Korea

OFFER SHEET

We are pleased to offer you the following goods on the terms and conditions as stated below.

HS No.	COMMODITY&DESCRIPTION	QUANTITY	UNIT PRICE	AMOUNT
5005-0300	BLUE JEANS			CIF BUSAN, KOREA
	MEN'S BLUE JEAN : STYLE NO. 100	5,000 PCS	@US$20.00	US$100,000.00
	WOMEN'S BLUE JEAN : STYLE NO. 200	5,000 PCS	@US$20.00	US$100,000.00
TOTAL		10,000 PCS		US$200,000.00

Terms & Conditions

Origin : USA
Time of Shipment : Within 25 days after receipt of your L/C
Place of Shipment : New York, USA
Destination : Busan, Korea
Payment : By an Irrevocable L/C at sight to be issued in our favor
Insurance : Seller to cover the CIF price plus 10% against ICC(A) & ISC, Cargo
Packing : Export standard packing
Inspection : Seller's inspection to be final
Validity : Dec. 20, 2014

We are looking forward to your valued order for the above offer.

DAVID & YOUNG Co., Ltd.
MICHAEL YOUNG
DIRECTOR, TRADING DEPARTMENT

34 아래의 내용은 신용장 방식에 의해 무역을 할 경우, 매매 계약을 체결해서 결제까지의 과정을 개략적으로 설명한 것이다. 아래의 내용을 읽고 3단계에서 수입상과 수입상의 거래 은행이 우선적으로 해야 할 일을 쓰시오. [2002 상업 임용]

> 1단계: 국내의 수입상이 외국의 수출상과 매매계약을 체결하고 물품매도확약서를 받는다.
> 2단계: 수입상은 필요한 경우에 수입승인서를 받는다.
> 3단계: ______________________________
> 4단계: 매입은행은 환어음 및 운송서류와 교환으로 수출상에게 어음대금을 지불한다.
> 5단계: 매입은행은 어음대금을 개설 은행에 상환청구한다.
> 6단계: 개설은행은 수입상으로부터 수입대금을 받고 운송서류를 인도한다.
> 7단계: 수입상은 선박회사에 B/L(선하증권)을 제시하고 화물을 인도받는다.

① 수입상이 해야 할 일:
② 수입상의 거래 은행이 해야 할 일:

35 다음은 신용장 개설은행과 개설의뢰인 간의 신탁계약에 의한 수입 대금결제 방법에 대한 설명이다. 이에 해당하는 방법이 무엇인지 쓰시오. [2점] [2014 상업 임용]

> 무역 거래에서는 선적서류가 수입 물품의 담보이므로 신용장 개설은행이 선적서류를 인도할 때는 환어음 대금을 수취하는 것이 일반적이다. 하지만 개설의뢰인이 일시적으로 자금이 부족할 경우, 신용장 개설은행이 개설의뢰인의 신용도가 높거나 담보를 제공하면 담보권을 설정한 후 대금결제 없이도 선적서류를 대여해 줄 수 있다. 이에 따라 개설은행은 수입 물품의 소유권을 보유하고, 개설의뢰인은 통관된 수입 물품을 제조, 가공, 판매 등을 하여 수입 대금을 결제할 수 있도록 하는 방법이다.

제3절 국제운송과 해상보험

01 다음은 수출국의 송화인과 수입국의 최종 수화인 관계에서 본 컨테이너 화물의 운송 형태이다. 이를 이용하여 〈조건〉에 따라 서술하시오. [5점] [2014 상업 임용]

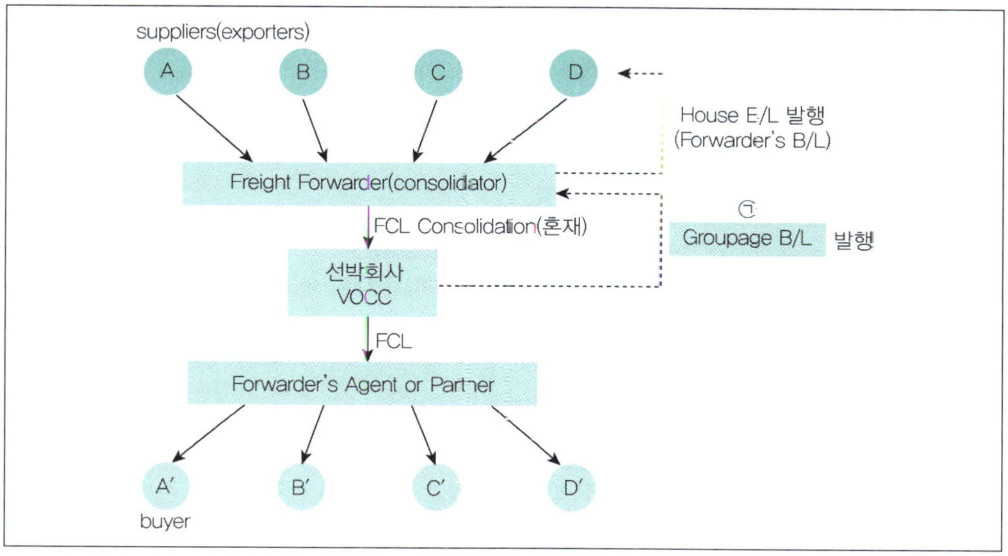

〈조건〉

- 그림에서 나타난 운송 형태를 제시할 것.
- 그림에서 ㉠의 개념을 쓸 것.
- 그림에서 프레이트 포워더(Freight Forwarder)와 수출국 송화인의 관계를 쓰고, 프레이트 포워더(Freight Forwarder)와 선박회사의 관계를 쓸 것.

02 다음 (가)는 컨테이너 화물의 운송 형태 중 하나이고, (나)는 (가)의 운송 형태의 특징을 설명한 것이다. (가)와 (나)의 자료를 이용하여 〈작성 방법〉에 따라 순서대로 서술하시오. [4점] [2020 상업 임용]

(가) (㉠) 컨테이너 화물 운송

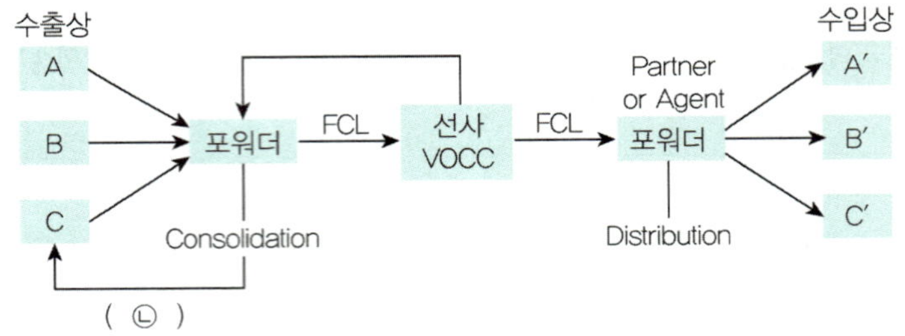

(나) (㉠) 컨테이너 화물 운송의 특징

- 포워더(forwarder)가 수출화물을 혼재(consolidation)함.
- 화물의 해상운송구간을 컨테이너로 운송하는 기본적 형태에 불과함.
- 부두에서 부두(pier to pier) 운송이라고도 함.

〈작성 방법〉

○ 컨테이너 화물 운송 형태 중에서 괄호 안의 ㉠에 공통으로 들어갈 용어를 제시하고, 문전에서 문전(door to door) 운송 서비스를 실현하기에 적합한 컨테이너 화물 운송 형태를 서술할 것.

○ 괄호 안의 ㉡에 해당하는 운송서류의 영문 명칭과 이 서류의 개념을 각각 순서대로 서술할 것.

03 다음은 ○○해운 영업 대리점에 방문한 (주)□□사장과 ○○해운 직원이 나눈 대화이다. 이를 이용하여 〈작성 방법〉에 따라 순서대로 서술하시오. [4점] [2022 상업 임용]

> 사장: 우리 회사는 최근 컨테이너 화물 운송이 급증하면서 임시 보관을 위해 컨테이너 야드를 이용하고 있습니다. 혹시 컨테이너 야드에 대한 자세한 설명을 부탁드려도 될까요?
>
> 직원: 네. 컨테이너 야드란 선박에 컨테이너를 적재하거나 양하 하기 위하여 선박 회사가 지정한 컨테이너 보관 및 인도 장소를 의미합니다. 컨테이너 1개 분량의 화물은 FCL (Full Container Load) 화물이라고 말하며, 이는 화주의 공장 또는 창고 등에서 바로 컨테이너에 적입되어 컨테이너 야드에 반입됩니다. 하지만 컨테이너 1개 분량이 안 되는 소량 화물은 (㉠) 화물이라고 말하며, 이는 컨테이너 야드의 입구에 위치하는 (㉡)에서 목적지가 같은 화물들과 혼적하게 됩니다. 수입된 컨테이너 화물을 소량 화물로 재분류하는 작업도 이곳에서 이루어집니다.
>
> 사장: 그런데 우리 회사는 종종 컨테이너 보관, 통관 등을 위해 부두 외부의 시설을 이용하는 경우도 있습니다. 해당 장소에 대해서도 설명해 주시겠습니까?
>
> 직원: 네. ㉢<u>항만의 공간이 협소한 경우 부득이하게 부두 밖 장소에 컨테이너를 보관하게 됩니다. '항만에서 떨어진 별도의 컨테이너 야드'를 의미하는 이 장소는 항만 부근에 발달되어 있습니다. 하지만 해당 장소를 출입하는 컨테이너 트럭의 시내 주행으로 안전 문제와 교통 혼잡 비용이 증가할 수 있습니다.</u>
>
> 사장: 자세한 설명 감사드립니다.

〈작성 방법〉

- 제시된 내용에 한정할 것.
- 괄호 안의 ㉠, ㉡에 들어갈 용어를 영문자 약자 표기로 순서대로 쓸 것.
- 밑줄 친 ㉢이 설명하는 장소를 영문자 약자 표기로 쓸 것.
- 밑줄 친 ㉢에서 설명된 문제점을 완화하고 컨테이너의 대규모 검역, 통관, 배송, 보관 등 효율적 복합 연계 운송을 실현하는 내륙에 위치한 공적 권한을 가진 시설에 대해 서술할 것.

04 다음의 (가)는 신용장 내용 중 일부를 발췌한 것이며, (나)는 ○○상업고등학교의 국제 상무 과목 수업을 위해 김 교사가 작성한 자료이다. (가), (나) 자료를 이용하여 〈작성 방법〉에 따라 순서대로 서술하시오. [5점] [2018 상업 임용]

(가)

::700 ISSUE OF A DOCUMENTARY CREDIT

…(중략)…

:44C Latest Date of Shipment : 171123

:45A Description of Goods and/or Services : DVD DECK MECHANISM 5,000PCS
AT USD57.00 PER PC
CIF SHANGHAI PORT OR AIRPORT

:46A Documents Required

\+ TRANSPORT DOCUMENTS TO BE DISTRIBUTED AS FOLLOWS :

\- SHIPMENT BY SEA FREIGHT :

\+ ㉠ FULL SET CLEAN 'ON BOARD' OCEAN (A) BILLS OF LADING MADE OUT TO ORDER OF ○○ BANK MARKED 'FREIGHT PREPAID' AND NOTIFY APPLICANT OR

\- SHIPMENT BY AIR FREIGHT :

\+ (B) AIR WAYBILL CONSIGNED TO ○○ BANK MARKED 'FREIGHT PREPAID' AND NOTIFY APPLICANT.

…(하략)…

(나)

(A) Bill of Lading과 (B) Air waybill의 비교

	(A) Bill of Lading	(B) Air waybill
서류의 기능	•운송사의 화물 수령증 •운송계약의 증거	
	•(㉡)의 기능 있음	•(㉡)의 기능 없음
서류발행 방식	기명식, 지시식	기명식
서류의 발행시기	통상 선적식	(㉢)
화물과 상환증권 여부	상환증권	비상환증권
서류 작성자	운송회사가 작성	송하인 작성이 원칙

〈작성 방법〉

○ ㉠이 의미하는 서류 발행 통수를 제시할 것.

○ ㉡에 공통으로 들어갈 용어와 ㉢에 들어갈 용어를 제시할 것.

○ 서류의 유통성 측면에서 (A) Bill of Lading과 (B) Air waybill의 차이점을 각각 서술할 것.

05 다음의 (가)는 영국 해상보험법(Marine Insurance Act 1906) 규정 관련 내용이고, (나)는 우리나라 상법(법률 제17764호, 2020.12.29., 일부개정) 해상보험 규정 관련 내용이다. 괄호 안의 ㉠ ㉡에 해당하는 보험 용어를 순서대로 쓰시오. [2점] [2025 상업 임용]

(가)

영국 해상보험법 제17조에서 "해상보험계약은 (㉠)에 기초한 계약"으로 규정하고 있다. 따라서 보험계약자 또는 피보험자는 보험계약을 체결할 때 보험자에게 보험목적물에 대한 중요한 사항을 (㉠)의 원칙에 따라 알려주어야 하며, 이를 고지의무 (duty of disclosure)라고 한다. 이 원칙은 보험계약 체결에만 국한되는 원칙이 아니라, 모든 계약에서 요구되는 기본원칙이라 할 수 있는데, 특히 보험계약에서 강조되는 이유는 보험계약이 우연적 사고를 대상으로 하는 사행계약이기 때문이다

(나)

우리나라 상법 제701조의2에서는 (㉡)을/를 "선박이 정당한 사유없이 보험계약에서 정하여진 항로를 이탈한 경우에는 보험자는 그때부터 책임을 지지 아니한다. 선박이 손해발생전에 원항로로 돌아온 경우에도 같다."라고 규정하고 있다. 선박이 항로를 벗어나 항해를 하게 되면 보험계약을 체결할 당시에 예상하지 못했던 위험이 등장할 수 있기 때문이다.

06 다음의 (가)는 해상손해 중 물적손해의 종류에 관한 수업 자료 이고, (나)는 이에 대한 수업 장면이다. 이를 이용하여 〈작성 방법〉에 따라 순서대로 서술하시오. [4점] [2024 상업 임용]

(가)

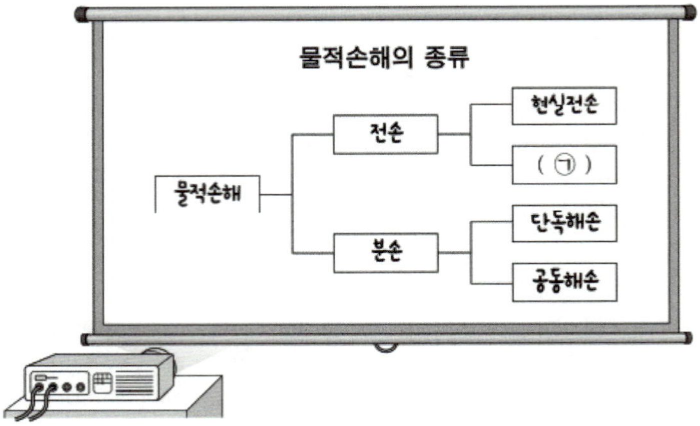

(나)

교　사: 오늘은 해상손해 중 물적손해의 종류를 알아보겠습니다. 물적손해는 크게 전손과 분손으로 나눌 수 있는데, 그 기준이 무엇일지 생각해 볼까요?

학생 A: 선박이나 화물의 전부가 손해를 입느냐, 일부가 손해를 입느냐가 아닐까요?

교　사: 네, 맞아요. 하지만 전부 손해가 발생하지 않더라도 전손으로 보상받는 경우가 있습니다. (㉠)은/는 선박 이나 화물을 그대로 두면 현실전손이 불가피하거나 그 가액을 초과하는 비용이 발생할 때 전손보상을 받을 수 있는 사유가 발생하는 것입니다. 하지만 이런 사유가 발생했다고 하여 자동적으로 전손보상을 받을 수 있는 것은 아니에요.

학생 B: 그렇다면 (㉠)(으)로 보상받기 위해 선주나 화주는 무엇을 해야 하나요?

교　사: 보험자에게 (㉡)을/를 통지해야 하고, 보험자가 이를 수락해야 해요. 보험자와 피보험자 간의 양자 합의가 (㉡)의 성립을 의미합니다. 만약 이를 거절하게 되면 분손으로 처리됩니다.

학생 C: 분손으로 처리되는 경우, 공동해손과 단독해손은 어떤 차이가 있나요?

교　사: 공동해손은 (㉢)을/를 말하지만, 단독해손은 선박이나 화물 일부분의 손해로서 선주나 화주가 단독으로 책임지는 손해입니다. 공동해손이 아닌 분손은 모두 단독해손에 해당됩니다.

〈작성 방법〉

○ 괄호 안의 ㉠에 공통으로 해당하는 용어를 쓸 것.
○ 괄호 안의 ㉡에 공통으로 해당하는 용어를 쓰고, 그 개념을 서술할 것.
○ 괄호 안의 ㉢에 해당하는 내용을 서술할 것.

제4절 무역 서류와 비즈니스

01 다음은 A 기업이 무역 거래에서 직면한 상황이다. A 기업이 화물을 인수하기 위해 취할 조치로 가장 적절한 것은? [2점] [2013 상업 임용]

> 한국의 A 기업은 미국의 B 기업으로부터 △△물품을 신용장 방식에 의해 수입하기로 무역 계약을 체결하였다. 수입 화물은 도착 예정일에 정상적으로 도착하였으나 운송 서류가 도착하지 않아서 화물의 인수가 불가능하다. 화물의 인수 시기가 지연될 경우, 물품 판매가 어려워질 수 있다.

① 선박 회사에 M/R(Mate's Receipt) 발급을 요청한다.
② 개설 은행에 L/C(Letter of Credit) 재발급을 요청한다.
③ 개설 은행에 L/G(Letter of Guarantee) 발급을 요청한다.
④ 개설 은행으로부터 T/R(Trust Receipt) 발급을 요청한다.
⑤ 수출상에게 Commercial Invoice를 보내 달라고 요청한다.

02 다음의 (가)는 무역거래의 대금결제 방식에 관한 설명이고, (나)는 무역거래의 특정 상황에서 사용되는 서류의 양식이다. 이를 이용 하여 〈작성 방법〉에 따라 순서대로 서술하시오. [4점] [2021 상업 임용]

(가)

> (㉠) is a payment for goods in which the price is paid in full before shipment is made. This method is usually used for small deal or payment of cash in advance when the order is placed.

(나)

(㉡)

To ________________ L/C No. ________________
(Shipping Company) Date ________________

Vessel Name/Voyage No.	L/C No.	Date of Issue
Port of Lading	Invoice Value	
Port of Discharge (or Place of Delivery)	Description Cargo	
Bill of Lading No. Date of Issue		
Shipper		
Consignee	No. of Packages	Marks & Nos.
Party to be Delivered		

Whereas you have issued a Bill of Lading covering the above shipment and the above cargo has been arrived at the above port of discharge(or the above place of delivery), we hereby request you to give delivery of the said cargo to the above mentioned party without production of the original Bill of Lading.

Yours Faithfully

For and on behalf of
[Name of Requester]
Authorized Signature

For and on behalf of
[Name of Bank]
Authorized Signature

〈작성 방법〉

- 괄호 안의 ㉠에 들어갈 대금결제 방식의 명칭을 쓰고, 이 방식과 대금결제 시기가 유사한 신용장(단, 신용장 대금의 일부를 결제하는 경우도 포함)의 명칭을 쓸 것.
- 괄호 안의 ㉡에 들어갈 서류의 명칭을 쓰고, 수입업자가 ㉡을 발급받는 이유를 서술할 것.

03 다음은 수출입 절차와 관련된 내용이다. (가), (나)의 경우에 선박회사에 제출할 서류명을 쓰시오. [2점]

[2004 상업 임용]

(가) 수출업자는 신용장에 명시된 선적일자에 맞추어 선적한 후, 선박회사로부터 사고부(고장부)선화증권을 발급 받았다. 그러나 수출업자는 무사고선화증권으로 발급받기 위해 필요한 서류를 선박회사에 제출하고자 한다. (나) 수입업자는 선박회사로부터 수입화물이 도착되었다는 통지를 받았으나, 운송서류가 도착하지 않아 원자재인 수입화물을 인수하지 못하고 있다. 따라서 수입상은 운송서류가 도착하지 않은 시점에서 화물을 인도받기 위해 필요한 서류를 선박회사에 제출하고자 한다.

① (가)의 수출업자가 제출할 서류:

② (나)의 수입업자가 제출할 서류:

04 (가)의 상황에서 신용장 방식이 적합한 이유를 다른 두 가지 결제 방식과 비교하여 설명하고(선지급 형태는 논외), (나)의 신용장을 보고 매입 의뢰를 위해 제출해야 할 결제 서류 목록(서류의 발행 통수를 포함)과 선하증권(Bill of Lading)의 세부 조건을 설명하시오. [20점] [2009 상업 임용]

(가) 한국의 수출 기업인 k사는 그동안 대금 결제를 위해 송금(remittance), 추심(collection), 신용장(Letter of Credit) 방식을 골고루 사용하였다. 그러나 최근 세계 경제 불황으로 인하여 대미 수출에 대한 신용 위험(credit risks)이 한층 증대됨에 따라 결제 방식으로 신용장을 사용하기로 하였다.

(나) 최근 외국의 통계 자료에는 수익자가 신용장에서 요구한 서류를 제시할 때, 제시된 서류가 신용장 조건과 불일치(하자) 하여 지급이 거절되는 경우가 약 70% 정도인 것으로 나타났다. 이러한 상황을 고려하여 K사는 미국의 발행 의뢰인인 ABC사가 송부한 다음과 같은 SWIFT 신용장에 따라 결제 서류를 구비하여 매입 의뢰하려고 한다.

::MT700 ISSUE OF DOCUMENTARY CREDIT

: 40A Form of Documentary Credit	: IRREVOCABLE
(중략)	
: 40E Applicable Rules	: UCPURR LATEST VERSION
: 31D Date and Place of Expiry	: 081228 IN KOREA
: 50 Applicant	: ABO Co. NEW YORK, NY, USA
: 59 Beneficiary	: K Co. Ltd. SEOUL, KOREA
: 32B Currency Code, Amount	: USD56,000.00
: 41D Available With ... By ...	: ANY BANK BY NEGOTIATION
: 42 Drafts At ...	: AT 30 DAYS AFTER SIGHT

(중략)

:46A : Documents Required
+ SIGNED COMMERCIAL INVOICE(S) IN TRIPLICATE
+ PACKING LIST IN 4 COPIES
+ FULL SET OF CLEAN ON BOARD OCEAN BILLS OF LADING MADE OUT TO THE ORDER OF ○○ BANK MARKED FREIGHT PREPAID AND NOTIFY APPLICANT
+ INSURANCE POLICY OF CERTIFICATE IN DUPLICATE ENDORSED IN BLANK FOR 110 PERCENT OF THE INVOICE VALUE COVERING ICC(A)
+ CERTIFICATE OF ORIGIN IN 5 FOLDS
+ INSPECTION CERTIFICATE IN DUPLICATE
+ CERTIFICATE OF WEIGHT AND MEASUREMENT IN QUINTUPLICATE

(중략)

05 다음 문장을 완성하는 데 알맞은 용어를 ①, ②에 쓰시오. [4점] [2005 상업 임용]

(가) (①) specifies the nature of quantity/value of the goods etc. together with their place of manufacture. Such a declaration stating the country of origin of the goods shipped is required by some countries often to simplify their customs duties. It is often incorporated in the customs invoice.

(나) (②) can be considered under three headings, namely : (i) Evidence of contract of affreightment. (ii) A receipt for goods shipped, and providing certain details as to the quantity and condition when placed on board. (iii) A document of title, without which delivery of the goods cannot normally by obtained.

06 (가), (나)의 밑줄 친 서류에 해당하는 것을 바르게 묶은 것은? [2점] [2009 상업 임용]

(가) ○○(주)는 수출 화물을 본선 상에 선적한 후, 일등항해사로부터 선적을 증명하는 서류를 발급받았다.

(나) 수출업자는 (가)의 서류 비고란에서 "TWO PACKAGES SHORT IN DISPUTE"라는 단서 조항을 발견하였다. 그래서 무사고 선하증권을 발급 받기 위하여 선박 회사에 이 서류를 제출하였다.

	(가)의 서류	(나)의 서류
①	Delivery Order	Letter of Guarantee
②	Master B/L	Letter of Indemnity
③	Mate's Receipt	Letter of Indemnity
④	Mate's Receipt	Letter of Guarantee
⑤	Trust Receipt	Letter of Indemnity

07 다음은 무역 결제 관련 서류 내용의 일부를 발췌한 것이다. (가)~(다)에 해당하는 것을 바르게 묶은 것은? [2점] [2009 상업 임용]

<table>
<tr><td colspan="2">KOREA EXCHANGE BANK
Seoul, Korea</td></tr>
<tr><td>* Advice Date: June 07, 2008</td><td>* Credit No.: 014/110/5070</td></tr>
<tr><td>* (가) ________:
Seoul Trading Co., Ltd.
C.P.O. Box 567, Seoul, Korea</td><td>* (나) ________:
America International Co., Inc.
350 Fifth Ave., New York, N.Y. 10018, U.S.A.</td></tr>
<tr><td>* Amount: US $ 10,000.00</td><td rowspan="2">* (다) ________:
Bank of America, New York
C.P.O. Box 466, Church Street, New York, N.Y. 10015, U.S.A.</td></tr>
<tr><td>* Expiry Date: July 30, 2008</td></tr>
<tr><td colspan="2">Gentlemen:
............., we are pleased to inform you that we have received the following authenticated teletransmission dated June 07, 2008.</td></tr>
<tr><td colspan="2">(MT 700) ISSUE OF A DOCUMENTARY CREDIT
:27 SEQUENCE OF TOTAL : 1/1
:40A FORM OF DOCUMENTARY CREDIT : IRREVOCABLE</td></tr>
</table>

	(가)	(나)	(다)
①	Applicant	Beneficiary	Advising Bank
②	Applicant	Beneficiary	Issuing Bank
③	Beneficiary	Applicant	Advising Bank
④	Beneficiary	Applicant	Issuing Bank
⑤	Consignee	Beneficiary	Issuing Bank

08 무역 서한문에서 (가)가 지칭하는 것과 (나)~(라)에 해당하는 것을 바르게 묶은 것은? [2점]

[2010 상업 임용]

> **PURCHASE NOTE**
>
> ABC Trading Co., Ltd.
> C.P.O. Box 1404
> Seoul, 151-750, Korea
>
> Gentleman :
>
> **(가)** <u>**We**</u> confirm having bought from you as seller the following articles on the terms and conditions stated below :
>
> **Article**: Men's Blue Jean, Style No. 500
> Women's Blue Jean, Style No. 600
> **Quality**: As per Sample Style No. 500 and Style No. 600
> <u>**(나)**</u> : Men's Blue Jean, Style No. 500 : 2,500pcs
> Women's Blue Jean, Style No. 600 : 2,500pcs
> <u>**(다)**</u> : CFR New York US$20.00 per piece
> **Total Amount**: U.S.$100,000
> <u>**(라)**</u> : Irrevocable L/C at 60 days after sight to be opened in favor of ABC Trading Co., Ltd.
> **Shipment**: During Nov., 2009
>
> (중략)

SELLER	**BUYER**
ABC Trading Co., Ltd. *Kim Cheol Soo* ---------------- Export Manager	AMERICA Trading Co., Ltd. *James Taylor* --------------------- Import Manager

	(가)	(나)	(다)	(라)
①	ABC Trading Co., Ltd.	Packing	Price	Draft
②	ABC Trading Co., Ltd.	Quantity	Delivery	Payment
③	AMERICA Trading Co., Ltd.	Packing	Price	Draft
④	AMERICA Trading Co., Ltd.	Quantity	Delivery	Draft
⑤	AMERICA Trading Co., Ltd.	Quantity	Price	Payment

09 다음은 무역 관련 서류의 예시이다. 이 서류의 기능과 내용에 대한 설명으로 옳지 않은 것을 <보기>에서 모두 고른 것은? [2점] [2010 상업 임용]

<table>
<tr><td colspan="2">Shipper/Exporter
HAN SUNG TRADING CO., LTD.
123 SAMSUNG 1-DONG, GANGNAM-GU,
SEOUL, 135-091, KOREA</td><td colspan="3">NO. & Date of Invoice
HS-0814 Oct. 15, 2009
NO. & Date of L/C
001-900-5804-DPU, Sep. 5, 2009</td></tr>
<tr><td colspan="2">For Account & Risk of Messrs.
To ORDER OF BANK OF KOCHI</td><td colspan="3">L/C Issuing Bank
The BANK OF KOCHI, OSAKA</td></tr>
<tr><td colspan="2">Notify Party
SASAKAWA CO., Ltd.
1-2-8 HIGASHI-NAKAHAMA
JYOTO-KU, OSAKA, JAPAN</td><td colspan="3" rowspan="3">Remarks :</td></tr>
<tr><td>Port of Loading
BUSAN, KOREA</td><td>Final Destination
OSAKA, JAPAN</td></tr>
<tr><td>Carrier
MINT QUICK V-602</td><td>Sailing on or about
Oct. 21, 2009</td></tr>
<tr><td>Marks and Numbers of P'KGS

FS-555-1350-2
SEAL NO.99202345
HST
OSAKA
C/NO 1-500
MADE IN KOREA</td><td>Description of Goods

HAT
#123-1
#123-2

TOTAL
=================</td><td>Quantity/Unit
CFR OSAKA

2,500PCS
2,500PCS

5,000PCS
============</td><td>Unit Price
JAPAN

@US$4.50
@US$5.00

============</td><td>Amount

US$11,250
US$12,500

US$23,750
============</td></tr>
<tr><td colspan="5">CPO BOX :
Cable Address :
Signed by Park Sang Gil
General Manager
.HAN SUNG TRADING CO., LTD.</td></tr>
</table>

<보기>

ㄱ. 화물의 도착 통지처는 SASAKAWA CO., Ltd.이다.
ㄴ. 상업송장을 보조해 주는 포장명세서(packing list)이다.
ㄷ. 수익자에게 통지하는 신용장의 예비통지서(pre-advice)이다.
ㄹ. UCP 600에 의하면 별도의 명시가 없는 한 이 서류는 서명이 되어야 한다.
ㅁ. 무역거래에서의 필수서류로서 부산에서 오사카로 모자를 수출하는 선적안내서 및 대금청구서 등의 역할을 한다

10 다음은 ○○수입업자의 요청에 따라 신용장 개설은행인 △△은행이 발행한 SWIFT 방식의 신용장에서 첨부하도록 요청한 서류들이다. 제시된 〈서류 작성 시 유의 사항〉에 부합하도록 작성한 괄호 안에 들어갈 서류 명칭을 영어로 쓰고, 그 서류의 기능 3가지를 서술하시오. [4점] [2016 상업 임용]

> (MT700) ISSUE OF A DOCUMENTARY CREDIT
> …(중략)…
>
> :46A : Documents Required
>
> + SIGNED (   ) IN TRIPLICATE
> + PACKING LIST IN TRIPLICATE
> + FULL SET CLEAN ON BOARD OCEAN BILL OF LADING MADE OUT TO THE ORDER OF △△BANK MARKED FREIGHT PREPAID AND NOTIFY APPLICANT
> + INSURANCE POLICY OR CERTIFICATE IN DUPLICATE ENDORSED IN BLANK FOR 110 PERCENT OF THE INVOICE VALUE. INSURANCE POLICY OR CERTIFICATE MUST EXPRESSLY STIPULATE THAT CLAIMS ARE PAYABLE IN THE CURRENCY OF THE DRAFTS AND MUST ALSO INDICATE A CLAMS SETTING AGENT IN KOREA. INSURANCE MUST INCLUDE INSTITUTE CARGO CLAUSES (A).

〈서류 작성 시 유의 사항〉

- 서류는 발행인(매도인)이 발행의뢰인(매수인) 앞으로 작성함.
- 서류상의 금액은 신용장 금액을 초과하지 않아야 함.
- 서류상의 금액은 환어음 금액과 일치하여야 함.
- 서류상의 상품 명세는 신용장상의 상품 명세와 일치하여야 함.

11 The following is a part of a letter sent by an exporter. What is the purpose of the letter? [2점] [2013 상업 임용]

> Your name and address have been given to us by the Korea Chamber of Commerce and Industry. We are one of the leading exporters of electronic goods in Korea. Our goods enjoy a high reputation for their excellent quality. We would like to form a business relationship with you.
>
> Enclosed are our illustrated catalog and price list for our goods. Prices on the list are FOB Incheon base in U.S. dollars.
>
> For our financial standing, we would refer you to the Korea Exchange Bank in your city. We look forward to your early reply.

① Claim
② Credit inquiry
③ Reply to inquiry
④ Credit information
⑤ Proposal of business

12 Please put the following sentences of a business letter in the most appropriate order. [2점] [2014 상업 임용]

> (A) The quality is the best available at the price we offered to you, and far superior to those of foreign makers who are supplying to your market.
> (B) We are quite earnest, of course, to meet your wishes and to supply you with the goods which will enable you to compete in your market. But, we regret our inability to make any further discount at present.
> (C) Many thanks for your letter of December 7. We have given our careful consideration to your counter offer against our offer for Women's Silk Stockings.
> (D) We think it more advisable for you to consider our model CR-20, and we would like to discuss the prospect of the sale of that item with you.

CHAPTER 03

회계

제1절 K-IFRS 기준서

01 다음은 한국채택국제회계기준의 재무보고를 위한 개념체계에 대한 내용이다. 괄호 안의 ㉠, ㉡ 각각에 공통으로 들어갈 용어를 순서대로 쓰시오. [2점] [2018 상업 임용]

> 일반목적 재무보고의 목적은 현재 및 잠재적 투자자, 대여자 및 기타 채권자가 기업에 자원을 제공하는 것에 대한 의사결정을 할 때 유용한 보고기업 재무정보를 제공하는 것이다.
>
> 유용한 재무정보의 근본적 질적 특성은 목적적합성과 (㉠)(이)다. 목적적합한 재무정보는 정보이용자의 의사결정에 차이가 나도록 할 수 있다. 재무정보에 예측가치, 확인가치 또는 이 둘 모두가 있다면 의사결정에 차이가 나도록 할 수 있다. (㉠)은/는 재무정보가 유용하기 위해서는 나타내고자 하는 현상을 완전 하고 중립적이며, 오류가 없게 하여야 한다는 것을 의미한다.
>
> 또한 정보의 유용성을 보강시키는 질적 특성으로 비교가능성, 검증가능성, (㉡) 및 이해가능성이 있다. 이 중 (㉡)은/는 의사결정에 영향을 미칠 수 있도록 의사결정자가 정보를 제때에 이용가능하게 하는 것을 의미한다

02 다음은 한국채택국제회계기준의 재무보고를 위한 개념체계에서 규정하고 있는 질적특성에 대하여 교사와 학생들이 나눈 대화이다. 괄호 안의 ㉠, ㉡에 각각 공통으로 해당하는 용어를 순서대로 쓰시오. [2점] [2024 상업 임용]

> 교 사: 지난 수업 시간에 유용한 정보의 유형을 식별하는 데 도움을 주는 재무정보의 질적특성에 대해 살펴보았습니다. 먼저 근본적 질적특성에 대해 설명해 볼까요?
>
> 학생 A: 네, 근본적 질적특성에는 (㉠)와/과 표현충실성이 있습니다. (㉠)이/가 있는 재무정보는 이용자들의 의사결정에 차이가 나도록 할 수 있다고 알고 있습니다.
>
> 교 사: 맞습니다. 재무정보에 예측가치, 확인가치 또는 이 둘 모두가 있다면 그 재무정보는 의사결정에 차이가 나도록 할 수 있습니다. 그럼 보강적 질적특성에 대해서도 설명해 볼까요?
>
> 학생 B: 제가 알고 있는 보강적 질적특성에는 (㉡), 검증가능성, 적시성, 이해가능성이 있습니다. 이 중 (㉡)은/는 이용자들이 항목 간의 유사점과 차이점을 식별하고 이해할 수 있게 하는 질적특성이라고 배웠습니다.
>
> 교 사: 정확히 이해하고 있네요. 예를 들어, 역사적 원가 측정 기준을 사용할 경우, 다른 시점에 취득한 동일한 자산이 재무제표에 다른 금액으로 보고될 수 있습니다. 이것은 보고기업의 기간 간 또는 같은 기간의 기업 간 (㉡) 을/를 저하시킬 수 있습니다.

03 다음은 우리나라의 회계 기준이다. 이 기준에 대한 내용으로 옳은 것만을 〈보기〉에서 있는 대로 고른 것은? [2점] [2013 상업 임용 변형]

> • 2011년부터 상장 기업에 대해 의무적으로 적용하는 기준이다.
> • 기업회계기준서와 기업회계기준해석서로 구성된다.

〈보기〉

ㄱ. 기업은 기준서에서 사용하는 재무제표의 명칭이 아닌 다른 명칭을 사용할 수 없다.
ㄴ. 기업은 현금 흐름 정보를 제외하고는 발생기준 회계를 사용하여 재무제표를 작성한다.
ㄷ. 재무제표 항목의 표시나 분류를 변경하는 경우 실무적으로 적용할 수 없는 것이 아니라면 비교금액도 재분류해야 한다.
ㄹ. 기업의 재무 성과를 이해하는 데 목적적합한 경우에는 당기손익과 기타도괄손익을 표시하는 보고서에 항목, 제목 및 중간 합계를 추가하여 표시한다.

04 다음은 ○○상업고등학교의 어느 교사와 학생의 대화이다. 괄호 안의 ㉠에 해당하는 용어를 쓰시오. [2점] [2017 상업 임용 변형]

> 학생: 선생님! 회계원리의 자본 부분을 공부하다 보니, 자본은 여러 가지 용어로 불리고 있었습니다. 이에 대해 설명을 부탁드립니다.
> 교사: 네! 자본은 소유주지분이라고도 하며 주주지분이라고도 합니다. 또한 기업의 총자산에서 총부채를 차감한 금액으로 잔여지분 또는 순자산이라고도 합니다.
> 학생: 네, 알겠습니다. 그러면 자본은 어떻게 구분되나요?
> 교사: 한국채택국제회계기준에서는 자본을 납입자본, 기타포괄손익누계액, (㉠)(으)로 구분하고 있습니다.

05 다음은 손익계산서의 작성 기준에 관한 설명이다. 위 설명 (가), (나), (다)가 현행 K-IFRS에서 어떤 특징 또는 개념으로 구현되고 있는지 서술하시오. [3점] [2006 상업 임용 변형]

> (가) 모든 수익과 비용은 그것이 발생한 기간에 정당하게 배분되도록 처리하여야 한다. 다만, 수익은 실현 시기를 기준으로 계상하고 미실현 수익은 당기의 손익계산에 산입하지 아니함을 원칙으로 한다.
> (나) 수익과 비용은 총액에 의하여 기재함을 원칙으로 하고 수익 항목과 비용 항목을 직접 상계함으로써 그 전부 또는 일부를 손익계산서에서 제외하여서는 아니된다.
> (다) 수익과 비용은 그 발생 원천에 따라 명확하게 분류하고 각 수익 항목과 이에 관련되는 비용 항목을 대응 표시한다.

제2절 회계의 순환과정

01 다음은 '회계 실무' 수업에 관한 내용으로 (가)는 평가 결과이고, (나)는 교사와 학생들의 대화이다. 〈작성 방법〉에 따라 서술하시오. [2점] [2025 상업 임용 변형]

(가)

(㉠) 평가	〈온라인 클래스룸〉 강○○ Q. 회계상 거래가 무엇인지 쓰시오. A. 회계상 거래란 (…)을/를 의미한다.	〈온라인 클래스룸〉 홍○○ Q. 회계상 거래가 무엇인지 쓰시오. A. 회계상 거래란 (…)을/를 의미한다.
(㉡) 평가	〈퀴즈〉 강○○ Q. 다음 중 회계상 거래에 해당하는 항목에 모두 ✓하시오. ① 현금을 분실하다. ☑ ② 상품이 운송 도중 파손되다. ☑ ③ 직원의 채용 계약을 체결하다. ☑ ④ 수해로 건물의 일부가 파손되다. ☑ ⑤ 자본금을 현금으로 추가 출자하다. ☑	〈퀴즈〉 홍○○ Q. 다음 중 회계상 거래에 해당하는 항목에 모두 ✓하시오. ① 현금을 분실하다. ☑ ② 상품이 운송 도중 파손되다. ☐ ③ 직원의 채용 계약을 체결하다. ☑ ④ 수해로 건물의 일부가 파손되다. ☑ ⑤ 자본금을 현금으로 추가 출자하다. ☑

〈작성 방법〉

○ (가)의 ㉡ 평가 〈퀴즈〉에서 ①~⑤ 중 회계상 거래가 아닌 번호 1가지를 쓰고, 그 이유를 서술할 것.

02 다음 계정의 기입으로 ①, ②의 거래를 추정하여 답을 쓰시오. [2점] [2005 상업 임용]

①

미수금					
12/1	비 품	50,000			

12월 1일:

②

현금과부족					
			12/10	보험료	12,000

12월 10일:

03 다음은 ○○회사의 2008년도 기말의 수정전 합계잔액시산표와 결산 수정 사항이다. 아래 자료를 이용하여 계산한 2008년도 영업 이익은? [2.5점] [2010 상업 임용]

수정전 합계잔액시산표

차변		계정과목	대변	
잔액	합계		합계	잔액
2,680,000	3,200,000	현 금	520,000	
80,000	180,000	외 상 매 출 금	100,000	
200,000	200,000	이 월 상 품		
300,000	300,000	비 품		
	60,000	외 상 매 입 금	70,000	10,000
	2,000	대 손 충 당 금	3,000	1,000
		감 가 상 각 누 계 액	30,000	30,000
		자 본 금	3,000,000	3,000,000
		매수정전 합계잔액시	880,000	880,000
580,000	580,000	산 표 출		
61,000	61,000	매 입		
20,000	20,000	급 여		
		임 차 료		
3,921,000	4,603,000		4,603,000	3,921,000

〈결산 수정 사항〉

(가) 영업사원의 출장비 ₩3,000과 거래처의 외상매입금 ₩3,000을 각각 현금으로 지급한 거래가 기입 누락되어 수정하다.

(나) 대손충당금은 외상매출금 잔액의 5%로 산정하며, 보충법으로 처리하다.

(다) 기말 상품 재고액을 ₩170,000으로 확인하다.

(라) 비품에 대한 감가상각은 정률법을 적용하며, 정률은 10%이다.

(마) 기말에 급여의 미지급액이 ₩9,000으로 파악되다.

(바) 기말에 임차료 선급액이 ₩10,000으로 계산되다

04 다음은 ○○상사의 결산 전 잔액 시산표와 계정 마감 후의 이월 시산표이다. 이 자료로 감가상각, 대손상각, 보험료, 임차료, 당기손익-공정가치 측정 금융자산의 기말 결산 정리 사항 수정 분개를 추정하여 답란에 쓰시오. [5점] [2008 상업 임용 변형]

잔액시산표

2006년 12월 31일

현금	400,000	외상매입금	362,000
외상매출금	800,000	대손충당금	6,000
당기손익-공정가치 측정 금융자산	100,000	비품감가상각누계액	24,000
이월상품	100,000	자본금	1,000,000
비품	120,000	매출	640,000
매입	400,000	수수료수익	8,000
급여	52,000		
보험료	32,000		
임차료	30,000		
여비교통비	6,000		
	2,040,000		2,040,000

이월시산표

현금	400,000	외상매입금	362,000
외상매출금	800,000	대손충당금	16,000
당기손익-공정가치 측정 금융자산	90,000	비품감가상각누계액	36,000
이월상품	200,000	미지급보험료	8,000
비품	120,000	자본금	1,193,000
선급임차료	5,000		
	1,615,000		1,615,000

- 감가 상각 : (차) (대)
- 대손 상각 : (차) (대)
- 보험료 : (차) (대)
- 임차료 : (차) (대)
- 당기손익-공정가치 측정 금융자산 : (차) (대)

05 다음은 현대상점의 제5기(2004. 1. 1. ~ 2004. 12. 31.) 말 결산전 잔액시산표이다. 그러나 대차기입의 잘못으로 대차가 일치하지 않고 있다. 물음에 답하시오. [6점] [2006 상업 임용]

잔액시산표

2012년 12월 31일

차변	계정과목	대변
80,000	현금	
150,000	당좌예금	
360,000	외상매출금	
6,000	대손충당금	
	단기대여금	50,000
56,000	이월상품	
10,000	소모품	
200,000	비품	
40,000	비품감가상각누계액	
	외상매입금	80,000
	단기차입금	100,000
	자본금	500,000
	매출	850,000
14,000	이자수익	
520,000	매입	
30,000	급여	
40,000	접대비	
24,000	보험료	
70,000	광고선전비	
1,600,000		1,580,000

〈결산 정리 사항〉

(1) 기말 상품 재고액은 ₩70,000이다.
(2) 대손충당금은 매출채권 잔액에 대하여 2%를 설정한다.
(3) 비품 감가상각비는 취득원가의 10%이다.
(4) 이자 미수액은 ₩1,000이다.
(5) 보험료의 보험 기간은 2004년 9월 1일부터 2005년 8월 31일까지이다.

〈문제〉

- 정확한 결산전 잔액시산표의 차변 합계는?
- (2)의 분개는?
- (5)의 분개는?
- 보고식 재무상태표상의 자산합계는?
- 당기순이익은?

06 다음은 ○○상사의 손익 계정과 이월 시산표이다. 이 자료로 결산 전 잔액 시산표의 차변 합계액을 구하고, 대손충당금 설정에 따르는 결산 수정분개를 하시오. (단, 기초상품 재고액은 ₩200,000임.) [5점]

[2007 상업 임용 변형]

손 익 계 정

매 입	830,000	매 출	1,200,000
급 여	250,000	이 자 수 익	50,000
대 손 상 각 비	10,000		
감 가 상 각 비	10,000		
보 험 료	20,000		
임 차 료	30,000		
자 본 금	100,000		
	1,250,000		1,250,000

이 월 시 산 표

현 금	400,000	외 상 매 입 금	410,000
외 상 매 출 금	600,000	단 기 차 입 금	200,000
당기손익-공정가치 측정 금융자산	180,000	대 손 충 당 금	12,000
이 월 상 품	250,000	비품감가상각누계액	20,000
비 품	200,000	미 지 급 보 험 료	8,000
선 급 임 차 료	20,000	자 본 금	1,000,000
	1,650,000		1,250,000

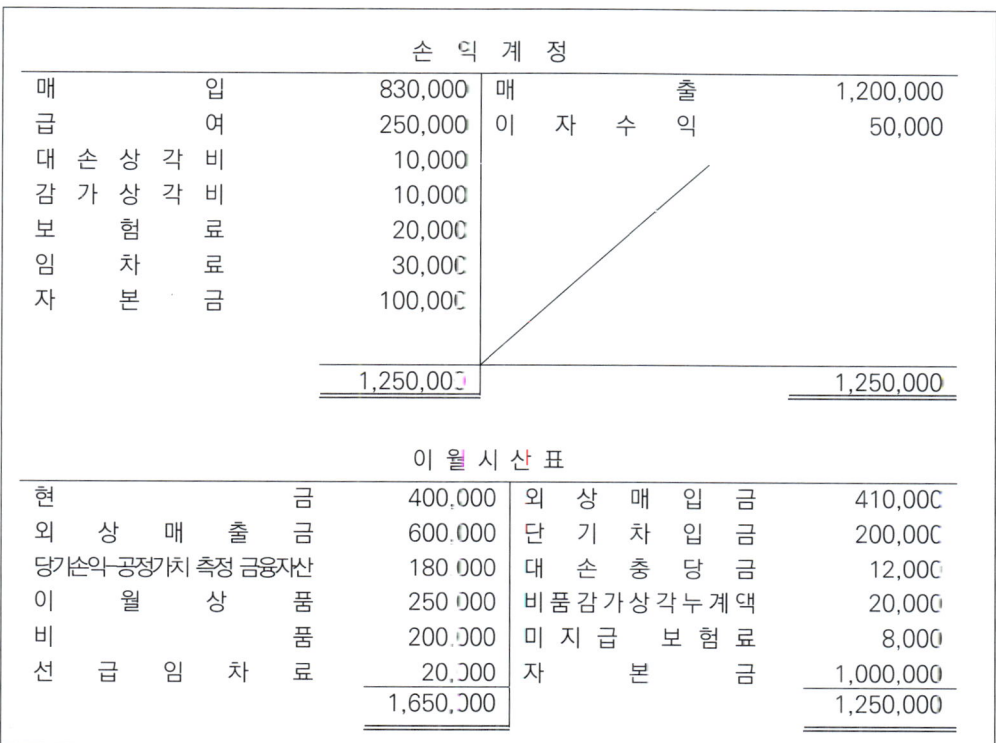

(가) 결산 전 잔액 시산표의 차변 합계액:

(나) 대손충당금 결산 수정분개

(차변) (대변)

07 다음 서울상사의 재무상태표와 손익계산서로 결산정리전 잔액시산표를 작성하여 ①, ②에 알맞은 답을 쓰시오. (단, 기초상품재고액은 ₩62,000임) [5점] [2005 상업 임용]

재무상태표

2003년 12월 31일

현금	269,000	외상매입금	123,000
외상매출금	350,000	지급어음	130,000
상품	94,000	단기차입금	60,000
비품	50,000	대손충당금	7,000
		비품감가상각누계액	10,000
		자본금	300,000
		당기순이익	133,000
	763,000		763,000

손익계산서

서울상사 2003년 1월 1일 ~ 2003년 12월 31일

매입	254.000	매출	632,000
급여	154.000		
여비교통비	14.000		
임차료	60.000		
잡비	5.000		
대손상각비	7.000		
감가상각비	5.000		
당기순이익	**133.000**		
	632,000		632,000

잔액시산표

2003년 12월 31일

① 잔액시산표상의 매입액:

② 잔액시산표의 합계금액:

08 현금 ₩500,000을 출자하여 개업한 경기상점의 기말 자산이 ₩1,200,000이고, 기중 총수익이 ₩350,000, 기중 총비용이 ₩200,000인 경우, ① 당기 순이익, ② 기말 자본, ③ 기말 부채를 각각 구하시오. [3점] [2003 상업 임용]

① 당기 순이익
② 기말 자본
③ 기말 부채

09 ㈜강원의 다음 계정 잔액에 의하여 ① 매출 총이익, ② 판매비와 관리비, ③ 기타 비용, ④ 당기 순이익을 계산하시오. 단, 기초 상품 재고액은 ₩250,000이며, 기말 상품 재고액은 ₩280,000이며, 기타 비용은 금융원가를 포함한다. [8점] [2003 상업 임용 변형]

매입	₩480,000	매출	₩780,000
대손상각비	15,000	감가상각비	30,000
세금과공과	25,000	이자비용	45,000
재해손실	55,000	보험차익	65,000
급여	₩80,000	임차료	₩40,000
이자수익	50,000	수선비	10,000
기부금	20,000	유가증권처분이익	40,000
유형자산처분손실	35,000	법인세비용	75,000

① 매출 총이익
② 판매비와 관리비
③ 기타 비용
④ 당기 순이익

10 다음의 계정을 마감하여 ① 매출원가와 ② 매출총이익을 계산하시오. (단, 기말상품재고액은 ₩15,000임)

[2005 상업 임용]

이월상품

12/1	전기이월	10,000			

매입

12/1	현금	15,000	12/11	외상매입금	5,000
10	외상매입금	50,000			
20	당좌예금	25,000			

매출

12/16	외상매출금	3,000	12/5	현금	15,000
			15	외상매출금	30,000
			20	현금	25,000
			25	외상매출금	20,000

① 매출원가:

② 매출총이익:

11 다음에 제시된 결산 전 잔액시산표와 결산정리사항에 의해 ① 매출총이익, ② 당기순이익, ③ 보고식 재무상태표 상의 자산 합계액을 구하시오. [5점] [2004 상업 임용]

잔액시산표

2003년 9월 30일

현금	162,000	외상매입금	217,000
외상매출금	340,000	단기차입금	50,000
이월상품	128,000	대손충당금	3,000
비품	200,000	비품감가상각누계액	20,000
매입	380,000	자본금	500,000
급여	60,000	매출	560,000
임차료	100,000	이자수익	35,000
잡비	15,000		
	1,385,000		1,385,000

〈결산정리사항〉
(1) 기말상품재고액 ₩130,000
(2) 매출채권 잔액의 2%를 대손충당금으로 설정하다.
(3) 비품에 대한 감가상각은 취득가액의 10%를 계상하다.

① 매출총이익 [1점]:
② 당기순이익 [2점]:
③ 보고식 재무상태표 상의 자산 합계액 [2점]:

12 다음은 ○○㈜의 포괄손익계산서를 작성하기 위한 자료이다. 이를 이용하여 (가) 법인세비용, 기타포괄손익(법인세 차감 후 순액), 총포괄손익의 금액을 쓰고, (나) 기타포괄손익과 총포괄손익의 개념을 서술하시오. (단, 금액은 원 단위임.) [5점] [2015 상업 임용 변형]

- 당기 순매출액은 5,000,000원이고 매출원가는 4,000,000원이다.
- 관리비는 300,000원이고 금융원가는 100,000원이다.
- 당기에 부담할 법인세율은 20%이다.
- 법인세 부담액을 차감한 후의 기타포괄손익-공정가치측정금융자산 평가이익은 200,000원이고 해외사업장외화환산이익은 100,000원이다

13 다음 <자료>는 ㈜○○의 2012년 12월 31일 수정 전 원장 계정 잔액과 기말 수정 사항이다. 이 자료를 이용하여 <조건>에 따라 서술하시오. (단, 상품계정 잔액은 기초상품재고액이며, 상품은 3분법으로 회계 처리하고 금액은 원 단위임.) [5점] [2014 상업 임용]

<자료>

(1) 수정 전 원장 계정 잔액

현금	₩340,000	외상매출금	₩1,000,000
상품	200,000	급여	130,000
외상매입금	900,000	선급보험료	120,000
매출	1,000,000	매입	910,000
자본금	700,000	미처분이익잉여금	(?)

(2) 기말 수정 사항

- 기말상품재고액은 400,000원이다.
- 선급보험료는 10월 1일에 1년간의 보험료로 지급한 것이다.
- 12월분 임차료 80,000원이 지급되지 않았다.

<조건>

- 기말 수정 사항 중 선급보험료에 대한 수정 분개를 쓸 것.
- 당기순손익은 당기순이익 또는 당기순손실로 표기하고 계산 하여 금액을 쓸 것.
- 결산 마감 후 미처분이익잉여금 계정 잔액을 쓸 것.

제3절 현금 및 매출채권

01 다음은 ㈜○○의 당좌거래와 관련된 자료이다. 〈조건〉을 고려하여 〈작성 방법〉에 따라 순서대로 서술하시오. [4점] [2023 상업 임용]

> ㈜○○은 매년 12월 31일 은행계정조정표를 작성하고 있으며, 2021년 12월 31일 현재의 회사 측 조정 전 당좌예금 잔액은 ₩50,000이었다. ㈜○○의 회계담당자는 2021년 12월 31일 현재의 회사 측 당좌예금 잔액과 은행 측 당좌거래보고서를 비교한 결과, 다음과 같은 차이가 있음을 발견하였다.
>
> - 12월 29일 거래처에서 외상대금으로 ₩20,000을 입금하였으나, ㈜○○은 입금된 사실을 모르고 있다.
> - 12월 30일 ㈜○○이 당좌수표 ₩10,000을 발행하고 당좌 예금 계정에서 차감 처리하였으나, 은행에 수표가 제시되지 않아 ㈜○○의 당좌예금 계정에서 차감하지 못하였다.
> - 12월 31일 ㈜○○이 ₩5,000을 입금하고 회계 처리하였으나, 은행은 다음날 입금 처리하였다.

〈조건〉

○ ㈜○○의 회계 기간은 1월 1일부터 12월 31일까지이고, 결산일은 12월 31일임.

〈작성 방법〉

○ 회사 측과 은행 측 간의 잔액 차이를 조정하기 전 은행 측의 당좌예금 잔액을 쓰고, 그 계산 과정을 서술할 것.
○ 회사 측과 은행 측 간의 잔액 차이를 조정한 후 회사 측의 올바른 당좌예금 잔액을 쓸 것.
○ ㈜○○이 올바른 당좌예금 잔액으로 수정하기 위한 수정 분개를 쓸 것.

02 경기 상사의 2001년도 상품 총매출액은 ₩12,500원이며, 이와 관련된 매출에누리액은 ₩250, 매출환입액은 ₩300이고 매출상품의 운임은 ₩180이었다. 그리고 2001년도 총매입액은 ₩9,800이며, 이와 관련된 매입에누리액은 ₩100이고, 매입할인액은 ₩150이며, 매입한 상품에 대한 운임 ₩200을 부담하였다. 기초상품재고액이 ₩3,000이고, 매출총이익이 ₩1,400일 경우 다음을 계산하시오. [3점]

[2002 상업 임용]

① 순매출액:
② 순매입액:
③ 기말재고액:

03 다음은 ○○㈜의 상품 매매에 대한 자료이다. 이를 이용하여 당기 매출 원가의 금액을 쓰시오. (단, 상품은 3분법으로 처리하고 금액은 원 단위임.) [2점]

[2015 상업 임용]

기초 상품 재고액	₩3,000,000	당기 매입액	₩6,000,000
매입 운임	150,000	판매 운임	200,000
매입 환출액	50,000	매입 할인액	30,000
매출 할인액	60,000	매입 에누리	40,000
판매 수수료	70,000	기말 상품 재고액	2,000,000

04 다음 〈자료〉는 ○○기업의 잔액시산표 일부와 [대손상각 처리 조건]이다. 이 자료를 이용하여 기말 수정 분개 후 대손충당금을 차감한 매출채권의 기말 잔액을 쓰시오. (단위: 원) [2점] [2014 상업 임용]

〈자료〉

잔액시산표(수정 전)

○○기업 2012년 12월 31일 (단위: 원)

차변	원면	계정과목	대변
…		…	…
1,000,000	생략	외상매출금	
		대손충당금	5,000
500,000		받을어음	
		대손충당금	3,000
…			…
XXXXXXX			XXXXXXX

[대손상각 처리 조건]

ㅇ 대손상각은 매출채권 잔액의 1%를 설정한다.

ㅇ 대손상각은 보충법으로 한다.

05 다음은 ○○회사의 2011년 12월 31일 결산시 매출채권 및 대손 예상에 관한 자료이다. 이에 대한 회계 처리 내용으로 옳은 것을 〈보기〉에서 고른 것은? [2점] [2013 상업 임용]

ㅇ 2011년 12월 31일 매출채권의 연령 자료

매출채권 금액	경과 일수(연령)	대손 추정률
₩400,000	1개월 이하	1%
300,000	1개월 ~ 3개월	2%
800,000	4개월 ~ 6개월	3%
500,000	6개월 ~ 1년	5%
600,000	1년 이상	9%

ㅇ 대손 예상액의 추정 방법은 연령 분석법이다.
ㅇ 2011년 12월 31일 결산정리 전 대손충당금 계정의 잔액은 ₩120,000이다.

〈보기〉

ㄱ. 2012년 1월 1일 대손충당금 계정의 잔액은 ₩120,000이다.
ㄴ. 2011년 말 결산시 추가로 설정하여야 할 대손충당금은 ₩7,000이다.
ㄷ. 결산일 재무상태표의 매출채권은 대손충당금 ₩113,000을 직접 차감하는 형식으로 표시할 수 있다.
ㄹ. 2011년 12월 31일 결산정리 분개는 다음과 같다.
(차변) 대손충당금 7,000 (대변) 대손충당금환입 7,000

제4절 금융자산

01 다음은 ㈜한성상가가 보유하고 있는 시장성 있는 주식에 관한 자료이다. 2004년 12월 31일의 필요한 분개를 하고, 재무상태표와 손익계산서에 기입하시오. [4점] [2006 상업 임용 변형]

	취득원가	공정가액	
	2003년	2003년 12월 31일	2004년 12월 31일
A주식 (당기손익-공정가치 측정 지분상품)	₩850,000	₩720,000	₩680,000
B주식 (기타포괄손익-공정가치 측정 지분상품)	₩1,400,000	₩1,200,000	₩1,500,000

분개:

재 무 상 태 표
2004. 12. 31.

손 익 계 산 서
2004. 1. 1. ~ 2004. 12. 31.

과 목	금 액

02 2006년 1월 1일 ○○상사는 2008년 말이 만기인 액면가액 ₩1,000,000의 '갑' 회사 발행 사채(상각후원가측정금융자산)를 ₩951,963에 현금으로 취득하였다. 액면이자율 10%, 유효이자율 12%, 이자 지급은 매년 12월 31일이다. 2007년 말 현재 재무상태표에 반영될 이 사채(상각후원가측정금융자산)의 장부가액을 계산하시오. (단, 원 미만은 반올림) [3점] [2008 상업 임용 변형]

03 다음은 금융자산 중 채무증권과 관련된 자료이다. 이 〈자료〉를 이용하여 〈작성 방법〉에 따라 순서대로 서술하시오. [5점] [2016 상업 임용 변형]

〈자료〉

㈜서울은 여유 자금을 증식시킬 목적으로 2014년 1월 1일에 동 일자로 ㈜경기가 발행한 사채(액면금액 ₩100,000, 만기 3년, 이자지급일 매년 말, 표시이자율 8%)를 ₩95,024에 취득하였다. 유효이자율은 10%이며, 사채발행차금상각은 유효이자율법에 의한다. 당해 사채의 2014년 말 공정가치는 ₩98,000이다.

〈작성 방법〉

- 한국채택국제회계기준을 적용할 것.
- 회계처리과정에서 나타나는 금액의 원 단위 이하는 절사할 것.
- 자료에 제시된 ㈜서울이 취득한 사채에 한정할 것.
- 상각후원가측정금융자산과 기타포괄손익-공정가치측정금융자산의 후속 측정(평가)에 대하여 서술할 것.
- 상각후원가측정금융자산으로 분류하였을 경우, 2014년 말 장부금액의 산출 과정과 금액을 쓸 것.
- 기타포괄손익-공정가치측정금융자산으로 분류하였을 경우, 2014년 말 회계처리를 제시하고 2014년의 수익으로 인식할 금액을 쓸 것.

제5절 재고자산

01 다음 회계자료에 따라 2008 회계연도(1.1.~12.31.) 말의 재무상태표에 계상하여야 할 재고자산 가액은? [2점] [2009 상업 임용]

- 기말 현재 회사 창고에 보관 중인 재고자산: ₩200,000
- 12월 15일에 FOB 선적지 조건으로 매입하여 기말 현재 운송 중인 상품: ₩220,000
- 위탁판매 목적으로 수탁회사에 적송한 상품 ₩780,000(판매가) 중에서 기말 현재 수탁회사가 판매하지 못하고 보관 중인 상품은 ₩260,000(판매가)이다. 이 상품의 판매가는 원가에 30%의 이익이 가산된 금액이다.

02 다음은 재고자산 거래의 장부기록방법에 대한 〈자료〉이다. 이 〈자료〉를 이용하여 괄호 안의 ㉠에 공통으로 들어갈 용어와 ㉡에 공통으로 들어갈 용어를 순서대로 쓰시오. [2점] [2020 상업 임용]

〈자료〉

(㉠)은/는 재고자산을 매입 또는 매출할 때마다 당해 재고자산을 증가 또는 감소시키는 회계처리를 함으로써 매출 시점마다 원가 배분을 수행하는 방법이다. 이 방법을 적용하면 언제든지 특정 기간의 매출 원가와 특정 시점의 재고자산 잔액을 파악할 수 있는 장점이 있다. 반면 (㉡)은/는 보고 기간 말에 1회 원가 배분을 실시하고 그 결과를 기록하는 방법이다. 즉, 매출원가는 재고자산을 판매할 때마다 인식하지 않고 보고 기간 말에 실사를 통하여 보유 재고자산금액을 확정하여 일괄 인식한다. 따라서 (㉡)을/를 사용하면 재고자산을 판매할 때마다 매출원가를 기록해야 하는 (㉠)의 번거로움을 피할 수 있는 장점이 있다.

03 원가법에 의하여 재고자산을 평가하는 방법에는 선입선출법, 후입선출법, 이동평균법, 총평균법 등이 있다. 다음 각 항의 설명에 알맞은 재고자산 평가방법을 쓰시오. [3점] [2004 상업 임용]

> (가) 물가가 계속 상승하는 경우 재고자산이 낮게 평가되어, 당기순이익이 가장 적게 계상된다.
> (나) 재고감모손실이 없는 경우 계속기록법과 실지재고조사법 모두 기말재고액이 동일하게 산출된다.
> (다) 계속기록법으로만 평균단가를 산출할 수 있고, 실지재고조사법으로는 계산할 수 없다.

① (가)의 재고자산 평가방법:
② (나)의 재고자산 평가방법:
③ (다)의 재고자산 평가방법:

04 다음은 ○○회사의 당기 상품 관련 자료이다. 선입선출법에 의한 기말 상품 재고액과 매출원가로 옳은 것은? (단, 재고자산의 기록은 계속기록법으로 하고, 재고자산평가손실과 재고자산감모손실은 없다.) [1.5점] [2013 상업 임용]

일자	구분	수량	단가
2011. 1. 1.	기초 상품 재고액	100개	₩1,000
2. 10.	매입	500개	1,100
6. 15.	매출	300개	1,300
8. 20.	매입	700개	1,200
11. 25.	매출	600개	1,400

05 다음은 ㈜○○의 재고자산과 관련된 것이다. 〈자료〉를 이용하여 〈작성 방법〉에 따라 순서대로 서술하시오. [4점] [2018 상업 임용]

〈자료〉

> ㈜○○은 상품매매업을 영위하는 기업으로 상품 A만을 취급하고 있다. 다음은 2016년 상품 A와 관련된 내용이다. ㈜○○은 재고자산의 회계처리에 계속기록법을 적용하고 있다.
>
> - 1월 1일: 상품 A의 기초재고수량은 100개이고, 개당 ₩10,000 이다.
> - 5월 2일: ㈜○○은 ㈜△△로부터 상품 A 100개를 개당 ₩12,000에 구입하였으며, 상품운반을 위한 운반 비용 ₩800,000을 부담하였다.
> - 6월 3일: ㈜○○은 ㈜□□에게 상품 A 150개를 개당 ₩20,000에 판매하였고, 상품운반을 위한 운반비용 ₩300,000을 부담하였다.
> - 12월 31일 : 상품 A의 기말재고수량은 50개이다.

〈작성 방법〉

- ㅇ 한국채택국제회계기준을 적용할 것.
- ㅇ 자료에 제시된 내용에 한정할 것.
- ㅇ 재고자산 단가 결정 방법으로 평균법을 적용하는 경우, 2016년 ㈜○○의 매출원가 금액을 제시할 것.
- ㅇ 재고자산 단가 결정 방법으로 선입선출법을 적용하는 경우, 2016년 ㈜○○의 기말재고자산 금액을 제시할 것.
- ㅇ 재고자산 단가 결정 방법으로 선입선출법을 적용하는 경우, 2016년 ㈜○○의 당기순이익 산출 과정과 금액을 제시할 것. (단, ㈜○○이 부담하는 법인세율은 20%라고 가정할 것.)

06 다음은 회계 기간이 2022년 1월 1일부터 12월 31일까지이고, 결산일은 12월 31일인 ㈜○○의 재고자산에 관한 〈자료〉이다. 이를 이용하여 〈작성 방법〉에 따라 순서대로 서술하시오. [4점] [2024 상업 임용]

〈자료〉

(1) 단위원가 결정방법 및 원가측정법

- 통상적으로 상호 교환될 수 없는 재고자산 항목의 원가와 특정 프로젝트별로 생산되고 분리되는 재화 또는 용역의 원가는 (㉠)을/를 사용하여 결정한다. (㉠)은/는 식별 되는 재고자산별로 특정한 원가를 부과하는 방법으로, 통상적으로 상호 교환 가능한 대량의 재고자산 항목에 적용하는 것은 적절하지 않다. 따라서 (㉠)이/가 적용되지 않는 재고자산의 단위원가는 선입선출법이나 가중평균법을 사용하여 결정한다.
- 한편 (㉡)은/는 이익률이 유사하고 품종변화가 심한 다품종 상품을 취급하는 유통업에서 실무적으로 다른 원가측정법을 사용할 수 없는 경우에 흔히 사용하며, (㉡)(으)로 평가한 결과가 실제 원가와 유사한 경우에 편의상 사용할 수 있다

(2) 당기 재고자산 내역

일자	수량	단위당 매입가격	단위당 판매가격
기초	10개	₩100	
1월 30일(매입)	10개	120	
5월 20일(매출)	10개		₩140
7월 13일(매입)	10개	130	
12월 25일(매출)	4개		150

〈작성 방법〉

○ 한국채택국제회계기준을 적용하고, 〈자료〉에 제시된 내용에 한정할 것.
○ 괄호 안의 ㉠에 공통으로 해당하는 단위원가 결정방법을 쓸 것.
○ 괄호 안의 ㉡에 공통으로 해당하는 원가측정법을 쓸 것.
○ ㈜○○이 실지재고조사법과 선입선출법을 적용하는 경우에 당기 매출총이익률(%)을 쓰고, 그 계산 과정을 서술할 것.

07 ○○회사의 경리부장이 2008년도 매출채권 회수 대금의 일부를 횡령하여 그 해 연말 결산 전에 종적을 감추었다. 회사는 모든 거래처에 대한 조사를 실시하여 2008년도 12월 31일 자 현재 매출 채권 잔액이 ₩480,000임을 확인하였다. ○○회사는 상품매매업체로서 거래처에 신용으로만 판매하며, 상품 가격은 매출원가에 30%의 이익을 더하여 결정하고 있다. 다음 2008년도 ○○회사의 매출 관련 장부 자료로 계산한 경리부장의 횡령 금액은? [2점] [2010 상업 임용]

기초 매출채권 잔액	₩460,000
기초 상품 재고액	240,000
기중 상품 매입액	1,120,000
기중 매출채권 회수액	1,350,000
기말 상품 재고액	110,000

08 다음은 ㈜□□의 상품 매매와 관련된 〈자료〉이다. 이를 이용하여 〈작성 방법〉에 따라 순서대로 서술하시오. [4점] [2021 상업 임용]

〈자료〉

• 기초재고자산	₩100,000	• 기말매입채무	₩100,000
• 당기현금매입	₩200,000	• 당기매입채무상환액	₩500,000
• 기초매입채무	₩350,000	• 매출액(판매가)	₩500,000

㈜□□는 (㉠)별로 분류한 포괄손익계산서를 작성하고 있다. (㉠)별로 분류한 포괄손익계산서는 성격별 분류방법보다 재무제표이용자에게 더욱 목적적합한 정보를 제공할 수 있다는 장점이 있다. ㈜□□는 올해 화재로 인해 매출총이익률법을 적용하기로 한다. (㉠)별로 분류한 포괄손익계산서의 과거 매출원가자료를 토대로 계산한 매출총이익은 매출액의 30%이다. 당해년도에도 이와 동일한 매출총이익률을 예상하고 있다.

〈작성 방법〉

- 〈자료〉에 제시된 내용에 한정할 것.
- 괄호 안의 ㉠에 들어갈 용어를 쓸 것.
- 당해년도 총매입액과 판매가능 재고자산의 계산 과정과 금액을 각각 순서대로 제시할 것.
- 당해년도 총매입액을 ₩500,000으로 가정하여 화재로 인한 소실액을 쓸 것(단, 화재로 인해 기말 현재 남아 있는 금액은 없음).

09 다음은 재고자산의 평가에 관한 내용이다. 괄호 안의 ㉠, ㉡에 해당하는 것을 순서대로 쓰시오. [2점]

[2016 상업 임용]

㈜한국은 서로 유사하거나 관련성이 없는 각기 다른 상품 4가지를 판매하고 있다. 2014년도 연말 결산을 위하여 재고 조사를 실시한 결과, 2014년도 말 재고자산에 대한 장부금액과 순실현가능가치는 다음과 같다.

재고자산 \ 금액	장부금액	순실현가능가치
갑	₩10,000	₩8,000
을	₩20,000	₩25,000
병	₩30,000	₩22,000
정	₩40,000	₩43,000
합계	₩100,000	₩98,000

한국채택국제회계기준에 따르면 재고자산의 평가 방법은 (㉠)에 의하고, 이 자료를 이용하여 재고자산을 평가하면 재고자산 금액은 (㉡)이다.

10 다음은 단일 품목의 제품을 제조 · 판매하는 ㈜○○의 당기말 재고자산에 관한 내용이다. 이를 이용하여 〈작성 방법〉에 따라 순서대로 서술하시오. [4점]

[2022 상업 임용]

- 장부 수량: 20개
- 실지 재고 수량: 10개
- 취득원가: 단위당 ₩200
- ㉠ <u>통상적인 영업과정의 예상 판매가격에서 예상되는 추가 완성원가와 판매비용을 차감한 금액</u> : 단위당 ₩100

〈작성 방법〉

- 한국채택국제회계기준을 적용할 것.
- 제시된 내용에 한정할 것.
- 밑줄 친 ㉠에 해당하는 용어를 쓸 것.
- 당기 비용으로 인식할 재고자산감모손실과 재고자산평가손실의 계산 과정과 금액을 각각 순서대로 서술할 것. (단, 전기까지 재고자산평가손실은 없음.)
- 기초 재고자산과 기말 재고자산을 각각 ₩3,000과 ₩1,000 그리고 매출원가를 ₩8,000으로 가정할 때, 재고자산회전기간(또는 재고자산평균처리기간)이 며칠인지 쓸 것. (단, 기초와 기말의 평균 재고자산을 이용하며, 1년은 360일로 계산할 것.)

제6절 유형자산

01 다음은 여러 가지 감가상각 방법의 이론적 배경이 되는 유형자산에 대한 가정들이다. 감가상각 방법과 지지하는 가정들을 바르게 묶은 것은? [1.5점] [2010 상업 임용]

> ㄱ. 자산가치는 시간의 경과에 따라 균등하게 감소한다.
> ㄴ. 상각률은 물리적인 사용 정도에 비례하여 결정된다.
> ㄷ. 수선유지비는 시간의 경과에 따라 급격하게 증가한다.
> ㄹ. 기술 발전 등에 따른 진부화가 중요한 가치 감소 요인이다.

① 정액법 : ㄱ, ㄴ
② 정률법 : ㄱ, ㄷ
③ 연수합계법 : ㄴ, ㄹ
④ 체감잔액법 : ㄷ, ㄹ
⑤ 생산량비례법 : ㄴ, ㄷ

02 다음은 ㈜○○의 유형자산에 관한 〈자료〉이다. 이를 이용하여 〈작성 방법〉에 따라 순서대로 서술하시오. [4점] [2021 상업 임용]

〈자료〉

> ㈜○○은 결산일이 12월 말인 제조업을 영위하는 기업이다. ㈜○○은 2019년 1월 1일 건물을 ₩4,000,000에 현금으로 취득하여 원가모형을 적용하기 시작하였다. 건물(내용연수 5년, 잔존 가치는 없음)은 정액법으로 감가상각한다. ㈜○○은 2020년 중 건물의 미래 경제적 효익이 소비되는 행태를 반영하여 감가 상각방법을 연수합계법으로 변경하였고, 잔존가치는 ₩200,000으로 추정하였다. ㈜○○의 회계담당자는 한국채택국제회계기준에 따라 감가상각 방법과 잔존가치의 변경을 (㉠) 회계 처리하였다

〈작성 방법〉

- 한국채택국제회계기준을 적용할 것.
- 〈자료〉에 제시된 내용에 한정할 것.
- 2019년도에 인식할 감가상각비의 금액을 쓸 것.
- 괄호 안의 ㉠에 들어갈 회계처리 방법을 쓸 것.
- 2020년도에 인식할 감가상각비의 산출 과정과 금액을 제시할 것.

03 다음은 ㈜○○의 기계장치에 관련된 자료이다. 이 <자료>를 이용하여 <작성 방법>에 따라 순서대로 서술하시오. [4점] [2016 상업 임용]

<자료>

㈜○○은 2013년 1월 1일 기계장치를 구입하여 공장에 설치한 후 제품을 생산하였다. ㈜○○은 기계장치의 구입가액과 모든 부대비용을 포함하여 현금 ₩100,000을 지급하였다. ㈜○○은 기계장치에 대해 원가 모형을 적용하여 측정하는 회계정책을 채택하고 있다. 이 기계장치의 내용연수는 5년이며, 내용연수 종료 시점에 잔존가치는 없으며, 감가상각 방법은 정액법을 적용하고 있다. 2014년말 기계장치의 손상검사를 실시한 결과, 기계장치의 회수가능액이 하락하였고 단기간 내에 회복할 가능성이 희박 하여 손상차손을 인식하기로 하였다. 이 기계장치의 2014년 말 순공정가치는 ₩24,000이고, 사용가치는 ₩27,000이다.

<작성 방법>

- 한국채택국제회계기준을 적용할 것.
- 2013년 말 기계장치 감가상각에 관한 회계처리를 제시할 것.
- 순공정가치와 사용가치의 개념에 대하여 각각 서술할 것.
- 2014년 말 기계장치 손상차손의 산출 과정과 금액을 쓸 것

04 다음은 회계 기간이 1월 1일부터 12월 31일까지이고, 결산일은 12월 31일인 ㈜○○과 ㈜△△의 유형자산(원가모형 적용)에 관한 〈자료〉이다. 이를 이용하여 〈작성 방법〉에 따라 순서대로 서술하시오. [4점]

[2024 상업 임용]

〈자료〉

(1) 교환거래

- ㈜○○과 ㈜△△는 보유하고 있는 유형자산인 차량운반구를 2021년 1월 1일에 상호 교환하였으며, 교환거래는 상업적 실질이 있다.
- 교환거래 시점에 차량운반구의 공정가치는 모두 신뢰성 있게 측정할 수 있지만, ㈜○○의 공정가치가 ㈜△△의 공정가치보다 더 명백하다.
- 한편 동 교환거래와 관련하여 ㈜○○은 ㈜△△로부터 교환거래 시점에 현금 ₩20,000을 추가로 수령하였다.
- 교환거래 시점에 ㈜○○과 ㈜△△의 차량운반구 공정가치와 장부금액(순액)은 각각 다음과 같다.

구분	㈜○○	㈜△△
공정가치	₩100,000	₩120,000
장부금액(순액)	140,000	150,000

(2) 일괄 취득

- ㈜○○은 ㈜△△로부터 2022년 1월 1일에 분리 가능한 건물과 기계장치로 구성된 유형자산을 현금 ₩3,000,000에 일괄 취득하여 즉시 사용을 시작하였다.
- ㈜○○은 일괄 취득한 건물과 기계장치에 대해 모두 연수합계법(내용연수 4년, 잔존가치 ₩0)을 적용하여 감가상각비를 인식한다.
- 일괄 취득 시점에 신뢰성 있게 측정 가능한 공정가치와 ㈜△△의 재무상태표에서 확인 가능한 장부금액(순액)은 각각 다음과 같다.

구분	㈜○○	㈜△△
공정가치	₩4,000,000	₩1,000,000
장부금액(순액)	3,000,000	2,000,000

〈작성 방법〉

- 한국채택국제회계기준을 적용하고, 〈자료〉에 제시된 내용에 한정할 것.
- 2021년도 교환거래 시점에 ㈜○○과 ㈜△△가 인식할 처분손실을 각각 순서대로 쓸 것.
- 일괄 취득한 기계장치와 관련하여 ㈜○○이 2022년도에 인식할 감가상각비의 금액을 쓰고, 그 계산 과정을 서술할 것.

05 2007년 6월 30일 ○○상사는 보유 중인 기계장치를 ₩450,000에 현금으로 매각하였다. 이 기계장치는 매년 12월 31일 결산 시에 ₩120,000씩 정액법으로 감가상각을 하였으며, 취득원가는 ₩1,200,000, 2006년 말의 감가상각누계액은 ₩720,000이다. 분개하시오. [3점] [2008 상업 임용]

2007년 6월 30일 (차변) (대변)

06 다음 거래를 분개하시오. 단, 상품거래는 3분법에 의하고, 외상거래는 통제계정을 사용한다. [3점]
[2006 상업 임용]

11월 10일	10월 20일에 주문한 상품 ₩1,200,000에 대하여 오늘 화물상환증을 받다. 단, 주문시 지급한 계약금 ₩300,000을 차감한 잔액은 외상으로 하다.
11월 15일	갑회사는 1주 액면 ₩5,000의 주식 1,000주를 주당 ₩7,000에 발행하고, 주식대금은 전액 당좌예입하다.
11월 20일	대일상사는 업무용 트럭 ₩10,000,000을 구입하고, 취득세 ₩200,000, 등록세 ₩80,000, 부가가치세 ₩1,000,000을 함께 당좌 수표를 발행하여 지급하다.

07 다음 거래를 분개하여 답란에 쓰시오. 단, 상품매매는 3분법, 외상거래는 통제계정에 의한다. [3점]
[2004 상업 임용]

11월 1일	서울상사는 A상품 100개 @₩500 ₩50,000과 B상품 150개 @₩300 ₩45,000을 함께 매입하고 대금은 외상으로 하다. 그리고 매입운임 ₩3,000은 현금으로 지급하다.
11월 2일	취득원가 ₩3,000,000(감가상각누계액 ₩900,000)인 건물을 ₩2,500,000에 처분하고, 대금은 현금으로 받아 즉시 당좌 예입하다.
11월 5일	10월 30일에 @₩600(원가@₩500)으로 외상매출한 A상품 50개 중 5개가 환입되다.

제7절 무형자산 및 투자부동산

01 다음은 한국채택국제회계기준[제1038호(2018. 11. 14.), 제1103호 (2020. 9. 25.)]에서 규정하고 있는 자산의 정의와 관련한 내용이다. 괄호 안의 ㉠, ㉡에 각각 공통으로 해당하는 용어를 순서대로 쓰시오. [2점] [2023 상업 임용]

> 한국채택국제회계기준에서는 물리적 실체는 없지만 식별할 수 있는 비화폐성자산을 (㉠)자산으로 정의하고 있다. (㉠) 자산의 종류에는 특허권, 실용신안권 등과 같은 산업재산권과 사업결합으로 취득할 수 있는 (㉡)도 포함된다.
>
> 이 중에서 (㉡)은/는 한국채택국제회계기준에서 개별적으로 식별하여 별도로 인식할 수는 없으나, 사업결합에서 획득한 그 밖의 자산에서 생기는 미래 경제적 효익을 나타내는 자산으로 정의되고 있다.
>
> 이를 발생시키는 대표적인 요인으로는 단골 고객의 확보, 좋은 지리적 위치, 우수한 경영진 등이 있으나, 한국채택국제회계 기준에서는 합병이나 영업 양수와 같은 사업결합을 통해 기업이 실제 그 대가를 지급하고 유상으로 취득한 부분만을 인정하고 있다.

02 다음은 한국채택국제회계기준의 무형자산에서 규정하고 있는 '내부적으로 창출한 무형자산'에 관한 내용이다. 괄호 안의 ㉠, ㉡에 해당하는 용어를 순서대로 쓰시오. [2점] [2025 상업 임용]

> 내브적으로 창출한 무형자산이 인식기준을 충족하는지를 평가하기 위하여 무형자산의 창출과정을 두 단계로 구분한다. 먼저, 내부 프로젝트의 (㉠)단계에서는 미래경제적효익을 창출할 무형자산이 존재한다는 것을 제시할 수 없기 때문에 발생한 지출은 발생시점에 비용으르 인식한다. 이 단계의 활동의 예로는 새로운 지식을 얻고자 하는 활동이나 재료, 장치, 제품, 공정, 시스템에 대한 여러 가지 대체안을 탐색하는 활동 등이 있다.
>
> 다음으로, (㉡)단계는 (㉠)단계보다 훨씬 더 진전되어 있는 상태이기 때문에 어떤 경우에는 내부 프로젝트의 (㉡) 단계에서는 무형자산을 식별할 수 있으며, 그 무형자산이 미래 경제적효익을 창출할 것임을 제시할 수 있다. 이 단계의 활동의 예로는 생산이나 사용 전의 시제품과 모형을 설계, 제작, 시험하는 활동이나 신규 또는 개선된 제품, 공정, 시스템에 대하여 최종적으로 선정된 안을 설계, 제작, 시험하는 활동 등이 있다.

03 다음은 무형자산 중 영업권에 관한 내용이다. 괄호 안의 ㉠에 해당하는 금액을 쓰시오. [2점]

[2016 상업 임용]

㈜대한은 사업을 확장하기 위하여 2015년 1월 1일 ㈜민국을 매수 · 합병하였다. 매수 · 합병 당시 ㈜민국의 자산과 부채는 다음과 같다.

재무상태 \ 금액	장부금액	공정가치
자산	₩10,000	₩13,000
부채	₩5,000	₩5,500

㈜대한은 ㈜민국의 자산과 부채를 모두 인수하고, 인수 대가로 현금 ₩8,000을 지급하였다. 이 자료를 이용하여 무형자산으로 인식할 영업권 금액을 산정하면 (㉠)이다.

04 다음은 ㈜○○의 투자부동산에 관련된 〈자료〉이다. 이 〈자료〉를 이용하여 〈작성 방법〉에 따라 순서대로 서술하시오. [4점]

[2020 상업 임용]

〈자료〉

결산일이 12월 말인 ㈜○○은 2016년 1월 1일 건물A를 ₩1,000,000에, 건물B를 ₩1,600,000에 취득하여 모두 투자부동 산으로 분류하고, 취득시점부터 공정가치모형을 적용하기 시 작하였다. 두 건물의 내용연수는 10년이고, 잔존가치는 없으며 감가상각비는 정액법에 의한다. ㈜○○의 투자부동산 공정가치는 계속 신뢰성 있게 측정할 수 있다.

구분	2017.12.31. 공정가치	2018.12.31. 공정가치
건물A	₩1,200,000	₩900,000
건물B	₩1,000,000	₩1,500,000

〈작성 방법〉

- 한국채택국제회계기준을 적용할 것.
- 자료에 제시된 내용에 한정할 것.
- 2016년 말 건물A의 감가상각비에 대한 회계처리를 제시할 것.
- 건물A의 공정가치 변동을 포괄손익계산서에 인식하는 방법을 서술할 것.
- 2018년 말 건물A와 건물B의 공정가치 변동에 대한 회계처리를 각각 순서대로 제시할 것(단, 건물A의 경우와 건물B의 경우는 독립된 사례임).

05 다음은 제조업을 영위하는 ㈜○○의 비유동자산과 관련된 자료이다. 이 〈자료〉를 이용하여 〈작성 방법〉에 따라 순서대로 서술하시오. [5점] [2017 상업 임용]

> 2014년 1월 1일 ㈜○○은 임대수익을 목적으로 건물을 구입하고 즉시 임대하였으며, 건물구입가액과 부대비용을 포함하여 현금 ₩5,000,000을 지급하였다.
>
> ㈜○○은 건물에 대한 감가상각방법으로 정액법을 적용하고, 취득시 건물의 내용연수는 4년이며, 내용연수 종료시점에 잔존 가치는 ₩1,000,000이다.
>
> ㈜○○은 건물의 평가에 대해 원가모형을 적용하고 있으며, 보유기간동안 자산손상은 발생하지 않았다.
>
> 2015년 1월 1일 ㈜○○은 동 건물의 용도를 변경하여 본사 사옥으로 자가사용하기 시작하였고, 건물의 대폭적인 증설을 위해 ₩800,000을 현금으로 지출하였다. 이러한 지출은 유형 자산의 인식요건을 충족하며, 이로 인해 건물의 내용연수는 1년 더 연장되었고 잔존가치는 ₩2,000,000으로 증가하였다.

〈작성 방법〉

- 한국채택국제회계기준을 적용할 것.
- 자료에 제시된 건물에 한정할 것.
- 2014년 건물의 취득과 관련한 회계처리를 제시할 것.
- 2015년 건물의 용도변경과 증설에 관련한 회계처리를 각각 순서대로 제시할 것.
- 2015년 말 인식할 건물의 감가상각비의 산출과정과 금액을 쓸 것.

제8절 부채

01 다음 2006년의 거래를 날짜순으로 분개하여 답란에 쓰시오. [4점] [2007 상업 임용]

> 1월 1일 "갑" 회사는 액면가액 ₩1,000,000의 사채를 ₩922,780으로 할인발행하고 납입금은 당좌예입하다. 사채발행일은 2006년 1월 1일, 상환일은 2010년 12월 31일이고, 액면이자율 8%, 유효이자율 10%, 이자지급일은 연 2회(6월 30일, 12월 31일)이며, 회계기간은 1월 1일부터 12월 31일까지이다.
>
> 6월 30일 위의 사채이자 제1회분을 현금으로 지급하고 사채할인발행차금을 유효이자율법으로 상각하다.

02 다음은 ○○상사가 2006년 1월 1일에 발행한 사채에 관련된 자료이다. 이 회사의 사채 발행 가격(액면가격의 현재 가치 + 지급이자의 현재 가치)을 구하시오. (단, 만 원 미만은 반올림하시오.) [3점] [2007 상업 임용]

- 액면가액: 1억원
- 액면이자율: 연 5%
- 유효이자율: 연 7%
- 사채상환기간: 3년
- 이자지급: 연 1회(매년 말에 지급)

이자율 / 기간	단일 금액 현재 가치		단일 금액 미래 가치		연금 현재 가치		연금 미래 가치	
	5%	7%	5%	7%	5%	7%	5%	7%
3년	0.8638	0.8163	1.1576	1.2250	2.7232	2.6243	3.1525	3.2149

03 다음 거래를 분개하고, 사채발행비의 회계처리방법과 사채발행차금을 재무상태표에 기재하는 방법을 설명하시오. [3점] [2002 상업 임용]

㈜종로 상사는 사채 액면 ₩1,000,000(@₩1,000, 표시이자율 연10%, 이자 지급 매년 6월 30일 후급, 기간 3년)을 @₩950에 발행하고 대금은 전액 당좌예금하다. 그리고 사채 발행비 ₩10,000은 현금으로 지급하다.

① 분개:

② 사채발행비의 회계처리방법:

③ 사채발행차금의 기재방법:

04 사채에 관한 설명으로 옳은 것을 〈보기〉에서 고른 것은? [2점] [2010 상업 임용]

〈보기〉
ㄱ. 사채할증발행차금의 환입은 순이익을 증가시킨다.
ㄴ. 사채 발행 시보다 시장이자율이 하락한 경우 사채가격은 하락한다.
ㄷ. 사채 발행 당시 유효이자율이 표시이자율보다 높은 경우 사채할인발행이 이루어진다.
ㄹ. 사채할증발행 경우에 사채의 장부가액은 매년 증가하여 만기에는 액면가액으로 된다.

05 다음은 결산일이 12월 말인 ㈜○○의 사채에 관한 내용이다. 이를 이용하여 〈작성 방법〉에 따라 순서대로 서술하시오. [4점] [2022 상업 임용]

> • ㈜○○은 2020년 1월 1일에 다음과 같은 조건의 사채를 ₩9,253,900에 현금 발행하고 상각후원가로 측정하는 금융 부채로 분류하였다.
>
> > •액면금액 : ₩10,000,000
> > •표시이자율 : 연 7%
> > •이자 지급일 : 매년 12월 31일 현금 지급
> > •만기일 : 2022년 12월 31일
> > •사채 발행 시 유효이자율 : 연 10%
>
> • ㈜○○은 2021년 1월 1일에 사채 액면금액 전부를 ₩9,400,000에 현금으로 조기 상환하였다.

〈작성 방법〉

- ○ 한국채택국제회계기준을 적용할 것.
- ○ 제시된 내용에 한정할 것. (단, 사채 발행금액은 ₩9,253,900을 이용할 것.)
- ○ 2020년도에 인식할 이자비용의 금액과 회계 처리를 각각 제시할 것.
- ○ 조기 상환 시점에 인식할 사채상환이익의 금액을 쓰고, 사채 상환이익이 발생하게 되는 이유를 시장이자율 관점에서 서술할 것.

06 자산 · 부채의 측정기준인 역사적 원가와 현행원가의 이론적 배경 및 이들을 이용한 자산평가의 장 · 단점을 서술하고, 〈자료 1〉과 〈자료 2〉를 이용하여 결산시점(2009.12.31)의 당기손익-공정가치측정금융자산의 평가, 재고자산(상품)의 평가, 상각후원가측정금융자산의 평가, 기타포괄손익-공정가치측정금융자산의 평가, 사채이자의 지급에 대해 한국채택국제회계기준에 따라 회계 처리하시오. [15점]

[2010 상업 임용 변형]

〈자료 1〉

재무상태표

○○주식회사 2009. 1. 1 (단위 : 원)

현금 및 현금성자산		50,000	매입채무		40,000
매출채권		70,000	단기차입금		80,000
당기손익-공정가치측정금융자산		60,000	사 채	100,000	
재고자산(상품)		60,000	사채할인발행차금	(4,802)	95,198
건 물	100,000		자 본 금		200,000
감가상각누계액	(53,600)	46,400	자본잉여금		30,000
상각후원가측정금융자산		80,000	자본조정		20,000
기타포괄손익-공정가치측정금융자산		100,000	기타포괄손익누계액		10,000
무형자산		60,000	이익잉여금		51,202
		526,400			526,400

〈자료2〉

다음은 ○○주식회사 주요 자산 및 부채의 평가에 관한 자료이다.

(1) 당기손익-공정가치측정금융자산의 결산시점 공정가치는 ₩50,000이다.

(2) 재고자산(상품)의 예상판매가격은 ₩50,000, 예상판매비용은 ₩5,000이다.

(3) 상각후원가측정금융자산은 2009.1.1 액면가액으로 취득하였다.

(4) 기타포괄손익-공정가치측정금융자산은 2008.5.1에 취득하였으며, 취득원가는 ₩90,000 결산시점 공정가치는 ₩120,000이다.

(5) 사채의 발행일은 2009.1.1이며, 액면가액 ₩100,000, 표시이자율 10%, 유효이자율 12%, 만기는 3년이다. 이자지급일은 매년 말이다.

07 다음은 ○○상업고등학교의 학생과 교사 간 대화이다. 이를 이용하여 〈작성 방법〉에 따라 순서대로 서술하시오. [4점] [2020 상업 임용]

> 학생: 충당부채는 매입채무 등 다른 부채와 어떻게 다른가요?
>
> 교사: 충당부채는 결제에 필요한 미래 지출의 시기 또는 금액이 불확실한 미확정부채라는 점에서 매입채무, 차입금 등 다른 부채와 구별됩니다. 구체적으로 충당부채는 첫째, 과거사건의 결과로 현재의무(법적의무 또는 의제의무)가 존재하고, 추가적으로 ㉠ 2가지 요건을 모두 충족하는 경우에만 인식할 수 있습니다.
>
> 학생: 그럼 충당부채와 (㉡)부채는 어떤 차이점이 있나요?
>
> 교사: (㉡)부채는 충당부채와 그 성격이 유사하지만, 부채의 인식조건을 충족하지 못하기 때문에 재무상태표에 인식 하지 못하고 주석으로 공시하는 의무를 말합니다. 그럼 다음의 실제 사례를 통해 충당부채에 대해 자세히 알아 볼까요?
>
> 결산일이 12월 말인 ㈜◇◇는 정부 소유의 토지에 태양광 발전설비를 설치하고 이를 이용하는 계약을 체결하였는데, 10년의 사용기간이 종료된 후 관련 법률에 의하여 토지를 원상복구 해야 한다.
>
> ㈜◇◇는 2018년 1월 1일 태양광발전설비(원가모형 적용, 정액법 상각, 내용연수 10년, 잔존가치 ₩0)를 현금 ₩5,000,000에 취득 · 설치하고 동 일자로 사용을 시작하였다. 10년의 사용 기간이 종료된 후, 그 시점에서 예상되는 원상복구를 위한 지출액은 ₩1,000,000이며, 복구충당부채에 적용될 할인율은 연 10%이다.
>
> ㈜◇◇는 태양광발전설비와 관련하여 충당부채의 인식조건을 모두 충족하는 것으로 판단하고 2018년 1월 1일 복구충당부채를 인식하였다.

〈작성 방법〉

- 한국채택국제회계기준을 적용할 것.
- 자료에 제시된 내용에 한정할 것.
- 밑줄 친 ㉠의 충당부채의 인식을 위한 요건 2가지를 서술할 것.
- 괄호 안의 ㉡에 공통으로 들어갈 용어를 제시할 것.
- ㈜◇◇가 복구충당부채와 관련하여 2018년도 포괄손익계산서에 인식할 이자비용(복구충당부채전입액)의 산출과정과 금액을 제시할 것(단, 기간 10년, 10%와 관련된 단일금액 ₩1의 현재가치계수 0.3855를 이용할 것).

제9절 자본

01 다음은 ㈜○○의 자본과 관련된 것이다. 〈자료〉를 이용하여 〈작성 방법〉에 따라 순서대로 서술하시오. [4점] [2018 상업 임용]

〈자료〉

다음은 ㈜○○의 비교형태로 작성된 자본변동표의 일부이다.

자본변동표

제X기 2015년 1월 1일부터 2015년 12월 31일까지
㈜○○ 제X기 2016년 1월 1일부터 2016년 12월 31일까지 (단위: 원)

구분	자본금	주식발행초과금	이익잉여금	…	총자본
2015년 1월 1일 잔액	1,000,000	250,000	640,000	…	×××
회계정책의 변경	–	–	5,000	…	×××
재작성된 금액	1,000,000	250,000	645,000	…	×××
2015년 자본의 변동					
당기순이익	–	–	200,000	…	×××
현금배당	–	–	(100,000)	…	×××
2015년 12월 31일 잔액	1,000,000	250,000	745,000	…	×××
2016년 1월 1일 잔액	1,000,000	250,000	745,000	…	×××
…(중략)…					
2016년 12월 31일 잔액	(㉠)	×××	×××	…	×××

㈜○○의 경우 주당 액면가액 ₩5,000의 보통주만 발행하고 있으며, 2016년 1월 1일 시점까지 발행된 보통주는 200주이다. 2016년 중 다음과 같은 거래가 발생하였다.

- 4월 1일: 보통주 1주당 0.5주의 주식배당을 결의하고 주식을 발행 · 교부하였다. (교부되는 주식의 액면금액과 공정가치는 동일하다.)
- 7월 1일: 보통주 60주를 주당 ₩8,000에 추가로 발행하였고, 주식발행비용 ₩20,000을 차감한 잔액 ₩460,000을 현금으로 수취하였다 (유상증자의 납입기일은 2016년 7월 1일이다.)
- 10월 1일: 1주당 ₩10,000에 자사주 80주를 현금취득하였다.

〈작성 방법〉

- ㅇ 한국채택국제회계기준을 적용할 것.
- ㅇ 자료에 제시된 내용에 한정할 것.
- ㅇ ㉠에 들어갈 금액을 제시할 것.
- ㅇ 2016년 7월 1일 유상증자 시의 ㈜○○의 회계처리를 제시 할 것.
- ㅇ ㈜○○의 2016년도 보통주에 귀속되는 당기순이익이 ₩124,000일 때, ㈜○○의 2016년도 기본주당순이익 산출 과정과 금액을 제시할 것. (단, 가중평균유통보통주식수의 산정 시 1년은 360일, 1개월은 30일로 가정할 것.)

02 다음 자료를 이용할 경우, 2008 회계연도 말 현재의 보통주 주주에게 지급할 수 있는 최대 배당 가능액은? [2.5점] [2009 상업 임용]

- 2007 회계연도의 당기 순손실: 2,400,000원
- 2008 회계연도의 당기 순이익: 9,000,000원
- 결산일: 매년 12월 31일
- 2007년 1월 2일에 회사가 설립되면서 보통주 20,000주와 우선주 2,000주를 액면가액 5,000원에 발행하였다.
- 우선주는 비누적적 · 비참가적 배당 우선주이며, 약정 배당률은 액면가액의 10%이다.
- 배당은 모두 현금 배당이며, 이익준비금으로 60만 원을 적립한다.

03 다음은 회계기간이 1월 1일부터 12월 31일까지인 ㈜△△의 〈자료〉이다. 〈조건〉을 이용하여 〈작성 방법〉에 따라 순서대로 서술하시오. [4점] [2025 상업 임용]

〈자료〉

(1) 2023년도에 발생한 보통주식의 변동 상황

- 기초 유통보통주식수 : 12,000주
- 4월 1일 : 유상증자 3,600주(발행 금액 전액이 현금을 받을 권리 발생일인 4월 1일에 납입 완료, 공정가치 발행)
- 7월 1일 : 자기주식 2,400주 취득
- 9월 1일 : 자기주식 1,200주 처분

(2) 지표의 활용

- 가중평균유통보통주식수를 활용할 수 있는 지표로는 (㉠) 이/가 있는데, 보통주에 귀속되는 특정 회계기간의 당기 순손익을 그 기간에 유통된 보통주식수를 가중평균한 주식 수로 나누어 계산한다. 예를 들어, 보통주에 귀속되는 당기순이익이 ₩1,000이고 가중평균유통보통주식수가 100주라면, (㉠)은/는 주당 ₩10이다.
- (㉡)은/는 당기순이익에 대한 배당금의 비율을 의미하는 지표로, 이 지표를 활용하여 주주들은 기업의 배당 정책을 평가할 수 있다. 예를 들어, 배당금이 ₩100이고 당기순이익이 ₩1,000이라면, (㉡)은/는 10%이다.

〈조건〉

○ 한국채택국제회계기준을 적용하고, 〈자료〉에 제시된 내용에 한정할 것.
○ 우선주는 없으며, 배당금은 모두 현금으로 지급된다고 가정할 것.

〈작성 방법〉

○ ㈜△△의 2023년도 가중평균유통보통주식수를 쓰고, 그 계산 과정을 서술할 것. (단, 가중평균유통보통주식수는 월할 계산할 것.)
○ 괄호 안의 ㉠, ㉡에 해당하는 용어를 순서대로 쓸 것.

제10절 포괄손익계산서(수익, 비용)

01 다음은 한국채택국제회계기준을 적용하고 있는 ㈜○○의 2015년 회계연도의 수익 · 비용 등에 관한 내용이다. ㈜○○은 비용을 기능별로 분류한 보고식 포괄손익계산서를 작성하고 있다. 다음을 토대로 ㈜○○의 2015년 포괄손익계산서에 계상될 영업이익을 계산하시오. [2점] [2017 상업 임용]

매출액	₩500,000	매출총이익률	40%
급여	₩100,000	이자 비용	₩30,000
이자 수익	₩50,000	교육훈련비	₩10,000
광고비	₩20,000	법인세비용	₩20,000

02 다음은 수익 인식의 단계에 관한 내용이다. 이를 이용하여 〈작성 방법〉에 따라 순서대로 서술하시오. [4점] [2022 상업 임용]

수익 인식의 1단계는 고객과의 계약 식별, 2단계는 수행의무의 식별, 3단계는 거래가격의 산정이다. 그리고 다음은 4단계와 5단계에 대한 구체적인 내용이다.

단계	내용
4단계 거래가격의 배분	기업은 ㉠세탁기와 건조기로 구성된 패키지를 ₩900,000에 현금 판매하였다. 세탁기와 건조기의 판매는 별개의 수행의무로 구별되며, 별도로 판매할 경우 세탁기와 건조기에 대해 직접 관측할 수 있는 개별 판매가격은 각각 ₩700,000과 ₩300,000이다. 한편 기업은 패키지 판매와 관련된 총할인액 ₩100,000이 세탁기와 건조기 판매 중 어느 수행의무와 관련되어 있는지 식별할 수 없다.
5단계 수익의 인식	기업은 수익의 인식을 위하여 고객이 자산을 (㉡) 하는지를 판단한다. 이때 자산에 대한 (㉡)(이)란 자산을 사용하도록 지시하고 자산의 나머지 효익의 대부분을 획득할 수 있는 능력을 말한다. (㉡)에는 다른 기업이 자산의 사용을 지시하고 그 자산에서 효익을 획득하지 못하게 하는 능력이 포함된다. …(중략)… 한편 ㉢기업이 수행하여 만든 자산이 기업 자체에는 대체 용도가 없고, 지금까지 수행을 완료한 부분에 대해 집행 가능한 지급청구권이 기업에 있다.

〈작성 방법〉
- 한국채택국제회계기준을 적용할 것.
- 제시된 내용에 한정할 것.
- 밑줄 친 ㉠의 판매와 관련하여 건조기 판매에 배분될 거래가격의 계산 과정과 금액을 각각 쓸 것.
- 괄호 안의 ㉡에 공통으로 들어갈 용어를 쓸 것.
- 밑줄 친 ㉢의 상황이 충족되는 경우, 수익 인식 방법을 서술할 것.

03 한국채택국제회계기준(K-IFRS)은 고객과의 계약에서 생기는 수익을 약속한 재화나 용역에 대한 통제력을 고객이 획득할 때 인식하도록 규정한다. 위탁매출액, 시용매출액, 용역매출액 및 예약매출액, 장기할부매출의 경우 이자상당액의 수익 실현 시기를 쓰시오. [5점] [2002 상업 임용 변형]

① 위탁매출액:
② 시용매출액:
③ 용역매출액:
④ 예약매출액:
⑤ 장기할부매출의 경우 이자상당액:

04 ㈜○○건설은 2006년 4월 1일 ₩3,000,000의 건설 공사를 계약하고 공사를 시작하였다. 총 공사 예상원가는 ₩2,400,000으로 추정되며, 2007년 12월에 완공할 예정이다. 다음 자료를 이용하여 진행 기준으로 2006년의 공사 진행률, 2007년의 공사이익을 구하여 답란에 쓰시오. [2점] [2008 상업 임용]

구분	2006년	2007년
계약 금액	₩3,000,000	–
실제 발생 원가(누계)	1,800,000	₩2,400,000
총 공사 예상 원가	2,400,000	–

• 2006년의 공사 진행률: %
• 2007년의 공사 이익: ₩

05 다음은 ㈜○○의 용역제공과 관련된 자료이다. 이 〈자료〉를 이용하여 〈작성 방법〉에 따라 순서대로 서술하시오. [4점] [2017 상업 임용]

〈자료〉

정보서비스업을 영위하는 ㈜○○은 2013년 4월 1일 ㈜△△와 계약기간 3년(2013.4.1.~2016.3.31.)의 서버관리 용역 제공에 관한 계약을 체결하였다.

당해 용역제공으로 인한 총계약수익 금액은 ₩50,000,000이고, 총추정원가는 ₩40,000,000이며, ㈜○○은 당해 용역제공거래의 결과를 신뢰성 있게 추정할 수 있다.

용역제공으로 인해 발생한 연도별 원가자료는 다음과 같다.

	2013년	2014년	2015년
당기발생원가	₩8,000,000	₩12,000,000	(㉠)

〈작성 방법〉

- 한국채택국제회계기준을 적용할 것.
- 자료에 제시된 용역제공에 한정할 것.
- ㈜○○의 용역제공과 관련한 수익의 인식 기준을 서술할 것.
- 용역제공으로 인해 ㈜○○이 2014년 인식한 이익 금액을 쓸 것.
- 용역제공으로 인해 ㈜○○이 2015년 인식한 이익이 ₩2,500,000일 때, 괄호 안의 ㉠에 해당하는 2015년 당기발생원가 금액을 쓰고, 산출과정을 제시할 것.

06 다음은 한국채택국제회계기준(K-IFRS)의 기업회계기준서 제1019호 '종업원급여' 중 퇴직급여제도와 관련된 용어의 정의이다. 이에 해당하는 용어를 쓰시오. [2점] [2014 상업 임용]

> 기업이 별도의 실체(기금)에 고정 기여금을 납부하여야 하고, 그 기금이 당기와 과거기간에 제공된 종업원 근무용역과 관련된 모든 종업원급여를 지급할 수 있을 정도로 충분한 자산을 보유하지 못하더라도 기업에게는 추가로 기여금을 납부해야 하는 법적의무나 의제의무가 없는 퇴직급여제도

제11절 현금흐름표

01 다음은 ○○기계 주식회사의 2005년 재무 자료이다. 영업 활동으로 인한 현금흐름액을 간접법을 사용하여 구하시오. [4점] [2007 상업 임용]

당기순이익	₩40,000	유형자산의 처분	₩6,000
매출채권 기초금액	5,000	감가상각비	3,000
매출채권 기말금액	9,000	유형자산 처분이익	1,000
매입채무 기초금액	2,000	은행 차입금 상환	5,000
매입채무 기말금액	3,000		

02 다음 자료를 활용하여 ① 영업활동으로 인한 현금흐름을 계산하고, ② 유동부채와 현금흐름의 관계를 나타내는 지표(기말 유동부채/ 영업활동으로 인한 현금흐름)를 계산하시오. (단, 아래에 제시된 자료 이외의 유동 항목은 없음) [4점] [2005 상업 임용]

당기순이익	₩7,000,000	감가상각비	₩4,000,000
미지급비용의 증가	2,000,000	외상매입금의 증가	3,000,000
기초 유동비율	200%	기말 유동비율	150%
외상매출금의 감소	₩5,000,000		
상품의 증가	1,000,000		

① 영업활동으로 인한 현금흐름: ₩

② 지표(기말 유동부채/ 영업활동으로 인한 현금흐름):

03 (가)~(마)에서 회계 자료가 현금흐름표에 미치는 영향을 바르게 표시한 것을 고른 것은? (단, 영업활동으로 인한 현금흐름은 직접법을 적용한다.) [2009 상업 임용]

	[회계자료]		[현금흐름표에 미치는 영향]
(가)	손익계산서상의 매출액은 ₩2,200,000이고, 매출채권의 당기 증가액은 ₩300,000이다.	→	영업활동으로 인한 현금유입액 ₩2,500,000
(나)	액면가 ₩5,000인 보통주 1,000주를 주당 ₩7,000으로 현금 발행하다.	→	재무활동으로 인한 현금유입액 ₩5,000,000
(다)	유동성 장기부채의 기초잔액은 ₩500,000, 기말잔액은 ₩100,000, 비유동부채로부터 대체액은 ₩300,000이다.	→	재무활동으로 인한 현금유출액 ₩700,000
(라)	손익계산서상의 판매비와 관리비는 ₩100,000이고, 당기 미지급비용 증가액은 ₩20,000 당기 선급비용 감소액은 ₩10,000이다.	→	영업활동으로 인한 현금유출액 ₩70,000
(마)	취득원가 ₩500,000 감가상각누계액 ₩400,000인 비품을 현금 ₩50,000에 처분하다.	→	투자활동으로 인한 현금유출액 ₩50,000

04 다음은 ○○회사의 2011년 현금흐름표(간접법)를 작성하기 위한 자료이다. 이 자료로 계산한 2011년의 영업 활동으로 인한 현금흐름액은? [2점] [2013 상업 임용]

• 재무 상태 자료

계정 과목	2010년 말	2011년 말
재고자산	₩700,000	₩1,000,000
매출채권	400,000	300,000
미지급법인세	20,000	25,000

• 재무 성과 자료
- 감가상각비: ₩50,000
- 유형자산처분손실: ₩200,000
- 당기순이익: ₩500,000

05 ○○회사의 2008년도 현금주의회계에 의한 순이익은 ₩500,000이다. 다음 2008년도 자료를 이용하여 조정 계산한 발생기준회계에 의한 순이익은? [2점] [2010 상업 임용]

계정과목	기초잔액	기말잔액
매출채권	₩150,000	₩180,000
매입채무	120,000	130,000
재고자산	100,000	140,000
선수수익	12,000	10,000
선급비용	42,000	23,000

06 다음은 ○○㈜의 현금흐름표를 작성하기 위한 자료이다. 이를 이용 하여 (가) 당기에 계상한 감가상각비의 금액을 쓰고, (나) 영업활동으로 인한 현금흐름액의 산출 과정과 금액을 쓰고, (다) 투자 활동으로 인한 현금흐름액의 산출 과정과 금액을 쓰시오. (단, 결산 기말에 감가상각은 계상하였고, 현금흐름표는 간접법으로 작성하며, 금액은 원 단위임.) [5점] [2015 상업 임용]

(1) 계정과목 내용

계정과목	기초	기말
건물	₩4,800,000	₩4,000,000
건물감가상각누계액	1,600,000	1,400,000
토지	500,000	590,000

(2) 거래
- 건물을 현금 360,000원을 지급하고 취득하다.
- 건물을 현금 550,000원(취득원가 1,160,000원, 건물감가상각누계액 700,000원)에 처분하다.
- 토지를 현금 90,000원을 지급하고 취득하다.

(3) 당기순이익은 1,000,000원이다.

07 다음은 회계 기간이 2022년 1월 1일부터 12월 31일까지이고, 결산일은 12월 31일인 ㈜○○의 현금흐름표 작성을 위한 〈자료〉이다. 이를 이용하여 〈작성 방법〉에 따라 순서대로 서술하시오. [4점]

[2024 상업 임용]

〈자료〉

(1) 현금성자산의 분류

> 투자자산이 현금성자산으로 분류되기 위해서는 확정된 금액의 현금으로 전환이 용이하고, 가치변동의 위험이 경미 해야 한다. 따라서 투자자산은 일반적으로 만기일이 단기에 도래하는 경우(예를 들어, ㉠ 보고기간 말로부터 만기일이 3개월 이내인 경우)에만 현금성자산으로 분류된다.

(2) (부분)재무상태표(2022년)

구분	기초	기말
매입채무	₩200,000	₩100,000
사채(순액)	0	97,500
자본금	1,000,000	1,000,000
자본잉여금	2,000,000	2,100,000
자기주식	(300,000)	(200,000)
이익잉여금	1,500,000	1,600,000

- ㈜○○은 당기 중 매입채무 ₩100,000을 현금으로 거래처에 지급하였다.
- ㈜○○은 당기 말에 사채(액면금액 ₩100,000)를 현금 ₩97,500에 ㉡ 할인발행하였다.
- ㈜○○은 자기주식 취득 후 처음으로 자기주식 ₩100,000을 현금 ₩200,000에 당기 중 처분하였다.
- ㈜○○의 당기순이익은 ₩100,000이다.
- 위 거래를 제외하고 당기 중 매입채무, 사채, 자기주식 관련 거래는 없으며, 이자지급은 영업활동 현금흐름으로 분류한다.

〈작성 방법〉

- 한국채택국제회계기준을 적용하고, 〈자료〉에 제시된 내용에 한정할 것.
- 밑줄 친 ㉠에서 잘못된 부분을 찾아 바르게 고쳐 쓸 것.
- 밑줄 친 ㉡이 발생하는 경우를 사채 발행시점에 표시이자율과 유효이자율의 비교 관점에서 서술할 것.
- 현금흐름표의 구성 항목인 재무활동 현금흐름에 영향을 미치는 ㈜○○의 당기 거래 2가지를 찾고, 그 금액과 함께 각각 제시할 것. (단, 금액 앞에는 '현금유입' 또는 '현금유출'을 표시할 것.)

제12절 재무비율

01 다음은 2005년 ㈜○○상사의 재무제표이다. 이 자료를 근거로 이 회사의 유동비율, 당좌비율, 부채비율, 매출액 순이익률을 각각 구하시오. [4점] [2007 상업 임용]

재무상태표(요약)

현금	50,000	매입채무	45,000
매출채권	40,000	미지급비용	15,000
재고자산	30,000	사채	30,000
투자자산	20,000	자본금	70,000
건물	70,000	이익잉여금	50,000
	210,000		210,000

손익계산서(요약)

Ⅰ	매출	180,000
Ⅱ	매출원가	110,000
Ⅲ	매출총이익	70,000
Ⅳ	판매비와 관리비	30,000
Ⅴ	영업이익	40,000
Ⅵ	영업외수익	6,000
Ⅶ	영업외비용	10,000
Ⅷ	당기순이익	36,000

02 다음은 ○○회사의 재무상태표 내용을 간략하게 정리한 것이다. 이 회사의 당좌비율이 100%이고, 자기자본비율이 30%이면 재고 자산의 금액은? [1.5점] [2010 상업 임용]

현금	700,000	매입채무	1,200,000
매출채권	?	미지급비용	?
재고자산	(?)	장기차입금	4,000,000
유형자산	6,200,000	자본금	?
계	9,000,000	계	9,000,000

03 〈추가 자료〉를 이용한 2008 회계연도의 매출총이익률은? [2.5점] [2009 상업 임용]

	2008.12.31.	2007.12.31.
유동자산		
현금	₩10,000	₩10,000
매출채권	(?)	20,000
재고자산	50,000	30,000
유동부채		
매입채무	20,000	15,000
단기차입금	30,000	15,000

〈추가 자료〉

- 2008 회계연도 말의 당좌비율은 2007 회계연도 말과 동일하다.
- 2008 회계연도의 매출채권회전율(매출원가 기준)은 800%이다.
- 2008 회계연도의 순매출액은 ₩300,000이다.
- 활동성 비율은 기초와 기말의 평균 잔액을 이용하여 계산한다.

04 다음은 ○○㈜의 자산과 부채의 계정 잔액을 나타낸 자료이다. 이를 이용하여 유동비율을 %로 쓰시오. (단, 금액은 원 단위임.) [2점] [2015 상업 임용]

현금	₩1,000,000	매출채권	₩3,000,000
매입채무	2,500,000	상품	2,000,000
건물	4,000,000	단기차입금	500,000
선급비용	600,000	투자부동산	1,500,000
영업권	700,000	미지급비용	300,000

05 다음의 (가)는 재무제표 분석에 관한 설명이며, (나)는 ㈜○○의 2021년 요약재무상태표이다. 〈조건〉을 고려하여 〈작성 방법〉에 따라 순서대로 서술하시오. [4점] [2023 상업 임용]

(가)

> 회계의 목적은 정보 이용자에게 유용한 정보를 제공하는 것이다. 그러나 회계 정보의 산출물인 재무제표는 기업의 현재 재무 상태나 과거 경영 성과를 나타낼 뿐, 미래의 예측치를 직접적으로 제공하지는 않는다.
>
> 재무제표 분석은 회계 정보 이용자들의 기업에 대한 미래 예측정보 요구를 충족시키기 위한 수단으로 사용된다. 대표적으로 기업의 단기 채무에 대한 지급 능력을 측정하기 위해 유동비율, 당좌비율과 같은 유동성 비율이 사용되고, 기업의 장기적인 지급 능력과 재무 구조의 건전성 여부를 판단하기 위해 부채비율 등과 같은 안정성 비율이 사용된다.

(나)

요약 재무상태표

㈜○○ 2021년 12월 31일 현재 (단위: 원)

자산		부채	
유동자산		유동부채	
당좌자산	40,000	단기차입금	50,000
재고자산	60,000	비유동부채	
비유동자산		사채	10,000
투자자산		자본	
		자본금	120,000
자산 총계	**180,000**	**부채와 자본 총계**	**180,000**

〈조건〉

○ 유동비율, 당좌비율, 부채비율이 각각 100% 이상이면 '높다'고 가정하고, 100% 미만일 경우 '낮다'고 가정할 것.

〈작성 방법〉

○ ㈜○○의 2021년 12월 31일 현재 유동비율과 당좌비율을 각각 '높다' 또는 '낮다'로 순서대로 쓸 것.

○ ㈜○○의 2021년 12월 31일 현재 부채비율을 '높다' 또는 '낮다'로 쓰고, 그 계산 과정을 서술할 것.

06 다음 재무상태표와 재무 비율을 이용하여, ① 매입 채무, ② 이익 잉여금, ③ 투자 수익률을 계산하시오. [3점] [2003 상업 임용]

재무상태표

한국상사	2003년 9월 30일		단위: 원
현금 및 현금성자산	100,000	매입채무	( )
매출채권	80,000	선수수익	50,000
재고자산	( )	비유동부채	80,000
유형자산	600,000	자본금	200,000
		이익잉여금	( )
	( )		800,000

〈재무 비율 자료〉

• 유동 비율: 200% • 매출액 순이익률: 3% • 총자본 회전율: 4회

① 매입 채무:

② 이익 잉여금:

③ 투자 수익률(ROI):

07 다음은 재무 상태와 재무 성과에 관한 자료이다. 이를 이용하여 계산한 (가)~(다) 기업의 재무 비율에 대한 설명으로 옳은 것은? [2점] [2013 상업 임용]

재무 상태와 재무 성과

기업	총자산	총부채	자기 자본	매출액	매출 원가	순이익
(가)	₩2,000	₩1,000	₩1,000	₩1,000	₩900	₩100
(나)	3,000	600	3,000	6,000	3,500	300
(다)	5,000	1,000	4,000	4,000	3,000	40

〈보기〉

ㄱ. 매출액 순이익률이 가장 낮은 기업은 (가)이다.
ㄴ. 총자산 회전율이 가장 높은 기업은 (나)이다.
ㄷ. 자기 자본 이익률이 가장 낮은 기업은 (다)이다.
ㄹ. (다) 기업보다 (가) 기업의 부채 비율이 낮다.

08 다음의 〈자료〉는 A은행의 재무상태표와 레버리지 비율에 관한 내용이다. 〈자료〉에 제시된 내용에 한정하여 〈작성 방법〉에 따라 순서대로 서술하시오. [4점] [2025 상업 임용]

〈자료〉

A은행 재무상태표

자산		부채 및 자기자본	
지급준비금	100원	예금	400원
대출	350원	차입금	50원
지분증권	50원	자기자본	50원

위 표는 A 은행의 재무상태표이다. 재무상태표의 왼쪽은 A은행의 자산을 나타낸다. A은행은 100원을 지급준비금으로 보유하고, 350원을 대출하였으며, 지분증권 50원을 매입하였다. 재무상태표의 오른쪽에는 A은행의 부채와 자기자본(자본이라고도 함.)이 기재되어 있다. A은행은 예금으로 400원, 차입을 통해 50원, 주주들로부터 50원을 조달하였다.

은행의 자산을 자기자본으로 나눈 수치를 레버리지 비율이라고 부른다. 어떤 은행이 차입을 통해 대출 재원을 마련했다면 그 은행은 레버리지를 이용한 것이다. 따라서 위에 제시한 A은행의 재무상태표로부터 계산한 레버리지 비율은 (㉠)이다.

〈작성 방법〉

- 괄호 안의 ㉠에 해당하는 수치를 쓰고, 그 계산 과정을 서술할 것.
- A 은행이 보유한 지분증권이 평가를 통해 그 가치가 50원에서 100원으로 증가하여 자산의 합이 550원이 될 경우, A 은행의 레버리지 비율을 쓰고, 그 계산 과정을 서술할 것.

09 다음은 회계기간이 1월 1일부터 12월 31일까지인 ㈜○○의 유형자산(원가모형 적용)에 관한 〈자료〉이다. 〈조건〉을 이용하여 〈작성 방법〉에 따라 순서대로 서술하시오. [4점] [2025 상업 임용]

〈자료〉

(1) 2022년도 상황

- ㈜○○는 2022년 7월 1일에 본사 건물을 현금 ₩500,000에 취득하여 즉시 사용함에 따라 감가상각비(정액법, 내용연수 5년, 잔존가치 ₩0)를 월할 계산하여 인식하였다. 2022년 말에 동 본사 건물에 대한 손상차손은 발생하지 않았다.
- 위 본사 건물의 기말 장부금액을 제외한 2022년 말 총자산은 ₩1,550,000이다.
- 2022년도 매출원가는 ₩900,000이고, 매출총이익률은 10% 이다.

(2) 2023년도 상황

㈜○○는 2023년 말에 위 본사 건물의 손상차손을 검토한 결과, 본사 건물의 (㉠)이/가 장부금액에 미치지 못하므로 본사 건물의 장부금액을 (㉠)(으)로 감액하고 해당 감소 금액을 곧바로 당기손익인 손상차손으로 인식하였다.

〈조건〉

○ 한국채택국제회계기준을 적용하고, 〈자료〉에 제시된 내용에 한정할 것.

〈작성 방법〉

○ ㈜○○의 2022년도 총자산회전율(단위: 회)을 쓰고, 그 계산 과정을 서술할 것. (단, 총자산회전율은 기초와 기말의 평균 총자산 그리고 매출액을 이용하며, 기초와 기말 총자산은 동일하다고 가정할 것.)
○ 괄호 안의 ㉠에 해당하는 용어를 쓰고, 그 용어의 정의를 서술할 것.

10 다음은 ㈜○○의 20×8년 말 재무상태표와 20×8년도 포괄손익계산서 관련 〈자료〉이다. 이 〈자료〉를 이용하여 〈작성 방법〉에 따라 순서대로 서술하시오. [4점] [2020 상업 임용]

〈자료〉

• 유동자산	₩280,000	• 매출채권	₩50,000
• 현금및현금성자산	₩20,000	• 재고자산	₩210,000
• 비유동자산	₩630,000	• 유동부채	₩140,000
• 매출액	₩1,250,000	• 영업이익	₩230,000
• 이자비용	₩60,000	• 법인세비용	₩20,000
• 법인세차감전순이익	₩60,000		

〈작성 방법〉

※ 다음의 비율과 회전율을 계산할 때 산출과정을 제시할 것.

○ 유동비율을 %로 제시할 것.

○ 당좌비율을 %로 제시할 것.

○ 매출채권회전율을 제시하고, 계산 결과의 의미를 서술할 것 (단, 직전년도 말 매출채권은 ₩200,000이고 매출채권평균을 이용할 것).

11 김 사장은 자기 기업이 소유하고 있는 자산들을 얼마나 효율적으로 이용하고 있는가에 관한 정보를 재무제표의 비율분석을 통하여 얻고자 한다. 이와 같은 정보를 얻기 위한 재무제표의 비율분석방법 중 3가지만 등식으로 쓰시오. [3점] [2002 상업 임용]

12 박 교사는 기업 회계과목의 재무제표 단원 수업에서 학생들에게 재무비율 계산 방법을 가르친 후 다음 〈자료 1〉을 이용하여 비율의 계산과 각 계산 결과의 의미를 설명하였다. 〈자료 1〉을 이용하여 ㈜대한의 2007년도 재무비율 값을 제시하고 〈자료 2〉의 산업 평균과 비교하여 서술한 후, 이를 이용하여 ㈜대한의 재무상태를 설명하시오. [10점] [2009 상업 임용 변형]

〈자료 1〉

㈜대한의 2007년 손익계산서에 의하면 순매출액이 8,760,000원이고 모두 신용 매출이다. 매출원가는 5,600,000원이며 당기순이익은 800,000원이다. 다음은 ㈜대한의 재무상태표이다.

㈜대한	**재무상태표** 2007년 12월 31일 현재	**재무상태표** 2006년 12월 31일 현재 (단위:원)
현금	272,000	530,000
매출채권	700,000	500,000
재고자산	950,000	650,000
유형자산	2,124,000	1,833,000
무형자산	354,000	287,000
자산 합계	4,400,000	3,800,000
유동부채	860,000	930,000
사채	1,000,000	1,000,000
자본금	1,200,000	1,200,000
이익잉여금	1,340,000	670,000
부채와 자본 합계	4,400,000	3,800,000

〈자료 2〉

㈜대한이 속하는 업계의 2007년도 산업 평균은 다음과 같다.

- (매출원가에 의한) 재고자산회전율 6회
- 매출채권평균회수기간 23회
- 고정장기적합률 65%

(활동성비율은 기초와 기말의 평균치를 이용하여 계산하였다.)

13 다음은 ㈜△△의 포괄손익계산서에 관한 〈자료〉이다. 이를 이용하여 〈작성 방법〉에 따라 순서대로 서술하시오. [4점] [2021 상업 임용]

〈자료〉

•매출액	₩5,000,000	•이자비용	₩400,000
•변동영업비	₩2,000,000	•법인세비용차감전순이익	₩1,600,000
•고정영업비	₩1,000,000	•법인세비용	₩400,000
•영업이익	₩2,000,000	•당기순이익	₩1,200,000

〈작성 방법〉

○ 〈자료〉에 제시된 내용에 한정할 것.

○ 영업레버리지도의 계산 결과를 쓸 것.

○ 재무레버리지도의 계산 결과를 쓸 것.

○ 이자보상비율을 %로 제시하고, 계산 결과값의 의미를 동종 산업평균과 연관 지어 서술할 것(단, 동종 산업평균의 이자보상 비율은 400%임).

제13절 회계정책, 추정치 변경 및 오류수정

01 ○○㈜는 2008 회계연도(1.1.~12.31.)의 법인세비용차감전순이익을 ₩1,000,000으로 계상하였다. 회계감사 과정에서 발견된 아래의 오류를 수정할 경우 법인세비용차감전순이익은? [2점] [2009 상업 임용]

- 당 회계연도 중 취득한 토지 ₩5,000,000에 대한 취득세 ₩300,000을 비용으로 처리하였다.
- 2008년 1월 1일 업무용 중고 차량을 ₩1,000,000에 취득하고, 자본적 지출 성격의 수선비 ₩200,000을 지출하였으나 이를 비용으로 처리하였다. 이 차량에 대하여 정률법으로 감가상각을 하였고, 상각률은 30%이다.

02 다음은 ○○회사의 2011년도 말에 발견된 오류에 대한 자료이다. 이 오류들을 수정한 후 계상하여야 할 당기순이익은? [2점] (단, 오류들은 중요한 오류이며, 오류 수정에 대한 법인세 효과는 고려하지 않는다.) [2013 상업 임용]

- 2011년 말 당기순이익은 아래 오류를 발견하기 전에 ₩5,000,000으로 보고되었다.

오류 내용	금액
미수수익 계상 누락	₩400,000
선수수익 계상 누락	200,000
미지급비용 계상 누락	300,000
선급비용 계상 누락	500,000
기말 재고자산 과소 계상	600,000

03 회계기간이 1월 1일부터 12월 31일까지인 ㈜○○와 ㈜△△의 회계담당자는 다음 〈자료〉와 같은 중요한 오류 사항을 각각 발견하였다. 〈조건〉을 이용하여 〈작성 방법〉에 따라 순서대로 서술하시오. [4점]

[2025 상업 임용]

(1) ㈜○○의 금융부채 관련 오류 사항

- ㈜○○는 2022년 1월 1일에 다음과 같은 조건의 사채를 미래현금흐름의 현재가치를 반영한 ₩950,300에 현금 발행하고 상각후원가로 측정하는 금융부채로 분류하였다.

  - 액면금액 : ₩1,000,000
  - 표시이자율 : 연 8%
  - 이자 지급일 : 매년 12월 31일 현금 지급
  - 만기일 : 2024년 12월 31일
  - 사채 발행 시 유효이자율 : 연 10%

- ㈜○○는 2022년 말에 유효이자율법으로 이자비용을 인식하지 않고, 현금으로 지급한 금액만을 이자비용으로 잘못 인식하였다.
- ㈜○○는 위 오류를 2022년도 재무제표가 발행승인되기 전에 발견하였다.

(2) ㈜△△의 기말 재고자산 관련 오류 사항

- ㈜△△는 다음과 같이 2022년과 2023년 말 기말 재고자산을 과소 계상 및 과대 계상하였다.

2022년 기말 재고자산의 과소 계상 : ₩30,000
2023년 기말 재고자산의 과대 계상 : ₩50,000

- ㈜△△는 위 오류를 2023년도 재무제표가 발행승인되기 전에 모두 발견하였다.
- 위 오류 수정 전 ㈜△△의 2022년과 2023년도 당기순이익은 각각 ₩100,000과 ₩120,000이다.

〈조건〉

○ 한국채택국제회계기준을 적용하고, 〈자료〉에 제시된 내용에 한정할 것.
○ 법인세 효과는 고려하지 않으며, 사채 발행 금액은 ₩950,300으로 할 것.

〈작성 방법〉

○ ㈜○○의 오류 수정이 2022년도 당기순이익의 감소에 미치는 영향(금액)을 쓸 것.
○ ㈜○○가 2023년도에 인식할 정확한 이자비용을 쓸 것.
○ ㈜△△의 오류 수정 후 2023년도 당기순이익을 쓰고, 그 계산 과정을 서술할 것.

제14절 세무회계

01 다음은 '세무 일반' 과목 수업에서 과세표준의 신고와 환급에 대해 교사와 학생들이 나눈 대화이다. 이를 이용하여 〈작성 방법〉에 따라 순서대로 쓰시오. [2점] [2024 상업 임용]

> 교　　사: 지난 시간에 '성립된 납세의무'는 납세의무자의 신고 또는 과세관청의 결정에 의하여 확정된다고 배웠습니다. 만약, 확정된 세액에 오류가 있다면 과세관청에서는 어떻게 해야 할까요?
>
> 학생 A: 과세관청에서는 ㉠부과제척기간의 만료 전까지 결정 · 경정 · 부과취소 등을 통해 오류를 바로잡을 수 있습니다.
>
> 학생 B: 과세관청에서만 확정된 세액을 바로잡을 수 있나요? 납세의무자는 자신이 신고한 세액이 잘못된 경우 바로 잡을 수 있는 방법이 있는지 궁금합니다.
>
> 교　　사: 좋은 질문입니다. 납세의무자도 확정된 세액이 잘못된 경우 바로잡을 수 있습니다. 예를 들어, 법정신고기한 내에 과세표준을 신고하였으나 당초 과세표준을 과소 신고한 경우, 납세자는 (㉡)을/를 통해 오류를 바로잡을 수 있습니다.

〈작성 방법〉

- 밑줄 친 ㉠과 관련하여 "납세자가 대통령령으로 정하는 사기나 그 밖의 부정한 행위로 국세를 포탈(逋脫)하거나 환급 · 공제를 받은 경우"(상속세 · 증여세 이외의 국세로서 역외거래가 아님)에 따른 부과제척기간은 그 국세를 부과할 수 있는 날부터 몇 년인지를 쓸 것. (국세기본법(법률 제19189호, 2022.12.31., 일부개정) 제26조의2 제2항 제2호.)
- 괄호 안의 ㉡에 해당하는 용어를 쓸 것.

02 다음은 관할 세무서로부터 세무 조사를 받은 ㈜○○의 세무 담당자와 자문 세무사가 조세 불복 절차에 관해 나눈 대화이다. 이를 이용하여 〈작성 방법〉에 따라 순서대로 서술하시오. [4점] [2023 상업 임용]

> 세무 담당자: 세무사님. 우리 회사가 관할 세무서로부터 법인세 200만 원을 추징받았습니다. 이는 부당하다고 생각합니다. 어떻게 하면 좋을까요?
>
> 자문 세무사: 국세청장이나 조세심판원장에게 조세 불복 절차를 진행할 수 있는 제도가 있습니다. 물론 이에 앞서 본 세금을 부과한 세무서의 세무서장 또는 지방국세청장에게 먼저 조세 불복 절차를 진행할 수도 있습니다.
>
> 세무 담당자: 누구에게 먼저 조세 불복 절차를 진행하는 것이 좋을까요?
>
> 자문 세무사: 세무서장 또는 지방국세청장에게 조세 불복 절차를 진행하는 것은 선택사항이니 곧바로 ㉠<u>국세청장이나 조세심판원장에게 조세 불복 절차를 진행하는 것</u>을 조언해 드립니다.
>
> 세무 담당자: 네. 세무사님의 조언에 따르겠습니다. 감사합니다.

〈작성 방법〉

- ㈜○○에게 부과된 법인세는 국세와 지방세 중 어디에 해당하는지를 쓸 것.
- 개별세법의 기본적이고 공통적인 내용과 조세 불복 제도를 다루고 있는 법이 무엇인지 쓸 것.
- 밑줄 친 ㉠에 근거하여 ㈜○○이 제기할 수 있는 조세 불복 제도를 국세청장, 조세심판원장과 연결하여 서술할 것

03 다음의 (가)는 결산일이 12월 말인 일반과세자 ㈜△△의 제2기 확정신고(10월~12월) 관련 부가가치세 신고서를 ERP시스템으로 조회한 결과의 일부이고, (나)는 조회 결과에 대해 교사와 학생이 대화한 내용이다. 이를 이용하여 〈작성 방법〉에 따라 순서대로 서술하시오. [4점] [2021 상업 임용]

(가)

구분				금액(원)	세율	세액(원)
과세표준 및 매출세액	과세	세금계산서 발급분	(1)	100,000,000	10/100	10,000,000
		매입자발행 세금계산서	(2)		10/100	
		신용카드 · 현금영수증 발행분	(3)	30,000,000	10/100	3,000,000
		기타(정규영수증 외 매출분)	(4)	10,000,000	10/100	1,000,000
	영세율	세금계산서 발급분	(5)	20,000,000	0/100	0
		기타	(6)		0/100	
	예정신고 누락분		(7)			
	대손세액 가감		(8)			
	합 계		**(9)**	**160,000,000**	㉮	14,000,000
매입세액	세금계산서 수취분	일반 매입	(10)	90,000,000		9,000,000
		수출기업 수입분 납부유예	(10-1)			
		고정자산 매입	(11)	10,000,000		1,000,000
	예정신고 누락분		(12)			
	매입자발행 세금계산서		(13)			
	그 밖의 공제매입세액		(14)			
	합 계 (10)-(10-1)+(11)+(12)+(13)+(14)		**(15)**	**100,000,000**		**10,000,000**
	공제받지 못할 매입세액		(16)			
	차감계 (15)-(16)		**(17)**	**100,000,000**	㉯	**10,000,000**
납부(환급)세액 (매출세액㉮-매입세액㉯)					㉰	**4,000,000**

(나)

교사 : 오늘은 부가가치세에 대해서 알아보겠습니다. 부가가치세는 재화나 용역이 생성되거나 유통되는 모든 거래단계에서 창출되는 부가가치를 과세대상으로 하는 간접세입니다. 기본적으로 매출세액에서 매입세액을 차감한 금액을 납부하면 됩니다.

학생 : 간접세인 부가가치세는 직접세인 소득세에 비해 역진성의 문제가 발생할 수 있다고 교과서에 나와 있는데 어떤 의미인가요?

교사 : 좋은 질문입니다. 오늘 수업시간에 ㉠부가가치세의 역진성 문제를 살펴보고, ㉡이를 완화하기 위해 기초생활필수품 · 용역 등에 대해 규정하고 있는 방법도 자세히 살펴볼 예정입니다.

학생 : 네. 실제로 ㈜△△는 부가가치세 관련 회계처리를 어떻게 하고 있는지 궁금해요.

교사 : ㈜△△는 ㉢12월 말에 매출세액과 매입세액을 정리하는 회계처리를 수행하고, 그 차액은 '미지급세금' 또는 '미수금'으로 회계처리 하고 있습니다. 그리고 실제 납부 또는 환급 시 '미지급세금' 또는 '미수금'을 '현금'과 상계하는 회계처리를 수행하고 있습니다.

학생 : 그런데 부가가치세 신고서에 제시된 '공제받지 못할 매입세액'은 무엇인가요?

교사 : '공제받지 못할 매입세액'은 매출세액에서 공제받지 못하는 매입세액으로 「부가가치세법」 (법률 제16845호, 2019. 12. 31., 일부개정)에 구체적으로 규정되어 있습니다.

학생 : 아! 그렇군요. 제가 최근 검색한 A 보고서에는 "㉣승용차의 구입과 임차 및 유지에 관한 매입세액은 공제받지 못한다."라는 규정이 있던데 맞나요?

교사 : 그 보고서가 잘못되어 있네요. 모든 승용차가 매입세액을 공제받지 못하는 것은 아닙니다.

〈작성 방법〉

○ 밑줄 친 ㉠과 ㉡을 각각 구체적으로 서술할 것.
○ (가)의 부가가치세 신고서상 금액에 한정하여 밑줄 친 ㉢의 회계처리를 구체적으로 제시할 것.
○ 밑줄 친 ㉣을 바르게 고쳐 쓸 것.

04 다음의 (가)는 일반과세자인 ㈜○○의 ERP 시스템 회계모듈에서 출력한 2021년 1기(1월 1일~6월 30일) 부가가치세 확정 신고서의 일부이며, (나)는 동 기간의 매출 내역과 관련된 내용이다. 이를 이용하여 〈작성 방법〉에 따라 순서대로 서술하시오. [4점] [2022 상업 임용]

(가)

일반과세자 부가가치세 확정 신고서 관리번호□□□□-□□□ 신고기간: 2021년 1기(1월 1일~6월 30일)							처리기간
							즉시
사업자	상호(법인명)	㈜○○	성명(대표자명)	△△△	사업자등록번호	123-45-67890	
	주민(법인)등록번호	–	전화번호	사업장	주소지	휴대전화	
				123-4567	765-4321		
	사업장주소	◇◇시 ◇◇동 11-1		전자우편 주소			

❶ 신고 내용						
구분				금액	세율	세액
과세표준 및 매출세액	과세	세금계산서 발급분	1	120,000,000	10/100	12,000,000
		매입자발행 세금계산서	2		10/100	
		신용카드 · 현금영수증 발행분	3	30,000,000	10/100	3,000,000
		기타(정규영수증 외 매출분)	4		10/100	
	영세율	세금계산서 발급분	5		0/100	
		기타	6		0/100	
	예정신고 누락분		7	㉠		
	대손세액 가감		8			
	합계		9			㉡
매입세액	세금계산서 수취분	일반 매입	10	130,000,000		13,000,000
		고정자산 매입	11			
	예정신고 누락분		12	40,000,000		4,000,000
	매입자발행 세금계산서		13			
	그 밖의 공제매입세액		14	25,000,000		2,500,000
	합계(10+11+12+13+14)		15	195,000,000		19,500,000

(나)

㈜○○의 2021년 1월 1일부터 2021년 6월 30일까지의 부가가치세 신고서 불러오기를 통해 역추적한 결과, 다음과 같은 매출 내역을 확인하였음.

NO	세무유형	공급가액	부가가치세
1	과세매출	140,000,000	14,000,000
2	카드매출	30,000,000	3,000,000

〈작성 방법〉

- (가), (나)에 제시된 내용에 한정할 것.
- 위 금액의 단위는 원(₩)임.
- 예정신고 누락분 공급가액에 대한 세율은 10/100을 적용할 것.
- ㉠, ㉡에 들어갈 금액을 순서대로 쓸 것.
- 부가가치세법에서는 '납부(환급)세액 = 매출세액 - 매입세액'으로 계산된다. 이 산식을 중심으로 영세율 제도와 면세 제도 하에서의 매출세액 과세와 매입세액 공제(또는 환급) 차이에 대해 각각 서술할 것.

05 다음은 일반과세자인 ㈜○○의 ERP 시스템 회계모듈의 2023년 1기(1월 1일 ~6월 30일) 매입매출전표 중 (가)는 매출 유형을 조회한 결과의 일부이고, (나)는 매입 유형을 조회한 결과의 일부이다. 〈조건〉을 고려하여 〈작성 방법〉에 따라 순서대로 서술하시오. [4점] [2024 상업 임용]

(가) 매입매출전표: 매출 유형별 입력자료

번호	유형	품목	공급가액	비고
1	과세매출	A제품	₩12,000,000	
2	과세매출	B제품	2,500,000	
3	수출*	C제품	1,000,000	직수출

* 수출의 경우 미국의 ㈜△△와 신용장(L/C) 방식에 의한 수출계약을 2023년 1월 10일에 체결하고, C제품을 2023년 2월 10일에 선적한 내용을 매입매출전표에 입력한 것이다.

(나) 매입매출전표: 매입 유형별 입력자료

번호	유형	품목	공급가액	비고
1	과세매입	원재료	₩6,000,000	
2	과세매입	1톤 트럭	1,500,000	제품 운반용
3	매입불공제	선물세트	500,000	거래처 접대용

〈조건〉

- (가), (나)에 제시된 거래는 부가가치세법에 따라 정상적으로 세금계산서를 발급 혹은 수취한 거래이며, 외상거래로 가정할 것.
- (가), (나)에 제시된 내용에 한정할 것.

〈작성 방법〉

- (가)에서 제시된 '3. 수출'분의 공급 시기가 언제인지 밑줄 친 내용을 참고하여 일자를 쓸 것.
- (나)에서 제시된 '3. 매입불공제'분의 회계처리를 제시할 것.
- 2023년 1기 부가가치세 확정신고서상, (가)에서 계산된 매출세액 합계액과 (나)에서 계산된 공제 매입세액 합계액을 순서대로 쓸 것.

06 다음은 근로소득자인 홍○○ 씨의 2021년 연말정산용 근로소득자 소득 · 세액 공제신고서에서 인적공제 명세 내용을 세무회계 정보처리시스템에서 발췌한 것이다. 〈조건〉을 고려하여 〈작성 방법〉에 따라 순서대로 서술하시오. [4점] [2023 상업 임용]

소득 · 세액 공제신고서/근로소득자 소득 · 세액 공제신고서
(2021년 소득에 대한 연말정산용)

	인적공제 항목				
	관계코드	성명	기본공제		경로우대
	내 · 외국인	주민등록번호	부녀자	한부모	장애인
	인적공제 항목에 해당하는 인원수를 적습니다.		5		1
			0	0	1
1. 인적공제 명세	0	홍○○	○		
	1	700101-1XXXXXX			
	3	이△△	○		
	1	720202-2XXXXXX			○
	1	홍□□	○		○
	1	450303-1XXXXXX			
	1	김☆☆	○		
	1	530404-2XXXXXX			
	4	홍◎◎	○		
	1	120505-3XXXXXX			
		- 이하 여백 -			

···(상략)···

2. 관계코드

구분	관계코드	구분	관계코드	구분	관계코드
소득자 본인 (「소득세법」 §50①1)	0	소득자의 직계존속 (「소득세법」 §50①3가)	1	배우자의 직계존속 (「소득세법」 §50①3가)	2
배우자 (「소득세법」 §50①2)	3	직계비속(자녀 · 입양자) (「소득세법」 §50①3나)	4	직계비속(코드 4 제외) (「소득세법」 §50①3나)	5
형제자매 (「소득세법」 §50①3다)	6	수급자(코드1-6제외) (「소득세법」 §50①3라)	7	위탁아동 (「소득세법」 §50①3마)	8

···(하략)···

〈조건〉
- 2021년 소득세법(법률 제18578호, 2021 12.8., 일부개정)을 적용할 것.
- 기본공제대상자(○ 표기)는 현행 소득세법에 규정하는 소득 금액 등의 조건을 모두 충족하는 것으로 가정할 것.
- 인적공제의 합계액은 종합소득금액을 초과하지 않는다는 것을 가정할 것.

〈작성 방법〉
- 인적공제 대상에 대해 기본공제 금액과 그 계산 과정을 서술할 것.
- 인적공제 대상에 대해 추가공제 금액과 그 계산 과정을 서술할 것. (단, 장애인, 경로우대자 공제로 구분하여 세부 내역이 포함되도록 서술할 것.)

07 다음은 제조업을 경영하는 ㈜○○의 제23기 사업연도(2023년 1월 1일~2023년 12월 31일) 업무용승용차 A의 관련 비용에 대한 〈자료〉이다. 〈자료〉에 제시된 내용에 한정하여 〈작성 방법〉에 따라 순서대로 서술하시오. [4점] [2025 상업 임용]

〈자료〉

(1) 업무용승용차 A 관련 정보

- ㈜○○는 제23기 4월 1일에 임직원 사용 목적의 업무용 승용차 A를 ₩110,000,000에 취득하여 사업에 즉시 사용하였다.
- 업무용승용차 A는 법인세법(법률 제19930호, 2023.12.31., 일부개정) 제27조의2 제1항에 해당하는 승용자동차로서 ㈜○○는 임직원이 직접 운전하는 경우 보상하는 업무 전용자동차보험에 2023년 4월 1일부터 2024년 3월 31일까지 가입하였다.
- ㈜○○는 제23기 사업연도 해당 업무용승용차 A의 운행 기록부를 아래와 같이 작성하여 비치하고 있다.

【업무용승용차 운행기록부에 관한 별지 서식】〈2016.4.1. 제정〉

사업연도	2023. 1. 1. ~ 2023. 12. 31.	업무용승용차 운행기록부	법인명	㈜○○
			사업자등록번호	XXX-XX-XXXXX

2. 업무용 사용비율 계산

③ 사용일사(요일)	④ 사용자		운 행 내 역					
	부서	성명	⑤ 주행 전 계기판의 거리(km)	⑥ 주행 후 계기판의 거리(km)	⑦ 주행거리(km)	업무용 사용거리(km)		⑩ 비 고
						⑧ 출·퇴근용(km)	⑨ 일반 업무용(km)	

	⑪ 사업연도 총주행 거리(km)	⑫ 사업연도 업무용 사용거리(km)	⑬ 업무사용비율(⑫/⑪)
	20,000	18,000	90%

(2) 제23기 손익계산서상 업무용승용차 A 관련 비용

구분	금액	비고
감가상각비	₩10,000,000	
유류비, 보험료, 수선비, 자동차세, 통행료 등 그 밖의 유지비용	₩4,000,000	부가가치세 ₩200,000을 포함한 금액임.
합계	₩14,000,000	

- 업무용승용차에 대한 감가상각비는 차량에 대한 상각 방법과 내용연수 적용에 관한 규정에도 불구하고 정액법을 상각 방법으로 하고, 내용연수를 5년으로 하여 계산한 금액을 손금에 산입해야 한다.

〈작성 방법〉

- ○ 제23기 말 업무용승용차 A의 상각범위액을 쓰고, 그 계산 과정을 서술할 것.
- ○ 제23기 말 업무용승용차 A 관련 비용 중 업무용 사용금액에 해당하지 않는 금액(즉 업무외 사용금액) ₩2,050,000에 대한 세무조정과 소득처분을 각각 서술할 것.

제15절 원가관리회계

01 다음의 원가자료로 ① 당기제품 제조원가와 ② 매출원가를 계산하시오. [4점] [2005 상업 임용]

〈원가자료〉

(가) 당기재료 매입액 ₩600,000
(나) 당기직접 노무비 ₩450,000
(다) 제조간접비 ₩320,000
(라) 기초 및 기말의 재고자산

구분	기초	기말
재료	₩120,000	₩150,000
재공품	180,000	220,000
제품	260,000	340,000

① 당기제품 제조원가:
② 매출원가:

02 다음 자료를 이용하여 ①~⑤를 계산하시오. [5점] [2004 상업 임용]

〈자료〉

(가)	재 료 :	월초재고액	₩80,000	당월매입액	₩250,000	월말재고액	₩70,000
(나)	임 금 :	전월미지급액	25,000	당월지급액	150,000	당월미지급액	30,000
(다)	제조경비 :	전월선급액	15,000	당월지급액	62,000	당월미지급액	18,000
(라)	재 공 품 :	월초재고액	100,000	월말재고액	120,000		
(마)	제 품 :	월초재고액	( )	월말재고액	120,000		
(바)	당월 제품매출액은 ₩624,000이며, 이 금액은 매출원가에 20%의 이익을 가산한 금액이다.						

① 당월 재료소비액:
② 당월 제조경비소비액:
③ 당월 완성품제조원가:
④ 당월 제품매출원가:
⑤ 월초 제품재고액:

03 다음은 ○○공업㈜의 2008년 9월 중 제조와 관련된 자료이다. 재공품 계정 차변에 기록되는 원가 요소 중에서 가공 원가에 해당하는 금액은? [2점] [2009 상업 임용]

> • 제조간접비는 예정 배부하며, 그 배부율은 직접노무비 발생액의 80%이다.
> • 2008년 9월 노무비 발생액은 ₩4,200,000이었다. 이 중에서 간접노무비는 ₩1,200,000이다.
> • 2008년 9월 제조간접비 실제 발생액은 ₩2,000,000이었다.
> • 제조간접비 배부 차이는 매출원가에서 조정한다.

04 다음은 제조업을 영위하는 ㈜○○의 제품 A 생산과 관련된 것이다. 〈자료〉를 이용하여 〈작성 방법〉에 따라 순서대로 서술하시오. [4점] [2018 상업 임용]

〈자료〉

> ㈜○○은 실제원가계산을 사용하고 있으며, 2016년도에 제품 A 200개를 생산하였다. 또한 2016년도의 기초 및 기말 재공품 재고와 제품재고는 없다. 2016년도 제품A의 생산과 관련된 원가자료는 다음과 같다.
> • 실제 발생한 고정제조간접원가는 ₩1,000,000이다.
> • 실제 발생한 변동제조간접원가는 고정제조간접원가의 40%이다.
> • 실제 발생한 가공원가(Conversion Cost)는 ₩2,400,000이고, 실제 발생한 기초원가(Prime Cost)는 ₩3,000,000이다.

〈작성 방법〉

ㅇ 자료에 제시된 내용에 한정할 것.
ㅇ ㈜○○의 2016년 직접노무원가를 제시할 것.
ㅇ ㈜○○의 2016년 직접재료원가를 제시할 것.
ㅇ ㈜○○이 제품 A 단위당 제조원가에 50%의 이윤을 가산하여 제품 A의 단위당 판매가격을 책정한다고 가정하였을 때, 제품 A의 단위당 판매가격의 산출 과정과 금액을 제시할 것.

05 다음은 ○○회사의 원가 흐름에 관한 회계 자료 중 일부이다. (가), (나)에 들어갈 금액으로 옳은 것은? [2.5점] [2013 상업 임용]

• T계정

원재료

전월이월	40,000	직접재료비	?
매입채무	(가)	**차월이월**	50,000
	?		?

재공품

전월이월	200,000	직접재료비	?
직접재료비	?	**차월이월**	50,000
직접노무비	(나)		
제조간접비	?		
	3,200,000		3,200,000

• 가공비는 당월총제조원가의 80%이다.
• 제조간접비는 직접노무비의 150%이다.

06 다음은 제조간접비를 직접 작업 시간을 기준으로 배부하는 ㈜가나공업사의 10월 원가 자료이다. 이 자료에 의하여 재료비 소비액, 노무비 소비액, 제조간접비 소비액, 당기 제품 제조원가 및 매출 총이익을 계산하시오. [5점] [2006 상업 임용]

	10월 1일	10월 31일
원재료	₩120,000	₩140,000
재공품	180,000	210,000
제품	230,000	260,000
임금 미지급액	66,000	50,000

〈당월 자료〉

당월 원재료 매입액	₩740,000
당월 노무비 지급액	1,616,000
작업시간당 직접노무비	@₩4,000
작업시간당 제조간접비	@₩1,500
매출액	3,320,000
(재료비와 노무비 소비액은 전액 직접비이다.)	

- 재료비 소비액:
- 노무비 소비액:
- 제조간접비 소비액:
- 당기 제품 제조원가:
- 매출 총이익:

07 다음 자료를 바탕으로 10월 중에 생산된 제품의 제조원가와 매출원가를 계산하시오. [2.5점]

[2010 상업 임용]

재고자산	10월 1일 재고	10월 31일 재고
원재료	₩90,000	₩120,000
재공품	120,000	140,000
제 품	150,000	180,000

10월 중	원재료 매입액	₩720,000
	직접노무비 발생액	₩400,000
	직접노동시간당 직접노무비	@₩8
	직접노동시간당 제조간접비	@₩10
	실제 제조간접비 발생액	₩470,000

* 제조간접비는 직접노동시간을 기준으로 예정 배부하며, 배부차이는 매출원가에서 조정함.

08 개별 원가 계산을 채택하고 있는 한강공업사의 2002년 11월 중 원가 자료를 이용하여 다음을 구하시오. 단, 제조 지시서 No. 103은 미완성이다. [5점]

[2003 상업 임용]

(가) 각 제조 지시서별 원가자료

	No. 101	No. 102	No. 103
월초 재공품	₩6,000	₩8,000	₩10,000
직접 재료비	10,000	18,000	22,000
직접 노무비	9,000	12,000	10,000

(나) 2002년 11월 중 발생된 제조 간접비 총액은 ₩30,000이다.
(다) 제조 간접비는 직접 재료비를 기준으로 각 제품에 배부한다.

① No. 101의 제조 간접비 배부액:
② No. 101의 제품 제조 원가:
③ 제조 간접비 배부에 관한 분개:

09 다음의 〈자료〉는 유니폼 생산 업체인 ㈜○○의 회계담당자와 원가회계 정보 시스템 구축 컨설팅 용역을 제공하고 있는 컨설팅 업체 담당자가 나눈 대화이다. 〈자료〉에 제시된 내용에 한정하여 〈작성 방법〉에 따라 순서대로 서술하시오. [4점] [2025 상업 임용]

〈자료〉

회 계 담 당 자: 저희 회사는 고객으로부터 주문받은 제품에 대한 요구와 기능, 특성, 품질 등이 달라 제품 단위로 생산 작업 지시서를 발행하고 있습니다. 이와 같은 업종 특성과 생산 형태를 가진 경우 유니폼 1벌당 원가를 산정하기 위해 어떤 원가계산 방법을 적용해야 할까요?

컨설팅업체 담당자: 이 경우 (㉠)원가계산을 적용할 수 있습니다. (㉠)원가계산은 고객주문 건별로 작업 번호를 부여한 후 생산 실적, 원재료 투입, 작업 시간 집계, 생산 작업 마감, 재고 관리, 고객 출하 및 대금 청구 등 모든 운영 부문의 실적이 작업 번호 단위로 명확히 구분하여 관리될 수 있는 경우에 적용할 수 있습니다. 실제 자료를 가지고 원가 결산을 수행해 보는 것이 좋겠습니다.

회 계 담 당 자: 네, 저희 회사는 이번에 처음으로 유니폼 제품 100벌을 ㈜△△로부터 주문받아 디자인 팀의 스타일 설계 과정을 거쳐 10월에 생산을 완료하였습니다. 이에 대한 10월 원가 결산 자료를 아래와 같이 정리해 보았습니다.

〈10월 원가결산 자료〉

• 유니폼 제품 100벌을 생산하는 데 투입된 직접원재료 내역은 다음과 같으며, 이 외에 투입된 원재료는 없음.

직접원재료		월초 재고		구매 입고		생산 출고
품명	단위	수량	단가	수량	단가	수량
원단	YD	100	₩2,500	150	₩3,000	200
단추	개	-	-	600	₩40	600
라벨	개	-	-	100	₩20	100
봉제실	m	500	₩2	1,200	₩2	1,500

• 전월 말 재공품 및 제품 재고는 없으며, ㉡ 모든 재고자산에 대하여 월총평균법을 적용하여 평가하고 있음.

• 10월 중에 100벌의 유니폼 제품을 생산 완료하여 제품 창고에 보관하다가, 10월 말 100벌을 ㈜△△로 판매하면서 매출로 인식함

〈작성 방법〉

○ 괄호 안의 ㉠에 해당하는 용어를 쓸 것.

○ 밑줄 친 ㉡을 참고하여 10월에 투입된 직접재료원가 금액을 쓰고, 그 계산 과정을 서술할 것.

○ 밑줄 친 ㉡과 관련하여 재고자산을 선입선출법으로 평가할 경우, 매출총이익의 증가 금액을 쓸 것.

10 단일종합원가계산을 채택하고 있는 대한공업사의 다음 자료를 이용하여 기말재공품재고액과 완성품제조원가를 계산(계산 과정을 표시할 것)하고, 완성품에 대한 필요한 분개를 하시오. 단, 재공품평가는 평균법에 의하며, 원재료는 제조착수시 투입되고, 가공비는 제조진행에 따라 투입된다. [4점] [2002 상업 임용]

기초재공품원가	: ₩2,800(주요재료비 ₩1,500, 가공비 ₩1,300)
당기발생원가	: 주요재료비 ₩16,000, 가공비 ₩10,200
기초재공품수량	: 40개(50%완성)
당기완성품수량	: 200개
기말재공품수량	: 50개(60%완성)

① 기말재공품재고액:
② 완성품제조원가:
③ 분개:

11 단일 종합 원가계산 제도를 채택하고 있는 ○○회사의 다음 자료를 이용하여 월말 재공품 원가와 제품 단위당 원가를 계산하여 답란에 쓰시오. (단, 월말 재공품 원가의 계산은 평균법을 적용한다. 원재료는 제조 착수 시에 전부 투입되고, 가공비는 전 공정에 걸쳐 일정하게 발생한다.) [4점] [2008 상업 임용]

〈자료〉

(1) 월초 재공품
　　직접 재료비 ₩150,000　　가공비　₩60,000
(2) 당월 제조 비용
　　직접 재료비 ₩750,000　　가공비　₩900,000
(3) 당월 완성품 수량　　1,800개
(4) 월말 재공품 수량　　600개 (완성도 20%)

• 월말 재공품 원가:
• 제품 단위당 원가:

12 다음은 손익분기점 매출액에 관한 학생과 교사의 대화이다. (   ) 안에 들어갈 금액을 쓰시오. [2점]

[2014 상업 임용]

> 학생: 손익분기점 매출액이 사업 타당성 분석에 있어 중요한 부분이라고 하셨는데 계산 절차가 궁금합니다.
> 교사: 먼저 변동 비율을 산출한 다음 손익분기점 매출액을 계산하면 됩니다. 예를 들어 매출액이 4,000,000원, 고정비가 1,000,000원, 변동비가 2,000,000원일 경우 손익분기점 매출액을 계산하면 얼마가 될까요?
> 학생: 절차에 따라 계산하면 손익분기점 매출액은 (   )원이 됩니다.

13 다음 자료를 활용하여 물음에 답하시오. [3점]

[2004 상업 임용]

> 축구공을 제조하여 판매하고 있는 갑 회사는 손익분기점 분석방법으로 2003년 12월에 실현하고자 하는 이익을 사전에 계산해 보려고 한다. 갑 회사가 제조하여 판매하는 축구공 1개당 판매가격은 10,000원이고, 1개당 변동비는 4,000원이며, 고정비는 월 12,000,000원이다.

① 손익분기점상의 매출액은 얼마인가?
② 12월에 3,000,000원의 이익을 달성하기 위한 매출 수량은 몇 개인가?

14 다음은 PC용 ERP 솔루션을 판매하는 ○○회사의 2008년 매출 관련 자료이다. 이를 토대로 손익분기점을 분석한 내용으로 옳은 것은? [2.5점] [2010 상업 임용]

매출액	₩1,000,000
매출원가(변동비)	₩600,000
판매비와 관리비(고정비)	₩300,000
	(판매량은 500단위)

① 손익분기점의 판매량은 370단위이다.
② 손익분기점에서의 공헌이익은 ₩100,000이다.
③ 매출액이 ₩1 증가할 때마다 영업이익은 ₩0.6 증가한다.
④ 매출액이 ₩1,100,000일 때의 영업이익은 ₩400,000이 된다.
⑤ 판매량이 450단위에서 525단위로 증가하면 공헌이익은 ₩60,000 증가한다.

15 다음의 (가)는 교재 제조 · 판매업을 운영하는 ㈜○○의 회계 정보 처리 시스템에서 발췌한 제품 제조 및 판매와 관련된 내용이며, (나)는 원가-조업도-이익(Cost-Volume-Profit) 분석 관련 용어에 대한 설명이다. 이를 이용하여 〈작성 방법〉에 따라 순서대로 쓰시오. [2점] [2022 상업 임용]

(가)

- 단위당 판매가격: ₩100,000
- 단위당 변동 제품제조원가: ₩60,000
- 연간 고정 제품제조원가 총액: ₩18,000,000
- 단위당 변동 판매관리비: ₩15,000
- 연간 고정 판매관리비 총액: ₩2,000,000
- 당기 실제 판매 수량: 10,000단위

(나)

(㉠)은/는 실제 매출액이 손익분기점 매출액을 초과하는 정도를 의미하며, (㉠)이/가 클수록 불황으로 인하여 실제 매출액이 감소하는 경우에도 기업의 영업이익이 영업손실로 전환되지 않고 유지될 수 있는 안정성의 척도가 된다.

〈작성 방법〉

- (가), (나)에 제시된 내용에 한정할 것.
- (가)에 제시된 내용을 활용하여 공헌이익률이 몇 %인지 쓸 것.
- 괄호 안의 ㉠에 공통으로 들어갈 용어를 쓸 것.

16 ㈜○○전자는 노트북컴퓨터만을 제조하여 판매하는 회사이다. 다음은 이 회사에서 생산되는 노트북컴퓨터의 시장 판매 가격과 원가에 관한 자료이다. 물음에 답하시오. [4점] [2008 상업 임용]

(1) 단위당 시장 판매 가격	: ₩1,500
(2) 제조원가 자료	
− 고정원가 총액	: ₩1,200,000
− 단위당 변동원가	: ₩1,200
(3) 현재의 매출 수량	: 6,000단위
(4) 현재의 생산 시설에서의 최대 조업도	: 12,000단위

- 이 회사의 안전한계(margin of safety)를 구하시오. (현재의 매출 수량 참조)

  ₩ ____________________

- 이 회사는 최근 대학교로부터 2,000단위의 노트북컴퓨터를 단위당 ₩1,300에 구입하겠다는 특별 주문을 받았다. 이 주문이 기존의 시장 판매 가격에는 영향을 미치지 않는다고 가정할 때, 특별 주문에 대한 ㈜○○전자의 공헌이익(contribution margin) 총액을 계산하시오.

  ₩ ____________________

17 다음의 (가)는 제조 · 판매 회사인 ㈜○○의 회계 정보 처리 시스템에서 발췌한 당기의 제품 제조 및 판매 자료이고, (나)는 (가)를 분석한 내용이다. 이를 이용하여 〈작성 방법〉에 따라 순서대로 서술하시오. [4점] [2024 상업 임용]

(가)

총매출	₩100,000,000
총변동원가	80,000,000
총고정원가	10,000,000
영업이익	10,000,000
판매량	10,000개

(나)

(1) ㈜○○은 원가 - 조업도 - 이익(Cost - Volume - Profit) 식을 도식화한 아래 그림을 참고하여 판매량, 원가, 이익의 관계를 분석하였다. (㉠)은/는 총매출선과 총원가선이 교차하는 판매량 수준을 나타내며, 실제 판매량은 (㉠)을/를 상회한 것으로 나타났다.

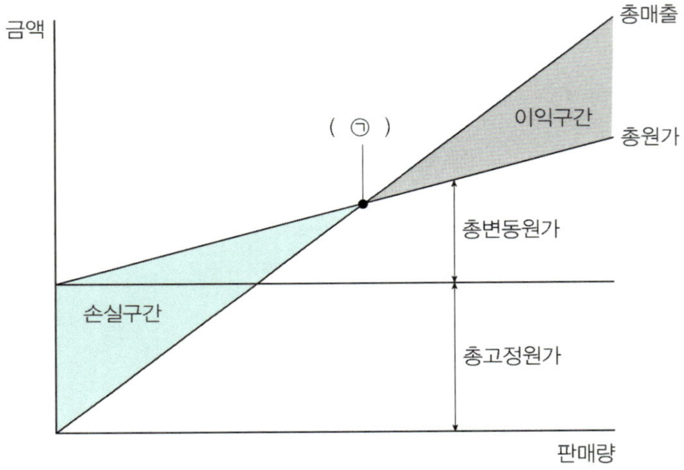

(2) ㈜○○은 차기의 목표 영업이익으로 ₩30,000,000을 설정하였다. 회계 정보 처리 시스템에서 확인한 (가)의 자료를 바탕으로 차기에 목표 영업이익을 달성하기 위한 판매량을 계산한 결과 (㉡)개로 나타났다.

(3) ㈜○○은 회계 정보 처리 시스템에서 확인한 (가)의 자료를 분석한 결과, 매출액이 5% 증가할 경우 영업이익은 10% 증가하는 것으로 나타났다. 이처럼 고정원가로 인해 매출액의 변화율보다 영업이익의 변화율이 더 커지는 것을 (㉢) 효과라고 한다.

〈작성 방법〉

- 괄호 안의 ㉠에 공통으로 해당하는 용어를 쓸 것.
- 괄호 안의 ㉡에 들어갈 수량을 쓰고, 그 계산 과정을 서술할 것.
- 괄호 안의 ㉢에 해당하는 용어를 쓸 것.

18 다음은 ㈜○○의 물류비 절감을 통한 매출 및 이익 증대 효과에 대한 사례이다. 괄호 안의 ㉠, ㉡에 해당하는 숫자를 순서대로 쓰시오. (단, 다음 내용 이외의 비용은 고려하지 않음.) [2점] [2018 상업 임용]

> ㈜○○의 연간 매출액이 100억 원이고, 물류비는 매출액의 10%인 10억 원, 영업이익은 매출액의 2%라고 가정하자. ㈜○○이 물류비(10억 원)를 10% 절감하였을 경우 1억 원을 절약한 것이며 이것은 기업 영업이익의 절반에 해당한다.
>
> 결국 ㈜○○은 연간 (㉠)억 원의 매출을 올린 것과 동일한 효과를 얻게 된 것이다. 따라서 지불되는 물류비를 10% 절감하는 것은 매출액을 (㉡)% 만큼 증가시킨 효과를 얻을 수 있게 되는 것이다.

19 다음은 ㈜○○의 제조부문(성형부, 완성부)을 담당하는 생산부장과 제조부문에 용역을 제공하는 보조부문(전력부, 창고부)을 담당하는 지원부장의 대화이다. 〈조건〉을 고려하여 〈작성 방법〉에 따라 순서대로 서술하시오. [4점] [2023 상업 임용]

지원부장: 최근 전력 공급 원가가 높아져 전력부를 더 이상 운영하기 힘듭니다. 따라서 전력부를 불가피하게 폐지해야 하는 상황입니다.

생산부장: 제조부문은 전력부에서 공급하는 전력의 대부분을 소비하고 있는데, 그렇다면 외부에서 전력을 공급받아야 하나요?

지원부장: 네, 그렇습니다. 그래서 이해를 돕기 위해 1년간 보조부문에서 공급하던 용역에 대한 수급 관계를 도식화해 보았습니다.

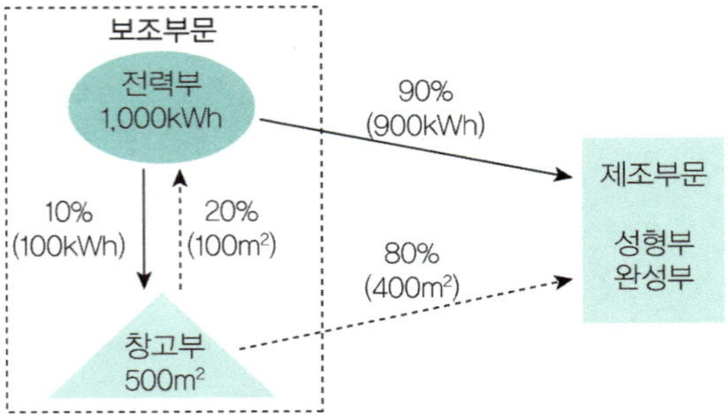

※그림에서 %는 자기 부서(전력부, 창고부) 사용 용역을 제외한 비율임.

생산부장: 만약 전력부를 폐지한다면, ㉠전력부에서 공급하던 총 전력량 중 보조부문 상호 간의 수급량을 제외한 나머지 전력은 외부에서 공급받아야 하는 상황입니까?

지원부장: 네, 그렇습니다. 한편, 1년간 전력부와 창고부의 변동원가는 다음과 같습니다.

	전력부	창고부
변동원가	₩20,000	₩30,000

만약 전력부를 폐지한다면, ㉡전력부의 변동원가 전액과 창고부의 변동원가 중 전력부가 소비하던 원가는 절감될 것으로 예상됩니다.

〈조건〉

○ 전력부에서 공급하던 전력을 외부에서 공급받아야 현재의 조업도 수준을 유지할 수 있음.

○ 전력부 폐지 시, 전력부 잔여 시설로 인한 별도의 대체 수익은 없음.

〈작성 방법〉

○ 전력부 폐지 시, 밑줄 친 ㉠을 참고하여 현재의 생산 수준을 유지하기 위해서 외부로부터 공급받아야 하는 전력량(kWh)과 그 계산 과정을 서술할 것.

○ 전력부 폐지 시, 밑줄 친 ㉡을 참고하여 절감되는 원가와 그 계산 과정을 서술할 것.

20 다음의 (가)는 종합예산의 개념과 종합예산 편성 흐름을 제시한 것이며, (나)는 ㈜○○의 2022년도 분기별 현금예산 편성을 위해 전사적자원관리(ERP) 시스템에서 자금 및 예산 관리에 필요한 자료를 추출한 것이다. 이를 이용하여 〈작성 방법〉에 따라 순서대로 서술하시오. [4점] [2023 상업 임용]

(가)

• 종합예산은 크게 2부분으로 구분되며, (㉠)은/는 판매, 생산, 재료와 인력의 조달 및 사용 계획에 기초하여 매출예산, 생산량예산, 제조원가예산, 매출원가예산, 판매관리비예산 등으로 예산손익계산서의 영업이익까지 추정하는 것으로 요약되며, (㉡)은/는 자금 조달과 투자를 위한 현금예산, 자본예산, 예산재무상태표 등이 포함된다.

• 종합예산 편성 흐름도

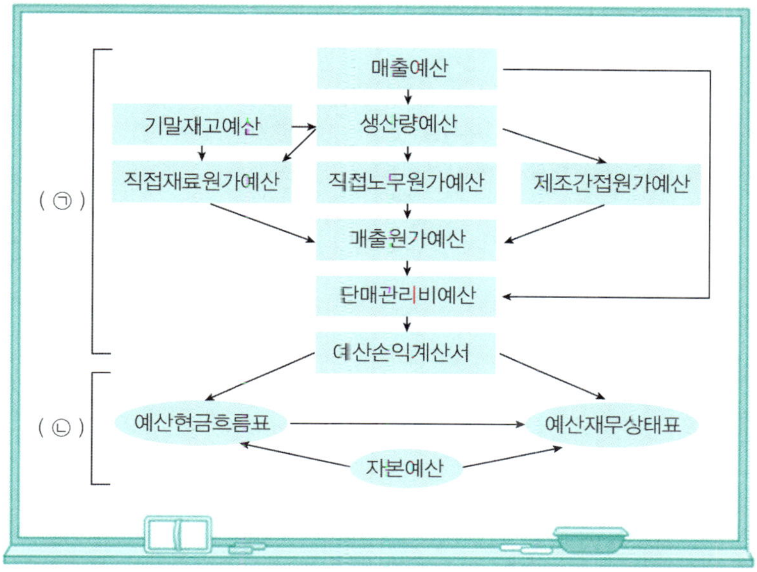

(나)

• ㈜○○은 2022년 분기별 현금예산을 편성하려고 하며, 분기별 예상 매출액 현황은 다음과 같다.

분기	예상 매출액(원)
1	100,000
2	120,000
3	80,000
4	110,000

• 분기별 예상 매출액 중 60%는 현금 매출, 40%는 외상 매출이다. 또한 외상 매출액 중 30%는 판매된 분기에, 나머지 70%는 그 다음 분기에 현금으로 회수될 것으로 예상된다.

〈작성 방법〉

○ (가)에서 괄호 안의 ㉠, ㉡에 각각 공통으로 해당하는 용어를 순서대로 쓸 것.
○ (나)에서 ㈜○○의 2022년 3분기 매출과 관련하여 예상되는 현금유입액과 그 계산 과정을 서술할 것.

21 다음은 ㈜○○에서 20×8년에 생산한 A제품의 품질원가(quality cost) 항목을 분류한 〈자료〉이다. 이 〈자료〉를 이용하여 〈작성 방법〉에 따라 순서대로 서술하시오. [4점] [2020 상업 임용]

〈자료〉

※ ㈜○○은 품질원가를 예방원가, (㉠), (㉡), 외부실패원가로 구분하여 분석하고 있다.

• 반품비	₩9	• 불량품재작업비	₩20
• 공정검사비	₩6	• 우수외주업체선정비	₩4
• 고객서비스센터운영비	₩25	• 불량폐기비	₩5
• 수입검사비	₩8	• 설계개선비	₩15
• 공손비	₩3	• 손해배상금	₩7
• 품질교육훈련비	₩18	• 제품리콜비	₩12

〈작성 방법〉
- ㅇ 괄호 안의 ㉠, ㉡에 들어갈 용어를 각각 제시할 것.
- ㅇ 예방원가의 산출과정과 금액을 제시할 것.
- ㅇ 외부실패원가의 산출과정과 금액을 제시할 것.

22 다음은 아동용 완구 도매업을 운영하는 ㈜○○의 예산관리부장과 판매부장 간의 대화이다. 이를 이용하여 〈작성 방법〉에 따라 순서대로 서술하시오. [4점] [2022 상업 임용]

예산관리부장: 판매부장님, 2분기 부서별 자금 예산 편성을 위해 판매부서의 정보가 필요합니다.

판 매 부 장: 네, 우리 판매부서의 2분기 예산에는 재고자산 매입 자금과 부서 운영 자금 외에는 없습니다. 구체적으로 어떤 정보가 필요한가요?

예산관리부장: 음... 2분기, 3분기에 대한 예상 매출액, 매출총이익률, 분기 말 예상 재고자산 금액 등에 대한 정보가 필요합니다.

판 매 부 장: 최근 담당 과장이 ERP 시스템 회계모듈에서 수집한 내용을 토대로 작성한 2분기 부서 운영 예상 보고서 일부를 보내드립니다. 다음의 판매부서 관련 보고서를 참고하세요.

> **부서 운영 예상 보고서**
>
> • 부서: 판매부서
> • 기산: 2분기
>
> **(1) 매출 및 매입 관련 자료**
> • 매 분기말 재고자산 금액은 다음 분기 매출원가의 30%를 유지할 계획임.
> • 2분기, 3분기 예상 매출액은 각각 ₩8,000,000, ₩10,000,000임.
> • 매출총이익률은 분기와 상관없이 20%로 동일함.
>
> **(2) 기타 자료**
> • 2분기 예상 부서 운영비로 필요한 자금은 ₩1,200,000임.

예산관리부장: 네, 감사합니다. 제공해 주신 부서 운영 예상 보고서를 참고하여 판매부서의 2분기 총자금 소요 예산액을 편성해서 알려 드리도록 하겠습니다.

〈작성 방법〉

○ 제시된 내용에 한정할 것.
○ 재고자산 판매로 인한 현금 유입액은 고려하지 않으며, 재고 자산 매입, 기타 거래는 모두 현금 거래로 이루어진다고 가정할 것.
○ 예산관리부장의 입장에서 계산하고 서술할 것.
○ 2분기 예상 매출원가와 예상 기말 재고자산 금액을 각각 쓸 것.
○ 2분기 재고자산 예상 매입액과 총자금 소요 예산액의 계산 과정을 각각 서술할 것.

CHAPTER 04

금융/재무관리

제1절 은행 및 통화정책

01 다음은 한국은행의 통화정책과 관련된 내용이다. 각 항의 설명에 알맞은 통화정책을 쓰시오. [3점]

[2004 상업 임용 변형]

> (가) 시중의 통화량과 금리를 신축성 있게 조정하기 위하여 국채와 통화안정증권 등을 매각하거나 매입한다.
> (나) 금융기관이 받은 예금의 예치비율을 조정함으로써, 시중의 통화량을 조절한다.
> (다) 금융기관의 일시적인 자금 부족을 해소하거나 여유 자금을 흡수하기 위해, 한국은행이 금융기관에 자금을 빌려주거나 예치받음으로써 시중의 유동성을 조절한다.

02 다음은 '금융정책의 종류와 특성' 단원의 성취과제분담학습(STAD) 수업 과정을 축약하여 나타낸 것이다. 교사가 가르칠 ㉠의 3가지를 제시하고 설명을 간략히 쓰시오. [3점] [2014 상업 임용 변형]

> 교사: 지난 시간에 학습한 통화정책을 이해할 수 있나요?
> 학생: 네.
> 교사: 이번 수업 시간에는 ㉠ <u>한국은행의 통화정책 수단</u>과 관련된 내용을 제시된 학습 자료를 보면서, 모둠별 과제와 함께 확인해 봅시다.
> 학생: (학습 내용과 모둠별 과제를 확인한다.)
> 교사: 이제 4명씩 모둠을 구성하고 학습 과제지를 나누어 주겠습니다. 모든 구성원들이 과제를 해결할 때까지 모둠 활동을 끝내서는 안 됩니다.
> 학생: (모둠 활동을 통해 상호 간 협력하여 학습한다.)
> 교사: 자, 이제 각자 퀴즈를 통하여 한국은행의 통화정책 수단에 관한 내용을 문제로 풀어 봅시다.
>
> …(중략)…
>
> 교사: A와 C 모둠을 학급 게시판에 우수 모둠으로 기록하고, 두 모둠에게는 보상으로 우수 모둠상을 수여하겠습니다.

03 다음의 (가)는 ○○상업고등학교 1학년 학생인 철수의 노트 필기 내용이며, (나)는 신문 기사 내용이다. 〈작성 방법〉에 따라 순서대로 서술하시오. [4점] [2017 상업 임용]

(가)

단원명: 금융의 기능과 종류 주제: 한국은행의 업무 1. 한국은행의 설립 목적 통화정책의 수립과 집행을 통하여 물가 안정을 도모함으로써 국민 경제의 건전한 발전에 이바지하는 것임. 2. 한국은행의 통화 정책 수단 1) 공개시장조작 정책 뜻 : 공개시장에서 국공채를 매입하거나 매각함으로써 통화량과 이자율을 조정하는 정책 2) (㉠) 뜻 : 예금은행이 한국은행으로부터 차입할 때 적용하는 이자율을 조정함으로써 통화량과 이자율을 조정하는 정책 3) 지급준비율 정책 뜻 : 법정지급준비율을 변화시킴으로써 통화량과 이자율을 조정하는 정책

(나)

한국은행은 어제 최근 6개월 동안의 물가 동향을 발표하였다. 한국은행의 발표에 의하면 지난 6개월 동안 물가는 지속적으로 상승하였다. 경제 전문가들은 이와 같이 물가가 상승한 이유를 수출 호조에 따라 통화량이 증가하였기 때문이라고 분석하였다. 한편 이번 분기의 신용장 내도액은 지난 분기의 신용장 내도액 대비 30%가 증가하였고, 국내 경기는 향후에도 계속 좋을 것으로 예상된다. …(하략)… - ◇◇ 신문, ○○년 ○○월 ○○일 자 -

〈작성 방법〉

- 다음의 가정하에서 서술할 것.
  - 한국은행의 정책 목표는 물가 안정임.
  - 신문 기사에 제시된 내용 이외의 경제 변수는 고려하지 않음.
- (가)의 괄호 안의 ㉠에 해당하는 용어를 쓸 것.
- (나)를 바탕으로 한국은행이 추진할 수 있는 공개시장조작 정책과 지급준비율 정책 방향을 각각 순서대로 서술할 것.

04 다음의 (가)는 '경제안정화정책'에 관한 설명이고, (나)는 신문 기사의 일부이다. 이를 이용하여 〈작성 방법〉에 따라 순서대로 서술하시오. [4점] [2021 상업 임용]

(가)

> 경기변동의 과정에서 불황이 발생할 경우에 나타날 수 있는 문제는 생산량이 감소하고 실업이 증가한다는 점이다. 경기변동으로 인한 경기 후퇴와 불황은 일시적인 현상이기는 하지만 그 과정에서 큰 경제적 고통과 비용을 초래한다. 이와 같은 상황을 해결하기 위해 정부와 (㉠)이/가 다양한 정책을 수립하여 집행하는데, 이를 '경제안정화정책'이라고 한다.

(나)

> 20××년 3분기 GDP 갭(수요갭)이 -4.83으로 20△△년 2분기 이래 가장 낮았다. ㉡GDP 갭이 음의 값으로 전환된 것은 15분기 만이다. GDP 갭은 국가 경제 전체 수요와 잠재 공급력 사이의 차이를 의미하며, 경제의 총수요와 공급력이 얼마나 일치 혹은 괴리됐는지를 살피는 지표이다.
>
> ○○일보 20××. ××. ××.

〈작성 방법〉

- 괄호 안의 ㉠에 들어갈 기관의 명칭을 쓰고, ㉠이 경기변동을 조절하기 위해 변화시키는 수단을 2가지 제시할 것.
- 밑줄 친 ㉡과 같은 상황일 때, 정부가 집행하는 재정정책의 예시를 조세와 정부지출 측면에서 각각 서술할 것.

05 다음은 은행이 아니면서 자금을 융통해 주는 금융기관인 비은행 예금 취급 기관의 유형을 설명한 것이다. (가), (나)의 설명에 알맞은 비은행 예금 취급 기관의 유형을 각각 쓰고, (다)의 유형에 해당하는 예금 취급 기관을 2개 쓰시오. [2007 상업 임용]

(가) 증권 중개 업무와 보험 업무를 제외하고는 단기 금융, 투자 신탁, 리스 업무, 중장기 대출 업무, 외화 조달 및 주선 업무 등 거의 모든 금융 업무를 담당하고 있다. 취급하는 상품은 어음관리구좌(CMA), 발행어음, 기업어음(CP) 등이 있다. (나) 지역의 서민, 소규모 기업에 대한 원활한 금융과 효율적인 금융 편의를 도모하는 것을 목적으로 하고 있다. 전에는 신용부금, 소액신용대출, 어음할인으로 비교적 업무가 제한되어 있었으나 근래에는 예수금 업무, 내 · 외국환 업무, 금융 기관의 대리업무도 담당하고 있다. (다) 지역, 종교 단체, 직장 등에서 상호 유대 관계가 있는 조합원에 대해 저축의 편의를 제공해 주거나, 필요한 자금을 대출해줌으로써 상호 간의 경제적 이익을 도모할 목적으로 설립되었다.

06 최근의 글로벌 경제 환경하에서는 국제금융시장의 변화가 국내 경제에 많은 영향을 미친다. 특히 한국의 경우 대외의존도가 높은 미국이나 중국의 금융시장의 환경 변화는 국민경제에 직접적인 충격을 주는 것으로 나타나고 있다. (가), (나), (다)의 설명에 적합한 용어를 각각 쓰시오. [3점] [2008 상업 임용]

(가) 미국 금융기관의 특정 담보대출로, 최근 미국의 주택 경기 하락으로 인해 이 담보대출이 부실화되자, 이것은 미국은 물론 한국을 포함한 전 세계 거의 모든 국가의 자본시장에 큰 충격을 주고 있다. (나) 최근 중국 정부가 증권시장의 거품현상을 제거하기 위해 취한 통화량 조절 정책의 하나이다. 중앙은행이 이 비율을 인상하게 되면 금융기관의 대출 한도가 상대적으로 축소되기 때문에 통화량 감소의 효과를 얻을 수 있다. (다) 여러 은행이 차관단을 만들어 공통의 조건으로 일정금액을 융자해 주는 중장기 대출채권으로, 주로 유로시장과 미국 금융 시장에서 대규모 대출의 경우에 사용되고 있다.

제2절 증권 및 투자

01 그림은 우리나라 주식시장의 주가지수를 나타낸 것이다. (가)와 (나)에 대한 설명으로 옳은 것은? [2점]

[2010 상업 임용]

(가) KOSPI

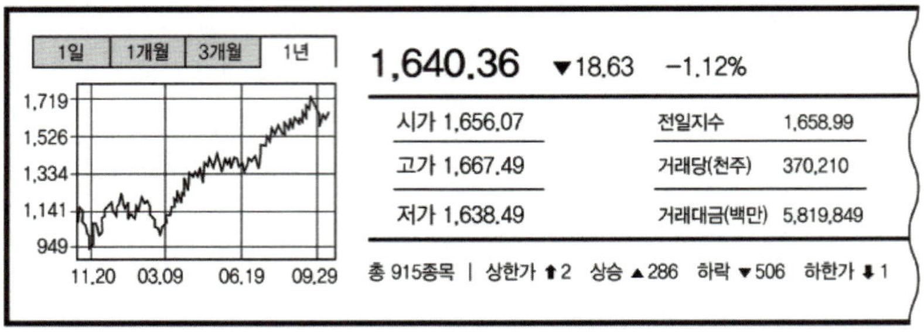

(나) KOSDAQ

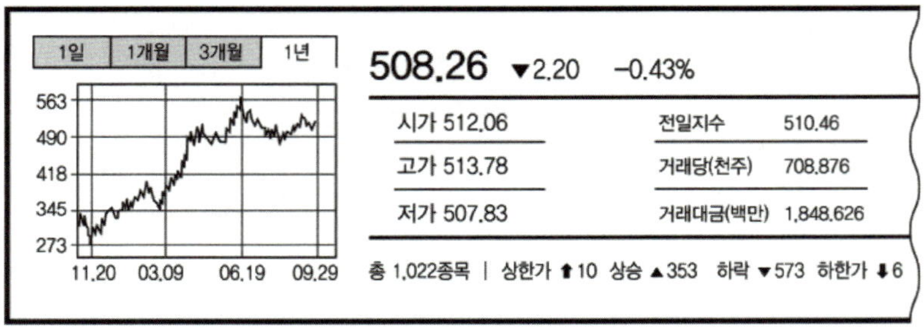

출처 : ○○신문

① (가)와 (나)는 경매매 방식으로 거래된다.
② (가)는 발행시장, (나)는 유통시장의 거래 상황을 나타내고 있다.
③ 가격 제한 폭까지 오른 주식 종목의 수는 (가)는 286개, (나)는 353개이다.
④ 1980년 1월 4일의 기준시가에 비해 (가)는 약 16배, (나)는 약 5배 이상 증가했다.
⑤ (나)의 그래프를 보면 KOSDAQ의 모든 종목이 최고로 오른 날은 6월 19일임을 알 수 있다.

02 다음 유가증권에 관한 자료를 참고하여 물음에 답하시오. [6점] [2003 상업 임용 변형]

(가) 보통주를 소지한 주주는 상법에 따라 주식 양도의 자유권, 주권의 요구권 등의 권리를 행사할 수 있다. (나) 한국거래소에서 매매할 수 있는 증권은 거래소에 등록된 증권에 한한다. (다) 한국거래소는 유가증권의 공정한 가격 형성과 안정 및 원활한 유통을 위해 자본시장과 금융투자업에 관한 법률(자본시장법)에 의하여 설립된 회원제의 특수 영리법인이다. (라) 한국거래소는 증권시장의 안정과 투자자 보호를 위하여 기업 정보를 알리는 제도와 공정한 가격 형성을 위하여 주식 가격의 급격한 변동을 제한하는 가격 제한폭 제도 등을 두고 있다.

2-1. (가)와 관련하여 상법에 규정된 주주의 중요한 권리 중 3가지만 쓰시오. [3점]

2-2. ① (나)의 한국거래소에 등록되어 매매할 수 있는 증권을 무엇이라 하며, ② (다)의 회원이 되는 자는 누구이며, ③ (라)의 기업 정보를 알리는 제도를 쓰시오. [3점]

03 다음은 ○○상업고등학교의 '상업 경제' 과목 수업 시간에 교사와 학생이 나눈 대화이다. 학생들이 발표한 내용 중 잘못된 1가지를 밑줄 친 ㉠~㉣에서 찾고, 그것을 바르게 고쳐 쓰시오. [2점] [2023 상업 임용]

교 사: 지난 시간에 배웠던 주식과 채권의 종류에 대하여 발표해 봅시다.
학생 A: ㉠우선주란 이익 배당이나 잔여 재산의 청구 등에 있어 우선적 지위 또는 후배적 지위를 결정하는 기준이 되는 주식을 말합니다.
학생 B: ㉡의결권주란 주주총회에 상정되는 여러 안건과 관련하여 경영 의사 결정에 비례적으로 참여할 수 있는 권리가 부여된 주식을 말합니다.
학생 C: ㉢신주인수권부사채란 발행 회사의 주식을 일정 금액으로 일정 기간 내에 매입할 수 있는 권리가 부여된 채권을 말합니다.
학생 D: ㉣전환사채는 채권 소지자가 일정 기간 후 약정된 행사 가격에 주식으로 전환할 수 있는 권리를 가진 채권을 말합니다.

04 다음은 '파생 금융 상품 시장'과 관련한 수업 장면이다. ㉠에 들어갈 용어와 그 의미를 설명하고, ㉡에 들어갈 내용을 서술하시오. [5점] [2015 상업 임용]

교사: 파생 금융 상품 시장은 기초 금융자산, 즉 통화나 주식, 채권 등의 시세에 따라 가치가 달라지는 금융 상품을 거래하는 시장입니다. 이를 금융 계약 형태에 따라 구분하면 어떤 것들이 있는지 말해 볼까요?
학생: 네, 선도 거래와 선물 거래가 있습니다. 이 두 가지 거래의 공통점은 계약은 현재 시점에서 이루어지고, 인도와 결제는 미래 시점에서 이루어진다는 것입니다. 반면에 차이점은 선도 거래는 주로 장외 시장에서 이루어지고, 선물 거래는 주로 거래소 시장에서 이루어진다는 것입니다.
교사: 그 외에도 미래의 지정된 날에 사고팔 수 있는 권리를 의미하는 옵션이 있습니다. 옵션은 통화나 주식 등과 결합하여 다양한 형태로 나타나며, 옵션의 종류에는 콜 옵션과 (㉠)이/가 있습니다. 옵션은 선물 거래와 달리 거래 시점에서 매수자가 매도자에게 프리미엄을 지불합니다. 그 이유는 무엇일까요?
학생: (㉡)
교사: 네, 정확하게 알고 있군요.

05 다음은 ○○회사의 투자에 관한 내용이다. 이 투자로부터 법인세 비용 차감 후 매년 기대할 수 있는 현금 유입액은? (단, 현금 유입은 매년 균등하다고 가정한다.) [2점] [2013 상업 임용]

• 2011년 1월 1일 신기계를 ₩30,000에 매입하였으며, 추정 내용 연수는 10년, 내용 연수 종료 시점의 처분 가치(잔존 가치)는 ₩0이고, 감가상각은 정액법으로 한다. • 회계 이익률은 최초 투자액의 15%로 기대되며, 결산일은 매년 12월 31일이다.

06 다음은 컨설팅회사가 토지 매입안과 주차 빌딩 건설안 중 하나를 선택하기 위한 자료이다. (가), (나) 투자안의 순현재가치(NPV)를 계산하고, 주차 빌딩 건설안이 토지 매입안보다 순현재가치가 높은 시점의 주차 가능 대수를 계산하시오. [6점] [2006 상업 임용]

(가) 토지 매입안	• 초기 매입비는 8억 원이다. • 1년 후에 11억 원에 매각 가능하다.
(나) 주차 빌딩 건설안	• 초기 투자비는 9,500만 원이다. • 1년 후부터 주민들에게 야간 주차비로 매년 1,000만 원의 현금 유입이 영구히 발생 가능하다.
단, 주차 빌딩 건설안의 주차 가능 대수는 무제한이며, 신축 규모에 대한 수익률은 일정한 것으로 가정하고, 할인율은 동일하게 연 10%를 적용한다.	

• 토지 매입안의 순현재가치:
• 주차 빌딩 건설안의 순현재가치:
• 주차 빌딩 건설안이 토지 매입안보다 순현재가치가 높은 시점의 주차 가능 대수:

07 다음에서 설명하고 있는 환위험 관리 방법은? [2점] [2009 상업 임용]

> 최근 미국에서 시작된 금융위기로 인해 세계 각국의 수출입 기업들은 극심한 환 위험에 노출되었다.
> 통화 가치의 안정을 도모하기 위해서 각국 정부는 중앙은행 차원에서 자국 통화를 상대국 통화와 맞바꿔 예치하고, 변제 시에는 서로 예치했던 때의 환시세를 적용하는 내용의 협정을 체결하는 방법을 활용하기도 한다.
> 최근 한국은행과 미국의 연방준비제도 이사회가 이 방법으로 협정을 체결하였다.

① 팩터링(factoring)
② 통화 스왑(currency swap)
③ 통화 옵션(currency option)
④ 선물환 거래(forward exchange transaction)
⑤ 통화 선물 거래(currency futures transaction)

08 다음은 환율결정이론에 관한 내용이다. 괄호 안의 ㉠, ㉡에 각각 공통으로 해당하는 용어를 순서대로 쓰시오. [2점] [2024 상업 임용]

> 스웨덴 경제학자인 카셀(G. Cassel)은 (㉠)의 법칙을 이론적 기반으로 하여, 환율은 국가 간 물가 수준의 차이에 의해 결정된다는 (㉡)을/를 주장하였다. (㉠)의 법칙에 따르면, 운송 비용과 무역 장벽이 없는 경우 서로 다른 국가에서 동일한 재화의 가격은 동일한 화폐로 표시하였을 때 일치한다.
> 예를 들어, 동일한 연필 1단위의 가격이 한국에서 1,000원이고, 미국에서 1달러라고 하면 환율은 'US$1 = ₩1,000'이 된다. 만약 한국의 물가가 올라 연필 1단위의 가격이 1,100원이 되고, 미국에서는 연필 1단위의 가격이 여전히 1달러라고 하면 환율은 'US$1 = ₩1,100'이 되는 것이다. 그런데 연필이 1,100원으로 올랐는데 환율이 계속 1달러에 1,000원으로 되어 있으면, 연필 1단위를 1달러로 미국에서 수입하여 한국에서 팔면 1,100원을 받고 이를 미국 달러로 바꾸면 1달러 이상이 된다. 연필을 미국에서 수입하기 위해서는 달러를 필요로 하기때문에 한국의 외환 시장에서 미국 달러에 대한 수요가 증가하여 달러 가치는 오르고, 원화 가치는 떨어져 결국 환율은 'US$1 = ₩1,100'이 된다는 이론이 (㉡)(이)다.

제3절 보험

01 다음의 (가)는 '상업 경제' 수업에서 교사가 활용한 화재 보험 예시이고, (나)는 상법상 보험 규정의 일부이다. 이를 이용하여 〈작성 방법〉에 따라 순서대로 서술하시오. [4점] [2024 상업 임용]

(가)

[화재 보험 계약 사항]

(㉠)	㈜○○보험		
보험 계약자	A씨	(㉡)	B씨
보험료	3,000,000원	보험 목적물	B씨 소유 건물(갑)
보험 금액	4,000,000,000원	보험 가액	6,000,000,000원
보험 기간	2023. 1. 1. ~ 2023. 12. 31.		
특이 사항	제1차 특약 보험은 미가입		

[보험 사고 처리 사항]

보험 기간 중 보험 목적물인 B씨 소유 건물(갑)에서 화재가 우연히 발생하여 손해를 입었다. ㈜○○보험은 화재 현장을 조사하여 실손해액을 30억 원으로 평가한 후, 비례보상 원칙에 따라 B씨에게 보험금을 지급하였다.

(나)

- 손해 보험 계약의 (㉠)은/는 보험 사고로 인하여 생길 (㉡)의 재산상의 손해를 보상할 책임이 있다.

  – 상법(법률 제17764호, 2020. 12. 29., 일부개정) 제665조 –

〈작성 방법〉

○ 괄호 안의 ㉠, ㉡에 각각 공통으로 해당하는 보험 용어를 순서대로 쓸 것.
○ ㈜○○보험이 지급한 보험금이 얼마인지 쓰고, 그 보험금의 산출과정을 서술할 것.

02 다음은 갑 상회와 ○○보험 회사 간의 보험 계약과 계약 후 발생한 상황이다. 이에 대한 설명으로 옳은 것을 〈보기〉에서 고른 것은? [2점] [2013 상업 임용]

> • 갑 상회의 시가 1억 원인 건물을 화재 보험 6천만 원에 보험 계약을 체결하고 매월 보험료를 납부하고 있다.
> • 갑 상회는 화재가 발생하여 보험 회사로부터 4천만 원의 보상을 받았다.

〈보기〉

ㄱ. 갑 상회는 피보험자이다.
ㄴ. 보험 가액은 6천만 원이다.
ㄷ. 보험금이 보험 금액보다 크다.
ㄹ. 갑 상회가 가입한 보험은 손해 보험에 속한다.

03 홍길동이 가입한 보험에 관한 설명으로 옳은 것을 〈보기〉에서 고른 것은? [1.5점] [2009 상업 임용]

> 홍길동은 자신이 소유하고 있는 장부가액 1억 5천만 원의 건물에 대하여 보험회사 갑(甲)과의 보험 계약에서 7천만 원, 을(乙)과의 보험 계약에서 5천만 원을 각각 보험금액으로 하는 화재 보험 계약을 체결하고 보험료를 납부하였다. 그 후 보험의 목적물이 화재로 전부 멸실되었다.

〈보기〉

ㄱ. 정액보험이다.
ㄴ. 홍길동은 피보험자이다.
ㄷ. 홍길동이 계약한 보험의 형태는 재보험이다.
ㄹ. 홍길동이 수령할 보험금은 1억 2천만 원 이하이다.

04 다음은 ○○㈜와 A 보험회사 간의 화재보험 계약 및 사고 내용이다. 이를 이용하여 〈조건〉에 따라 서술하시오. [5점] [2014 상업 임용]

> ○○㈜는 시가 10억 원의 건물에 대하여 5억 원의 화재보험 계약을 체결하고 매월 보험료를 A 보험회사에 납부하고 있다. A 보험회사는 ○○㈜로부터 보험에 가입한 위 건물에서 화재가 우연히 발생하였다는 통보를 받았다. 이를 처리하기 위해 화재 현장을 조사하여 손해를 평가한 결과 손해액은 8억 원이었다.

〈조건〉

○ 화재보험 사고 처리를 위한 보험금을 산출할 때 적용하는 보험 보상 원칙을 제시하고 설명할 것.
○ 보험사고 처리를 위해 지급할 보험금을 산출하는 공식을 보험 용어를 이용하여 제시할 것.
○ 화재보험금 산출 공식에 사용된 보험 용어를 모두 설명할 것.

05 다음은 ○○상업고등학교 '상업 경제' 과목의 수업 장면이다. 이를 이용하여 〈작성 방법〉에 따라 순서대로 서술하시오. [4점]

[2020 상업 임용]

> 교　사 : 지난 수업 시간에 무엇을 배웠는지 복습해 볼까요?
> 학생 A : 지난 시간에는 우리나라의 사회 보험 제도와 민영 보험 제도에 대해 배웠어요.
> 교　사 : 사회 보험의 정의는 무엇인가요?
> 학생 B : 사회 보험은 국민의 기본적인 생활 안정을 위해 국가가 주도적으로 실시하는 사회 보장 제도입니다.
> 교　사 : 그럼 우리나라의 사회 보험의 종류에는 몇 가지가 있죠?
> 학생 B : 네 가지가 있고, 이를 4대 사회 보험이라고 합니다.
> 교　사 : 그럼 4대 사회 보험 중 의료 보장을 목적으로 하는 보험은 무엇인가요?
> 학생 C : (　㉠　), (　㉡　) 두 가지입니다.
> 학생 D : 선생님! ㉢ <u>저희 아버지께서는 2년 전부터 지금까지 상해 보험료로 총 5십만 원을 납부하셨는데, 최근 자동차 사고로 보험금 5백만 원을 지급받으셨대요</u>.

〈작성 방법〉

- 괄호 안의 ㉠, ㉡에 들어갈 용어를 제시할 것(단, 약어를 사용하지 말 것).
- 밑줄 친 ㉢에 해당하는 보험계약의 법률적 성격(특징)을 서술할 것.
- 사회 보험과 민영 보험의 가입 성격을 가입자의 의사 측면에서 비교하여 차이점을 서술할 것(단, 사회 보험은 직장인에 한정함).

PART 02

답안 및 풀이

제1장 경영/경제
제2장 무역
제3장 회계
제4장 금융/재무관리

CHAPTER 01

경영/경제

제1절 경제 활동과 상업

01 2022 상업 임용 전공B 5번 문항

정답

㉠ 생산
㉡ 세금(조세)
㉢ 실선은 실물의 흐름이며, 점선은 화폐의 흐름을 나타낸다.

해설

경제 활동의 주체와 객체

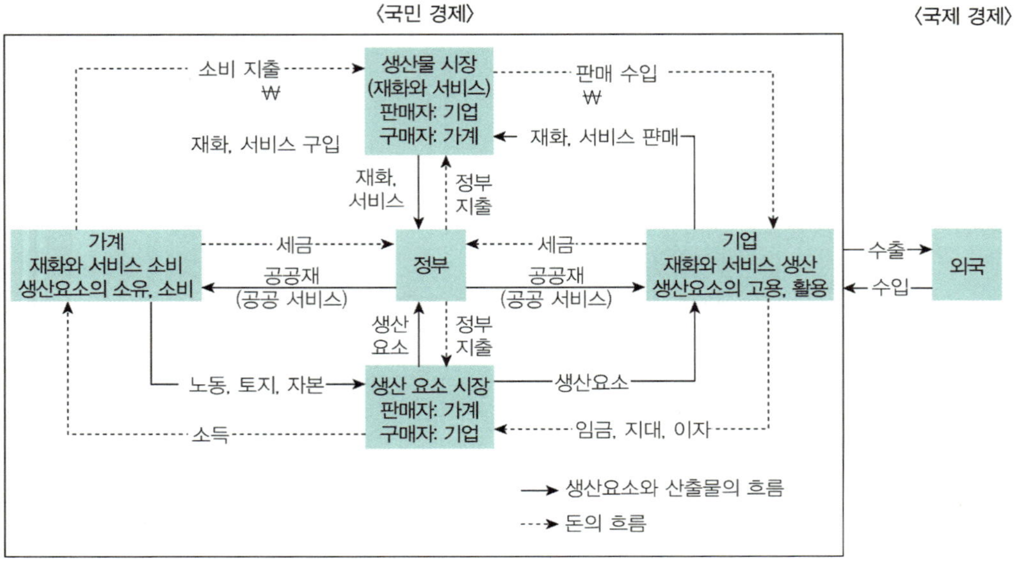

- 경제 활동: 경제 활동이란 경제 주체인 가계, 기업, 정부, 외국 등이 재화나 서비스를 생산하는 데 필요한 토지, 노동, 자본 등의 생산 요소를 제공하고, 그 대가로 소득을 분배받으며, 그 소득으로 재화나 서비스를 소비하는 일련의 활동을 말한다. 즉, 경제 활동은 생산, 분배, 소비 활동으로 분류한다.
- 경제 활동의 주체: 경제 내에서 가계는 소비 활동의 주체이고, 기업은 생산 활동의 주체이다. 정부는 생산과 소비 활동을 모두 수행하는 경제 활동의 주체이다.
- 경제 활동의 객체: 경제 활동의 주체인 가계, 기업, 정부, 외국이 경제 활동인 생산 · 분배 · 소비 활동을 할 때 그 대상이 되는 것으로 재화와 용역으로 구분할 수 있다.
- 가계와 기업은 시장을 통해 거래한다. 생산물 시장은 '재화나 용역(서비스)'이 거래되는 시장으로, 기업에서 가계로 움직인다. 생산 요소 시장은 '토지, 노동, 자본 등' 생산 요소가 거래되는 시장으로, 가계에서 기업으로 움직인다. 생산물 시장 및 생산 요소 시장 모두 돈의 흐름은 그 반대 방향이다.

02 2023 상업 임용 전공B 6번 문항

정답

대체재(X재와 Y재), 보완재(X재와 Z재), Y재 시장의 새로운 균형 거래량은 900개이며, X재와 Y재는 대체재 관계이므로 X재의 가격이 하락하여 수요량이 증가하면 Y재의 수요량은 감소하고 가격은 상승한다.

해설

경제활동의 객체

경제활동의 객체는 재화와 용역으로 구분할 수 있으며, 재화는 재화 간 연관성에 따라 대체재, 보완재, 독립재, 결합재 등으로 구분할 수 있다. 대체재는 경쟁재로 동일한 효용을 가지는 재화의 관계를 말한다. (예 소고기와 돼지고기) 보완재는 두 재화를 동시 소비할 경우에 효용이 증가하는 재화의 관계를 말한다. (예 커피와 설탕)

수요곡선의 이동

수요곡선을 이동시키는 변수는 소득, 소비자의 선호 변화(심리적인 부분), 연관재의 가격, 광고, 인구, 소비자의 예상 등이 있는데, 이를 표로 나타내면 다음과 같다.

변수		수요 변화	수요 곡선 변화
재화 가격 상승		증가	수요곡선상 왼쪽으로 운등
소득 증가	정상재	증가	오른쪽 이동
	열등재(반대)	감소	왼쪽 이동
대체재 가격 상승		증가	오른쪽 이동
보완재 가격 상승		감소	왼쪽 이동
광고 증가, 인구 증가		증가	오른쪽 이동
소비자 예상(가격 상승)		증가	오른쪽 이동

〈Y재 시장〉			
가격(원)	수요량(개)	공급량(개)	
80	1.000	800	
90	900	900	⇒ 새로운 균형 거래량
100	800	1,000	
110	700	1,100	
120	600	1,200	

계산과정을 함수 계산식으로 나타낼 경우 균형거래량은 Q(수요량)=Q(공급량)이 일치되는 지점이다. 문제에서는 균형거래량에서 Q(수요량)가 모든 가격 수준에서 200개씩 감소하기 때문에 200을 마이너스해준다.
따라서,
Q(수요량)=2000−10p−200
Q(공급량)=10p
Q(수요량)=Q(공급량)=2000−10p−200=10p이므로, p는 90원이다.

03 2024 상업 임용 전공A 6번 문항

정답

㉠ 공급자

㉡ 완전 비탄력적 혹은 0

그래프:

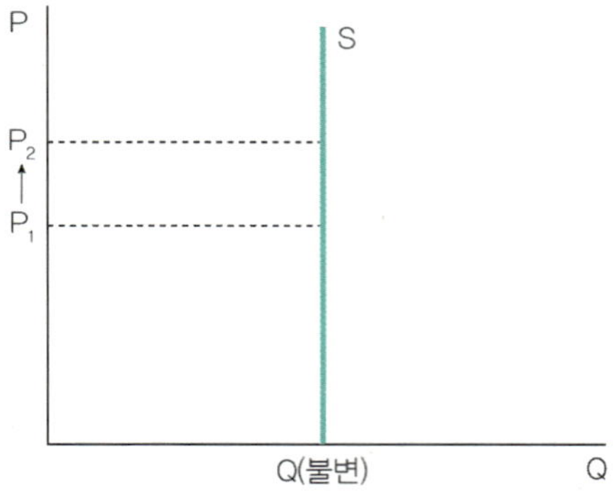

해설

공급의 탄력성(price elasticity of supply)

공급의 탄력성은 어떤 재화 가격이 변할 때 공급량이 얼마나 변하는지 나타내는 지표이다. 한 재화의 공급량이 가격 변화에 민감하게 변화하면 그 재화의 공급은 탄력적이고, 가격 변화 시 공급량이 조금만 변하면 공급은 비탄력적이라고 한다.

재화의 생산자인 다빈치가 사망한 경우 동일한 그림은 더 이상 생산될 수 없으므로 공급량은 고정되며, 가격 탄력성은 완전 비탄력적(0)이다. '탄력성 = 0'이면 공급곡선이 수직선으로 나타나며, 가격에 관계없이 공급량은 일정하다.

04 2022 상업 임용 전공B 9번 문항

정답

학생 A 입장 명시적 비용 10만 원,

학생 B 입장 기회 비용: 아르바이트 3일×8만 원+10만 원=34만 원

학생 B의 여행은 비합리적인 선택이다. 여행을 가는 것과 가지 않는 것에 대한 기회비용을 비교해보았을 때, 여행을 가는 것은 30만 원의 가치(편익), 여행을 가지 않는 것은 34만 원의 가치가 있으므로 여행을 가지 않는 것이 기회비용이 더 적다.

해설

기회비용(opportunity cost)

희소성으로 인해 무언가를 선택해야 하는 경우가 발생하곤 하는데, 어떤 선택을 위해 포기한 모든 것(혹은 가장 큰 것)을 기회비용이라고 한다. 경제학에서의 '비용'은 '기회비용'을 말한다.

여러 대안 중 가장 최선의 대안을 선택하는 것이 '합리적 선택'이다. 각 대안의 편익(benefit, 선택 시 얻는 유무형의 가치)과 비용을 정확히 파악하여 순편익(편익-기회비용)이 가장 큰 것을 선택해야 한다. 단, 매몰비용(다시 회수가 불가능한 비용)은 고려하지 않아야 한다.

이윤 = 총수입 - 총비용	
총수입(TR; total revenue)	Q(제품산출량) × P(판매가격)
총비용(TC: total cost)	명시적 비용+암묵적 비용

기업의 목표는 '이윤을 극대화'하는 것이다. 기업의 이윤은 '총수입-총비용'이다. 총수입은 기업이 제품을 판매하고 받은 금액이며, 총비용은 기업이 생산 과정에 투입한 모든 요소의 시장가치에 해당한다. 총비용에서 명시적 비용은 현금이 필요한 요소 비용이고, 암묵적 비용은 현금 지출이 필요하지 않은 요소 비용이다.

05 2021 상업 임용 전공B 6번 문항

정답

㉠ Q휴대폰

㉡ 최소 비용의 원칙. 일정한 효과 중 최소의 비용인 것을 선택한다.

㉢ 기회비용

해설

경제 원칙

- 최소 비용의 원칙: 일정한 효과를 얻기 위해 가능한 한 최소의 비용을 치르고자 노력하는 것이다.
- 최대 효과의 원칙: 일정한 비용으로 최대의 효과를 얻으려고 노력하는 것이다.
- 최대 잉여의 원칙: 최소의 비용으로 최대의 효과를 얻어 많은 잉여를 남기기 위해 노력하는 것이다.

기회비용 및 합리적 선택

- 희소성의 법칙: 인간의 욕망은 무한하나 자원은 한정되어 있는 것이다.
- 합리적 선택: 자원의 희소성에 따른 선택의 문제에서 여러 대안 중 가장 최선의 대안을 고르는 것이다.
- 기회비용: 어떤 선택을 함에 따라 포기해야 하는 여러 대안 중 가장 가치가 큰 것
- 효용(utility): 재화나 서비스를 소비함으로써 주관적으로 느끼는 만족을 말한다. 즉, 소비자의 주관적 만족이다. 소비자는 같은 가격이면 효용이 큰 상품을, 같은 효용이라면 가격이 저렴한 상품을 구입한다.

06 2009 상업 임용 전공1차 25번 문항

정답 ②

해설

상업의 주체 중 (가)는 상업 사용인, (나)는 대리상이다.

① 상업 사용인의 법적 지위는 상인이 아니며, 대리상은 보조 상인 중 하나이다.

② 상업 사용인과 대리상 모두 경업 금지 의무에 따라 특정자의 영업과 동종의 영업을 영위·경쟁하지 않는다고 하는(부작위) 의무를 진다.

③ 상업 사용인은 상인의 지휘·감독에 복종하여 영업활동을 보조하고 고정적인 급료를 받는다.

④ 상업 사용인은 자연인의 경우만 가능하며, 대리상은 자연인과 법인 모두 가능하다.

⑤ 상업 사용인은 특정 상인에게 고용되어 종속성을 가진 상태로, 특정 상인과 고용 계약 관계를 맺는다. 하지만 대리상(Agent)은 특정 회사나 상인으로부터 위탁을 받아 거래를 대리, 중개하고 성과에 따라 수수료 등의 보수를 받는 상인이다.

상업의 주체

상업의 주체는 상인으로, 영리를 목적으로 각종 상업 활동을 경영하는 자이다. 상인은 거래 명의와 책임에 따라 자영 상인, 보조 상인, 상업 사용인으로 구분한다.

- 보조 상인: 타인의 의뢰나 위탁으로 자신 또는 타인의 명의로 상행위를 대리하거나 매개하는 일에 종사하고, 그에 대한 일정한 수수료나 보수를 받는 상인을 말한다. 보조 상인에는 대리상, 중개인, 위탁 매매인, 운송 주선인 등이 있다.

보조 상인	거래상 명의	거래 대상	기간	보수	예
대리상	본인(상인) 명의	특정인	계속적	특정인	대리점
중개인	타인(거래쌍방) 명의	불특정 다수	일시적	쌍방	부동산 중개
위탁 매매인	자기 명의	불특정 다수	일시적	위탁자	증권회사
운송 주선인	자기 명의	불특정 다수	일시적	운임 차액	포워더

- 상업 사용인: 특정 상인에게 고용되어 기업의 내부에서 영업활동을 보조하고 일정한 보수를 받는 사람이다. 특정한 영업(상인)에 종속된다는 점에서 보조 상인과는 구분된다. 지배인, 부장, 과장, 점원 등이 있으며, 대리상처럼 경업 금지 의무를 진다.

보조 상인의 분류

- 대리상: 특정한 상인을 위해 본인 명의로 거래를 대리·매개하는 일을 하고, 그 성과에 따라 특정 상인에게서 수수료 등의 보수를 받는 상인이다. 대리상은 경업 금지 의무를 진다.
- 중개인: 타인의 의뢰를 받아 판매자와 매입자 사이에서 상행위를 중개해 주고, 계약이 성립되면 거래 쌍방으로부터 수수료를 받는 상인이다.
- 위탁 매매인: 자신을 위하여 물건을 매매하지 않고, 타인으로부터 상품 매매에 대한 위탁을 받아 자기 명의로 거래를 한다.
- 운송 주선인: 화주(화물주)가 원하는 목적지에 물건 등을 정확히 전달하기 위해 운송인과 자기 명의로 운송 계약을 체결한다. 자기의 명의로 화주에게서 받은 운임과 운송업자에게 지급하는 운임의 차액을 수수료로 받는 상인이다.

07 2014 상업 임용 전공A 5번 문항

정답 경업 금지 의무

해설

직원 채용 공고는 대리점(대리상)이 공고한 것이며, 대리점에서 고용할 자는 상업 사용인에 해당한다. 문제에서 '보조 상인'이라고 묻는 질문에는 '대리상'이 답이나, 채용 공고에 청약할 자는 '상업 사용인'이므로 정답이 엇갈릴 수 있다. 또한 '의무'도 대표적인 것이 경업 금지 의무일 뿐, 성실의무, 비밀 유지 의무 등 다른 의무도 존재할 수 있으므로 '문제 자체'에 오류가 있는 것으로 보인다.

하지만 시험장에서 이와 비슷한 문제가 나온다면 대리상이나 상업 사용인 어느 것이 답일지라도 대표적인 의무인 '경업 금지 의무'를 써내는 것이 바람직하다.

08 2015 상업 임용 전공A 3번 문항

정답 자기 명의

해설

타인에게 물품을 위탁받아 매매하고, 그 대가로 수수료를 받는 상인은 '위탁 매매인'에 해당한다. 위탁 매매인은 타인(위탁자)의 계산 및 자기 명의로 불특정 다수를 대상으로 거래를 하며, 수수료는 위탁자에게 받는 방식을 활용한다.

09 2018 상업 임용 전공A 2번 문항

정답

㉠ 상업 사용인

㉡ 위탁자

해설

상법 제 7장 위탁매매업 제106조(지정가액준수의무)

① 위탁자가 지정한 가액보다 염가로 매도하거나 고가로 매수한 경우에도 위탁매매인이 그 차액을 부담한 때에는 그 매매는 위탁자에 대하여 효력이 있다.

② 위탁자가 지정한 가액보다 고가로 매도하거나 염가로 매수한 경우에는 그 차액은 다른 약정이 없으면 위탁자의 이익으로 한다.

- 상업 사용인: 특정 상인에게 고용되어 기업의 내부에서 영업활동을 보조하고 일정한 보수를 받는 사람이다. 특정한 영업(상인)에 종속된다는 점에서 보조 상인과는 구분된다. 지배인, 부장, 과장, 점원 등이 있으며, 대리상처럼 경업 금지 의무를 진다.
- 대리상: 보조 상인 중 하나인 대리상은 특정한 상인을 위해 본인(특정 상인) 명의로 거래를 대리 · 매개하는 일을 하고, 그 성과에 따라 특정 상인에게서 수수료 등의 보수를 받는 상인이다. 대리상은 경업 금지 의무를 진다.

10 2010 상업 임용 전공1차 14번 문항

정답 ④

해설

A는 갑(주)의 명의로 거래 상대방과 거래를 하고 있으므로 '대리상', B는 갑(주)의 위탁을 받아 자기 명의로 거래 상대방과 거래를 하므로 '위탁 매매인'이다.

① A와 B 모두 자신이 매매가를 결정하지 않는다. 예를 들어 A는 H자동차 대리상일 경우에 H자동차 가격을 마음대로 결정할 수 없으며, B가 증권회사일 경우에 투자자의 주식 투자가격을 마음대로 정할 수 없다.
② A는 '대리상'이 맞지만 B는 '위탁 매매인'이다.
③ 경업 금지 의무는 대리상과 상업 사용인이 진다.
④ 대리상과 위탁 매매인 모두 갑(주)으로부터 보수를 지급받는다.
⑤ 상법 제104조(통지의무, 계산서제출의무)에 따르면, 위탁매매인이 위탁받은 매매를 한 때에는 지체없이 위탁자에 대하여 그 계약의 요령과 상대방의 주소, 성명의 통지를 발송하여야 하며 계산서를 제출하여야 한다. 따라서, 통지의무가 있을 뿐 동의가 의무는 아니다.

11 2025 상업 임용 전공B 2번 문항

정답

㉠ 소비자잉여
㉡ 100

해설

소비자잉여(consumer surplus)

소비자의 '지불용의'에서 소비자가 실제로 지불한 금액을 뺀 나머지 금액이다. 여기서 '지불용의(willingness to pay)'는 수요자가 지불하고자 하는 최고 금액이다. 소비자잉여와 수요곡선은 밀접한 관계가 있는데, 어느 수량에서든 수요곡선에 의해 나타나는 가격은 한계소비자(marginal buyer)의 지불용의이다. 한계소비자는 자신의 지불용의보다 조금이라도 높은 가격에서는 시장을 떠나버리는 소비자다.

문제에서는 시장가격이 50원이므로, 잠재적인 소비자 A~E의 지불용의와 실제 지불한 금액인 시장가격의 차이를 구하면 답을 산출할 수 있다.
A의 소비자잉여 50원(100원-50원) + B의 소비자잉여 0원(한계 소비자이므로 시장을 떠남) + C의 소비자잉여 30원(80원-50원) + D의 소비자잉여 0원(50원-50원) + E의 소비자잉여 20원(70원-50원) = 100원

12 2013 상업 임용 전공1차 37번 문항

정답 ②

해설

유해 폐기물 이동에 대한 협약은 ② 바젤 협약에서 이루어진 것이다.

구분	채택	발효	협약명	내용
오존층 보호	1985		빈 협약	
빈몬	1987	1989	몬트리올 의정서	빈 협약의 구속력 강화.
온실가스 배출 규제 *기교리코파*	1992	1994	**기**후 변화 협약 =리우 협약	
	1997	2005	**교**토 의정서 (2012 만료)	리우 협약의 구체적 이행을 담은 부속 의정서 탄소 배출권 거래제도(ETS), 청정 개발 체제(CDM), 공동 이행제도(JI) 도입
	2007		발**리** 로드맵	교토의정서 만료 이후 온실가스 감축 선진국 + 개발도상국까지 참여
	2008		**코**펜하겐 협정	2050까지 온실가스 감축, 지구 평균 온도 상승 폭 2℃ 이내
	2015		**파**리 기후 변화 협약 =파리 협정	선진국뿐만 아니라 모두에게 구속력
폐기물 해양 투기X	1972		런던 협약	
유해 폐기물	1989	1992	바젤 협약	유해 폐기물 교역 시 사전 통보. 불법 이동 금지
습지 보호	1971	1975	람사르 협약	국경 이동 물새를 국제자원으로 규정
동식물 보호	1992	1993	생물 다양성 협약	
사막화 방지	1994	1996	사막화 방지 협약	

13 2022 상업 임용 전공A 9번 문항

정답

㉠ 공급

㉡ 규모의 경제

㉢ Q_b, 한계비용곡선과 한계수입곡선이 만나는 지점에서 이윤 극대화가 발생한다.

해설

한 기업만이 공급하는 재화에 밀접한 대체재가 존재하지 않는다면 그 기업은 독점기업(monopoly)이다. 독점기업은 한계수입(MR)과 한계비용(MC)이 일치하는 점에서 이윤이 극대화되므로, 해당 지점에서 생산되는 수량을 시장에서 모두 판매할 수 있는 가격을 찾으면 그 점이 이윤을 극대화하는 가격인 것이다.

14 2025 상업 임용 전공A 7번 문항

정답

㉠ 평균총 ㉡ 한계

Q_3, 정부 규제의 경우 가장 효율적인 생산량은 수요곡선과 한계비용곡선이 만나는 점에서 결정된다.

해설

자연독점

자연독점은 시장 전체수요를 여러 생산자가 생산 · 공급하는 것보다 하나의 생산자가 맡는 것이 더 적은 비용일 경우에 발생한다. 즉, 자연독점은 규모와 경제가 존재할 때 발생한다. 예를 들어 다리를 건설할 경우, 건설 시 큰 고정비용이 지출되었지만, 통행의 한계비용은 매우 작으므로, 사람들이 다리를 많이 이용할수록 평균총비용(총비용÷이용량)은 감소한다.

정부 규제의 경우 정부 규제 기관이 요금을 결정하는 것으로, 상수도나 전기 같은 자연독점 산업에서 일반적으로 규제가 시행된다. 가격이 한계비용과 일치하면 경제적 총잉여를 극대화하는 수량이 생산되어 경쟁시장에서의 가격과 생산량이 같아지는 등 자원이 효율적으로 배분될 것이다. 하지만 자연독점 사업의 평균총비용은 지속적으로 하락하므로 한계비용은 항상 평균총비용보다 적다. 즉, 정부가 규제가격을 한계비용과 같게 설정하면 가격이 평균총비용보다 낮아져서 독점기업은 손실을 본다. 이러한 문제를 해결하기 위해 정부는 독점기업에게 손실만큼 보조금을 지급하거나(세금을 거두어야 함), 규제가격을 한계비용보다 높은 평균총비용과 같도록 결정한다. 평균총비용과 같게끔 규제가격을 설정하면 경쟁시장과 비교해서 가격은 높고 생산량은 적겠지만, 자연독점기업의 이윤은 0이 될 것이다.

제2절 경영의 기초와 경영 환경

01 2006 상업 임용 전공 15번 문항

정답

(가) 고객관계관리(CRM)
(나) 전사적자원관리(ERP)
(다) 지식경영(Knowledge management)

해설

(가) 고객관계관리(CRM, customer relationship management)는 고객 데이터 관리 등 고객 관리 체계를 구축 및 고객 관리를 강화하여 재구매율을 높이고 기존고객의 충성률을 높여 단골고객으로 만드는 전략이다.

(나) 전사적자원관리(ERP, Enterprise Resource Planning)는 기업 경영 활동의 모든 프로세스들을 통합적으로 연계하고 관리하며, 기업에서 발생하는 정보들을 서로 공유하여 새로운 정보를 생성하거나 빠른 의사결정을 할 때 도움이 되는 회사 전사 차원의 시스템이다.

(다) 지식경영(Knowledge management)은 조직 내·외부로부터 지식을 체계적으로 축적하고 축적된 지식을 기업전략에 활용하는 경영기법이다. '형식지식'은 매뉴얼 등으로 외부에서 사람들이 고유하고 있는 지식이며, '암묵지식'은 개인에게 습득되어 있으나 외부로 드러나지 않는 지식이다.

노나카의 지식순환

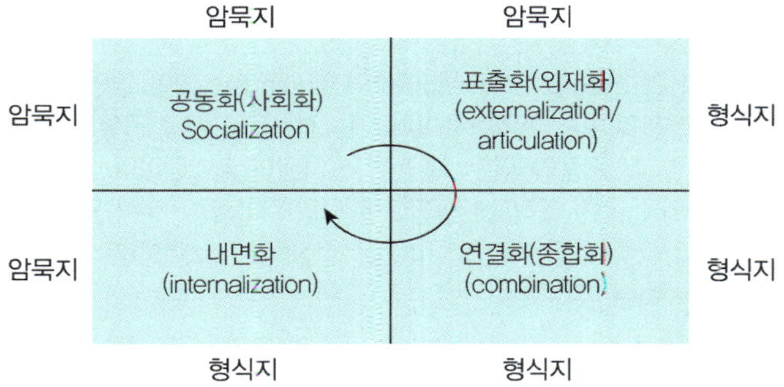

02 2004 상업 임용 전공 9번 문항

정답

(가) 아웃소싱(outsourcing)
(나) 벤치마킹(benchmarking)
(다) 리엔지니어링(reengineering)

해설

해당 문제는 경영 혁신 중 구조조정 범주에 묶을 수 있다.

(가) 아웃소싱(outsourcing)은 기업의 외부에 자사 기능 중 일부를 위탁하는 것이다.

(나) 벤치마킹(benchmarking)은 경쟁력이 높은 회사의 경영방법을 분석하여 우수한 측면을 모방하고 조직 내에 내재화시켜 경영실적을 개선하는 것이다.

(다) 리엔지니어링(reengineering)은 비즈니스 프로세스 리엔지니어링(BPR)이라고도 하며, 업무 프로세스를 아예 새롭게 설계하는 방식이다.

03 2008 상업 임용 11번 문항

정답

(가) 전사적자원관리(ERP)
(나) 다운사이징(downsizing)
(다) 리스트럭쳐링(Restructuring)

해설

(가) 전사적자원관리(ERP, Enterprise Resource Planning)는 기업 경영 활동의 모든 프로세스들을 통합적으로 연계하고 관리하며, 기업에서 발생하는 정보들을 서로 공유하여 새로운 정보를 생성하거나 빠른 의사결정을 할 때 도움이 되는 회사 전사 차원의 시스템이다.

(나) 다운사이징(downsizing)은 조직 내 불필요한 낭비조직(계층, 인력)을 제거한다.

(다) 리스트럭쳐링(Restructuring)은 기업의 비전을 설정하고 구체화하기 위해 계획적이고 급진적으로 사업 구조조정을 실시하는 것이다.

04 2013 상업 임용 1차 22번 문항

정답 ⑤

해설

문제에 제시된 글을 보면, '따라서 ○○금융 회사는 이 과정을 분석한 결과, 실제 업무 수행에 투입되는 시간은 90분에 불과하였으나, 부서 간 업무 전달이 비효율적으로 이루어지기 때문에 업무 처리 기간이 6일 이상 소요된다는 점을 발견하였다. 문제는 개인의 생산성이 아니라 대출 승인 프로세스의 구조 자체에 있었다.'라고 언급한다. 따라서, ⑤ 리엔지니어링(reengineering)의 방식을 택하는 것이 적합하다.

① 6시그마: 불량 발생 확률을 100만 개 중 3~4개 이하로 유지하는 것을 목표로 하는 것이다.
② 아웃소싱: 기업의 외부에 자사 기능 중 일부를 위탁하는 것이다.
③ 벤치마킹: 경쟁력이 높은 회사의 경영 방법을 분석하여 우수한 측면을 모방하고 조직 내에 내재화시켜 경영실적을 개선하는 것이다.
④ 전략적 제휴: 둘 이상의 기업들이 상호 간 목크를 추구하기 위해 결성하며 타 경쟁기업에 경쟁우위를 확보하는 것이다. 각 기업의 독립성은 유지하고 제휴에 기여하며 이익을 공유한다.
⑤ 리엔지니어링: 업무 프로세스를 아예 새롭게 설계하는 방식이다.

05 2013 상업 임용 1차 19번 문항

정답 ㄱ, ㄷ

해설

(가)는 소유경영자, (다)는 전문경영자에 대한 설명이다.

경영자의 종류

경영자는 기업 자본 소유 여부에 따라 소유 경영자, 고용 경영자, 전문 경영자로 구분할 수 있다. '소유 경영자'는 자신이 기업을 소유하고 필요한 자본을 조달하며 직접 경영하는 자로, 기업의 손익에 직접 책임지는 책임 경영을 한다. '고용 경영자'는 소유 경영자를 보조해서 특정 분야를 지원하는 경영자다. 고용 경영자는 소유 경영자와 별도로 독자적 경영 활동을 할 수 없다. '전문 경영자'는 기업의 소유와 경영을 분리한 상황에서 출자 여부와 관계없이 다수의 출자자로부터 기업 경영권을 위임받아 기업의 경영을 전담하는 자이다.

구분	소유 경영자	전문 경영자
장점	• 강력한 리더십 • 환경변화에 따른 과감한 경영혁신	• 민주적 리더십 • 전문적 경영능력 및 책임 소재 명확
단점	• 가족 경영, 족벌 경영 • 경영능력 부족 위험 • 부와 권력 독점	• 주주 이해관계 조정 미흡 • 단기적 이익에 집착 • 리더십 및 주인 의식 미흡

06 2009 상업 임용 1차 31번 문항

정답 ㄴ, ㄷ

해설

(가)는 소유경영자, (나)는 고용경영자, (다)는 전문경영자에 대한 설명이다.

ㄱ: 경영 방법이 복잡한 기업에서 많이 보는 것은 (다)이다.

ㄴ: (나)는 기업의 소유주로부터 약정한 급여를 받고 위임받은 경영 활동을 담당한다. (O)

ㄷ: (다)는 전문적 지식과 기술을 지니고 있으며, 일반적으로 대규모 주식회사에서 많이 보게 된다. (O)

ㄹ: 혁신 또는 위험 부담 등에 대한 독자적 의사결정 권한과 출자 의무를 가지는 것은 (가)이다.

07 2004 상업 임용 8번 문항

정답

	회사기업의 종류	채무의 범위
①	합명회사	모두 무한 책임
②	합자회사	유한 책임 사원은 유한 책임, 무한 책임 사원은 무한 책임
③	유한책임회사	출자한 지분만큼만 유한 책임
④	주식회사	출자 한도 내에서 유한 책임
⑤	유한회사	모두 유한 책임

해설

상법상 기업의 형태

합명회사, 합자회사, 유한 책임 회사, 유한회사, 주식회사로 구분된다.

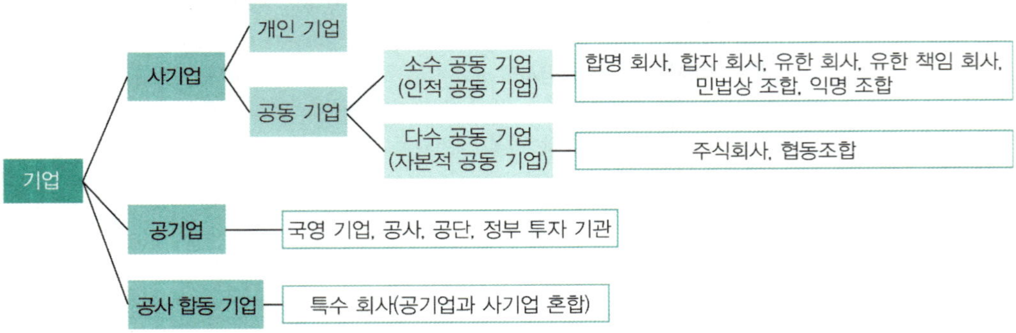

사기업 중 공동 기업의 특징

기업 형태		특징
소수 공동 기업	합명 회사	2인 이상 무한 책임 사원으로 구성 다른 사원 동의 없이 지분 양도 불가, 사원 전원 승인이 필요
소수 공동 기업	합자 회사	1인 이상 무한 책임 사원(업무), 1인 이상 유한 책임 사원(감사)
소수 공동 기업	유한 회사	1인 이상의 유한 책임 사원 의사 결정 기관: 사원 총회 출자에 비례하여 지분 소유, 정관으로 지분 양도 제한 가능 주식회사의 축소 형태로 중소기업 경영에 적합
소수 공동 기업	유한 책임 회사	1인 이상의 유한 책임만으로 구성 주식회사, 유한 회사와 비슷하나 사원 총회 소집 절차 생략 및 출자자가 직접 경영에 참여 가능, 경영 행위 간소화함. 청년 벤처 창업, 투자 펀드, 컨설팅 업종 등에 적합
소수 공동 기업	민법상 조합	2인 이상 민법상 조합 계약, 자본 출자하여 공동으로 경영 조합원 전원이 업무 진행, 무한 책임 의사 결정 기관: 조합원 총회
소수 공동 기업	익명 조합 (상법상 조합)	익명 조합원(유한 책임)+현명 조합원(무한 책임)으로 구성 의사 결정 기관: 조합원 총회
다수 공동 기업	주식회사	1명 이상 유한 책임 사원만으로 구성 의사결정기관: 주주총회(1주 1의결권), 업무집행기관: 이사회 자본이 주식으로 분할되어 있어 일반 대중에게 자본 모집 가능(자본의 증권화), 주주는 주식의 매매와 양도가 자유로움. 대규모 기업 경영에 적합
다수 공동 기업	협동조합	경제적으로 약한 지위인 생산자나 소비자가 공동으로 출자 생산자 협동조합, 소비자 협동조합, 신용 협동조합 의사결정기관: 조합원 총회, 조합 가입과 탈퇴가 자유로움 3대 원칙: 상호 부조 주의(이용자가 곧 소유자), 민주주의(1인 1개 표), 이용주의(이용액에 비례하여 배당)

08 2020 상업 임용 A 7번 문항

정답

㉠ (소재지 관할)등기소

㉡ 모집 설립

합자회사는 유한 책임 사원과 무한 책임 사원으로 구성되어 있고, 합명회사는 모두 무한 책임 사원으로 구성되어 있다.

해설

㉠ 주식회사의 설립 방법

주식회사는 설립 과정 시 누가 주식을 인수하느냐에 따라 발기 설립과 모집 설립으로 구분한다. 주식회사의 설립 등기는 등기소에서, 사업자 등록은 세무서에서 한다. 설립 절차는 다음과 같다.

발기인 구성 → 정관 작성 → 주식 발행 (인수) 결정 → 발기인의 주식 인수 → 주주모집, 청약, 배정 → 창립총회 → 주식회사 설립 등기 → 사업자 등록

- 정관 작성: 기재사항
- 주식 발행 (인수) 결정: 발기설립/모집설립
- 주주모집, 청약, 배정: 주주명부 작성
- 주식회사 설립 등기: 등기소
- 사업자 등록: 세무소

㉡ 주식회사의 설립

발기 설립과 모집 설립으로 구분할 수 있다.

구분	발기 설립	모집 설립(공모 설립)
기업 규모	중소 규모	대규모
이사와 감사 선임	발기인 의결권의 과반수	창립총회 결의
주식 인수 방법	주식 전부를 발기인 인수	주식 일부는 발기인 인수 나머지는 주주가 인수

09 2015 상업 임용 A 4번 문항

정답 정관

해설

정관

- 정의: 법인의 목적, 조직, 업무 집행 등에 관한 규칙, 또는 그것을 적은 문서이다.
- 절대적 기재 사항(주식회사의 경우. 상법 제289조): 목적, 상호, 회사가 발행할 주식의 총수, 액면주식을 발행하는 경우 1주의 금액, 회사의 설립 시에 발행하는 주식의 총수, 본점의 소재지, 회사가 공고를 하는 방법, 발기인의 성명 · 주민등록번호 및 주소

10 2018 상업 임용 A 5번 문항

정답

㉠ 창업자
㉡ 창업 자금

해설

창업의 방법

새로운 기업 창업(개인 창업), 공동 투자 창업, 프랜차이즈 창업(가맹점 가입 창업), 기존 사업체 인수 창업 등

창업의 요소 3가지

창업자, 창업 아이템, 창업 자금

11 2020 상업 임용 A 2번 문항

정답

(가) 카르텔
(나) 트러스트

해설

기업 집중(business concentration)

2개 이상의 기업이 각 기업의 이익을 높이기 위해 다른 기업과 연합 · 합동 · 결합하는 것이다. 일반적으로 동종 또는 유사한 기업이 법률적으로 독립성을 유지하며 협정을 체결하는 카르텔, 모회사 · 자회사 간 지배 · 종속 관계인 콘체른, 하나의 기업으로 결합하는 트러스트가 있다.

구분	카르텔	콘체른	트러스트
방법	기업 연합	기업 결합	기업 합동
형태	법률적 · 경제적 독립성 유지	경제적 독립성만 상실	법률적 · 경제적 독립 상실
목적	개별 기업 이익 추구	개별 기업의 이익과 무관	독립적 기업 지배
통제	대외 시장 통제	대내 관계 통제	시장 독점
결합	동종 기업 간 수평적 결합	동종 · 이종 기업과 수평적/수직적, 자본적 결합	동종 또는 유사 기업의 수평적/수직적 결합
유형	판매/구매/생산 카르텔	지주 회사, 재벌 회사, 다수 기업 지배	자본적 결합, 흡수/신설 합병
도식	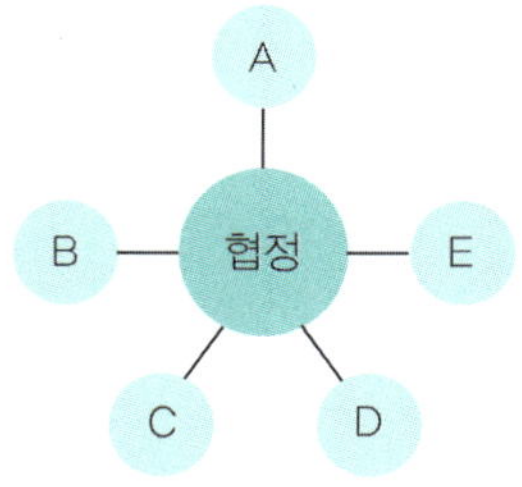	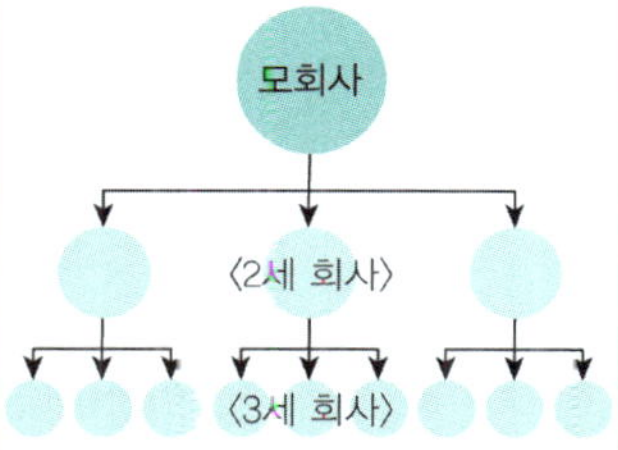	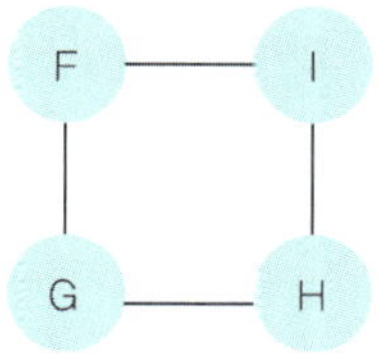

12 2003 상업 임용 7번 문항

정답

① 윤리적책임
② 자선적책임
③ 경제적책임

해설

캐롤(Carroll)의 사회적 책임

캐롤은 사회적 책임을 경제적 책임, 법적 책임, 윤리적 책임, 자선적 책임의 4단계로 구분하였다.

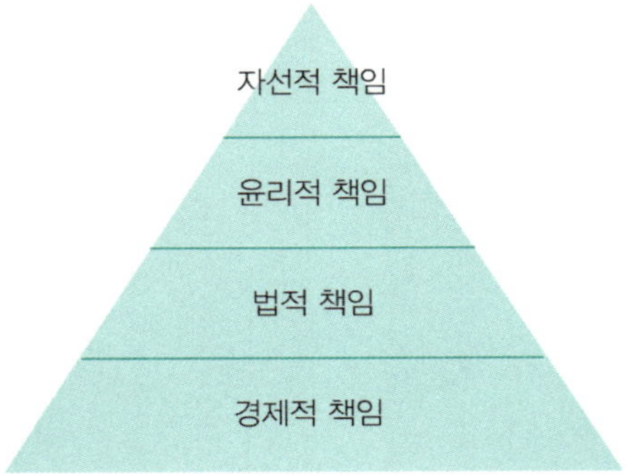

- 경제적 책임(economic responsibility): 기업이 존재하는 근본적인 이유이다. 투자 이익을 요구하는 주주, 쾌적한 근로 조건 및 임금 지급을 요구하는 종업원, 적정한 가격에 좋은 품질의 제품을 원하는 소비자에 대한 의무이다. 따라서, [③ 기업은 지속적으로 유지 · 발전하여야 하며, 이를 위해서는 적정이윤이 확보될 수 있도록 효율적인 경영을 하여야 한다.]에 가깝다.
- 법적 책임(legal responsibility): 기업활동 중에 법을 준수할 의무이다.
- 윤리적 책임(ethical responsibility): 법으로 강요되는 것은 아니지만, 도덕적으로 올바르게 행동해야 할 책임을 말한다. 따라서, [① 주주, 소비자, 거래처, 정부기관, 지역사회 등의 요구를 잘 조정하여야 한다.]에 가깝다.
- 자선적 책임(philanthropic responsibility): 종업원 · 지역 공동체 및 궁극적으로 사회 전반의 복지를 개선 시켜 나갈 책임을 의미한다. 따라서, [② 지역주민의 고용증대와 소득향상에 기여하며, 장학재단의 설립, 병원 건설, 자선단체에 대한 기부를 하여야 한다.]에 해당한다.

13 2023 상업 임용 A 3번 문항

정답

㉠ 공리주의
㉡ 사회적 책임

해설

- 기업 윤리: 기업 구성원들의 의사결정이나 행동에 관해 옳고 그름을 구분하는 도덕적 기준으로, 구성원들 행동의 정당성을 판단하는 규범이다. 기업 윤리 접근법은 다음과 같다.

공리주의적 접근법	최대 다수에게 최대의 행복을 제공해야 한다.
도덕 권리적 접근법	모든 인간은 자신의 권리를 침해받을 수 없다.
사회적 정의 접근법	모든 사람에 있어 법규는 동등하고 공평해야 한다. 공정성, 형평성, 공평성의 원칙으로, 개인의 역량이 무시될 수 있다.

- 기업의 사회적 책임(CSR; corporate social responsibility): 의사결정 시 기업의 이익만이 아니라 사회와 국가 전체의 부와 이익을 고려해야 하는 것을 의미한다. 기업은 사회적 책임 활동을 통해 긍정적인 이미지를 형성할 수 있다. 소비자는 사회적 책임을 다하는 기업의 제품과 서비스를 더 많이 소비하여 기업의 이윤 추구에 기여하게 된다. 투자자들은 생산성이 높아진 기업에 더 많은 자금을 투자하게 되는 선순환이 이루어진다. 캐롤(Carroll)은 사회적 책임을 경제적 책임, 법적 책임, 윤리적 책임, 자선적 책임의 4단계로 구분하였다.
- ESG 경영: 'ESG'는 기업의 비재무적 요소인 환경(Environment), 사회(Social), 지배 구조(Governance)의 영문 첫 글자를 조합한 단어로, ESG 경영은 기업이 지속 가능한 경영을 위해 기업의 수익뿐만 아니라 환경과 사회를 생각하는 경영 과정까지도 올바른지 고려하여 경영하는 것을 말한다. 'E(환경)'는 탄소 배출 절감, 폐기물 관리, 'S(사회)'는 인권 보호, 다양성 존중, 지역사회와 협력, 'G(지배구조)'는 투명한 이사회 구성, 회계 감사 등이 있다.

14 2025 상업 임용 B 4번 문항

정답

㉢ 지배구조(Governance)
㉣ 환경적 측면에서의 전세계 인류의 지속가능성과 생존을 주로 다룬다.

해설

지속 가능 경영을 위한 ESG 경영

- 지속 가능 경영: 생태계를 더 이상 훼손하지 않으며 경제 발전을 이루어내는 것이다. 지속가능경영은 경제적 수익성, 환경적 건전성, 사회적 책임성의 세 가지 영역을 모두 추구한다.
- ESG: 기업의 비재무적 요소인 환경(Environment), 사회(Social), 지배 구조(Governance)의 영문 첫 글자를 조합한 단어로, 기업이 지속 가능한 경영을 위해 기업의 수익뿐만 아니라 환경과 사회를 생각하는 경영 과정까지도 올바른지 고려하여 경영하는 것이다.
  - E(환경)의 예: 탄소 배출 절감, 폐기물 관리 등
  - S(사회)의 예: 인권 보호, 다양성 존중, 지역사회와 협력 등
  - G(지배구조)의 예: 투명한 이사회 구성, 회계 감사

제3절 경영 관리와 경영 전략

01 2013 상업 임용 1차 21번 문항

정답 ㄴ, ㄷ

해설

패욜의 경영관리 과정

계획(planning), 조직(organizing), 지휘(leading), 조정(coordination), 통제(controlling)로 구분하였다. 경영관리는 서로 밀접한 상관관계를 가지고 순환 체계를 이루며 반복 및 지속된다. 이를 관리의 순환(management cycle)이라고 한다.

- 계획(Planning): 경영관리의 계획은 기업이 미래를 예측하여 경영 활동이 효율적으로 운영되도록 목표와 방침을 설정하고, 행동 예정을 구체적으로 표현하는 것이다.
- (가) 조직(Organizing): 기업이 수립한 계획을 성공적으로 수행하기 위해 업무를 분화하고 부문화하며, 직무를 할당하고 직무수행에 필요한 권한과 책임을 부여하는 것이다.
- (나) 지휘(Leading): 경영자가 리더십과 의사소통 기술을 발휘하여 구성원들에게 동기부여를 하는 것이다.
- 조정(Coordination): 각 부문이나 기능별로 분화된 활동들이 공동의 목표 달성을 위해 조화롭게 이루어지도록 여러 활동을 연결하고 통합하는 것이다. 이는 조직 전체의 효율성을 높이고 불필요한 마찰을 줄이는 데 필수적인 과정이다.
- (다) 통제(Controlling): 통제는 경영자가 계획한 목표가 계획대로 진행되는지 확인 및 감독하는 것이다.

02 2016 상업 임용 B 4번 문항

정답

- 권한과 책임의 원칙: 직무 3면 등가의 원칙(직무에 대한 권한=책임=의무)에 따라 직무와 같은 크기의 권한, 책임을 부여해야 한다.
- 감독 한계의 원칙: 관리자 한 사람이 통제할 수 있는 부하는 한계가 있으므로 관리자 한 사람당 통제할 부하의 수를 정해야 한다.

해설

경영관리 단계 중 '조직(Organizing)'

기업이 수립한 계획을 성공적으로 수행하기 위해 업무를 분화하고 부문화, 직무를 할당, 직무수행에 필요한 권한과 책임을 부여하는 것이다.

그리고 '조직화 과정'은 조직을 이루는 과정이다. 조직화는 업무 결정→업무 구분→책임과 권한 부여→조정의 순으로 이루어지며, 각 단계에는 일정한 원칙이 있다.

① 업무 결정	• 전문화의 원칙: 직무를 나누어 할수록 생산량이 증가한다.
② 업무 구분	• 부문화(직능화)의 원칙: 업무를 수행에 필요한 일을 중심으로 부서를 조직한다.
③ 책임과 권한 부여	• 명령 일원화의 원칙: 권한과 책임이 명확해질 수 있다. • 권한과 책임의 원칙: 직무 3면 등가의 원칙(직무에 대한 권한=책임=의무)에 따라 직무와 같은 크기의 권한, 책임을 부여해야 한다. • 감독 한계의 원칙: 관리자 한 사람이 통제할 부하의 수를 정해야 한다. • 권한 위임의 원칙: 조직규모 확대 시 상사는 하급자에게 권한을 위임해야 한다.
④ 조정	• 조정의 원칙: 전문화, 부문화로 인한 갈등을 최소화하고 조직 전체 관점에서 각 구성원의 업무가 효율적으로 수행되도록 조정해야 한다.

03 2005 상업 임용 15번 문항

정답

매트릭스 조직(matrix organization)

해설

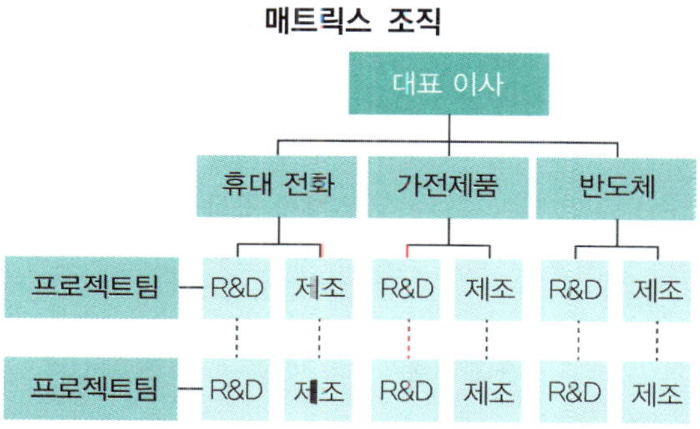

매트릭스 조직은 기능적 관리와 제품별(프로젝트별) 관리를 동시에 한다. 따라서, 구성원 한 사람이 두 부서에 동시에 소속되며 필요에 따라 업무의 범위와 책임이 결정된다.

- 장점: 시장 변화에 대한 대응과 효율성을 동시에 달성하고, 인적 자원을 효율적으로 활용할 수 있다.
- 단점: 상사가 둘인 이중적 구조여서 업무상 갈등이 발생할 우려가 있다. 또한, 관리비용이 많이 소요된다. 행동보다 토의에 많은 시간이 들어 작업효율이 하락할 우려가 있다.

04 2018년 상업 임용 A 4번 문항

정답

(가) 기능식 조직(functional organization)
(나) 사업부제 조직(divisonal organization)

해설

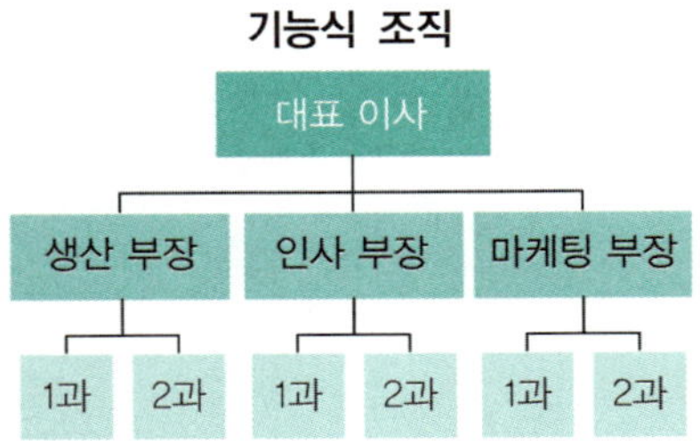

기능식 조직은 내용이 유사한 기능별로 전문가를 두어 지휘 및 감독한다. 조직의 각 기능을 구매, 생산, 인사, 영업 등 기능으로 분류하여 운영한다.

- 장점: 부서별로 전문화되어 업무 진행, 효율성이 증가한다. 또한, 조직 구성원의 기능적 능률이 증가한다. 관련 활동끼리 부서화하여 부서 내 갈등 조정이 가능하다.
- 단점: 각 기능이 전문화되어 간접 비용이 증가한다. 기업 전체의 효율적 통제가 어려워 의사결정이 늦다.

(가)가 라인-스태프 조직이 아닌 이유는 조언의 방향이 없기 때문이다. 또한, 라인조직이 아닌 이유는 기능식 조직이 유사한 내용과 관련 업무를 결합시킨 조직이기 때문이다.

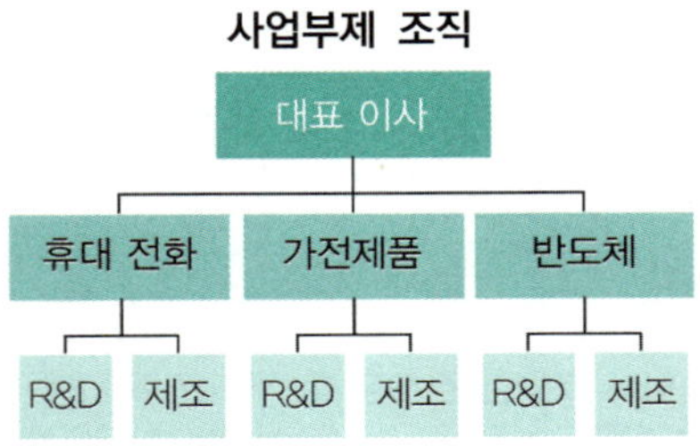

사업부제 조직은 사업 단위를 제품별, 지역별, 시장별 등으로 분권화한다. 각 사업부가 독립 채산적 운영이 이루어지는 조직이다.

- 장점: 사업부별 권한과 책임을 부여하여 시장 변화에 신속히 대응한다. 기능부서 간 조정문제가 해결된다. 사업 부문별로 책임 소재가 명확하고, 책임 경영 체제를 실현한다.
- 단점: 사업부 간 자원 및 활동이 중복된다. 사업부 간 조정이 어려워서 조직 전체의 목표 달성을 저해한다.

05 2008 상업 임용 12번 문항

정답

(가) 프로젝트조직(project organization)
(나) 팀 조직(team organization)
(다) 네트워크조직(network organization)

해설

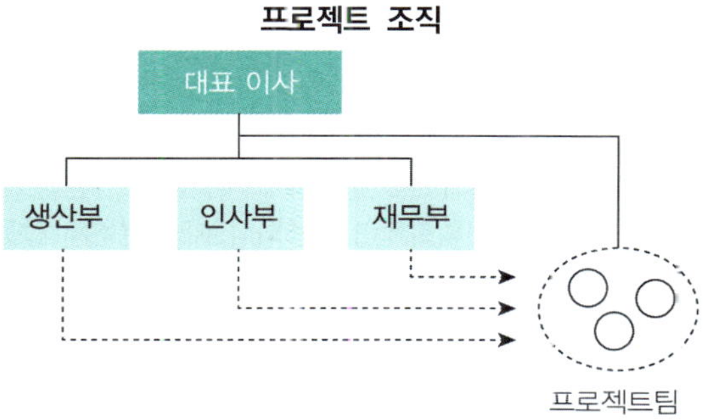

프로젝트 조직은 특정 프로젝트를 수행하기 위해 여러 부서에서 전문가를 모아 구성된 임시조직으로, 태스크포스(TF, task force)라고도 한다. 목표 달성 시 해체되어 기존 부서로 복귀한다.

- 장점: 특정 과업에 대해 자원과 인력을 집중할 수 있다. 또한, 인력 구성의 탄력성을 유지할 수 있고 환경적응력이 뛰어나다. 조직 자체가 목표지향적이며, 목표가 명확하여 책임 및 평가가 명확하다.
- 단점: 과업의 성공여부가 프로젝트 관리자에 크게 의존한다. 원래 소속과 프로젝트 조직 사이의 관계를 잘 조정해야 한다.

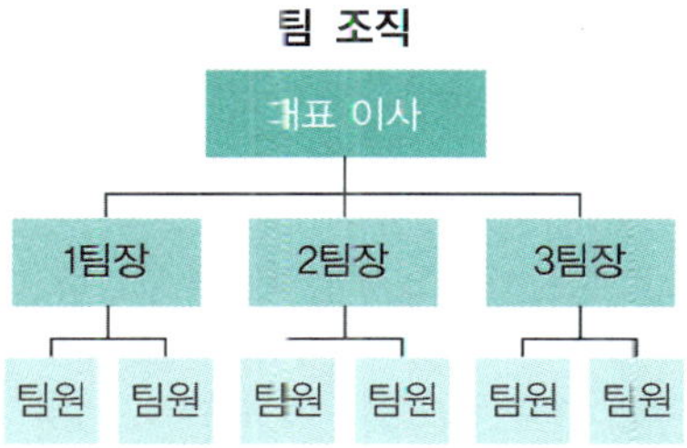

팀 조직은 라인 조직에서 중간 조직을 제거한 형태의 수평적 조직이다. 이때, 수평적 조직이라는 것은 수직적 계층구조에서 벗어나 핵심적인 업무 과정 및 팀 중심 업무를 수행하도록 설계된 분권화된 조직을 말한다. 팀 조직은 소수의 구성원, 업무 · 과제 · 주제 중심으로 편성되어 있다. 결재 단계를 과격적 축소하고, 과잉 관리 업무는 폐지 및 축소한다. 조직의 이상적인 지향점으로 볼 수 있다.

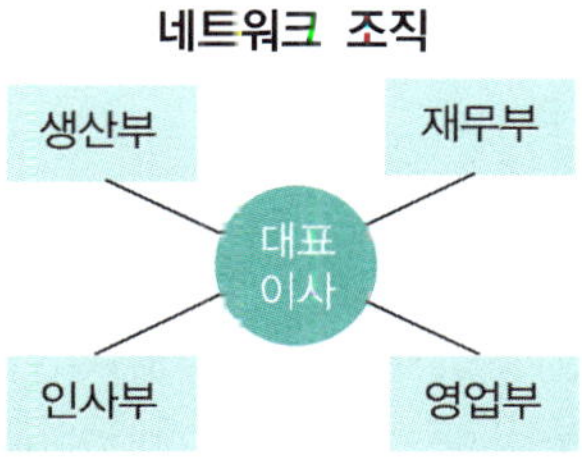

네트워크 조직은 독립성을 유지한 조직들이 동등한 입장과 지위에서 각자의 지식 · 기술 · 자원을 수직적, 수평적, 공간적 신뢰관계로 연결되어 있다. 이는 급변하는 환경에서 신속하고 유연하게 대응이 가능하다. 또한, 조직 구성원 개개인이 그들의 전문성과 자율성을 바탕으로 능력을 발휘할 수 있으며, 소통이 활성화 된다.

네트워크 조직은 조직을 슬림화시켜 유연성을 높인다. 조직 기능 중 경쟁력을 갖춘 특정 분야만 내부화하고 나머지 부문은 아웃소싱 및 업무적 제휴로 네트워크화한 형태이다.

06 2010 상업 임용 1차 30번 문항

정답 ③

해설

① 각 사업부가 독립성을 가지고 운영되므로 전문화와 분업이 촉진된다. (O)
각 사업부가 특정 제품이나 시장에 특화되어 운영되니 해당 분야의 전문성이 강화되고, 각 사업부 내에서 업무 분담이 명확해진다.

② 사업부의 성과에 대한 평가가 용이하므로 경영자가 기업 활동을 통제하기 쉽다. (O)
각 사업부가 독립채산제 방식으로 운영되니, 각 사업부의 매출, 이익 등 성과 측정이 용이하여 경영자가 사업부별로 명확하게 통제하고 평가할 수 있다.

③ 사업부 간 연구 개발, 회계, 판매, 구매 등의 활동이 조정되어 관리 비용이 감소된다. (X)
사업부제 조직은 각 사업부가 독립채산제로 운영된다. 이로 인해 각 사업부 내에서 연구 개발, 회계, 판매, 구매 등 필요한 기능들을 자체적으로 수행하는 경향이 있다. 이렇게 각 사업부가 동일한 기능(R&D, 회계, 마케팅 등)을 중복적으로 수행하게 되므로, 기업 전체적인 관점에서 볼 때 오히려 관리 비용이 증가한다.
또한, 사업부 간의 독립성이 강하기 때문에, 오히려 사업부 간의 조정(coordination)이 어려워질 수 있다. 각 사업부가 자신의 성과에 집중하다 보면, 기업 전체의 시너지를 위한 협력이나 자원 공유가 원활하지 않은 경우가 생긴다.

④ 식품 사업부의 경우, 독립된 하나의 기업처럼 운영되는 사업부제 조직이 바람직하다. (O)
식품 사업부처럼 제품군이나 시장이 명확하게 구분되고, 해당 사업부 내에서 모든 기능적 활동이 이루어질 수 있는 경우 사업부제 조직은 시장 변화에 빠르게 대응하고 책임 경영을 강화하는 데 효과적이다.

⑤ 직물 사업부의 경우, 의류 사업부와의 상호 의존성이 강하여 사업 부제가 효과적이지 않다. (O)
직물 사업부와 의류 사업부는 상호 의존성이 매우 높다. 이러한 경우 사업부제로 독립시키면 오히려 내부 거래 문제, 가격 전가 문제, 조정의 어려움 등이 발생하여 전체적인 효율성이 떨어질 수 있다.

07 2013 상업 임용 1차 20번 문항

정답 ②

해설

그림은 경영 전략 수립 과정이다. (가) 단계는 전략적 과제를 도출하는 단계로 해석할 수 있다.

- 사업 구조 파악: 현재 사업의 전반적인 상황과 구조를 이해하는 단계이다.
- 외부 환경 분석과 내 역량 분석: SWOT 분석을 통해, 기업이 나아가야 할 방향을 모색한다. SWOT 분석은 강점(Strength), 약점(Weakness), 기회(Opportunity), 위협(Threat)의 영문자 첫 글자로, 기업 외부환경의 기회와 위협, 기업 내부환경의 강점과 약점을 알기 위해 경영 환경을 분석한다.
- (가) 단계: 이 단계에서는 SWOT 분석의 결과를 바탕으로 기업이 해결해야 할 가장 중요한 문제나 중점적으로 추진해야 할 방향을 설정하게 된다. 즉, 전략적 과제를 도출하는 과정이다.
- 사업별 · 기능별 전략 수립: 앞 단계에서 도출한 전략적 과제를 해결하고, 기업의 목표를 달성하기 위해 구체적인 계획을 세우는 단계이다.

08 2010 상업 임용 1차 29번 문항

정답 ㄴ, ㄹ

해설

SWOT 분석

SWOT 분석은 기업 외부환경의 기회와 위협, 기업 내부환경의 강점과 약점을 알기 위해 경영 환경을 분석한다. 이를 다른 방식으로 조합하여 SO전략, ST전략, WO전략, WT전략으로 사용할 수 있다.

구분	강점(Strength)	약점(Weakness)
기회 (Opportunity)	SO전략 (Maxi-Max) 조직 내 강점 및 외부 기회 이용 • 시장 기회 선점 전략 • 시장/제품 다각화 전략	WO전략 (Mini-Max) 외부 기회 살리고 내부 약점을 극복 • 핵심역량강화 전략 • 전략적 제휴
위협 (Threat)	ST전략 (Maxi-Min) 위협을 피하기 위해 내부 강점 이용 • 시장 침투 전략 • 제품 확충 전략	WT전략 (Mini-Min) 위협과 약점을 최소화하는 전략 • 철수 전략 • 제품/시장 집중화 전략

문제는 WO전략(OW전략이라고도 한다.)에 대해 묻고 있다.

ㄱ. 시장에서 철수하는 전략: 이는 약점과 위협이 매우 커서 더 이상 사업을 유지하기 어려울 때 고려하는 WT 전략에 가깝다. 기회를 활용하는 OW 전략과는 거리가 멀다.

ㄴ. 핵심역량을 보완·강화하는 전략: 회사의 약점은 '온라인 전문 인력 부족'과 '온라인 비즈니스 노하우 부족'이다. 이를 보완하고 강화하는 것은 내부 역량을 키우는 방식이다. 즉, 온라인 인력을 채용하고 온라인 비즈니스에 대한 경험과 지식을 축적하는 것이 이 전략에 해당한다. 이는 분명히 약점을 극복하는 전략이다.

ㄷ. 현재의 제품과 시장에 집중하는 전략: 이는 주로 강점(S)을 활용하여 현재 시장에 집중하는 SO 전략이나, 시장의 변화에 둔감한 전략일 수 있다. 약점을 보완하며 기회를 활용하는 OW 전략과는 직접적인 관련이 적다.

ㄹ. 다른 기업과 전략적 제휴를 하는 전략: 회사가 가지고 있지 않은 온라인 전문 인력과 노하우를 외부 파트너십을 통해 확보하는 것이다. 성장하는 디지털 콘텐츠 시장과 전자상거래 기회를 활용하기 위해, 이미 온라인 역량을 갖춘 다른 기업과 협력하는 것은 약점을 가장 빠르고 효율적으로 극복하고 기회를 포착할 수 있는 방법이다. 이는 매우 대표적인 OW 전략이다.

09 2017 상업 임용 A 11번 문항

정답

㉠ 진입장벽

㉡ 엔젤 투자자(angel investor)는 기술력은 있으나 창업을 위한 자금이 부족한 초기 단계의 벤처기업에 투자자금을 제공하는 개인이다.

해설

포터(porter)의 산업구조분석(5 force model)

기업 환경에는 다섯 가지 변수가 있다. 그 5가지 요소가 상호작용을 하여 산업의 경쟁 수준을 결정하고 나아가 산업의 매력도를 결정한다는 것이다.

① 잠재적 진입자: 잠재적 진입자의 위협은 사업의 진입장벽에 의해 결정된다. 한정된 파이를 잠재적 진입자가 나눈다면 경쟁이 더욱 심화되기 때문이다. 자본소요량이 높을수록, 규모의 경제가 많을수록, 해당 산업 내 구매자들의 전환비용이 높을수록, 제품 차별화가 클수록, 이전 사업들이 유통을 장악하고 있을수록 진입장벽이 높게 형성된다.

② 공급자의 교섭력: 공급자들의 교섭력과 협상력이 높으면 매력 없는 산업이다. 공급자들이 파워를 가지고 가격을 인상하거나 품질을 낮출 수 있기 때문이다. 적은 숫자의 공급자가 많은 숫자의 구매자를 상대로 거래하는 경우, 공급자의 제품과 서비스가 차별화된 경우, 공급자가 전방 통합을 한 경우, 공급자에 대체재가 없는 경우 공급자의 교섭력이 높다.

③ 구매자의 교섭력: 구매자들의 협상력과 교섭력이 높을 경우 구매자들이 가격을 낮춰달라거나 품질을 높여달라 할 수 있다. 구매자가 매우 적을 경우, 공급자의 제품이 차별화되어있지 않거나 표준화되어있을 경우, 구매자가 후방통합으로 제품을 생산해낼 능력이 있는 경우, 구매자가 대량구매를 하는 경우, 공급자 바꿀 시 전환비용이 적은 경우 구매자의 교섭력이 높다.

④ 대체재의 위협: 대체재가 많다면 매력이 없는 산업이다. 대체재의 종류와 수가 많을 경우, 구매자의 대체재 전환비용이 적을 경우, 대체재 가격 대비 성능이 좋을 경우 대체재의 위협 정도가 강하다.

⑤ 기존 기업 간 경쟁 강도(산업 내 경쟁): 경쟁이 포화인 경우 가격경쟁으로 이어질 수 있다. '성장'이 정체되거나 '차별화' 정도가 낮으면 경쟁 강도가 높다. 경쟁자 수가 많을 경우, 산업 성장률이 낮고 시장이 포화상태일 경우, 제품 차별화가 낮을 경우, 퇴거장벽이 높을 경우 산업 내 경쟁강도가 강하다.

엔젤 투자자(angel investor)

엔젤 투자자는 일반적으로 개인적인 자산을 활용하여 초기 단계의 스타트업이나 벤처기업에 투자하는 부유한 개인을 일컫는다. 이들은 단순히 자금만을 제공하는 것이 아니라, 자신이 가진 경험, 지식, 네트워크 등을 활용하여 투자한 기업의 성장을 돕는 경우가 많다.

엔젤 투자는 주로 기업의 사업 아이디어나 초기 단계에 이루어지며, 벤처 캐피털보다 더 작은 규모의 투자를 진행한다. 벤처 캐피털(venture capital)은 여러 투자자로부터 자금을 모아 펀드를 조성하고, 이 펀드를 운영하며 전문적인 심사와 분석을 통해 기업에 투자하는 기관이다. 즉, 전문적인 투자회사로 볼 수 있다. 반면 엔젤 투자자는 기관이 아닌 개인으로서 자신의 자본을 직접 투자한다.

엔젤 투자는 높은 위험을 수반하지만, 성공할 경우 매우 큰 수익을 기대할 수 있다. 제시된 글처럼 투자를 미끼로 기업의 기밀이나 기술을 노리는 '나쁜 엔젤'의 위험도 존재하기 때문에, 신뢰할 수 있는 엔젤 투자자를 선별하는 것이 매우 중요하다.

10 2007 상업 임용 16번 문항

정답

(가) 모델명: 가치사슬 접근법 혹은 가치사슬 모형(Value chain analysis)

(나) 활동명: 본원적 활동과 지원활동. 혹은 주활동과 보조활동

해설

포터(Porter)의 가치사슬 접근법(Value chain analysis)

가치사슬 접근법은 가치사슬 모형이라고도 하며, 기업의 내부환경을 분석하는 대표적인 기법이다. 이는 가치사슬을 본원적 활동(주활동)과 지원활동(보조활동)으로 구분할 수 있다. 여기서 가치사슬은 기업이 고객에게 가치를 제공할 때 가치 창출에 직·간접적으로 관련된 활동을 연계한 것을 말한다.

본원적 활동에는 물류투입활동, 운영활동, 물류산출활동, 마케팅과 판매활동, 애프터서비스 활동이 있으며, 지원 활동에는 기업의 하부구조 지원, 인적자원관리, 기술개발, 구매활동이 있다. 본원적 활동과 지원활동의 상호 작용으로 기업은 이윤을 남기므로, 가치사슬에서 창출하는 가치에 따른 경쟁우위와 경쟁 열위를 파악하는 것이 목적이다.

11 2009 상업 임용 1차 30번 문항

정답 ②

해설

가치사슬 모형(Value chain analysis)

가치사슬 모형의 본원적 활동(primary activities)

제품 및 서비스의 물리적 가치 창출과 관련되는 활동들로, 고객에게 전달되는 부가가치 창출에 직접적으로 기여한다. 보기의 ②번은 본원적 활동이 아닌, 지원활동을 설명하고 있다.

① (가) 물류투입활동(내부물류, inbound logistics): 투입물의 계획 및 관리 활동, 접수, 보관, 재고관리, 반품 계획 등.

② (나) 운영/생산활동(operations, manufacturing): 투입요소를 최종제품으로 변환시키는 가공, 포장, 조립, 설비유지, 설비가동 등.

③ (다) 물류산출활동(외부물류, outbound logistics): 최종제품을 고객에게 유통하기 위한 수집, 저장, 주문실행, 배송, 유통관리 등.

④ (라) 마케팅과 판매활동(marketing&sales): 구매자가 제품을 구입하도록 하기 위한 광고, 판매촉진, 경로관리, 가격설정 등.

⑤ (마) 애프터서비스활동(after services): 제품 가치를 유지 · 강화하기 위한 고객지원, 수리업무, 사용방법 교육, 부품 공급 등.

가치사슬 모형의 지원활동(support activities)

본원적 활동의 수행을 지원하는 간접적인 기여활동이다.

- 기업의 하부구조(회사 인프라, firm infrastructure): 기업의 전반적 운영에 필수적인 활동으로, 기획, 재무, MIS, 법률서비스 등. 보기 ②번 설명에 해당한다.
- 인적자원관리활동(human resource management): 인력 확보, 동기부여, 훈련, 개발 등.
- 기술개발활동(technology development): 제품 및 제반 가치활동 개선을 위한 기술개발.
- 구매활동(procurement): 기업의 특정 부분에 국한되지 않는 원재료, 서비스, 기계 등의 전체적인 구입과 조달 활동.

12 2016 상업 임용 A 3번 문항

정답

㉠ question mark
㉡ dog

해설

BCG(Boston Consulting Group) 매트릭스

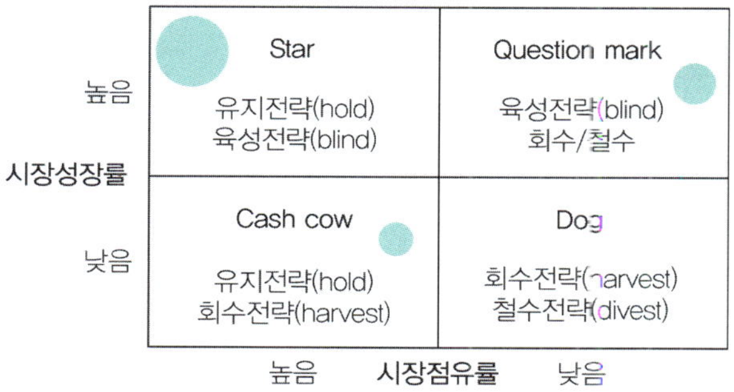

'BCG 매트릭스'는 특정 사업의 시장점유율(market share, 경쟁력의 지표, 횡축에 표시)과 시장의 성장률(market growth, 시장 매력도의 지표, 종축)을 양축으로 하여 매트릭스를 표시한 것이다. 매트릭스 상 4개의 포트폴리오에 전략사업단위의 위치를 원으로 표시하는데, 원의 크기는 매출액을, 원의 위치는 각 사업 단위의 시장성장률과 상대적 시장점유율의 값(현금흐름과 관련)을 나타낸다.
BCG 매트릭스는 높은 시장성장률과 상대적으로 높은 시장점유율의 star, 높은 시장성장률과 상대적으로 낮은 시장점유율의 question mark(problem child라고도 한다.), 낮은 시장성장률과 상대적으로 높은 시장점유율의 cash cow, 낮은 시장성장률과 상대적으로 낮은 시장점유율의 dog로 구분된다. 이상적인 자금의 흐름은 cash cow에서 창출한 현금을 question mark 사업 부문에 투자하여 해당 부문을 star의 위치로 변화시키는 방식이다. star에 해당하는 사업 부문은 추후 시장성장률이 둔화되어 cash cow로 이동하며, 제품수명주기상 쇠퇴기에 접어들며 dog로 이동한다.

13 2024 상업 임용 A 7번 문항

정답

㉠ 시장성장률

㉡ 물음표

자금 젖소 유형에 속한 사업부에 적합한 전략: 유지전략

개 유형에 속한 사업부에 적합한 전략: 철수전략

해설

BCG(Boston Consulting Group) 매트릭스 분석

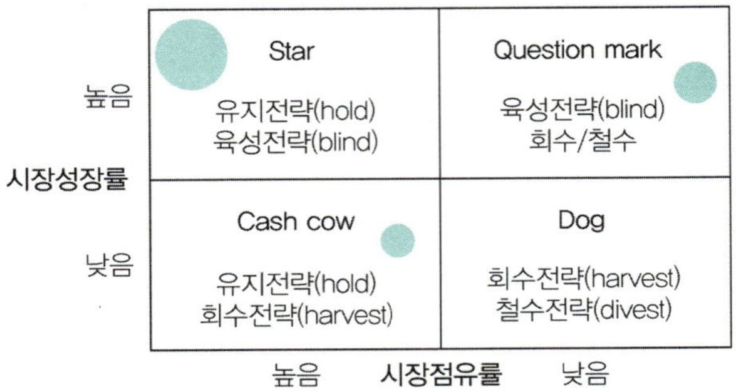

'유지전략'은 현재와 같은 정도로 사업부를 유지하는 전략으로, 시장성장률이 높기 때문에 역시 투자가 필요하며 시장점유율이 매우 큰 star, 높은 시장점유율로 수익을 많이 창출하는 cash cow에 적합하다.

'회수전략'은 해당 사업부의 현금 유출을 최소화하고 현금 유입은 극대화하려는 장기적인 제거전략으로, cash cow에 적합하다.

'철수전략'은 매각, 영업양도, 분할판매 등 사업 단위를 즉각적으로 제거하는 전략으로, dog에 해당하는 사업부문에 적합하다.

문제에서는 전략을 '투자, 유지, 철수 전략'만 제시하였으므로 그중에 선택해야 한다. 따라서, 자금 젖소 유형의 경우 유지 전략, 개 유형의 경우 철수 전략을 택하는 것이 적합하다.

14 2014 상업 임용 B 2번 문항

정답

㉠ star, (A)시장성장률과 (B)상대적 시장점유율이 높다.

㉡ cash cow, '현상유지 전략'은 현재와 같은 정도로 사업부를 유지하는 전략이다. 높은 시장점유율로 수익을 많이 창출하는 cash cow에 적합하다.

해설

BCG(Boston Consulting Group) 매트릭스 분석

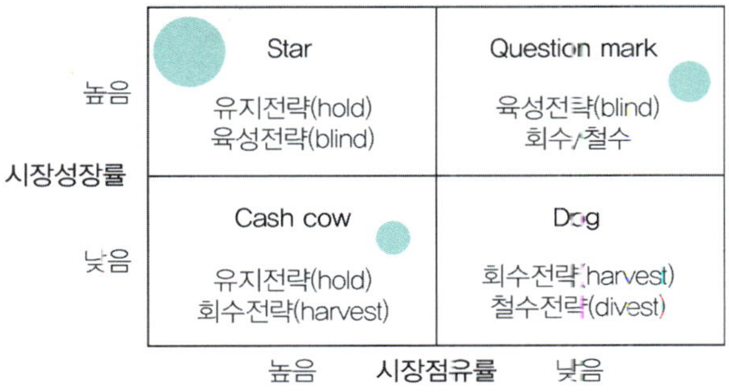

'유지전략'은 현재와 같은 정도로 사업부를 유지하는 전략으로, 시장성장률이 높기 때문에 역시 투자가 필요하며 시장점유율이 매우 큰 star, 높은 시장점유율로 수익을 많이 창출하는 cash cow에 적합하다.

'회수전략'은 해당 사업부의 현금 유출을 최소화하고 현금 유입은 극대화하려는 장기적인 제거전략으로, cash cow에 적합하다.

'철수전략'은 매각, 영업양도, 분할판매 등 사업 단위를 즉각적으로 제거하는 전략으로, dog에 해당하는 사업부문에 적합하다.

문제에서는 전략을 '현상유지 전략'이라고 제시하였으므로 그에 맞게 서술하는 것이 적합하다.

15 2021 상업 임용 A 2번 문항

정답

㉠ 다각화
㉡ 범위

해설

앤소프(Ansoff)의 성장전략

제품×시장 매트릭스로, 집약성장 전략이라고도 한다. 현재 사업 영역 내에서 활용할 수 있는 성장 기회를 이용하는 전략이다. 시장침투전략, 제품개발전략, 시장확장 전략, 다각화 전략이 있다.

→ 위험증가

↓ 위험 증가		기존 제품	새로운 제품
	기존 시장	시장침투전략 (market penetration)	제품개발전략 (production development)
	새로운 시장	시장확장전략 (market extension)	다각화 전략 (diversification)

다각화 전략은 한 기업이 여러 산업에 참여하는 전략이다.

- 관련 다각화(related diversification): 현재 기업의 사업 분야와 공통되거나 유사한 사업에 참여하여 사업을 다각화하는 것이다. 시장 관련 적합성(같은 고객 및 동일한 유통업체 등), 운영 적합성(조달, 연구비용 공동 부담 등), 관리 적합성(관리적 노하우 활용) 등 전략적 적합성이 있는 사업으로 확대하는 것이다. 비슷한 제품 및 사업군을 공유하여 '원가절감 시너지'(범위의 경제), '매출증대 시너지'를 얻는 데 목적이 있다. 다만, 사업부 간 협조 유지를 위한 관리비용이 소요되며(도미노 현상 발생 우려) 수익성이 있는 다른 사업을 수행할 기회를 상실할 가능성이 있다.
- 비관련 다각화(unrelated diversification): 컨글로머릿 또는 복합적 다각화라고도 하며, 전혀 관련 없는 방향으로 사업을 확장하는 것이다. 경영 위험을 분산할 수 있으나 시너지 창출이 어렵고, 관리(관료) 비용이 든다는 단점이 있다.

범위의 경제(Economy of Scope)

규모의 경제(Economy of Scale)는 생산량의 규모 증가에 따른 비용감소 효과이다.
범위의 경제는 여러 산업에 걸쳐 기업의 생산범위를 늘릴 때 비용이 절감되는 효과를 의미한다.

16 2006 상업 임용 5번 문항

정답

(가) 재무적 관점(financial perspectives)
(나) 고객 관점(customer perspectives)
(다) 내부 프로세스 관점(internal perspectives)
(라) 학습과 성장의 관점(learning&growth perspectives)

해설

카플란과 노튼의 균형성과표(BSC, Balanced scored card)

성과측정 도구로, 조직의 전략에서 도출되어 신중하게 선택된 네 가지 평가지표들의 합이다. 기업의 성과를 재무적 관점뿐만 아니라 비재무적 관점에서도 파악하여 기업의 성과를 균형있게 파악하려 한다.

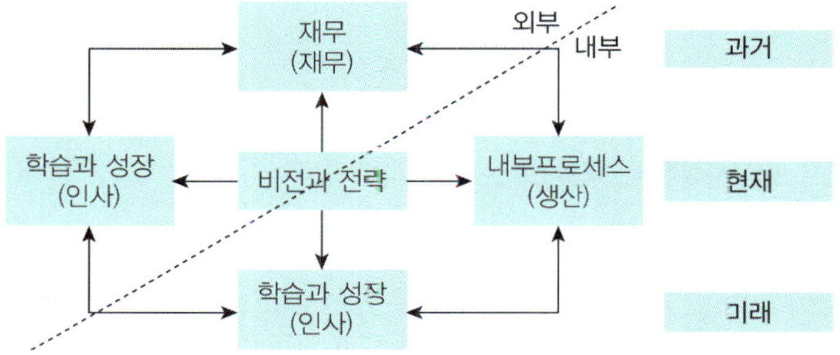

① **재무적 관점(financial perspectives)**: "과거시각"이며, 전통적인 성과평가부터 중시되었으며 관점으로, 전략의 성공적인 이행 여부를 재무적 성과로 확인할 수 있다.
성과측정지표: ROI(Return on Investment, 투자자본수익률), RI(Residual income, 잔여이익), EVA(경제적 부가가치), CCC(현금회수일수), 매출총이익률, 활동원가, 품질원가 등

② **고객관점(customer perspectives)**: "외부시각"이며, 고객이 기업을 어떻게 인식하는지 측정한다.
성과측정지표: 시장점유율, 기존고객의 유지율, 신규고객 수, 고객만족도 등

③ **내부 프로세스 관점(internal perspectives)**: "내부시각"의 관점으로, 주주에게 가치를 지속적으로 제공하기 위해 기업이 어떤 프로세스에서 경쟁우위를 가져야 하는지를 측정한다.
성과측정지표: 제품개발, 생산성, 품질 불량률, 재고 회전율, 공정 개선 성과 등

④ **학습과 성장의 관점(learning&growth perspectives)**: "미래시각"으로 기업이 지속적으로 가치를 개선하고 창출할 수 있는지 측정한다.
성과측정지표: 직원숙련도, 직원만족도, 교육훈련 투자율, 신기술 개발 건수, 직원 제안 건수 및 실행율, 연구개발 등

17 2022 상업 임용 B 1번 문항

정답

㉠ 호손

㉡ 인간관계론

해설

Mayo의 인간관계론

산업화가 진전되며 경제 · 사회문화 수준이 높아졌고, 그 결과 기계적 · 전문화 작업방식에 대한 근로자 불만이 거세졌다. 이에 메이요와 뢰슬리스버거는 서부전력회사인 호손공장에서 과학적 관리법이 과연 생산성을 증대시키는지 검증하기 위한 연구(이하 "호손실험")를 시작했다. 연구는 4단계에 거쳐 진행되었다.

(1) 조명 실험: 조명이 생산성에 미치는 영향을 조사하였다. 물리적 환경이 생산성에 미치는 효과는 거의 없었다.
(2) 계전기 조립작업 실험: 작업조건 개선(작업시간 단축, 휴식시간 증가, 간식 제공 등)에 따라 생산성이 증가하였으나, 원상복구를 하더라도 여전했다. 구성원들은 자신이 실험 대상이 되었다고 인지하며 능률을 향상시켰는데, 이를 '호손 효과'라고 한다.
(3) 면접조사: 물리적 조건이 아닌 사회적 조건이 작업자의 태도를 좌우하는데 더 큰 기여를 한다는 것을 발견했다.
(4) 배전기 전선 작업실 관찰: 생산성이 전혀 오르지 않은 작업장을 대상으로 조사한 결과, 생산성이 비공식적 조직과 밀접한 관계가 있음을 발견했다.

호손 실험을 통해 인간은 사회적동물이며, 조직의 사회적성격에 따라 비공식조직이 자연 발생하는 것을 발견했다. 이 실험 결과는 인간관계론 이론 확립에 결정적인 기여를 하였다. 또한, 집단역학을 이해하는 계기가 되었으며 직무만족의 중요성에 대한 연구를 적극적으로 실시하게 되었다는 데 공헌점이 있다. 다만, 인간관계만을 고려한 사탕발림 인사관리, 심리적 · 사회적 측면만 강조하여 '조직 없는 인간'의 문제가 발생하였으며, 관리층만 합리적 인간으로 본다는 한계가 있었다.

제4절 조직행동 및 인사관리

01 2014 상업 임용 A 4번 문항

정답

㉠ 능력, 노력, 과업 난이도, 운

㉡ 과업 난이도

해설

Kelly의 공변모델

켈리는 Heider와 Rosenbaum의 이론을 바탕으로 귀인의 개념을 좀 더 발전시켜, 사람들이 행위에 대한 원인을 규명할 때 특이성(distinctiveness), 합의성(consensus), 일관성(consistency)의 세가지 차원에서 귀인을 형성한다고 보았다.

- 귀인(attribution): 사람들은 타인을 관찰할 때 그 사람이 어떤 형태로 행동하는 이유에 대해 추론하고 설명하려는 경향이 있다. 이렇게 사람들의 행동 혹은 그로 인한 사건의 원인을 따져보는 것을 귀인이라고 한다.
- Heider(하이더)의 이론: 하이더는 인간행동에 대한 원인을 어디에 귀속시키냐에 따라 내부귀인과 외부귀인으로 구분하였다. 내부귀인에는 인성, 특성, 동기, 정서, 기분, 태도, 능력, 노력, 외부귀인에는 일반적인 환경, 상호작용하는 개인, 역할구속, 상벌체계, 운, 과제 성격 등이 해당된다.
- Rosenbaum(로젠바움)의 귀인 안정성-변동성 이론: 로젠바움은 사람들이 어떤 사건의 원인을 파악할 때, 그 원인이 시간이 지나도 변하지 않는 안정적인 요인인지, 아니면 상황에 따라 변할 수 있는 변동적인 요인인지를 구분하여 귀인한다는 점에 주목했다. 안정성 차원은 시간이 지나도 잘 변하지 않는 원인을 말한다. (개인의 능력, 과제의 난이도, 성격 등) 변동적 차원은 상황에 따라 변할 수 있는 일시적인 원인을 말한다. (노력, 운, 기분, 특정 상황에서의 도움 등)

하이더 / 로젠바움	내적귀인	외적귀인
안정적	능력	과업 난이도
변동적	노력	운

켈리의 공변모델은 어떤 행동이나 사건의 원인을 내부에서 찾는지 혹은 외부에서 찾는지에 대한 추론을 보다 정교하게 할 수 있는 분석틀이다. (1) 관찰을 통해 행동에 관한 정보를 수집하고 (2) 상대방의 행동을 특이성, 합의성, 일관성의 기준에 맞춰 해석한다. (3) 행동원인이 내부에 있는지 외부에 있는지 원인을 귀속한다.

02 2024 상업 임용 A 4번 문항

정답

순서 ㉡ - ㉣ - ㉠ - ㉢

㉢ 자아실현 욕구

해설

Maslow의 욕구계층이론

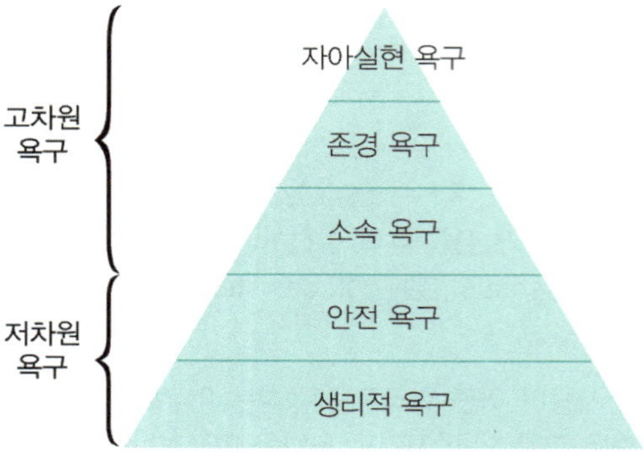

매슬로우의 욕구계층이론은 인간의 동기는 5가지 욕구계층에 따라 순차적으로 유발된다.

동기로 작용하는 욕구는 충족되지 않은 욕구이며, 충족된 욕구는 그 욕구가 다시 나타날 때까지 동기로서의 힘을 상실한다.

욕구의 작동원리는 욕구 순차적발현, 결핍-지배의 원리, 충족-출현의 원리, 저차원욕구 및 고차원욕구이다.

자아실현 욕구	가장 고차원적인 욕구, 자기발전을 위해 잠재능력을 극대화하려는 욕구
존경 욕구	자신 및 타인으로부터 존경받고 싶은 욕구
소속 욕구	공동체의 일원으로 소속하고 싶은 욕구
안전 욕구	폭력, 손실에서 자유로워지고자 하는 욕구 물리적 위협, 경제적 안정성(급여, 직장)
생리적 욕구	인간 생활의 가장 필수적인 욕구. 공기, 음식 등

매슬로우는 인간은 생리적 욕구, 안전 욕구, 소속 욕구, 존경 욕구, 자아실현 욕구가 순차적으로 발현된다고 본다. 따라서, 문제에서 ㉠는 존경 욕구, ㉡는 안전 욕구, ㉢는 자아실현 욕구, ㉣은 소속 욕구이다.

03 2006 상업 임용 16번 문항

정답

생리적 욕구, 안전 욕구, 소속 욕구, 존경 욕구, 자아실현 욕구

(가) 생리적 욕구

(나) 소속 욕구

(다) 자아실현 욕구

(라) 안전 욕구

(마) 존경 욕구

해설

(가) 생리적 욕구, 허기를 채우는 기본적인 생존 욕구
(나) 소속 욕구, 집단에 소속되고 관계를 맺으려는 욕구
(다) 자아실현 욕구, 자신의 잠재력을 발휘하고 본연의 모습을 찾으려는 욕구
(라) 안전 욕구, 불안감을 해소하고 미래에 대한 안정성과 질서를 확보하려는 욕구
(마) 존경 욕구, 타인으로부터 인정받고 신뢰를 얻어 자존감을 높이려는 욕구

04 2023 상업 임용 B 4번 문항

정답

㉠ 동기
㉡ 위생

(가)와 비교하였을 때 (나)의 만족과 불만족 차원: 전통적 관점인 (가)와 달리, (나)는 불만족해소차원과 만족증대차원이라는 두 개의 별개의 차원으로 이루어져 있다. 동기요인은 만족하지 않으면 무관족, 위생요인은 불만족하지 않으면 무불만족인 형태이다.

(나)에 근거하여 만족을 높이기 위한 방법: 동기요인은 내용(content)과 관련되어 있다. 구성원의 성취감과 책임감을 높일 수 있는 직무를 할당, 개인의 성장과 발전을 이룰 수 있게 교육 제공 등이 방법으로 만족을 높일 수 있다.

해설

Herzberg의 2요인 이론(dual factor theory)

허츠버그는 사람들의 욕구가 단계별로 계층을 이루고 있는 것이 아니라, 불만족해소차원과 만족증대차원이라는 두 개의 별개의 차원으로 이루어져 있다고 주장한다. 허츠버그는 직무만족이라는 동기요인이 발생 시 성과가 발생한다고 했다.

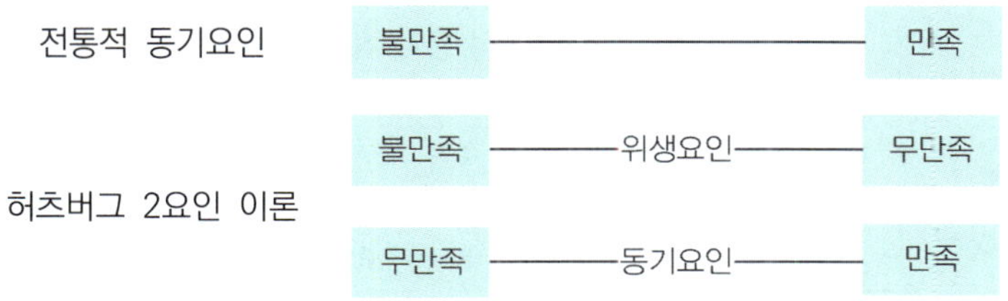

- 위생요인(hygiene factors): "불만족요인(dissatisfiers)" 맥락(context)과 관련되어 있다. 위생요인은 직무에 대한 사람들의 불만족을 미리 예방할 수 있는 환경적인 조건으로, 회사정책, 감독, 작업조건, 인간관계, 임금과 같은 보수, 지위 등이 해당한다.
- 동기요인(motivators): "만족요인(satisfiers)" 내용(content)과 관련되어 있다. 동기요인은 사람들로 하여금 더 나은 만족과 성과를 가져오도록 동기부여하는 데 효과적인 요인으로, 성취감, 책임감, 개인의 성장과 발전, 일 그 자체 등이 해당한다.

05 2024 상업 임용 A 9번 문항

정답

㉠ 원형

㉡ 수레바퀴형

완전연결형에서 권한은 모든 구성원에게 분산되어 있어 집중도가 낮으며, 의사결정 수용도가 매우 높다.

해설

커뮤니케이션 네트워크

커뮤니케이션 네트워크는 과업집단 구성원 사이의 정보 흐름의 한 패턴이다. '집단' 내 의사소통은 여러 개의 중개점을 가진 네트워크 형태로, 발신자가 보낸 메시지는 종횡으로 연결된 여러 개의 단계를 거쳐 수신자에게 전달되며 이러한 전달경로는 '하나의 네트워크'를 형성한다. 사슬형은 순차적 상호의존성, 수레바퀴형은 집합적 상호의존성, 완전연결형은 교호적 상호의존성의 형태이다.

사슬형 (Chain type)		공식적인 계층과 수직적인 경로를 통해 의사전달이 이루어진다. 명령과 권한의 체계가 명확한 공식적 조직에서 사용된다. 사슬이 길수록 정보 왜곡의 가능성이 커진다.
수레바퀴형 (Wheel type)	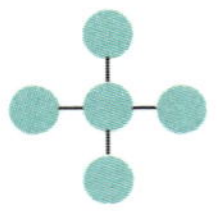	집단 내에 특정한 리더가 있을 때 발생한다. 특정 리더에 의해 모든 정보가 전달되므로 정보가 특정 리더에 집중된다. 구성원들 간에 정보 공유가 안 되는 단점이 있다.
Y형 (Y type)		집단 내 특정 리더가 있는 건 아니지만 비교적 집단을 대표할 수 있는 인물이 있는 경우에 나타난다. 라인과 스탭 혼합집단 등에서 조정역이 필요할 때 활용된다.
원형 (Circle type)	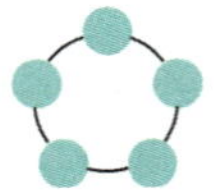	위원회 조직, 태스크포스 조직 등 권력의 집중이 없고 지위의 상하가 없이 특정 문제 해결을 위한 조직에서 발생한다. 문제해결 과정이 민주적이나, 집단사고의 위험이 있다.
완전연결형 (All Channel type)	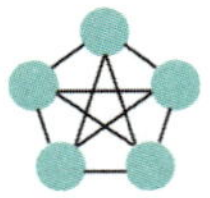	집단구성원 전체가 서로의 의견이나 정보를 자유의지에 따라 교환하는 방식이다. 비공식적 조직에서 주로 발생하며 창의적이고 참신한 아이디어 창출이 가능하다.

06 2007 상업 임용 8번 문항

정답

(가) 리더십 특성이론
(나) 리더십 행동이론
(다) 리더십 상황이론

해설

리더십 특성이론(trait theory of leadership)
효과적인 리더가 가지고 있는 '특성'들은 비효과적인 리더들의 특성과 다르다고 주장한다. 리더의 특성은 모든 사람이 다 지닐 수 없는 것으로, 그러한 특성을 지닌 사람만이 리더가 될 수 있다고 본다.

리더십 행동이론(behavioral theory of leadership)
리더가 부하에게 보여주는 관찰이 가능한 '행동', 즉, 리더가 어떻게 행동하는가(what the leader does)에 초점을 두어 리더가 특정한 리더십 행위를 개발함으로써 집단이 높은 생산성과 구성원들의 사기를 유지할 수 있다는 아이디어를 제공해주는 이론이다. 즉, 리더는 육성될 수 있다고 보는 것이다.

리더십 상황이론(contingency theory of leadership)
효과적인 리더십은 부하에게 영향력을 행사하는 과정에 존재하는 여러 상황에 의해 결정된다는 이론이다. 리더십을 상황에 따른 역동적 과정으로 보는 것이다. McGregor는 "노편타당한 리더십은 없다."고 하였다.

리더십 이론은 리더십 특성이론 → 리더십 행동이론 → 리더십 상황이론 순으로 발전했으며, 이후 관료제가 아닌 복잡계를 전제로 하는 현대적 리더십이 등장하였다.

07 2022 상업 임용 A 4번 문항

정답

순서: (다) → (나) → (라) → (가)
(라) 리더십 상황이론

해설

문제에 제시된 이론은 (가) 변혁적 리더십(현대적 리더십), (나) 리더십 행동이론, (다) 리더십 특성이론, (라) 리더십 상황이론이다.

전통적인 리더십 이론은 리더십 특성이론 → 리더십 행동이론 → 리더십 상황이론 순으로 발전했으며, 이후 관료제가 아닌 복잡계를 전제로 하는 현대적 리더십이 등장하였다.
변혁적 리더십(transformational leadership)은 대표적인 현대적 리더십으로, 해당 리더십을 발휘하기 위해서는 구성원의 동의와 자발적 반응이 필요하다. 변혁적 리더십을 가진 리더는 저차원 욕구에 얽매여서 '거래적 관계'에 몰두하는 부하들이 '고차원 욕구'를 추구하도록 가치체계를 변혁(transform)시킨다.

08 2025 상업 임용 A 10번 문항

정답

가장 최근에 등장한 이론의 번호와 명칭: (2) 변혁적 리더십

㉠ 이상적 역할모델

㉡ 과업이 구조화되어 있는 경우이다.

㉢ 과업

해설

문제의 (가)에서 리더십 관련 이론은 (1) 리더십 행동이론, (2) 변혁적 리더십(현대적 리더십이론), (3) 리더십 상황이론, (4) 리더십 특성이론이다. 리더십 이론은 리더십 특성이론 → 리더십 행동이론 → 리더십 상황이론 → 현대적 리더십이론 순으로 발전되었으므로, 첫 번째 질문의 답은 (2) 변혁적 리더십 이론이다.

Burns(번즈)의 변혁적 리더십(transformational leadership)

변혁적 리더십은 리더가 저차원 욕구의 거래적 관계에 몰두하는 부하들이 '고차원 욕구'를 추구하도록 가치체계를 변혁(transform)시키는 것이다.

변혁적 리더십은 거래적 리더십(transactional leadership)과 비교된다. 거래적 리더십은 교환관계에 기초하여 역할과 업무상 요구사항을 명확히 해주고 부하가 목표를 달성할 수 있도록 지도 및 동기부여를 해주는 리더십이다. 그러나, 리더와 부하는 득과 실의 관계이므로 각자의 이해관계가 달라지면 언제든 단절된다. 변혁적 리더십은 공동의 목표를 가지고 자각에 의한 변화가 이루어지므로 상황이 변하더라도 관계가 지속된다는 차이점이 있다.

변혁적 리더십의 구성요소

변혁적 리더십의 구성요소는 '영감적 동기부여, 이상적 역할모델, 지적 자극, 개별적 배려'이다. 이중 영감적 동기부여, 이상적 역할모델은 리더의 카리스마적인 요소에 해당한다. '영감적 동기부여'는 리더가 자신의 비전을 부하들과 소통하는 방법으로, 미래에 대한 강한 확신을 바탕으로 한다. '이상적 역할모델'은 조직의 비전을 공유하며 리더의 신념을 지속적으로 표현하여, 부하들을 조직 비전에 맞게 적극 변화시키는 방식이다. '지적 자극'은 부하 직원이 업무를 추진하며 직면하는 여러 가정이 과연 적절한가 재검토할 수 있도록 유도하는 것이고, '개별적 배려'는 하급자의 욕구와 기대를 파악하고 충족시켜주기 위해 노력하며 코칭과 멘토링을 적극 제공하는 것이다.

Fiedler의 리더십 상황모델(contingency model of leadership effectiveness)

피들러는 효과적인 리더십은 상황의 호의성(favorableness)에 따라 좌우된다고 하였다. 리더십 유형은 LPC 점수를 기반으로 하여 관계지향적 리더십과 과업지향적으로 구분한다.

상황요인으로는 리더-구성원 관계, 과업구조, 직위권력이 있다. 리더와 구성원의 관계가 좋을수록, 과업이 구조화되어 있을수록, 직위권력이 많이 주어질수록 상황의 호의성이 높다. 상황의 호의성이 중간일 경우 관계지향적 리더십이, 상황의 호의성이 높거나 낮은 경우 과업지향적 리더십이 효과적이다.

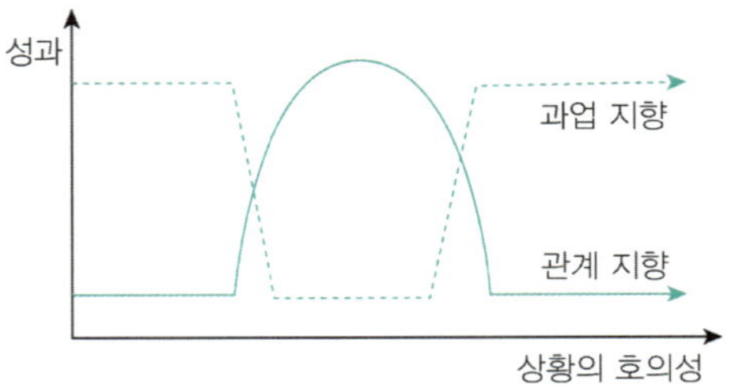

09 2014 상업 임용 A 14번 문항

정답

㉠ 직무기술서
㉡ 직무명세서

해설

직무분석의 결과물. 직무기술서(job description)와 직무명세서(job specification)

직무분석(job analysis)은 직무의 내용 및 이를 수행하는 데 필요한 직무수행자의 행동, 육체적 · 정신적 능력(job requirement)을 밝히는 체계적인 활동이다. 직무분석의 결과로 직무기술서와 직무명세서를 완성할 수 있다.

직무기술서는 직무분석의 결과에 따라 직무수행과 관련된 과업 및 직무행동을 일정한 양식에 기술한 것이다. 직무명세서는 직무분석의 결과에 따라 직무수행에 필요한 종업원의 행동, 기능, 능력, 지식 등과 각종 자격 조건인 학력, 신체적 능력, 지적 능력, 과거의 경험 등을 일정한 양식에 기록한 것이다.
직무기술서는 "과업 중심", 직무명세서는 "인적 특성"을 나타낸다.

10 2017 상업 임용 A 3번 문항

정답

후광효과 혹은 현혹효과

해설

인사평가의 신뢰성 오류

신뢰성(reliability)은 측정하고자 하는 평가내용(항목)이 얼마나 정확하게 측정되었는지와 관련하여 결과치의 일관성과 안정성을 나타낸다. 신뢰성을 저해하는 요인으로는 ① 평가자의 의도적인 주관적 평가, ② 평가자가 인지 못 하는 오류, ③ 정보 부족으로 인한 오류 등을 들 수 있다.

'① 평가자의 의도적인 주관적 평가'는 상대평가 등 평가자의 의도가 덜 개입되어 오류를 최소화하는 방향으로 노력하여 개선해야 한다.

- 평정 오류(rating errors): 관대화 경향, 중심화 경향, 가혹화 경향을 말하는 것이다. 관대화 경향(leniency errors)은 피평가자의 능력이나 성과를 의도적으로 실제보다 더 높게, 중심화 경향(central tendency)은 중심점에 집중하게, 가혹화 경향(tendency of strictness or severity)은 낮게 평가하는 것이다.
- 상동적 오류(stereotyping): 그가 속한 사회적 집단에 대한 지각을 기초로 해석이 이루어진다.
- 연공 오류(seniory effect): 피평가자의 연공적 속성인 연령, 학력, 근속연수가 평가에 영향을 준다.

'② 평가자가 인지 못 하는 오류'는 평가자에 대한 오류교육을 통해 극복하여야 한다.

- 후광효과(halo effect, 현혹 효과): 어느 한 면이 높은 점수이면 다른 항목까지 높게 평가해버리는 경향이다. 이를 개선하기 위해서는 편견과 선입관을 제거할 필요가 있다. 반대로는 뿔 효과(horn effect)가 있는데, 이는 어느 한 면이 낮은 점수일 때 다른 항목까지 낮게 평가해버리는 경향을 말한다.
  문제의 〈조건〉에서는 평가자 C는 토익 점수를 중요하게 생각하며, 토익 점수가 높은 종업원에게 인사평가 점수를 높게 주는 경향이 있다고 하였으므로, 후광효과에 해당한다.
- 시간적 (근접)오류(recency of event error): 최근에 겪은 사건, 업적이나 능력을 중심으로 평가하는 것이다. 전 기간에 걸쳐 계획적으로 평가정보의 수집이 필요하다.
- 최초 효과(primary effect): 첫인상 효과의 일종으로, 처음 인지한 정보가 평가에 지속적으로 영향을 미치는 경우이다.
- 상관편견(correlational bias): 평가자가 평가항목의 의미를 정확히 이해하지 못하거나 관련성 없는 항목 간 높은 상관관계가 있다고 생각한다. 예 성실감-책임감 항목
- 대비오류(contrast error, 대조 효과): 우수한 피평가자 다음 순서를 실제보다 낮게, 낮은 수준의 피평가자 다음 수준을 실제보다 높게 평가하는 경향이다. 피평가자가 평가자와 반대되는 특성이면 과대, 과소평가하는 경우도 해당한다.
- 유사성 오류(similar to me effect): 평가자와 피평가자 간의 가치관, 행동 패턴, 태도 면에서 유사한 정도에 따라 평가에 영향이 있다.

'③ 정보 부족으로 인한 오류'는 평가자에게 평가대상에 대한 정보를 충분히 제공하거나, 인지가 가능한 만큼의 평가범위를 설정하여 극복한다.

- 귀속과정오류(imputation process error): 하이더의 귀속이론에 따라, 원인을 피평가자에게 내적 귀속하는지, 피평가자의 환경에 외적 귀속하는지의 해석을 잘못하는 경우 발생한다.
- 2차 평가자 오류: 1차 평가자가 이미 평가한 내용을 가지고 적당히 평가하는 경향이 있다.
- 평균화 오류: 부하들 평가에 부담을 느껴 다년간에 걸쳐 골고루 나눠주는 평가를 한다.

11 2002 상업 임용 4번 문항

정답

① 임금제도 : 단순성과급(단순개수급)

② 산출등식 : 생산물 수량 × 단위당 임금

해설

개인 성과급(individual incentive plan)

종업원이 달성한 성과를 개인별로 계산하여 임금 결정의 기준으로 삼는 제도이다.

개인 성과급의 임금률 결정 방법은 생산량을 기준(단순성과급/복률성과급)으로 하거나 시간을 기준(표준성과급/할증성과급)으로 한다. 이에 더해 생산수준에 따라 임금률이 변동하는지 여부에 따라 고정임금률과 변동임금률로 구분할 수 있다.

구분	일정 시간당 생산 단위 (생산량 기준)	제품 단위당 소요 시간 (시간 기준)
생산수준과 관계없이 일정 (고정임금률)	단순성과급(단순 개수급)	표준시간급
생산수준에 따라 변화 (변동임금률)	복률성과급 (Taylor, Marrick)	할증성과급 (Bedeaux, Harsey, Rowan, Gantt)

단순성과급(straight piecework plan)

생산물의 수량 × 고정 임률인 생산량 단위당 임금

단순성과급은 임금이 제품의 단위당 원가에 미치는 영향이 항상 일정하다. 또한, 단순성과급은 고정임금률이므로, 그 임금과 성과는 비례한다. 간단하고 이해가 쉬워서 노동능률을 자극할 수 있다. 다만, 생산 단위당 임률을 설정할 경우 노사 간 갈등이 야기될 수 있고, 미숙련공은 저임금을 감수해야 한다.

12 2004 상업 임용 11번 문항

정답

갑: 종업원지주제도
을: 노사협의회
병: 이윤분배제도

해설

경영참가(participation in management)

경영참가는 경영상 제반 문제에 관한 결정과 운영에 근로자 및 노동조합이 참여하여 그들의 의견을 반영하는 것이다. 그 종류로는 자본참가, 성과참가, 의사결정 참가가 있다.

- 자본(capital) 참가: 경영 결과에 대한 간접참가로, 피고용인들을 자본의 출자자로서 기업경영에 참여시키는 방식이다. 소유 참가, 재산참가라고도 한다. (종업원 지주제, 스톡옵션 등)
- 성과(profit) 참가: 경영 결과에 대한 직접 참가로, 업적 · 수익 또는 이익 일부를 임금 이외의 형태로 피고용인에게 분배하는 방식이다. (성과 배분, 이익 배분)
- 의사결정(decision) 참가: 경영과정에 대한 직접 참가로, 피고용인이나 노동조합이 경영 의사결정에 참여하는 것이다. (공동결정제도, 노사협의회 등)

경영참가 종류

- 종업원지주제도(ESOP, Employee Stock Ownership Plan): 기업이 특별한 조건으로 주식 일부를 분배하여 주는 제도이다. 근로자가 기업에 대한 주인의식을 가지게 하여 생산성과 경쟁력이 높아진다. 근로자는 경영 참여를 통해 회사의 경영상황에 대한 내부감시자의 역할을 한다. 주주로서 배당소득과 자본이득을 취하며 재산을 형성할 수 있다.
- 노사협의회: 노사대표자가 단체교섭 외의 문제(작업능률이나 생산성 등)에 대해 논의하는 합동 협의기구이다. 노사협의회는 상시 30인 이상의 근로자를 사용하는 사업장에서 의무적으로 설치된다. 노사협의회는 종업원의 협력이 증가하고 총효용이 증가하는 형태지만, 단체교섭의 경우 영역을 분리하여 절대 효용을 지키고자 하는 형태이다.
- 이윤분배제도(profit sharing plan): 기업에 일정 수준의 이윤이 발생하면 사전에 정해진 배분 방식에 따라 종업원에게 이윤을 배분해주는 것이다. 이윤 배분제도를 통해 노사 간 협조적인 분위기 조성 및 동기유발을 통한 생산성 향상이 가능하다. 하지만 이윤은 분기 또는 연 손익계산서가 나온 후에 사후적으로 지급되므로 생산성 이득배분제도보다 종업원의 능률 자극효과가 떨어질 수 있다.

제5절 ERP

01 2017 상업 임용 A 14번 문항

정답

(가)의 이것: ERP

(나)에서 ㉠에 해당

관리자 의사결정 측면에서의 효과 1가지: ERP는 원장형 통합 데이터베이스를 이용하여 데이터를 중복으로 입력할 필요 없이 실시간(real time)으로 전사에 제공하여 신속한 의사결정이 가능하다.

해설

기업 자원 통합 관리(ERP;enterprise resource planning)

ERP는 기업 내의 구매, 생산, 판매, 물류, 인사, 회계, 관리 등 모든 업무 프로세스에 대한 인적, 물적 자원을 효율적으로 통합 관리할 수 있는 통합 정보 시스템이다.

ERP의 주요 특징

- 원장형 통합 데이터베이스를 활용하여 데이터 중복 없이 실시간 정보 제공으로 신속한 의사결정을 돕는다. 또한 BPR(Business Process Re-engineering)을 지원하여 비즈니스 프로세스 표준화 및 조직 효율화를 가능하게 한다.
- 파라미터(Parameter) 설정을 통해 조직 변화에 유연하게 대응한다. 어떤 운영체제나 데이터베이스에서도 구동되는 오픈 멀티-벤더(open multi-vendor) 시스템으로, 타 시스템과도 연계 가능하다.
- 초기 모델인 MIS가 수직적/폐쇄적 시스템으로 상사의 최종 의사결정에 의존한 반면, ERP는 객체지향기술 기반의 통합 개방형 시스템이다. 이는 수평적 조직에서 담당자의 의사결정(Top-Down 방식)을 지원한다.

전사적 애플리케이션 아키텍처

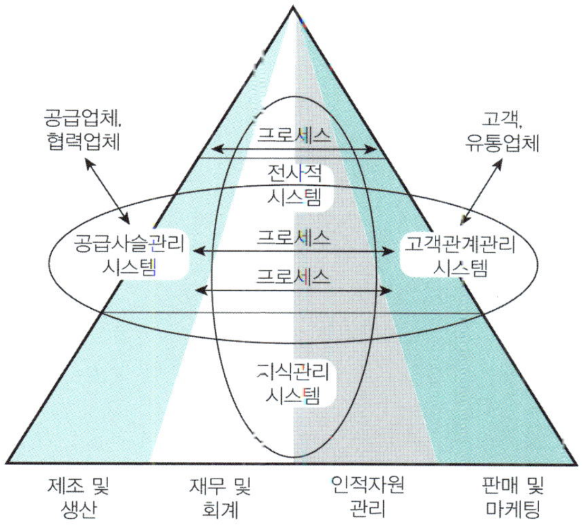

전사적 애플리케이션 아키텍처는 기업의 모든 애플리케이션을 통합하고 관리하기 위한 프레임워크를 의미하며, 이는 조직의 효율성을 높이고 비즈니스 목표달성을 지원하는 데 중요한 역할을 한다. 조직의 기능 영역은 제조 및 생산, 재무 및 회계, 인적 자원 관리, 판매 및 마케팅 등 기업의 주요 기능 부서를 나타내며, 프로세스는 기업 내의 다양한 업무 프로세스를 의미한다. 프로세스는 서로 연관되어 기업 활동을 구성한다.

02 2009 상업 임용 1차 32번 문항

정답 ㄴ, ㄹ

해설

e-commerce 프레임워크

2000년대에 ERP 시스템을 기반으로 기업 외부까지 최적화하기 위해 공급망 관리(SCM), 고객 관계 관리(CRM) 등과 연계시키고 e-비즈니스를 지원하도록 개발된 것이다.

(가)는 공급자와 ERP를 연결한다. 이는 기업의 구매, 생산에 필요한 자원과 정보가 공급자로부터 유입되는 상류(Upstream) 과정이다. 즉, SCM(Supply Chain Management, 공급망 관리)의 영역이다.

(나)는 고객과 ERP를 연결한다. 이는 기업의 제품이나 서비스가 고객에게 판매되고 전달되는 하류(Downstream) 과정이다. 즉, CRM(Customer Relationship Management, 고객 관계 관리)의 영역이다.

ㄱ. 신규 고객 창출보다 기존 고객 유지에 중점을 둔다. (X) 기존 고객 유지는 CRM의 주요 목표 중 하나다. SCM은 공급망 전반의 효율성 증대에 중점을 둔다.

ㄴ. 유통 공급 과정상의 배송 시간을 단축하여 효율성을 높인다. (O) SCM의 핵심 목표 중 하나는 원자재 조달부터 완제품 배송까지 전체 유통 공급 과정의 효율성을 극대화하고 리드타임을 단축하는 것이다. 배송 시간 단축은 SCM의 직접적인 효과이다.

ㄷ. 세분화된 고객의 특성에 맞는 타깃 마케팅의 기반을 구축한다. (X) 이는 CRM의 주요 기능으로, 고객 데이터를 분석하여 개인화된 마케팅 전략을 수립하는 것이다.

ㄹ. 업무 절차를 간소화시키고 리드타임을 줄이며 재고량을 감소시킨다. (O)

ㅁ. BPR과 동시에 추진하는 것이 효과적이며, 프로세스 혁신을 통해 기업 내부의 업무 처리 방식을 최적화한다. (X) SCM도 BPR의 영향을 받지만, 이 보기는 ERP 시스템의 구현 및 목적에 대한 설명에 가깝다.

03 2021 상업 임용 A 8번 문항

정답

㉠ BPR

㉡ 파라미터

ERP 구축과정 순서 ㉯ - ㉰ - ㉮

㉮의 의미: 프로토타이핑(prototyping)은 실제 데이터를 입력한 후 시스템을 시험적으로 운영하는 과정이다.

해설

BPR(비즈니스 프로세스 리엔지니어링)

리엔지니어링(reengineering)이라고도 하며, 업무 프로세스를 아예 새롭게 설계하는 방식이다. ERP는 구축 전에 BPR(Business Process Re-engineering)을 지원하여 비즈니스 프로세스의 표준화를 지원하며 복잡한 조직의 효율화를 돕고 지속적인 환경 변화에 대한 대응을 가능하게 한다.

ERP 시스템의 구축 절차(분/계/축/구)

분석(analysis), 설계(design), 구축(construction), 구현(implementation)의 4단계를 거친다.

분석	내용: 현재 업무 상태를 분석하고 대응 방안을 수립한다. 과정: AS-IS(현재 시스템의 문제) 파악, TFT 결성, 목표와 범위 설정, 주요 성공 요인 도출, 목표와 범위 설정, 경영전략 및 비전 도출, 시스템 설치, 교육
설계	내용: 문제점의 해결 방안 및 개선 방안을 도출, 차이 분석 과정: TO-BE 프로세스 도출 및 패키지 기능과 차이(GAP 차이) 분석, 패키지 설치 및 파라미터 설정, 커스터마이징 선정
구축	내용: 설계 단계에서 도출된 결과를 시스템으로 구축 및 검증 과정: 설계에 따라 모듈 조합화(configuration), 테스트 후 추가 개발 또는 수정, 인터페이스 프로그램 연계 테스트, 출력물 제시
구현	내용: 실제 시스템의 시험적 운영, 유지 보수 계획 수립 과정: 실제 데이터 입력 후 시험 가동(Prototyping), 현재 버전으로 데이터 변환(Data conversion), 실제 시스템 운영, 시스템 평가, 추후 일정 수립

- 조합화(configuration)는 사용자가 원하는 방식으로 소프트웨어를 구성하는 것(파라미터)으로, TO-BE 프로세스에 맞게 모듈을 조합한다.
- 프로토타이핑(prototyping)은 실제 데이터를 입력한 후 시스템을 시험적으로 운영하는 과정이다.

04 2010 상업 임용 1차 31번 문항

정답

ㄴ, ㄹ, ㅁ

해설

ERP의 발전 과정

(가) MRP(자재소요계획) → (나) MRP Ⅱ(제조 자원 계획) → ERP → (다) ERP Ⅱ(e-ERP, 확장형 ERP)

(가) MRP(Material Requirement Planning, 자재 소요량 계획): 1970년대 재고의 효율적 관리를 위한 시스템으로, 적재적소에 자재 공급, 재고 최소화가 목적이다. [기능 최적화]

(나) MRP Ⅱ(Manufacturing Resource Planning, 제조 자원 계획, 생산 자원 계획): 1980년대 생산과 관련된 수주, 생산, 재무 등 모든 자원의 효율적 관리를 목적으로 개발되었다. MRP의 확장 개념으로, 자재 및 생산의 최적화와 원가 절감을 이루었다. [부분 최적화]

- ERP(Enterprise Resource Planning, 기업 자원 통합 관리): 1990년대 생산 중심의 부분 최적화에서 확장하여 기업 내의 구매, 생산, 판매, 물류, 인사, 회계, 관리 등 전체를 최적화할 목적으로 개발되었다. [기업 전체(기업 내부) 최적화]

(다) ERP Ⅱ(Extended ERP, e-ERP, 확장형 ERP): 2000년대에 ERP 시스템을 기반으로 기업 외부까지 최적화하기 위해 공급망 관리(SCM), 고객 관계 관리(CRM) 등과 연계시키고 e-비즈니스를 지원하도록 개발되었다. e-비즈니스는 인터넷 네트워크로 연결된 사이버 공간에서 비즈니스가 이루어지는 것이다. ERP는 폐쇄적인 시스템 구조를 기반으로 웹 지향 운영한 것과 달리, 확장형 ERP는 웹을 기반으로 개방적인 시스템 구조로 설계되었다. 확장형 ERP는 전략적 의사결정을 통한 전략적 기업 경영(SEM, strategic enterprise management)이 가능하도록 기업의 전체 시스템을 지원하는 지능형 시스템이다. [기업 전체(기업 간) 최적화]

ㄱ. (가)는 자재소요량, BOM, 판매정보 3가지를 기반으로 한다. (X) MRP의 구성요소 3가지는 주일정계획(MPS), 재고기록철(IR), 자재명세서(BOM)이다. (주, 재, 자)

ㄴ. (가)는 재고를 줄일 목적으로 하는 자재수급관리를 위한 시스템이다. (O)

ㄷ. (나)는 자재소요계획으로서 소품종 대량생산 체제에 적합하다. (X) 소품종 대량생산 체제는 MRP가 등장하기 이전의 생산 방식에 더 가깝고, MRP 이후는 다품종 소량생산 등 복잡한 생산 환경에 대응하기 위해 발전했다.

ㄹ. (나)는 수주, 생산, 재무 등의 관리를 통하여 제조 활동을 효율적으로 관리하는 시스템이다. (O) MRP Ⅱ는 MRP의 자재 계획을 넘어 생산 계획, 능력 계획, 재무 계획, 판매 계획 등 기업의 모든 제조 자원을 통합적으로 관리하여 제조 활동 전반의 효율성을 높인다.

ㅁ. (다)의 주요한 목적은 공급자 간의 전략적인 제휴이다. (O) SCM, CRM 등이 ERP Ⅱ 방식이다.

ㅂ. (다)는 BPR을 통한 내부 자원의 최적화를 위해 ERP의 기능을 보다 향상시킨 것이다. (X) ERP에 대한 설명이다.

05 2022 상업 임용 A 2번 문항

정답

㉠ SEM

㉡ 모듈조합화

해설

전략적 기업 경영(SEM, strategic enterprise management)

확장형 ERP는 전략적 의사결정을 통한 전략적 기업 경영(SEM, strategic enterprise management)이 가능하도록 기업의 전체 시스템을 지원하는 지능형 시스템이다. 전략적 기업경영은 전략적 기업경영의 시스템은 성과측정 관리(BSC), 활동 기준 경영(VBM), 부가가치 경영(VBM), 전략 계획 수립 및 시뮬레이션(SFS) 등으로 이루어진다.

모듈 조합화(configuration)

모듈 조합화는 사용자가 원하는 방식으로 소프트웨어를 구성하는 것(파라미터)으로, TO-BE 프로세스에 맞게 모듈을 조합한다.

06 2021 상업 임용 A 1번 문항

정답

㉠ 근로소득 원천징수영수증

㉡ 직능

해설

ERP 연말정산관리

[연말정산자료입력] 메뉴에서 정산자료입력, 종전근무지, 의료비명세, 기부금명세란 등에 추가 자료를 입력한 후 마감하면 [근로소득원천징수부]에서 '근로소득원천징수영수증'을 출력할 수 있다. 근로소득원천징수영수증은 연말정산을 통해 근무지 및 종전근무지의 1년간 총급여와 총 세금을 신고하는 증빙 서류이다. 근로자는 연말정산 이후, 1년 동안의 원천징수 세액과 확정된 세금과 비교하여 추가 납부 또는 환급을 한다. 인사 부서는 이에 따라 2월 급여 시에 추가 지급(추가 원천징수) 또는 환급을 반영한다.

임금체계(pay structure)

서로 다른 업무를 하는 종업원들의 기본급 차이를 만들기 위한 기준의 설정이다. 임금체계 관리의 핵심은 임금총액을 공평하게 배분하는 방식을 결정하여 종업원들 간 임금 격차를 공정하게 유지하는 내부적 공정성(internal equity)을 확보하는 것이다.

- 연공급(seniority-based pay): 종업원이 근무한 기간인 연공을 기준으로 기본급을 산정한다.
- 직무급(job-based pay): 조직 내의 직무를 평가하여 중요도, 난이도, 책임도, 작업조건 등을 기준으로 상대적인 가치를 평가하고 그 결과에 따라 임금을 결정한다. 동일노동 동일임금(equal pay for equal work)의 원칙에 따라 누가 직무를 수행했는지와 상관없이 동일한 직무에는 동일한 임금을 지급한다.
- 직능급(skill based pay): 종업원이 보유하고 있는 직무수행능력(직능)을 기준으로 임금액을 결정하는 체계이다. 직무수행능력 발전단계에 따라 일정한 자격 기준을 설정하고 이를 기준으로 임금을 결정한다. 동일직능-동일임금의 법칙을 바탕으로, 동일한 가치의 직무나 동일한 연공이더라도 직무수행능력에서 차이가 있으면 임금액이 달라진다. 직능급은 능력에 의한 처우가 가능해서 능력주의적 인사관리의 실현이 가능하다. 종업원의 직무수행능력 정도에 따라 차별적인 임금을 지급하므로 임금의 공정성을 실현함과 동시에 유능한 인재를 유인·유지도 가능하다. 즉, 인적요소기준의 연공급과 직무요소기준의 직무급을 절충한 형태의 임금체계로 볼 수 있다.

  다만, 초과능력이 바로 성과를 가져다주는 것은 아니므로 기업의 임금부담이 가중될 수 있다. 직무수행능력은 일반적 능력과 직무에 필요한 특정한 능력, 즉 현재의 능력뿐 아니라 앞으로 발휘될 잠재적 능력도 포함한 종합적 능력을 말한다. 직무수행능력의 개념이 모호하게 정의된 경우 연공급화될 수 있으므로 종업원에게 통제로 다가올 수도 있으므로 그 기준을 반드시 구체화하여야 한다.

07 2025 상업 임용 A 3번 문항

정답

㉡ - ㉠ - ㉢

㉣: 원천징수이행상황신고서

해설

ERP 시스템 인사 관리

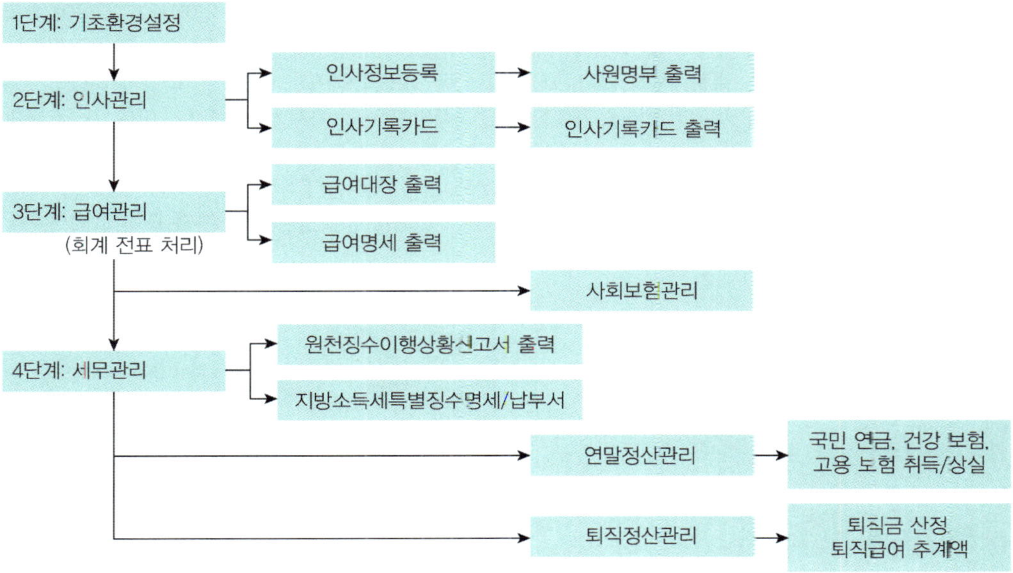

ERP 시스템을 활용한 인사 관리는 인사/급여 모듈 내에서 사원등록이 된 구성원을 대상으로 이루어진다. 가장 먼저 '기초환경설정'을 통해 인사/급여 업무를 효율적으로 수행할 수 있도록 기본적인 환경을 설정한다. ㉠ '인사관리' 메뉴 내에 있는 '인사정보등록'과 '인사기록카드' 메뉴에 각 구성원에 해당하는 내용을 입력 및 출력한다. ㉡ '급여관리' 메뉴에서는 기업의 임직원에 대해 실제 지급되는 급여를 계산하고 급여대장 및 급여명세 등을 관리한다. ㉢ 마지막으로, 세무 관리를 위해 원천징수이행상황신고서 및 지방소득세특별징수명세/납부서를 출력하여 관할 세무서에 신고할 수 있다.
따라서, ㉡ 급여관리 - ㉠ 인사관리 - ㉢ 세무관리의 순서를 도출해낼 수 있다.

원천징수이행상황신고서

원천징수이행상황신고서는 한 달 동안 원천징수한 대상 소득과 세금에 관한 내용을 정리한 것이다. 원천징수 의무자는 소득 지급일의 다음 달 10일까지 원천징수한 세액을 매월 납부하며 원천징수이행상황신고서를 세무서에 제출해야 한다.

08 2008 상업 임용 16번 문항

정답 EDI(전자 자료 교환)

해설

EDI(Electronic Data Interchange, 전자 자료 교환)

EDI는 현대 기업의 ERP 시스템의 효율성을 극대화하는 전자 문서 교환을 위한 핵심 기술이다.

- 외부 파트너들의 시스템과 직접적인 데이터 연결: ERP 시스템에서 생성된 구매 주문서(Purchase Order)가 EDI를 통해 공급업체의 ERP 시스템으로 자동 전송되면, 수작업 없이 즉시 주문이 처리된다.
- 공급망 관리(SCM)의 자동화 및 최적화: ERP 기반의 SCM(공급망 관리)를 자동화하고 최적화하는 핵심적인 기술이다. 주문, 송장, 선적 통지, 재고 정보 등 공급망 상에서 발생하는 다양한 비즈니스 문서를 전자적으로 교환하여 정보의 흐름을 가속화하고, 공급망 전체의 가시성을 높인다. 이는 곧 SCM의 목표인 재고 감소, 리드 타임(Lead Time) 단축, 운송 비용 절감 등 공급망 전반의 효율성 증대로 이어져, ERP 도입의 궁극적인 목표인 기업 경쟁력 강화에 크게 기여한다.
- 데이터 정확성 및 업무 효율 증대: EDI는 표준화된 형식을 사용하므로, 수작업 데이터 입력으로 인한 오류를 현저히 줄여 데이터의 정확성을 높인다.

제6절 유통과 물류

01 2009년 상업 임용 1차 24번 문항

정답 ㄷ, ㄹ

해설

어음(Bill)

발행인이 일정한 시기와 장소에서 일정한 금액을 무조건 지급할 것을 약속하거나 제3자에게 지급할 것을 위탁하는 유가 증권이다.

- 약속어음: 발행인이 일정한 시기와 장소에서 일정한 금액을 소지인에게 지급할 것을 약속하는 어음이다. 소지인은 어음 만기일로부터 2일 이내에 발행인에게 어음을 제시하고 대금을 받는다. 어음 소지인은 지급 기일 이전에 배서 후 제3자에게 어음을 양도할 수 있으며, 피배서인은 다시 배서를 통해 다른 사람에게 어음을 양도할 수 있다.
  어음 발행인과 지급인이 같으므로, 약속어음의 당사자는 발행인(지급인)과 수취인(배서가 된 경우 최종 소지인) 2인이다.
- 환어음: 발행인이 지급인에게 일정한 날(만기일)에 어음에 기재된 일정한 금액을 소지인(수취인)에게 지급할 것을 위탁하는 것이다. 수취인은 만기가 되면 지급인에게 어음의 대금을 지급해줄 의사를 확인해야 하며, 지급인이 어음 대금의 지급을 약속하고 기명날인 또는 서명하는 것이 '어음의 인수'이다. 만약 인수를 거절하면 부도가 된다.
  어음 발행인이 지급인을 지명한다 해서 지급인은 지명인이라고도 한다. 환어음의 당사자는 발행인, 지급인(지명인), 수취인(배서가 된 경우 최종 소지인)으로 3명이다.

ㄱ. A 부분은 발행인과 지급인이 같다. (X) 약속어음만의 특징이다.

ㄴ. B 부분은 지급기일이 표시되어 있다. (X) 약속어음은 기한부 발행으로 지급기일이 표시되지만, 당좌수표는 일람출급이므로 원칙적으로 지급기일이 특정되어 표시되지 않는다.

ㄷ. C 부분은 지급 위탁증권이다. (O) 환어음과 당좌수표는 발행인이 제3자(지급인)에게 대금 지급을 위탁하는 '지급 위탁 증권'이라는 공통점을 가진다. 그러나, 약속어음은 발행인이 스스로 지급을 약속하는 증권이다.

ㄹ. D 부분은 유가증권이다. (O) 약속어음, 환어음, 당좌수표 세 가지 증권은 모두 유가증권이다.

02 2015 상업 임용 B 2번 문항

정답

소매상

소매상의 역할: (1) 상품을 매입하여 최종 소비자에게 판매한다.
(2) 소비자에 대한 정보를 제공하여 상품과 용역의 필요를 파악할 수 있게 해준다.
(3) 상품을 보관하고 배달하는 업무를 담당한다.

해설

소매상

소매상은 유통 경로상 최종 유통 기관으로, 최종 소비자의 요구에 맞춰 상품을 판매하는 것과 관련한 모든 활동을 수행한다. 소매상은 상품을 보관하거나 배달하는 업무를 기반으로 하여 품질 보증과 애프터서비스를 제공한다. 또한, 소비자에게 상품 및 용역의 정보를 제공하고, 생산자와 도매상에게는 소비자에 대한 정보를 제공하여 상품과 용역의 필요를 파악할 수 있게 해준다. 크게 점포소매상과 무점포소매상으로 구분할 수 있다.

- 점포소매상: 일정한 장소에서 매매 활동을 수행한다. 백화점, 대형 할인점, 슈퍼마켓, 편의점, 전문점(의류, 가구 등) 등이 있다.
- 무점포소매상: 점포 없이 고객과 직접 거래한다. 자동 판매점(자동판매기로 판매), 통신 판매점(인터넷 쇼핑몰, TV홈쇼핑), 방문 판매점(직접 방문하여 판매) 등이 있다.

03 2016 상업 임용 B 2번 문항

정답

㉠ 유통 경로상 중간상의 수를 결정하는 것
㉡ 대리점이나 특약점을 두고 자사 제품만을 전속적으로 판매하는 것으로, 자사를 중심으로 유통 계열화가 이루어지는 가장 강력한 유통 경로 정책이다.

해설

유통집약도(intensity of distribution)

유통집약도는 유통 경로 전략(정책), 시장 커버리지(market coverage)라고도 하며, 시장, 제품, 기업, 경로 구성원 요인을 고려하여 유통 기관의 수를 결정하는 것이다. 크게 개방적, 선택적, 전속적 유통 경로전략이 있다.

- 개방적 유통 경로 전략: 많은 점포를 확보하여 유통되도록 하는 정책으로, 집중적 유통 경로 전략이라고도 한다. 소량으로 자주 구매하는 생필품, 편의품 등에 적합하다.
- 선택적 유통 경로 전략: 개방적 유통 경로 정책과 전속적 유통 경로 정책의 중간 형태이다. 일정한 지역에 일정한 자격 요건을 갖춘 점포에만 자사의 상품을 취급할 수 있도록 하며, 의류나 가구, 가전제품 등 선매품을 판매할 때 적합하다.
- 전속적 유통 경로 전략: 일정한 지역, 하나의 점포에만 대리점을 두어 자사 제품만 전속적으로 판매하는 것으로, 배타적 유통 경로 전략이라고도 한다. 자사 중심의 유통 계열화가 이루어지는 가장 강력한 유통 경로 정책으로, 고가품 · 전문품에 적합하다.

04 2021 상업 임용 B 10번 문항

정답

㉠ 선매품

㉡ 전속적

㉢ 개방적, 많은 점포를 확보하여 다수의 소비자에게 유통되도록 해야 하므로 개방적 유통경로 전략이 적합하다.

해설

구매동기에 따른 소비재의 유형

소비재는 편의품, 선매품, 전문품, 그리고 미탐색품으로 구분할 수 있다.

- 편의품(convenience goods): 소비자가 손쉽게 바로 구매하는 저관여 제품으로, 소비자는 제품구매를 위해 큰 노력을 기울이지 않고, 가격도 비교적 저렴하다.
- 선매품(shopping goods): 소비자들이 제품을 구매하기 위해서 가격, 품질, 디자인 등을 비교하여 구매하며, 편의품과 비교해 상대적으로 중요한 품목인 경우가 많다.
- 전문품(specialty goods): 대체품이 거의 없는 고관여 제품으로, 소비자는 구매를 위해 상당한 노력을 기울이며 구매의사결정까지 오랜 시간이 소요된다. 소비자들은 높은 상표충성도(brand loyalty)를 보이며, 소수의 전속대리점이 넓은 상권을 포괄하는 한정적(exclusive) 유통경로를 갖는다.
- 미탐색품: 소비자들이 제품에 대해 전혀 모르고 있거나 조금 알고 있다 하더라도 평소에는 관심이 별로 없는 제품이다.

구분	편의품	선매품	전문품
구매 전 지식	많음	적음	많음
구매 노력	적음	보통	많음
구매빈도	높음	중간	낮음
가격	낮음(저가)	높음(고가)	매우 높음(매우 고가)
관여도	낮음	비교적 높음	매우 높음
문제해결방식	습관적 구매	복잡한 의사결정	상표애호도에 의함
상표충성도	낮음	어느 정도 있음	매우 높음
유통경로 전략	개방적(집중적) 유통	선택적 유통	전속적(배타적) 유통
제품 예	치약, 비누	가구, 가전	명품 가방, 고가 카메라

05 2018 상업 임용 A 14번 문항

정답

㉠ 정보의 비대칭

㉡ 디스인터미디에이션 또는 탈중개화

(가)의 중고차 판매업자 교섭력 변화: 중고차 판매업자의 교섭력이 낮아졌다.

㉡으로 인한 소비자들의 이점(제품 가격 측면): 기존의 여러 단계의 유통 단계가 극단적으로 줄어 유통비용이 절감되었으며, 소비자는 보다 저렴한 가격으로 제품을 구입할 수 있다.

해설

정보 비대칭성 (Information Asymmetry)

정보의 비대칭은 거래 주체의 한쪽이 다른 쪽보다 거래에 대한 중요한 정보를 더욱 많이 가질 때 발생한다. 문제에서는 중고차 시장의 예시를 통해 판매자가 정보 우위를 가졌던 상황을 설명한다

판매업자의 교섭력

포터(Porter)의 5 force model(산업구조분석)에 따르면 기업 환경에는 다섯 가지 변수가 있다. 그 5가지 요소가 상호 작용을 하여 산업의 경쟁 수준을 결정하고 나아가 산업의 매력도를 결정한다는 것이다.

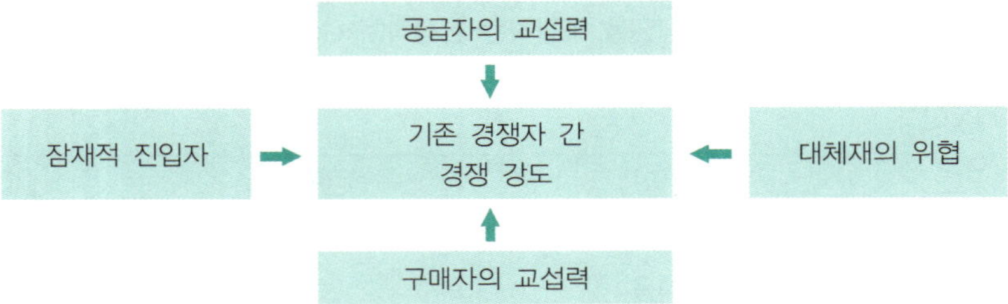

공급자의 교섭력(판매자의 교섭력): 공급자들의 교섭력과 협상력이 높으면 매력 없는 산업이다. 공급자들이 파워를 가지고 가격을 인상하거나 품질을 낮출 수 있기 때문이다. 적은 숫자의 공급자가 많은 숫자의 구매자를 상대로 거래하는 경우, 공급자의 제품과 서비스가 차별화된 경우, 공급자가 전방 통합을 한 경우, 공급자에 대체재가 없는 경우 공급자의 교섭력이 높다.

디스인터미디에이션(disintermediation, 탈중개화)

'유통 범위'는 특정 지역에서 기업 제품을 취급하는 점포 수이며, 개방적, 전속적, 선택적 유통 경로를 선택할 수 있다. '유통 경로 길이'는 짧은 유통 경로 및 긴 유통 경로를 선택할 수 있다. 유통 경로에 대한 '통제 수준'이 높을수록 유통 경로에 대한 수직적 통합이 강화된다.

다만, 온라인상거래의 발전으로 유통의 기능 중 상당 부분을 생산자가 직접 수행하게 되어 중간상이 배제되는 현상이 발생했는데, 이를 디스인터미디에이션 또는 탈중개화라고 한다.

유통 단계(유통 경로)

생산자와 소비자 사이에 존재하는 도매상, 소매상 등이 연결되어 상품이 매매되는 경로이다. 디스인터미디에이션을 통해 유통 단계가 획기적으로 줄어들 수 있다.

06 2017 상업 임용 B 2번 문항

정답

갈등 유형: 수직적 갈등

원인: (1) 목표 불일치가 일어난다. 즉, 각자의 이익만을 위해 일해서 목표가 서로 다르다.

(2) 지각 불일치가 일어난다. 즉, 동일한 사실에 대해 서로 다르게 지각한다.

해설

유통경로 갈등(channel conflict)

유통 경로상에 있는 유통 기관 사이에서 발생하는 갈등이다. 유통 기관들은 각자의 이익을 위해 일하기 때문에 목표 불일치, 역할(영역) 불일치, 지각 불일치 등이 발생한다. 목표 불일치는 구성원 간 목표가 서로 다른 것이고, 역할 불일치는 각자의 역할영역에 대한 합의가 이루어지지 않는 것이며, 지각 불일치는 동일한 사실에 대해 서로 다르게 지각하는 것이다.

- 수평적 갈등(horizontal channel conflict): 유통 경로상 같은 단계에 있는 유통 기관 사이에서 발생한다. 기존의 판매영역을 확대함으로써 유발된다.
- 수직적 갈등(vertical channel conflict): 유통 경로상 다른 단계에 있는 유통 기관 사이에서 발생한다. 생산자가 직접 유통을 시도하거나, 도매상에게 재고 부담 및 판촉 비용을 전가하는 경우에 유발된다.

07 2005 상업 임용 17번 문항

정답

POS 시스템

해설

POS(Point Of Sale) 시스템 또는 판매 시점 관리 시스템

유통 정보 시스템은 유통 과정에서 필요한 다양한 정보를 효율적으로 수집, 분석, 가공하여 의사 결정을 지원하기 위해 만든 정보 제공 시스템이다. 이중 POS 시스템 또는 판매 시점 관리 시스템은 바코드를 판독해서 수집된 판매정보 등을 컴퓨터로 처리하여 가공하여 전달한다.

08 2003 상업 임용 11번 문항

정답

① 판매 및 재고관리를 위한 점포자동화시스템 : POS
② 주로 낮추기 위한 판매가격의 구성요소 : 영업비
③ 갑 상품의 마진 : 140,000원
판매가격 - 매입원가 = 판매가격(124만 원)-매입원가(110만 원) =14만 원

해설

① 판매 및 재고관리를 위한 점포자동화시스템
(가)의 '상품 바코드를 이용', '컴퓨터와 종합정보통신망 결합', '점포자동화시스템'이라는 특징으로 POS(판매시점관리) 시스템을 도출할 수 있다. POS 시스템은 판매 데이터를 실시간으로 수집하여 재고 관리, 판매 분석, 고객 관리 등에 활용되는 소매점의 필수 인프라이다.

② 주로 낮추기 위한 판매가격의 구성요소
POS 시스템은 판매 시점의 데이터를 정확히 기록하고 재고를 실시간으로 관리하여, 과도한 재고 유지 비용, 판매 처리 과정의 인건비, 행정 오류로 인한 손실 등을 줄인다. 이러한 비용들은 판매 활동 및 점포 운영에 직접적으로 소요되는 '영업비'에 해당한다. 따라서 POS 시스템은 주로 영업비를 절감하여 판매가격의 효율성을 높인다.

③ 갑 상품의 마진
판매가격: 매입가격(공장인도가격) + 매입비용(반입운송비, 반입운송보험료) + 영업비 + 판매이익
= ₩1,000,000 + ₩100,000 + ₩40,000 + ₩100,000 = ₩1,240,000

마진: 판매가격 - 매입원가
= ₩1,240,000 - ₩1,100,000 = ₩140,000

09 2008 상업 임용 22번 문항

정답

(가) SCM

(나) RFID

해설

(가) SCM(Supply Chain Management, 공급망 관리)은 원자재 조달부터 제품 생산, 유통, 고객에게 이르기까지 전체 공급망의 효율성을 극대화하는 관리 기법이다. 문제에서 언급된 것처럼 정보의 공유와 호환을 통해 물자, 정보, 자금의 흐름을 신속하고 효율적으로 관리하는 데 초점을 맞춘다.

(나) RFID(Radio Frequency Identification, 무선 주파수 인식)은 제품에 부착된 칩의 정보를 무선 주파수를 이용해 읽고 기록한다. 문제에서 언급된 것처럼 바코드보다 더 많은 정보를 담을 수 있고 무선 지불 등에도 활용될 수 있는 특징을 가지고 있다.

10 2013 상업 임용 1차 40번 문항

정답 ㄱ, ㄴ

해설

문제에 제공된 내용 모두 RFID(Radio-Frequency Identification, 전파 식별)에 대한 설명이다.

- 전파 식별이라고도 한다.
- 반도체 칩이 내장된 태그, 라벨, 카드 등에 데이터를 저장한다.
- 무선 주파수를 이용하여 비접촉식으로 데이터를 읽어내는 인식 시스템이다.
- 바코드의 저장 능력과 스마트카드의 접촉 방식에 대한 한계를 극복하기 위해 확대 적용되고 있다.

ㄱ. 제품의 유통 과정에서부터 재고 관리에 이르기까지 제품에 대한 정보를 효율적으로 관리하는 데 이용할 수 있다. (O) RFID는 개별 제품에 태그를 부착하여 생산, 운송, 창고 보관(재고 관리), 매장 진열 등 유통 공급망 전 과정에서 실시간으로 정보를 추적하고 관리하는 데 대우 효과적이다.

ㄴ. 자동 인식되어 게이트의 자동화, 통과 위치, 시점 등 물류 정보를 화주, 운송사 등에게 제공하는 데 이용할 수 있다. (O) RFID 리더기는 태그가 부착된 물품이 특정 게이트를 통과하거나 특정 지역에 있을 때 자동으로 인식할 수 있다. 이는 창고 입출고 자동화, 운송 과정에서의 위치 추적, 물류 가시성 확보 등에 활용되어 화주와 운송사 등에게 실시간 물류 정보를 제공한다.

ㄷ. 이사회와 경영진의 책임 아래 수행되는 기업 지배 구조의 일부로 조직의 전략과 목표를 유지하고 확장하는 데 이용할 수 있다. (X) 기업의 지배 구조(Corporate Governance) 또는 전략 경영 관련 설명이다.

ㄹ. 한 조직의 전략을 성공적으로 달성하기 위해 고객, 재무, 내부 업무 프로세스, 학습 및 성장의 네 가지 관점을 고려 한 성과 측정에 이용할 수 있다. (X) 이는 균형성과표(Balanced Scorecard, BSC)의 설명이다.

11 2017 상업 임용 A 4번 문항

정답 제3자 물류

해설

제3자 물류(3PL, Third Party Logistics)

화주기업이 공급사슬의 전체 또는 일부를 특정 물류전문업체에 위탁(outsoursing)하는 것이다. 이를 담당하는 물류전문업체를 3PL 업체라고 하는데, 이들은 창고 관리, 제품배송, 차량 관리, 주문, 재고 관리까지 다양한 분야에서 서비스를 제공한다. 특히, 단순 원가 절감을 넘어 고객 서비스 향상, 경쟁력 확보 등 전략적 목표를 추구한다는 점에서 외주물류(outsourcing)보다 발전된 개념으로 사용된다.

미국 물류관리협회(Council of Logistics Management, CLM)

물류경로 내의 대행자 또는 매개자로서 화주와 단일 또는 복수의 제3자 물류가 상호 합의하에 일정 기간 동안 일정 비용으로 일정 서비스를 수행하는 과정이다.

문제에서 제시된 또 하나의 형태

제3자 물류 기능 외에 공급사슬관리(SCM), IT, 컨설팅 등의 부가가치 서비스를 제공하는 전문 물류업체인 제4자 물류(4PL)에 대한 언급도 주목할 필요가 있다.

12 2018 상업 임용 B 4번 문항

정답

㉠ 국가식별코드

㉡ 체크디지트

바코드의 단점: (1) 먼 거리에 있으면 인식이 어렵다. (2) 저장능력의 한계로, 제한된 정보만 식별이 가능하다.

해설

바코드(bar code)

바코드는 굵기가 다른 검은 막대 및 흰 막대를 특정한 형태로 조합하여 부호화한 것으로, 정보의 표현, 수집, 해독이 가능하다. 바코드는 0과 1의 비트로 이루어진 하나의 언어로, 바의 두께와 공백 폭의 비율에 따라 여러 종류의 코드 체계가 있다. 바코드는 신속하게 데이터 입력을 할 수 있으며, 도입비용이 저렴하고 응용 범위가 넓다.

다만, 물체가 가려져 있거나 먼 거리에 있으면 인식이 어렵고, 제조업체 코드, 상품 품목 코드 등으로 구성되어 있어 제한된 정보만 식별 가능하다. 예를 들어, 국제 표준 식별 코드인 GTIN-13 코드는 13자리의 숫자로 구성되어 있다.

코드 구성: 국가식별코드(3자리) + 제조업체 코드(6자리) + 상품품목코드(3자리) + 체크 디지트(1자리)

13 2008 상업 임용 19번 문항

정답

① 3S 1L의 원칙 중 1L: 저렴하게(Low)
② 7R의 원칙 중 나머지 1가지: 적절한 품질(right quality)
③: 제3자 물류

해설

물류 관리의 원칙

- 3S 1L의 원칙: 신속하게(speedy), 확실하게(surely), 안전하게(safely), 저렴하게(low) 그객에게 상품을 전달하는 원칙
- 7R의 원칙: 적절한 상품(right commodity), 적절한 품질(right quality), 적절한 가격(right price) 적절한 양(right quantity), 적절한 시기(right time), 원하는 장소(right place), 좋은 인상(right impression)

14 2010 상업 임용 1차 17번 문항

정답

ㄴ, ㄷ

해설

ㄱ. (X) (가) 조달 물류는 공급원으로부터 제조기업의 '자재' 단계까지의 물류 흐름이다. 원자재, 부품 등을 구매하고 조달하는 활동에 중점을 둔다.

ㄴ. (나)는 운반, 하역의 자동화와 창고의 자동화가 중요한 요소로 작용한다. (O) (나)는 생산 물류로, 제조기업 내에서 '자재'가 '생산' 공정으로 투입되어 제품이 만들어지는 과정의 물류 흐름이다. 공장 내 운반, 재공품 관리 등이 포함된다.

ㄷ. (다)는 생산된 제품을 소비자에게 전달하는 물류활동으로 수 · 배송 활동이 중요하다. (O) (다)는 판매 물류(또는 유통 물류)로, 협의의 물류(Physical Distribution)이기도 하며, 제조기업의 '판매' 단계에서 생산된 완제품이 최종 소비자에게 전달되는 물류 흐름이다. 완제품의 보관, 수배송, 재고 관리 등이 포함된다.

15 2020 상업 임용 A 4번 문항

정답

㉠ 판매물류
㉡ 폐기물류

해설

물류의 영역

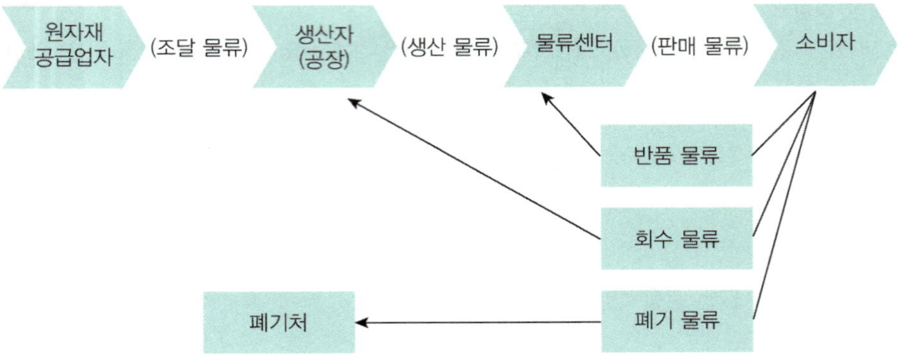

- 조달 물류: 물류의 시작 단계로, 원자재나 부품을 조달하여 자재 창고에 입고시켜 생산공정에 투입되기 직전까지의 과정이다.
- 생산 물류: 자재 창고에서 자재를 출고하여 생산 공정으로 운반 · 하역하고, 생산된 제품을 창고에 입고하는 과정까지이다.
- 판매 물류: 물류의 최종 단계로, 생산된 제품을 소비자에게 전달하는 과정 전반의 수 · 배송 활동이다. 창고에서 제품을 출고, 배송 센터 내의 유통 가공, 제품의 분류 선별 작업, 각 대리점이나 고객에게 배송하는 작업 등이 판매 물류에 포함된다.
- 반품 물류: 불만족이나 상품의 하자로 인해 새 상품으로 교환 및 환불이 발생할 경우에 반품된 물품의 회수 · 운반 · 정리 · 보관 · 처리 등의 업무이다.
- 회수 물류: 물류에 부수적으로 발생하는 컨테이너, 팔레트 등의 물류 용기나 포장재를 회수하는 활동이다. 그린 물류, 환경 물류라고도 한다.
- 폐기 물류: 더 이상 기능하지 못하는 소비자에게 보내진 상품이나 포장 용기, 운송용 용기나 자재 등을 폐기하는 것이다.

제7절 생산관리

01 2024 상업 임용 B 11번 문항

정답

㉠ 전문화(specialization) 분업의 원리에 따라 작업자를 특정 작업에 종사하게 하여 종업원의 숙련도를 높여 생산성의 향상, 이윤 극대화를 추구하는 것이다.
㉡ 유연성
㉢ 6시그마

해설

생산 · 운영관리(production and operations management)

자재, 자본, 노동, 정보 등의 투입물(input)을 제품이나 서비스인 산출물(output)로 바꾸는 변환과정(transformation)을 '설계'하고 '계획 및 통제'하는 생산관리시스템이다.

- 설계: 제품 및 서비스의 개발 및 설계, 공정설계와 설비배치, 방법연구와 작업측정, 입지분석
- 계획 및 통제: 수요예측, 총괄생산계획, 개별일정계획, 재고관리, 자재소요계획, 적시생산계획, 품질관리 등

생산시스템의 효율적인 관리 '3S 원칙'

생산시스템은 최소의 비용으로 최대의 성과를 얻을 수 있는 효율적인 관리가 요구되며, 표준화(standardization), 단순화(simplification), 전문화(specialization)의 '3S 원칙'이 적용된다.

- 표준화: 제품, 원재료 등을 일정한 규격으로 통일, 필요한 표준을 정하는 것이다. 대량 생산을 가능하게 하며, 부품의 호환성이 증가되어 생산 및 유통비용을 절감할 수 있다.
- 단순화: 제품이나 서비스의 품목, 부품 종류, 라인 등을 줄이는 것이다. 생산기간 및 납기가 단축될 수 있고 작업방법이 단순해져 작업자의 숙련도, 품질이 높아진다.
- 전문화: 분업의 원리에 따라 작업자를 특정 작업에 종사하게 하여 종업원의 숙련도를 높여 생산성의 향상, 이윤 극대화를 추구하는 것이다.

생산시스템의 목표(4대 경쟁우위 요소)

- 품질(quality): 높은 수준의 품질(top quality), 일관된 품질의 유지(consistent quality)
- 납기(시간, time): 제품 및 서비스 공급 및 설계 소요 시간의 단축, 연구개발 시간의 단축(development speed), 빠른 인도(fast delivery time), 적시 공급(on time delivery)
- 원가(가격, cost): 품질이 유사할 경우 낮은 원가 달성(low-cost operation)
- 유연성(flexibility): 제품설계와 생산량의 변화에의 적응 능력을 높이는 것. 생산량의 유연화(volume flexibility) 및 고객화(customization), 다양성(variety)이 있는 제품 구색으로 대량고객화 달성
- 최근에는 이에 '서비스'를 추가해 5대 요소라 하기도 한다.

6시그마(six sigma)

모든 프로세스의 품질 수준을 100만 개당 3.4개의 불량률(표준편차의 6배 범위)로 유지하는 전사적 품질 개선 전략이다. 6시그마의 공식화된 문제 해결 프로세스는 DMAIC(정의, 측정, 분석, 개선, 통제)으로 정의할 수 있다. 최고경영자는 기업의 전체 목표를 공식화하여 6시그마를 조직의 전략에 일치하도록 전 과정을 이끌어야 한다.

02 2016 상업 임용 A 4번 문항

정답 SCM

해설

SCM(공급사슬관리, Supply Chain Management)

공급사슬은 고객으로 향하는 하류(downstream) 방향과 첫 공급업체로 향하는 상류(upstream) 방향의 자재 흐름과 정보 흐름을 통합적으로 결정하는 관계의 집합체이다. 공급사슬관리는 부품 공급업체-생산업체-고객에 이르기까지 거래관계에 있는 기업 간 실시간 정보공유를 통해 시장이나 수요자들의 요구에 대응할 수 있도록 한다.

SCM은 1980년대 중반 미국의 의류업계에서 신속 반응 시스템(QRS)으로 시작하여, 식료품 제조업체와 대형 슈퍼마켓의 효율적 소비자 반응(ECR)으로 발전하며 정착된 개념이다. 통합적 정보 시스템을 활용하여 공급업체부터 생산 공장, 도매상, 소매상, 창고 및 보관업자, 최종 소비자에 이르기까지 원자재, 제품, 관련 정보의 흐름을 통합적으로 관리할 수 있는 것이다. 즉, SCM을 통해 운송비, 보관 및 재고 관리비, 포장비, 하역비 등 물류와 관련된 제반 비용을 획기적으로 줄이고, 신속한 물류 흐름을 통해 고객이 원하는 제품을 적시에 공급함으로써 서비스 만족도를 극대화한다.

문제에서 A 기업은 공급망 관리를 도입함으로써 현재 겪고 있는 물류 비용 증가와 고객 서비스 만족도 저하 문제를 해결하고, B 기업처럼 혁신적인 성과를 달성할 수 있을 것이다.

03 2020 상업 임용 A 8번 문항

정답

㉠ 채찍 효과, 채찍 효과는 제품의 수요정보가 공급사슬의 주체를 하나씩 거쳐서 전달될 때마다 점차 왜곡되는 것이다.

㉡ 계획

㉢ 실행

해설

채찍 효과(bullwhip effect)에 대처하는 SCM

채찍 효과는 제품의 수요정보가 공급사슬의 주체를 하나씩 거쳐서 전달될 때마다 점차 왜곡되는 것이다. 공급사슬 구성원 간 의사소통 결여, 일괄주문 및 뱃치 주문, 가격 변동, 긴 리드 타임, 가격할인이나 판매촉진으로 인한 수요급증 및 수요급감, 대규모 재고 비축 등에 의해 발생한다. 이는 공급사슬관리의 정보시스템을 활용한 가시성(visibility) 확보로 불확실성을 감소시킬 수 있다. 또한, 리드타임을 감소시켜 수요를 안정적으로 만들어 변동성을 줄일 수 있다.

공급사슬관리시스템

공급사슬관리를 통해 기업 내외의 정보 흐름을 통합적으로 관리하기 위한 애플리케이션으로 공급사슬계획시스템(SCP)과 공급사슬실행시스템(SCE)이 있다. SCP는 기업이 제품 수요를 예측하고, 제품의 조달 및 생산계획을 수립하여 기업의 효율성을 높일 수 있게 한다. SCE는 제품이 올바른 장소에 가장 효율적으로 전달되는 유통센터 및 창고를 거치는 흐름을 관리한다. SCP에 의해 수립된 모든 계획을 실제로 실행하고, 재계획을 위해 실행 결과를 다시 피드백하는 공급사슬관리의 백본 시스템(backbone system)이다.

04 2009 상업 임용 1차 34번 문항

정답 ㄴ, ㄹ

해설

생산시스템의 유형

생산시스템의 유형에는 '계획생산(make to stock)'과 '주문생산(make to order)'이 있다. 그림에서 (가)는 소품종 대량생산인 계획생산, (나)는 다품종 소량생산인 주문생산에 해당한다.

구분	(가) 계획생산	(나) 주문생산
개념	수요예측을 통해 미리 생산	고객 주문에 따라 개별적 생산
목표 우선순위	원가 > 품질 > 유연성 > 서비스	납기 > 품질 > 원가 > 유연성
주요 문제	수요예측 및 재고관리	생산활동(납기) 관리
생산 형태	연속생산(계속 생산)	개별생산(단속생산)
품종, 생산량	소품종 대량생산	다품종 소량생산
생산설비	전용설비	범용설비
생산공정	제품별 배치	기능별 배치
작업조직	품종별 작업조직, 유동작업조직	기계별 작업조직, 만능작업조직

ㄱ. (X) (가) 계획생산은 표준화된 제품을 대량으로 생산하기 때문에, 다양한 고객의 수요 변화나 맞춤형 요구에 대한 유연성은 낮은 편이다.

ㄴ. (O) (가)는 전용 설비를 이용하고 예측 생산에 유리하다. 계획생산은 특정 소수의 제품을 대량으로 효율적으로 생산하기 위해 전용 설비를 사용하는 것이 일반적이다. 또한, 수요 예측을 기반으로 생산하는 예측 생산이 계획생산의 핵심이다.

ㄷ. (X) 석유 정제업, 화학 공업은 공정 흐름이 지속적이고 표준화된 제품을 대량으로 생산하는 연속 생산(Continuous Production) 또는 공정 생산(Process Production)에 해당한다.

ㄹ. (O) (나)는 유연 생산 시스템(Flexible Manufacturing System) 도입으로 공정을 유연화시킬 수 있다. 주문생산 형태에서는 다양한 종류의 제품을 효율적으로 생산해야 하므로 유연성(Flexibility)이 매우 중요하다. 유연 생산 시스템(FMS)은 다품종 소량 생산 환경에서 생산 효율성과 유연성을 동시에 높이기 위해 개발된 시스템으로, 컴퓨터 제어하에 여러 종류의 가공 작업을 자동화하여 제품 변경에 유연하게 대응할 수 있도록 한다.

05 2005 상업 임용 16번 문항

정답

① 계산식: $EOQ=\sqrt{\dfrac{2\times 1\text{회 주문비용}}{\text{단위당 연간 재고유지비용}}}$

② 경제적 주문량(EOQ): 2,000개

해설

경제적 주문량(EOQ, economic order quantity) 모델

연간재고 유지비용과 연간 주문비용의 합인 총 재고비용을 최소화하는 주문량이다. 즉, 최적 주문량을 결정하는 것이다. 경제적 주문량은 연간재고유지비용과 연간주문비용이 같아지는 점에서 정해진다. 따라서 주문비용이 감소하면 EOQ는 감소하고, 재고유지비용이 감소하면 EOQ는 증가한다.

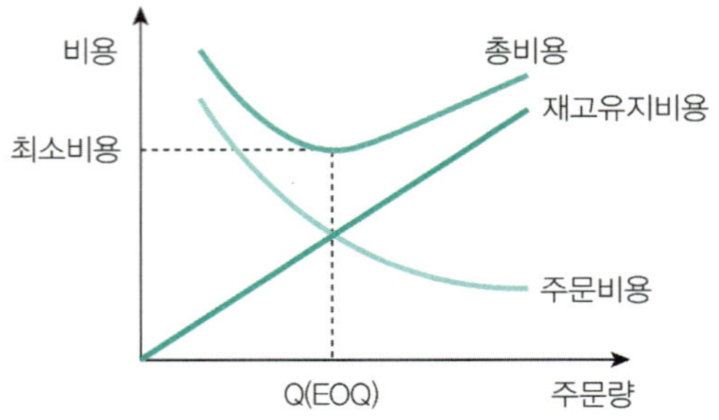

EOQ모델의 가정

① 단일품목을 대상으로 하고 해당 품목의 수요율이 일정하여 연간수요량이 확실하다.
② 롯트 크기에 제한이 없고 수량 할인은 인정되지 않는다.
③ 관련된 비용은 재고유지비용과 고정비용(주문비용이나 가동준비비용)밖에 없다.
④ 재고조달기간과 단위기간당 재고사용량 및 1회 주문비용이 일정하다.

경제적 주문량 계산

$$EOQ=\sqrt{\frac{2DO}{C}}$$

Q = 최적주문량, C = 단위당 연간 재고유지비용
D = 연간수요량, O = 1회 주문비용

D = 200,000개, O = 20,000원, C = 2,000원

$$\sqrt{\frac{2\times 200{,}000\times 20{,}000}{2{,}000}}=\sqrt{\frac{8{,}000{,}000{,}000}{2{,}000}}=\sqrt{4{,}000{,}000}=2{,}000$$

즉, 2,000개

06 2021 상업 임용 A 4번 문항

정답

㉠ 재고 확인

㉡ 린

해설

린 생산시스템(lean production system)

정확히 고객이 원하는 것만 제공하여 모든 생산공정에서 체계적 낭비를 제거하는 생산방식이다. JIT(적시생산, just in time)는 생산 현장의 변화를 추구한다면 린시스템은 그에 더해 경영 전체의 낭비를 최소화하여 가치를 창출한다. 고객 관점에서 제품과 서비스의 가치를 명확히 정의하며, 풀 방식(pull system)이 주로 사용된다. 또한 가치흐름도(value stream map)를 작성하여 비 부가가치를 제거하고 낭비를 피하면 고객에게 낭비 없는 가치를 전달할 수 있는데, 이는 계속 개선(Kaizen)되어야 한다고 한다.

ERP 영업관리 모듈

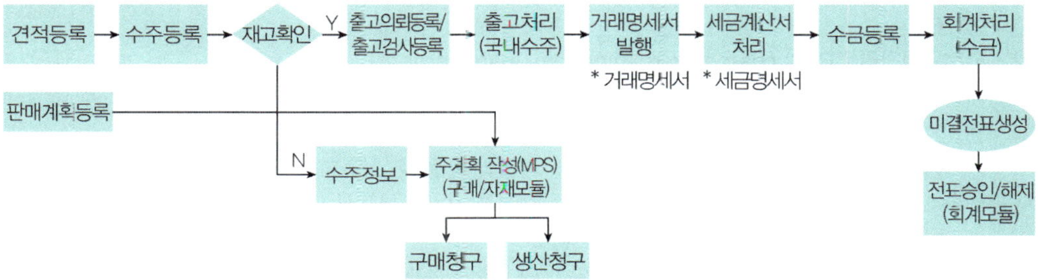

[수주등록] 메뉴에서 고객에게 주문받은 내역을 등록한다. 이후 재고가 있으면 출고의뢰 및 출고처리를 하고, 재고가 없는 경우에는 주계획 작성(MPS; master production schedule)을 통해 생산계획을 수립하여 수급 수량을 계획한다.

제8절 마케팅

01 2016 상업 임용 A 11번 문항

정답

A은행의 도입 예정 시스템: 고객관계관리(CRM)

파레토 법칙은 80:20 법칙(80-20 rule), 2대 8 법칙이라고도 하며, 전체 결과의 80%가 전체 원인의 20%에서 일어나는 현상을 말한다. 즉, 상위 20%가 전체 매출의 80% 이상을 소유한다고 보고 상위 20%의 매출에 기여한 고객을 관리하는 것이다. B은행은 금융거래실적을 고려하여 최상위 5%, 상위 15%로 나누어 고객을 관리하므로 상위 20% 이상의 고객 관리에 집중하는 방식을 사용한다.

㉠ 교차 판매의 개념: 교차 판매는 상품을 구매한 고객에게 다른 상품의 구매를 권유하는 것이다.

해설

고객관계관리(CRM; customer relationship management)

기업이 고객과 관련된 내외부 자료를 분석하고 통합하여 그 정보를 토대로 고객 특성에 맞게 마케팅 활동을 계획, 실행, 평가하는 과정이다. 고객관계관리 마케팅의 기본은 고객의 욕구를 충족시킬 수 있는 고객가치를 제공하여 고객만족을 실현함으로써 기업의 이윤을 창출하는 것으로, 관계마케팅(relationship marketing)과 혼용하여 사용하기도 한다. 고객관계관리는 불특정 다수가 아니라, 고객 개개인을 대상으로 하는 일대일(개인화) 마케팅을 지향한다.

- 고객관계관리의 프로세스: 고객 관계 획득 → 고객 관계 유지 → 고객 관계강화
- e-고객관계관리: 전자상거래의 발전으로 e-고객관계관리가 등장했다. 인터넷으로 고객의 성향을 파악해 실시간으로 차별화된 서비스를 신속하게 제공한다.
- RFM 분석: 가장 최근에 구매한 날짜(recency), 구매 빈도(frequency), 구매금액(monetary)을 기준으로 고객을 분류하는 방식으로 온라인 마케팅에 많이 활용된다.

교차 판매(cross selling)와 상향판매(up selling)

교차 판매는 상품을 구매한 고객에게 관련성이 있거나 보완적인 다른 상품의 구매를 권유하는 것이다. 상향판매는 상품을 구매한 고객에게 그보다 더 고가인 제품을 구매하도록 권유하는 것이다.

02 2010 상업 임용 1차 28번 문항

정답

ㄷ, ㄹ

해설

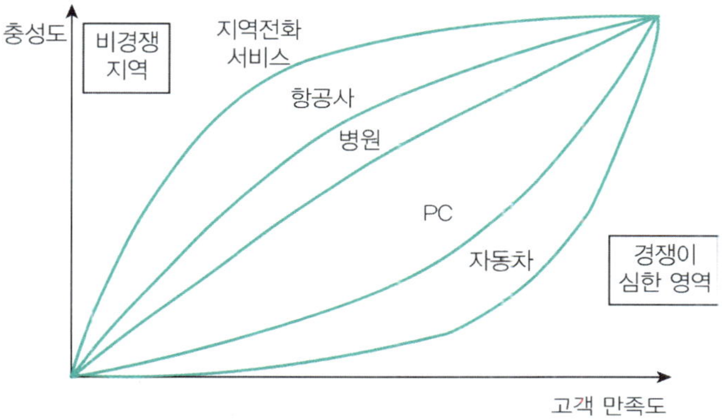

경쟁환경이 고객만족-고객충성 관계에 미치는 영향

(가)는 비경쟁지역, (나)는 경쟁이 심한 영역이다.

- 비경쟁지역: 규제로 인한 독점 또는 대체제품이 없을 경우로, 시장지배력이 높은 브랜드, 높은 이동비용, 강력한 충성 유발 프로그램, 특허기술 등의 특징이 있다.
- 경쟁이 심한 영역: 생필품 등 낮은 차별화, 소비자의 무관심, 낮은 이용 비용의 특징이 있다. 그렇다 보니 ㄷ에서 언급한 것과 같이, 비경쟁지역에 비해 상대적으로 신규 고객의 유치보다 기존 고객의 유지가 더 중요하다. 기존 고객의 높은 충족도를 위해 상대적으로 더 높은 수준의 고객 만족도를 필요로 하는 것이다.

03 2009 상업 임용 1차 3번 문항

정답 ⑤

해설

마케팅 조사(marketing research)의 과정

문제의 파악 및 조사목적 설정	→	마케팅 조사 설계	→	자료의 수집과 분석	→	보고서 작성

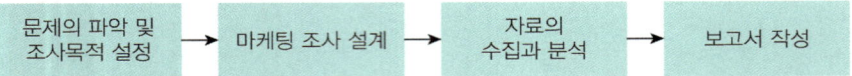

1. 문제의 파악 및 조사목적 설정: 문제의 원인을 찾아 마케팅 조사의 방향을 설정한다.
   - 탐색 조사(exploratory research): 조사에 대한 아이디어나 전체를 조망하는 통찰력을 얻고자 할 때 사용한다. 즉, 문제의 성격의 파악하고 가설을 형성하여 더 깊이 있는 연구를 위한 예비 단계를 거칠 때 사용한다. 관찰법, 문헌 조사, 전문가 의견조사, 사례조사 등을 활용한다.
   - 기술조사(descriptive research): 특정 상황의 발생 빈도를 측정하여 관련 변수 간 상호관계성을 파악하여 미래 예측을 하는 것으로, 현 상황을 파악하기 위한 설문지 배포 및 자료수집을 하는 문제의 조사에 해당한다. 기술조사는 종단조사, 횡단 조사, 패널 조사 등을 활용한다. 종단조사는 일정한 시간 간격을 두고 조사대상을 반복적으로 측정하며, 횡단 조사는 일정 시점의 연구대상에서 추출된 표본에서 자료를 얻어 분석한다. 패널 조사는 여러 시점에 걸쳐 조사대상인 패널에 대해 지속적으로 반복하여 측정하여 조사하는 방법으로 종단조사와 횡단 조사를 결합한 방법이다.
   - 인과조사(causal research): 마케팅 변수 간의 인과관계를 통해 마케팅 현상을 설명하거나 예측하며, 각종 실험법, 대칭적 · 비대칭적 관계, 자극-반응 관계, 특성-성향 관계, 특성-행동 관계 등을 활용한다.
2. 마케팅 조사 설계
   - 1차 자료는 조사자가 직접 수집한 자료이다. 1차 자료는 획득 비용이 많이 들지만, 정보의 질 역시 높다. 일반적으로, 2차 자료를 먼저 수집하고 검토한 후에 1차 자료를 수집한다. 관찰법, 우편조사법(mail survey), 전화면접법(telephone interview), 대인 면접법(personal interview), 표적집단면접법(FGI; focus group interview), 투사법(projection), 실험조사법(CLT; central location test)을 활용한다.
   - 2차 자료는 다른 조사자가 이미 문헌으로 제시한 기존의 모든 자료이다. 각종 통계나 상업용 자료, 연구간행물 등 기업 외부자료를 사용하거나, 고객이나 POS 데이터 자료 등 기업 내부자료를 활용할 수 있다. 문제에서는 창업 보고서, 매출액 관련 문헌과 개발된 설문지를 조사하므로 2차 자료에 해당된다.

04 2017 상업 임용 A 10번 문항

정답

표적집단면접법(FGI) 혹은 포커스그룹인터뷰
할당표본추출방법(quota sampling)
㈜행복의 설문 조사 목적: 행복은 경쟁사인 다국적 기업들의 신제품 출시로 인해 시장점유율이 감소하고 있는 상황에 대응하여 신제품 전략을 수립하고, 이를 위해 여성용 면도기 소비자들의 제품 사용 실태와 만족도를 파악하여 자사 제품의 강점 및 약점을 분석하고 개선 방안을 도출하는 데 목적이 있다.

해설

표적집단면접법(FGI, Focus Group Interview)
표적집단면접법은 소수(6~12명)의 조사대상을 한 장소에 모이게 하여 조사목적과 관련한 대화를 유도하여 조사대상이 의견을 제시하는 과정을 통해 자료를 수집한다. 이는 1차 자료를 수집할 때 주로 사용하는 방식이다.

할당표본추출방법
마케팅조사 중 두 번째 단계인 '마케팅 조사 설계'의 표본설계(simple design)에서 활용된다. 마케팅 조사 설계는 자료를 수집, 분석하기 전에 마케팅 조사 계획을 수립한다. 표본설계는 조사대상을 결정하기 위해 모집단에서 표본을 추출한다. 조사하고자 하는 모든 대상을 모집단(population)이라고 하는데, 모집단 전체를 대상으로 하는 전수조사와 모집단의 특성을 잘 나타내는 대상인 표본(sample)을 추출해서 조사하는 것이다. 표본 조사는 확률적 표본추출과 비확률적 표본추출로 이루어지는데, 확률적 표본추출은 조사자의 임의성을 배제하고 모집단의 구성요소들이 표본으로 선정될 확률이 이미 알려진 것이고, 비확률적 표본추출은 조사자의 주관적 판단으로 표본을 선정하는 것이다.

구분		특징
확률적 표본추출	무작위 표본추출 random sampling	모집단의 모든 구성요소가 표본으로 선택될 확률이 같도록 표본을 추출
	층화 표본추출 stratified sampling	모집단을 하위집단으로 구분하고 각 집단에서 무작위로 표본을 추출
	군집 표본추출 cluster sampling	모집단을 하위집단으로 구분하고 그중에서 하나의 집단을 선택하여 표본을 추출
비확률적 표본추출	편의 표본추출 convenience sampling	정보를 얻기 가장 편리한 구성원을 모집단에서 선정
	판단 표본추출 judgment sampling	정확한 정보를 줄 것으로 예상되는 모집단 구성원을 선정
	할당 표본추출 quota sampling	응답자 범주별로 미리 정해진 수의 사람을 추출

마케팅 조사의 목적
마케팅 조사는 무엇을 알고 싶은가를 정의하고, 조사 기법은 그것을 어떻게 알아낼 것인가를 결정하는 도구이다. ㈜행복의 사례는 FGI를 통해 문제의 본질을 파악하고, 이를 바탕으로 할당 표본 추출을 통해 구체적인 데이터를 수집하는 일반적인 마케팅 조사 프로세스를 잘 보여주고 있다. 즉, 경쟁사 신제품 출시로 인한 시장점유율 감소 원인 파악 및 신제품 전략 수립을 위한 정보 획득을 한 후, 여성용 면도기 제품 사용 실태와 만족도에 대한 구체적이고 계량적인 데이터 확보를 하는 것이 목적이다.

05 2014 상업 임용 A 10번 문항

정답

명목척도

해설

마케팅 조사의 과정 3. 자료의 수집과 분석

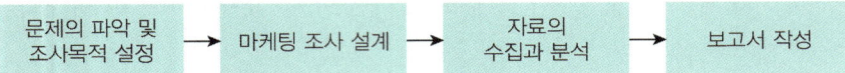

문제의 파악 및 조사목적 설정 → 마케팅 조사 설계 → 자료의 수집과 분석 → 보고서 작성

해당 단계에서는 수집한 자료를 분석 가능한 상태로 계량화하여 분석한다. 마케팅 조사는 연구대상의 속성에 따라 숫자를 부여하는데, 그 숫자의 의미에 따라 명목척도, 서열척도, 등간척도, 비율척도 등으로 구분한다.

- 명목척도(nominal scale): 측정대상이 속한 범주나 종류를 구분하기 위해 숫자를 부여한다. 성별, 상표, 판매지역 분류 등에 활용한다.
- 서열척도(ordinal scale): 순위를 나타내며, 주로 선호도나 사회계층에 활용한다.
- 등간척도(interval scale): 숫자 사이의 간격이 동일할 때 부여하는 숫자로, 온도, 주가지수, 환율과 같은 각종 지수 등에 활용한다. 등간척도 중 리커트척도(Likert scale)는 질문에 대해 동의하거나 반대하는 정도를 표시하는 것이다. (매우 중요함-보통-매우 중요하지 않음) 어의 차이 척도(semantic differential scale)는 양쪽 끝에 상이한 의미의 수식어를 제시하여 응답을 측정한다. (비싸다-저렴하다)
- 비율척도(ratio scale): 숫자 간 비율이 산술적 의미가 있는 경우이며, 시장점유율이 해당한다. 비율척도는 절대 영점이 존재하여 사칙연산이 모두 가능하다.

06 2005 상업 임용 13번 문항

정답

① 대안평가
② 구매후평가

해설

구매의사결정과정

문제(욕구)인식 → 정보(대안)탐색 → 대안평가 → 구매결정 → 구매 후 평가

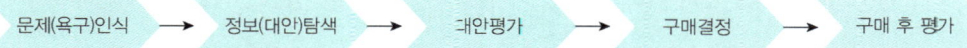

1. 문제(욕구) 인식: 소비자는 어떤 사안에 대해 자신의 현재 상태(as is)와 바람직한 상태(to be)의 차이를 지각하면 그 차이를 해소하고자 한다.
2. 정보(대안) 탐색: 구매의사결정과정을 시작하면 문제 해결을 위해 정보를 탐색하여 다양한 대안을 도출하게 된다. 정보탐색은 내적(내부) 탐색(internal search)과 외적(외부) 탐색(external search)으로 나눌 수 있다.
3. 대안 평가: 소비자는 평가 기준과 평가방식을 결정해서 각 대안을 비교하여 평가한다. 평가 기준은 소비자의 구매 목적과 제품에서 얻고자 하는 효익에 의해 결정되며, 그 기준은 객관적일 수도 있고 주관적일 수도 있다. 평가방식은 보완적 평가방식과 비보완적 평가방식이 있다.
4. 구매 결정: 소비자가 여러 대안을 평가한 후에 가장 선호하는 제품에 대해 구매 의도를 형성하게 되어 구매를 행동으로 옮긴다. 가족, 준거집단, 사회문화적 영향, 구매 시점의 경쟁사 광고 등에 의해 최종 선택이 바뀔 수 있다.
5. 구매 후 평가(행동): 소비자는 구매 시점이나 사용 중에 만족 또는 불만족을 느낀다. 이는 구매 이전의 기대감과 구매 후 제품 사용 시 느끼는 불일치 정도에 따라 인지부조화를 겪는 것이다. 소비자는 인지부조화를 해소하기 위해 다양한 노력을 하게 된다. 제품을 구입하고 그 결과에 만족하면 긍정적 구매 태도가 형성되어 재구매 행동으로 이어지고 그 반대의 경우 인지부조화를 해소하기 위해 노력하며 재구매 행동을 자제한다.

07 2021 상업 임용 A 10번 문항

정답

ⓒ 유형: 내적탐색

ⓓ A, 브랜드 B는 A에 비해 무게에서 2점(5점 vs 3점)이 낮은데, 영희는 무게에 대한 중요도를 가장 높게 생각하기 때문에 이는 총점에 큰 영향을 미쳤다. 따라서, 브랜드 B는 제품의 무게를 줄이는 기술 개발에 집중하여 무게 평가 점수를 높여야 한다.

ⓛ의 결정: 소비자의 만족 또는 불만족은 구매 전 형성된 기대와 구매 후 지각된 성과 간의 불일치 정도에 따라 결정되며, 지각과 소비 사이의 불일치가 긍정적인 불일치일 경우 만족도가 높아진다.

해설

구매의사결정과정 중 2. 정보(대안)탐색

문제(욕구)인식 → 정보(대안)탐색 → 대안평가 → 구매결정 → 구매 후 평가

정보(대안) 탐색 과정에서는 문제 해결을 위해 정보를 탐색하여 다양한 대안을 도출하게 된다. 정보탐색은 내적(내부) 탐색(internal search)과 외적(외부) 탐색(external search)으로 나눌 수 있다.

- 내적 탐색: 소비자의 기억에서 정보를 회상(recall)하는 것으로, 내적 탐색을 통해 회상된 상표들의 집합을 '상기상표군(evoked set)'이라고 한다. 상기상표군으로 충분하면 상기상표군 내에서 의사결정을 할 수 있으므로, 마케팅 관리자는 자사 제품이 목표 고객집단이 구매 시점에 고려하는 상기상표군에 포함되도록 마케팅 노력을 해야 한다.
- 외적 탐색: 소비자가 광고, 구전 등을 통해 정보를 얻는 것으로, 외부 정보 원천(external information source)에는 기업제공 정보 원천, 소비자 정보 원천, 중립적 정보 원천이 있다. 기업제공 정보 원천은 광고, 판매원, 매장과 포장, 소비자 정보 원천은 가족, 친구 등의 주변 사람에게 얻는 구전 정보, 중립적 정보 원천은 공공기관 등의 발행물 등이 있다. 소비자는 소비자 정보 원천과 중립적 정보 원천을 신뢰하는 경향이 있으므로 마케팅 관리자는 자사 제품이 긍정적인 구전이 이루어지도록 고객만족관리를 하고, 공공기관과의 공중관계(public relation) 구축에 노력을 기울여야 한다.

구매의사결정과정 중 3. 대안 평가 단계

대안 평가 단계에서는 소비자가 평가 기준과 평가방식을 결정해서 각 대안을 비교하여 평가한다. 평가 기준은 소비자의 구매 목적과 제품에서 얻고자 하는 효익에 의해 결정되며, 그 기준은 객관적일 수도 있고 주관적일 수도 있다. 평가방식은 보완적 평가방식과 비보완적 평가방식이 있다.

보완적 평가방식(compensatory rule)은 대안들을 여러 가지 중요한 평가 기준을 사용해 종합적으로 비교 평가하는 것으로, 특정 제품이 어떤 평가 요소에서 낮은 점수여도 다른 평가 요소에서는 높은 점수를 받아 보완될 수 있는 방식이다. 보완적 평가방식 중 Fishbein(피쉬바인)의 다속성태도모형(multi-attitude model)은 여러 제품을 각 속성의 중요도에 따라 가중치를 부여하여 기대가치를 구한 후 이를 최대화하는 대안을 선택한다. 소비자가 정보(대안)탐색 과정에서 상표에 관한 신념들의 집합을 형성하는데, 가중치는 그러한 주관적 신념이 들어 있는 것이다. 각각의 신념에 할당되는 확률값은 고객의 확신 정도를 반영하며, 이 모형은 매우 높은 예측타당성을 갖는다.

평가 기준	중요도	브랜드별 평가 기준에 대한 점수		
		A	B	C
무게	40	5	3	3
디자인	20	3	4	5
A/S	30	4	5	3
가격	10	4	4	5
합계	100			

영희의 평가표에 따라 브랜드별 점수를 계산해볼 수 있다. 점수와 중요도를 함께 고려한다.

A: 5*0.4 + 3*0.2 + 4*0.3 + 4*0.1 = 2+0.6+1.2+0.4=4.2

B: 3*0.4 + 4*0.2 + 5*0.3 + 4*0.1 = 1.2+0.8+1.5+0.4=3.9

C: 3*0.4 + 5*0.2 + 3*0.3 + 5*0.1 = 1.2+1+0.9+0.5=3.6

즉, 1위는 브랜드 A. 2위는 B이다. 영희에게 무게에 중요도가 높은데 B는 그 부분에서 낮은 점수를 얻었다.

구매의사결정과정 중 5. 구매 후 평가(행동)

소비자는 구매 시점이나 사용 중에 만족 또는 불만족을 느낀다. 이는 구매 이전의 기대감과 구매 후 제품 사용 시 느끼는 불일치 정도에 따라 인지부조화를 겪는 것이다. 소비자는 인지부조화를 해소하기 위해 다양한 노력을 하게 된다. 제품을 구입하고 그 결과에 만족하면 긍정적 구매 태도가 형성되어 재구매 행동으로 이어지고 그 반대의 경우 인지부조화를 해소하기 위해 노력하며 재구매 항동을 자제한다.

기대(성과) 불일치 모형(expectancy-performance disconfirmation model)에서는 소비자가 자신의 기대와 제품 사용 후 지각한 성과를 비교하여 지각과 소비가 일치하거나 불일치한 경우의 소비자 반응을 연구한다. 지각과 소비 사이의 불일치가 긍정적 불일치이면 만족하고 부정적 불일치면 불만족한다.

소비자는 자신이 구매한 제품이 비교 대상인 다른 제품보다 더 좋다는 확신이 없으면 구매 후 부조화를 느낀다. 구매후부조화는 불만족과는 다른 개념으로, 자신의 소비 행동이 잘한 것인가 하는 의구심이다. 마케팅 관리자는 구매후부조화가 예상되는 경우 애프터세일즈마케팅(after sales marketing)을 통해 소비자의 부조화를 감소시켜야 한다.

08 2022 상업 임용 B 10번 문항

정답

㉠ 구매후부조화

㉡ 기대(성과) 불일치 모형, 지각과 소비 사이의 불일치가 부정적 불일치이므로 불만족한 상태이다.

해설

㉠ 구매후부조화: 소비자는 자신이 구매한 제품이 비교 대상인 다른 제품보다 더 좋다는 확신이 없으면 구매 후 부조화를 느낀다. 구매후부조화는 불만족과는 다른 개념으로, 자신의 소비 행동이 잘한 것인가 하는 의구심이다. 마케팅 관리자는 구매후부조화가 예상되는 경우 애프터세일즈마케팅(after sales marketing)을 통해 소비자의 부조화를 감소시켜야 한다.

㉡ 기대(성과) 불일치 모형(expectancy-performance disconfirmation model): 소비자가 자신의 기대와 제품 사용 후 지각한 성과를 비교하여 지각과 소비가 일치하거나 불일치한 경우의 소비자 반응을 연구한다. 지각과 소비 사이의 불일치가 긍정적 불일치이면 만족하고 부정적 불일치면 불만족한다.

09 2010 상업 임용 1차 12번 문항

정답 ①

해설

소비자의 정보처리 과정(information process) 중 노출(exposure)

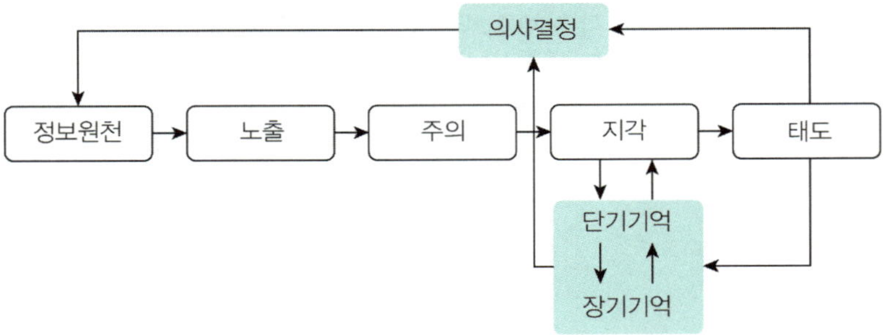

노출은 자극에 물리적으로 접근하여 시각, 청각, 후각, 촉각, 미각 등의 감각 기관에서 활성화될 준비가 된 상태이다. 노출의 유형에는 의도적 노출, 우연적 노출, 선택적 노출이 있다.

- 의도적 노출(intentional exposure): 소비자가 문제를 해결하기 위해 의도적으로 자신을 마케팅 정보에 노출시킨 것이다. 예를 들어 소비자가 내적 탐색 이후에 외적 탐색을 하는 경우도 의도적 노출이다.
- 우연적 노출(accidental exposure): 소비자가 의도하지 않은 상태에서 정보에 노출된 것이다. 예를 들어 길가를 걷다가 광고를 보는 상황이다. 보기의 ①은 우연적 노출이다.
- 선택적 노출(selective exposure): 소비자가 필요하고 관심이 있는 정보에만 노출시키는 것이다. 예를 들어 받은 이메일의 제목이 광고라고 여겨지면 내용도 보지 않고 삭제하거나, TV에서 원치 않는 광고가 나오면 채널을 돌리는 등 자신이 원하는 것에만 노출하려는 것이다.

10 2023 상업 임용 B 9번 문항

정답

㉠ 인구통계적 기준

㉡ 집중화 마케팅

㉢ 포지셔닝: 소비자의 인식 속에 자사의 제품이 어느 위치를 차지하고 있는지에 대한 상대적 위치를 탐색하여, 자사의 제품을 경쟁사의 제품보다 소비자의 기억과 인식 속에서 우위에 있도록 하는 것이다.

해설

STP 전략 단계

시장세분화(market segmentation) → 표적시장의 선정(targeting) → 포지셔닝(positioning)

1. 시장세분화(market segmentation)

시장세분화는 전체 시장을 일정한 기준에 의해 동질적인 세분시장으로 구분하는 것이다. 시장세분화의 기준변수는 지리적 기준, 인구통계적 기준, 심리특성적 기준, 구매행동적 기준 등이 있다.

- 지리적 기준: 국가, 지역, 도시 규모, 기후 등에 따라 세분화를 할 수 있다.
- 인구통계적 기준: 나이, 성별, 소득수준, 직업, 교육 수준, 종교, 인종, 가족 구성원 수 등 인구통계적 변수에 따라 세분화를 할 수 있다. 두 개 이상의 인구 특성 변수를 결합하기도 한다.
- 심리특성적 기준: 라이프 스타일(AIO분석), 개성 등과 같은 심리 특성에 따라 세분화할 수 있다. 동일한 인구통계적 기준에 속해도 다른 심리적 집단을 형성할 수 있어 중요하다.
- 구매행동적 기준: 소비자의 제품 구매 및 사용량, 제품을 통해 추구하는 편익(benefit), 상표충성도, 사용 경험, 제품에 대한 태도, 고객생애가치 등 소비자와 상품의 관계에 초점을 맞춰 세분화한다.

2. 표적시장의 선정(targeting)

표적시장(목표시장)의 선정은 세분시장 중에서 한 개 또는 다수의 세분시장을 선택하여 마케팅 활동을 집중하는 것이다. 표적시장의 선정 유형으로는 비차별적 마케팅, 차별적 마케팅, 집중적 마케팅 전략이 있다.

- 비차별적 마케팅(undifferentiated marketing): 대량마케팅(mass marketing)이라고도 하며, 기업이 하나의 제품으로 전체 시장을 대상으로 마케팅 활동을 하는 것이다. 수요의 동질성이 높은 제품에 대해 최대 다수의 구매자를 만족시킬 수 있는 제품과 마케팅믹스를 개발하는 것으로, 제품수명주기상으로는 도입기가 적합하다. 저원가 대량생산이 가능한 생필품 등 소비자의 기호 차이가 크지 않은 제품에 적합하다. 다만, 비차별적 마케팅으로 고객이 차별화되지 않더라도 제품 자체는 차별화시키도록 해야 한다.
- 차별적 마케팅(differentiated marketing): 세분시장마다 다른 제품을 가지고 접근하는 것이다. 제품 특성의 차이가 분명하거나 시장이 이질적인 경우, 경쟁사가 적극적으로 차별화 전략을 사용하는 경우에 유리하다. 판매에 대한 잠재력을 최대화할 수 있으나, 각종 비용이 증가하는 단점이 있다.
- 집중적 마케팅(concentrated marketing): 틈새시장 마케팅(niche marketing)이라고도 하며, 하나의 세분시장에서 하나 또는 그 이상의 제품을 판매하는 것이다. 기업의 자원이 한정되어 있을 때 주로 사용하며, 하나 또는 소수의 시장 부문에만 진출하는 것이다. 전문화할 수 있지만, 위험부담이 높다.

구분	비차별적 마케팅	차별적 마케팅	집중적 마케팅
장점	저원가 대량생산	총매출 증대, 차별화로 고객만족	전문화가 가능
단점	개별화가 어려움	마케팅믹스 개발비용 등	비교적 높은 위험

3. 포지셔닝(positioning)

소비자의 인식 속에 자사의 제품이 어느 위치를 차지하고 있는지에 대한 상대적 위치를 탐색하여, 자사의 제품을 경쟁사의 제품보다 소비자의 기억과 인식 속에서 우위에 있도록 하는 것이다.

11 2013 상업 임용 1차 24번 문항

정답 ㄱ, ㄴ

해설

ㄱ. (O) 시장세분화의 기준변수는 인구통계적 기준으로, 연령, 성별, 소득수준, 직업 등 인구통계적 변수에 따라 세분화를 한 것이다. 문제에서는 어린이와 어른으로 구분하였으므로 옳은 설명이다.

ㄴ. (O) 포지셔닝 유형 중 속성 포지셔닝 유형은 제품의 주요한 속성인 가격, 품질, 스타일, 성능 등에서 자사 제품이 주는 편익이나 효익이 차별적 우위가 있음을 강조하는 것이다. 따라서 옳은 설명이다.

ㄷ. (X) 연령을 기준으로 세분화하였다. 어린이의 샌드위치, 어른의 샌드위치 모두 어른의 소득에 연결되는 것이므로 세분화 기준을 소득으로 설정하는 것은 분명하지 않다.

ㄹ. (X) 역차별마케팅은 기존의 기득권 집단에게 형평성 논란이 되는 마케팅을 사용하는 것을 말한다. 해당되지 않는다.

포지셔닝의 유형(포지셔닝 전략)

포지셔닝은 기업이 소비자를 설득하는 과정이라고 할 수 있다. 기업은 소비자를 설득하기 위해 다양한 정보를 전달하는데, 그 정보에 따라 포지셔닝 유형은 제품 속성, 사용상황, 제품사용자, 이미지, 경쟁자에 의한 포지셔닝으로 구분할 수 있다.

- 제품 속성 및 편익에 의한 포지셔닝 전략: 제품의 주요한 속성인 가격, 품질, 스타일, 성능 등에서 자사 제품이 주는 편익이나 효익이 차별적 우위가 있음을 강조하는 것이다. 예 모터가 좋아서 트롬이 좋습니다.
- 사용상황에 의한 포지셔닝 전략: 사용상황과 제품의 용도를 연결하여 제시하는 것이다. 예 핀란드에서는 자기 전에 자일리톨 껌을 씹습니다.
- 제품사용자에 의한 포지셔닝 전략: 제품을 사용하는 전형적인 소비자를 대상으로 자사 제품이 그들에게 적절한 제품이라는 사실을 소구하는 방법이다. 예 성공한 아버지의 차
- 이미지 포지셔닝 전략: 자사의 제품으로 긍정적인 연상이 유발되도록 하는 것이다. 예 말하지 않아도 알아요. 초코파이 情
- 경쟁자에 의한 포지셔닝 전략: 소비자의 마음속에 강하게 인식된 경쟁 제품에 대한 자사 제품의 차별점을 제시하는 것이다. 비교광고가 이에 해당한다. 예 펩시의 광고, 마약 하지 마시오, 헤로인 하지 마시오, 코카인(Coke) 하지 마시오.

12 2009 상업 임용 2차 2번 문항

정답

1. (가)의 차별화마케팅과 비차별화 마케팅의 비교

차별적 마케팅(differentiated marketing)은 세분시장마다 다른 제품을 가지고 접근하는 것이다. 그러나, 비차별적 마케팅(undifferentiated marketing)은 대량마케팅(mass marketing)이라고도 하며, 기업이 하나의 제품으로 전체 시장을 대상으로 마케팅 활동을 하는 것이다.

차별적 마케팅은 제품 특성의 차이가 분명하거나 시장이 이질적인 경우, 경쟁사가 적극적으로 차별화 전략을 사용하는 경우에 유리하다. 판매에 대한 잠재력을 최대화할 수 있으나, 각종 비용이 증가하는 단점이 있다.

비차별적 마케팅은 수요의 동질성이 높은 제품에 대해 최대 다수의 구매자를 만족시킬 수 있는 제품과 마케팅믹스를 개발하는 것으로, 제품수명주기상으로는 도입기가 적합하다. 저원가 대량생산이 가능한 생필품 등 소비자의 기호 차이가 크지 않은 제품에 적합하다. 다만, 비차별적 마케팅으로 고객이 차별화되지 않더라도 제품 자체는 차별화시키도록 해야 한다.

2. (가)와 (나)에서 말하는 차별화의 개념 차이

(가)는 STP전략에 따라 시장을 세분화하고 표적시장을 선택한 후 제품을 다르게 활용하는 것이고, (나)는 마이클포터의 본원적 전략이론에 따라 제품 자체의 차별화를 하는 것이다. 즉, (가)는 STP 전략의 일환으로 시장을 세분화하여 표적시장을 선택하여 시장에 따라 제품을 다르게 활용하는 것이지만, (나)는 경쟁사와 비교하여 제품의 성능, 디자인을 소비자 요구에 맞춰 경쟁우위를 얻는 제품 자체의 차별화를 말한다.

해설

마이클 포터의 '본원적 경쟁전략'

마이클 포터는 원가우위 전략, 차별화 전략, 집중화 전략의 세 가지 본원적 경쟁전략을 제시하였다. '원가우위 전략'은 경쟁기업과 비교해 낮은 비용으로 조직의 효율성을 증대시키는 방법이다. 수요의 가격탄력성이 높고(가격 변화에 예민하다.) 규모의 경제 효과가 크다. '차별화 전략'은 기업만의 독특한 제품이나 서비스로 경쟁우위를 확보하는 전략이다. 수요의 가격탄력성이 낮으며 진입장벽이 높다. '집중화 전략'은 특정 시장이나 제품에 집중하는 전략으로, 자원이 적은 기업이 사용한다. 집중화 전략은 시장의 여건이 바뀌면 위험이 커질 수 있다.

		경쟁우위: 원가 우위	경쟁우위: 차별화
경쟁 범위	시장 전체	원가우위 전략 (cost leadership)	차별화 전략 (differentiation)
경쟁 범위	특정 시장	원가집중 전략 (cost focus)	집중 차별화 전략 (focused differentiation)

13 2003 상업 임용 8번 문항

정답

① 가격(price), 촉진(promotion)
② 소비자(customer)

해설

마케팅 믹스(marketing mix)

마케팅 믹스는 경영자가 통제할 수 있는 마케팅 요소인 제품(product), 가격(price), 유통(place), 판매촉진(promotion), 즉 4P 믹스를 균형 있게 조정하고 결합해 의사결정을 하는 것이다. 기업 관점의 4P에 대응해 소비자 관점의 4C도 등장했는데, 소비자가 가지는 가치(customer value/benefit), 비용(cost), 유통 편의성(convenience), 커뮤니케이션(communication)이다.

4P(기업 관점)	4C(소비자 관점)
제품(product)	소비자가 가지는 가치(customer value)
가격(price)	소비자에겐 비용(cost)
유통(place)	얼마나 쉽게 접근하는가(convenience)
판매촉진(promotion)	소비자와의 소통(communication)

마케팅 참가자(4Cs)

기업(Company), 유통경로 구성원(Channel), 경쟁사(Competitor), 소비자(Customer)

14 2016 상업 임용 A 10번 문항

정답

브랜드 전략: 상표확장 전략 또는 브랜드 확장전략, 카테고리 확장전략
장점: 1) 소비자가 바로 인지하고 빠르게 수용할 수 있다. 2) 새로운 상표를 도입 및 구축하는 데 드는 광고비용을 절약할 수 있다.

해설

상표개발전략

제품범주 / 상표	기존 제품범주	새로운 제품범주
기존 상표	라인(계열) 확장	상표확장(연장)
새로운 상표	복수 상표	신상표

- 라인(계열) 확장: 기존 상표와 동일한 제품범주에서 출시된 신상품에 기존 상표를 이용하는 것이다. 적은 비용으로 높은 효과를 발생시킬 수 있어 많이 활용한다. 수평적 라인확장과 수직적 라인확장이 있다. 다양한 소비자 욕구의 충족, 과잉생산능력의 활용, 소매점 진열공간의 확보 등을 목적으로 활용할 수 있지만, 지나친 라인 확장은 원래 상표의 의미를 상실하거나 소비자의 혼란을 유발할 수 있다.
- 상표확장(카테고리 확장): 기존 상표와 다른 범주에 속하는 신제품에 기존 상표를 사용하는 것이다. 상표확장은 신제품이 출시되자마자 바로 소비자가 인지하고 빠르게 수용할 수 있고 새로운 상표를 도입 및 구축하는데 드는 광고비용을 절약하게 해준다. 하지만 기존제품과 일관성이 없는 지나친 상표확장은 핵심상표 이미지를 희석할 수 있으며, 확장제품이 시장에서 실패하면 같은 상표를 사용하는 다른 제품에도 부정적인 영향을 줄 수 있다.
- 복수 상표: 동일 제품범주에서 다수의 상표를 도입하는 것이다. 구매동기가 다른 소비자에 맞춰 다른 특성과 소구점이 있는 상표를 제공할 수 있고 소매점에서 더 넓은 진열공간을 차지할 수 있다. 그러나 각 상표가 낮은 시장점유율을 차지하거나 수익성이 낮으면 여러 상표에 마케팅자원을 분산시키는 결과만을 초래할 수 있다.
- 신상표: 새로운 제품범주에 진출하려고 할 때 신제품에 사용할 적절한 기존 상표가 없어 새로운 상표를 개발하는 것이다.

15 2007 상업 임용 20번 문항

정답

(가) 종속제품 가격전략(captive product pricing)
(나) 초기고가전략 또는 상층흡수가격전략(skimming pricing)
(다) 초기저가전략 또는 시장침투 가격전략(penetration pricing)

해설

제품믹스와 가격전략

- 제품라인 가격전략(product line pricing): 제품을 몇 개의 가격대(price steps)로 구분하고 라인의 제품을 분류하는 것이다. 예 과일가게에서 사과를 품질에 따라 구분하고 10,000원에 3개, 6개, 10개로 판매한다.
- 사양제품 가격전략(옵션제품 가격전략, optional-product pricing): 주제품이나 기본품을 판매할 때 추가로 제공되는 사양제품에 따라 판매가격을 책정한다. 예 자동차 옵션
- 종속제품 가격전략(captive product pricing): 주제품보다 주제품과 관련된 종속제품의 판매가 주된 목적인 경우이다. 주제품은 상대적으로 저렴하게 판매하나 종속제품의 가격을 높게 책정한다. 예 프린터와 토너, 커피머신과 캡슐, 면도기와 면도날
- 묶음제품 가격전략(product bundle pricing): 둘 또는 그 이상의 재화나 서비스를 묶어 할인된 가격으로 판매하는 것이다. 기업은 핵심제품과 부수적인 제품의 수요 모두를 창출할 수 있다. 제품 개별구매가 가능한 혼합묶음과 불가능한 순수묶음으로 구분한다.
- 이중요율가격(two part tariff): 두가지로 이루어진 가격요율체계이다. 낮은 기본료로 소비자들의 구매를 최대한 유도한 후 사용료로 이익을 확보한다. 예 핸드폰 요금에서 기본요금과 사용요금

신제품과 가격전략

기업이 제품수명수기상 도입기의 제품가격을 책정하는 것으로, 초기고가전략(상층흡수가격전략, skimming pricing), 초기저가전략(시장침투 가격전략, penetration pricing), 탄력가격전략(가격차별, price discrimination)이 있다.

- 초기고가전략: 신제품 도입 초기에 고가격으로 시장에 진입하여 혁신수용자(innovators)와 조기수용자(early adopter)를 흡수하고, 점점 가격을 낮춰 중산층과 저소득층까지 공략하는 가격전략이다. 단기간에 많은 이익을 실현하여 초기 투자 비용을 회수하거나 경쟁기업이 없을 때, 수요의 가격탄력도가 낮을 때 적합하다.
- 초기저가전략(시장침투가격전략): 도입 초기에 저가격으로 신속히 시장에 침투한 후 인지도가 높아지면 가격을 높게 설정한다. 저렴한 가격으로 시장성장을 촉진하거나 원가 우위로 경쟁기업의 진입을 지연시키고자 할 때, 수요의 가격탄력도가 높을 때 적합하다.

구분	초기고가전략	초기저가전략
가격탄력성	비탄력적	탄력적
생산비용, 마케팅 비용	높음	낮음
규모의 경제	작음	큼
경쟁자 진입	어려움	쉬움
제품의 혁신 정도	큼	작음
제품의 확산 속도	느림	빠름

- 탄력가격전략(가격차별): 다수의 시장을 대상으로 할 때 세분화된 시장별로 상이한 가격을 설정하는 것으로, 특정 소비자나 시기 등에 따라 할인 또는 할증을 적용한다. 탄력가격전략은 상이한 소비자집단 또는 시장 자체가 존재하고 그 시장이 불완전경쟁시장이어서 각 시장의 수요탄력성이 서로 상이하다는 조건이 만족해야 실행할 수 있다.

16 2020 상업 임용 B 6번 문항

정답

(가) 묶음제품 가격전략

(나) 이중요율가격

(가)의 ㉠은 혼합묶음 가격전략, ㉡은 순수묶음 가격전략, 제품의 개별구매가 가능한지 여부에 따라 나뉜다.

해설

묶음제품 가격전략(product bundle pricing)

둘 또는 그 이상의 재화나 서비스를 묶어 할인된 가격으로 판매하는 것이다. 기업은 핵심제품과 부수적인 제품의 수요 모두를 창출할 수 있다. 제품 개별구매가 가능한 혼합묶음과 불가능한 순수묶음으로 구분한다.

이중요율가격(two part tariff)

두 가지로 이루어진 가격요율체계이다. 낮은 기본료로 소비자들의 구매를 최대한 유도한 후 사용료로 이익을 확보한다. 예 핸드폰 요금에서 기본요금과 사용요금

17 2025 상업 임용 A 9번 문항

정답

㉠ 준거가격

㉡ 단수가격

㉢의 가격 전략 1) 표적 소비자의 가격 민감도가 낮다. 2) 경쟁자의 시장 진입 용이성이 낮다.

해설

소비자 심리와 가격전략

- 명성가격(권위가격, prestige pricing): 가격이 품질과 지위를 반영한다고 믿는 소비자의 심리를 활용해, 고가격-고품질 연상 효과를 이용하는 전략이다. 일반적으로 가격이 상승하면 수요가 줄어들지만, 명성가격전략을 성공적으로 사용하면 가격상승에도 수요를 유지하거나 상승시킬 수 있다. 자아 민감도가 높은 고객을 표적으로 하거나 품질의 객관적 평가가 곤란한 상품에 특히 효과적이다. 소비자들은 약간의 가격 인하는 정상적인 할인으로 간주하나, 대폭 하락은 품질을 의심하여 구매를 중단하게 될 수도 있다.
- 관습가격: 사회적으로 또는 소비자들이 일반적으로 인정하는 가격으로, 사회가 인정하는 가격을 기업이 받아들이는 것을 말한다. 관습가격전략의 경우 가격은 유지하고 수량이나 품질을 조정하여 가격상승의 효과를 노리기도 한다. 예) 과자, 껌, 라면
- 단수가격(odd pricing): 판매가격을 단수(1,000원→999원)로 표시하여 저렴한 가격을 소구하여 판매를 증가시킨다.
- 준거가격(참고가격, reference pricing): 소비자들이 제품가격을 평가할 때 비교기준으로 사용하는 가격이다. 소비자는 어떤 제품의 가격이 준거가격보다 높으면 비싸다고 인지하고, 준거가격보다 낮다면 싸다고 인지한다. 일반적으로 관습가격이 준거가격으로 사용되는 경우가 많다.

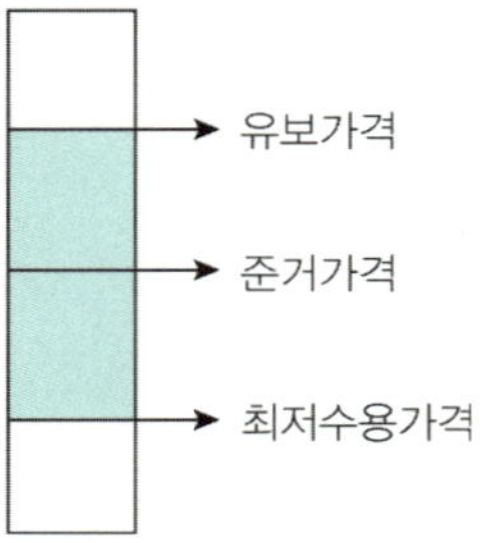

- 유보가격(reservation price): 소비자가 어떤 제품에 대해 지불할 의사가 있는 최고가격이다. 소비자가 예상한 유보가격보다 제품가격이 높으면 소비자는 구매를 유보한다. 소비자가 과거 경험에 따라 브랜드나 소비자 간 차이가 있다.
- 최저수용가격(lowest acceptable price): 제품가격이 너무 저렴하면 제품에 하자가 있는 것으로 판단하여 구매를 거부하는 것이다. 일반적으로 소비자는 준거가격을 중심으로 유보가격과 최저수용가격 내에서 제품을 구매한다.

신제품과 가격전략

기업이 제품수명수기상 도입기의 제품가격을 책정하는 것으로, 초기고가전략(상층흡수가격전략, skimming pricing), 초기저가전략(시장침투 가격전략, penetration pricing), 탄력가격전략(가격차별, price discrimination)이 있다.

- 초기고가전략(상층흡수가격전략, skimming pricing): 신제품 도입 초기에 고가격으로 시장에 진입하여 혁신수용자(innovators)와 조기수용자(early adopter)를 흡수하고, 점점 가격을 낮춰 중산층과 저소득층까지 공략하는 가격전략이다. 단기간에 많은 이익을 실현하여 초기 투자 비용을 회수하거나 경쟁기업이 없을 때, 수요의 가격탄력도가 낮을 때 적합하다.

18 2009 상업 임용 1차 29번 문항

정답 ②

해설

Kahneman&Tversky(카너만과 티버스키)의 프로스펙트 이론(prospect theory)

가격이론 중 하나로, 프로스펙트 이론은 소비자는 절대치가 아닌 상대치에 더 민감하며, 평가대상의 가치는 소비자 개인의 준거점에 의해 결정된다는 이론이다. 예를 들어, 100만 원에서 10만 원을 잃으면, 90만 원에 대한 효용을 느끼는 것이 아니라 10만 원에 대한 비효용을 경험하는 것이다. 전통적인 경제학이 소비자 효용(utility)의 높고 낮음을 소비자의 절대적인 부의 수준(final wealth position)에 의한 것으로 보는 관점과 반대된다. 이 이론은 가격이론이므로 문제 보기 ②의 '할인 쿠폰'이 적절하다. 기업 홍보(PR)은 마케팅믹스 중 프로모션의 범주에 속한다.

프로스펙트 이론은 준거의존성, 민감도 체감성, 손실회피성의 특징이 있다.

- 준거의존성: 소비자가 준거점(reference)을 어디에 두느냐에 따라 개인의 효용이 변화하고 평가대상의 가치가 결정된다. "소비자의 준거점을 활용하라."
- 민감도 체감성: 준거점 근처에서는 이익이나 손실에 매우 민감하게 반응하지만, 이익이나 손실의 액수가 커짐에 따라 그 민감도는 감소한다. "이득은 나누고 손실은 합하라."
- 손실회피성향(loss aversion): 소비자들은 가격 인하로 인한 이익보다 가격 인상에 대한 손실에 더 민감하다. 소비자는 10만 원을 얻었을 때의 기쁨보다 10만 원을 잃었을 때의 상실감이 더 크다는 것이다. 손실회피성향으로 인해 가격을 인하하기는 쉽지만 올리기는 어렵다. 손실 회피가 발생하는 대표적인 원인은 보유효과(endowment effect)가 있는데, 이는 자신이 소유하고 있는 것의 가치가 실제보다 더 크다고 생각하는 것이다.

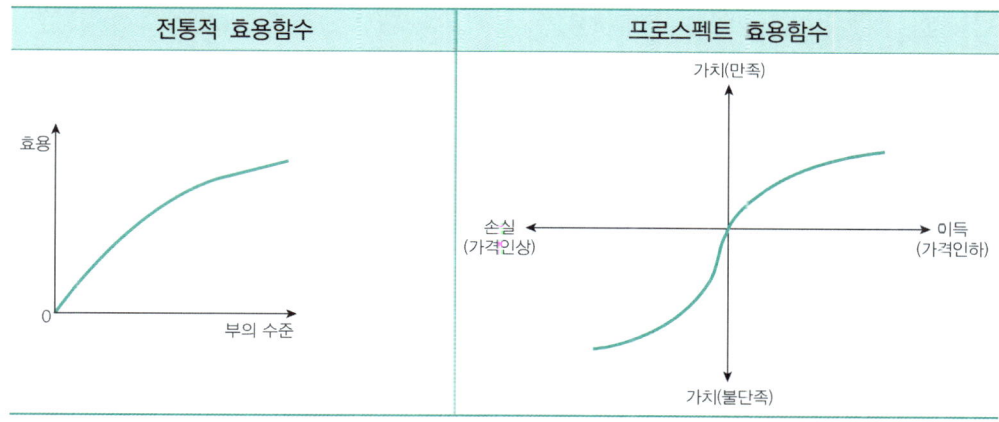

전통적 효용함수	프로스펙트 효용함수
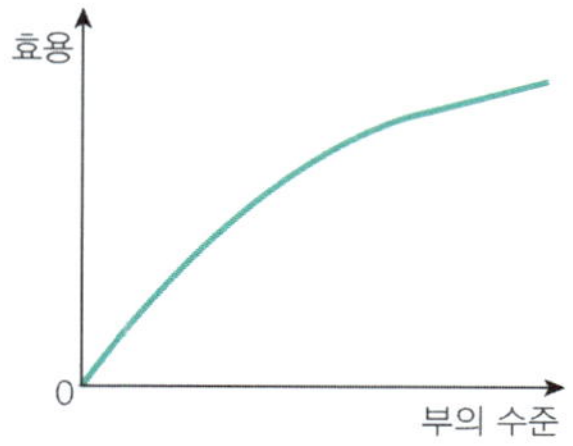	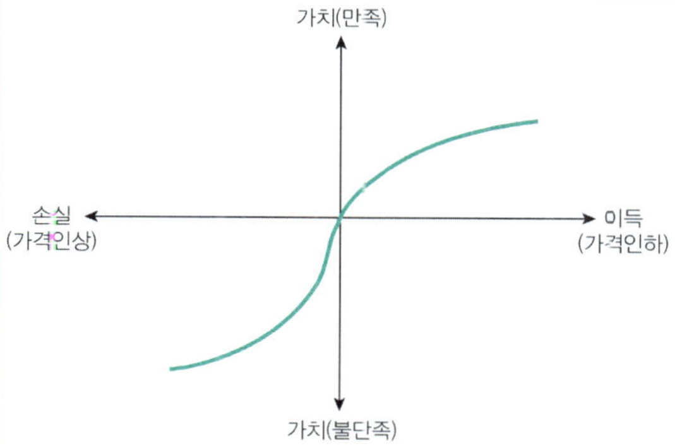

19 2002 상업 임용 13번 문항

정답

Attention(주목)
Interest(흥미)
Desire(욕망)
Memory(기억)
Action(행동)

해설

구매 행동을 위한 커뮤니케이션 모형

- 효과계층모형(hierarchy-of-effect model)
  인지(awareness) → 지식(knowledge) → 호감(like) → 선호(preference) → 확신(conviction) → 구매(purchase)
  '인지' 기업의 촉진 노력으로 브랜드에 대해 알게 됨. → '지식' 브랜드에 대한 지식을 가짐. → '호감' 브랜드에 대한 좋아함 또는 호감을 가짐. → '선호' 브랜드에 대한 선호를 가짐. → '확신' 브랜드의 구매에 대한 확신을 함. → '구매' 그 브랜드를 실제로 구매함.
- AIDMA 모형
  주목(Attention) → 흥미(Interest) → 욕망(Desire) → 기억(Memory) → 행동(Action)
- AIDMA 모형에 인터넷 발달을 반영한 AISAS 모형
  주목(Attention) → 흥미(Interest) → 검색(Search) → 행동(Action) → 공유(Share)

20 2014 상업 임용 B 2번 문항

정답

㉠ 푸시전략으로, 제조업자가 유통업자를 통해 최종 소비자에게 촉진활동을 펼치도록 하는 것이다.

㉡ 풀전략으로, 제조업자가 최종소비자에게 직접 촉진활동을 해서 소비자가 자사제품을 찾도록 하는 전략이다.

○○기업군의 ㉢ 중요도가 높은 이유: 산업재는 기술적으로 복잡하고 단위당 가격이 높으며 중간 소비를 목적으로 하므로 구체적이고 전문적인 정보제공을 하는 인적판매의 중요성이 크다.

△△기업군의 ㉣ 중요도가 높은 이유: 소비재는 최종 소비를 목적으로 하므로 충분한 정보 제공이 가능한 광고의 중요성이 크다.

㉠, ㉡의 공통 목표: 두 전략의 최종 지향점은 시장에서의 매출 증대를 통한 안정적인 생산량 유지 또는 생산량 증대이다.

해설

마케팅믹스 촉진 수단 결정요인 '푸시(push) 전략과 풀(pull) 전략'

- 푸시 전략: 제조업자가 유통업자를 통해 최종소비자에게 촉진 활동을 펼치도록 하는 것이며, 유통업자의 힘이 강하고 제조업자의 브랜드 인지도가 낮은 경우에 활용하며, 인적판매나 중간상 판매촉진이 적합한 수단이다.
- 풀 전략은 제조업자가 최종소비자에게 직접 촉진 활동을 해서 소비자가 자사 제품을 찾도록 하는 전략으로, 브랜드 인지도가 높은 기업이 주로 사용하며, 광고가 주요한 촉진 수단이 된다.
- 푸시 전략과 풀 전략의 공통 목표: 푸시 전략은 유통 채널을 '밀어붙여' 판매량을 늘림으로써 생산을 촉진하고, 풀 전략은 소비자의 수요를 '끌어당겨' 판매량을 늘림으로써 생산을 유도한다. 두 전략의 최종 지향점은 시장에서의 매출 증대를 통한 안정적인 생산량 유지 또는 생산량 증대라는 공통된 목표를 가지고 있다.

촉진믹스의 종류

광고(advertising), PR(public relations), 인적판매(personal selling), 판매촉진(sales promotion)이 있다.

구분	광고	PR	인적판매	판매촉진
목적	이미지, 포지셔닝	신로 형성	판매 및 관계 형성	매출 증대
범위	대중	대중	개별 고객	대중
접근 방법	감성적	감정적	이성적	이성적
기간	장기	장기	단/장기	단기
이익 기여	보통	낮음	높음	높음

- 광고: 광고주(sponsor)가 금전적 대가를 지불하고 자사의 재화, 서비스 등을 광고매체를 통해 널리 알리는 것이다.
- PR: 금전적 대가를 지불하지 않고 뉴스, 기사, 공공캠페인 등을 통해 기업의 재화나 서비스, 이미지, 정책 등을 소비자에게 알리는 것이다.
- 인적판매: 판매원이 직접 소비자와 대면하여 쌍방향 의사소통으로 재화나 서비스를 구매하도록 권유하고 설득하는 것이다.
- 판매촉진: 단기간에 판매량을 급증시키기 위해 모든 구매자극수단을 활용한 촉진 활동이다.

21 2018 상업 임용 A 12번 문항

정답

㉠ 성장기
㉡ 성숙기

22 2004 상업 임용 15번 문항

정답

① 성장기
② 성숙기
③ 쇠퇴기

해설

제품 수명 주기(PLC, Product Life Cycle)

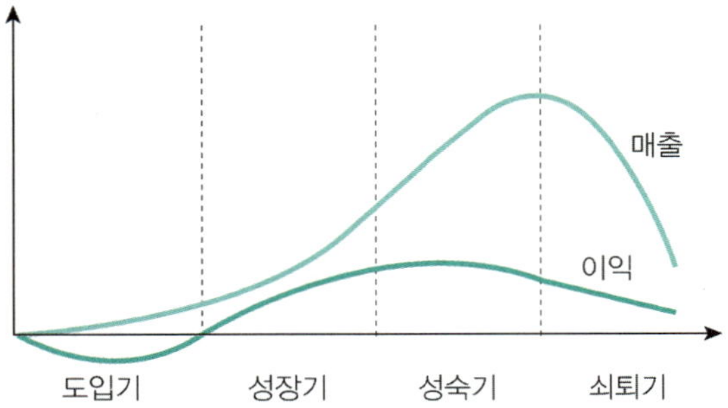

제품 수명 주기는 제품이 시장에 출시된 후 사라지기까지의 과정을 도입기, 성장기, 성숙기, 쇠퇴기의 네 단계로 나누어 설명한다. 각 단계별 매출과 이익의 변화 양상을 보여주는데, 기업은 제품 수명 주기에 따라 마케팅 목표, 중점 활동, 각 마케팅 믹스(제품, 가격, 유통, 촉진) 전략 등을 수립, 변경한다.

23 2013 상업 임용 1차 23번 문항

정답 ㄱ, ㄷ

해설

제품 수명 주기(PLC, Product Life Cycle)

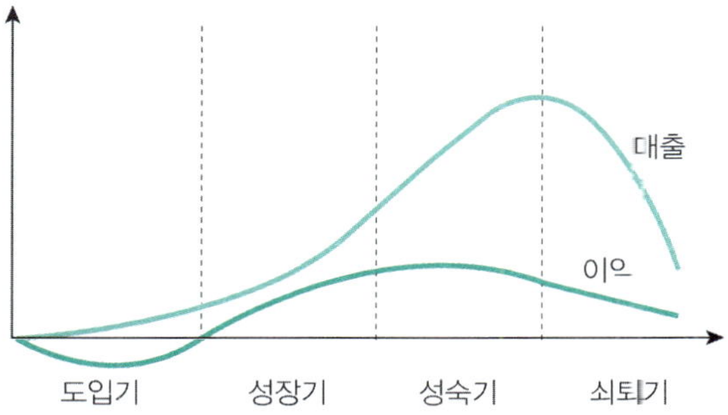

1. 도입기(Introduction Stage): 제품이 시장에 처음 선보이는 시기로, 매출이 매우 낮고 완만하게 상승하는 경향을 보인다. 이 시기에는 마케팅(촉진, 유통 등)에 많은 비용이 투입되므로 대부분 마이너스(-) 이익을 기록하거나 거의 이익이 발생하지 않는다.
2. 성장기(Growth Stage): 매출이 급격하게 증가하는 특징을 보인다. 매출 증가와 생산량 확대로 인한 규모의 경제 효과로 이익 또한 빠르게 증가하여 최고점에 도달한다.
3. 성숙기(Maturity Stage): 매출 증가세가 둔화되어 정점에 이른 후 서서히 감소하기 시작하며, 시장이 포화 상태에 이른다. 이익 역시 감소하기 시작하는데, 이는 치열한 경쟁으로 인한 가격 압박이 심화되기 때문이다.
4. 쇠퇴기(Decline Stage): 매출이 지속적으로 급격히 감소한다. 매출 감소와 비용 증가로 인해 이익이 빠르게 줄어들거나 손실이 발생하는 상황에 이르게 된다.

문제에서 (가) 단계는 도입기, (나) 단계는 성장기, (다) 단계는 성숙기, (라) 단계는 쇠퇴기이다.

ㄱ. (O) 공산품의 경우, 도입기에 시장 전체에 빠르게 침투하고 인지도를 확산시키기 위해 비차별적 마케팅 전략이 적합하다.

ㄴ. (X) (다) 성장기에는 기존 제품의 확장 및 개선이 주로 이루어진다.

ㄷ. (O) (다) 성숙기는 시장 포화로 인해 기업 간 경쟁이 가장 치열한 단계이며, (라) 쇠퇴기에는 경쟁사들이 시장에서 이탈하면서 경쟁 강도가 약화된다.

24 2022 상업 임용 A 10번 문항

정답

제품 원가는 낮아지고, 경쟁자 수가 점점 많아진다.

㉠ 시장 수정

㉡ 일시적 유행

해설

제품수명주기에 따른 마케팅 전략

1. 도입기: 도입기의 마케팅 목표는 제품 인지를 높이고 사용을 증대하는 것이다. 이를 위해 품질 관리에 주로 중점을 둔다.
2. 성장기: 성장기의 마케팅 목표는 시장점유율을 확대하는 것이다. 이를 위한 중점 활동은 광고이다.
3. 성숙기: 성숙기의 마케팅 목표는 이익을 극대화하고 시장점유율을 방어하며, 필요에 따라 시장이나 제품 수정 전략을 사용하는 것이다.
4. 쇠퇴기: 쇠퇴기의 마케팅 목표는 비용을 절감하고 투자액을 회수하는 것이다. 이를 위한 중점 활동은 전략적 의사결정이다.

구분	도입기	성장기	성숙기	쇠퇴기
마케팅 목표	제품인지와 사용증대	시장점유율 확대	이익 극대화, 시장점유율 방어, 시장/제품 수정전략	비용 절감, 투자액회수
중점활동	품질관리	광고	가격	전략적 의사결정

제품의 특성이나 시장 상황에 따른 다양한 형태의 수명 주기

일시적 유행상품의 PLC	장수제품의 PLC	순환적 제품의 PLC	스타일 제품의 PLC
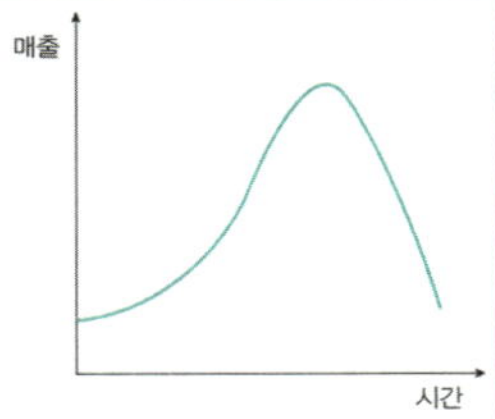	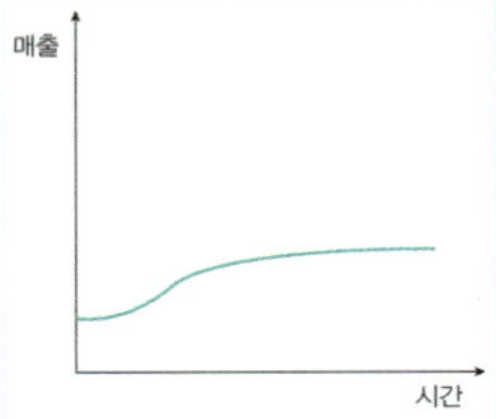	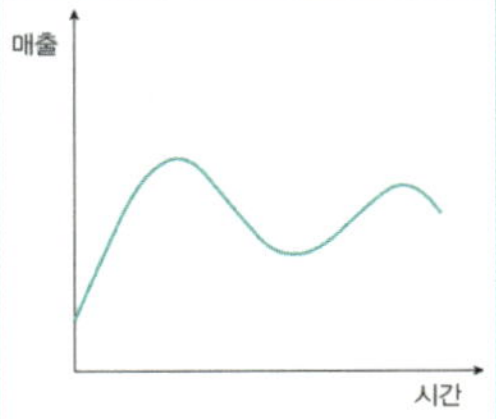	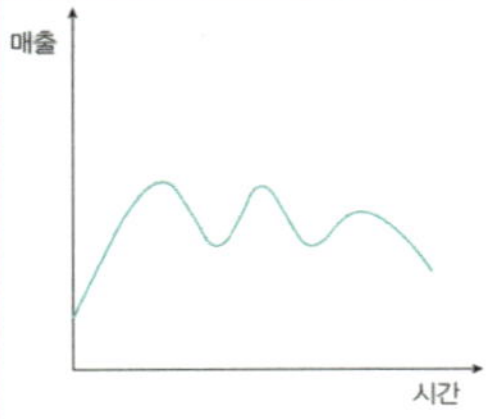

1. 일시적 유행상품의 PLC(Fads): 일시적으로 큰 인기를 얻었다가 빠르게 사라지는 제품의 판매 추이를 보여준다.
2. 장수제품의 PLC(Long-lasting Products): 오랜 기간 동안 안정적인 판매를 유지하는 제품의 추이를 보여준다.
3. 순환적 제품의 PLC(Cyclical Products): 주기적으로 판매량이 상승과 하락을 반복하는 제품의 추이를 보여준다.
4. 스타일 제품의 PLC(Style Products): 시대에 따라 유행이 변하며 판매량의 등락을 보이는 제품의 추이를 보여준다.

25 2010 상업 임용 1차 1번 문항

정답

○○자동차회사(주)의 기업 경영 활동 및 제품수명주기 분석

1. 〈주요 항목〉에 대한 설명

㉠ 자동차 생산에 가장 적합한 공장 시설(설비) 배치 유형 및 그 유형의 장·단점

자동차 생산과 같이 대량 생산이 이루어지는 제품의 경우, '제품별 배치(Product Layout)'가 가장 적합하다. 이 유형은 제품의 생산 공정 흐름에 따라 기계 설비를 순서대로 배치하는 방식이다. 〈장점〉으로는 대량 생산에 적합하여 단위당 생산 원가를 절감할 수 있으며, 제품의 흐름이 단순하고 예측 가능하여 생산 관리가 용이하다. 또한 작업자들의 숙련도가 높아지고 작업 속도가 빠르며, 재공품(Work-In-Process) 재고를 최소화할 수 있다. 하지만 〈단점〉으로, 하나의 공정이라도 문제가 발생하면 전체 생산 라인이 중단될 수 있고, 제품 종류의 변화나 공정 변경에 대한 유연성이 낮다. 초기 설비 투자 비용이 크며, 작업자의 권태감을 유발할 수 있다.

㉡ 도요타 생산방식의 주축을 이루는 JIT(Just In Time) 시스템의 구성 요소

JIT(Just In Time) 시스템은 필요한 물건을, 필요한 때에, 필요한 만큼만 생산하거나 공급하여 재고를 최소화하고 낭비를 제거하는 생산 방식으로, 도요타 생산방식의 핵심이다. JIT 시스템은 칸반 시스템을 통해 생산 또는 운반을 지시하는 풀(Full) 방식을 구현하며, 낭비 제거를 철저하게 추구한다. '종합적 품질 관리(TQM)'로 불량 제로, 준비 시간 단축 등의 활동을 수행하여 효율적인 생산을 도모한다.

㉢ 제품과 서비스의 불량을 획기적으로 줄일 수 있는 6시그마(σ)의 의미

6시그마(Six Sigma)는 기업에서 제품과 서비스의 품질을 혁신적으로 향상시키고 불량률을 획기적으로 줄여 고객 만족을 극대화하며, 궁극적으로 기업의 이익을 증대시키려는 경영 혁신 전략이다. 통계적으로는 100만 개당 3.4개 이하의 불량률을 달성하는 것을 목표로 한다. 즉, 거의 완벽에 가까운 품질 수준을 추구한다. 6시그마는 문제 해결 방법론인 DMAIC를 기반으로 하여 프로세스의 문제를 정의하고, 측정하며, 분석하고, 개선하며, 최종적으로 관리한다.

㉣ 효율적인 고객 관리를 위한 CRM(Customer Relationship Management)의 고객 데이터베이스 분석 방법

CRM은 고객 데이터를 기반으로 고객의 행동, 선호도, 가치 등을 분석하여 고객과의 관계를 강화하고 장기적인 이익을 창출하는 통합적인 고객 관리 시스템이다. 고객 데이터베이스 분석은 이러한 CRM의 핵심 활동이며, 주요 분석 방법으로는 고객의 최근 구매 시점, 구매 빈도, 총 구매 금액을 기준으로 고객 가치를 평가하고 세분화하는 RFM(Recency, Frequency, Monetary) 분석이 있다. 또한 한 고객이 기업에게 평생 동안 가져다줄 것으로 예상되는 총 이익을 추정하여 장기적 가치를 평가하는 고객 생애 가치(Customer Lifetime Value, CLV) 분석을 활용한다. 고객 데이터를 기반으로 유사한 특성을 가진 고객 그룹으로 나누는 고객 세분화를 통해 맞춤형 마케팅 전략을 수립하며, 데이터 마이닝 기법을 활용하여 고객의 숨겨진 니즈나 구매 행동 예측, 또는 교차 판매 및 상향 판매 기회를 발굴한다.

2. 제품 수명 주기(PLC)의 각 단계별 특징 (마케팅 및 생산시스템 관점)

가. 도입기

(1) 마케팅 관점: 도입기에서 마케팅의 목표는 제품 인지도를 높이고 초기 사용을 증대하는 것이다. 고객은 신기술이나 새로운 경험에 개방적인 혁신 수용자와 초기 수용자로 구성된 소수이다. 따라서 제품의 기본적인 기능과 핵심 가치를 강조하며, 선택적 유통을 통해 초기 시장에 접근하는 전략을 취한다. 광고보다는 PR이나 체험 마케팅을 통해 인지도를 형성하려 하며, 가격은 시장 침투를 위해 저가 전략을 취하거나 혁신 제품의 경우 고가 전략을 취할 수 있다.

(2) 생산시스템 관점: 생산량은 비교적 적으며, 기술적 불확실성이 높아 생산 공정의 안정화와 품질 확보에 중점을 둔다. 초기 단계이므로 생산 시스템의 유연성이 중요하며, 소량 생산에 적합한 배치인 ' 공정별 배치'를 고려할 수 있으나, 자동차회사이기 때문에 라인 생산이 필요한 경우 초기에 '제품별 배치'를 구축하고 발생하는 문제점들을 개선하는 데 집중한다.

나. 성장기

(1) 마케팅 관점: 마케팅 목표는 시장점유율을 확대하고 대중 시장으로의 확산을 가속화하는 것이다. 고객은 초기 다수 수용자를 포함한 광범위한 고객층으로 확대된다. 이에 따라 제품의 차별적 우위와 확장된 기능을 강조하는 광고 활동을 강화하여 브랜드 인지도를 확고히 하며, 유통 경로를 개방적으로 확대하여 접근성을 높인다. 가격은 시장점유율 확대를 위해 점차 낮아질 수 있으며, 제품 라인 확장 및 개선이 활발히 이루어진다.

(2) 생산시스템 관점: 급증하는 수요에 대응하기 위해 생산 능력을 빠르게 확장하는 것이 주요 과제이다. 대량 생산을 위한 라인 생산 시스템의 효율성 향상에 주력하며, 생산 공정의 표준화를 통해 전반적인 생산 효율성을 극대화한다. 필요한 설비 투자 및 인력 충원이 활발히 이루어지는 시기이다.

다. 성숙기

(1) 마케팅 관점: 마케팅의 목표는 이익을 극대화하고 시장점유율을 방어하며, 필요에 따라 제품이나 시장 수정 전략을 모색하는 것이다. 고객층은 후기 다수 수용자가 주를 이루며, 신규 고객 유입보다는 기존 고객의 유지 및 경쟁사 고객 전환에 중점을 둔다. 시장 포화와 치열한 경쟁으로 인해 가격 경쟁이 가장 심화되며, 제품의 다양화와 소소한 기능 개선, 서비스 강화를 통해 차별화를 꾀한다. 유통 경로를 최대한 확보하고 촉진은 상호 차이점과 혜택을 강조한다. 이 시기에는 CRM을 통한 고객 관리가 매우 중요해진다.

(2) 생산시스템 관점: 매출 증가세가 둔화되거나 감소하기 시작하므로, 효율적인 생산량 조절이 중요해진다. 비용 절감과 생산 효율성 극대화에 모든 역량을 집중하며, 6시그마와 같은 품질 관리 기법을 통해 불량을 줄이고 생산성을 높인다. 다양한 제품 변형에 대응하기 위한 어느 정도의 생산 유연성도 요구되는 시기이다.

라. 쇠퇴기

(1) 마케팅 관점: 이 단계에서 마케팅의 목표는 비용을 절감하고 남은 투자액을 회수하는 것이다. 고객은 제품에 대한 충성도가 높은 소수의 잔존 고객이나 지연 수용자만 남게 된다. 기업은 수익성이 낮은 제품 라인을 과감히 폐기하거나, 가격을 대폭 인하하여 재고를 소진하는 전략을 취한다. 유통 경로를 최소화하고, 촉진 활동도 핵심 고객에게만 최소한으로 진행한다. 궁극적으로 시장에서 완전히 철수할 시점을 고려한다.

(2) 생산시스템 관점: 수요 감소에 따라 생산량을 최소화하거나 생산을 중단하는 결정이 필요하다. 불필요한 생산 비용을 철저히 절감하고 재고를 효율적으로 관리하여 손실을 최소화하는 데 집중한다. 생산 설비의 유휴화 또는 폐기, 다른 용도로의 전환을 적극적으로 고려한다.

26 2015 상업 임용 B 논술형 2번 문항

정답

○○자동차㈜는 기존의 비차별적 마케팅 전략(단일 모델 대량 생산, 저가 판매)으로 인해 매출이 감소하는 상황에 직면하였다. 소비자들이 차종에 싫증을 느끼고 고객별 선호도 차이가 뚜렷해짐에 따라, STP(Segmentation, Targeting, Positioning) 전략을 통해 새로운 시장 기회를 모색하고 경쟁력을 회복하려 한다.

1. 시장 세분화(Market Segmentation)

○○자동차㈜는 승용차 시장에서 소비자의 선호도가 뚜렷하게 다름을 확인하고 시장을 세분화하였다. 이 과정에서 활용한 시장 세분화 변수는 주로 '인구통계적 변수(연령)'와 '행동 변수(차종 선호도)'이다. 구체적으로 20대는 다양한 경승용차, 30~40대는 레저용 SUV, 50대는 안전한 중형 승용차를 선호하는 것으로 시장을 구분하였다. 이는 전체 승용차 시장을 동질적이지 않고 이질적인 고객 집단으로 나누는 과정이다.

2. 표적 시장 선정(Targeting)

○○자동차㈜는 세분화된 시장 중 20대 소비자들이 선호하는 경승용차 시장을 표적 시장으로 선정하였다. 이러한 표적 시장을 선택할 때 고려해야 할 주요 요인은 다음과 같다.

- 기업의 보유 자원: ○○자동차㈜는 자원이 제한되어 모든 소비자의 욕구를 충족시킬 수 없는 상황이다. 따라서 제한된 자원을 효율적으로 활용하기 위해 기존 생산 라인에서 생산 가능한 경승용차 시장에 집중하는 것이 합리적인 선택이다.
- 시장 다양성: 소비자들이 차종에 대한 뚜렷한 선호도 차이를 보이는 시장 상황이다. 즉, 시장이 매우 이질적이고 다양하다는 점을 고려하여 단일 모델로는 모든 고객을 만족시키기 어려움을 인지하고 특정 세분 시장에 집중할 필요가 있었다.
- 제품 수명 주기: 기존 단일 모델 승용차의 매출 감소는 해당 제품이 성숙기 후반이나 쇠퇴기로 접어들고 있음을 시사한다. 새로운 경승용차 시장을 표적으로 삼는 것은 기존 제품의 한계를 극복하고 새로운 성장 동력을 확보하려는 전략적 선택이며, 이는 제품 수명 주기 단계에 따른 대응으로 볼 수 있다.

○○자동차㈜가 표적 시장을 선택할 때 사용한 전략은 '단일부문 집중 전략(단일 세분 시장 집중 전략)'이다. 이는 전체 시장 중 단 하나의 세분 시장(20대 경승용차 시장)을 선택하여 이 시장에 모든 마케팅 노력을 집중하는 전략이다. 자원이 제한적인 기업에게 효과적이며, 특정 시장에서 전문성과 강한 명성을 구축하는 데 유리하다.

3. 제품 포지셔닝(Positioning)

○○자동차㈜는 표적으로 선정한 경승용차 시장에서 소비자의 마음에 자사의 제품을 경쟁사와 차별화된 위치에 각인시키기 위한 포지셔닝 전략을 수립한다. 포지셔닝을 하기 위해 취할 수 있는 마케팅 믹스 수단은 다음과 같다.

- 제품(Product): 소비자에게 매력적인 제품 속성을 강조한다. ○○자동차㈜는 '높은 연비'를 경승용차의 핵심 속성으로 내세워 포지셔닝을 시도한다. 이는 경제성을 중시하는 20대 소비자의 니즈를 충족시키는 중요한 제품 차별화 요소가 된다.
- 가격(Price): 경쟁 제품 대비 '낮은 가격'을 강조하여 포지셔닝한다. 이는 가격에 민감한 20대 소비자들에게 경제적인 선택지라는 인식을 부여하며, 진입 장벽을 낮추는 효과를 기대한다.
- 촉진(Promotion): '높은 연비와 낮은 가격'이라는 핵심 메시지를 다양한 방법으로 소비자에게 소구(appeal)할 계획이다. 광고, 홍보, 판매 촉진 활동 등을 통해 목표 고객에게 제품의 경제성과 효율성을 효과적으로 전달함으로써, ○○자동차㈜의 경승용차가 해당 시장에서 '합리적이고 실용적인 선택'이라는 이미지를 구축하려 한다.

결론적으로, ○○자동차㈜는 시장 세분화를 통해 고객 선호도를 파악하고, 제한된 자원과 시장의 특성을 고려하여 경승용차 시장에 집중하는 단일부문 집중 전략을 채택한다. 그리고 높은 연비와 낮은 가격이라는 제품의 핵심 강점을 마케팅 믹스 수단을 활용하여 효과적으로 포지셔닝함으로써, 감소하는 매출 문제를 해결하고 새로운 시장에서 경쟁 우위를 확보하려 한다.

해설

표적시장 선택 시 고려요인

- 기업의 보유자원: 기업 자원이 한정적이면 집중적 마케팅이 적합하다.
- 제품의 변동성(product variability)과 시장다양성(market variability): 표준화된 제품은 비차별적 마케팅이 적합하나, 제품 간 차이가 많은 제품은 차별적 마케팅, 집중적 마케팅이 적합하다. 시장 역시 소비자가 동일한 기호를 가지고 같은 양을 구매하며 마케팅 활동에 대한 반응도 유사하다면 비차별적 마케팅이 적합하다.
- 제품수명주기: 신제품은 하나의 버전을 시판하므로 비차별적 마케팅, 집중적 마케팅이 적합하다. 성숙기의 제품은 고객 맞춤 제작하는 차별적 마케팅이 대안이 될 수 있다.
- 경쟁기업의 전략: 경쟁기업이 비차별적 마케팅을 사용하면 차별적 마케팅이나 집중적 마케팅을 사용해서 경쟁우위를 얻을 수 있다.

표적시장 진출 형태, 진출 전략

- 단일제품 시장 집중화 전략(단일부문 집중 전략): 단일제품으로 단일시장에 진출하는 전략이다. 상대적으로 위험이 크다.
- 선택적 전문화 전략: 몇 개의 세분시장을 선택하여 진출하는 전략이다. 단일제품 시장 집중화 전략, 시장 전문화 전략, 제품 전문화 전략과 비교해 위험이 분산될 수 있으나 세분시장별 전략이 다르므로 시너지효과는 얻기 어렵다.
- 시장 전문화 전략: 특정 소비자집단의 욕구를 충족시키기 위해 다양한 제품을 판매하는 전략이다. 특정 집단에게 강력한 명성을 확보할 수 있지만 그들의 욕구가 변하거나 명성이 나빠지면 높은 위험이 있다.
- 제품 전문화 전략: 특정 제품으로 다양한 세분시장에 진출하는 것으로, 제품의 차별화가 높고 소비자의 기호가 분산되지 않은 경우이다. 강력한 대체재가 출현하면 위험이 있다.
- 전체시장 완전진출 전략: 하나의 제품(단일제품 전체시장 도달 전략) 혹은 다수의 제품(다수제품 전체시장 도달 전략)으로 전체시장에 진출하는 전략이다. 소비자의 기호가 분산되지 않으면 하나의 제품을 전체시장에 제공하는데, 대량생산, 대량마케팅으로 규모의 경제를 달성할 수 있고 제품수명주기상 도입기에 주로 선택한다.

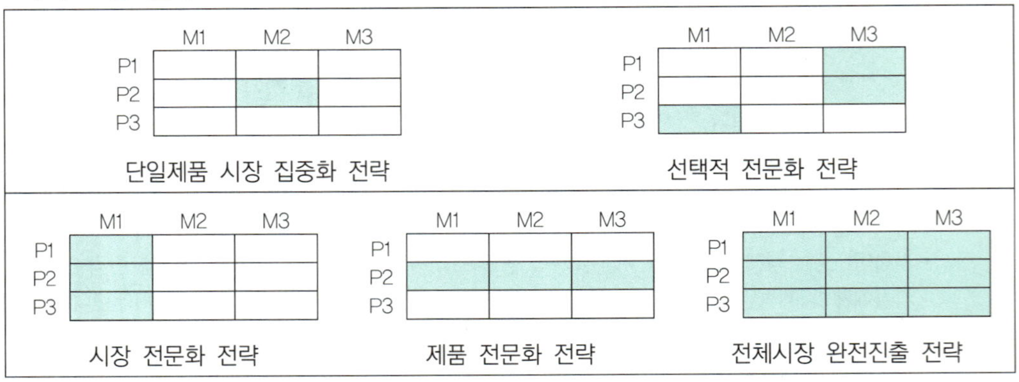

CHAPTER

02

무역

제1절 무역 총론

01 2013 상업 임용 1차 27번 문항

정답 ③

해설

간접 무역

제3자, 즉 제3국의 무역업자를 통해 거래가 이루어지는 것이다.

- 중개무역(merchandising trade): 제3국의 중개업자가 거래를 알선하여 계약이 체결되는 거래로, 중개상은 양국으로부터 중개 수수료를 얻는다. 대금결제 등의 무역 거래 이행은 수출입 양 당사자 간에 직접 행해진다.
- 중계무역(intermediary trade): 외국으로부터 상품을 수입하여 그것을 원형 그대로 제3국으로 재수출하며, 수입액과 수출액의 차익을 목적으로 한다. 중계무역은 중개무역과 달리, 수출실적을 인정한다.
- 통과 무역(transit trade): 물품이 수출국에서 수입국으로 직접 운송되지 않고 제3국(통과국)을 통과하여 운송될 때 제3국 입장에서의 무역 형태로, 하역비, 보관료, 보험료, 통과 수수료 등의 획득을 목적으로 한다.
- 스위치 무역(switch trade): 수출업자와 수입업자 간에 직접 매매 계약이 체결되고 상품도 직접 운송되나 대금 결제는 제3국의 무역업자(switcher)를 통해 제3국의 결제통화를 사용한다. 제3국의 무역업자는 거래 성사 시 수수료(switch commission)를 받는다.

문제의 그림에서 (가)는 중개무역, (나)는 중계무역이다.

① (X) '제품의 소유권과 위험부담을 갖는 무역 형태인지' (가) 중개무역에서 C국(중개인)은 물품의 소유권이나 위험을 부담하지 않고 거래를 알선만 한다. 따라서 거래 결과에 대한 무한책임을 지지 않는다.

② (X) '국제수지 균형을 위한 무역 형태인지' (가) 중개무역은 중개인이 수수료를 얻는 것이 주 목적이며, 특정 국가 간의 국제 수지 균형을 직접적인 목적으로 하는 무역 형태가 아니다.

③ (O) (나) 중계무역에서 C국(중계무역상)은 물품의 소유권을 취득하여 매입하고 재판매하며, 이 과정에서 발생하는 모든 위험과 비용을 자기 책임과 계산으로 부담한다.

④ (X) '무역 실적 인정 여부' (가) 중개무역의 수수료는 무역 실적을 인정하지 않으나, (나) 중계무역의 이익은 물품의 재판매에 따른 상품 수입으로, 무역 실적을 인정한다.

⑤ (X) (가) 중개무역은 물품의 통과와 무관한 알선 무역이다. (나) 중계무역은 3국이 개입하지만, 국가 간 수출입 균형을 주 목적으로 하는 삼각 무역과는 목적과 수익 방식 등에서 차이가 있다.

02 2021 상업 임용 B 7번 문항

정답

㉠: 중계무역
조건 2가지는 수출금액 FOB 조건, 수입금액 CIF 조건이며,
중계무역의 외화가득액 산출 방법은 수출 FOB 금액에서 수입 CIF 금액을 차감하는 것이다.
㉢의 수출실적 인정 시점: 입금일

해설

중계무역(intermediary trade)

외국으로부터 상품을 수입하여 그것을 원형 그대로 제3국으로 재수출하며, 수입액과 수출액의 차익을 목적으로 한다. 중계무역은 중개무역과 달리, 수출실적을 인정한다.
중계무역의 '수출실적 인정금액'은 수출금액(FOB가격)에서 수입금액(CIF)을 공제한 가득액이다(일반적으로 수출실적의 인정금액은 수출통관액인 FOB가격, 수입실적의 인정금액은 수입통관액인 CIF가격이 기준).
㉢ 중계무역의 '수출실적 인정시점'은 입금일, '수입실적 인정시점'은 수입신고수리일이다(일반적으로, 수출입실적의 인정시점은 해당 신고수리일이다).

중계무역의 외화가득액 계산

외화가득액 = 수출 FOB 금액 - 수입 CIF 금액

- 수출금액 기준 FOB(Free On Board) 조건: 수출자가 물품을 본선에 적재할 때까지의 비용과 책임을 부담하는 조건으로, 물품이 선적항에서 본선 적재된 시점에서의 가격을 기준으로 FOB 금액을 산출한다.
- 수입금액 기준 CIF(Cost, Insurance, and Freight) 조건: 수입자가 지정된 목적항까지 물품 운송비 및 보험료를 포함한 가격을 지불하는 조건으로, 물품이 수입 목적항에 도착했을 때의 CIF 금액을 기준으로 산출한다.

03 2021 상업 임용 A 9번 문항

정답

C: 조세수입(관세)
관세부과에 따른 수입 감소량: 4,000
경제적 순손실: B 영역, D 영역

B: 영역은 관세로 인해 국내 생산이 증가하면서, 더 높은 비용으로 비효율적인 생산이 일어나 발생한 사회적 순손실이다.

D: 영역은 관세로 인해 가격이 상승하면서, 일부 소비자가 소비를 포기하게 되어 발생한 사회적 순손실이다.

해설

관세의 경제적 효과

수입품에 관세를 부과하면 수입품의 국내시장가격이 상승하게 되며 수입국에는 여러 가지 경제적 효과가 발생한다. 킨들버거(Kindleberger)의 부분균형분석(analysis of partial equilibrium)은 일부 변수를 독립시켜 분석하며, 다른 변수는 불변임을 가정하며 경제 현상을 분석한다.

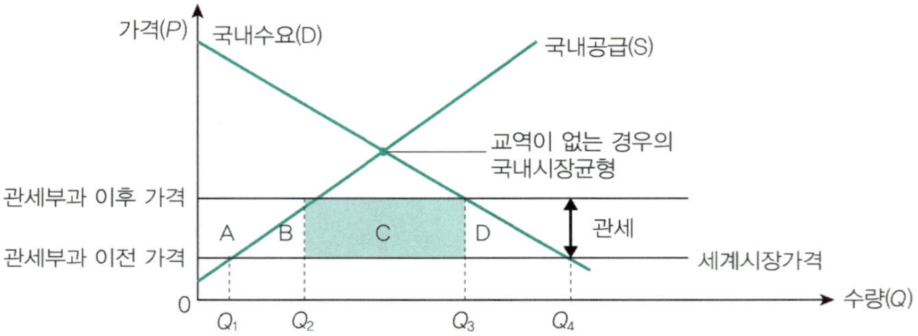

- 가격효과: 관세 부과로 인해 수입품 가격이 상승하는 것이다. 관세 부과 이전→관세 부과 이후 가격상승
- 소비효과: 관세로 인한 수입품의 가격상승으로 국내 소비자가 수입품 구매를 줄인다. 그래프에서 수입물품 소비량은 Q4→Q3로 변화한다.
- 보호효과: 수입품 소비가 줄어들고, 국내 생산품 소비가 증가하여 국내 산업이 보호된다. 그래프에서 국내 생산 물품 공급량 Q1→Q2로 변화한다.
- 수입효과: 관세로 정부의 재정수입이 증가한다. 그래프에서 조세수입은 C 영역이다.
- 소득재분배 효과: 관세 부과로 인해 소비자는 수입품을 국내 시장에서 높은 가격으로 구매하게 된다. 이에 국산 재화에 대한 소비가 증가하여 국산 재화의 생산이 증가한다. 따라서, 소비자잉여(consumer surplus) 의 일부분이 생산자잉여(producer surplus)로 전환되어 소비자에서 생산자로 소득이 재분배되는 효과가 발생한다.

소비자잉여는 관세 부과 이전에는 시장 가격 위의 삼각형 영역이었으나, 이후 A, B, C, D 영역이 감소하였다. 생산자잉여는 관세 부과 이전에는 국내 공급자의 낮은 공급 가격부터 시장 균형점까지의 삼각형이었으나, 관세 부과 이후 A 영역이 추가되었다.

- 경제적 순손실(DWL, dead weight Loss): 관세로 인해 발생하는 경제적 비효율성으로, 소비자잉여와 생산자잉여, 정부 수입으로 전환되지 못한 부분이다. B 영역은 관세로 인해 국내 생산이 증가하면서, 더 높은 비용으로 비효율적인 생산이 일어나 발생한 사회적 순손실이다. (과잉생산, 생산자 비효율) D 영역은 관세로 인해 가격이 상승하면서, 일부 소비자가 소비를 포기하게 되어 발생한 사회적 순손실이다. (과소소비, 소비자 비효율)

소비자잉여 감소	A + B + C + D
생산자잉여 증가	A
정부 관세 수입	C
경제적 순손실	B(과잉생산, 생산자 비효율) + D(과소소비, 소비자 비효율)

문제의 그래프에서 관세부과 전 수입은 9,000개였다. 국내수요가 10,000개이고 국내공급이 1,000개라 나머지 9,000개는 수입에 의존한 것이다. 그러나 관세부과에 따라, 국내수요가 8,000개로 줄고 국내공급은 3,000개가 되어 부족한 5,000개를 수입에 의존하게 되었다.

따라서, 관세부과에 따라 수입 수량이 9,000개에서 5,000개로 줄었으므로, 감소수량은 4,000개이다.

04 2002 상업 임용 7번 문항

정답

① 비관세 장벽은 유형에 따라 영향 범위가 다르고 시간에 따라 유동적이어서 효과 측정이 어렵다.
② 관세와 비교할 때 적용과 운용이 매우 복잡하다.
③ 국내 산업 보호 외에 소비자 보호, 환경 보호, 국가 안전보장 등 다양한 비무역적 목적을 가진 경우가 많다.
④ 변칙적인 제도 운영으로 인해 불확실성이 매우 높으며, 일정한 기준이 없어 정부 간 협상이 곤란하다

해설

비관세 장벽(non-tariff barriers)

보호무역정책의 수단으로 사용되는 관세 이외의 모든 무역정책이다. 비관세 장벽은 유형에 따라 영향 범위가 다르고 시간에 따라 유동적이어서 효과측정이 어렵다. 또한, 관세와 비교해 적용과 운용이 매우 복잡하며, 무역정책이나 국내 산업 보호를 주된 목적으로 하지 않고, 기타 목적인 소비자, 환경 보호, 국가 안전보장 등의 목적인 경우가 많다. 비관세 장벽은 변칙적인 제도 운영으로 인해 불확실성이 매우 높으며, 일정한 기준이 없어 정부 간 협상이 곤란한 성질을 가지고 있다.

05 2022 상업 임용 B 7번 문항

정답

㉠ 보호 무역, 유치산업보호론의 입장에서 일정 기간의 보호를 함으로써 기술 습득과 생산성이 비교우위에 있도록 해야한다.

㉡ 비관세장벽

㉢ 상계관세

해설

무역정책의 흐름

중상주의 → 자유무역주의 → 보호무역주의 → 무역 자유화 → 신보호무역주의

① 중상주의(mercantilism): 모든 국가가 국부의 원천을 금은의 양에 따라 평가하던 시기로, 기술 변화가 가속화되어 무역이 급증하였다. 이 시기에 국가는 수출을 장려하고 수입은 억제하는 정책을 펼쳤다. 즉, 국내 시장을 확보한 후에 국외시장을 개척하는 정도이다.

② 자유무역주의: 대량생산체제가 가능해진 이후 영국에서 시작된 것으로, 무역에 대한 국가 통제를 배제하고 자율성을 강조하는 정책이다. 자유로운 경쟁이 전 세계에 이익을 준다는 전제로, 관세 부과나 수입제한 등의 장벽을 철폐한다.

애덤 스미스(A. Smith)는 국가의 통제가 없는 자유 무역을 통해 합리적인 분업과 합리적인 자본의 배분이 이루어져 더 많은 이익을 얻을 수 있다고 하며 국제분업론과 자유 경쟁론, 그리고 소비자 이익이 우선되어야 한다는 소비자이익론을 주장하였다.

③ 보호무역주의: 자유무역주의를 비판하는 정책으로, 당시 경제발전이 뒤떨어진 미국과 독일 등이 자유무역으로 경쟁하면 불리한 상황에서 등장했다. 자국의 유치산업을 보호하기 위해 관세를 부과하거나 수입을 억제하는 것이다.

해밀턴(Hamilton)은 공업보호론을 주장하며, 일국 내에 공업화가 이루어지면 생산물이 증대하고 국민소득이 증가하기 때문에, 정부가 유치산업에 대해 보호를 하여 성장하게 되면 이익이 보장된다고 하였다. 리스트(List)는 유치산업 보호론을 주장하며, 유치산업은 후진적 입장의 나라에서 비교우위가 전혀 없는 상황이더라도, 보호하여 육성할 경우 앞으로 성장할 수 있을 것이라 하였다.

④ 자유무역정책: 제2차 세계대전 이후에 붕괴된 세계 경제를 부흥시키기 위해 선진국이 협력을 도모하여 등장하였다. 이에, 무역 자유화를 위한 관세 및 무역에 관한 일반 협정(GATT;General Agreement on Tariffs and Trade)체제를 출범하고 국제통화기금(IMF;international monetary fund)을 설치하였다.

⑤ 신보호무역주의: 1970년대 이후 두 차례 오일쇼크가 발생하여 선진국들이 자국 시장을 보호하고 국제수지를 개선하기 위해 보호무역주의가 대두되었다. 다만, 과거 19세기 말에 채택된 보호무역주의와는 그 성격이 달라 신보호무역주의라 부른다. 유치산업이 아닌 사양산업을 보호 대상으로 하고, 관세가 아니라 비관세 장벽을 주로 사용하며, 개발 도상국이 아닌 선진국 중심의 보호무역주의인 것이 차이점이다. 이후 WTO(세계무역기구)가 출범하였다.

비관세장벽의 종류

- 수입할당제(쿼터제, import quota system): 수입품의 수량을 규제해서 직접적으로 수입을 제한하는 것이다.
- 반덤핑조치(anti-dumping action)는 덤핑마진을 상쇄하기 위해 당해 수입품에 덤핑 폭만큼 추가 관세를 부과하는 것이다. 여기서 덤핑은 국내 시장에서는 높은 독점가격으로, 국제 시장에서는 염가로 가격을 형성하는 것이다.
- 보조금(subsidy): 생산보조금, 수출보조금 등 재정적으로 지원을 함으로써 국내 산업을 보호하는 방식이다.

• 기타 원산지 규정(rules of origin), 수입허가제(import license), 선적 전 검사(preshipment inspection), 복잡한 수입 절차 등이 있다.

탄력 관세 제도

관세(customs duties or tariffs)는 한 나라의 관세 영역을 통과하는 물품에 대해 부과하는 조세이다. 관세 영역은 경제적 경계로서 정치적 경계선인 국경선과는 다른 개념이다. 관세는 국가가 국내 산업을 보호하고 재정수입을 확보하기 위해 관세 영역을 출입하는 물품에 대해 반대급부 없이 강제적으로 징수하는 금전적 급부이다.

탄력 관세 제도는 정부가 법률 규정 범위 내에서 관세율을 인상하거나 인하하는 관세 제도이다. 덤핑방지관세, 상계관세, 보복관세, 긴급관세, 편익관세, 계절관세, 할당관세, 조정관세 등이 있다

덤핑방지관세	수입품 가격이 국내보다 월등히 저렴하면 그 차액을 관세에 가산하여 부과
상계관세	수출국의 보조금 지원 금액만큼 다시 추가해서 부과
보복관세	타국이 자국 수출품에 불리한 대우를 하면 그를 제거하고자 부과
긴급관세	국내 산업 보호를 위해 특정 수입품에 대한 세율을 높게 책정하여 부과
편익관세	관세의 편익을 받지 않은 나라의 물품을 수입할 때 근거 없이 정치 · 경제적인 유대관계를 바탕으로 관세에 특혜를 부여
계절관세	어느 계절만 부과되는 관세
할당관세	일정 수량까지는 저율의 관세, 일정 수량 초과 시 고율의 관세를 부과
조정관세	수입자유화 개방정책에 대한 부작용을 관세정책으로 시정, 보완하기 위해 관세율을 조정

06 2007 상업 임용 9번 문항

정답

(가) 아시아태평양경제협력체(APEC, Asia-Pacific Economic Cooperation)
(나) USMCA(미국-멕시코-캐나다 협정, 새로운 북미자유무역협정)
(다) 유럽경제지역(EEA, European Economic Area)

해설

경제 통합

지리적으로 인접하거나 경제적으로 공동의 이익을 추구하고자 하는 국가들이 서로 무역 장벽을 낮추고 하나의 시장 또는 통합된 경제 권역을 형성해 나가는 것이다.

통합 정도에 따라 자유무역협정→관세 동맹→공동 시장→경제 동맹→완전 경제 통합 순이다.

① 자유무역협정(FTA;free trade agreement): 경제 통합의 가장 초기적인 형태로, 회원국이 상호 간 상품 · 서비스 교역에 대한 관세 및 무역 장벽을 철폐하여 자유로운 이동을 보장하고, 비회원국(역외국)에 대해서는 각국이 독자적으로 무역정책을 실시한다. 예 USMCA 미국-캐나다-멕시코 협정(구 NAFTA 북미 자유무역연합), 한 · 칠레 자유 무역 협정, 아세안 자유 무역 지대(AFTA, 동남아시아 국가 연합 아세안 회원국의 자유무역협정)

② 관세 동맹(customs union): 회원국에 대해서는 FTA와 같으며, 비회원국에 대해서 대외공동관세(CET;common external tariff) 등 공통적인 무역정책을 취한다. 예 베네룩스 관세 동맹(Benelux; Belgium, Netherlands, Luxemburg), 독일 관세 동맹

③ 공동 시장(common market): 회원국 간 재화 · 용역 · 자본 · 노동력 등의 생산요소가 자유롭게 이동할 수 있어, 역내 자원의 효율적 배분이 가능하게 된다. 예 중앙아메리카 공동 시장(CACM, 중미공동시장, 과테말라, 코스타리카 등), 남미 공동 시장(MERCOSUR), 유럽경제지역(EEA, European Economic Area, EFTA가 모여 구성한 조직)

④ 경제 동맹(economic union): 이 동맹은 경제 정책에 대해 공동 정책을 채택한다. 단일 통화를 도입하고 자유로운 인적 이동을 허용한다. 예 베네룩스 경제 동맹(BEU, 관세 동맹에서 발전한 형태), 유니스칸(UNISCAN, 영국, 스칸디나비아 3국과의 경제 동맹)

⑤ 완전경제통합(total economic integration): 회원국의 경제 정책뿐 아니라 모든 경제 정책을 통일한다. 재정, 금융, 사회, 단일 통화 등의 경제 정책, 정치적인 통합까지도 가능하게 된다. 예 유럽연합(EU)

역내국: 관세철폐 역외국: 개별관세	역내국: 공동관세 역외국: 공동관세	+생산요소의 자유로운 이동	+경제 정책의 조화	경제 및 정치적 통합
자유 무역 협정	**관세 동맹**	**공동 시장**	**경제 동맹**	**완전 경제 통합**

기타 지역별 경제통합체

- 아시아 태평양 경제 협력체(APEC): 아시아, 태평양 지역의 경제 협력 증대를 위한 것이다.
- 역내 포괄적 경제 동반자 협정(RCEP): ASEAN 10개국과 한중일, 호주, 뉴질랜드, 인도 등 16개국의 관세 장벽 철폐를 목표로 하는 세계 최대의 자유 무역 협정이다.

07 2005 상업 임용 19번 문항

정답

① (가) 무역 전환 효과
② (나) 무역 창출 효과

해설

관세 동맹의 경제적 효과

- 무역 전환 효과(trade diversion): 관세 동맹으로 인해 효율적인 역외 생산자로부터 비효율적인 역내 생산자로 상품의 공급이 전환되기 때문에 자원 배분 측면에서는 마이너스효과를 가져온다.
  "무역 전환 효과 → 자원 배분의 비효율성 증가 → 마이너스효과"
- 무역 창출 효과(trade creation): 관세 동맹은 상대적으로 비효율적인 국내공급원으로부터 효율적인 해외공급원으로 생산을 이동시키기 때문에 자원 배분 측면에서는 플러스효과를 가져온다.
  "무역 창출 효과 → 자원 배분의 효율성 증가 → 플러스효과"

08 2009 상업 임용 1차 26번 문항

정답 ②

09 2013 상업 임용 1차 39번 문항

정답

(가) 라이선싱
(나) 턴키 계약

해설

국제 계약

- 국제 라이선싱: 특허권, 상표권, 저작권, 노하우 등을 제공하고 사용료(royalty)를 받는다. 예를 들면 영화 수출입, 유명한 캐릭터 사용 등이 있다.
- 국제 프랜차이징: 특정 기업의 상표나 상호의 사용권, 원료 및 관리시스템까지 일괄 제공하여 경영에 직·간접적으로 참가하고 사용료를 받는 것으로, 라이선싱의 한 종류지만 통제권이 강하게 있다. 예를 들면 패스트푸드 체인점, 세계적인 대형 할인 매장 등이 있다.
- 경영 관리 계약: 일정 기간 다른 나라의 일상적인 영업활동을 관리할 권한을 부여받고, 경영 서비스를 제공·관리해주고 대가를 받는다. 주로 호텔 산업이 활용한다.
- 턴키 계약(턴키 프로젝트): 일종의 플랜트 수출로, 설계부터 최종 시공, 조립, 검사까지 마친 후 소유주에게 인도하는 일괄 수주 방식이다. 원자력 발전소, 생산 공장, 석유 시추 시설 등의 대형 프로젝트 등이 활용한다.
- BOT 방식(Build, Operate, Transfer): 도로·항만·교량 등의 사회 간접 자본 건설 사업(주로 개발도상국에 대한 플랜트 수출)에 민간 자본을 유치하는 가장 일반적인 방식이다. 인프라를 건설한 시공사가 일정 기간 이를 운영하여 투자비를 회수한 뒤 발주처, 주로 현지 기업이나 정부에 매각·양도하는 수주 방식이다.
- 계약 생산(계약 제조): 라이선싱과 해외 직접 투자의 중간적 성격으로, 생산능력을 가진 현지 기업에 자사의 요구 제품을 생산하게 하는 형태로, 생산은 해외 현지 기업이 하고 마케팅은 자사가 실시한다.(OEM, ODM) 예를 들어, 중국 기업이 생산한 청소기를 국내 기업이 자기 상표를 부착하여 국내 시장에 판매하는 것이다.
- 전략적 제휴: 기술 개발, 조달, 생산, 마케팅, 디자인, 엔지니어링, 유통 등의 분야에서 이루어지는 기업 간 제휴 관계를 말한다. 둘 이상의 글로벌 기업이 각자의 독립성을 유지하면서 전략적으로 상호 제휴 관계를 형성하여 제3의 기업에 경쟁우위를 확보하고, 이윤을 획득하려는 새로운 경영 전략이다.
- 해외 투자 방식: 경영 참가 여부를 기준으로 경영에 참가하면 '직접 투자', 경영에 참가하지 않으면 '간접 투자'라고 한다.
  해외 직접 투자는 국내의 자본, 생산 기술, 경영 기술 등의 생산요소를 해외로 이전하여 현지에서 직접 생산 및 판매하는 것이다. 해외 직접 투자는 소유권의 정도에 따라 '단독 투자(의결권 95% 이상 소유)'와 '합작 투자(다른 국적 2개 이상 기업)'로 구분하며, 해외 진출 형태에 따라 '신설'과 '인수·합병(M&A)'으로 구분한다.
  해외 간접 투자는 단순히 배당금이나 이자 수입을 목적으로 외국 기업의 주식이나 채권을 취득하는 것으로 자본만 이동하며, 증권 투자라고도 한다.

10 2005 상업 임용 20번 문항

정답

① (경영)관리계약
② (국제)프랜차이징

11 2008 상업 임용 14번 문항

정답

(가) 라이선싱
(나) 프랜차이징
(다) 경영관리계약
(라) 조인트 벤처(합작투자)(Joint Venture)

해설

국제 계약

- 국제 라이선싱: 특허권, 상표권, 저작권, 노하우 등을 제공하고 사용료(royalty)를 받는다. 예를 들면 영화 수출입, 유명한 캐릭터 사용 등이 있다.
- 국제 프랜차이징: 특정 기업의 상표나 상호의 사용권, 원료 및 관리시스템까지 일괄 제공하여 경영에 직·간접적으로 참가하고 사용료를 받는 것으로, 라이선싱의 한 종류지만 통제권이 강하게 있다. 예를 들면 패스트푸드 체인점, 세계적인 대형 할인 매장 등이 있다.
- 경영 관리 계약: 일정 기간 다른 나라의 일상적인 영업활동을 관리할 권한을 부여받고, 경영 서비스를 제공·관리해주고 대가를 받는다. 주로 호텔 산업이 활용한다.
- 해외 투자 방식: 경영 참가 여부를 기준으로 경영에 참가하면 '직접 투자', 경영에 참가하지 않으면 '간접 투자'라고 한다.

  해외 직접 투자는 국내의 자본, 생산 기술, 경영 기술 등의 생산요소를 해외로 이전하여 현지에서 직접 생산 및 판매하는 것이다. 해외 직접 투자는 소유권의 정도에 따라 '단독 투자(의결권 95% 이상 소유)'와 '합작 투자(다른 국적 2개 이상 기업, 조인트벤처, Joint Venture)'로 구분하며, 해외 진출 형태에 따라 '신설'과 '인수·합병(M&A)'으로 구분한다.

  해외 간접 투자는 단순히 배당금이나 이자 수익을 목적으로 외국 기업의 주식이나 채권을 취득하는 것으로 자본만 이동하며, 증권 투자라고도 한다.

조인트 벤처(합작투자)(Joint Venture)와 컨소시엄의 비교

조인트 벤처(합작투자)는 기업들이 공동의 목표를 달성하기 위해 새로운 독립적인 법인을 설립하고 지분(자본)을 출자하여 함께 경영에 참여하는 해외 진출 방식이다. 이는 단순히 협력 관계를 넘어, 법적 실체를 가진 합작 기업을 통해 공동으로 투자하고 관리하며 이익과 위험을 공유하는 구체적인 경영 활동을 포함한다. 반면, 컨소시엄(Consortium)은 여러 기업이나 조직이 특정 프로젝트나 사업을 위해 일시적으로 협력 관계를 형성하지만, 별도의 법인을 설립하거나 지분을 출자하여 공동 관리하는 방식은 아니다. 컨소시엄은 단일 기업이 감당하기 어려운 대규모 사업이나 복잡한 프로젝트를 수행할 때 각자의 전문성과 자원을 공유하며 단기적으로 운영될 수 있으며, 프로젝트 완료 후에는 해체되는 것이 일반적이다. 따라서 컨소시엄은 '출자하여 관리'라는 구체적인 경영적 개념과는 거리가 있는, 유연한 협력 형태라고 볼 수 있다.

12 2023 상업 임용 B 1번 문항

정답

㉠ 계약생산(위탁생산)
㉡ 경쟁

13 2021 상업 임용 B 2번 문항

정답

㉠ 해외직접투자
㉡ 인수합병

해설

국제 계약

- 계약 생산(계약 제조): 라이선싱과 해외 직접 투자의 중간적 성격으로, 생산능력을 가진 현지 기업에 자사의 요구 제품을 생산하게 하는 형태로, 생산은 해외 현지 기업이 하고 마케팅은 자사가 실시한다. (OEM, ODM) 예를 들어, 중국 기업이 생산한 청소기를 국내 기업이 자기 상표를 부착하여 국내 시장에 판매하는 것이다.
- 해외 투자 방식: 경영 참가 여부를 기준으로 경영에 참가하면 '직접 투자', 경영에 참가하지 않으면 '간접 투자'라고 한다.

  해외 직접 투자는 국내의 자본, 생산 기술, 경영 기술 등의 생산요소를 해외로 이전하여 현지에서 직접 생산 및 판매하는 것이다. 해외 직접 투자는 소유권의 정도에 따라 '단독 투자(의결권 95% 이상 소유)'와 '합작 투자(다른 국적 2개 이상 기업)'로 구분하며, 해외 진출 형태에 따라 '신설'과 '인수·합병(M&A)'으로 구분한다.

  해외 간접 투자는 단순히 배당금이나 이자 수입을 목적으로 외국 기업의 주식이나 채권을 취득하는 것으로 자본만 이동하며, 증권 투자라고도 한다.

14 2023 상업 임용 A 6번 문항

정답

㉠ 내부화 또는 생산요소

㉡ 수출, 자국에서 생산된 제품이나 서비스를 해외 시장에 직접 또는 간접적으로 판매하는 가장 기본적인 해외시장 진출 방식이다.

㉢ 직접 투자

해설

1. 괄호 안의 ㉠에 공통으로 해당하는 용어를 쓸 것.
   제시된 다이어그램을 보면 '무역장벽' 다음으로 '예/아니요'로 나뉘는 기준이 있습니다. 그리고 그 기준을 거친 후 '아니요'일 때 라이센싱으로, '예'일 때 ㉢으로 이동합니다. 이는 러그만 모형에서 무역장벽 다음으로 고려하는 핵심 요소인 **기업 특유의 우위(Firm-Specific Advantages, FSAs)**의 유무를 나타냅니다. 기업 특유의 우위가 없다면 라이센싱과 같은 비소유 방식(Non-equity mode)을, 있다면 직접 투자를 고려하는 흐름입니다.
   따라서 괄호 안의 **㉠**에 공통으로 해당하는 용어는 기업 특유의 우위 입니다.
2. 괄호 안의 ㉡에 공통으로 해당하는 용어를 쓰고, 그 개념을 서술할 것.
   다이어그램을 보면 '무역장벽'이 '아니요'일 때 (㉡)으로 연결됩니다. 무역장벽이 없을 때 가장 쉽게, 그리고 초기 단계에서 선택할 수 있는 해외시장 진출 방식은 자국에서 생산된 제품을 해외로 판매하는 방식입니다.
   따라서 괄호 안의 **㉡**에 공통으로 해당하는 용어는 수출입니다.
   개념 서술:
   수출(Export)은 자국에서 생산된 제품이나 서비스를 해외 시장에 직접 또는 간접적으로 판매하는 가장 기본적인 해외시장 진출 방식입니다. 이는 무역 장벽이 낮거나 없을 때 기업이 비교적 적은 위험과 비용으로 해외 시장에 진출할 수 있는 방법으로, 물적 이동을 통해 제품을 해외로 보내는 것을 의미합니다.
3. 괄호 안의 ㉢에 공통으로 해당하는 용어를 쓸 것.
   다이어그램을 보면 무역장벽이 '예'이고, 기업 특유의 우위도 '예'일 때 (㉢)으로 연결됩니다. 무역장벽이 높고 기업 특유의 우위가 명확할 때 기업은 현지 생산을 통해 무역장벽을 우회하고 자신의 우위를 활용하여 시장을 통제하고자 합니다. 이는 일반적으로 직접 투자(Foreign Direct Investment, FDI) 방식에 해당합니다.
   현지 자원의 활용과 경제적 이점을 강조할 경우:
   현지 생산요소를 강조
   기술 중심 산업이나 기술 경쟁 우위를 가진 기업의 진출 방식을 논할 경우: 기술 유출 위험을 강조

15 2025 상업 임용 B 10번 문항

정답

㉠ 다국적기업

㉡ 직접투자

㉢ 생산량이 증가할수록 제품이나 서비스의 단위당 생산 비용이 감소하는 현상이다.

㉣ CC 모형(Configuration-Coordination)

해설

기업의 글로벌화 과정

국내 지향 단계(국내 기업) → 해외 지향 단계(수출 기업)→ 현지 지향 단계(다국적 기업) → 세계 지향 단계(세계 기업)

1. 국내 지향 단계(국내 기업): 국내에서 상품이나 서비스를 제조하여 판매하는 것이다.
2. 해외 지향 단계(수출 기업): 국내에서 상품이나 서비스를 제조하고 해외에 이를 수출하여 점유율을 확대하는 것이다.
3. 현지 지향 단계(다국적 기업): 수출의 한계를 극복하고 안정적으로 현지 시장을 확보하는 것이다. 저렴한 노동력을 확보하기 위해 주로 개발 도상국에 진출하며, 기업 조직은 해외 자회사를 계획 · 조직 · 지휘 · 통제하는 본사와 해외 자회사로 나뉜다.
4. 세계 지향 단계(세계 기업, 글로벌기업): 범세계적 효율성을 통한 세계 시장 확보를 목표로 하여, 개발 도상국뿐 아니라 선진국에도 진출하는 것이다.

규모의 경제

글로벌경영은 규모의 경제를 이루기 위해 국경을 초월한 경영 활동을 하는 것이다. 규모의 경제는 생산량이 증가할수록 제품이나 서비스의 단위당 생산 비용이 감소하는 현상이다.

CC 모형(Configuration-Coordination)

다국적 기업이 전 세계 시장을 확보하기 위해 기업 활동을 어떤 국가에 배치해야 하는지(configuration), 배치된 활동을 어떻게 조정할 것인지(coordination)를 두 축으로 한 매트릭스이다.

조정 coordination	Dispersed	Concentrated
High	고도의 글로벌전략	단순한 글로벌전략
Low	국가별 전략	수출 위주의 마케팅전략

배치 configuration

- Configuration(구성/배치): 기업의 다양한 가치사슬 활동(연구개발, 생산, 마케팅, 서비스 등)을 전 세계 어느 국가에 위치시킬 것인가에 대한 전략적 결정을 의미한다. 이는 밑줄 친 ㉣의 모든 경영 활동을 지구상의 최적지에서 운영하는 것과 직접적으로 연결된다.
- Coordination(조정): 분산된 가치사슬 활동들이 효율적으로 연계되고 통합되도록 관리하는 방식을 의미한다.

16 2017 상업 임용 A 7번 문항

정답

㉠ 재정환율
CNY 56.00

해설

환율의 종류

환율은 양국 통화 간 교환 비율로, 한 나라의 통화가격을 다른 나라의 통화로 표시하는 것이다.
환율 표시 방법은 자국통화표시환율과 외국통화표시환율이 있다. 자국통화표시환율은 자국 통화를 기준으로 표시하며, US $1=₩1,000으로 나타낼 수 있다. 외국통화표시환율은 자국 통화 1단위와 교환되는 외국통화 단위로 표시하는 것으로, ₩1=US $1/1000로 나타낼 수 있다.

- 기준환율(매매기준율, basis rate): 각종 외환 거래의 기준으로, 통상적으로 외환시장에서 사용하는 환율은 대은행환율이다.
- 교차환율(cross rate)과 재정환율(arbitrage rate): 교차환율은 자국 통화가 개입되지 않은 외국 통화 간의 환율이다. 재정환율은 기준환율과 교차환율에서 산출된 자국 통화와 제3국 통화 간의 환율이다. 예를 들어, 자국 통화의 대미 달러 환율을 제3국의 대미 달러 환율(교차환율)로 나누어 산출하는 환율이다.

당일 환율 적용 계산(위안화 표시)

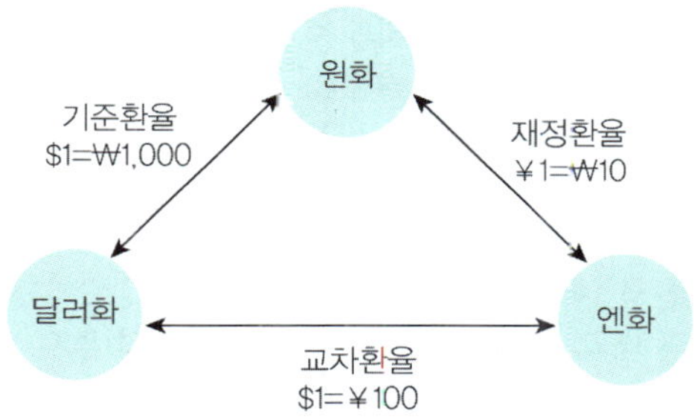

CNY 6.72 ÷ KRW1,200 × 원화 표시 단가 10,000 = 56
즉, CNY 56.00

17 2016 상업 임용 B 5번 문항

정답

서비스수지 = 20,000-10,000-50,000 = -40,000(적자)

경상수지 = 20,000+30,000-10,000-50,000-20,000-80,000+50,000-30,000= -90,000(적자)

해설

국제 수지(BOP, Balance of Payments)

한 나라가 다른 나라와 거래한 내용을 체계적으로 분류 · 정리한 것으로, 국제수지표는 국제 거래를 거래 성격과 대상에 따라 크게 경상 수지, 자본수지, 금융계정, 오차 및 누락으로 구분하여 기록한다. 외화수취액이 외화지출액보다 크면 국제 수지 흑자, 외화지출액이 외화수취액보다 크면 국제 수지 적자이다.

1. 경상 수지: 국제 거래에서 자본 거래를 제외한 경상거래에 대한 수지이다. 수출입, 고용, 국민 소득 등 국민경제에 큰 영향을 미치며, 국가의 대외 경쟁력을 나타내는 중요한 척도이다. 상품 수지, 서비스 수지, 본원 소득 수지, 이전 소득 수지로 구분한다.
   - 상품 수지: 재화의 수출액과 수입액의 차액이다.
   - 서비스 수지: 서비스 거래로 수취한 돈과 지급한 돈의 차이, 그리고 지식재산권 사용료이다. (운송, 여행, 건설, 통신, 보험, 금융, 지적 재산권 등)
   - 본원 소득 수지: 임금과 투자 소득의 이동이다. (외국에서 거주자가 얻은 소득과 국내 비거주자에게 지급한 돈의 차이, 해외 직접 투자나 증권 투자와 같은 투자에서 발생하는 배당 · 이자 소득)
   - 이전 소득 수지: 아무런 대가가 없는 외화 수취와 지급의 차이이다. (1년 이상 해외 거주한 교포가 보내오는 송금, 무상 원조, 국제기구 출연금, 기부금 등)
2. 자본수지: 상품이나 서비스 거래를 제외한 것으로, 거주자와 비거주자 사이의 '무상 자본 이전'과 '비생산 · 비금융 자산'으로 구성된다.
   - 무상 자본 이전의 예: 거주자와 비거주자 간 상속 및 증여, 채무 면제 등
   - 비생산 · 비금융 자산의 예: 상표권, 영업권, 판매권 등 양도 가능한 무형 자산 취득 처분
3. 금융계정: 금융 기관의 대외 자산 및 부채가 해당된다. 직접 투자, 증권(채권 · 주식) 투자, 파생 금융 상품, 기타 투자, 준비 자산으로 구분할 수 있다.
4. 오차 및 누락: 기초 통계의 오류나 기업과 은행의 보고 누락으로 대차 불일치가 발생하면 통계적으로 조정하는 항목이다.

   ① 운송료: 서비스수지 +20,000
   ② 국내기업에 투자: 금융계정 +50,000
   ③ 수출: 상품수지 +30,000
   ④ 상표권: 서비스수지 -10,000
   ⑤ 여행경비: 서비스수지 -50,000
   ⑥ 구호물품: 이전소득수지 -20,000
   ⑦ 수입: 상품수지 -80,000
   ⑧ 연봉 미화: 본원소득수지(선수가 비거주자일 경우 이전소득수지) +50,000
   ⑨ 외채 이자: 본원소득수지 -30,000

   서비스수지= 20,000-10,000-50,000 = -40,000(적자)
   경상수지= 20,000+30,000-10,000-50,000-20,000-80,000+50,000-30,000=-90,000(적자)

18 2003 상업 임용 12번 문항

정답

① (가) 다국적 기업
② (나) 본원소득수지
③ (다) 서비스수지

해설

경상 수지

국제 거래에서 자본 거래를 제외한 경상거래에 대한 수지이다. 수출입, 고용, 국민 소득 등 국민경제에 큰 영향을 미치며, 국가의 대외 경쟁력을 나타내는 중요한 척도이다. 상품 수지, 서비스 수지, 본원 소득 수지, 이전 소득 수지로 구분한다.

- 상품 수지: 재화의 수출액과 수입액의 차액이다.
- 서비스 수지: 서비스 거래로 수취한 돈과 지급한 돈의 차이, 그리고 지식재산권 사용료이다. (운송, 여행, 건설, 통신, 보험, 금융, 지적 재산권 등)
- 본원 소득 수지: 임금과 투자 소득의 이동이다. (외국에서 거주자가 얻은 소득과 국내 비거주자에게 지급한 돈의 차이, 해외 직접 투자나 증권 투자와 같은 투자에서 발생하는 배당 · 이자 소득)
- 이전 소득 수지: 아무런 대가가 없는 외화 수취와 지급의 차이이다. (1년 이상 해외 거주한 교포가 보내오는 송금, 무상 원조, 국제기구 출연금, 기부금 등)

① (가)의 현지법인과 같은 범세계적 기업은 '다국적 기업'이라고 한다. 이는 여러 국가에 현지 법인을 설립하고 운영하며, 분권화된 조직 구조를 통해 자율적 경영을 하고 이윤을 현지 국가에 재투자하는 범세계적 조직망을 갖는 기업을 의미한다.

② (나)와 같은 국제수지는 '본원소득수지'라고 한다. 투자 배당금, 이자와 같이 자본 및 지적 재산권 사용에 대한 소득의 수취를 기록하는 국제 수지 항목이다.

③ (다)와 같은 국제수지를 상품거래에 의한 수지와 구분하여 '서비스수지'라고 한다. 특허권 사용로는 무형의 서비스 제공에 대한 대가이며, 이는 상품 거래(상품 수지)와는 구분되어 국제 수지 중 서비스 수지에 기록된다.

19 2025 상업 임용 A 12번 문항

정답

㉠ 수출입공고
㉡ 세이프가드
㉢ 국내 산업이 심각한 피해를 입거나 입을 우려가 있다.

해설

수출입 질서유지를 위한 수입 수량 제한조치(세이프가드, Safeguard)

① 특정 물품의 일정 기간 동안의 수입량이 절대적으로 증가하거나 국내 생산과 비교하여 상대적으로 증가하고, ② 국내 산업이 심각한 피해를 입거나 입을 우려가 있고(국내 산업의 경쟁력 약화, 고용 감소, 생산 감소 등) ③ ①과 ②에 인과관계가 있으면, 필요한 범위에서 물품의 수입 수량을 제한하는 조치를 시행할 수 있다. 제한 수량은 최근 3년간의 수입량을 월평균수입량으로 환산한 수량 이상으로 한다. 수입 수량 제한은 조치 시행일 이후 수입되는 물품에만 적용하며, 적용 기간은 4년, 연장하더라도 총합 8년을 넘어서면 안된다. 이에 대한 공고는 기본공고인 수출입공고에 고시한다.

수출입공고와 통합공고

- 수출입공고는 산업통상자원부장관이 수출입물품에 대한 직접적인 관리를 위해 승인 품목, 허가 품목, 금지 품목 등의 사항과 물품 수량, 규격 제한 조항 등을 공고한 것이다.
- 통합공고는 대외무역법 이외의 다른 법령(약사법, 화장품법 등)에서 해당 물품의 수출입요건 및 절차에 대한 사항 등을 정한 경우 해당 법령 사항을 조정하고 이를 통합 규정하기 위해 고시하는 것이다.

20 2023 상업 임용 A 9번 문항

정답

㉠ 관세법

㉡ 무역거래자

㉢ 무역업고유번호

㉣ 증권의 국제 매매는 인정되지 않으며, 이는 '외국환거래법'의 물적대상에 해당한다.

해설

무역관리의 3대 법규

무역관리의 3대 법규는 대외무역법, 관세법, 외국환거래법이 있다. 또한, 무역 관계 법규로 무역 보험법, 중재법 등이 있다. 무역 관련 국제 규칙 및 협약은 무역 계약을 원활하게 체결하고 효율적으로 행하도록 하며, 다양한 분쟁을 원만하게 해결할 수 있도록 돕는다.

무역 관련 3대 법규	대외무역법	관세법	외국환거래법
관리 주체	산업통상자원부장관	관세청장	기획재정부장관

1. 대외무역법
   - 제1조(목적): 이 법은 대외 무역을 진흥하고 공정한 거래 질서를 확립하여 국제 수지의 균형과 통상의 확대를 도모함으로써 국민경제를 발전시키는 데 이바지함을 목적으로 한다.
   - 대외무역법의 개요

     무역: 물품 등(무역 거래의 객체로서의 물품이나 용역 및 전자적 형태의 무체물)의 수출입

     물품: 외국환거래법에서 정하는 지급수단, 외국환거래법에서 정하는 증권, 외국환거래법에서 정하는 채권을 화체한 서류를 제외한 동산을 말한다.

     무역거래자: 수출 또는 수입을 하는(위임하는) 자.

     정부 간 수출계약: 전담기관은 KOTRA(대한무역투자진흥공사)이며, 이에 정부는 경제적 이익 및 손실을 부담하지 않는다.
   - 무역업고유번호: 산업통상자원부장관이 국가 수출입 통계 처리를 위해 무역업체에 부여하는 관리번호이다. 무역업고유번호 신청은 한국무역협회장에게 한다.
2. 관세법
   - 제1조(목적): 이 법은 외국환거래와 그 밖의 대외거래의 자유를 보장하고 시장기능을 활성화하여 대외거래의 원활화 및 국제수지의 균형과 통화가치의 안정을 도모함으로써 국민경제의 건전한 발전에 이바지함을 목적으로 한다.
3. 외국환거래법
   - 제1조(목적): 이 법은 외국환거래와 그 밖의 대외거래의 자유를 보장하고 시장기능을 활성화하여 대외거래의 원활화 및 국제수지의 균형과 통화가치의 안정을 도모함으로써 국민경제의 건전한 발전에 이바지함을 목적으로 한다.
   - 인적 대상: 거주자와 비거주자를 대상으로 한다.
   - 물적 대상: 외국환, 귀금속, 내국지급수단을 대상으로 한다.

21 2016 상업 임용 A 8번 문항

정답

㉠ 원산지증명서

㉡ HS

해설

관세법에 따른 관세의 부과와 징수

- 납세의무자: 조세를 납부할 의무가 있는 자로, 원칙적 납세의무자는 물품의 수입 신고를 하는 때의 화주이다. 수입 물품을 수입 신고 전에 양도하였다면 양수인이 납세를 해야 하며, 수입신고인이 화주를 명백히 하지 못하면 그 신고인이 화주와 연대하여 해당 관세를 납부해야 한다.
- HS코드: 관세, 통관, 원산지 결정, 보험, 운송에서 다양한 목적으로 사용되게 만든 다목적 품목분류제도이다. HS 품목분류는 수출입물품에 HS코드를 부여하는 것을 말하며, HS 품목분류에 따라 관세율 등이 결정된다. HS 6단위까지는 세계공통으로 사용하며, 우리나라에서는 6단위 HS에 4단위를 추가해 세분한 10단위를 사용한다.

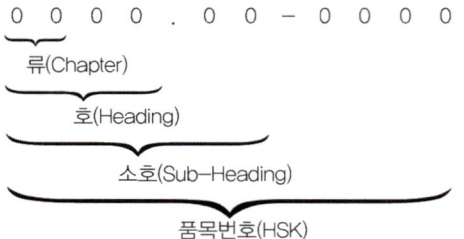

0 0 0 0 . 0 0 – 0 0 0 0

류(Chapter)

호(Heading)

소호(Sub–Heading)

품목번호(HSK)

- 보세구역 관리: 보세구역은 외국 물품에 대해 관세를 유보한 상태로 보관, 가공, 제조, 전시 등이 가능한 장소를 말한다. 관세 납부를 유보함으로써 무역 활동을 원활하게 하고 가공무역 등을 촉진하는 목적으로 운영되며, 세관의 엄격한 관리 감독을 받는다.

원산지 제도

- 원산지 증명서(C/O, certificate of Origin): 물품이 수출국에서 제조, 가공되었음을 증명하는 공적인 증서로, 상공회의소가 작성하는 것이 일반적이다. 다만, FTA 체결 시 원산지 증명서 발급 기관은 세관이고, 전자 무역 시 발급 기관은 한국무역정보통신이다.
- 대외무역법에 따른 원산지 제도: 원산지를 표시하여야 하는 대상으로 공고한 물품 등을 수출입 할 때는 원산지를 표시하여야 한다. 수입 신고 전까지 원산지증명서 등 관계 자료를 제출하고 확인을 받아야 하며, 원산지증명서의 유효기간은 원칙적으로 1년이다.
- 관세법에 따른 원산지: 수입자는 자유무역협정(FTA)의 협정관세를 적용받으려는 수입 물품에 관해 법령이 정하는 바에 따라 원산지를 증명하여야 한다.

제2절 무역계약 및 무역거래조건

01 2005 상업 임용 21번 문항

정답

(가) 쌍무계약
(나) 낙성계약

해설

무역 계약의 법적 성격

무역 계약은 국가 간의 물품을 대상으로 하는 국제적 상거래에서 수출자는 수입자에게 물품을 인도하여 소유권을 이전하고, 수입자는 대금을 지급하기로 약정하는 계약이다. 무역 계약의 법적 성격은 낙성계약, 불요식계약, 쌍무계약, 유상계약이다.

- 낙성(합의)계약: 계약당사자의 합의만 있으면 그 자체로 계약이 성립한다. 일방의 거래 제안(청약, offer)에 대해 상대방이 동의(승낙, acceptance)하면 계약이 성립되는 것이다.
- 불요식계약: 무역 계약은 계약 성립에 있어 일정한 형식, 절차, 방식을 요구하지 않는다.
- 쌍무계약: 계약당사자가 상대방에게 채무를 부담한다. 매도인은 물품인도의무, 매수인은 대금지급의무를 부담한다.
- 유상계약: 급부의 제공을 목적으로 하는 약인(consideration)에 의한 계약이다. 약인은 영미 계약법상의 개념으로, 계약으로 인해 당사자에게 발생하는 권리나 이익 또는 상대방이 부담하는 책임이나 손해 등을 의미한다.

02 2017 상업 임용 A 8번 문항

정답

2016년 9월 22일

해설

도달주의

계약의 준거법인 CISG에 따라 계약이 성립하는 시점은 승낙이 청약자에게 도달한 날이 된다. 즉, 청약에 대한 승낙의 의사 표시는 청약자에게 도달한 때에 효력을 발생한다. 청약, 승낙의 의사표시 또는 기타 의도의 표시는 구두로 수신자에게 전달되거나 또는 다른 방법에 의하여 수신자 본인에게, 그의 영업소 또는 우편 주소에 배달된 때에 그에게 도달한 것으로 본다.

계약 내용 해석

- 청약(Offer): Tomas Co., Ltd.가 2016년 9월 9일에 보낸 A 상품 구매 요청서(Purchase Note). 즉, 청약자는 Tomas Co.
- 승낙(Acceptance): 한국의 ○○Trading Co.가 2016년 9월 19일 항공우편으로 발송한 승낙 통지.
- 준거법: CISG 1980
- 계약 성립일: 2016년 9월 22일. ○○Trading Co.가 발송한 승낙 통지는 현지 시간으로 2016년 9월 22일 Tomas Co., Ltd.의 사무실에 도달하였다. 사장이 출장 중이어서 나중에 이를 알게 되었더라도, 서류가 지정된 영업소나 주소에 도달한 시점이 된다.

03 2023 상업 임용 A 10번 문항

정답

㉠ 10%

㉡ 5%

㉢ acceptance, 청약에 대한 승낙은 동의의 의사표시가 청약자에게 도달하는 시점에 효력이 발생한다.

해설

과부족 용인 조건(Tolerance)

휘발성이 있는 유류, 누락 손실이 가능한 광물, 곡물 같은 비포장 화물(산적 화물, bulk cargo)은 인도 수량의 일정 범위 내에서 초과나 부족을 허용하는 조건으로 계약한다. 해당 조건 적용 시 실제 인도된 수량을 기준으로 대금을 정산한다.

- 개산 수량 조건(Approximate Quantity Terms): 과부족 허용 범위를 명시하지 않고, "about", "approximately"라는 단어를 사용하면 ±10%의 과부족을 허용한다. 그러나 신용장거래가 아닌 D/A나 D/P 등의 무신용장 거래에서는 적용되지 않으므로 과부족 용인 조건을 설정해두어야 한다.
- 수량 과부족 용인 조건(M/L;More or Less clause): 물품 수량에 일정 과부족의 한도를 정하여 수량을 결정하는 조건으로, 신용장거래에서는 과부족 용인 조건이 설정되지 않아도 ±5%의 오차를 인정한다.

[UCP 600] Article 30 신용장 금액, 수량 그리고 단가의 허용치(Tolerance in Credit Amount, Quantity and Unit Prices)

a. The words "about" or "approximately" used in connection with the amount of the credit or the quantity or the unit price stated in the credit are to be construed as allowing a tolerance not to exceed ㉠10% more or 10% less than the amount, the quantity or the unit price to which they refer.

b. A tolerance not to exceed ㉡5% more or 5% less than the quantity of the goods is allowed, provided the credit does not state the quantity in terms of a stipulated number of packing units or individual items and the total amount of the drawings does not exceed the amount of the credit.

a. 신용장 금액 또는 신용장에서 표시된 수량 또는 단가와 관련하여 사용된 "about" 또는 "approximately"라는 단어는, 그것이 언급하는 금액, 수량 또는 단가에 관하여 10%를 초과하지 않는 범위 내에서 많거나 적은 편차를 허용하는 것으로 해석된다.

b. 만일 신용장이 수량을 포장 단위 또는 개별단위의 특정 숫자로 기재하지 않고 청구금액의 총액이 신용장의 금액을 초과하지 않는 경우에는, 물품의 수량에서 5%를 초과하지 않는 범위 내의 많거나 적은 편차는 허용된다.

승낙의 방법과 시기

- 승낙의 방법: 당사자 간 별도의 합의가 없다면 서면이나 구두로도 가능하며, 물품의 송부나 대금 지급 등의 의사실현에 의한 방식도 인정된다. 다만, 침묵(silence)이나 부작위(inactivity)로는 승낙이 되지 않는다.
- 승낙의 시기: 청약에 지정 기간이 있다면 지정 기간 내에 청약자에게 도달하여야 한다. 청약에 지정 기간이 없다면 상당한(합리적인) 기간 내에 청약자에게 도달하여야 한다. 구두 청약(oral offer)은 특별한 사정이 없는 한 즉시 승낙하여야 한다.

[CISG] Article 18 승낙의 시기와 방법
(1) A statement made by or other conduct of the offeree indicating assent to an offer is an acceptance. Silence or Inactivity does not in itself amount to acceptance.
(2) An acceptance of an offer becomes effective at the moment the Indication of assent reaches the offerer. An acceptance is not effective if the indication of assent does not reach the offerer within the time he has fixed or, if no time is fixed, within a reasonable time, due account being taken of the circumstances of the transaction, including the rapidity of the means of communication employed by the offerer. An oral offer must do accepted immediately unless the circumstances indicate otherwise.

(1) 청약에 대한 동의를 표시하는 상대방의 진술 그 밖의 행위는 승낙이 된다. 침묵 또는 부작우는 그 자체만으로 승낙이 되지 아니한다.
(2) 청약에 대한 승낙은 동의의 의사표시가 청약자에게 도달하는 시점에 효력이 발생한다. 동의의 의사표시가 청약자가 지정한 기간 너에, 기간의 지정이 없는 경우에는 청약자가 사용한 통신수단의 신속성 등 거래의 상황을 적절히 고려하여 합리적인 기간 내에 도달하지 아니하는 때에는, 승낙은 효력이 발생하지 아니한다. 구두의 청약은 특별한 사정이 없는 한 즉시 승낙되어야 한다.

04 2006 상업 임용 13번 문항

정답

(가) 포괄계약
(나) 개별계약
(다) 독점계약

해설

무역 계약의 종류

- 개별계약(case by case contract): 어떤 특정 물품을 거래할 때마다 매번 거래조건을 상호 합의하는 계약이다. 최초 무역 거래 시나 거래가 1회로 종료되는 경우이다.
- 포괄계약(mast contract): 동일 당사자 간에 유사한 거래가 반복될 경우 장기간 또는 연간 기준으로 계약을 체결하는 방식이다. 공통적으로 적용되는 기본적, 일반적인 거래조건을 합의한 계약이다.
- 독점계약(exclusive contract): 수입국의 지정 수입업자 외에는 동일 품목을 오퍼하지 않으며, 수입업자는 수출국의 다른 수출업자로부터 동일 품목을 취급하지 않겠다는 조건으로 이루어지는 계약이다. 독점특약점이나 독점/한정 판매대리점 계약이 이에 속한다.
- 판매점 계약(distributorship agreement)과 대리점 계약(sales agent agreement): 판매점 계약은 독립적인 상인 즉, 본인(principle)으로서 상행위하며 자기의 계산으로 위험이나 책임을 부담하고 이익도 자신에게 귀속된다.
  대리점 계약은 해외의 매도인의 대리인으로서 해당 물품의 판매와 관련된 업무를 제공하고 수수료(commission)를 받는 계약이다. 대리점(agent)은 본인(principle)의 책임과 위험으로 본인의 이익을 위해 본인을 대리하여 영업활동을 한다. 대리점 스스로는 자신의 자금으로 물품을 구매하지 않으며 재고에 대한 책임 등을 부담하지 않는다.

05 2002 상업 임용 12번 문항

정답

FAQ조건, 계약 당시에 품질을 알 수 없으므로, 수확된 곡물의 '평균적인 품질'을 기준으로 삼는 FAQ조건이 적합하다.

06 2014 상업 임용 A 6번 문항

정답

GMQ

해설

표준품 매매(sales by standard)

농 · 임 · 수 · 광산물과 같이 일정한 품질을 가지고 미가공된 1차 물품 거래 시 주로 사용한다.

- FAQ(평균 중등품질, Fair Average Quality): 선적 시 당해 계절의 평균적인 중등품질일 것(곡물, 과일류의 선물 거래)이 조건이다. 문제 4번의 경우 계약 당시에 품질을 알 수 없으므로 수확된 곡물의 '평균적인 품질'을 기준으로 삼는 방식이 적합하다.
- GMQ(판매적격품질, Good Merchantable Quality): 양륙시점에 판매적격성을 지닌 것임을 매도인이 보증하는 것(냉동 어류, 원목, 목재, 광석류 등 외관상으로 내부 품질을 알 수 없는 물품 거래)이다. 문제 5번에 언급된 바와 같이 냉동 오징어는 그 품질을 외관상 확인하기 어렵기 때문에 GMQ 방식을 선택한다.
- USQ(보통품질조건, Usual Standard Quality): 공인기관에 의해 보통 품질로서 인정된 것(원사(직물의 원료, 실), 원면(면제품), 인삼 등 거래)이다.

07 2025 상업 임용 B 11번 문항

정답

㉠ 비유통성(non-negotiable) 운송장, 항공화물운송장은 단순한 화물 수령증의 역할을 하며, 별도로 유통될 수 있는 유가증권이 아니다.

(가)의 ㉡ 조항은 운송인의 운송 재량권을 넓게 인정하고 있으며, (나) UCP 600 Article 23은 신용장의 환적 금지에도 불구하고 특정 조건 하에 운송 서류가 수리될 수 있음을 명시하고 있으므로, 운송 화물의 환적은 가능하며, 개설은행은 해당 운송 서류를 수리할 것으로 판단할 수 있다.

해설

항공화물운송장(AWB, air waybill) 또는 항공화물수탁증(air consignment note)

항공 화물 운송에서 사용되는 주요 문서로, 화주와 항공사가 체결한 화물 운송계약을 증명하는 비 유통성(non-negotiable) 운송장이다. 따라서 항공화물운송장은 단순한 화물 수령증의 역할을 하며, 별도로 유통될 수 있는 유가증권이 아니다. 발행 형식은 주로 특정 수하인(화물 받는 사람)의 이름을 명시하는 기명식으로 발행된다. 운송인이 화물을 수취한 후에 발행되는 것이 일반적이다. 이러한 특성 때문에 항공화물운송장은 화물의 신속한 운송을 위한 증빙서류의 역할을 주로 하며, 선하증권처럼 소유권을 이전하거나 담보로 활용될 수는 없다. 선하증권과 비교하면 다음과 같다.

구분	선하증권(B/L)	항공화물운송장(air waybill)
유통	가능, 유가증권	불가, 단순 화물 수령증
발행 형식	기명식, 지시식, 무기명식	기명식
발행 시점	화물 선적 후	운송인이 화물 수취 후

환적 가능 여부 및 개설은행의 수리 가능여부

(가)의 ㉡ 조항의 'unless specific contrary instructions are given hereon by the shipper' 문구는 운송인에게 운송 방식에 대한 광범위한 재량권을 부여하며, 특별한 반대 지시가 없는 한 운송인이 중간 경유지를 통한 운송을 자유롭게 결정할 수 있음을 말한다. 만약 신용장에서 명확하게 환적을 금지하는 지시가 없었다면, 이 조항에 따라 환적이 이루어져도 운송 서류는 유효하게 된다. 만약, 신용장에서 환적을 금지했더라도, (나)의 UCP 600 Article 23 c. ii.와 같은 조항의 취지를 고려할 때, 운송의 본질상 환적이 불가피하거나 운송인의 재량 범위 내에서 이루어진 경우 은행은 이를 수리할 수 있다.

(나) UCP 600 Article 23의 "An air transport document indicating that transhipment will or may take place is acceptable, even if the credit prohibits transhipment." 는 신용장이 환적을 금지하더라도, 항공 운송 서류에 환적이 발생할 수 있음을 명시하고 있다면 해당 서류가 수리 가능하다는 매우 중요한 예외 조항을 담고 있다.

08 2025 상업 임용 B 5번 문항

정답

㉠ Longbeach

㉡ Marks 또는 Shipping Marks

보험목적물의 보험가입금액: 100,000 * 110%=110,000

해설

상업 송장(commercial invoice)

모든 무역 거래의 필수서류인 상업 송장은 수출업자(매도인, 수익자) 수입업자(매수인, 발행의뢰인) 앞으로 발행한다. 상업 송장은 계약 일치의 증명, 계산서 및 대금청구서, 세관 필수서류의 기능을 하며, 신용장과 같은 통화로 발행되어야 한다.

<table>
<tr><th colspan="5">COMMERCIAL INVOICE 예</th></tr>
<tr><td colspan="2" rowspan="2">Seller/Shipper/Exporter/Consignor(화주)
Okt Creation. Korea
Dongjak-gu, Seoul, Korea</td><td colspan="3">Invoice No. and Date
SE-1000 October 10, 2024</td></tr>
<tr><td colspan="3">L/C No. and Date
M104851 September 9, 2024</td></tr>
<tr><td colspan="2">Consignee(선하증권 상 수하인)
ABC company,
Los Angeles, USA</td><td colspan="3">L/C issuing bank(발행은행)
IBK bank, Korea.</td></tr>
<tr><td colspan="2">Notify party(도착하는 곳 통지처, 보통 수입업자)
ABC company,
Los Angeles, USA</td><td colspan="3">Remark(비고)</td></tr>
<tr><td>Port of Loading
(선적항)
BUSAN, Korea</td><td>Port of Destination/
Final destination(최종 목적지)
Los Angeles, USA</td><td colspan="3">Payment Terms(지불 조건)
L/C at sight</td></tr>
<tr><td>Carrier/Vessel/Flight
(운송 수단)
Manssee25</td><td>Departure Date/
Sailing on or about
October 12, 2024</td><td colspan="3">Price Terms (Delivery Terms)
(가격 조건)
CIF Los Angeles, U.S.A.</td></tr>
<tr><td rowspan="4">Marks No. &
number of pkgs.
OkT
Seoul</td><td>Goods Description</td><td>Quantity</td><td>Unit Price</td><td>Amount</td></tr>
<tr><td>OLED TV 70″</td><td>100 pcs</td><td>USD 1,000</td><td>USD 100,000</td></tr>
<tr><td>Advance Payment Amount</td><td>2 times</td><td>USD 5,000</td><td>USD 10,000</td></tr>
<tr><td>Total</td><td></td><td></td><td>USD 90,000</td></tr>
<tr><td colspan="5">Signed by
OkT Creation. Korea
Yu Ok T/CEO</td></tr>
</table>

화인(Shipping Marks)

운송인이나 수입자가 쉽게 식별할 수 있도록 포장 외부에 표시하는 것이다. 매도인이 임의로 표시하지만, 매수인의 요청이 있으면 그에 따른다. 화인의 필수 기재사항으로는 주화인(main mark), 도착항(착항, port mark), 화물 번호(포장 번호, case number)가 해당된다.

CIF(Cost, Insurance and Freight) 조건

CIF 조건은 매도인(수출자)이 화물을 선적항에서 본선에 적재하여 인도하고 위험은 이때 이전되지만, 지정된 목적항까지의 운임(Freight)과 보험료(Insurance)를 부담해야 하는 조건이다. CIF 뒤에 오는 'Port'는 매도인이 운임과 보험료를 부담하는 최종 도착 항구, 즉 목적항(Port of Destination)인 'Longbeach, USA'가 적합하다.

CIF의 보험금액은 일반적으로 송장 금액에 희망 이익 10%를 추가하여 계약한다. 신용장 통일규칙(UCP 600)에 따르면 신용장에 부보범위에 부보금액에 대한 명시가 없는 경우, 부노금액은 최소한 물품의 CIF 또는 CIP 가액의 110%가 되어야 한다. 문제에서는, Goods Amount가 USD 100,000의 110%인 USD 110,000이 해당된다.

[UCP 600] Article 28 보험 서류와 부보범위

f. ii. … If there is no indication in the credit of the insurance coverage required, the amount of insurance coverage must be at least 110% of the CIF or CIP value of the goods. When the CIF or CIP value cannot be determined from the documents, the amount of insurance coverage must be calculated on the basis of the amount for which honour or negotiation is requested or the gross value of the goods as shown on the invoice, whichever is greater

f. ii. 신용장에 부보범위에 부보금액에 대한 명시가 없는 경우, 부보금액은 최소한 물품의 CIF 또는 CIP 가액의 110%가 되어야 한다. 서류로부터 CIF 또는 CIP 가액을 결정할 수 없는 경우, 부보금액의 범위는 요구된 결제(honor) 또는 매입 금액 또는 송장에 나타난 물품에 대한 총가액 중 더 큰 금액을 기준으로 산출되어야 한다.

09 2010 상업 임용 1차 4번 문항

정답

1. A 회사가 ㉠ 방식의 국제화 전략을 채택하는 동기 3가지

A 회사가 수출 활동에 한정하기로 한 이유는 다음과 같다.

첫째, 국내 시장 성장의 한계를 극복하고 새로운 성장 동력을 확보하기 위함이다. A 회사가 국내 시장에서 어느 정도 성공을 거두었으나 성장 한계에 직면함에 따라, 해외 시장으로의 시장 개발을 통해 새로운 수요를 창출하고 기업의 지속적인 성장을 위한 동력을 확보하고자 하는 것이 가장 근본적인 동기이다.

둘째, 낮은 위험을 부담하고 국제화 경험 부족에 대한 대응을 위해서이다. 해외 시장 진출은 일반적으로 높은 위험을 수반하나, A 회사는 국제화 경험이 부족하다. 수출 활동에 한정하는 것은 해외 현지 직접 투자 방식에 비해 초기 투자 비용과 사업 실패 시의 위험 부담이 현저히 낮으므로, 미숙한 상황에서 위험을 최소화하며 진출하기 위한 현실적인 선택이다.

셋째, 제한된 내부 자원을 효율적 활용하기 위해서이다. A 회사는 내부 자원이 부족하다는 명확한 제약이 있다. 수출은 해외 시장 진출에 필요한 자원 투입이 상대적으로 적으므로, 제한된 자원을 가장 효율적으로 활용하면서도 시장 확대를 꾀할 수 있는 방안이다.

2. INCOTERMS 2020의 FOB와 CIF 비교

FOB(Free On Board)는 지정 선적항에서 매수인(수입자)이 지정한 본선에 물품을 선적하여 인도하면 매도인(수출자)의 의무가 완료되는 조건이다. 지정 선적항에서 물품이 본선에 선적되는 때에 매도인의 인도의무가 완료되고, 통상 이 시점에 소유권이 매수인에게 이전된다. 또한, 물품이 지정 선적항에서 본선에 선적되는 때까지의 모든 위험과 비용(수출통관 포함)은 매도인이 부담하며, 그 이후 목적항까지의 운송과 관련된 모든 위험과 비용은 매수인이 부담한다. 따라서, 매수인이 직접 해상 운송 계약을 체결하고 운임과 보험료를 부담한다.

CIF(Cost, Insurance and Freight)는 지정 목적항까지 운임과 보험료를 매도인이 부담하고, 물품을 지정 선적항에서 본선에 선적하여 인도하면 매도인의 의무가 완료되는 조건이다. FOB와 동일하게 지정 선적항에서 물품이 본선에 선적되는 때에 매도인의 인도의무가 완료되고, 통상 이 시점에 소유권이 매수인에게 이전된다. 물품이 지정 선적항에서 본선에 선적되는 때까지의 위험은 매도인이 부담한다. 이후 목적항까지의 운송 중 위험은 매수인이 부담하지만, 운임과 보험료는 지정 목적항까지 매도인이 부담한다. 따라서, 매도인이 해상 운송 및 보험 계약을 체결하고 그 비용을 부담한다.

3. A 회사에 적합한 무역거래조건 제안

A 회사는 국제화에 대한 경험과 활용할 내부자원이 부족하다. 이러한 상황을 고려할 때, FOB 조건이 A 회사에 더 적합하다. FOB 조건은 매도인(수출자)인 A 회사가 지정 선적항까지의 책임만 지므로, 복잡하고 경험이 필요한 국제 운송 및 보험 계약에 대한 부담을 매수인에게 전가할 수 있다. 이는 국제무역 경험이 부족하고 내부 자원이 제한적인 A 회사에 위험과 실무적 부담을 최소화해 주는 이점을 제공한다.

반면, CIF 조건은 매도인인 A 회사가 목적항까지의 운임과 보험 계약을 책임져야 하므로, 해외 운송 및 보험 실무에 대한 더 많은 지식, 경험, 그리고 자원 투입을 요구한다. 이는 현재 A 회사의 역량으로는 부담이 될 수 있다.

따라서, A 회사의 현 상황과 역량을 고려할 때, FOB 조건이 국제화의 첫걸음을 내딛는 데 있어 위험을 관리하고 실무 부담을 줄일 수 있는 보다 적합한 무역거래조건이 될 것이다.

10 2018 상업 임용 A 11번 문항

정답

수출가격 산출 과정과 금액

CIF 가격 = FOB 가격 + 해상운송비 + 해상보험료

= US$101,000 + US$3,000 + US$1,000 = US$105,000

2가지 서류: 상업송장, 보험증권

해설

CIF 가격 산출 과정

CIF 가격은 거래조건이 "Cost, Insurance, and Freight"로서, 선적항에서 목적항까지 운송 및 보험 비용을 포함한다. 수입통관비와 수입관세는 CIF 가격에 기반하여 계산되며, 이는 수입자가 부담한다.

(1) FOB 가격 계산

FOB 가격 = 제조원가 + 내륙운송비 + 수출통관비

FOB 가격 = US$100,000 + US$700 + US$300 = US$101,000

(2) CIF 가격 계산

CIF 가격 = FOB 가격 + 해상운송비 + 해상보험료

CIF 가격 = US$101,000 + US$3,000 − US$1,000 = US$105,000

즉, CIF 가격: US$105,000

선적 후 제공해야 할 전통적 필수 서류

1. 선하증권(Bill of Lading): 해상운송에서 가장 중요한 서류로, 화물 선적 후 선박회사가 발행하는 유가증권이다. 선하증권은 운송계약의 증거, 권리 증권, 화물 수령증의 기능을 한다.
2. 상업송장(Commercial Invoice): 물품의 가격, 수량, 조건 등을 명시하며, 수입상이 대금을 결제할 때 기준이 되는 서류이다.
3. 보험증권(Insurance Policy) 또는 보험확인서 (Certificate of Insurance): 운송 중 발생할 수 있는 물품의 손상이나 손실에 대비하여 보험에 가입했음을 증명하는 서류이다. 특히 CIF조건과 CIP조건에서 보험가입은 매도인의 의무이므로 반드시 제공해야 하는 필수서류이다.
4. 포장명세서 (Packing List): 물품의 포장 상태, 내용물, 크기, 중량 등을 자세히 기록한 문서로, 통관 시 확인용으로 사용된다. 보험가입 의무가 없다면 전통적인 필수서류에 해당한다.

11 2010 상업 임용 1차 15번 문항

정답 ㄱ, ㄹ

해설

갑 → 을
부산 LA 해상운송
운임
보험료
CIF LA port

주어진 〈조건〉은 CIF(Cost, Insurance and Freight) LA 조건에 해당한다. 문제에서 CIF는 매도인(갑 회사)이 지정된 목적항(LA항)까지 물품을 운송하는 데 필요한 비용과 운임, 그리고 보험료를 부담하는 조건이다. 위험은 물품이 선적항(부산항)에서 본선에 적재될 때 매수인(을 회사)에게 이전된다.

ㄱ. (O) 수입통관은 을(乙)회사가 해야 한다. CIF 조건에서 수입통관 및 그에 따른 관세, 세금은 매수인(을 회사)의 의무이다. 따라서, 매도인(갑 회사)은 수출통관의 의무를 가진다.

ㄴ. (X) CIF 조건에서는 비용과 운임, 보험료를 지급하는 목적항을 명시한다. 따라서, 'LA항까지'의 비용을 부담하므로 'CIF LA'로 표시해야 한다.

ㄷ. (X) 매도인이 운임과 보험료를 LA항까지 부담하지만, 위험 이전 시점은 선적항(부산항)에서 물품이 본선에 적재되었을 때이다.

ㄹ. (O) Incoterms 2020에 의하면, 당사자 간에 별도의 약정이 없는 경우 갑(甲)회사는 최소 담보(minimum cover)조건으로 부보 하면 된다. 별도의 약정이 없는 한 매도인(갑 회사)은 최소 담보(Minimum Cover)인 ICC(C) 약관에 따라 보험에 가입할 의무가 있다.

12 2005 상업 임용 23번 문항

정답

(가) 송금환 방식
(나) 추심환 방식

해설

송금환과 추심환

- 송금환: 채무자가 채권자에게 자금을 송금하는 것이다. 송금환에는 송금수표, 우편환, 전신환 등의 방법이 있다.
  송금수표(D/D, demand draft): 송금인이 수취인에게 직접 수표를 송부하는 것이다.
  우편환(M/T, mail transfer): 송금인이 송금은행(외국환은행)에 대금을 입금해 송금을 의뢰하면 수취인 소재지의 환거래 은행이 수취인에게 대금을 지급할 것을 위탁하는 지급지시서(payment order)를 우편으로 송부하는 것이다.
  전신환(T/T, telegraphic transfer): 지급지시서를 우편이 아닌 전신으로 송부하는 것이다.
- 추심환: 채권자가 채무자에게 대금을 청구하는 것으로, 화환신용장이나 화환 추심방식 등이 있다.

13 2004 상업 임용 13번 문항

정답

① (가)의 추심 결제방식: D/P
② (가)의 환어음 종류: 일람출급어음
③ (나)의 추심 결제방식: D/A

해설

대금결제방식

1. 송금(Remittance): 매도인(수출업자)이 매수인(수입업자)에게 직접 운송 서류를 보내고 매수인이 물품 대금을 송금하는 것이다. 송금 수표(D/D, demand draft), 우편환(M/T, mail transfer), 전신환(T/T, telegraphic transfer) 방식이 있다.
2. 추심(Collection): 매도인이 환어음을 발행하고 거래은행을 통해 선적서류를 첨부하여 매수인의 거래은행에 환어음을 인도하면, 매수인이 거래은행에 환어음 대금을 지급하거나 인수해서 물품 인수에 필요한 서류를 인도받는다. 은행의 대금 지급 확약 없이 매수인의 신용에 근거하여 약정하는 방식이다. 추심은 지급인도(D/P, document against payment), 인수인도(D/A, document against acceptance) 방식이 있다.
   - 지급인도조건(D/P)의 경우, 동시 지급 또는 상환급 방식으로, 매도인이 물품이나 운송 서류를 인도함과 동시에 매수인이 물품 대금을 결제한다. 매도인이 선적 후 운송 서류를 첨부하여 거래은행을 통해 일람출급환어음(일람불 환어음)을 발행하여 추심하면, 거래은행이 매수인에게 어음을 제시하여 대금을 받고 선적서류를 교부한다. 신용장이 발행되지 않는 무신용장 거래이다.
   - 인수인도조건(D/A)의 경우, 후지급 거래로, 선적이나 인도, 선적서류 인도 이후 대금 결제가 이루어진다. 매도인(수출업자)이 추심의뢰인으로서 기한부 환어음을 발행하고, 매수인(수입업자)은 대금 지급 없이 어음을 인수(acceptance)하면서 선적서류를 받은 후 어음의 만기일에 대금을 지급한다. 신용장이 발행되지 않는 무신용장 거래이다.
3. 신용장(L/C, letter of credit): 매수인의 은행(개설은행, Issuing bank)이 조건부 지급확약서인 신용장을 개설하면, 그것을 근거로 매도인이 환어음을 발행하고 물품을 선적한다. 추후 매도인이 신용장 조건에 일치하는 서류를 은행에 제시하면 개설은행이 결제(honour)하기로 약정하는 결제방식이다. 대금 회수가 안정적이어서 무역 거래에서 가장 널리 이용되며, 일람출급어음(at sight bill)과 기한부 어음(usance bill)이 있다.

결제 방법별 대금 지급 시기 정리

대금결제방법	대금지급시기		
	선지급	동시 지급(상환급)	후지급
현금	현금 선지급(CIA) 주문 시 현금 지급(CWO)	현품 인도 지급(COD) 서류 상환 지급(CAD)	·
송금	사전 송금(remittance)	현품 인도 지급(COD) 서류 상환 지급(CAD)	선적통지부 결제(O/A)
추심	·	지급인도 조건(D/P)	인수인도 조건(D/A)
신용장	전대(선대) 신용장 (red clause L/C)	일람출급신용장 (at sight L/C)	기한부 신용장 (usance L/C)

14 2009 상업 임용 1차 23번 문항

정답

ㄱ, ㄴ

해설

이 그림은 추심 결제 방식으로, 인수인도조건(D/A, Documents against Acceptance)에 해당한다. D/A는 수입업자가 추심 은행에서 환어음을 인수하여 서류를 먼저 인도받고, 대금은 추후 약정된 만기일에 결제한다.

ㄱ. 외상 거래의 성격을 가지고 있다. (O) 수입업자가 환어음만 인수하면 서류를 먼저 받고 물품을 가져가며, 대금은 나중에 지급하는 것이다. 쉽게 말해, 수출업자가 수입업자에게 외상을 제공하는 셈이므로, 외상 거래의 성격을 가진다.

ㄴ. 약정된 만기일에 대금을 결제한다. (O) D/A 방식은 환어음을 인수한 날 바로 결제하는 것이 아니라, 환어음에 명시된 만기일(예를 들어 '선적일로부터 90일 후')에 대금을 결제한다.

ㄷ. (X) 추심 거래에서 은행은 단순히 서류를 전달하고 대금을 받아주는 대리인 역할만 수행한다. 은행이 지급을 보증하는 것은 신용장(L/C) 방식의 특징이다.

ㄹ. (X) 지급인도조건(D/P, Document Against Payment)에 대한 설명이다.

15 2017 상업 임용 B 4번 문항

정답

D/P

신용장 방식과의 차이점 1) 은행의 지급확약이 없다. 2) 은행이 서류의 일치 심사를 엄격하게 하지 않는다. (의무가 없다)

해설

이 그림은 D/P(지급인도조건)의 흐름을 나타낸다.

신용장 방식과 D/P 방식의 차이점

1) 은행의 지급확약이 없다. 신용장 발행 은행은 신용장 조건에 일치하는 서류가 제시되면, 수입업자의 지급 능력이나 의사와 관계없이 수출업자에게 대금을 지급하겠다고 확약(보증)한다. 즉, 은행이 대금 지급의 책임을 진다는 뜻이다. 그러나, D/P 방식은 추심 은행이 수출업자의 지시에 따라 서류를 수입업자에게 제시하고 대금을 추심하는 역할만 한다. 은행은 수입업자가 대금을 지급할 것이라고 보증하거나 확약하지 않는다. 만약 수입업자가 대금 지급을 거절하면, 은행은 책임을 지지 않는다.

2) 은행이 서류의 일치 심사를 엄격하게 하지 않는다 즉, 엄격한 서류 심사 의무가 없다. 신용장 방식은 은행이 신용장 조건과 제시된 서류가 엄격하게 일치하는지(Strict Compliance)를 심사할 의무가 있다. 만약 사소한 불일치(Discrepancy)라도 발견되면 은행은 지급을 거절할 수 있다. 그러나, D/P 방식에서 추심 은행은 제시된 서류들이 추심 지시서에 명시된 서류 목록과 일치하는지 정도만 확인한다. 은행은 서류 내용의 정확성이나 완벽한 일치 여부에 대해 엄격하게 심사할 의무가 없다. 즉, 은행의 서류 심사 부담이 훨씬 적다.

신용장 방식과 추심 방식의 차이점

구분	신용장(L/C, Letter of Credit)	추심(D/C, Documentary Collection)
법적 근거	UCP 600(신용장통일규칙)	URC(추심통일규칙)
은행의 역할	지급 확약(보증) - 조건 충족 시 지급 의무	대리인 역할 - 대금 추심 대행
서류 심사	엄격하게 심사 (Strict Compliance)	간단히 확인 (목록 일치 여부만 확인)
비용	높음 (은행 수수료, 개설 수수료 등)	비교적 낮음 (은행 수수료 저렴)
신용 공여	은행이 수출업자에게 신용 공여	(주로) 수출업자가 수입업자에게 신용 공여 (D/A의 경우)
주요 활용	신규 거래, 신용도가 낮은 상대방과의 거래	장기 거래, 신용도가 높은 상대방과의 거래

16 2018 상업 임용 B 2번 문항

정답

㉠의 장점: 1) 단심제이므로 분쟁이 신속히 종결된다. 2) 비공개 심리 절차가 원칙이므로 대외의 신용유지가 보장된다. 3) 소송을 하지 않아 비용이 절감된다.
㉡국제협약: NY협약(뉴욕협약, 국제중재판정의 승인과 집행에 관한 UN 협약, United Nations Convention on the Recognition and Enforcement of Foreign Arbitral Awards)

해설

㉠ 중재

제3자인 중재인 판정에 무조건 따르는 방식이다. 중재는 서면상의 중재 합의가 있어야 절차가 개시된다. 법원의 확정판결과 동일한 효력을 가지므로 추후 상소로 다툴 수 없다. 우리나라는 상설 중재 기관인 대한상사중재원(KCAB, Korean Commercial Arbitration Board)을 주로 활용하며, 국외 분쟁은 NY협약(뉴욕협약, 국제중재판정의 승인과 집행에 관한 UN 협약, United Nations Convention on the Recognition and Enforcement of Foreign Arbitral Awards)에 의해 국제적 집행이 가능하다. 중재는 다양한 장점이 있다. 중재는 법원의 판결에 의존하지 않고 자신이 선임하는 중재인에게 판정을 기고 복종하는 중재인 선임의 자율성이 있다. 또한, 단심제로 분쟁이 신속히 종결되며, 비공개 심리절차로 대외의 신용 유지를 보장할 수 있다. 소송하지 않아 비용이 절감되며, 국내에만 효력을 미치는 소송과 달리, 뉴욕협약에 따라 외국에서도 중재판정이 효력이 있으며 강제집행이 보장된다.

17 2007 상업 임용 12번 문항

정답

(가) 조정
(나) 중재

해설

조정

쌍방이 제3자를 조정인으로 정해서 조정인의 조정안에 대해 합의하는 것이다. 조정안을 수락하면 법적 구속력을 갖고, 수락 여부는 자유의사이다.

The process by which an impartial third party makes an independent investigation and suggests a solution to a dispute.

1) The act of a third person in intermediating between two contending parties with a view to persuading them to adjust or settle their dispute.
2) Bringing about a peaceful settlement or compromise through the benevolent intervention of an impartial third party.

공정한 제3자가 독립적인 조사를 통해 분쟁의 해결 방안을 제안하는 과정이다.

1) 분쟁 중인 두 당사자 사이에서 제3자가 중재하여 그들이 분쟁을 조정하거나 해결하도록 설득하는 행위이다.
2) 공정한 제3자의 선의의 개입을 통해 평화적인 해결이나 타협을 이끌어내는 것이다.

중재

제3자인 중재인 판정에 무조건 따르는 방식이다. 중재는 서면상의 중재 합의가 있어야 절차가 개시된다. 법원의 확정판결과 동일한 효력을 가지므로 추후 상소로 다툴 수 없다.

A process of dispute resolution in which a neutral third party renders a decision after a hearing at which both parties have an opportunity to be heard. This may be voluntary or contractually required.

1) An agreement for taking and abiding by the judgment of selected persons in some disputed matter, instead of carrying it to established tribunals of justice. And the award shall be binding upon both parties concerned.
2) The process by which parties to a dispute submit their differences to the judgment of an impartial third person or group selected by mutual consent.

분쟁 해결 과정으로, 중립적인 제3자가 양 당사자가 의견을 제시할 기회인 청문회 후 결정을 내리는 절차다. 이는 자발적으로, 혹은 계약으로 요구될 수 있다.

1) 분쟁이 발생했을 때 법원에 문제를 제기하는 대신, 선택된 사람들이 내리는 판단을 따르고 준수하겠다는 합의이다. 이 결정은 양 당사자에게 구속력을 갖는다.
2) 분쟁 당사자들이 상호 동의로 선택된 공정한 제3자 또는 단체의 판단에 그들의 의견 차이를 제출하는 과정이다.

18 2023 상업 임용 B 10번 문항

정답

㉠ 소송

㉡ 대한상사중재원

㉢ 중재 판정은 일반적으로 법원 판결과 동일한 효력을 가지며, 일반적으로 중재 판정에 더해 3심 제도는 적용되지 않는다. 다만, 판정에 중대한 결함이 있는 경우는 소송으로 다툴 수 있다.

해설

중재

제3자인 중재인 판정에 무조건 따르는 방식이다. 중재는 서면상의 중재 합의가 있어야 절차가 개시된다. 법원의 확정판결과 동일한 효력을 가지므로 추후 상소로 다툴 수 없다. (직소 금지의 원칙에 따라 판정에 대한 중대한 결함이 없는 한 중재 사건은 소송으로 다툴 수 없다.) 우리나라는 상설 중재 기관인 대한상사중재원(KCAB, Korean Commercial Arbitration Board)을 주로 활용하며, 국외 분쟁은 NY 협약(뉴욕협약, 국제중재판정의 승인과 집행에 관한 UN 협약, United Nations Convention on the Recognition and Enforcement of Foreign Arbitral Awards)에 의해 국제적 집행이 가능하다.

소송

법원의 판결로 해결하는 방법이다. 무역 거래는 거래 상대방이 타국의 법을 적용받아 자국의 판결 효력이 상대국에 미치지 못한다는 한계가 있다.

19 2024 상업 임용 B 10번 문항

정답

㉠ EXW

㉡ DDP

(나) CIF의 경우 ICC(C)조건으로, 단독해손 부담보 조건. 전손, 공동해손만 담보로 하고 단독해손은 보상하지 않는다. 열거책임주의이며, 담보 범위가 가장 좁다.

CIP의 경우 ICC(A)조건으로, 면책위험을 제외한 전 위험을 담보하는 조건으로, 포괄책임주의이며, 담보 범위가 가장 넓다.

해설

㉠ **EXW(Ex Works), 공장 인도 "매도인에게 최소의 의무"**

"Ex Works" means that the seller delivers the goods to the buyer

- when it places the goods at the disposal of the buyer at a named place (like a factory or warehouse), and
- that named place may or may not be the seller's premises.

For delivery to occur, the seller does not need to load the goods on any collecting vehicle, nor does it need to clear the goods for export, where such clearance is applicable.

"공장 인도"는 매도인이 매수인에게 물품을 (공장이나 창고와 같은) 지정장소에서 매수인의 처분하에 두는 때 인도하는 것을 의미한다. 그 지정장소는 매도인의 영업 구내일 수도 있고 아닐 수도 있다. 인도가 일어나기 위해, 매도인은 물품을 수취용 차량에 적재하지 않아도 되고, 수출 통관을 할 필요가 없다.

㉡ **DDP(Delivered Duty Paid), 관세 지급인도**

"Delivered Duty Paid" means that the seller delivers the goods to the buyer

- when the goods are placed at the disposal of the buyer,
- cleared for import,
- on the arriving means of transport,
- ready for unloading,
- at the named place of destination or at the agreed point within that place, if any such point is agreed.

The seller bears all risks involved in bringing the goods to the named place of destination or to the agreed point within that place. In this Incoterms® rule, therefore, delivery and arrival at destination are the same.

"관세 지급인도"는 매도인이 ① 물품이 매수인의 처분하에 놓인 때 ② 수입 통관 후 ③ 도착 운송 수단에 실어둔 채 ④ 양하 준비된 상태로 ⑤ 지정 목적지에 또는 지정 목적지 내에 합의된 지점에서 물품을 인도하는 것을 의미한다.

매도인은 물품을 지정 목적지까지 또는 지정 목적지 내의 합의된 지점까지 가져가는데 수반되는 모든 위험을 부담한다. 따라서, 이 인코텀스 규칙은 인도와 목적지의 도착이 같은 것이다.

보험부보의무자(보험가입의무자)

CIF, CIP는 매도인이 매수인을 위해 보험부보의무를 부담한다. 그 외의 경우 부보의무는 없으며 위험 부담의 당사자가 임의로 자신을 위해 보험에 가입한다. 즉, EXW, FCA, FAS, FOB, CFR, CPT는 매수자(수입업자)가, DAP, DPU, DDP는 매도자(수출업자)가 자신을 위해 보험을 부보한다.

보험금액 계약은 일반적으로 송장 금액에 희망 이익 10%를 추가하여 계약한다. 신용장 통일규칙(UCP

600)에 따르면 신용장에 부보범위에 부보금액에 대한 명시가 없는 경우, 부보금액은 최소한 물품의 CIF 또는 CIP 가액의 110%가 되어야 한다.

협회적하약관(ICC;institute cargo clauses)에 따른 보상범위

신	구	내용
ICC(A) CIP해당	A/R(전 위험 담보 조건)	면책위험을 제외한 전 위험을 담보하는 조건으로, 포괄책임주의이며, 담보 범위가 가장 넓다.
ICC(B)	W/A(분손 담보 조건)	전손, 공동해손, 단독해손 중 일부의 손해보상
ICC(C) CIF해당	FPA(분손 부담보 조건)	단독해손 부담보 조건. 전손, 공동해손만 담보로 하고 단독해손은 보상하지 않는다. 열거책임주의이며, 담보 범위가 가장 좁다.

20 2013 상업 임용 1차 26번 문항

정답 ①

해설

CFR(Cost and Freight), 운임 포함 인도

"Cost and Freight" means that the seller delivers the goods to the buyer

- on board the vessel
- or procures the goods already so delivered.

The risk of loss of or damage to the goods transfers when the goods are on board the vessel, such that the seller is taken to have performed its obligation to deliver the goods whether or not the goods actually arrive at their destination in sound condition, in the stated quantity or, indeed, at all. In CFR, the seller owes no obligation to the buyer to purchase insurance cover: the buyer would be well-advised therefore to purchase some cover for itself.

"운임 포함 인도"는 매도인이 본선에 적재된 또는 이미 그렇게 인도된 물품을 매수인에게 인도 또는 이미 그렇게 인도된 상태로 매도인이 조달하는 것이다.

물품의 멸실 또는 훼손의 위험은 물품이 선박에 적재된 때 이전되고, 매도인은 명시된 수량의 물품이 실제로 목적지에 양호한 상태로 도착하는지 또는 물품이 실제로 전혀 도착하지 않더라도 그의 물품인도의무를 이행한 것으로 된다. CFR는 매도자가 매수인의 보험계약의무가 없다. 그러므로, 매수인은 스스로를 위해 보험 가입을 하는 것이 좋다.

Incoterms 2020

매도인 작업장		선적항			지정장소/도착항		목적지		
공장 앞	운송인	선측	선적		운임	+보험	하역 전	하역	관세+하역 전
EXW	FCA				CPT	CIP	DAP	DPU	DDP
		FAS	FOB		CFR	CIF			

- 단일 또는 복합운송을 위한 조건(Rules for any mode or modes of transport). 즉, 윗부분 EXW/FCA(+지정장소), CPT/CIP/DAP/DPU/DDP(+ 지정 목적지)
- 해상 및 내수로 운송을 위한 조건(Rules for sea and inland waterway transport). 즉, 아랫부분 FAS/FOB(+ 지정 선적항), CFR/CIF(+ 지정 목적항)

보기 해석

This rule is to be used only for sea or inland waterway transport. : 해상 및 내수로 운송 조건이므로, FAS, FOB, CFR, CIF 조건이 해당된다.

The seller delivers the goods on board the vessel or procures the goods already so delivered.: 매도인의 물품 인도 시점이 지정된 선적항의 본선 상(on board the vessel)이므로, 이중 FOB, CFR, CIF조건이 해당된다.

The risk of loss of or damage to the goods transfers when the goods are on board the vessel...: 물품의 멸실 또는 손상 위험이 본선에 적재되는 시점에서 매수인에게 이전된다는 것으로, FOB, CFR, CIF 조건 모두 해당된다.

This rule has two critical points, because risk passes and costs are transferred at different places.: 위험 이전 지점과 비용 이전 지점이 다르다는 분리점이 존재한다는 것으로, 이중 CFR과 CIF 조건이 해당된다.
The seller owes no obligation to the buyer to purchase insurance cover: the buyer would be well-advised therefore to purchase some cover for itself.: 매도인이 매수인을 위한 보험 가입 의무가 없으므로, CFR 조건이 해당된다.

21 2004 상업 임용 14번 문항

정답

① FOB

② FCA

해설

① **FOB(Free On Board), 본선 인도**

"Free on Board" means that the seller delivers the goods to the buyer

- on board the vessel
- nominated by the buyer
- at the named port of shipment
- or procures the goods already so delivered.

The risk of loss of or damage to the goods transfers when the goods are on board the vessel, and the buyer bears all costs from that moment onwards.

"본선 인도"는 매도인이 매수인에게 선박 본선에 적재된 물품을 매수인이 지정한 지정 선적항에서 인도 또는 이미 그렇게 인도된 상태로 매도인이 조달하는 것이다.

물품의 멸실 또는 훼손의 위험은 물품이 본선에 적재된 때에 이전되고, 매수인은 그 순간부터 이후 모든 비용을 부담한다.

문제에서, 'delivers the goods on board the vessel at the named port of shipment'는 매수인이 지정한 본선에서 물품을 인도하는 것임을 의미한다. 'The risk of loss of or damage to the goods transfers when the goods are on board'는 위험 이전 시점 역시 물품이 본선 상에 적재되었을 때 매수인에게 이전되는 것, 그리고 'used exclusively for sea or inland waterway transport'는 해상 및 내수로 운송 조건을 의미하므로 FOB 조건이 해당된다.

② **FCA (Free Carrier), 운송인 인도**

"Free Carrier (named place)" means that the seller delivers the goods to the buyer in one or other of two ways.

- First, when the named place is the seller's premises, the goods are delivered
- when they are loaded on the means of transport arranged by the buyer.
- Second, when the named place is another place, the goods are delivered
- when, having been loaded on the seller's means of transport,
- they reach the named other place and
- are ready for unloading from that seller's means of transport and
- at the disposal of the carrier or of another person nominated by the buyer.

Whichever of the two is chosen as the place of delivery, that place identifies where risk transfers to the buyer and the time from which costs are for the buyer's account.

"운송인 인도(지정장소)"는 다음 두 가지 방법 중 어느 하나로 매도인이 매수인에게 물품을 인도하는 것을 의미한다. 첫째, 지정장소가 매도인의 영업 구내인 경우 물품은 매수인이 마련한 운송 수단에 적재된 때 인도된다. 둘째, 지정장소가 그 밖의 장소인 경우, 물품이 매도인의 운송 수단에 적재 준비된 상태로 지정장소에 도착하고, 매도인의 운송 수단에 적재되어 운송인 또는 매수인에게 지명된 다른 사람(제3자)의 처분하에 인도된다.

두 장소 중 인도 장소로 선택되는 장소는 위험이 매수인에게 이전되는 곳이고 매수인이 비용을 부담하기 시작하는 시점이 된다.
문제에서, 'delivers the goods to the buyer by making them available to the carrier or another person nominated by the buyer at a named place'는 매도인이 지정된 장소에서 매수인이 지정한 운송인(carrier)이나 다른 사람에게 물품을 인도함으로써 위험과 비용이 이전된다는 점, 이 인도 장소는 매도인의 영업소일 수도 있고, 다른 지정 장소일 수 있다고 하여 FCA 조건의 특징을 잘 나타내고 있다.
'highly flexible, suitable for any mode of transport': FCA는 어떤 운송 방식에도 적용 가능하다. 이는 해상 운송에만 적용되는 FAS, FOB, CFR, CIF와 명확히 대비되는 특징이다. 또한, If the parties do not intend for delivery to occur on board a vessel, the (②) term should generally be used.'는 컨테이너 운송처럼 물품이 직접 본선에 적재되지 않고 컨테이너 터미널 등으로 인도되는 경우, FOB가 아닌 FCA가 더 적합하다는 Incoterms 2020의 가이드라인을 반영한 것이다.

22 2006 상업 임용 10번 문항

정답

① CFR 조건

② EXW 조건

해설

① **CFR(Cost and Freight) 조건**

'delivers the goods on board the vessel': 매도인의 물품 인도 시점은 지정된 선적항에서 본선상(on board the vessel)'이다. FOB, CFR, CIF 조건이 해당된다.

'seller must pay the costs and freight necessary to bring the goods to the named port of destination': 매도인이 지정된 목적항까지의 운송 비용(운임)을 지불해야 한다고 하여, 이중 CFR, CIF 조건이 해당된다. 매도인이 운임을 부담하지만, 위험은 선적항에서 이전된다.

'risk of loss of or damage to the goods... are transferred from the seller to the buyer': 위험 이전 시점은 물품이 본선에 적재되는 때로, 매도인의 비용 부담 구간(목적항까지의 운임)과 위험 이전 시점(선적항의 본선상)이 다르다.

'This rule applies only to sea or inland waterway transport': 해상 또는 내륙 수로운송 조건이다. 보험에 대한 언급이 없으므로 CFR 조건이 적합하다.

② **EXW(Ex Works) 조건**

'seller delivers the goods to the buyer by placing them at the buyer's disposal at a named place (such as a factory or warehouse)': EXW의 가장 큰 특징은 매도인의 인도 의무가 최소화된다는 점이다. 매도인은 자신의 영업소(공장, 창고 등) 또는 다른 지정된 장소에서 단순히 매수인이 물품을 가져갈 수 있도록 매수인의 처분하에 두는 것으로 인도가 완료된다.

'seller does not need to load the goods on any collecting vehicle': EXW 조건에서 매도인은 물품을 수취 차량에 적재할 의무가 없다. 이는 FCA와 비교되는 특징이다.

'nor does it need to clear the goods for export': 매도인이 수출 통관 의무를 지지 않는다고 하여 EXW 조건의 특징을 강조하고 있다. EXW 조건에서는 수출 통관을 포함한 모든 후속 비용 및 위험은 매수인이 부담해야 한다.

23 2008 상업임용 17번 문항

정답

CIF

해설

CIF(Cost Insurance and Freight), 운임 보험료 포함 인도

"Cost Insurance and Freight" means that the seller delivers the goods to the buyer
- on board the vessel
- or procures the goods already so delivered.

The risk of loss of or damage to the goods transfers when the goods are on board the vessel, such that the seller is taken to have performed its obligation to deliver the goods whether or not the goods actually arrive at their destination in sound condition, in the stated quantity or, indeed, at all.

…The seller must also contract for insurance cover against the buyer's risk of loss of or damage to the goods from the port of shipment to at least the port of destination.

"운임 · 보험료 포함 인도"는 매도인이 본선에 적재된 물품을 매수인에게 인도 또는 이미 그렇게 인도된 물품을 매도인이 조달하는 것이다.

물품의 멸실 또는 훼손의 위험은 물품이 선박에 적재된 때 이전되고, 매도인은 명시된 수량의 물품이 실제로 목적지에 양호한 상태로 도착하는지 또는 물품이 실제로 전혀 도착하지 않더라도 그의 물품인도의무를 이행한 것으로 된다.

…매도인은 또한 매수인의 물품 멸실 또는 훼손 위험에 대하여 선적항부터 적어도 목적항까지 보험계약을 체결하여야 한다.

보기 해석

'seller delivers the goods on board the vessel': 매도인의 물품 인도 시점이 지정된 선적항에서 본선 상(on board the vessel)이므로, FOB, CFR, CIF 조건이 해당된다.

'The seller must pay the costs and freight necessary to bring the goods to the named port of destination': 매도인이 지정된 목적항까지의 운송 비용(운임)을 지불해야 하므로, 이중 CFR, CIF 조건이 해당된다.

'the risk of loss of or damage to the goods... are transferred from the seller to the buyer': 물품의 멸실 또는 손상 위험이 본선에 적재되는 시점에서 매수인에게 이전된다.

'However, in (   ) the seller also has to procure marine insurance against the buyer's risk of loss of or damage to the goods during the carriage.': 추가적으로 매수인의 위험에 대비한 해상 보험(marine insurance)까지 매도인이 가입해야 하는 의무를 가진다 하며 CIF 조건이 적합하다. 일반적으로 매도인은 최소 담보(Minimum Cover)로 보험에 가입하며, 매수인이 더 높은 담보를 원하면 추가 비용을 부담해야 한다.

24 2020 상업 임용A 9번 문항

정답

CIP Chicago
USD 110,000
(가)는 수출통관을 완료한 물품을 매도인이 지정한 운송인에게 넘겼을 때 위험이 이전되고,
(나)는 수출통관은 완료하고 수입통관은 완료하지 않은 물품을 지정된 목적지나 항구의 지정된 터미널에서 운송수단에서 양하한채로 매수인의 처분하에 두었을 때 위험이 이전된다.

해설

(가) CIP Chicago
A상사(수출업체)는 수원에서 시카고까지의 운송계약을 체결하고 운송비를 지급했으며: C-그룹이 해당
동시에 운송보험계약을 체결하고 보험료를 지급했다.: CIF 및 CIP 조건이 해당
수원에서 시카고까지는 내륙 운송과 항공 운송이 모두 포함될 수 있는 복합 운송: CIP 조건이 해당
따라서, CIP 조건이며, CIP는 지정 목적지를 함께 표기하므로 CIP Chicago로 기입해야 한다.

(나) DPU(Delivered at Place Unloaded), 도착지 양하 인도
"Delivered at Place Unloaded" means that the seller delivers the goods-and transfers risk-to the buyer

- when the goods,
- once unloaded from the arriving means of transport,
- are placed at the disposal of the buyer
- at a named place of destination or
- at the agreed point within that place, if any such point is agreed.

The seller bears all risks involved in bringing the goods to and unloading them at the named place of destination. In this Incoterms® rule, therefore, the delivery and arrival at destination are the same.
"도착지 양하 인도"는 매도인이 물품이 지정 목적지 또는 지정 목적지 내, 합의된 지점이 있는 경우 그곳에서 도착 운송 수단에서 양하된 상태로 매수인의 처분하에 놓였을 때 인도 및 위험을 이전하는 것이다. 매도인은 물품을 지정 목적지까지 또는 지정 목적지 내의 합의된 지점까지 가져가서 물품을 양하는 것까지 수반되는 모든 위험을 부담한다. 따라서, 이 인코텀스 규칙은 인도와 목적지의 도착이 같은 것이다.

CIP 조건인 A상사가 부보해야 할 최소한의 보험금액
Incoterms 2020의 CIP 조건에서 매도인(A상사)은 매수인(B상사)의 위험에 대비하여 운송 중의 물품 멸실 또는 손상에 대해 보험을 부보해야 합니다. 이때, 매도인은 최소한 ICC (A) (Institute Cargo Clauses (A)) 조건에 준하는 담보를 제공해야 한다. 보험금액은 통상 물품의 가격에 10%를 가산한 금액이다.
즉, 최소 보험금액: 물품 가격 USD 100,000 × 110% = USD 110,000
정답은 USD 110,000 이다.

매도인의 위험이전(transfer of risks)의 분기점
(가) CIP에서의 매도인 위험이전 분기점은 물품이 '최초 운송인'에게 인도되는 시점이다. 즉, 수원에서 시카고로 가는 운송에서 물품이 최초 운송인에게 인도된 시점이다.

(나) DPU

문제에서, 'seller delivers the goods, once unloaded from the arriving means of transport, at the named place of destination'이라 하므로, 매도인의 위험이전 분기점은 물품이 지정된 목적지에서 도착 운송수단으로부터 하역되어 매수인의 처분하에 놓이는 시점이다.

25 2017 상업 임용A 12번 문항

정답

㉠ FOB

㉡ 당사의 최종 승인에 따름

offer의 종류: 확인조건부청약(Offer Subject to Final Confirmation)

해설

㉠ FOB

'seller delivers the goods on board the vessel': 매도인이 물품을 본선(선박) 위에 인도하는 조건으로, FOB는 물품이 선적항에서 매수인이 지정한 선박에 적재될 때 인도가 완료된다.

'The risk of loss of or damage to the goods transfers when the goods are on board the vessel, and the buyer bears all costs from that moment onwards.': 위험 또한 물품이 본선 위에 놓이는 시점에 매수인에게 이전된다. 이 후의 모든 비용과 위험은 매수인이 부담한다.

offer의 종류

청약의 확정 여부에 따라 확정 청약(firm offer), 불확정 청약(free offer), 조건부 청약(conditional offer)

- 확정 청약: 취소불능청약(irrevocable offer)이라고도 하며, 청약자의 조건에 대해 피청약자가 유효기간 내에 회답할 것을 조건으로 하여 취소가 불가하고 승낙으로 계약이 성립된다.
- 불확정 청약: 자유 청약(revocable offer)이라고도 하며, 거래조건 등이 확정되어 있지 않고 피청약자가 승낙하기 전에 청약자가 내용을 임의로 변경, 취소, 철회할 수 있으며, 피청약자가 승낙해도 청약자의 최종 확인(final confirmation)이 있어야 계약이 성립된다.
- 조건부 청약: 불확정 청약의 일종으로, 청약의 유효기간은 없으나 조건부로 청약하는 것이다. 위탁 판매 조건부 청약(offer on sale or return)은 판매 후 남은 것을 청약자에게 반품하는 조건이다. 견본 승인 조건부 청약(offer on approval)은 견본 확인 후 수락하는 청약이고, 선착순 판매 조건부 청약(offer subject to prior sale)은 재고가 있을 때만 선착순으로 유효한 청약이다. 확인조건부청약(Offer Subject to Final Confirmation)은 제안한 조건의 최종 확인을 필요로 하며, 확인 전까지는 법적 구속력이 없는 청약이다.

불확정 청약⊃조건부 청약⊃확인조건부청약이므로, '확인조건부청약'이 가장 정확한 답이다. 그러나, 조건부 청약, 불확정 청약으로 답을 적는다하여 틀린 답이라고 확고하게 주장할 수 있는 것은 아니므로, 이는 결국 출제자의 채점기준에 따라 판단해야 할 것이다.

26 2024 상업 임용A 12번 문항

정답

㉠ D/A
㉡ 과부족용인조건 금액에 관하여 10%를 초과하지 않는 범위 내에서 많거나 적은 편차를 허용한다.
㉢ XYZ Bank
㉣ ABC Bank

해설

㉠ **'30 days after sight'**
기한부(Usance) 지급 조건으로, 환어음이 제시된 날로부터 30일 후에 대금을 지급한다는 의미이다. 이러한 방식과 동일한 추심결제방식은 바로 인수인도조건(D/A, Documents against Acceptance)이다. D/A는 환어음을 인수한 후, 약정된 기간이 지나야 대금을 결제한다.

㉡ **'Percentage Credit Amount Tolerance: 10/10'**
신용장의 과부족 허용 범위를 나타낸다. 이때, '10/10'은 'Plus/Minus 10%'를 의미한다. 즉, 신용장에 명시된 대금 금액과 물품 수량이 각각 ±10% 범위 내에서 실제와 달라도 신용장 조건에 일치하는 것으로 본다는 의미이다.

PAY TO (㉢) OR ORDER: 환어음 대금을 누구에게 지급할 것인가.
환어음에서 'Pay to ~ or Order'는 수취인을 의미한다. 신용장 거래에서는 수출업자가 환어음을 발행하고 서류와 함께 지정은행에 제출하면, 이 은행이 서류를 심사 후 수출업자에게 대금을 선지급(매입, negotiation)한다. 그리고 지정은행은 발행은행에게 선지급한 자금을 회수(상환청구) 해야 한다. 즉, 최종적으로 대금을 회수하는 자는 지정은행이다.
문제의 신용장 내용 중 41D의 'Available with/by: XYZ Bank, Seoul by negotiation'는 XYZ Bank가 지정은행이고 신용장이 매입(Negotiation) 방식으로 유효하다는 뜻이다. 따라서, XYZ Bank가 답이다.

DRAWN UNDER THE (㉣): 누구에게 환어음 대금을 청구할 것인가.
환어음에서 'Drawn under the ~'는 환어음의 지급인(Drawee)을 의미한다. 신용장 거래에서 환어음은 수출업자가 발행하지만, 환어음의 근거가 신용장 자체이다. 따라서, 결국 신용장의 지급을 확약한 발행 은행(Issuing Bank)이 최종적으로 환어음 대금을 지급해야 한다.
문제에서는 신용장 내용 중 52A의 'Issuing Bank: ABC Bank, New York'이라고 명시되어 있으므로, ABC Bank이다.

27 2013 상업 임용 1차 29번 문항

정답 ㄴ, ㄹ

해설

신용장의 특성

1. 독립성의 원칙(Autonomy, principle of independence): 신용장은 매매계약 또는 기타 계약에 근거를 두고 발행되었으나 당해 계약과는 별개의 독립된 거래이다.

> [UCP 600] Article 4 신용장과 원인계약 (Credits v. Contracts)
> a. A credit by its nature is a separate transaction from the sale or other contract on which it may be based. Banks are in no way concerned with or bound by such contract, even if any reference whatsoever to it is included in the credit.

> a. 신용장은 그 본질상 그 기초가 되는 매매 또는 다른 계약과는 별개의 거래이다. 신용장에 그러한 계약에 대한 언급이 있더라도 은행은 그 계약과 아무런 관련이 없고, 또한 그 계약 내용에 구속되지 않는다.

2. 추상성의 원칙(principle of abstraction): 은행은 서류거래 원칙에 따라, 그저 서류에 기반하여 거래하는 것이므로 기타 상품 관련 문제는 수출입 당사자끼리 해결하여야 한다.

> [UCP 600] Article 5 서류와 물품, 용역 또는 의무이행(Documents v. Goods, Services or Performance)
> Banks deal with documents and not with goods, services or performance to which the documents may relate.

> 은행은 서류로 거래하는 것이며 그 서류가 관계된 물품, 용역 또는 의무이행으로 거래하는 것은 아니다.

3. 신용장 거래의 한계성: 신용장의 독립성과 추상성은 은행이 신용장 거래를 개입하고 대금 결제를 원활하게 하지만, 실물 거래인 무역 거래를 완벽하게 보장할 수는 없다.

문제에서 보기 ㄴ은 신용장의 추상성을 제시하므로, 이는 옳은 설명이다. 은행은 신용장 거래의 기초가 되는 매매 계약이나 실제 물품의 거래와는 독립적으로, 서류만을 보고 판단하며 현실의 물품이나 계약 이행과 무관하게 지급 의무를 부담한다. 따라서, 문제 보기 ㄹ. '도착한 물품이 계약 내용과 달라도 신용장 조건과 일치된 서류를 제출하면 은행은 대금을 지급하여야 한다.' 역시 옳은 설명이다.
다만, 보기 ㄷ에서 '취소 불능 신용장을 개설한 경우에만 적용된다.'는 제시문은 옳지 않다. UCP 600은 신용장이 취소 가능(Revocable)이든 취소 불능(Irrevocable)이든 관계없이 모든 신용장 거래에 적용되는 통일 규칙이다. 추가적으로, UCP 600에서는 특별한 명시가 없으면 모든 신용장을 취소 불능으로 간주한다.

28 2015 상업 임용 B 4번 문항

정답

(가) 선하증권(B/L)

(나) 신용장의 독립성과 추상성은 은행이 신용장 거래를 개입하고 대금 결제를 원활하게 하지만, 실물 거래인 무역 거래를 완벽하게 보장할 수는 없다.

해설

선하증권(B/L, Bill of Lading)

해상운송에서 가장 중요한 서류로, 화물 선적 후 선박회사가 발행하는 유가증권이다. 선하증권은 운송계약의 증거, 권리 증권, 화물 수령증의 기능을 한다. 즉, 선하증권은 운송조건에 대한 운송계약과 화물에 대한 권리를 나타내는 증권이며, 기재된 수량, 중량, 상태와 동일한 물품을 수령하였다는 화물 수령증이다.

문제에서 '선박 회사를 통해 수출 물품을 선적', '수출 대금 회수 시의 필수 서류 중 하나인 유통 가능한 유가증권', '선박회사에서 발급'이라는 문구를 통해 답이 선하증권임을 도출할 수 있다.

신용장의 특성

- 독립성의 원칙(Autonomy, principle of independence): 신용장은 매매계약 또는 기타 계약에 근거를 두고 발행되었으나 당해 계약과는 별개의 독립된 거래이다.
- 추상성의 원칙(principle of abstraction): 은행은 서류거래 원칙에 따라, 그저 서류에 기반하여 거래하는 것이므로 기타 상품 관련 문제는 수출입 당사자끼리 해결하여야 한다.

29 2022 상업 임용 A 5번 문항

정답

㉠ Beneficiary(수익자)

㉡ Transhipment(환적)

추상성의 원칙, 은행은 서류거래 원칙에 따라, 그저 서류에 기반하여 거래하는 것이므로 기타 상품 관련 문제는 수출입 당사자끼리 해결하여야 한다.

해설

㉠ Beneficiary(수익자)

제시문에 보면, ㉠ 아래에 '◇◇ International Co. Ltd. CPO Box 1234, Seoul, Korea'라는 주소가 명시되어 있다. 이 회사가 바로 이 신용장을 통해 대금을 지급받을 자격이 있는 당사자이다.

'Expiry Date: 10 Jan. 2022 in (㉠)'s country for negotiation'에서도 만기 장소가 (㉠)의 국가(한국)라고 되어 있는데, 이는 대금을 받는 수익자의 국가를 의미한다.

'Special condition(s): -All banking charges outside Singapore are for account of (㉠).'에서 싱가포르 외의 은행 수수료는 (㉠)의 부담이라고 되어 있다. 이는 일반적으로 수익자(Beneficiary)가 부담하는 경우가 많다.

'신용장통일규칙(UCP 600) 10조에 의하면 신용장은 개설 은행과 (㉠)의 동의 없이 조건이 변경되거나 취소될 수 없으며, 확인 은행이 있다면 해당 은행의 동의도 필요하다.'고 하는데, 이 역시 ㉠은 수익자에 해당한다.

[UCP 600] Article 10 조건변경(Amendments)

a. Except as otherwise provided by article 38, a credit can neither be amended nor cancelled without the agreement of the issuing bank, the confirming bank, if any, and the beneficiary.

a. 제38조(양도 가능 신용장)에서 규정한 경우를 제외하고 신용장은 개설은행, 확인은행이 있는 경우에는 그 확인은행, 그리고 수익자의 동의가 없이는 조건 변경되거나 취소될 수 없다.

ⓛ **Transhipment(환적)**

'(ⓛ)은/는 신용장에 기재된 발송지, 수탁지 또는 선적지로부터 최종 목적지까지의 운송 도중에 하나의 운송 수단으로부터 양하되어 다른 운송 수단으로 재적재되는 것을 의미한다.'라는 설명은 운송 도중에 물품을 한 운송 수단에서 내려 다른 운송 수단으로 옮겨 싣는 행위를 정확하게 정의하고 있다. 이것은 환적(Transhipment)에 대한 설명이다.

신용장 내용에도 '(ⓛ) □ allowed □ not allowed'라는 형식으로 환적의 허용 여부를 명시하고 있다.

'신용장통일규칙(UCP 600) 19조에 의하면 (ⓛ)은/는 신용장에 기재된 발송지, 수탁지 또는 선적지로부터 최종 목적지까지의 운송 도중에 하나의 운송 수단으로부터 양하되어 다른 운송 수단으로 재적재되는 것을 의미한다.'라고 하여 환적의 정의가 서술되어 있다.

[UCP 600] article 19 적어도 두 개 이상의 다른 운송 방법을 포괄하는 운송 서류 (Transport Document Covering at Least Two Different Modes of Transport)

b. For the purpose of this article, transhipment means unloading from one means of conveyance and reloading to another means of conveyance (whether or not in different modes of transport) during the carriage from the place of dispatch, taking in charge or shipment to the place of final destination stated in the credit.

b. 이 조항의 목적상, 환적은 신용장에 기재된 발송지, 수탁지 또는 선적지로부터 최종목적지까지의 운송 도중에 하나의 운송 수단으로부터 양하되어 다른 운송 수단으로 재적재되는 것을 의미한다. (운송 방법이 다른지 여부는 상관하지 않는다).

신용장의 추상성의 원칙(principle of abstraction)

은행은 서류거래 원칙에 따라, 그저 서류에 기반하여 거래하는 것이므로 기타 상품 관련 문제는 수출입 당사자끼리 해결하여야 한다.

[UCP 600] Article 5 서류와 물품, 용역 또는 의무이행(Documents v. Goods, Services or Performance)

Banks deal with documents and not with goods, services or performance to which the documents may relate.

은행은 서류로 거래하는 것이며 그 서류가 관계된 물품, 용역 또는 의무이행으로 거래하는 것은 아니다.

30 2016 상업 임용A 7번 문항

정답

내국신용장(local L/C)

해설

발행의뢰인에 따른 신용장의 종류

- 원신용장(master L/C): master L/C는 수입업자가 발행의뢰인이며 발행은행이 수출업자를 수익자로 개설한 원래의 신용장이다.
- 내국신용장(local L/C): local L/C는 수출업자의 발행의뢰인이며 수출업자의 master L/C를 담보로 하여 수출업자에게 원자재 공급자 등을 수익자로 하여 발행하는 제2의 신용장이다.

문제의 제시문과 내국신용장의 특징 연결

- 즉, A와 C 사이의 거래는 국내 거래이다. ⇒ 내국신용장은 국내에서 수출용 원자재나 완제품을 조달할 때 사용되는 신용장이다.
- 수출업자 A가 영국으로부터 받은 원신용장(Master L/C)을 근거로 '이것'의 발행을 요청한다. ⇒ 내국신용장은 해외에서 받은 원신용장(Master L/C)을 담보 삼아 국내 은행이 발행한다.
- 제조업체 C가 "우리도 수출 실적으로 인정받고자 하니 이것으로 대금 결제를 요청한다."라고 말한다. 또한, 국내 제조업체 C를 '이것'의 수혜자로 한다. ⇒ 국내 공급업체(제조업체 C)는 이 내국신용장을 통해 물품 대금을 안전하게 받고, 수출 실적을 인정받을 수 있다. (간접 수출 실적)
- 제조업체 C는 물품을 공급한 후, 물품수령증명서(인수증)를 첨부하여 은행에 대금 지급을 요청하고 돈을 받는다. ⇒ 내국신용장은 일반적인 수출 신용장과 달리, 물품수령증명서(인수증)와 같은 국내 서류를 근거로 대금이 지급된다.

31 2021 상업 임용 B 8번 문항

정답

㉠ 외국환은행
㉡ 구매확인서
영세율 적용 및 관세 환급의 혜택을 받을 수 있다.

해설

외국환은행에서 발급 받는 구매확인서

구매확인서는 외화획득용 원료, 기재를 구매할 때 '내국신용장에 준하여 발급'하는 증서이다. 구매확인서와 내국신용장은 모두 외화획득용 원료, 기재의 국내 구매에 대해 발급하는 증서로, 영세율 적용과 관세 환급 등의 혜택을 받을 수 있다.

구분	내국신용장	구매확인서
근거 법규	무역금융 관련 규정 (한국은행 무역금융지원…)	대외무역관리규정
발급기관	외국환은행의 장	외국환은행의 장, 전자무역기반사업자

구매확인서의 법률적 정의

- 대외무역관리규정 제2조(정의) 제18호
  "구매확인서"란 외화획득용 원료 · 기재를 구매하려는 경우 또는 구매한 경우 외국환은행의 장 또는 「전자무역 촉진에 관한 법률」제6조에 따라 산업통상자원부장관이 지정한 전자무역기반사업자(이하 "전자무역기반사업자"라 한다)가 내국신용장에 준하여 발급하는 증서(구매한 경우에는 구매확인서 신청인이 세금계산서를 발급받아「부가가치세법 시행규칙」제9조의2에서 정한 기한 내에 신청하여 발급받은 증서에 한한다)를 말한다.

구매확인서의 혜택

- 대외무역관리규정 제36조(구매확인서의 신청서류) 제2항: 외화획득용 원료 · 기재라는 사실을 증명하는 서류는 수출신용장, 수출계약서, 외화매입(예치)증명서, 내국신용장, 구매확인서, 수출신고필증 등이 있다. 외화획득에 기여함을 확인받는다는 것은 국내 공급자가 외화 획득 관련 혜택(예: 부가가치세 영세율 적용, 수출 금융 지원, 관세 환급 등)을 받을 수 있는 법적 근거가 된다.

32 2020 상업 임용 B 11번 문항

정답

동의를 받아야 하는 두 당사자: DELHI BANK, KOREA TRADE CO.

㉠의 신용장 당사자 Drawee: DELHI BANK

㉡ 60 DAYS AFTER SIGHT/DATE의 기산일 비교: After Sight는 어음을 본 날짜(수령 확인일) 이후, After Date는 어음 발행일 이후이다. 따라서, After Sight의 만기일은 가변적이나 After Date의 만기일은 고정적이다.

해설

신용장 조건변경

양도 가능 신용장(transferable L/C)을 제외하고, 신용장은 개설은행, 확인은행(있는 경우), 수익자의 동의 없이 조건 변경되거나 취소될 수 없다.

[UCP 600] Article 10 조건변경(Amendments)

a. Except as otherwise provided by article 38, a credit can neither be amended nor cancelled without the agreement of the issuing bank, the confirming bank, if any, and the beneficiary.

a. 제38조(양도 가능 신용장)에서 규정한 경우를 제외하고 신용장은 개설은행, 확인은행이 있는 경우에는 그 확인은행, 그리고 수익자의 동의가 없이는 조건 변경되거나 취소될 수 없다.

신용장 내용을 보면 개설은행은 51A APPLICANT BANK의 DELHI BANK N.A., CHENNAI, INDIA, 수익자는 59 BENEFICIARY의 KOREA TRADE CO. 이다.

Drawee(발행은행)

발행은행(개설은행)은 51A APPLICANT BANK의 DELHI BANK N.A., CHENNAI, INDIA이다.

기산일 비교

기산일(Starting Date of Calculation)은 환어음의 만기일을 계산하는 시작점이다. 문제에서 제시한 기산일 기준인 ISBP(International Standard Banking Practice)는 국제표준은행관행을 말한다.

- ㉡ 60 DAYS AFTER SIGHT
  환어음 일람 후 60일을 의미한다. 기산일은 환어음이 지급인(Drawee)에게 제시(Sighting)된 날이다. 실제로 환어음이 지급인에게 언제 제시되느냐에 따라 만기일이 달라지므로, 만기일이 유동적이다.
- 60 DAYS AFTER DATE
  환어음 발행 후 60일을 의미한다. 기산일은 환어음이 발행된 날(Date of Issue of the Bill of Exchange)이다. 환어음의 발행일은 정해져 있으므로 만기일이 고정적이다. ISBP A12에서는 'the date of the draft'로 규정하고 있다.
  즉, 'AFTER SIGHT'는 환어음의 제시일을 기준으로 기간을 계산하고, 'AFTER DATE'는 환어음의 발행일을 기준으로 기간을 계산한다. 따라서 기산일이 서로 다르며, 'AFTER SIGHT'는 만기일이 가변적이고 'AFTER DATE'는 만기일이 고정적이라는 차이가 있다.

33 2015 상업 임용 A 8번 문항

정답

2014년 11월 27일

해설

Time of Shipment(선적 조건)

'Within 25 days after receipt of your L/C'로, 신용장 수령 후 25일 이내이다.
문제에서 'DAVID & YOUNG Co., Ltd.는 통지은행을 통해 이 신용장을 2014년 11월 2일에 받았다.'라고 하여, 신용장 수령일은 2014년 11월 2일이다.
따라서, 2014년 11월 2일 + 25일 이내이므로, 답은 2014년 11월 27일이다.

선적 일자의 해석기준

선적 일자는 운송 서류(transport document)의 일자를 기준으로 판단한다. 여기서 운송 서류는 운송인이 수출국에서 송하인에게 물품을 수령한 사실을 증빙하기 위해 발행한 서류이다. 해상운송은 선하증권(B/L, bill of lading), 해상화물운송장(SWB, sea waybill), 항공운송은 항공화물운송장(AWB, air waybill), 복합운송은 복합운송증권(MTD, multimodal /combined transport document)을 사용한다. 운송서류는 매수인(수입업자)은 목적지에 도착한 물품을 수령하기 위해 활용해야 하는 서류이므로 매우 중요하다. 따라서, 상업송장, 보험서류와 함께 필수 무역서류이다.

선하증권은 발행일이 기준이며, 본선 적재 일자가 기재(notation)된 경우 해당일을 선적일로 본다. 비유통해상화물운송장(Non-Negotiable Sea Waybill, Article 21), 용선계약부 선하증권(Charter Party Bill of Lading, Article 22), 항공운송서류(Air Transport Document, Article 23)도 선적 일자는 발행일이 기준이며, 본선 적재 일자가 기재된 경우 해당일을 선적일로 본다.

[UCP 600] Article 20 선하증권(Bill of Lading)

a. ii. ··· an on board notation indicating the date on which the goods have been shipped on board.
The date of issuance of the bill of lading will be deemed to be the date of shipment unless the bill of lading contains an on board notation indicating the date of shipment, in which case the date stated in the on board notation will be deemed to be the date of shipment.

a. 물품이 본선 적재된 일자를 표시하는 본선 적재 표기: 선하증권이 선적 일자를 표시하는 본선 적재 표기를 포함하지 않을 때에는 선하증권 발행일을 선적일로 본다. 선하증권에 본선 적재 표기가 된 경우에는 본선 적재 표기에 기재된 일자를 선적일로 본다.

34 2002 상업 임용 6번 문항

정답

① 수입상이 해야 할 일: 거래은행(개설은행이 될 은행)에 신용장 개설 신청을 한다.
② 수입상의 거래 은행이 해야 할 일: 신용장 개설 및 통지를 한다.

해설

신용장의 거래 절차(확인은행 및 통지은행 포함)

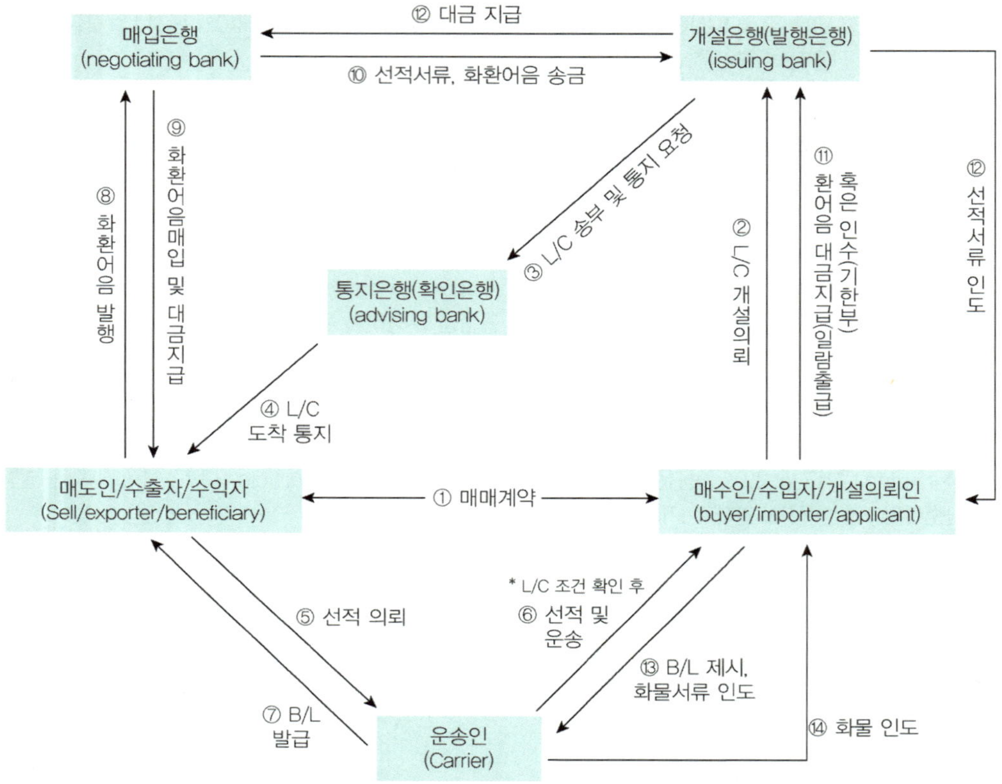

1단계: 국내의 수입상이 외국의 수출상과 매매계약을 체결하고 물품매도확약서를 받는다.
2단계: 수입상은 필요한 경우에 수입승인서를 받는다.
3단계: 수입상은 거래은행(개설은행이 될 은행)에 신용장 개설 신청을 한다.
이에 수입상 거래은행은 신용장 개설 및 통지를 한다.
4단계: 매입은행은 환어음 및 운송서류와 교환으로 수출상에게 어음대금을 지불한다.
5단계: 매입은행은 어음대금을 개설 은행에 상환청구한다.
6단계: 개설은행은 수입상으로부터 수입대금을 받고 운송서류를 인도한다.
7단계: 수입상은 선박회사에 B/L(선하증권)을 제시하고 화물을 인도받는다.

35 2014 상업 임용 A 7번 문항

정답

수입화물대도(T/R, trust receipt)

해설

수입 대금 결제 및 물품 확보를 위한 특별 방법: 수입화물대도(T/R, trust receipt)

무역 거래에서는 선적서류가 수입 물품의 담보이므로 신용장 개설은행이 선적서류를 인도할 때는 환어음 대금을 수취하는 것이 일반적이다. 하지만 개설의뢰인이 일시적으로 자금이 부족할 경우, 신용장 개설은행이 개설의뢰인의 신용도가 높거나 담보를 제공하면 담보권을 설정한 후 대금결제 없이도 선적서류를 대여해 줄 수 있다. 이에 따라 개설은행은 수입 물품의 소유권을 보유하고, 개설의뢰인은 통관된 수입 물품을 제조, 가공, 판매 등을 하여 수입 대금을 결제할 수 있도록 하는 방법이다.

T/R의 진행 과정

신용장 개설 → 개설은행이 수입자에게 선적서류 대여 → 수입자 T/R 약정 체결 → 선적서류를 이용한 통관 → 수입자가 은행에 대금 상환 → 물품 소유권 수입자에게 이전

제3절 국제운송과 해상보험

01 2014 상업 임용 A 2번 문항

정답

운송형태: CFS/CFS

㉠ Groupage B/L은 혼재된 화물 전체를 하나로 묶어 발행하는 선하증권이다.

수출국 송화인은 화주 - 프레이트 포워더는 운송주선인의 관계이다. 프레이트 포워더는 송화인의 대리인인 운송주선인으로, 송화인의 소량 화물을 모아 FCL운송을 통해 운송 절차를 간소화하고 비용을 절감한다. 프레이트포워더는 화주 - 선박회사는 운송인의 관계이다. 프레이트 포워더는 선박회사와 계약을 체결하여 FCL 운송을 진행한다. 프레이트 포워더는 선박회사에 전체 화물을 일괄적으로 위탁하며, Groupage B/L을 발행받는다.

해설

국제운송의 당사자

- 운송인(carrier): 송하인과 운송계약을 체결하여 목적지까지 물품을 운송하고 운임을 수취한다.
- 송하인(consignor, shipper): 운송인과 운송계약을 체결한 자 혹은 운송화물을 운송인에게 인도한다.
- 수하인(consignee): 운송의 목적지에서 물품을 수령할 권한을 가진 자이다.
- 운송주선업자(freight forwarder): 화주에게 운송 및 물류 전반의 자문을 제공하고 운임비용 견적, LCL 화물의 집하 및 혼재, 선복예약 및 운송계약, 서류작성, 통관 및 유통 주선 등을 하는 자이다. 대부분 자기 소유의 운송 수단이 없으며, 운송인에게 화주의 역할을 하고 화주에게는 운송인의 역할을 한다. 복합운송 시 스스로 운송계약의 주체가 되어 복합운송인으로서 복합운송증권을 발행한다. 실무상 포워더라고 칭하며, 해상운송주선인, 항공운송주선인, forwarding agent, shipping agent, shipping & Forwarding Agent 등을 모두 포괄한다.

프레이트 포워더(Freight Forwarder)와 수출국 송화인 관계 및 프레이트 포워더(Freight Forwarder)와 선박회사의 관계

- 수출국 송화인과 프레이트 포워더의 관계: 프레이트 포워더는 개별 송화인에게는 운송주선인(Forwarding Agent)이자 대리인의 역할을 하며, 이들의 소량 화물(LCL)을 혼재하여 FCL 운송을 하며, 운송 과정을 효율화하는 역할을 한다. 송화인은 포워더를 통해 운송 절차와 비용을 절감할 수 있다. 이때 포워더는 송화인에게 혼재 선하증권(HBL, House B/L)을 발행한다.
- 프레이트 포워더와 선박회사(VOCC: Vessel Operating Common Carrier, 즉 실제 선박을 운영하는 해상 운송인)와의 관계: 프레이트 포워더는 실질적인 화주(Shipper)이자 계약 당사자가 된다. 포워더는 마치 하나의 대형 화주처럼 선박회사와 FCL 단위의 운송 계약을 체결하고, 그 대가로 선박회사로부터 집단 선하증권(Groupage B/L 또는 Master B/L)을 발행받는다.

컨테이너 운송

컨테이너를 단위로 하는 운송이며, 주로 정기선운송이며, 포장 · 운송 · 양하 · 보관 등 화물이동이 용이하고, 컨테이너 자체가 내구성이 있어 반복 사용이 가능하다. 다만, 초기에 시설과 장비를 갖추는데 비용이 많이 소요되며, 컨테이너로 운송하기 어려운 화물은 운송에 제한이 있다.

- 화물 적입(stuffing, vanning) → 혼적(consolidation) → 적출(unstuffing, devanning)
- 컨테이너의 크기 예: TEU(20 feet), FEU(40 feet)

화주의 수에 따른 화물의 분류

• FCL(만재화물, Full container load) 하나의 컨테이너에 단일화주의 화물이 적입되는 것이다.

• LCL(혼재화물, Less than container load): 하나의 컨테이너에 여러 화주의 화물을 혼적하는 것이다. LCL의 화주는 주로 운송주선업자(forwarder)에게 혼적 작업을 의뢰한다.

컨테이너 터미널의 구성

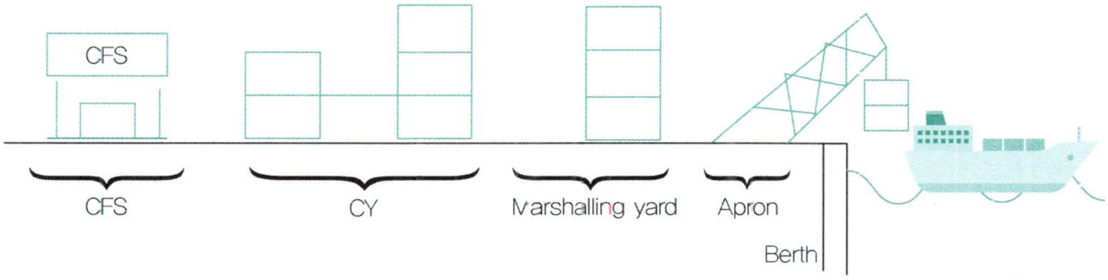

• CFS(컨테이너 화물 집화장, container freight station): 컨테이너에 적입 및 혼적 하거나, 컨테이너의 화물을 적출하는 작업장이다. 선적지의 CFS에서는 여러 화주의 화물을 하나의 컨테이너에 적입하고 (LCL, 혼재화물), 양륙지의 CFS에서는 LCL 화물을 화주별로 적출해서 인도한다.

• CY(컨테이너 야적장, container yard): 선적될 컨테이너, 양하된 컨테이너, 빈 컨테이너들을 장치, 보관하고, 컨테이너를 인수도 하기도 하는 장소로, 터미널에서 가장 넓은 면적을 차지한다. 선적지의 CFS에서 혼적된 컨테이너는 CY로 반입된다.

• 마샬링 야드(marshalling yard): 선적, 양륙을 위해 컨테이너를 정렬시키는 장소이다.

• 에이프런(Apron): 크레인이 주행할 레일을 설치하기 위한 공간이다.

• 선석(berth): 컨테이너선이 계류하도록 바다와 마주하는 부두 안벽에 설치한다.

컨테이너 운송 형태

화물	작업장	내용
FCL/FCL	CY/CY	Door to Door "수출항 CY → 수입항 CY" 컨테이너를 개폐하지 않고 단일 송하인의 화물을 단일 수하인에게 브내는 것이다.
FCL/LCL	CY/CFS	shipper's consolidation "수출항 CY → 수입항 CFS" 단일 송하인 화물을 수입항의 CFS에서 적출하여 다수의 수하인에게 인도하는 것이다.
LCL/FCL	CFS/CY	buyer's consolidation "수출항 CFS → 수입항 CY" 다수의 송하인 화물을 단일의 수하인에게 보내는 것이다. 수하인(수입자)이 다수의 송하인(수출자)에게 여러 화물을 구매하여 운송할 때 포워더에게 의탁해서 혼적한다. 포워더는 각 송화인에게 화물을 수집해서 이를 하나의 컨테이너에 합쳐 운송한다. 화물이 각각 다른 지역에서 발송되기 때문에 개별적으로 운송하면 운송비가 많이 들어 포워더를 통해 운송비를 절감하고 통관도 효율적으로 처리하는 것이다.
LCL/LCL	CFS/CFS	Pier to Pier(forwarder's consolidation) "수출항 CFS → 수입항 CFS" 포워더가 다수의 송화인 화물을 혼적해서 수입국의 다수 수화인에게 운송하는 것이다.

선하증권 발행

포워더가 LCL 화물을 모아 선적하면 운송인이 포워더에게 1개의 선하증권을 발행하는데, 이를 집단 선하증권(master B/L, groupage B/L, line B/L)이라 한다. 포워더가 master B/L을 근거로 자신과 계약을 맺은 화주에게 발행해주는 선하증권은 혼재 선하증권(house B/L, forwarder' B/L)이다.

해상화물운송장(SWB, sea waybill)

선하증권 대신 사용하는 기명식 비유통 증권으로, 해상화물운송장 원본을 제시하지 않아도 기명된 수하인이 물품을 수령한다.

02 2020 상업 임용 B 10번 문항

정답

㉠ CFS/CFS

door to door 운송에 적합한 형태: CY/CY

㉡ House B/L, 포워더가 화물을 혼재 후 집단 선하증권(master B/L)을 근거로 자신과 계약을 맺은 화주에게 발행해주는 선하증권

해설

문제에서, 포워더(forwarder)가 수출화물을 혼재(consolidation)하고, 부두에서 부두(pier to pier) 운송이라고도 하며, 화물의 해상운송구간을 컨테이너로 운송하는 기본적 형태라고 하였으므로, CFS/CFS 운이 답이다.

컨테이너 운송 형태

화물	작업장	내용
FCL/FCL	CY/CY	"수출항 CY → 수입항 CY" 컨테이너를 개폐하지 않고 단일 송하인의 화물을 단일 수하인에게 보내는 것이다. 이는 문전에서 문전의 운송 서비스를 실현하기에 적합한 화물 운송 형태이다.
FCL/LCL	CY/CFS	shipper's consolidation "수출항 CY → 수입항 CFS" 단일 송하인 화물을 수입항의 CFS에서 적출하여 다수의 수하인에게 인도하는 것이다.
LCL/FCL	CFS/CY	buyer's consolidation "수출항 CFS → 수입항 CY" 다수의 송하인 화물을 단일의 수하인에게 보내는 것이다. 수하인(수입자)이 다수의 송하인(수출자)에게 여러 화물을 구매하여 운송할 때 포워더에게 위탁해서 혼적한다. 포워더는 각 송화인에게 화물을 수집해서 이를 하나의 컨테이너에 합쳐 운송한다. 화물이 각각 다른 지역에서 발송되기 때문에 개별적으로 운송하면 운송비가 많이 들어 포워더를 통해 운송비를 절감하고 통관도 효율적으로 처리하는 것이다.
LCL/LCL	CFS/CFS	forwarder's consolidation "수출항 CFS → 수입항 CFS" 포워더가 다수의 송화인 화물을 혼적해서 수입국의 다수 수화인에게 운송하는 것이다.

㉡ House B/L(혼재 선하증권)

그림을 보면, 포워더가 화물을 혼재하여 자신과 계약을 맺은 화주에게 선하증권을 발행하고 있다. 이는 포워더가 Master B/L을 근거로 해서 화주에게 발행해주는 House B/L이다.

03 2022 상업 임용 B 8번 문항

정답

㉠ LCL

㉡ CFS

㉢ OCY

ICD, 항만 공간 협소로 인한 부두 밖 컨테이너 야드의 문제점(안전, 교통 혼잡)을 해결하기 위해, 항만 배후에 내륙 물류 거점을 마련한다.

해설

㉠ LCL, ㉡ CFS

㉠의 화물: 컨테이너 1개 분량이 되지 않는 소량 화물을 LCL(Less than Container Load) 화물이라고 부른다. 반대로, 하나의 컨테이너 전체를 단일 송화인(화주)의 화물로 채운 것은 FCL(Full Container Load) 화물이라 한다.

㉡의 장소: "컨테이너 야드의 입구에 위치하며 목적지가 같은 화물들과 혼적하게 됩니다. 수입된 컨테이너 화물을 소량 화물로 재분류하는 작업도 이곳에서 이루어집니다."는 설명은 LCL 화물의 혼재(consolidation) 및 분류(de-consolidation) 작업이 이루어지는 장소를 의미한다. 이곳은 CFS(Container Freight Station)이다.

㉢ OCY

CY(container yard)는 컨테이너 야적장으로, 선적될 컨테이너, 양하된 컨테이너, 빈 컨테이너들을 장치, 보관하고, 컨테이너를 인수도 하기도 하는 장소로, 터미널에서 가장 넓은 면적을 차지한다. 선적지의 CFS에서 혼적된 컨테이너는 CY로 반입된다. CY는 위치에 따라 On-dock CY와 OCY로 구분할 수 있다.

대화에서 ㉢은 "항만의 공간이 협소한 경우 부득이하게 부두 밖 장소에 컨테이너를 보관"하며, "'항만에서 떨어진 별도의 컨테이너 야드'를 의미"한다고 설명한다. 이렇게 항만 부두(On-dock)에 있지 않고 부두 외부에 위치한 컨테이너 야드를 OCY (Off-dock Container Yard) 라고 부른다.

구분	On-dock CY	OCY(Off-dock Container Yard)
위치	부두(Dock) 바로 옆, 즉 항만 터미널 내부에 위치한 컨테이너 야적장	부두에서 떨어져 항만 외부(부두 밖)에 위치한 컨테이너 야적장
특징	선박에서 컨테이너를 내리자마자 바로 보관할 수 있어 운송 효율성이 가장 높다. 컨테이너 이동 거리가 짧아 시간과 비용을 절약할 수 있다. 항만 운영의 핵심 시설이다.	항만 내 공간이 부족하거나, 통관 · 검역 등 특정 서비스와 연계하여 효율성을 높이기 위해 외부에 설치된다. 항만 혼잡을 줄이고, 내륙 운송 연계에 유연성을 제공하지만, 컨테이너 이동 거리가 늘어나 추가 운송 비용과 교통 혼잡을 유발할 수 있다.

내륙컨테이너기지(ICD;Inland Container Depot, 드라이포트(Dry Port))

항만의 공간이 협소하면 부득이하게 부두 밖 장소(OCY)에 컨테이너를 보관한다. 항만 부근에 발달된 컨테이너 별도의 컨테이너 야드는 해당 장소를 출입하는 컨테이너 트럭의 시내 주행으로 안전 문제와 교통 혼잡 비용이 증가할 수 있다. 따라서, 항만 공간 협소로 인한 부두 밖 컨테이너 야드의 문제점(안전, 교통 혼잡)을 해결하기 위해, 항만 배후에 내륙 물류 거점을 마련하는데, 이를 내륙컨테이너기지라고 한다. ICD는 컨테이너의 대규모 검역, 통관, 배송, 보관 등 효율적 복합 연계 운송을 실현하게끔 내륙에 위치하여 있는 공적 권한을 가진 시설이다.

04 2018 상업 임용 6번 문항

정답

㉠ Full set: 3통
㉡ 유통
㉢ 화물수령식

선하증권은 유통이 가능하며 유가증권으로 사용되지만, 항공화물운송장은 유통이 불가하며 단순 화물 수령증이다.

해설

선하증권의 발행통수

선하증권은 일반적으로 원본(Original)으로 3통이 발행된다. 거래의 안전성을 보장하기 위하 동일한 내용의 원본 선하증권이 여러 통 발행되는 것이다. 이 중 하나라도 화물 수취를 위허 사용되면 나머지 원본은 모두 무효화된다.

선하증권과 항공화물운송장 비교

구분	선하증권(B/L)	항공화물운송장(air waybill)
유통	가능, 유가증권	불가, 단순 화물 수령증
발행 형식	기명식	기명식, 지시식, 무기명식
발행 시점	화물 선적 후(화물선적식)	운송인이 화물 수취 후(화물수령식)

선하증권은 '선적식'이어서 화물이 배에 실린 후 선하증권이 발행된다.
항공화물운송장이 '화물수령식'이라는 것은 항공사가 화물을 실제로 인수한 후 운송장이 발행됨을 의미한다. 즉, 비행기에 실리기 전에도 발행될 수 있다.

05 2025 상업 임용 A 2번 문항

정답

㉠ 최대선의

㉡ 이로

해설

해상보험계약의 원칙

1. 손해보상의 원칙(principle of indemnity): 보험금액 범위 내 실제 발생 손해액만을 보상한다.
2. 피보험이익의 원칙(principle of insurance interest): 피보험이익이 있어야 해상보험이 성립한다. 피보험이익은 적법성, 경제성, 확정성을 갖춰야 하며, 피보험자에게 피보험이익이 없으면 보험금을 받을 수 없다.
3. 최대선의의 원칙(principle of utmost good faith): 보험계약자에게 요구되는 최대선의로, 고지의무(duty of disclosure)는 계약 체결 전 알릴 의무, 통지의무(duty of notification)는 계약 체결 후 알릴 의무이다. 보험자는 고지의무 위반 시 계약을 취소하거나 해지할 수 있다.
4. 담보(warranty): 피보험자가 보험자에게 반드시 지켜야 할 약속(promissory warranty)이다. 담보 위반의 입증책임은 보험자에게 있다.
5. 근인 주의(principle of cause proxima): 담보위험에 근인 하여 발생한 손해만 보상한다.

해상위험의 변동(change of risk)

보험자는 보험계약자의 고지에 따라 위험을 측정하고 보험을 인수하는데, 계약 성립 후에 그 위험인수의 전제인 위험 사정이 변동되는 것이다. 위험의 변경 및 변동으로 구분하며, 발생 이후에는 보험자 책임이 면책된다.

- 위험의 변경(variation of risk): 위험률 정도의 변경이 발생하는 것이다. 이로(deviation), 항해의 지연(delay in voyage), 임의의 환적(transhipment)이 있다. '이로'는 보험증권에 지정되거나 관습상의 항로를 이탈하여 정당하지 않은 항구에 기항하는 것이다. '항해의 지연'은 정당한 이유 없이 항해 개시, 항해 계속, 항해 종료의 지연이 있는 것이다. '임의의 환적'은 보험증권에 지정된 선박이 아닌 다른 선박에 화물을 옮겨 싣는 것이다.
- 위험의 변종(alteration of risk): 위험 사정의 동일성이 상실되고 완전히 다른 종류의 위험 사정으로 바뀌는 것이다. 선박의 변경(change of vessel)으로 보험계약상 선박이 다른 선박으로 변경되거나, 항해의 변경(change of voyage)으로, 출발항이나 도착항이 임의로 변경되는 경우이다.

06 2024 상업 임용 B 6번 문항

정답

㉠ 추정전손
㉡ 위부, 피보험자가 보험자에게 소유권을 넘기는 의사표시와 함께 보험금액의 전액을 청구하는 것
㉢ 공동의 안전으로 이해당사자가 공동으로 부담하는 것이다.

해설

해상손해의 유형

물적 손해(전손 중 현실전손/추정전손, 분손 중 단독해손/공동해손), 비용손해, 배상책임손해

1. 물적 손해(physical loss)
   - 전손(total loss): 손해의 정도가 전부인 것으로, 피보험목적물이 현실적으로 완전히 멸실된 현실전손(actual total loss)과 손해의 정도가 심해 현실전손으로 추정하는 추정전손(constructive total loss)으로 구분한다.

     추정전손은 피보험자의 '위부(abandonment)' 통지가 있어야 전손으로 보험금을 청구할 수 있다. 여기서 위부는 피보험자가 보험자에게 소유권을 넘기는 의사표시와 함께 보험금액의 전액을 청구하는 것으로, 추정전손에 한하여 인정된다. 비교되는 개념으로 대위(subrogation)가 있다. 대위는 보험자가 보험금을 지급한 경우에 피보험자의 권리를 법률상 당연히 취득하는 것이다.
   - 분손(partial loss): 손해 입은 자가 단독으로 부담하는 단독해손(particular average)과 공동의 안전으로 이해당사자가 공동으로 부담하는 공동해손(general average)으로 구분한다.

     공동해손의 성립요건: ① 위험에 공동성이 있어야 하며, ② 처분의 자발성이나 임의성이 있어야 한다. ③ 처분이 합리적이며 현실적인 범위 내여야 하며, ④ 일반적 희생이나 비용이 있어야 한다. (공자합비)
2. 비용손해(expense loss): 피보험목적물의 멸실, 손상으로 비용이 지출되는 경우 간접적인 손해인 구조비, 손해방지비용, 특별비용 등이 있다.
3. 배상책임손해(liability loss): 선하증권상 쌍방과실에 의한 화주의 배상책임으로 발생하는 손해이다.

제4절 무역 서류와 비즈니스

01 2013 상업 임용 1차 28번 문항

정답 ③

해설

① (X) M/R(본선수취증)은 선박 회사가 화물을 본선에 적재했음을 확인하는 서류로, 선하증권(B/L) 발급의 전 단계 서류이다. 이는 수출상이 선하증권을 받기 위해 선박 회사에 요청하는 서류이므로, 수입상이 화물 인수 시점에 요청할 서류가 아니다.

② (X) L/C 재발급은 신용장 자체에 문제가 있거나 조건 변경이 필요할 때 요청하는 것이다. 현재 문제는 신용장 자체의 문제가 아니라 '운송 서류 미도착'이므로 적절하지 않다.

③ 개설 은행에 L/G(Letter of Guarantee) 발급을 요청한다. (O) L/G(수입화물선취보증서)는 운송 서류 원본이 도착하기 전에 화물이 먼저 도착했을 때, 수입상이 은행의 보증을 받아 선박 회사로부터 화물을 먼저 인도받기 위해 사용하는 서류이다. 은행이 수입상을 대신하여 선박 회사에 보증을 제공하고, 나중에 원본 서류가 도착하면 은행에 제출하겠다는 약속을 하는 것이다. 제시된 상황에 가장 적합하다.

④ (X) T/R(수입화물대도)은 운송 서류는 도착했으나 수입상이 대금을 결제할 자금이 일시적으로 부족할 때, 은행의 소유권 유보 하에 서류를 먼저 받아 물품을 통관하고 판매하여 대금을 상환하는 것이다. 현재 상황은 '운송 서류 미도착'이므로, T/R을 요청할 단계가 아니다. T/R은 L/G로 화물을 먼저 인수하거나, 서류가 정상적으로 도착하여 대금 결제 시점에 자금이 부족할 때 고려하는 금융 방식이다.

⑤ (X) Commercial Invoice(상업송장)는 수출상이 발행하는 물품 대금 청구서이다. 이는 화물 인수에 직접적으로 필요한 운송 서류인 선하증권(B/L)을 대체할 수 없으며, 이미 무역 계약 시에 발행되었을 가능성이 높다. 운송 서류 미도착 상황과는 직접적인 관련이 없다.

02 2021 상업 임용 A 5번 문항

정답

㉠ 선수금, 선대신용장(red clause L/C)

㉡ 수입화물선취보증서(L/G), 수입화물은 도착하였으나 운송서류가 도착하지 않은 경우, 선박회사에 원본 대신 제출하고 수입화물을 인도받기 위해서 발급받는다.

해설

㉠ 선수금

'payment for goods in which the price is paid in full before shipment is made.': 물품이 선적되기 전에 대금이 전액 지급된다.

'This method is usually used for small deal or payment of cash in advance when the order is placed.' 주로 소액 거래나 주문 시점에 현금으로 미리 결제할 때 사용된다. 즉, 선수금에 대한 설명이다.

선대 신용장(전대 신용장, red clause L/C)
매도인이 신용장을 받으면 물품을 인도받기 전에 신용장 대금의 일부 또는 전부를 지급하도록 하는 선대 신용장(무담보 어음)을 개설하여 대금을 지급받는 것이다. 선대 신용장은 문제에서 제시한 결제방식인 선수금과 대금결제 시기가 유사하다.

수입업자가 수입화물선취보증서(L/G, Letter of Guarantee)를 발급받는 이유
L/G는 수입 화물이 수입지에 도착하였지만, 운송 서류가 도착하지 않아 화물인수가 어려울 때, 운송 서류 원본을 제시하지 않아도 은행이 화물인수에 관한 모든 책임을 진다는 내용의 보증서이다. 즉, 수입업자가 L/G를 발급받는 주된 이유는 선하증권(B/L) 원본이 도착하기 전에 수입 화물을 먼저 인수하기 위함이다.

03 2004 상업 임용 16번 문항

정답
① (가)의 수출업자가 제출할 서류: 손해배상각서(L/I)
② (나)의 수입업자가 제출할 서류: 수입화물선취보증서(L/G)

해설
손해배상각서(L/I, Letter of Indemnity)
수출업자가 물품을 선적했으나, 운송인이 화물의 하자가 있음을 발견하여 '사고부 선하증권(Claused B/L 또는 Foul B/L)'을 발행한 경우, 수출업자는 신용장 조건 불일치로 인한 대금 회수 지연 또는 거절을 피하기 위해, 운송인에게 Clean B/L의 발행을 요청한다. 이때 수출업자가 운송인에게 제출하는 것이 손해배상각서(L/I)이다.
L/I는 운송인이 실제 화물의 하자를 무시하고 Clean B/L을 발행함으로써 향후 발생할 수 있는 모든 손해(예 수입업자의 클레임)에 대해 수출업자가 전적으로 책임지고 배상하겠다는 내용의 보증 서류이다. 이는 운송인의 위험을 전가하고 수출 거래를 원활하게 진행하기 위한 실무적인 방편으로 볼 수 있다.

수입화물선취보증서(L/G, Letter of Guarantee)
수입 화물은 이미 도착했지만, 화물 인수에 필수적인 원본 운송 서류(주로 원본 선하증권)가 은행을 통해 아직 도착하지 않은 경우, 운송 서류 없이는 선박회사로부터 화물을 인도받을 수 없으므로, 수입업자는 화물 지체로 인한 손해(창고료, 생산 지연 등)를 막기 위해 화물을 먼저 인수하고자 L/G를 발급받는다.
수입업자는 자신의 거래 은행(신용장 개설은행)에 요청하여 수입화물선취보증서(L/G)를 발급받아 선박회사에 제출한다. L/G에는 원본 운송 서류가 도착하면 즉시 은행에 제출할 것이며, 서류 없이 화물을 먼저 인도받음으로써 발생할 수 있는 모든 문제(예 정당한 소지인의 출현, 서류 위조 등)에 대해 은행이 선박회사에 보증하고 책임지겠다는 내용이 담겨있다. 즉, 은행이 수입업자의 신용을 바탕으로 보증을 서는 것이다.

04 2009 상업 임용 2차 2교시 3번 문항

정답

1. (가) 신용장 방식이 적합한 이유 (다른 두 가지 결제 방식과 비교)

세계 경제 불황으로 대미 수출에 대한 신용 위험이 증대된 상황에서 신용장 방식이 적합한 이유는 은행의 지급 확약을 통해 수출상의 대금 회수 위험을 최소화할 수 있기 때문이다. 이를 송금 방식과 추심 방식과 비교하면 다음과 같다.

가. 송금방식(Remittance)

- 수출상 위험: 수출상이 선적 후 수입상의 송금을 기다려야 하므로, 수입상의 지급 불능 또는 지급 거절 위험(신용 위험)을 수출상이 전적으로 부담한다. 신용 위험이 증대된 상황에서는 가장 부적합한 방식이다.
- 수입상 이점: 대금 지급을 늦출 수 있어 자금 부담이 적고, 물품 수령 후 대금을 지급할 수 있어 유리하다.

나. 추심방식(Collection)

- 수출상 위험: 은행이 서류 전달 및 대금 추심을 대행하지만, 은행은 대금 지급을 보증하지 않는다. 수입상이 대금 지급을 거절하면 수출상은 서류를 회수하거나 다른 수입자를 찾아야 하는 위험을 부담한다. 송금 방식보다는 낫지만, 여전히 수입상의 신용 위험이 존재한다.
- 수입상 이점: 서류를 확인하고 대금을 지급하므로, 물품과 서류의 불일치 위험을 줄일 수 있다.

다. 신용장 방식(Letter of Credit)

- 수출상 '이점': 신용장 개설은행이 신용장 조건과 일치하는 서류가 제시되면 대금 지급을 확약한다. 이는 수입상의 신용 위험이 아닌 은행의 신용에 의존하므로, 수출상은 수입상의 신용 위험 증대에도 불구하고 대금 회수를 확실히 보장받을 수 있다. 서류만 일치하면 대금 회수가 가능하므로, 수출상의 입장에서는 가장 안전한 결제 방식이다.
- 수입상 '부담': 신용장 개설에 따른 수수료 부담이 있고, 신용장 조건에 맞춰 서류를 준비해야 하는 제약이 있다. 따라서, 신용 위험이 증대된 상황에서는 은행의 지급 확약이라는 신용장 고유의 특성 때문에 수출상의 대금 회수 안정성을 극대화할 수 있어 신용장 방식이 가장 적합하다.

2. (나) 매입 의뢰를 위해 제출해야 할 결제 서류 목록 및 선하증권 세부 조건

가. 결제 서류 목록 및 발행 통수(46A Documents Required)

- SIGNED COMMERCIAL INVOICE(S): 서명된 상업송장 3통 (IN TRIPLICATE)
- PACKING LIST: 포장 명세서 4통 (IN 4 COPIES)
- FULL SET OF CLEAN ON BOARD OCEAN BILLS OF LADING: 무사고 본선적재 선하증권 3통(FULL SET)
- INSURANCE POLICY OF CERTIFICATE: 보험 증권 또는 보험 증명서 2통(IN DUPLICATE)
- CERTIFICATE OF ORIGIN: 원산지 증명서 5통(IN 5 FOLDS)
- INSPECTION CERTIFICATE: 검사 증명서 2통(IN DUPLICATE)
- CERTIFICATE OF WEIGHT AND MEASUREMENT: 중량 및 용적 증명서 5통(IN QUINTUPLICATE)

나. 선하증권(Bill of Lading)의 세부 조건

- Form of Documentary Credit: IRREVOCABLE

  취소 불능 선하증권이다. 따라서, 신용장이 일단 개설되면, 개설은행, 확인은행이 있는 경우 확인은행, 수익자의 동의 없이는 신용장 내용이 변경되거나 취소될 수 없다. 따라서, 개설은행은 조건 일치 서류가 제시되면 반드시 대금을 지급해야 하는 확정적인 지급 확약을 지게 됩니다. 이는 수익자(수출상)에게 가장 유리하고 안정적인 조건이다.

• Applicable Rules: UCPURR LATEST VERSION
신용장통일규칙(UCP)과 은행 간 상환 방식에 대한 규칙(URR)을 적용하며, 신용장 개설 시점에 가장 최신 개정이 적용된다.

• Date and Place of Expiry: 081228 IN KOREA
신용장의 유효기일은 2008년 12월 28일이며, 유효 장소는 대한민국이다. 따라서, 수익자(수출상)는 이 날짜까지 대한민국 내에서 신용장에서 요구하는 서류를 은행에 제시하고 매입, 지급, 인수 요청을 해야 한다.

• Applicant: ABO Co. NEW YORK, NY, USA
신용장 개설 의뢰인은 뉴욕 소재 ABO Co.이다. 즉, 개설은행에 신용장 개설을 요청한 수입업체다.

• Beneficiary: K Co. Ltd. SEOUL, KOREA
신용장의 수익자는 대한민국 서울 소재 K Co. Ltd.이다. 즉, 신용장 조건에 맞는 서류를 제시하여 신용장을 통해 대금을 지급받을 권리를 가지는 수출업체이다.

• Currency Code, Amount: USD56,000.00
신용장 금액은 USD(미국 달러)를 사용하고, 총 물품대금은 56,000.00달러이다.

• Available With ... By ...: ANY BANK BY NEGOTIATION
이 신용장이 어느 은행에서든 매입(Negotiation) 방식으로 사용 가능하다. 따라서, 수익자(K Co. Ltd.)는 신용장 조건에 맞는 서류와 환어음을 준비하여, 자신이 거래하는 대한민국 내의 어떤 은행이든 매입은행으로 지정하여 매입(대금 선지급)을 요청할 수 있다.

• Drafts At ...: AT 30 DAYS AFTER SIGHT
환어음의 지급 기간은 일람 후 30일(30 Days After Sight)이다. 이 신용장은 기한부 신용장(Usance L/C)이며, 수익자(수출상)가 은행에 서류와 함께 제시하는 환어음이 은행에 의해 일람(확인)된 날로부터 30일 후에 대금을 지급하겠다는 조건이다. 따라서, 대금이 즉시 지급되는 것이 아니라 30일 후에 지급이 이루어지는 후불 조건이다.

05 2005 상업 임용 24번 문항

정답

① Certificate of Origin(원산지증명서)

② Bill of Lading(선하증권)

해설

원산지 증명서(C/O, certificate of Origin)

물품이 수출국에서 제조, 가공되었음을 증명하는 공적인 증서이다.

문제에서, 'specifies the nature of quantity/value of the goods etc. together with their place of manufacture.'에서 제조지를 명시할 것을 제시한다.

'Such a declaration stating the country of origin of the goods shipped is required by some countries often to simplify their customs duties.' 원산지는 관세 목적으로 요구됨을 설명한다.

'It is often incorporated in the customs invoice.' 해당 서류는 세관 송장에 자주 통합된다고 덧붙인다.

따라서, 물품의 생산지를 증명하고, 수입국 세관의 관세 적용이나 통계 목적에 사용되는 서류인 원산지증명서를 도출해낼 수 있다.

선하증권(B/L, Bill of Lading)

(i) Evidence of contract of affreightment.: 운송 계약의 증거

(ii) A receipt for goods shipped, and providing certain details as to the quantity and condition when placed on board.: 선적된 물품의 수령증, 수량 및 상태에 대한 세부 정보 제공

(iii) A document of title, without which delivery of the goods cannot normally by obtained." 권리 증권, 이것 없이는 일반적으로 물품 인도 불가

이 세 가지의 특징은 선하증권(Bill of Lading) 3대 기능(운송계약의 증거, 물품 수령증, 권리 증권)을 정확히 설명하고 있다.

06 2009 상업 임용 1차 21번 문항

정답 ③

해설

(가) 본선수취증(M/R, Mate's Receipt)

○○(주)는 수출 화물을 본선 상에 선적한 후, 일등항해사로부터 선적을 증명하는 서류를 발급받았다. 일등항해사는 화물의 선적을 확인하는 역할을 하므로, 본선에 화물이 적재되었음을 증명하는 최초의 서류인 본선수취증(M/R)을 발급한다. 이 서류를 바탕으로 추후에 선하증권이 발행된다.

(나) 손해배상각서(L/I, Letter of Indemnity)

(가) 본선수취증에 "TWO PACKAGES SHORT IN DISPUTE"라는 단서 조항이 있다. 해석해보면 "두 개의 소포가 부족해서 분쟁 중이다."라는 내용이다. 이는 화물에 문제가 있는 것으로, 이대로 선하증권이 발행되면 '사고부 선하증권(Claused B/L)'이 된다. 따라서, 화물에 하자가 있음에도 불구하고 무사고 선하증권을 발급받기 위해 수출업자가 선박회사에 제출하는 서류는 손해배상각서(L/I)이다.

07 2009 상업 임용 1차 20번 문항

정답 ④

해설

(가) 대금을 지급받는 '수익자(Beneficiary)'의 내용을 기입하는 란이다.

(나) 신용장 개설을 은행에 의뢰하는 '개설의뢰인(Applicant)'의 내용을 기입하는 란이다. 해당업체는 수입업체이다.

(다) (나)의 거래 은행으로, 신용장을 개설하는 개설은행(Issuing Bank)'을 기입하는 란이다. 즉, 수입업체(개설의뢰인)의 거래 은행이다.

08 2010 상업 임용 1차 26번 문항

정답 ⑤

해설

(가) We = AMERICA Trading Co., Ltd. = Buyer(구매자)

해당 문서는 PURCHASE NOTE(구매 확인서)로, 구매자가 물품을 구매했음을 확인하여 판매자에게 보내는 문서이다. 따라서, (가) We는 구매자인 AMERICA Trading Co., Ltd.를 지칭한다.

(나) Quantity(수량)

'Men's Blue Jean, Style No. 500 2,500pcs Women's Blue Jean, Style No. 600 : 2,500pcs'라는 문구로 보아, 거래될 물품의 세부 품명과 각각의 수량을 명시하고 있다.

(다) Price(가격)

'CFR New York US$20.00 per piece'라는 문구로 보아, 물품의 단위당 가격과 함께 적용되는 무역 조건(Trade Terms)을 명시하고 있다.

(라) Payment Terms & Shipment(결제 조건)

'Irrevocable L/C at 60 days after sight to be opened in favor of ABC Trading Co., Ltd. Shipment: During Nov., 2009'라는 문구로 보아, 대금 결제 방식(취소 불능, 일람 후 60일 기한부 신용장)과 11월 중 선적 시기(shipment)를 명시하고 있다.

09 2010 상업 임용 1차 25번 문항

정답 ㄴ, ㄷ, ㄹ

해설

상업송장(Commercial Invoice)

모든 무역 거래의 필수서류인 상업 송장은 수출업자(매도인, 수익자) 수입업자(매수인, 발행의뢰인) 앞으로 발행한다. 상업 송장은 계약 일치의 증명, 계산서 및 대금청구서, 세관 필수서류의 기능을 하며, 신용장과 같은 통화로 발행되어야 한다.

[UCP 600] Article 18 상업 송장(Commercial Invoice)

i. must appear to have been issued by the beneficiary (except as provided in article 38);
ii. must be made out in the name of the applicant (except as provided in sub-article 38(g));
iii. must be made out in the same currency as the credit; and
iv. need not be signed.

i. (제38조가 적용되는 경우를 제외하고는) 수익자가 발행한 것으로 보여야 한다.
ii. (제38조 (g)항이 적용되는 경우를 제외하고는) 개설의뢰인 앞으로 발행되어야 한다.
iii. 신용장과 같은 통화로 발행되어야 한다. 그리고
iv. 서명될 필요는 없다.

ㄱ. 화물의 도착 통지처는 SASAKAWA CO., Ltd.이다. (O) 'Notify Party'는 화물이 목적항에 도착했을 때 통지받을 당사자로, SASAKAWA CO., Ltd.가 기재되어 있다.

ㄴ. (X) 이 문서는 'NO. & Date of Invoice'라고 명시되어 있으므로, 상업송장(Commercial Invoice)이다. 포장명세서(Packing List)는 상업송장과 함께 제출되는 별도의 서류이며, 포장 단위별 내용물, 중량, 용적 등을 상세히 기재한다.

ㄷ. (X) 이 서류는 수출업체인 HAN SUNG TRADING CO., LTD.가 발행한 상업송장이다. 니다. 신용장의 예비통지서(pre-advice)는 개설은행의 지시에 따라 통지은행이 수익자(수출업자)에게 신용장이 개설될 예정임을 미리 통지하는 서류이므로 옳지 않다.

ㄹ. (X) UCP 600 Article 상업 송장(Commercial Invoice)의 iv 항목에 따르면, 상업송장은 별도의 명시가 없는 한 서명될 필요가 없다. 실무에서는 서명되는 경우가 많지만, UCP 600상 의무는 아니다.

ㅁ. (O) 무역거래에서의 필수서류로서 부산에서 오사카로 모자를 수출하는 선적안내서 및 대금청구서 등의 역할을 한다. 발송인(Shipper/Exporter)은 HAN SUNG TRADING(KOREA), 도착지(Final Destination)는 Osaka(JAPAN), 선적항(Port of Loading)이 BUSAN(KOREA)으로 명시되어 있어 부산에서 오사카로 모자(HAT)를 수출하는 거래임을 확인할 수 있다. 상업송장은 수입업자에게 대금을 청구하는 대금청구서(demand for payment)의 역할을 하며, 물품의 상세 정보(품명, 수량, 단가, 총액)를 담고 있어 선적물품의 상세 안내 역할도 한다.

10 2016 상업 임용 A 12번 문항

정답

Commercial Invoice

상업 송장의 기능은 1) 계약 일치의 증명, 2) 계산서 및 대금청구서의 역할, 3) 세관 신고의 기준 역할 등이 있다.

해설

Commercial Invoice(상업송장)

모든 무역 거래의 필수서류인 상업 송장은 수출업자(매도인, 수익자) 수입업자(매수인, 발행의뢰인) 앞으로 발행한다. 상업 송장은 계약 일치의 증명, 계산서 및 대금청구서, 세관 필수서류의 기능을 하며, 신용장과 같은 통화로 발행되어야 한다.

제시된 〈서류 작성 시 유의 사항〉을 통해 괄호 안에 들어갈 서류를 유추할 수 있다.

- 서류는 발행인(매도인)이 발행의뢰인(매수인) 앞으로 작성함.: 매도인이 매수인에게 발행
- 서류상의 금액은 신용장 금액을 초과하지 않아야 함.: 금액 명시
- 서류상의 금액은 환어음 금액과 일치하여야 함.: 환어음과 금액 일치
- 서류상의 상품 명세는 신용장상의 상품 명세와 일치하여야 함.: 상품 명세 포함

또한, '46A Documents Required'에서 ;SIGNED ( ) IN TRIPLICATE;라고 되어 있어, '서명'된 '3통'의 서류가 필요함을 알 수 있다. 이러한 특징들(매도인이 발행, 금액 명시, 환어음 및 신용장 금액/상품 명세와 일치, 서명 요구)은 상업송장(Commercial Invoice)의 전형적인 조건이다.

상업송장 예시

<table>
<tr><th colspan="6">COMMERCIAL INVOICE</th></tr>
<tr><td colspan="2" rowspan="2">Seller/Shipper/Exporter/Consignor(화주)
Okt Creation. Korea
Dongjak-gu, Seoul, Korea</td><td colspan="4">Invoice No. and Date
SE-1000 October 10, 2024</td></tr>
<tr><td colspan="4">L/C No. and Date
M104851 September 9, 2024</td></tr>
<tr><td colspan="2">Consignee(선하증권 상 수하인)
ABC company, Los Angeles, USA</td><td colspan="4">L/C issuing bank(발행은행)
IBK bank, Korea</td></tr>
<tr><td colspan="2">Notify party(도착하는 곳 통지처, 보통 수입업자)
ABC company, Los Angeles, USA</td><td colspan="4">Remark(비고)</td></tr>
<tr><td>Port of Loading
(선적항)
BUSAN, Korea</td><td>Port of Destination/
Final destination(최종 목적지)
Los Angeles, USA</td><td colspan="4">Payment Terms(지불 조건)
L/C at sight</td></tr>
<tr><td>Carrier/Vessel/Flight
(운송 수단)
Manssee25</td><td>Departure Date/
Sailing on or about
October 12, 2024</td><td colspan="4">Price Terms (Delivery Terms)
(가격 조건)
CIF Los Angeles, U.S.A.</td></tr>
<tr><td rowspan="4">Marks No. &
number of pkgs.
OkT Seoul</td><td>Goods Description</td><td>Quantity</td><td>Unit Price</td><td colspan="2">Amount</td></tr>
<tr><td>OLED TV 70"</td><td>100 pcs</td><td>USD 1,000</td><td colspan="2">USD 100,000</td></tr>
<tr><td>Advance Payment Amount</td><td>2 times</td><td>USD 5,000</td><td colspan="2">USD 10,000</td></tr>
<tr><td>Total</td><td></td><td></td><td colspan="2">USD 90,000</td></tr>
<tr><td colspan="6">Signed by
OkT Creation. Korea
Yu Ok T/CEO</td></tr>
</table>

11 2013 상업 임용 1차 25번 문항

정답 ⑤

해설

이 문제는 제시된 편지의 목적을 묻고 있다.
편지의 내용에서 'We are one of the leading exporters of electronic goods in Korea. Our goods enjoy a high reputation for their excellent quality.' 부분은 발신자가 한국의 주요 전자제품 수출업체이며 제품 품질이 우수함을 소개하고 있다. 그리고, 'We would like to form a business relationship with you.'라는 문구로 수신 회사와 사업 관계를 맺고 싶다는 명확한 의사 표현을 하고 있다. 이후 제품 카탈로그와 가격표(illustrated catalog and price list for our goods), 가격 조건(FOB, in U.S. dollars)까지 제기하고 있어 수출업체가 고객을 발굴하여 사업 관계를 시작하고자 하는 의도를 명확히 보여준다.

보기 분석

① (X) Claim(클레임)은 물품의 하자나 계약 불이행 등으로 인한 손해를 청구하는 내용을 작성한다.
② (X) Credit inquiry (신용 조회): 상대방의 신용 상태를 묻는 편지가 아니라, 자신(수출업체)의 신용 정보를 제공하고 있다.
③ (X) Reply to inquiry (문의에 대한 회신): 상대방의 이전 문의에 대한 답장이 아니라, 수출업체가 먼저 비즈니스를 제안하고 있다.
④ (X) Credit information (신용 정보): 편지 내용 중 자신의 신용 정보를 제공하는 부분이 있긴 하지만 (For our financial standing), 편지 전체의 주된 목적은 아니다. 그저 사업 제안을 위한 보조적인 정보로 작성한 것이다.
⑤ (O) Proposal of business (사업 제안). 따라서, ⑤가 답이다.

12 2014 상업 임용 A 15번 문항

정답

(C) → (B) → (A) → (D)

해설

1. (C) Many thanks for your letter of December 7. We have given our careful consideration to your counter offer against our offer for Women's Silk Stockings.
   상대방의 편지에 대한 감사와 함께, 이번 편지의 목적(counter offer 검트)을 밝힌다.
2. (B) We are quite earnest, of course, to meet your wishes and to supply you with the goods which will enable you to compete in your market. But, we regret our inability to make any further discount at present.
   (C)에서 언급된 counter offer에 대한 응답을 하고 있다.
3. (A) The quality is the best available at the price we offered to you, and far superior to those of foreign makers who are supplying to your market.
   (B)에서 더 이상의 할인이 어렵다고 밝힌 이유를 설명하며, 제시된 가격에도 불구하고 자사 제품의 품질이 매우 우수하다는 점을 강조하여 고객의 이해를 구하고 있다. 즉, (B)의 내용에 대한 부연 설명이자 설득 과정이다.
4. (D) We think it more advisable for you to consider our model CR-20, and we would like to discuss the prospect of the sale of that item with you.
   대안을 제시하며 추가적인 논의를 제안하며 마무리한다.

CHAPTER 03

회계

제1절 K-IFRS 기준서

01 2018 상업 임용 A 6번 문항

정답

㉠ 표현충실성
㉡ 적시성

02 2024 상업 임용 A 3번 문항

정답

㉠ 목적적합성
㉡ 비교가능성

해설

유용한 재무정보의 질적 특성

재무정보가 유용하기 위해서는 '목적적합'해야 하고 나타내고자 하는 바를 '충실'하게 표현해야 한다. 재무정보가 비교가능하고, 검증가능하며, 적시성 있고, 이해가능한 경우 그 재무정보의 유용성은 보강된다.

근본적 질적특성	목적적합성 (예측가치, 확인가치, 중요성)	표현충실성 (완전한 서술, 중립적 서술, 오류가 없음)
보강적 질적특성	비교가능성, 검증가능성, 적시성, 이해가능성	
제약	원가	

근본적 질적특성 "목적적합성 및 표현충실성"

1. 목적적합성: 이용자들의 의사결정에 차이가 나도록 할 수 있다.
   - 예측가치와 확인가치: 이용자들이 미래 결과를 예측하기 위해 사용하는 절차의 투입 요소로 재무정보가 사용될 수 있다면, 그 재무 정보는 예측가치를 갖는다. 재무정보가 과거 평가에 대해 피드백을 제공한다면 (과거 평가를 확인하거나 변경시킨다면) 확인가치를 갖는다. 재무 정보에 예측가치, 확인가치 또는 이 둘 모두가 있다면 그 재무 정보는 의사결정에 차이가 나도록 할 수 있다.
   - 중요성: 주요 이용자들의 의사결정에 영향을 줄 것으로 합리적으로 예상할 수 있다면 그 정보는 중요한 것이다.
2. 표현충실성: 재무정보가 유용하기 위해서는 나타내고자 하는 현상의 실질을 충실하게 표현해야 한다.
   완벽한 표현충실성을 위해서는 서술에 세 가지의 특성이 있어야 할 것이다. 서술은 완전하고, 중립적이며, 오류가 없어야 할 것이다.
   - 완전한 서술: 필요한 기술과 설명을 포함하여 이용자가 서술되는 현상을 이해하는 데 필요한 모든 정보를 포함하는 것이다.

- 중립적 서술: 재무정보의 선택이나 표시에 편의가 없는 것이다. 이용자들이 재무 정보를 유리하게 또는 불리하게 받아들일 가능성을 높이기 위해 편파적으로 되거나, 편중되거나, 강조되거나, 경시되거나 그 밖의 방식으로 조작되지 않는다. 중립적 정보는 목적이 없거나 행동에 대한 영향력이 없는 정보가 아니다. 오히려 목적적합한 재무 정보는 정의상 이용자들의 의사결정에 차이가 나도록 할 수 있는 정보이다.
- 오류가 없음: 현상의 기술에 오류나 누락이 없고, 보고 정보를 생산하는 데 사용되는 절차의 선택과 적용 시 절차상 오류가 없음을 의미한다. 이 맥락에서 오류가 없다는 것은 모든 면에서 완벽하게 정확하다는 것을 의미하지는 않는다.

보강적 질적특성 “비교가능성, 검증가능성, 적시성 및 이해가능성”

1. 비교가능성: 이용자들이 항목 간의 유사점과 차이점을 식별하고 이해할 수 있게 하는 질적특성이다. 다른 질적특성과 달리 비교가능성은 단 하나의 항목에 관련된 것이 아니다. 비교하려면 최소한 두 항목이 필요하다.
2. 검증가능성: 정보가 나타내고자 하는 경제적 현상을 충실히 표현하는지를 이용자들이 확인하는 데 도움을 준다. 검증가능성은 합리적인 판단력이 있고 독립적인 서로 다른 관찰자가 어떤 서술이 표현충실성에 있어, 비록 반드시 완전히 의견이 일치하지는 않더라도, 합의에 이를 수 있다는 것을 의미한다.
3. 적시성: 의사결정에 영향을 미칠 수 있도록 의사결정자가 정보를 제때 이용 가능하게 하는 것을 의미한다. 일반적으로 정보는 오래될수록 유용성이 낮아진다. 그러나 일부 정보는 보고기간 말 후에도 오랫동안 적시성이 있을 수 있다. 예를 들어, 일부 이용자들은 추세를 식별하고 평가할 필요가 있을 수 있기 때문이다.
4. 이해가능성: 정보를 명확하고 간결하게 분류하고, 특징지으며, 표시하는 것은 정보를 이해 가능하게 한다.

유용한 재무보고에 대한 원가제약

원가(cost)는 재무보고로 제공될 수 있는 정보에 대한 포괄적 제약요인이다. 재무정보의 보고에는 원가가 소요되고, 해당 정보 보고의 효익이 그 원가를 정당화한다는 것이 중요하다.

03 2013 상업 임용 1차 15번 문항

정답 ㄴ, ㄷ, ㄹ

해설

재무제표 표시 중 전체 재무제표

ㄱ. 전체 재무제표는 다음을 모두 포함하여야 한다. K-IFRS에서 사용하는 재무제표의 명칭이 아닌 다른 명칭을 사용할 수 있다. 예를 들어, ②의 '기간 손익과 기타포괄손익계산서' 대신 '포괄손익계산서'도 가능하다.

① 기말 재무상태표, ② 기간 손익과 기타포괄손익계산서, ③ 기간 자본변동표,
④ 기간 현금흐름표, ⑤ 주석(중요한 회계정책 정보와 그 밖의 설명 정보로 구성)
⑥ 회계정책을 소급하여 적용하거나, 재무제표의 항목을 소급하여 재작성 또는 재분류하는 경우 전기 기초 재무상태표

재무제표의 표시 중 일반사항

ㄴ. 현금흐름 정보를 제외하고는 발생기준 회계를 사용해 재무제표를 작성한다.

ㄷ. 재무제표 항목의 표시나 분류를 변경하는 경우 실무적으로 적용할 수 없는 것이 아니라면 비교금액도 재분류해야 한다. 비교금액을 재분류할 때, '재분류의 성격, 재분류된 개별 항목이나 항목군의 금액, 재분류의 이유'를 공시한다(전기 기초 포함).

포괄손익계산서의 표시

ㄹ. 기업의 재무성과를 이해하는 데 목적적합한 경우에는 당기손익과 기타포괄손익을 표시하는 보고서에 항목, 제목 및 중간합계를 추가하여 표시한다.

당기손익과 기타포괄손익을 하나의 포괄손익계산서에 작성할 수 있으며, 이를 분리하여 두 개의 포괄손익계산서를 작성할 수 있다.

예 별개의 손익계산서(당기순손익의 구성요소 표시. 매출액~당기순손익)
+ 포괄손익계산서(기타포괄손익 구성요소. 당기순손익~총포괄손익)

04 2017 상업 임용 A 6번 문항

정답

이익잉여금

해설

자본의 분류

K-IFRS(한국채택국제회계기준)는 자본의 구성요소는 각 분류별 납입자본, 각 분류별 기타포괄손익의 누계액과 이익잉여금의 누계액 등을 포함한다. K-GAAP(일반기업회계기준)는 자본변동표에는 자본금, 자본잉여금, 자본조정, 기타포괄손익누계액, 이익잉여금(당기순이익 누적액, 만약 손실 누적액이라면 결손금)의 각 항목별로 기초잔액, 변동사항, 기말잔액을 표시한다.

납입자본	자본 거래	주주가 출연한 자본으로, 불입자본이라고도 한다.
		• 자본금: 1주당 액면금액 × 발행주식 수 • 자본잉여금: 자본금 외에 소유주가 추가로 출자한 금액 • 자본조정: 자본금, 자본잉여금, 이익잉여금, 기타포괄손익누계액 등 다른 자본항목으로 분류하기 어려운 자본의 가감 항목
이익잉여금(결손금)	손익 거래	기업 이익 중 배당금으로 처분되지 않고 남아 있는 금액
기타포괄손익누계액		총포괄손익 중 당기순손익에 포함되지 않는 수익, 비용 금액

05 2006 상업 임용 3번 문항

정답

(가) 발생기준 회계 및 통제 이전 시점의 수익 인식

K-IFRS는 현금흐름표를 제외한 모든 재무제표를 발생기준 회계를 사용하여 작성하도록 규정한다. 특히 수익은 재화나 용역에 대한 통제가 고객에게 이전되는 시점에 인식하는 것이 특징이다.

(나) 총액주의

K-IFRS에서 수익과 비용은 원칙적으로 상계하지 않고 총액으로 표시해야 한다. 이는 재무제표의 투명성을 확보하고 기업의 경제적 활동을 명확히 보여주기 위한 K-IFRS의 표시 원칙이다.

(다) 수익 · 비용의 합리적 대응

수익과 비용은 발생 원천에 따라 분류된다. 수익 · 비용의 대응은 K-IFRS 개념체계에서 명시적으로 제시하는 원칙은 아니지만, 발생기준 회계 적용과 재무정보의 목적적합성 및 충실한 표현을 위해 관련 수익과 비용을 합리적으로 대응하여 인식하는 것은 중요한 개념으로 작용한다.

제2절 회계의 순환과정

01 2025 상업 임용 A 5번 문항

정답

③,
회사의 재산상태가 변화하고, 그 영향을 금액으로 측정할 수 있어야(화폐가치로 측정 가능해야) 회계상의 거래로 인식할 수 있다.

해설

회계상의 거래

① 회사의 재산상태(자산 · 부채 · 자본)가 변화하고 ② 그 영향을 금액으로 측정할 수 있어야(화폐가치로 측정 가능해야) 회계상 거래로 인식할 수 있다. 문제에서 '③ 직원의 채용 계약을 체결하다.'는 회사의 재산상태가 변화하지 않는다.

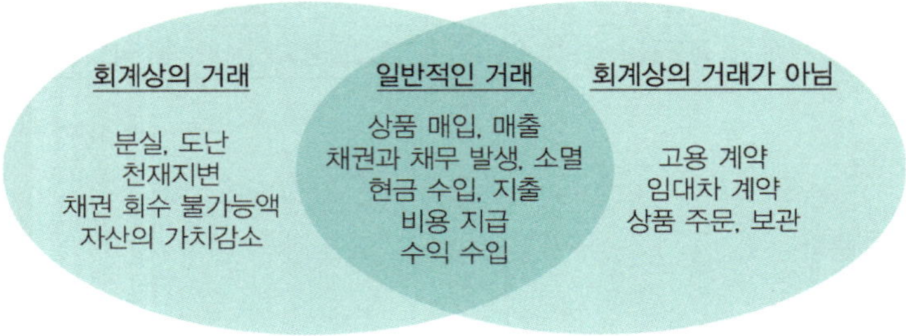

부채

부채는 과거사건의 결과로 기업이 경제적자원을 이전해야 하는 현재의무이다. 부채는 ① 기업에게 의무가 있고, ② 그 의무는 경제적자원을 이전하는 것이며, ③ 과거사건의 결과로 존재하는 현재의무여야 존재한다고 할 수 있다.

'① 의무'란 기업이 회피할 수 있는 실제 능력이 없는 책무나 책임을 말한다.

'② 경제적자원의 이전'은 현금 지급 의무, 재화를 인도하거나 용역을 제공할 의무, 불리한 조건으로 다른 당사자와 경제적자원을 교환할 의무(선도계약, 옵션 등), 불확실한 특정 미래사건이 발생할 경우 경제적자원을 이전할 의무, 기업에게 경제적자원을 이전하도록 요구하는 금융상품을 발행할 의무가 있을 때 경제적자원을 이전하는 것을 말한다.

'③ 과거사건으로 생긴 현재의무'는 기업이 이미 경제적효익을 얻었거나 조치를 취했고, 그 결과로 기업이 이전하지 않아도 되었을 경제적자원을 이전해야 하거나 이전하게 될 수 있는 경우이다. 의무의 원인인 조치 및 효익이 자원 이전의 결과를 가져오는 것이다.

만약, 기업이 이전하지 않아도 되었을 경제적자원을 이전의 요구를 받거나 받게 하는 경제적 효익의 수취나 조치가 아직 없으면, 기업은 경제적자원 이전의 현재의무가 없다. 예를 들어, 종업원 채용 계약은 용역 제공까지 미이행계약이어서 급여 지급이라는 현재의무가 없다. 문제에서 '③ 직원의 채용 계약을 체결하다.'는 미이행계약이므로 급여를 지급할 현재의무가 없다.

02 2005 상업 임용 10번 문항

정답

① 비품을 5만원에 매도하고 대금은 추후에 지급받기로 하다.
② 기존의 장부금액에서 부족했던 현금 12,000원은 보험료 지급 시 지출한 것으로 밝혀지다.

해설

①의 미수금 계정을 분개로 바꾸면 다음과 같다.

12/1	(차) 미수금	50,000	(대) 비품		50,000

따라서, 비품을 매도하고 대금을 받지 않아 차변에 미수금 계정으로 처리한 것으로 추정할 수 있다.

현금과부족
현금의 실제 금액이 장부상 잔액에 비해 많거나 부족하여 불일치가 발생하면 '현금과부족'이라는 임시계정을 사용하여 회계처리 한다. 현금과부족의 원인이 판명되면 해당 계정으로 대체하고, 결산일까지 원인이 밝혀지지 않으면 '잡이익(수익)' 또는 '잡손실(비용)'로 처리한다.

- 현금이 부족한 경우(실제잔액 < 장부잔액)
  '(차) 현금과부족 (대) 현금'으로 회계 처리하고, 원인이 판명되면 차변에 기입한 현금과부족 계정을 대변으로 대체한다.
- 현금이 과다한 경우(실제잔액 > 장부잔액)
  '(차) 현금 (대) 현금과부족'으로 회계 처리하고, 원인이 판명되면 대변에 기입한 현금과부족 계정을 차변으로 대체한다.

②의 현금과부족 계정을 분개로 바꾸면 다음과 같다.

12/10	(차) 보험료	12,000	(대)		현금과부족

따라서, 기존에 '현금과부족'이 차변에서 발생했을 것으로 보인다. 즉, '(차) 현금과부족 (대) 현금'으로, 현금이 부족하여 현금과부족이라는 임시계정을 사용한 것이다. 이후 현금이 부족한 원인을 보험료 지급으로 판명하여 기존의 현금과부족을 대변으로 대체하였다.

03 2010 상업 임용 1차 24번 문항

정답 157,000원

해설

결산 수정 사항에 따른 회계 처리

(가)	(차)	여비교통비	3,000	(대)	현금	3,000
	(차)	외상매입금	3,000	(대)	현금	3,000
(나)	(차)	대손상각비	3,000	(대)	대손충당금	3,000

(대손충당금 설정 금액 80,000 * 0.05) – (기존 대손충당금 1,000) = 3,000원

(다)	(차)	매입	200,000	(대)	이월상품	200,000
	(차)	이월상품	170,000	(대)	매입	170,000
(라)	(차)	감가상각비	27,000	(대)	비품감가상각누계액	27,000

300,000(비품) – 30,000(감가상각누계액) * 0.1 = 27,000

(마)	(차)	급여	9,000	(대)	미지급비용(미지급급여)	9,000
(바)	(차)	선급비용(선급임차료)	10,000	(대)	임차료	10,000

영업 이익 계산

매출 880,000 – 매입(매출원가) 610,000 – 판매비와 관리비 113,000 = 157,000원(영업 이익)

수정후 합계잔액 시산표

차변		계정과목	대변	
잔액	합계		합계	잔액
2,674,000	3,200,000	현금	526,000	
80,000	180,000	외상매출금	100,000	
170,000	370,000	이월상품	200,000	
300,000	300,000	비품		
10,000	10,000	선급임차료		
	63,000	외상매입금	70,000	7,000
		미지급급여	9,000	9,000
	2,000	대손충당금	6,000	4,000
		감가상각누계액	57,000	57,000
		자본금	3,000,000	3,000,000
		매출	880,000	880,000
610,000	780,000	매입	170,000	
70,000	70,000	급여		
10,000	20,000	임차료	10,000	
3,000	3,000	여비교통비		
3,000	3,000	대손상각비		
27,000	27,000	감가상각비		
3,957,000	5,028,000		5,028,000	3,957,000

04 2008 상업 임용 6번 문항

정답

- 감가 상각

(차) 비품감가상각비	12,000	(대) 비품감가상각누계액	12,000

- 대손 상각

(차) 대손상각비	10,000	(대) 대손충당금	10,000

- 보험료

(차) 보험료	8,000	(대) 미지급보험료	8,000

- 임차료

(차) 선급임차료	5,000	(대) 임차료	5,000

- 당기손익-공정가치 측정 금융자산

(차) 당기손익-공정가치 측정 금융자산평가손실	10,000	(대) 당기손익-공정가치 측정 금융자산	10,000

해설

감가상각: 이월시산표 비품감가상각누계액 - 잔액시산표 비품감가상각누계액
= 36,000 - 24,000 = 12,000원

대손상각: 이월시산표 대손충당금 - 잔액시산표 대손충당금
= 16,000 - 6,000 = 10,000원

보험료: 이월시산표 미지급보험료 기준 8,000원

임차료: 이월시산표 선급임차료 기준 5,000원

당기손익-공정가치 측정 금융자산: 잔액시산표 당기손익-공정가치 측정 금융자산-이월시산표 당기손익-공정가치 측정 금융자산 = 100,000 - 90,000 = 10,000(평가손실)

05 2006 상업 임용 12번 문항

정답

- 정확한 결산전 잔액시산표의 차변 합계: 1,590,000원
- (2)의 분개 (차) 대손상각비 1,200 (대) 대손충당금 1,200
- (5)의 분개 (차) 선급보험료 16,000 (대) 보험료 16,000
- 보고식 재무상태표상의 자산합계: 869,800원
- 당기순이익: 189,800원

해설

정확한 결산전 잔액시산표

잔액시산표

2012년 12월 31일

차변	계정과목	대변
80,000	현금	
150,000	당좌예금	
360,000	외상매출금	
	대손충당금	6,000
50,000	단기대여금	
56,000	이월상품	
10,000	소모품	
200,000	비품	
	비품감가상각누계액	40,000
	외상매입금	80,000
	단기차입금	100,000
	자본금	500,000
	매출	850,000
	이자수익	14,000
520,000	매입	
30,000	급여	
40,000	접대비	
24,000	보험료	
70,000	광고선전비	
1,590,000		1,590,000

따라서, 정확한 결산전 잔액시산표의 차변 합계는 1,590,000원이다.

결산 정리 사항 회계 처리

(1) 기말 상품 재고액

(차)	매입	56,000	(대)	이월상품	56,000
(차)	이월상품	70,000	(대)	매입	70,000

(2) 대손충당금 설정(보충법)

(차)	대손상각비	1,200	(대)	대손충당금	1,200

(3) 비품 감가상각

(차)	감가상각비	20,000	(대)	비품감가상각누계액	20,000

(4) 이자 미수액

(차)	미수수익	1,000	(대)	이자수익	1,000

(5) 선급보험료

(차)	선급보험료	16,000	(대)	보험료	16,000

결산 정리 사항 반영한 수정후잔액시산표

수정후 잔액시산표

2012년 12월 31일

차변	계정과목	대변
80,000	현 금	
150,000	당 좌 예 금	
360,000	외 상 매 출 금	
	대 손 충 당 금	7,200
50,000	단 기 대 여 금	
70,000	이 월 상 품	
10,000	소 모 품	
200,000	비 품	
	비 품 감 가 상 각 누 계 액	60,000
1,000	미 수 수 익	
16,000	선 급 보 험 료	
	외 상 매 입 금	80,000
	단 기 차 입 금	100,000
	자 본 금	500,000
	매 출	850,000
	이 자 수 익	15,000
506,000	매 입	
30,000	급 여	
40,000	접 대 비	
8,000	보 험 료	
70,000	광 고 선 전 비	
1,200	대 손 상 각 비	
20,000	비 품 감 가 상 각 비	
1,612,200		1,612,200

보고식 재무상태표상의 자산합계

수정후 잔액시산표를 통해 도출 가능하다.

수정후 잔액시산표

2012년 12월 31일

차변	계정과목	대변
80,000	현금	
150,000	당좌예금	
360,000	외상매출금	
	대손충당금	7,200
50,000	단기대여금	
70,000	이월상품	
10,000	소모품	
200,000	비품	
	비품감가상각누계액	60,000
1,000	미수수익	
16,000	선급보험료	

차변 80,000+150,000+360,000+50,000+70,000+10,000+200,000+1,000+16,000

− 대변 7,200+60,000

= 869,800원

당기순이익

수정후 잔액시산표를 통해 도출 가능하다.

수정후 잔액시산표

2012년 12월 31일

차변	계정과목	대변
	매출	850,000
	이자수익	15,000
506,000	매입	
30,000	급여	
40,000	접대비	
8,000	보험료	
70,000	광고선전비	
1,200	대손상각비	
20,000	비품감가상각비	

수익 850,000+15,000 − 비용 506,000+30,000+40,000+8,000+70,000+1,200+20,000

= 189,800원

06 2007 상업 임용 15번 문항

정답

(가) 결산 전 잔액 시산표의 차변 합계액: 2,772,000원

(나) 대손충당금 결산 수정분개

(차변)	대손상각비	10,000	(대변)	대손충당금	10,000

해설

결산 정리 사항

기말재고액	(차)	매입 이월상품	200,000 250,000	(대)	이월상품 매입	200,000 250,000
대손상각비	(차)	대손상각비	10,000	(대)	대손충당금	10,000
감가상각비	(차)	감가상각비	10,000	(대)	비품감가상각누계액	10,000
임차료	(차)	선급임차료	20,000	(대)	임차료	20,000
보험료	(차)	보험료	8,000	(대)	미지급보험료	8,000

이 월 시 산 표

현금	400,000	외상매입금	410,000
외상매출금	600,000	단기차입금	200,000
당기손익-공정가치 측정 금융자산	180,000	대손충당금	12,000
이월상품	250,000	비품감가상각누계액	20,000
비품	200,000	미지급보험료	8,000
선급임차료	20,000	자본금	1,000,000
	1,650,000		1,250,000

수정전 잔액시산표

현금	400,000	외상매입금	410,000
외상매출금	600,000	단기차입금	200,000
당기손익-공정가치 측정 금융자산	180,000	대손충당금	2,000
이월상품	200,000	비품감가상각누계액	10,000
비품	200,000	자본금	900,000
매입	880,000	매출	1,200,000
급여	250,000	이자수익	50,000
보험료	12,000		
임차료	50,000		
	2,772,000		2,772,000

07 2005 상업 임용 12번 문항

정답

① 잔액시산표상의 매입액: 286,000원
② 잔액시산표의 합계금액: 1,250,000원

해설

결산 정리 사항

상품	(차)	매입	62,000	(대)	이월상품	62,000
		이월상품	94,000		매입	94,000
대손	(차)	대손상각비	7,000	(대)	대손충당금	7,000
감가	(차)	감가상각비	5,000	(대)	비품감가상각누계액	5,000

수정후 잔액시산표

현금	269,000	외상매입금	123,000
외상매출금	350,000	지급어음	130,000
상품	94,000	단기차입금	60,000
비품	50,000	대손충당금	7,000
매입	254,000	비품감가상각누계액	10,000
급여	154,000	자본금	300,000
여비교통비	14,000	매출	632,000
임차료	60,000		
잡비	5,000		
대손상각비	7,000		
감가상각비	5,000		
	1,262,000		1,262,000

잔액시산표상의 매입액: 수정후 잔액시산표상 금액 + 결산정리로 인해 감(-)된 금액
254,000 + 32,000 (기초재고 차변 62,000원, 기말재고 반영 대변 94,000원) =286,000원

수정전 잔액시산표

현금	269,000	외상매입금	123,000
외상매출금	350,000	지급어음	130,000
상품	62,000	단기차입금	60,000
비품	50,000	비품감가상각누계액	5,000
매입	286,000	자본금	300,000
급여	154,000	매출	632,000
여비교통비	14,000		
임차료	60,000		
잡비	5,000		
	1,250,000		1,250,000

08 2003 상업 임용 3번 문항

정답

① 당기 순이익: 150,000원
② 기말 자본: 650,000원
③ 기말 부채: 550,000원

해설

기초 재무상태		기말 재무상태		경영성과(손익계산서)	
기초 자산		기말 자산	1,200,000	총수익	350,000
기초 부채		기말 부채	550,000	총비용	200,000
기초 자본	500,000	기말 자본	650,000	당기 순이익	150,000

당기 순이익 = 총수익 350,000 - 총비용 200,000 = 150,000원
기말 자본 = 기초 자본 500,000 + 당기 순이익 150,000 = 650,000원
기말 부채 = 기말 자산 1,200,000 - 기말 자본 650,000 = 550,000원

09 2003 상업 임용 4번 문항

정답

① 매출 총이익: 330,000원
② 판매비와 관리비: 200,000원
③ 기타 비용: 155,000원
④ 당기 순이익: 55,000원

해설

① 매출 총이익
매출원가 = 기초재고 250,000 + 매입 480,000 - 기말재고 280,000 = 450,000원
매출총이익 = 매출액 780,000 - 매출원가 450,000 = 330,000원

② 판매비와 관리비
대손상각비 + 세금과공과 + 감가상각비 + 급여 + 임차료 + 수선비
= 15,000 + 25,000 + 30,000 + 80,000 + 40,000 + 10,000 = 200,000원

③ 기타 비용
이자비용 + 재해손실 + 기부금 + 유형자산처분손실
= 45,000 + 55,000 + 20,000 + 35,000 = 155,000원

④ 당기 순이익
영업이익 = 매출총이익 330,000 - 판관비 200,000 = 130,000원
기타 수익 = 보험차익 65,000원
금융 수익 = 유가증권처분이익 40,000 + 이자수익 50,000원
당기순이익 = 영업이익 + 기타수익 - 기타비용 + 금융수익 - 법인세비용
= 130,000 + 65,000 - 155,000 + 90,000 - 75,000
= 55,000원

K-IFRS 기타포괄손익 부분에 표시되는 정보(문제 변형 전 과거 개념)
수익과 비용의 어느 항목도 당기손익과 기타포괄손익을 표시하는 보고서 또는 주석에 특별손익 항목으로 표시할 수 없다. 즉, 특별손익이라는 개념은 없다.

매출액		780,000
매출원가		450,000
기초상품재고액	250,000	
당기상품매입액	480,000	
기말상품재고액	280,000	
매출총이익		**330,000**
판매비와 관리비		220,000
대손상각비	15,000	
세금과공과	25,000	
감가상각비	30,000	
급여	80,000	
임차료	40,000	
수선비	10,000	
영업이익		**130,000**
기타수익		65,000
보험차익	65,000	
기타비용		(155,000)
금융원가(이자비용)	45,000	
기부금	20,000	
유형자산처분손실	35,000	
재해손실	55,000	
금융수익		90,000
유가증권처분이익	40,000	
이자수익	50,000	
세전이익(법인세비용차감전)		**13,000**
법인세비용		(75,000)
당기순이익		**55,000**

10 2005 상업 임용 11번 문항

정답

① 매출원가: 80,000원
② 매출총이익: 7,000원

해설

상품계정 마감분개

(차)	매입	10,000	(대)	이월상품	10,000
	이월상품	15,000		매입	15,000

매출원가 = 기초재고 10,000 + 당기순매입액 85,000 − 기말재고 15,000 = 80,000원
매출총이익 = 수익(매출) 87,000 − 비용(매입; 매출원가) 80,000 = 7,000원

이월상품

12/1	전기이월	10,000	12/31	매입	10,000
31	매입	15,000	31	차기이월(기말재고)	15,000
		25,000			25,000

매입(비용)

12/1	현금	15,000	12/11	외상매입금	5,000
10	외상매입금	50,000	31	이월상품	15,000
20	당좌예금	25,000	31	손익(매출원가)	80,000
31	이월상품	10,000			
		100,000			100,000

매출(수익)

12/16	외상매출금	3,000	12/5	현금	15,000
31	손익(수익)	87,000	15	외상매출금	30,000
			20	현금	25,000
			25	외상매출금	20,000
		90,000			90,000

손익

12/31	매입(매출원가)	80,000	12/31	매출	87,000

11 2004 상업 임용 5번 문항

정답

① 매출총이익: 182,000원
② 당기순이익: 18,200원
③ 보고식 재무상태표 상의 자산 합계액: 785,200원

해설

결산 정리 사항 분개

(1)	(차) 매입	128,000	(대) 이월상품	128,000
	이월상품	130,000		130,000
(2)	(차) 대손상각비	3,800	(대) 대손충당금	3,800
(3)	(차) 감가상각비	20,000	(대) 비품감가상각누계액	20,000

① 매출총이익
매출원가 = 기초재고 128,000 + 매입 380,000 − 기말재고 130,000 = 378,000원
매출총이익 = 매출액 560,000 − 매출원가 378,000 = 182,000원

② 당기순이익
판매비와관리비 = 급여 + 임차료 + 잡비 − 대손상각비 + 감가상각비
= 60,000 + 100,000 + 15,000 + 3,800 + 20,000 = 198,800원
금융수익 = 이자수익 35,000원
당기순이익 = 매출총이익 − 판매비와관리비 + 금융수익
= 182,000 − 198,800 + 35,000 = 18,200원

③ 보고식 재무상태표 상의 자산 합계액
현금 + 외상매출금 + 이월상품(기말재고) + 비품 − 대손충당금 − 비품감가상각누계액
= 162,000 + 340,000 + 130,000 + 200,000 − 6,800 − 40,000 = 785,200원

12 2015 상업 임용 A 3번 문항

정답

(가) 법인세비용 120,000원, 기타포괄손익(법인세 차감 후 순액) 300,000원, 총포괄손익 780,000원

(나) '기타포괄손익'은 당기순이익에는 포함되지 않지만 포괄손익계산서에 별도로 표시되는 손익으로, 주로 자본 변동에 영향을 주는 항목이다. '총포괄손익'은 당기순이익과 기타포괄손익을 더한 값으로, 기업의 전체 손익 변동을 나타낸다.

해설

법인세비용, 기타포괄손익, 총포괄손익 계산

법인세비용 = 법인세차감전순이익 600,000 × 20% = 120,000원

기타포괄손익 = 기타포괄손익-공정가치측정금융자산 평가이익 + 해외사업장 외화환산이익 100,000
= 200,000 + 100,000 = 300,000원

총포괄손익 = 당기순이익 + 기타포괄손익 = 480,000 + 300,000 = 780,000원

순매출액		5,000,000
매출원가		(4,000,000)
매출총이익		**1,000,000**
판매비(물류원가)와 관리비		(300,000)
영업이익		**700,000**
금융원가		(100,000)
세전이익(법인세비용차감전)		**600,000**
법인세비용(20%)		(120,000)
당기순이익		**480,000**
기타포괄손익		300,000
기타포괄손익-공정가치측정금융자산 평가이익	200,000	
해외사업장외화환산이익	100,000	
총포괄손익		**780,000**

기타포괄손익과 총포괄손익

기타포괄손익: 당기순이익에는 포함되지 않지만 포괄손익계산서에 별도로 표시되는 손익으로, 주로 자본 변동에 영향을 주는 항목으로, 기타포괄손익-공정가치측정금융자산 평가손익, 외화환산손익, 퇴직급여 재측정손익 등이 있다. 문제의 해외사업환산손익은 해외 자회사, 지점 등의 해외사업장 재무제표를 원화로 환산할 때 발생하는 외환차이를 말하며, 기타포괄손익 항목이다. 후속적으로 당기손익으로 재분류되지 않는 항목, 특정 조건을 충족하는 때에 후속적으로 당기손익으로 재분류되는 항목을 최소한 표시해야 한다. 기타포괄손익(재분류조정 포함)과 관련한 법인세비용은 포괄손익계산서나 주석에 공시한다.

총포괄손익: 당기순이익과 기타포괄손익을 더한 값으로, 기업의 전체 손익 변동을 나타낸다. 기업의 재무성과를 이해하는 데 목적적합한 경우에는 당기손익과 기타포괄손익을 표시하는 보고서에 항목, 제목 및 중간합계를 추가하여 표시한다. 당기손익과 기타포괄손익을 하나의 포괄손익계산서에 작성할 수 있으며, 이를 분리하여 두 개의 포괄손익계산서를 작성할 수 있다.

13 2014 상업 임용 B 1번 문항

정답

선급보험료 수정 분개

(차) 보험료	30,000	(대) 선급보험료	30,000

당기순손익: 당기순이익 50,000원
결산 마감 후 미처분이익잉여금 계정 잔액: 150,000원

해설

수정 전 원장 계정 잔액

차변 합계: 현금 + 상품 + 외상매출금 + 급여 + 선급보험료 + 마입
= 340,000 + 200,000 + 1,000,000 + 130,000 + 120,000 + 910,000 = 2,700 000원

대변 합계: 외상매입금 + 매출 + 자본금 + 미처분이익잉여금
= 900,000 + 1,000,000 + 700,000 + ? = 2,700,000원(차변합계)

즉, 수정 전 원장의 미처분이익잉여금은 100,000원

기말 수정 사항 반영

(차) 매입	200,000	(대) 이월상품	200,000
이월상품	400,000	매입	400,000
(차) 보험료	30,000	(대) 선급보험료	30,000
(차) 임차료	80,000	(대) 미지급임차료	80,000

당기순손익 계산

매출원가 = 기초상품재고액 200,000 + 매입액 910,000 − 기말상품재고액 400,000 = 710,000원
당기순손익 = 매출 − 매출원가 − 급여 − 임차료 − 보험료
= 1,000,000 − 710,000 − 130,000 − 80,000 − 30,000 = 50,000원(당기순이익)

미처분이익잉여금 계산(기말 수정 사항 반영)

결산 마감 후 미처분이익잉여금 = 수정전 미처분이익잉여금 100,000 + 당기순이익 50,000
= 150,000원

제3절 현금 및 매출채권

01 2023 상업 임용 B 7번 문항

정답

조정 전 은행측 당좌예금 잔액: 75,000원.

계산 과정 ① 올바른 당좌예금 잔액: 조정 전 잔액 50,000 + 12/29 거래처 외상대금 20,000 = 70,000원

② 조정 전 은행측 당좌예금 잔액: 올바른 잔액 70,000에서 역산
70,000원 + 12/30 미결제 수표 10,000 - 12/31 미입금분 5,000원 = 75,000원

조정 후 회사측 당좌예금 잔액: 70,000원

수정 분개: (차) 당좌예금 20,000 (대) 외상매출금 20,000

해설

은행계정조정표

일정시점에서 회사 측의 당좌예금 잔액과 거래은행 측의 당좌예금 잔액이 일치하지 않을 때 그 원인을 밝히는 과정이 은행계정조정이며, 그 과정에서 작성하는 표가 은행계정조정표이다. 기업은 당좌예금의 관리를 위해 은행에서 당좌예금잔액증명서를 발급 받아 잔액을 비교한다.

1. 기록시점의 불일치: 단지 시점이 불일치한 것으로 시간이 지나면 자동적으로 조정된다.
   ① 당좌예입 시
   - 은행에서 미기입: 은행에 당좌예입을 하고 회사는 장부에 기입하였으나 은행에서는 기입하지 못한 경우로, 은행측 잔액에 가산해야 한다.
   - 회사에서 미기입: 은행이 직접 수금하거나 추심완료를 하여 입금처리하였으나 회사에는 통보가 되지 않아 장부에 기록하지 않은 경우로, 회사측 장부에 가산해야 한다.

   ② 당좌수표 발행, 예금 인출 시
   - 은행에서 미기입: 회사에서 당좌수표를 발행하여 출금을 기록하였으나 수표 소지인이 은행에 청구를 하지 않아 은행이 기록하지 않은 경우로, 은행측에서 차감해야 한다.
   - 회사에서 미기입: 은행에서 당좌차월이자, 추심수수료, 부도수표 등을 당좌예금 계좌에서 차감하였으나 회사에 통보되지 않은 경우로, 회사측 장부에서 차감해야 한다.
2. 기장 오류
   ① 은행측 기장오류: 은행이 당좌예금계정에 거래사항을 기입하는 과정에서 오류가 발생한 경우로, 은행 측 잔액에서 가산하거나 차감해야 한다.
   ② 회사측 기장오류: 회사가 당좌예금거래를 장부에 잘못 기록하는 등 오류가 발생한 경우로, 회사 측 잔액에서 가산하거나 차감해야 한다.

문제 풀이

조정 전 회사측 당좌예금 잔액: 50,000원

차이 원인에 따른 조정: 12/29 회사측 잔액 +20,000, 12/30 은행측 잔액 (10,000),
12/31 은행측 잔액 +5,000

조정 후 회사측 당좌예금 잔액: 70,000원

조정 전 은행측 당좌예금 잔액: ? - 10,000 + 5,000 = 70,000. 즉, 75,000원
회사의 수정분개: (차) 당좌예금 20,000 (대) 외상매출금 20,000

은행계정조정표

㈜○○ 2021년 12월 31일

	회사측 잔액	은행측 잔액
수정전 잔액	50,000원	75,000원
(1) 12/29 외상매출금 입금	20,000원	
(2) 12/30 당좌수표 차감		(10,000원)
(3) 12/31 시차 차이 입금		+5,000원
	70,000원	70,000원

02 2002 상업 임용 8번 문항

정답

① 순매출액: 11,950원
② 순매입액: 9,750원
③ 기말재고액: 2,200원

해설

① 순매출액: 총매출액 12,500 - 매출에누리 및 환입 (250 + 300) = 11,950원
② 순매입액: 총매입 9,800 + 운임 200 - 매입에누리 및 할인 (100+ 150) = 9,750원
③ 매출원가 = 순매출액 11,950 - 매출총이익 1,400 = 10,550원
기말재고액: 기초재고 3,000 + 순매입액 9,750 - 매출원가 10,550 = 2,200원

03 2015 상업 임용 A 5번 문항

정답

7,030,000원

해설

기초 상품 재고액 3,000,000원
당기 순매입액
= 당기 매입 6,000,000 + 운임 150,000 - 매입 환출, 할인 및 에누리 (50,000 + 30,000 + 40,000)
= 6,030,000원
기말 상품 재고액 2,000,000원
매출원가 = 기초 상품 재고액 + 당기 순매입액 - 기말 상품 재고액
= 3,000,000 + 6,030,000 - 2,000,000 = 7,030,000원

04 2014 상업 임용 A 8번 문항

정답

1,485,000원

해설

대손

대손은 수취채권인 매출채권이나 기타채권의 회수가 불가능할 때, 이러한 회수불능채권을 대손 또는 손상이라고 한다. 대손이 발생하면 대손상각비(비용)를 인식하는데, 매출채권의 대손은 영업활동에 직접적으로 관련되어 판매비(물류원가)와 관리비의 '대손상각비'로 처리하고, 기타채권의 대손은 영업 외 활동에서 발생한 손실로 간주하므로 기타비용의 '기타의 대손상각비'로 인식한다.

대손충당금(손실충당금) 설정

대손이 발생하면 직접상각법이나 충당금 설정법을 사용하여 회계처리를 한다. K-IFRS에서는 충당금설정법만 인정하고 있다. 대손충당금 계정(손실충당금 계정, 자산의 차감계정)을 이용해서 수취채권에서 기대신용손실, 즉, 손상차손금액을 차감한다. ① 매출채권잔액비율법과 ② 연령분석법 등을 사용한다. 기말 결산시 충당금 잔액이 부족하면 대손상각비(판매비(물류원가)와 관리비)로, 충당금 잔액을 초과하면 대손충당금환입(수익)으로 처리한다.

① 매출채권잔액비율법: 매출채권 잔액에 일정 비율(대손율)을 곱하여 예상되는 대손충당금을 계산하는 것이다. 이 문제의 충당금 설정 방법에 해당한다.

② 연령분석법: 매출채권의 회수 가능성을 기간별로 분석하여 각각의 기간에 다른 대손율을 적용하는 방법으로, 기일분석법이라고도 한다.

문제 풀이

매출채권 1,500,000원, 기존 대손충당금 잔액 8,000원

기대신용손실: 1,500,000 × 1% = 15,000원

따라서 회계처리는 다음과 같이 한다.

(차) 대손상각비	7,000	(대) 대손충당금	7,000

매출채권의 기말장부금액 = 매출채권 − 대손충당금 = 1,500,000 − 15,000

= 1,485,000원

05 2013 상업 임용 1차 12번 문항

정답 ㄷ, ㄹ

해설

대손충당금(손실충당금) 설정 방법

① 매출채권잔액비율법: 매출채권 잔액에 일정 비율(대손율)을 곱하여 예상되는 대손충당금을 계산하는 것이다.

② 연령분석법: 매출채권의 회수 가능성을 기간별로 분석하여 각각의 기간에 다른 대손율을 적용하는 방법으로, 기일분석법이라고도 한다. 이 문제의 충당금 설정 방법에 해당한다. 채권의 연령(경과 기간)이 길수록 대손 가능성이 높다고 가정하며, 비교적 세분화된 분석으로 현실에 가까운 대손충당금 설정이 가능하다.

문제 풀이

기존 대손충당금 120,000원

기대신용손실(대손 추정률을 반영한 대손 예상액 계산)

= 400,000 × 1% + 300,000 × 2% + 800,000 × 3% + 500,000 × 5% + 600,000 × 9%

= 113,000원

이에 따라, 회계처리는 다음과 같으며, 기말 대손충당금은 113,000원이다.

(차) 대손충당금	7,000	(대) 대손충당금환입	7,000

ㄷ. 재무상태표 상의 매출채권 금액은 대손충당금을 제외한 순액으로 표시할 수 있다.
즉, 매출채권 금액은 2,600,000원, 대손충당금은 113,000원이므로 장부금액을 2,487,000원으로 표시할 수 있다.

재무상태표

매출채권	2,600,000	
대손충당금	(113,000)	
	2,487,000	

참고로, 이는 직접법을 말하는 것이 아닙니다. 직접법은 대손 발생 시에 충당금을 설정하지 않고 매출채권을 즉시 감소시켜 비용 처리하는 것을 말한다.

예 (차) 대손상각비 XXX (대) 매출채권 XXX

제4절 금융자산

01 2006 상업 임용 9번 문항

정답

2004년 12월 31일 분개

(차) 당기손익-공정가치측정 금융자산평가손실	40,000	(대) 당기손익-공정가치측정 금융자산	40,000
(차) 기타포괄손익-공정가치측정 금융자산	300,000	(대) 기타포괄손익-공정가치측정 금융자산평가손실	200,000
		기타포괄손익-공정가치측정 금융자산평가이익	100,000

재 무 상 태 표

2004. 12. 31.

자산		**부채**	
비유동자산			
기타포괄손익-공정가치측정 금융자산	680,000	**자본**	
		기타포괄손익누계액	100,000
유동자산			
당기손익-공정가치측정 금융자산	1,500,000		
자산총계	2,180,000	**부채 및 자본총계**	2,180,000

포 괄 손 익 계 산 서

2004. 1. 1. ~ 2004. 12. 31.

과 목	금 액
당기손익	
기타비용	
당기손익-공정가치측정금융자산평가손실 (A주식)	(40,000)
기타포괄손익	
기타포괄손익-공정가치측정금융자산평가이익 (B주식)	100,000
총포괄손익	60,000

해설

당기손익-공정가치측정 금융자산(FVTPL)의 보유(평가) 회계처리

공정가치로 평가하며, 공정가치 변동분은 당기손익(PL)으로 인식한다. 지분상품의 경우, 공정가치가 거래가격과 다르다고 판단되면 활성시장(예: 주식시장)의 공시가격으로 입증되는 가격으로, 활성시장이 없으면 합리적인 평가기법으로 결정한다.

기타포괄손익-공정가치측정 금융자산(FVOCI)의 보유(평가) 회계처리

공정가치로 평가하며, 공정가치 변동분은 기타포괄손익(OCI)으로 인식한다. 이때, 당기에 평가한 공정가치에 따른 평가손익은 포괄손익계산서의 기타포괄손익으로 인식하고, 취득시부터 매 보고기간마다 평가한 포괄손익계산서상 기타포괄손익은 재무상태표의 기타포괄손익누계액에 누적된다.

02 2008 상업 임용 10번 문항

정답 982,143원

해설

상각후원가측정 금융자산(AC)의 회계처리

1. 최초 인식(취득) 시: 공정가치로 인식하며, 취득 시 발생하는 매입수수료, 세금 등의 거래원가는 취득원가에 가산한다. 원리금만을 수취할 목적으로 취득한 채무상품을 상각후원가측정 금융자산으로 분류하며, 지분상품은 해당되지 않는다. 채무상품의 이자수익은 유효이자율법에 의해 인식한다.
2. 보유(평가) 시: 채무상품을 매각할 목적이 아니므로 평가손익이 발생하지 않는다. 다만, 매년 발생하는 이자수익을 유효이자율을 적용하여 인식한다. 상각후원가측정 금융자산은 액면이자율법이 아닌 유효이자율법을 사용하기 때문에 액면이자와 유효이자의 차이가 발생한다. 따라서, 해당 채무상품을 보유하는 동안 만기에 도래할 때까지 액면이자와 유효이자의 차이를 0으로 만들어주어야 한다. 결과적으로 할인발행시에는 할인발행차금상각액으로, 할증발행시에는 할증발행상각액으로 장부금액과 액면금액은 같아진다.

- 최초 인식시 이자수익 = 기초 장부금액 × 유효이자율
- 할인발행시(액면이자 〈 유효이자, 액면금액 〉 발행금액): 이자의 차이만큼 장부금액에 더한다.
  할인발행차금상각액 = (기초장부금액 × 유효이자율) − (액면금액 × 액면이자율)
  할인발행시 상각후원가는 기초장부금액과 할인발행차금상각액을 합산하여 누계한 것으로, 만기 시에 액면금액에 도달한다.
- 할증발행시(액면이자 〉 유효이자, 액면금액 〈 발행금액): 이자의 차이만큼 장부금액에서 차감한다.
  할증발행차금상각액 = (액면금액 × 액면이자율) − (기초장부금액 × 유효이자율)
  할증발행시 상각후원가는 기초장부금액에서 할증발행차금상각액을 차감하여 누계한 것으로, 만기 시에 액면금액에 도달한다.

문제 풀이

2006년 1월 1일 취득 시

(차) 상각후원가측정금융자산	951,963	(대) 현금	951,963

2006년 12월 31일

(차) 현금	100,000	(대) 이자수익	114,236
상각후원가측정금융자산	14,236		

2007년 12월 31일

(차) 현금	100,000	(대) 이자수익	115,944
상각후원가측정금융자산	15,944		

일시	기초 장부금액	이자수익 (유효이자율)	현금 이자 (액면이자율)	사채할인발행차금 상각액	기말 장부금액
06/ 1/ 1	951,963				
06/12/31	951,963	114,236 (951,963 × 0.12)	100,000	14,236	966,199 (951,963 + 14,236)
07/12/31	966,199	115,944 (966,199 × 0.12)	100,000	15,944	982,143 (966,199 + 15,944)

03 2016 상업 임용 B 7번 문항

정답

후속측정(평가)는 '상각후원가측정금융자산'은 유효이자율법에 따라 매년 이자수익을 인식하고, 사채의 장부금액을 상각후원가로 측정한다. '기타포괄손익-공정가치측정금융자산'은 유효이자율법으로 이자수익을 인식하고, 보고기간 말에 공정가치로 평가하며, 평가손익은 기타포괄손익으로 인식한다.
상각후원가측정금융자산으로 분류하였을 경우, 기초 장부가액 95,024원에 할인발행차금상각액 1,502원을 가산한 96,526원이 장부금액이 된다.
기타포괄손익-공정가치측정금융자산으로 분류하였을 경우, 회계처리는 다음과 같으며, 2014년 당기 수익으로 인식할 금액은 이자수익 9,502원이다.

(차)	현금	8,000	(대) 이자수익	9,502
	기타포괄손익-공정가치측정금융자산	1,502		
(차)	기타포괄손익-공정가치측정금융자산	1,474	(대) 기타포괄손익-공정가치측정금융자산평가이익	1,474

해설

금융자산의 분류에 따른 후속 측정(평가)

상각후원가측정금융자산: 채무상품을 매각할 목적이 아니므로 평가손익이 발생하지 않는다. 다만, 매년 발생하는 이자수익을 유효이자율을 적용하여 인식한다.
기타포괄손익-공정가치측정금융자산: 공정가치로 평가하며, 공정가치 변동분은 기타포괄손익(OCI)으로 인식한다. 이때, 당기에 평가한 공정가치에 따른 평가손익은 포괄손익계산서의 기타포괄손익으로 인식하고, 취득시부터 매 보고기간마다 평가한 포괄손익계산서상 기타포괄손익은 재무상태표의 기타포괄손익누계액에 누적된다.

문제의 2014년 말 회계처리

상각후원가측정금융자산으로 분류하였을 경우

(차)	현금	8,000	(대) 이자수익	9,502
	상각후원가측정금융자산	1,502		

기초 장부가액 95,024원, 액면금액 100,000원, 만기 3년, 취득가액(발행가) 95,024원,
표시이자율 8%, 유효이자율 10%
실제 수취이자 = 액면금액 100,000 × 표시이자율 8% = 8,000원
이자수익 = 취득가액 95,024 × 유효이자율 10% = 9,502원
할인발행차금상각액 = 이자수익 9,502 - 실제 수취이자 8,000 = 1,502원
따라서, 장부금액 = 95,024 + 1,502 = 96,526원

기타포괄손익-공정가치측정금융자산으로 분류하였을 경우

(차)	현금	8,000	(대) 이자수익	9,502
	기타포괄손익-공정가치측정금융자산	1,502		
(차)	기타포괄손익-공정가치측정금융자산	1,474	(대) 기타포괄손익-공정가치측정금융자산평가이익	1,474

공정가치 평가는 실제로 수취한 현금 이자 및 이자수익을 반영한 후에 이루어진다.
공정가치평가: 기말 공정가치 98,000 - 이자수익 반영한 장부금액 96,526 = 1,474원

이때, 기타포괄손익-공정가치측정금융자산평가이익은 기타포괄손익이므로, 2014년 수익으로 인식할 금액은 당기손익 인식 금액인 이자수익 9,502원이다.

제5절 재고자산

01 2009 상업 임용 1차 19번 문항

정답

620,000원

해설

미착상품

상품을 주문하였으나 운송중이어서 아직 도착하지 않은 상품이다. 이때, 상품에 대한 법적 소유권의 이전, 운임비는 매매계약조건인 인도기준(조건)에 따라 처리한다.

① 선적지인도조건: 선적지에서 구매자에게 소유권이 이전되며, 이때 매입자는 매입을 인식하고 기말재고에 상품을 포함한다. 판매자는 매출을 인식하였으므로 기말재고에 포함하지 않는다.

② 도착지인도조건 외상거래: 도착지에서 구매자에게 소유권이 이전된다. 따라서, 매입자, 판매자 모두 도착지에서 인도할 때 각각 매입, 매출을 인식하고 기말재고에 변동이 생긴다.

위탁판매

위탁자(본인)의 상품을 수탁자(타인)에게 위탁하여 판매하는 것이다. 위탁판매한 상품은 위탁품 또는 적송품이라고 한다. 위탁판매의 수익은 수탁자가 고객에게 위탁품을 판매한 시점에 인식한다. 따라서, 판매 전까지는 위탁자에게 소유권이 있으므로 위탁자의 재고자산에 포함시킨다.

문제에서 창고에 보관 중인 재고자산, 선적지 조건으로 매입한 상품, 위탁판매 상품 중 판매되지 않은 상품이 재고자산에 해당한다.

위탁판매 상품의 원가계산: 판매가 260,000 ÷ 1.3 = 200,000원

재고자산 금액 = 창고 보관 재고자산 + 선적지 조건 상품 + 위탁판매 상품(원가기준)
= 200,000 + 220,000 + 200,000 = 620,000원

특수한 상품 매매를 기말재고자산에 포함하는 경우

- 미착상품: 선적지 인도조건 매입시, 도착지 인도조건 판매 시 재고자산에 포함.
- 위탁판매 시 위탁품(=적송품): 수탁자가 판매하지 않은 경우 위탁자의 재고자산에 포함
- 시용판매 시 시송품: 고객이 매입의사를 표시하지 않은 경우 재고자산에 포함.
- 저당상품: 저당권이 실행되지 않은 경우 재고자산에 포함.
- 반품가능 판매상품: 무조건 재고자산에서 제외.
- 할부판매 상품: 고객에게 인도되는 시점에 재고자산에서 제외. (일반매출과 동일)
- 상품권 매출: 물품 등을 제공하고 상품권을 회수한 때에 재고자산에서 제외.

02 2020 상업 임용 B 2번 문항

정답

㉠ 계속기록법

㉡ 실지재고조사법

해설

재고자산의 수량 결정 "계속기록법과 실지재고조사법"

1. 계속기록법: 상품을 매입 또는 매출할 때마다 기록하는 것으로, 주로 내부보고목적으로 사용되며 최종적으로 장부에 남아있는 재고자산 수량을 기말재고자산 수량으로 결정한다. 장점으로, 언제든지 재고수량과 금액을 파악할 수 있어 재고관리가 용이하고, 분실·도난 등의 이상 징후를 신속히 파악할 수 있다. 단점으로, 상품 매매를 매번 기록하는 것이 복잡하고 유지 비용이 크며, ERP 등 고가의 시스템을 구축하기 어려운 소규모 업체에서는 특히 비효율적이다.

   기말재고(장부) 수량 = 기초재고수량 + 당기매입수량(매입 인식) - 당기매출수량(매출 및 매출원가)

   재고자산(매입)

기초재고	매출원가	⇒ ① 판매 시 매출원가 기록
당기매입	기말재고	⇒ ② 차액으로 계산

2. 실지재고조사법: 기말에 실제 조사(실사)한 재고수량을 기말재고자산 수량으로 결정하며, 이를 바탕으로 매출원가를 구하기 위해서는 기말수정분개를 해야 한다. 장점으로, 기말에 실사만 하면 되므로 기록이 단순하고 비용이 적게 든다. 또한, 재무상태표에 실지재고조사법을 기준으로 평가한 재고자산이 공시되므로 외부보고목적에 충실하다. 단점으로, 기중에는 재고수량과 금액의 파악이 어렵다. 즉, 재고손실이나 누락을 파악하기가 어렵다.

   당기매출수량 = 기초재고수량 + 당기매입수량 - 기말재고(실제)수량

   재고자산(매입)

기초재고	매출원가	⇒ ② 차액으로 계산
당기매입	기말재고	⇒ ① 기말 실사

3. 혼합법: 계속기록법과 실지재고조사법을 병행하는 것이다. 기말실지재고조사를 기말의 실제 재고수량을 파악하고, 계속기록법을 통해 기말실지재고수량과 장부상 기말재고수량의 차이(재고감모수량)를 파악할 수 있다. 실무적으로는 혼합법을 사용한다.

03 2004 상업 임용 7번 문항

정답

① 후입선출법
② 선입선출법
③ 이동평균법

해설

재고자산의 단가(단위원가) 결정: 개별법, 선입선출법, 가중평균법(이동평균법, 총평균법)

1. 개별법: 개별상품에 태그 등을 부착하여 식별되는 재고자산별로 특정한 원가를 부과하는 방법으로, 실제물량흐름과 일치하여 가장 정확하다. 개별법이 적용되지 않으면 원가흐름의 가정에 따라 선입선출법이나 가중평균법(이동평균법과 총평균법)을 사용하여 단위원가를 결정한다.
2. 선입선출법(FIFO, first in first out method): 먼저 매입 또는 생산된 재그자산이 먼저 판매되고, 결과적으로 기말에 재고로 남아있는 항목은 가장 최근에 매입 또는 생산된 항목이라고 가정하는 방법이다. 일반적인 물량흐름과 일치하며, 과거의 매입액이 매출원가가 되고 최근의 매입액이 기말상품재고액이 된다. 물가상승 시 매출원가는 적게, 매출액은 크게 계상된다. 즉, 물가상승기에는 매출총이익이 과대계상된다.
3. 후입선출법(LIFO, last in first out method): 후입선출법은 최근에 매입한 상품을 먼저 판매하는 방식으로 단가를 결정한다. 과거의 매입액이 기말상품재고액이 되고 최근의 매입액이 매출원가가 된다. 따라서, 물가상승 시 매출원가는 크게, 매출액은 적게 계상된다. 즉, 물가상승기에는 매출총이익이 과소계상된다. K-IFRS는 후입선출법을 허용하지 않는다.
4. 가중평균법: 가중평균법은 기초 재고자산과 회계기간 중에 매입 또는 생산된 재고자산의 원가를 가중평균하여 단위원가를 결정하는 방법이다. 평균은 기업의 상황에 따라 주기적으로 계산하거나(총평균법), 매입 또는 생산할 때마다 계산(이동평균법)할 수 있다.
   (1) 이동평균법(MAM, moving average method): 상품을 매입할 때마다 평균단가를 계산한다. 거래 시마다 기록하기 때문에 계속기록법을 사용할 때 적용하며, 실지재고조사법에서는 사용할 수 없다.
   (2) 총평균법(TAM, total average method): 판매가능재고자산의 가격을 전체 수량으로 나누어 평균 단가를 계산한다. 기말에 일괄하여 평균단가를 계산하므로 실지재고조사법을 사용할 때 적용한다.

단가 결정 방법 결과 비교(물가 상승 시)

- 기말재고액(자산): 선입선출법 > 이동평균법 > 총평균법 > 후입선출법
- 매출총이익, 당기순이익(수익): 선입선출법 > 이동평균법 > 총평균법 > 후입선출법
- 법인세(비용, 이익에 따른 세금): 선입선출법 > 이동평균법 > 총평균법 > 후입선출법
- 매출원가(비용): 선입선출법 < 이동평균법 < 총평균법 < 후입선출법
- 순현금흐름(법인세 지출에 따른 현금흐름): 선입선출법 < 이동평균법 < 총평균법 < 후입선출법

04 2013 상업 임용 1차 11번 문항

정답

기말 상품 재고액: 480,000원
매출원가: 1,010,000원

해설

일자	내용	수량(개)	단가(원)	〈매입, 판매금액 계산〉	〈재고누적〉
1/1	기초재고	100	1,000	100개 × @1,000	100개
2/10	매입	500	1,100	500개 × @1,100	600개
6/15	매출	300	-	100개 × @1,000 = 100,000 200개 × @1,100 = 220,000	 300개(@1,100)
8/20	매입	700	1,200 -	700개 × @1,200 = 840,000	1,000개(300개 @1,100, 700개 @1,200)
11/25	매출	600		300개 × @1,100 = 330,000 300개 × @1,200 = 360,000	400개(@1,200)

재고자산(매입)

기초재고	100×@1,000	매출원가	6/15	100개 × @1,000 + 200개 × @1,100
당기매입	500×@1,100		11/25	300개 × @1,100 + 300개 × @1,200
	700×@1,200	기말재고		480,000(매출원가 구한 후 계산)
	1,490,000			1,490,000

판매가능재고금액(기초재고 + 당기매입)
100개 × @1,000 + 500개 × @1,100 + 700개 × @1,200
= 1,490,000원

① 매출원가
6/15 매출(300개): 100개 × @1,000 + 200개 × @1,100 = 320,000원
11/25 매출(600개): 300개 × @1,100 + 300개 × @1,200 = 690,000원
320,000 + 690,000 = 1,010,000원

② 기말재고금액: 판매가능재고금액 - 매출원가
= 1,490,000원 - 1,010,000원 = 480,000원

05 2018 상업 임용 B 3번 문항

정답

평균법 적용 시 2016년 매출원가: 2,250,000원
선입선출법 적용 시 2016년 기말재고자산 금액: 1,000,000원
선입선출법 적용 시 당기순이익 산출 과정과 금액: (매출액 3,000,000 − 매출원가 2,000,000 − 판매비와관리비 300,000) × (1 − 법인세율 0.2) = 560,000원

해설

평균법 적용 시 매출원가

㈜○○은 계속기록법을 적용하므로, 이동평균법의 매출원가 금액에 해당한다.
1월 1일 기초재고: 100개 × @10,000 = 1,000,000원
5월 2일 매입원가: 100개 × @12,000 + 운반비 800,000원 = 2,000,000원
1월 1일 및 5월 2일의 평균단가 = (1,000,000 + 2,000,000) ÷ 200 = 15,000원
6월 3일 매출원가: 판매 수량 150개 × 평균단가 @15,000
= 150개 × @15,000 = 2,250,000원
이때, 매출 시 소요된 운반비용 300,000원은 매출원가에 포함하지 않는다.

선입선출법 적용 시 기말재고자산

1월 1일 기초재고: 100개, @10,000
5월 2일 매입: 100개, 총 매입원가(운반비 800,000원 포함): 2,000,000 ÷ 100개 = @20,000
6월 3일 매출: 150개, 총 매출원가: 100개 × @10,000 + 50개 × @20,000 = 2,000,000원
12월 31일 기말재고 금액: 50개 × @20,000 = 1,000,000원

선입선출법 적용 시 당기순이익 산출과정과 금액

매출액 = 150개 × @20,000 = 3,000,000원
매출총이익 = 매출액 − 매출원가 = 3,000,000 − 2,000,000 = 1,000,000원
영업이익 = 매출총이익 − 판매비와관리비 = 1,000,000 − 운반비 300,000 = 700,000원
법인세비용차감전순이익 = 기타수익, 기타비용 등이 없으므로 영업이익 700,000원
법인세비용 = 법인세비용차감전순이익 × 법인세율 20% = 700,000 × 20% = 140,000원
당기순이익 = 법인세비용차감전순이익 − 법인세비용 = 700,000원 − 140,000 = 560,000원

06 2024 상업 임용 B 8번 문항

정답

㉠ 개별법
㉡ 소매재고법
매출총이익률: 26%, (매출총이익 520원 ÷ 매출액 2,000원) × 100% = 26%

해설

개별법

개별상품에 태그 등을 부착하여 식별되는 재고자산별로 특정한 원가를 부과하는 방법으로, 실제물량흐름과 일치하여 가장 정확하다. 외부 매입이나 자가제조를 불문하고, 통상적으로 상호교환이 어려운 재고자산 항목의 원가와 특정 프로젝트별로 생산되고 분리되는 재화나 용역의 원가에 사용한다. 통상적으로 상호교환 가능한 대량의 재고자산 항목은 기말재고로 남은 항목을 선택하여 손익을 자의적으로 조정할 수 있어 개별법 선택이 적절하지 않다.
개별법이 적용되지 않으면 원가흐름의 가정에 따라 선입선출법이나 가중평균법(이동평균법과 총평균법)을 사용하여 단위원가를 결정한다. 성격과 용도가 유사한 재고자산은 동일한 단위원가 결정방법을 적용하고, 차이가 있는 재고자산은 서로 다른 단위원가 결정방법을 적용할 수 있다. 예를 들어, 동일 재고자산이 동일한 기업의 부문에 따라 서로 다른 용도로 사용되기도 한다. 하지만 재고자산의 지역이나 과세방식의 차이를 이유로 동일 재고자산에 다른 단위원가 결정방법을 적용하는 것은 정당하지 않다.

특수한 원가배분방법(재고자산의 추정방법)

일반적인 단가결정방법은 개별법, 선입선출법, 가중평균법이 있다. 특수한 원가배분방법은 매출총이익률법과 소매재고법이 있다. K-IFRS에서는 소매재고법만을 인정한다.

1. 매출총이익률법: 기말재고를 매출총이익률을 통해 역산하는 방법이다. 주로 화재, 도난 등으로 실사가 불가한 경우에 기말재고 및 손실액을 추정하기 위해 사용된다.
2. 소매재고법: 기말재고를 판매가격(소매가) 기준으로 먼저 파악한 후, 원가율 또는 평균이익률을 적용하여 기말재고의 원가를 추정하는 방법이다. 정기적으로 실사가 어려운 다품종 소매업, 유통업에서 자주 사용하며, 판매가격 기준의 재고기준이 용이할 때 활용하면 간편하다.

매출총이익률 계산(실지재고조사법, 선입선출법)

(1) 매출액 계산
5월 20일 매출: 10개 × @140 = 1,400원
12월 25일 매출: 4개 × @150 = 600원
총 매출액: 1,400 + 600 = 2,000원

(2) 매출원가 계산 (선입선출법)
판매된 총 수량: 10개 (5/20) + 4개 (12/25) = 14개
매출원가: 기초 10개 × @100원 + 1월 30일 4개 @120 = 1,000 + 480 = 1,480원

(3) 매출총이익: 매출액 − 매출원가 = 2,000 − 1,480 = 520원

(4) 매출총이익률 = (매출총이익 ÷ 매출액) × 100% = (520 ÷ 2,000) × 100% = 26%

07 2010 상업 임용 1차 23번 문항

정답

255,000원

해설

매출총이익률법은 기말재고를 매출총이익률을 통해 역산하는 방법이다. 주로 화재, 도난 등으로 실사가 불가한 경우에 기말재고 및 손실액을 추정하기 위해 사용된다.

① 매출원가 추정

매출원가 = 기초 상품 재고액 + 기중 상품 매입액 − 기말 상품 재고액

= 240,000 + 1,120,000 − 110,000 = 1,250,000원

매출액(상품 가격) = 매출원가 × 1.3 = 1,250,000 × 1.3 = 1,625,000원

② 매출원가에서 기말재고를 추정

기말 상품 재고 = 기초 상품 재고액 + 당기 상품 매입액 − 매출원가

그러나, 문제에서 매출채권의 기말 잔액은 이미 주어진 상태이고, 회수액이 실제와 다르다는 상황을 전제로, '정상적으로 회수됐어야 할 매출채권 회수액'을 역산해서 횡령액을 도출할 수 있다.

기말 매출채권 = 기초 매출채권 잔액 + 당기 매출액 − 기중 매출채권 정상 회수액

480,000 = 460,000 + 1,625,000 − 기중 매출채권 정상 회수액

즉, 정상회수액은 1,605,000원이다.

매출채권

기초 매출채권	460,000	회수액(실제)	1,350,000
	1,625,000	(횡령액)	255,000
당기 매출		기말 매출채권	480,000
	2,085,000		2,085,000

정상회수액과 실제 회수액과의 차이는 '횡령액'이다.

정상회수액 1,605,000원 − 실제 회수액 1,350,000원 = 255,000원

08 2021 상업 임용 B 11번 문항

정답

㉠ 기능

총매입액 현금 매입액 200,000원 + 외상지급한 매입액(매입채무 증가분) 250,000원 = 450,000원
판매가능재고자산 기초재고자산 100,000원 + 현금 및 매입채무 총 매입액 450,000원 = 550,000원
화재로 인한 소실액(총매입액 500,000 가정 시): 250,000원

해설

비용의 분류

기업은 비용의 성격별 또는 기능별 분류방법 중 신뢰성 있고 더욱 목적적합한 정보를 제공할 수 있게 당기손익을 인식한 비용의 분석내용을 표시한다.

1. 성격별 분류: 당기손익에 포함된 비용은 그 성격(예: 감가상각비, 원재료의 구입, 운송비, 종업원급여와 광고비)별로 통합하며, 기능별로 재배분하지 않는다. 비용을 기능별 분류로 배분할 필요가 없어 적용이 간단할 수 있다. (종업원_성격)
2. 기능별 분류(매출원가법): 비용을 매출원가, 물류원가와 관리활동원가 등과 같이 기능별로 분류하며, 적어도 매출원가를 다른 비용과 분리하여 공시한다. 성격별 분류보다 더욱 목적적합한 정보를 제공할 수 있지만, 비용을 기능별로 배분하는데 자의적인 배분과 상당한 정도의 판단이 개입될 수 있다. 따라서, 기능별 분류법을 선택한 기업은 감가상각비, 기타 상각비와 종업원급여비용을 포함하여 비용의 성격에 대한 추가 정보를 공시한다. (기_매)

※ 성격별 분류 예

매출액(수익)		XXX
영업비용		(XXX)
제품과 재공품의 변동	XXX	
원재료와 소모품 사용액	XXX	
종업원급여비용	XXX	
감가상각비와 기타 상각비	XXX	
영업이익(손실)		XXX
기타수익(영업외수익)		XXX
기타비용(영업외비용)		(XXX)
법인세비용차감전순이익		XXX
법인세비용		(XXX)
당기순손익		XXX
기타포괄손익		XXX
총포괄손익		XXX

※ 기능별 분류 예

매출액(수익)	XXX
매출원가	(XXX)
매출총이익	XXX
판매비와관리비(물류원가, 관리비 등)	(XXX)
영업이익(손실)	XXX
기타수익(영업외수익)	XXX
기타비용(영업외비용)	(XXX)
법인세비용차감전순이익	XXX
법인세비용	(XXX)
당기순손익	XXX
기타포괄손익	XXX
총포괄손익	XXX

매출총이익률법

기말재고를 매출총이익률을 통해 역산하는 방법이다. 주로 화재, 도난 등으로 실사가 불가한 경우에 기말재고 및 손실액을 추정하기 위해 사용된다.

매출액총이익률법 계산 절차

① 과거 매출총이익률을 근거로 매출액에서 매출원가를 추정한다.

매출원가 = 매출액 × (1 − 매출총이익률)

② 매출원가에서 기말재고를 추정한다.

기말재고 = 기초상품재고액 + 당기상품매입액 − 매출원가

문제 풀이

(1) 총매입액과 판매가능재고자산

매입채무

당기 현금지급	500,000	기초 매입채무	350,000
기말 매입채무	100,000	당기 매입액	250,000
	600,000		600,000

당기 총매입액 = 현금으로 지급한 매입액 + 외상지급한 매입액(매입채무 증가분)
= 200,000 + 250,000 = 450,000원

매입 혹은 재고자산

기초(현금+매입채무)	매출원가
당기 총매입(현금+매입채무)	기말(현금+매입채무)

판매가능재고자산 = 기초재고자산 + 총매입액(현금 + 매입채무)
= 100,000 + 450,000 = 550,000원

(2) 총매입액을 500,000원으로 가정할 때, 화재로 인한 소실액

판매가능재고자산 = 기초재고자산 + 총매입액 = 100,000 + 500,000 = 600,000원

매출총이익률이 30%이므로, 매출원가는 매출액의 70%이다.

즉, 매출원가 = 매출액(판매가) 500,000 × 0.7 = 350,000원

기말재고자산 = 판매가능재고자산 − 매출원가 = 600,000 − 매출원가 350,000 = 250,000원

문제에서 '화재로 인해 기말 현재 남아 있는 금액은 없음'이라고 했으므로 화재로 인한 소실액은 250,000원이다.

09 2016 상업 임용 A 5번 문항

정답

㉠ 저가법(항목별기준)
㉡ 90,000원

해설

재고자산의 평가 '저가법'

K-IFRS는 재고자산을 저가법으로 평가하도록 규정한다. 재고자산의 원가를 회수하기 어려운 때가 있다. 물리적 손상, 완전한 또는 부분적인 진부화, 판매가격 하락, 완성이나 판매시 필요한 원가 상승 등의 경우이다. 이때, 저가법을 이용하여 재고자산이 하락한 금액만큼 손실을 인식한다.

재고자산의 저가법은 취득원가와 순실현가능가치(시가) 중 낮은 금액으로 측정하는 것이다. 즉, '저가법으로 평가한 재고자산 = Min(취득원가, 순실현가능가치)'이 성립된다.

저가법은 항목별기준, 조별기준, 총계기준으로 평가할 수 있다. K-IFRS에서 저가법은 '항목별기준' 적용을 원칙으로 하고 있지만, 유사 목적을 갖거나 동일한 지역 단위이면 통합하여 적용하는 '조별기준'은 허용된다. 단, 재고를 전체나 부문 전체 단위로 적용하는 '총계기준'은 허용하지 않는다. 평가방법 중 항목별기준은 조별기준이나 총계기준과 비교해 가장 많은 평가손실을 계상한다. 개별항목이 모인 집단이나 전체 재고자산은 여러 항목이 서로 상쇄되며 평가손실을 감소시킬 여지가 있기 때문이다.

문제의 재고자산 금액

갑 8,000 + 을 20,000 + 병 22,000 + 정 40,000 = 90,000원

10 2022 상업 임용 A 11번 문항

정답

㉠ 순실현가능가치
재고자산감모손실: 감모수량 10개 × 취득원가 @200 = 2,000원
재고자산평가손실: 실지재고수량 10개 × 단위당 손실금액 @100 = 1,000원
재고자산회전기간 90일

해설

순실현가능가치(NRV, net realizable value)

순실현가능가치는 통상적인 영업과정에서 재고 판매를 통해 실제로 회수 가능한 순매각금액으로, 예상 판매가격에서 추가 완성원가와 판매비용을 차감한 금액이다. 순실현가능가치는 기업특유가치이다. 만약, 완성될 제품이 원가 이상으로 판매된다면 그 생산에 투입되는 원재료는 감액하지 않는다. 원재료 가격이 하락하여 완성제품이 순실현가능가치에 미달하여야만 원재료를 순실현가능가치로 감액한다.

순실현가능가치는 추정일 현재 이용가능한 가장 신뢰성 있는 증거에 기초하여 추정해야 한다. 보고기간 후에 발생한 사건이 기말 현재의 상황을 확인해준다면, 그 사건으로 인한 가격 또는 원가 변동도 반영해야 한다.

재고자산의 순실현가능가치는 매 회계기간마다 재평가하며, 과거 감액 사유가 사라진 경우에는 취득원가 범위 내에서 평가손실을 환입할 수 있다. 단, 환입금액은 취득원가를 초과할 수 없다. 이때 장부금액은 수정된 순실현가능가치와 취득원가 중 더 낮은 금액이다.

재고자산감모손실

실지재고조사법으로 조사한 실제 기말재고자산의 수량이 장부상 기말재고자산의 수량보다 부족한 경우 재고자산감모손실(당기비용)을 인식한다. 재고자산감모손실이 발생하면 실제 수량을 기준으로 하여 부족한 수량만큼 재고자산(자산)에서 차감한다. K-IFRS는 재고자산감모손실을 당기비용으로 분류하고 있으나, 일반적으로 재고자산감모손실 중에서 정상적인 감모손실은 원가성을 인정하여 매출원가에 산입하고, 비정상적으로 발생한 감모손실은 원가성을 인정하지 않아 기타비용으로 분류한다.

재고자산평가손실

재고자산의 물리적 손상, 완전한 또는 부분적인 진부화, 판매가격 하락, 필요한 원자재 가격의 상승 등의 이유로 그 원가를 회수하기 어려운 경우가 있다. 이때, 저가법을 이용하여 재고자산이 하락한 금액만큼 손실을 인식한다.

재고자산의 상품감소 회계 처리 순서

① 수량확정: 장부수량(장부Q) × 취득원가(P) = 장부상 재고자산금액
② 감모손실: 실제수량(실제Q) × 취득원가(P) = 실제 재고자산금액
③ 평가손실: 실제수량(실제Q) × 순실현가능가치(NRV) = 순실현가능가액(재무상태표 보고)

문제 풀이

① 재고자산감모손실
감모 수량: 장부 수량 - 실지 재고 수량 = 20개 - 10개 = 10개
재고자산감모손실: 10개 × 취득원가 @200 = 2,000원

② 재고자산평가손실
재고자산평가손실은 실지 재고 수량에 대해 취득원가와 순실현가능가치 중 낮은 금액을 적용한다.
실지 재고 수량: 10개
min(단위당 취득원가 @200, 단위당 순실현가능가치 @100) = 단위당 순실현가치 @100
단위당 평가손실: 단위당 취득원가 @200 - 단위당 순실현가능가치 @100 = 단위당 손실 @100
따라서, 재고자산평가손실: 10개 × @100 = 1,000원

③ 재고자산회전기간
평균 재고자산 = (기초 재고자산 + 기말 재고자산) ÷ 2
= (3,000 + 1,000) ÷ 2 = 2,000원
재고자산회전율 = 매출원가 ÷ 평균 재고자산
= ₩8,000 ÷ ₩2,000 = 4회
재고자산회전기간(평균처리기간) = 360일 ÷ 재고자산회전율
= 360일 ÷ 4회 = 90일

제6장 유형자산

01 2010 상업 임용 1차 18번 문항

정답 ④

해설

감가상각방법 "정액법, 체감잔액법(정률법, 이중체감법, 연수합계법), 생산량비례법"

감가상각은 자산의 감가상각대상금액을 그 자산의 내용연수에 걸쳐 체계적으로 배분하는 것이다. 만약 유형자산을 구성하는 원가 중 일부 원가가 전체원가에 비교하여 유의적이면 그 부분은 별도로 구분하여 감가상각한다.

감가상각방법은 자산의 미래경제적효익이 소비될 것으로 예상되는 형태를 반영하여, 예상 소비형태가 달라지지 않는 한 매 회계기간에 일관성 있게 적용한다. 감가상각방법은 적어도 매 회계연도 말에 재검토한다. 이때 자산에 내재된 미래경제적효익의 예상되는 소비형태가 유의적으로 달라진다면 이를 반영하기 위하여 감가상각방법을 변경하고 회계추정치의 변경으로 회계처리한다.

1. 정액법: 잔존가치가 변동하지 않음을 가정하고, 내용연수동안 일정액을 감가상각한다.
2. 체감잔액법(정률법, 이중체감법, 연수합계법): 내용연수동안 감가상각액이 매기간 감소한다.
3. 생산량비례법: 자산의 예상조업도 또는 예상생산량에 기초하여 감가상각액을 계산한다.

ㄱ. 자산가치는 시간의 경과에 따라 균등하게 감소한다. → 정액법
ㄴ. 상각률은 물리적인 사용 정도에 비례하여 결정된다. → 생산량 비례법
ㄷ. 수선유지비는 시간의 경과에 따라 급격하게 증가한다. → 체감잔액법
ㄹ. 기술 발전 등에 따른 진부화가 중요한 가치 감소 요인이다. → 체감잔액법

체감잔액법은 정률법, 이중체감법, 연수합계법을 포괄하는 용어로, 수선유지비가 증가하거나(ㄷ), 기술 진부화가 심할 때(ㄹ) 초기 감가상각액을 많이 인식하는 체감잔액법을 사용하는 것이 타당하다.

02 2021 상업 임용 A 11번 문항

정답

2019년도 감가상각비 금액: 800,000원

㉠ 회계추정의 변경(전진적용)

2020년도 감가상각비 산출 과정과 금액: (3,200,000−200,000) × 4/10 = 1,200,000원

해설

감가상각방법에 따른 계산 방법

감가상각방법	계산 방법		
정액법	$\dfrac{\text{취득원가}-\text{잔존가액}}{\text{내용연수}}$		
체감잔액법	정률법	(취득원가−감가상각누계액)×정률 미상각잔액에 매기 일정한 상각률을 곱한다.	※ 상각률(정률) $1-\sqrt[n]{\dfrac{\text{잔존가치}}{\text{취득원가}}}$
	이중체감법	(취득원가−감가상각누계액)×$\dfrac{2}{\text{내용연수}}$ 계산방법은 정률법, 상각률은 정액법(잔존가치 고려하지 않을 경우)의 2배이다.	※ 상각률 $\left(\dfrac{1}{\text{내용연수}}\right)\times 2$
	연수합계법	(취득원가−잔존가액)×$\dfrac{\text{잔여내용연수}}{\text{내용연수 합계}}$	
생산량비례법	(취득원가−잔존가액)×$\dfrac{\text{당기실제성산량}}{\text{총추정생산량}}$		

2019년의 감가상각비(정액법)

감가상각대상금액 4,000,000 ÷ 내용연수 5년 = 800,000원

㉠ 회계추정치 변경

1. 회계추정치의 의의: 측정불확실성의 영향으로 가장 최근 이용 가능한 신뢰성 있는 정보를 트대로 최선의 판단이나 예측하는 재무제표상 화폐금액이다. 회계추정치 변경은 과거 기간과 연관되지 않으며, 오류수정으로 보지 않는다. 기대신용손실에 대한 손실충당금(금융상품 관련), 재고자산 항목의 순실현가능가치, 자산이나 부채의 공정가치, 유형자산 항목의 감가상각비, 보증의무에 대한 충당부채 등에 적용한다.
2. 회계처리 "전진적용": 회계추정치 변경의 효과는 발생한 기간과 미래 기간의 당기손익에 포함하여 전진적용한다. 전진적용은 새로운 회계정책을 변경일 이후에 발생하는 거래, 기타 사건 및 상황에 적용하는 것이다. 즉, 회계추정치의 변경효과를 당기 및 그 후의 회계기간에 인식하는 것으로, 회계추정치 변경은 과거 기간의 오류 수정이 아니므로, 과거 재무제표를 수정하지 않고 변경 효과를 발견한 시점부터 미래 기간에만 반영한다.

2020년 감가상각비(잔존가치 변경 및 연수합계법)

회계추정의 변경(전진법)을 사용한 경우 이미 감가상각한 금액은 그대로 두고, 남은 장부금액을 배분한다.

감가상각대상금액 = 취득원가 4,000,000 − 감가상각누계액 800,000 = 3,200,000원

잔존가치 변경 200,000원, 연수합계법 남은 4년 1+2+3+4=10

감가상각비: (3,200,000−200,000) × 4/10 = 3,000,000 × 4/10 = 1,200,000원

03 2016 상업 임용 B 3번 문항

정답

2013년말 기계장치 감가상각: (차) 감가상각비 20,000 (대) 기계장치 감가상각누계액 20,000

'순공정가치'는 공정가치에서 처분부대원가를 차감한 값이며, '사용가치'는 자산을 보유한다고 가정했을 때 얻을 수 있는 미래 현금흐름의 현재가치이다.

손상차손: 장부금액 60,000 - 회수가능액 27,000 = 33,000원

해설

2013년말 감가상각(정액법)

취득가액 100,000원(잔존가치 없음) ÷ 5년 = 20,000원

(차) 감가상각비 20,000 (대) 기계장치 감가상각누계액 20,000

유형자산의 손상 장부금액 > 회수가능액

자산의 회수가능금액이 장부금액에 못미치면 그 차이만큼 자산의 장부금액을 회수가능금액으로 감액한다. 이때 해당 감소금액을 '손상차손'이라 한다. 즉, 손상차손은 회수가능액에서 장부금액을 차감한 값이다. 기업은 보고기간 말마다 자산손상 징후가 있는지를 검토하고, 그러한 징후가 있다면 해당 자산의 회수가능액을 추정한다.

- 회수가능액: 순공정가치와 사용가치 중 큰 금액
- 순공정가치: 공정가치 - 처분부대원가
- 사용가치: 자산을 보유한다고 가정했을 때 얻을 수 있는 미래 현금흐름의 현재가치

손상차손은 곧바로 당기손익으로 인식한다. 만약 손상, 소실, 포기된 유형자산에 대해 제3자로부터 보상금을 받는다면, 해당 보상금은 수취할 권리가 발생하는 시점에 당기손익으로 반영한다.

2014년말 기계장치 손상차손 문제 풀이

취득가액: 100,000원

감가상각비: 2013년, 2014년 2년간 총 40,000원

회수가능액: max(순공정가치 24,000, 사용가치 27,000) = 27,000원

손상차손 = 장부금액 - 회수가능액 = 60,000 - 27,000 = 33,000원

04 2024 상업 임용 B 9번 문항

정답

40,000원, 30,000원

240,000원, (취득원가 600,000 - 잔존가치 없음) × 해당 연도 상각률 4/10 = 240,000원

해설

유형자산의 처분

유형자산은 판매, 금융리스의 체결, 기부, 교환 등 여러방법으로 처분할 수 있다. 유형자산의 처분일은 수령자가 해당 자산을 통제하게 되는 날이다.

처분방식	내용	당기손익 인식
판매	매각대금 수령, 장부금액 제거	처분손익 인식
금융리스 체결	장부금액 제거 및 리스채권 인식 (매각과 유사)	처분손익 인식
기부	무상 처분으로 대가 없음. 장부금액 전액 손실	전액 손실로 인식
교환	상업적 실질 + 공정가치 측정 가능 시, 수취 자산을 공정가치로 인식	처분자산 기준으로 처분손익 인식

2021년도 교환거래 시점에 ㈜○○과 ㈜△△가 인식할 처분손실

상업적 실질이 있는 비화폐성 자산의 교환 거래는 다음과 같은 원칙에 따라 회계 처리한다.

- 취득 자산의 원가 결정: 원칙적으로 제공한 자산의 공정가치로 취득 자산의 원가를 측정한다. 다만, 제공한 자산과 취득한 자산의 공정가치 모두 신뢰성 있게 측정 가능하고, 그 중 한쪽이 더 명백하다면, 더 명백한 공정가치를 교환 거래의 총 가치(취득 자산의 원가) 기준으로 사용한다. 이 문제의 경우, ㈜○○의 공정가치가 더 명백한 기준이 된다.
- 처분손익 계산: 각 회사는 '자신이 제공한 자산의 공정가치'와 '자신이 제공한 자산의 장부금액(순액)'의 차이를 처분손익(이익 또는 손실)으로 인식한다.

① **㈜○○의 처분손실 계산**

- 제공하는 자산: ㈜○○의 차량운반구(장부금액 140,000원, 공정가치 100,000원)
- 수령하는 자산: ㈜△△의 차량운반구 + 현금 20,000원
- 취득하는 자산(㈜△△의 차량운반구)의 원가: ㈜○○의 공정가치가 더 명백하므로, 교환거래의 총 가치를 100,000원으로 본다. ㈜○○은 100,000원의 가치에 해당하는 자산을 제공하고, 20,000원의 현금을 받았으므로, 취득한 ㈜△△의 차량운반구는 100,000 - 20,000 = 80,000원으로 기록한다.
- 처분손실 계산: ㈜○○은 자신이 제공한 자산인 ㈜○○의 차량운반구의 공정가치를 기준으로 손익을 계산

  즉, 처분손실 = 제공한 자산의 장부금액 - 제공한 자산의 공정가치

  = 140,000 - 100,000 = 40,000원 손실.

② **㈜△△의 처분손실 계산**

- 제공하는 자산: ㈜△△의 차량운반구 (장부금액 150,000원, 공정가치 120,000원)
- 수령하는 자산: ㈜○○의 차량운반구 - 현금 20,000원(지급)
- 취득하는 자산(㈜○○의 차량운반구)의 원가: ㈜○○의 공정가치가 더 명백하므로, ㈜△△가 취득하는 ㈜○○의 차량운반구의 원가도 100,000원으로 본다. 즉, ㈜△△는 100,000원의 가치에 해당하는 자산을 취득하고, 현금 20,000원을 지급했으므로, ㈜△△의 차량운반구를 100,000원으로 기록한다.

- 처분손실 계산: ㈜△△는 자신이 제공한 자산인 ㈜△△의 차량운반구의 공정가치를 기준으로 손익을 계산

즉, 처분손실 = 제공한 자산의 장부금액 − 제공한 자산의 공정가치
= 150,000 − 120,000 = 30,000원 손실.

2022년말에 인식할 감가상각비, 계산 과정

① 자산별 공정가치 비율에 따른 배분
공정가치 4,000,000 + 1,000,000 = 5,000,000
건물 4,000,000 : 기계장치 1,000,000 = 8 : 2
배분액: 건물 3,000,000 × 0.8 = 2,400,000원, 기계장치 3,000,000 × 0.2 = 600,000원

② 2022년말 감가상각비 계산(연수합계법, 내용연수 4년)
연수합계: 4+3+2+1=10
건물 감가상각비 2,400,000 × 4/10 = 960,000원, 기계 감가상각비 600,000 × 4/10 = 240,000원
즉, 2022년말 인식할 감가상각비 총합 = 1,200,000원

(차) 감가상각비	1,200,000	(대) 건물 감가상각누계액	960,000
		기계장치 감가상각누계액	240,000

05 2008 상업 임용 7번 문항

정답

2007년 6월 30일

(차) 감가상각비	60,000	(대) 감가상각누계액	60,000
(차) 현금	450,000	(대) 기계장치	1,200,000
감가상각누계액	780,000	유형자산처분이익	30,000

해설

매각일 현재의 감가상각비를 먼저 인식한 후 처분 손익을 계산한다.

감가상각비

매년 감가상각비: 120,000원
2007년 1월 1일부터 6월 30일까지 (6개월)의 감가상각비: 120,000 × (6/12) = 60,000원

매각일(2007년 6월 30일) 현재 감가상각누계액 계산

2006년 말 감가상각누계액: 720,000원
2007년 6월 30일까지 추가 감가상각비: 60,000원
총 감가상각누계액: 720,000 + 60,000 = 780,000원

매각일 현재 기계장치의 장부가액 및 유형자산처분손익 계산

장부가액: 취득원가 1,200,000 − 총 감가상각누계액 780,000 = 420,000원
유형자산처분손익: 현금 매각액 450,000 − 장부가액 420,000 = 30,000원(이익)

06 2006 상업 임용 7번 문항

정답

11월 10일	(차) 매입	1,200,000	(대) 선급금	300,000
			외상매입금	900,000
11월 15일	(차) 당좌예금	7,000,000	(대) 자본금	5,000,000
			주식발행초과금	2,000,000
11월 20일	(차) 차량운반구	10,280,000	(대) 당좌예금	11,280,000
	부가세대급금	1,000,000		

해설

통제계정

통제계정은 총계정원장에 기록되는 계정으로, 특정 종류의 거래(예: 외상매출금, 외상매입금)에 대한 총액(잔액)을 요약하여 보여준다. 이 통제계정의 잔액은 여러 개의 보조원장 계정들의 잔액 합계와 항상 일치해야 한다.

통제계정의 예

- 외상매출금 통제계정: 외상으로 판매한 모든 고객으로부터 받을 총 금액을 나타낸다.
  관련 보조원장: 매출처원장(각 고객별 외상매출금 잔액을 상세히 기록)
- 외상매입금 통제계정: 외상으로 구입한 모든 공급업체에 갚아야 할 총 금액을 나타낸다.
  관련 보조원장: 매입처원장 (각 공급업체별 외상매입금 잔액을 상세히 기록)
- 기타: 비품 통제계정(각 비품별 상세내역은 비품대장), 상품 통제계정(각 상품별 상세내역은 상품재고장 등)

문제 풀이

11월 10일 거래에서 화물상환증을 받았다는 것은 상품의 소유권이 이전되어 상품을 인수한 것이다. 따라서 매입을 인식하고, 이전에 지급했던 계약금(선급금)을 상계하며, 나머지 잔액은 외상매입금으로 처리한다.

(차) 매입	1,200,000	(대) 선급금	300,000
		외상매입금	900,000

11월 15일 거래에서 주식 발행은 자본거래이며, 액면가액은 자본금으로, 액면초과액은 주식발행초과금(자본잉여금)으로 처리한다. 주식 대금은 당좌예금으로 입금된다.

(차) 당좌예금	7,000,000	(대) 자본금	5,000,000
		주식발행초과금	2,000,000

자본금 증가액: 1,000주 × 5,000원 = 5,000,000원

주식발행초과금: 당좌예금 입금액 7,000,000 − 자본금 증가액 5,000,000 = 2,000,000원

11월 20일 거래에서 유형자산의 취득원가는 자산을 취득하고 사용 가능한 상태로 만드는 데 드는 모든 원가를 포함한다. 따라서 트럭 구입가액 외에 취득세, 등록세는 차량운반구의 취득원가에 가산된다. 부가가치세는 매입세액으로, 부가가치세 신고 시 환급받을 수 있으므로 자산의 원가에 포함하지 않고 '부가세대급금'이라는 자산으로 처리한다. 모든 대금은 당좌수표 발행으로 당좌예금에서 감소한다.

(차) 차량운반구	10,280,000	(대) 당좌예금	11,280,000
부가세대급금	1,000,000		

차량운반구 취득원가: 10,000,000 + 취득세 200,000 + 등록세 80,000 = 10,280,000원

07 2004 상업 임용 4번 문항

정답

11월 1일	(차) 매입	98,000	(대) 외상매입금	95,000
			현금	3,000
11월 2일	(차) 당좌예금	2,500,000	(대) 건물	3,000,000
	감가상각누계액	900,000	유형자산처분이익	400,000
11월 5일	(차) 매출	3,000	(대) 외상매출금	3,000

해설

11월 1일 거래에서 상품 매입액과 매입운임을 합하여 '매입' 계정으로 처리한다.
총 매입액 (차변 매입): 상품 A 매입액 50,000 + 상품 B 매입액 45,000 + 매입 운임 3,000 = 98,000원

(차) 매입	98,000	(대) 외상매입금	95,000
		현금	3,000

11월 2일 거래에서 건물의 장부금액은 취득원가 3,000,000원에서 감가상각누계액 900,000원을 차감한 2,100,000원이다. 처분에 따른 현금 수취액이 2,500,000원이므로, 400,000원의 유형자산처분이익을 인식한다.

(차) 당좌예금	2,500,000	(대) 건물	3,000,000
감가상각누계액	900,000	유형자산처분이익	400,000

11월 5일 거래는 외상매출했던 상품이 환입(반품)된 경우이다. 3분법을 적용하므로, 매출액의 감소만 기록하고, 외상매출금을 감소시킨다. 이때, 3분법은 상품계정을 3계정으로 분리한 것이다. 3분법은 결산 과정에서 기초재고와 기말재고를 반영해 정확하게 매출원가를 산출하여 매출총이익(매출액-매출원가)을 알 수 있다. 3분법은 실지재고조사법을 전제하므로, 매출 시 원가를 기록하지 않고, 매출환입 시에도 상품계정이나 매출원가계정을 즉시 조정하지 않는다.
3분법과 비교되는 것으로 단일상품계정이 있다. 단일상품계정은 3분법의 3계정을 상품계정에서 모두 기록하며, 매출총이익을 상품매출이익으로 별도 표시한다. 상품 흐름을 직접적으로 분석할 수 있지만 거래량이 많을수록 매우 복잡해져 세부 관리가 어렵다. 추가적으로, 5분법은 (이월)상품, 매입, 매출, 매입 에누리 · 할인 · 환출, 매출 에누리 할인 · 환입으로 분리한다.
환입된 매출액: 5개 × @600 = 3,000원

(차) 매출	3,000	(대) 외상매출금	3,000

제7절 무형자산 및 투자부동산

01 2023 상업 임용 A 4번 문항

정답

㉠ 무형

㉡ 영업권

해설

무형자산

무형자산은 '물리적 실체는 없지만 식별할 수 있는 비화폐성자산'이다.

이때 '자산'은 과거 사건의 결과로 기업이 '통제'하고, '미래경제적효익'이 유입될 것으로 기대되는 자원이다. 기업이 자산을 '통제'한다는 것은 자원에서 미래경제적효익을 확보할 수 있고 그 효익에 대한 제3자의 접근을 제한할 수 있다는 것이다. 무형자산의 미래경제적효익에 대한 통제능력은 일반적으로 법원에서 강제할 수 있는 법적 권리에서 나온다. 무형자산의 '미래경제적효익'은 제품의 매출, 용역수익, 원가절감 또는 자산의 사용에 따른 기타 효익의 형태로도 발생할 수 있다. 예를 들어, 제조과정에서 지적재산을 사용하면 미래 수익을 증가시키기보다는 미래 제조원가를 감소시킬 수 있다.

식별할 수 있는 '식별가능성'

자산은 다음 중 하나에 해당하면 식별가능하다고 본다.

① 자산이 분리가능하다. 즉, 기업 의도와 무관하게 기업에서 분리 · 분할 가능하고, 개별적 또는 관련 계약, 자산, 부채와 함께 매각, 이전, 라이선스, 임대, 교환할 수 있다.

② 자산이 계약상 권리 또는 기타 법적 권리로부터 발생한다. 이 경우 분리 가능 여부는 고려하지 않는다.

무형자산은 영업권과 구별되기 위해 식별 가능해야 한다. 영업권은 무형자산이기는 하지만, 사업결합 과정에서 획득하되, 개별적으로 식별하거나 별도로 인식할 수 없는 자산에서 발생하는 미래경제적 효익을 나타낸다.

무형자산의 종류

무형자산은 영업권과 영업권 이외의 무형자산으로 구분할 수 있다.

영업권 외의 무형자산으로는 산업재산권(특허권, 실용신안권, 디자인권, 상표권), 저작권, 라이선스와 프랜차이즈, 컴퓨터 소프트웨어, 개발비, 임차권리금, 조리법, 공식, 모형, 완성프로그램, 채굴권, 토지사용권, 개발 중인 무형자산 등이 있다.

02 2025 상업 임용 A 4번 문항

정답

㉠ 연구

㉡ 개발

해설

내부적으로 창출한 무형자산의 인식

무형자산은 취득 방법에 따라 인식 방법이 다르다. 내부적으로 창출한 무형자산은 '개발활동'에서 발생한 '직접 관련된 원가'를 '개발비(무형자산)'로 인식할 수 있다.

'직접 관련된 원가'는 인식기준 최초 충족 후 발생한 지출금액의 합으로, 직접 관련원가는 무형자산의 창출에 사용되었거나 소비된 재료원가 · 용역원가 · 종업원급여 · 특허권과 라이선스의 상각비, 법적 권리를 등록하기 위한 수수료 등이다.

'무형자산의 원가에 포함되지 않는 것'은 판매비 · 관리비 · 기타 일반경비, 성과 달성 전의 명백한 비효율로 발생한 손실 및 초기 영업손실, 자산을 운용하는 직원의 교육훈련과 관련된 지출 등이다.

연구단계와 개발단계

내부적으로 창출한 무형자산은 인식기준을 충족하는지 평가하기 어렵다. 즉, 미래경제적효익을 창출할 식별가능할 자산의 여부와 시점, 원가를 신뢰성 있게 결정하는 것이 어렵다. 따라서, 내부적으로 창출한 무형자산이 인식기준을 충족하는지를 평가하기 위하여 무형자산의 창출과정을 연구단계와 개발단계로 구분한다.

1. 연구: 연구는 새로운 과학적, 기술적 지식이나 이해를 얻고자 수행하는 독창적이고 계획적인 탐구활동이다. 무형자산으로 인식하지 않으며, 발생시점에 '경상연구개발비'(비용)로 인식한다. 내부 프로젝트를 연구단계와 개발단계로 구분할 수 없는 경우에는 그 프로젝트에서 발생한 지출은 모두 연구단계에서 발생한 것으로 본다.
   - 예 새로운 지식을 얻고자 하는 활동, 연구결과나 기타 지식을 탐색 · 평가 · 최종 선택 · 응용하는 활동, 재료 · 장치 · 제품 · 공정 · 시스템이나 용역에 대한 여러 가지 대체안을 탐색하는 활동, 새롭거나 개선된 재료 · 장치 · 제품 · 공정 · 시스템이나 용역에 대한 여러 가지 대체안을 제안 · 설계 · 평가 · 최종 선택하는 활동.
2. 개발: 개발은 연구 결과나 지식을 바탕으로, 상업적 생산 또는 사용 전에 이를 새로운 또는 개량된 제품, 공정, 시스템 등에 적용하기 위한 설계나 계획 활동이다. 개발활동에서 발생한 지출은 '개발비(무형자산)'으로 인식할 수 있다. 개발단계는 연구단계보다 훨씬 더 진전되어 있는 상태여서 무형자산을 식별할 수 있으며, 그 무형자산이 미래경제적효익을 창출할 것임을 제시할 수 있다.
   - 예 생산이나 사용 전의 시제품과 모형을 설계 · 제작 · 시험하는 활동, 새로운 기술과 관련된 공구 · 지그 · 주형 · 금형 등을 설계하는 활동, 상업적 생산을 목적으로 실현가능한 경제적 규모가 아닌 시험공장을 설계 · 건설 · 가동하는 활동, 신규 또는 개선된 재료 · 장치 · 제품 · 공정 · 시스템이나 용역에 대하여 최종적으로 선정된 안을 설계 · 제작 · 시험하는 활동. 내부적으로 창출한 브랜드, 제호, 출판표제, 고객 목록은 무형자산이 아니다.

03 2016 상업 임용 A 6번 문항

정답

㉠ 500원

해설

영업권

영업권은 사업결합 시 취득자가 이전한 대가(지급액)의 공정가치가 취득일 현재 인식한 피취득자의 식별가능한 순자산(식별가능한 자산 - 부채)의 공정가치를 초과하는 금액이다. 이러한 영업권은 시너지 효과, 브랜드 가치, 평판, 우수한 인적자원 등 식별할 수 없는 무형 요소에서 발생한다.

영업권의 계산식

'지급한대가(이전대가)의 공정가치 - 피취득자의 순자산(식별가능한자산 - 부채)의 공정가치'

영업권의 분류

1. 사업결합으로 취득한 영업권: 다른 기업이나 사업을 매수 · 합병할 때 발생한다.
2. 내부창출영업권(K-IFRS에서 인정하지 않음): 기업이 스스로 영업권을 계상할 때 발생한다.

문제 풀이

영업권 = 지급한 대가의 공정가치 - 피취득자의 순자산(식별가능한 자산 - 부채)의 공정가치
= 8,000 - (13,000 - 5,500) = 500원

(차)	자산	13,000	(대)	부채	5,500
	영업권	500		현금	8,000

04 2020 상업 임용 B 4번 문항

정답

2016년말 건물A는 공정가치모형에 의해 측정하므로 감가상각을 하지 않는다.
2016년말 건물A의 공정가치 변동으로 발생하는 손익은 발생한 기간의 당기손익에 반영한다.

건물A 공정가치 변동 회계처리

(차) 투자부동산평가손실	300,000	(대) 투자부동산	300,000

건물B 공정가치 변동 회계처리

(차) 투자부동산	500,000	(대) 투자부동산평가이익	500,000

해설

투자부동산

투자부동산은 임대수익이나 시세차익 또는 둘 다를 얻기 위해 소유자가 보유하거나 리스이용자가 사용권 자산으로 보유하고 있는 부동산으로, 토지, 건물(또는 일부분) 또는 둘 다를 말한다. 만약, 해당 부동산이 재화나 용역의 생산 또는 제공이나 관리목적에 사용되거나 통상적인 영업과정에서 판매대상이 된다면 투자부동산이 아니다.

투자부동산의 인식과 측정

1. 인식: 투자부동산에서 생기는 미래 경제적 효익의 유입 가능성이 높고, AND 투자부동산의 원가를 신뢰성 있게 측정할 수 있으면 투자부동산(자산)으로 인식한다. 투자부동산의 원가는 인식기준에 따라 발생시점에 평가한다. 투자부동산의 원가에는 취득하기 위하여 최초로 발생한 원가와 후속적으로 발생한 추가원가, 대체원가 또는 유지원가를 포함한다.
2. 측정: 소유 투자부동산은 최초 인식시점에 인식기준에 따라 원가로 측정하며, 거래원가는 최초 측정치에 포함한다.
3. 인식 후의 후속측정(평가): 공정가치모형 or 원가모형 중 하나를 선택하며, 모든 투자부동산에 대해 동일하게 적용한다. 투자부동산이 특정 자산군의 공정가치나 수익과 연동되거나, 해당 자산군에서 얻는 수익으로 상환되는 부채와 연결되어 있으면 '공정가치모형'으로 한다. 그 외 투자부동산은 선택이다.
   - 공정가치모형: 투자부동산에 대하여 공정가치모형을 선택한 경우에는 최초 인식 후 모든 투자부동산을 공정가치로 측정하며, 공정가치 변동으로 발생하는 손익은 발생한 기간의 당기손익에 반영한다. 공정가치모형에 의해 측정하는 경우 감가상각을 하지 않는다.
   - 원가모형: 유형자산과 마찬가지로 감가상각을 한다. 만약 투자부동산의 공정가치를 신뢰성 있게 측정할 수 없으면 원가모형을 사용한다. 투자부동산의 공정가치는 주석으로 공시해야 한다.

문제 풀이

건물A의 공정가치 변동 반영: 당기 900,000 − 전기 1,200,000 = −300,000(하락)

(차) 투자부동산평가손실	300,000	(대) 투자부동산	300,000

건물B의 공정가치 변동 반영: 당기 1,500,000 − 전기1,000,000 = 500,000(상승)

(차) 투자부동산	500,000	(대) 투자부동산평가이익	500,000

05 2017 상업 임용 B 7번 문항

정답

2014년 건물 취득

(차)	투자부동산	5,000,000	(대) 현금	5,000,000

2015년 건물 용도변경 및 증설

(차)	건물 감가상각누계액(투자부동산)	4,000,000 1,000,000	(대) 투자부동산	5,000,000
(차)	건물	800,000	(대) 현금	800,000

2015년말 건물의 감가상각비: (4,800 000원 - 2,000,000원) ÷ 4년 = 700,000원

해설

계정대체(용도변경)

부동산의 용도가 변경되는 경우에만 투자부동산으로(에서) 대체한다. 부동산이 투자부동산의 정의를 충족하게 되거나 충족하지 못하게 되고, 용도 변경의 증거가 있는 경우에, 부동산의 용도가 변경되는 것이다. 부동산의 용도에 대한 경영진의 의도 변경만으로는 용도변경의 증거가 되지 않는다.

용도변경 사례

- 자가사용의 개시나 자가사용을 목적으로 개발을 시작: 투자부동산→자가사용부동산으로 대체
- 통상적인 영업과정에서 판매할 목적으로 개발을 시작: 투자부동산→재고자산으로 대체
- 자가사용의 종료: 자가사용부동산→투자부동산으로 대체
- 제삼자에 대한 운용리스 제공의 약정: 재고자산→투자부동산으로 대체

변경 전	변경 후	재평가	손익인식
투자부동산 (공정가치모형)	유형자산 (자가사용)	공정가치	해당시점의 공정가치가 취득원가로 간주됨. *손익인식 없음
유형자산 (자가사용)	투자부동산 (임대 등)	공정가치모형	유형자산의 감가상각, 손상차손 인식 후에 증가분은 기타포괄손익(직전 당기손익 제거) 감소분은 당기손익(직전 기타포괄손익 제거)
		원가모형	장부금액 유지. 평가 및 손익인식X
재고자산 (분양)	투자부동산 (임대 등)	공정가치	장부금액과 대체시점 공정가치의 차액은 당기손익 인식
건설중인자산	투자부동산 (완공 후 임대)	공정가치	기존 장부금액과 해당일의 공정가치 차액은 당기손익 인식

문제 풀이

취득

2014년 ㈜○○은 임대수익을 목적으로 건물을 취득했으므로 투자부동산으로 분류한다. 이 투자부동산은 원가모형이므로 감가상각 처리를 한다.

취득 시:	(차) 투자부동산	5,000,000	(대) 현금	5,000,000

2014년말 감가상각 시: (취득원가 5,000,000 - 잔존가치 1,000,000) ÷ 내용연수 4년 = 1,000,000원

(차) 감가상각비	1,000,000	(대) 감가상각누계액(투자부동산)	1,000,000

2015년 용도변경 및 증설: 투자부동산→유형자산

따라서, 해당시점의 공정가치가 취득원가로 간주된다.

용도변경 분개:

(차) 건물	4,000,000	(대) 투자부동산	5,000,000
감가상각누계액(투자부동산)	1,000,000		

증설 분개: 건물의 증설을 위해 지출한 800,000원은 유형자산의 인식 요건을 충족하므로 건물의 원가에 가산한다.

(차) 건물	800,000	(대) 현금	800,000

2015년말 건물의 감가상각비

2015년 1월 1일 용도 변경 및 증설 후 건물의 장부금액을 기준으로 감가상각비를 재계산한다.

2015년 1월 1일 현재 건물의 장부금액

= 용도 변경 시 장부금액 4,000,000 + 증설비용 800,000 = 4,800,000원

재계산된 잔존 내용연수: 최초 내용연수: 4년 - 2014년에 사용한 1년 + 증설로 1년 연장 = 4년

새로운 잔존가치: 2,000,000원

즉, 2015년 말 인식할 감가상각비

= (2015년 1월 1일 현재 장부금액 - 새로운 잔존가치) ÷ 새로운 잔존 내용연수

= (4,800,000 - 2,000,000) ÷ 4년 = 700,000원

제8절 부채

01 2007 상업 임용 10번 문항

정답

1월 1일	(차) 당좌예금	922,780	(대)	사채	1,000,000
	사채할인발행차금	77,220			
6월 30일	(차) 이자비용	46,139	(대)	현금	40,000
				사채할인발행차금	6,139

해설

사채

사채는 회사가 외부 투자자에게 자금을 조달하기 위해 발행하는 장기성 채무상품이다. 대표적인 금융부채이며, 일반적으로 상각후원가로 측정되고, 발행방식(할증발행 · 할인발행), 이자지급 방식에 따라 회계처리가 달라진다. 사채발행 시 발행자(채무자)의 금융부채가 증가하고, 투자자(채권자)의 금융자산이 증가한다.

사채의 이율 분류

- 표시이자율(액면이자율): 증서에 명시된 연간 이자율로, 실제 채권자에게 지급되는 이자율
- 시장이자율(유효이자율): 시장에서 요구되는 수익률로, 사채의 현재가치 계산 시 사용

문제 풀이

1월 1일 사채 발행

액면가액과 발행가액의 차액은 사채할인발행차금으로 처리한다.

사채할인발행차금: 액면가 1,000,000 − 발행가액 922,780 = 77,220원

6월 30일

현금이자 지급(액면이자): 액면가액 1,000,000 × 액면이자율 8% ÷ 2(6개월) = 40,000원

이자비용: 사채발행가액(기초장부금액) 922,780 × 유효이자율 10% ÷ 2(6개월) = 46,139원

사채할인발행차금 상각액 = 인식할 이자비용 46,139 − 지급할 한금이자 40,000 = 6,139원

02 2007 상업 임용 14번 문항

정답

94,750,000원

해설

사채 발행 가격은 크게 두 가지 요소의 현재가치 합으로 구성된다.

- 액면가액의 현재가치: 만기에 상환될 액면가액 100,000,000원을 유효이자율(연 7%)로 3년 동안 할인한 현재가치이다. 이는 '단일금액의 현재가치' 개념을 적용한다.
- 지급 이자의 현재가치: 매년 지급될 이자 금액을 유효이자율(연 7%)로 3년 동안 할인한 현재가치이다. 매년 동일한 금액이 반복적으로 지급되므로 '연금의 현재가치' 개념을 적용한다.

즉, 액면가액의 현재가치: 액면가액 100,000,000 × 단일금액 현재가치 0.8163

지급이자의 현재가치: 연이자금액 5,000,000 × 연금 현재가치 2.6243

사채 발행가격: 81,630,000 + 13,121,500원 = 94,751,500원, 반올림하면 94,750,000원

03 2002 상업 임용 9번 문항

정답

① 분개

(차)	당좌예금	940,000	(대) 사채	1,000,000
	사채할인발행차금	60,000		

② 사채발행비의 회계처리방법: '사채발행비'는 발행금액에서 차감하여 사채 장부금액을 결정한다. 즉, 사채할인발행차금에는 가산하고 사채할증발행차금에서는 차감한다.

③ 사채발행차금의 기재방법: 사채 액면가액에서 사채발행차금을 가감하여 현재 장부금액을 나타낸다. 해당 문제에서는 사채를 할인발행했으므로 사채의 액면가액에서 차감하는 형식으로 표시하여 사채의 순장부금액을 나타낸다.

해설

사채의 발행금액

발행방법	발행금액	이자율 크기 비교	이자비용에 따른 상각
액면발행 (=평가발행)	액면금액과 동일한 금액	표시이자율=시장이자율	지급이자=이자비용
할인발행	액면금액보다 낮은 금액	표시이자율 < 시장이자율	지급이자 < 이자비용 할인발행차금상각발생
할증발행	액면금액보다 높은 금액	표시이자율 > 시장이자율	지급이자 > 이자비용 할증발행차금상각발생

사채 발행 시 등록세, 법무비 등 '사채발행비'는 발행금액에서 차감하여 사채 장부금액을 결정한다. 즉, 사채할인발행차금에는 가산하고 사채할증발행차금에서는 차감한다.

문제 풀이

취득 시 분개

(차) 당좌예금	940,000	(대) 사채	1,000,000
사채할인발행차금	60,000		

실제 현금(당좌예금) 유입액: 발행가액 950,000 - 발행비 10,000 = 940,000원
사채할인발행차금 총액: 액면가 1,000,000 - 실제 유입액 940,000 = 60,000원
사채발행비의 회계처리방법: '사채발행비'는 발행금액에서 차감하여 사채 장부금액을 결정한다. 즉, 사채할인발행차금에는 가산하고 사채할증발행차금에서는 차감한다.

(재무상태표에) 사채발행차금의 기재방법: 사채발행차금(사채할인발행차금 또는 사채할증발행차금)은 사채의 액면가액에 대한 차감 또는 가산 형식으로 재무상태표에 표시한다. 사채할인발행차금은 사채의 액면가액에서 차감하는 형식으로 표시하여 사채의 순장부금액을 나타내며, 사채할증발행차금은 사채의 액면가액에 가산하는 형식으로 표시하여 사채의 순장부금액을 나타낸다.

재무상태표

	비유동부채	
	사채	1,000,000
	사채할인발행차금	(60,000)
		940,000

04 2010 상업 임용 1차 20번 문항

정답 ㄱ, ㄷ

해설

ㄱ. 사채할증발행차금의 환입(상각)은 순이익을 증가시킨다.

할증발행시

(차) 현금	XXX	(대) 사채	XXX
		사채할증발행차금	XXX

사채할증발행차금의 상각

(차) 이자비용	XXX	(대) 현금	XXX
사채할증발행차금	XXX		

즉, 사채할증발행차금을 상각하면 '이자비용'이 현금으로 지급하는 이자보다 더 적게 계상된다. 예를 들어 100,000원의 현금이 나가도 비용으로는 90,000원만 잡히는 것이다. 이는 비용이 유효이자율법으로 인해 더 적게 인식된 것이다. 결과적으로, 비용이 적게 계상되었으므로 순이익은 증가한다.

ㄴ. 사채의 가격(가치)과 시장이자율은 반비례 관계이다. 시장이자율이 하락하면, 이미 발행된 사채의 표시이자율(액면이자율)이 상대적으로 더 매력적으로 보이므로 해당 사채의 가치는 상승하게 된다.

ㄷ. 사채할인발행은 '유효이자율>표시이자율'의 관계일 때 이루어진다. 시장에서 요구하는 수익률이 사채가 주는 이자율보다 높으므로, 사채는 할인 발행된다. 즉, 액면가보다 저렴하게 매도해야 하는 것이다.

ㄹ. 할증발행된 사채의 장부가액은 만기까지 매년 감소하여 액면가액으로 된다.

05 2022 상업 임용 A 12번 문항

정답

이자비용 금액 925,390원

(차) 이자비용	925,390	(대) 현금	700,000
		사채할인발행차금	225,390

조기 상환 시점의 사채상환이익은 79,290원이다. 사채상환이익은 발행 후 시장이자율이 상승하여 회사채의 시장 가격이 하락할 때 발생한다. 이는 장부상 부채보다 적은 금액으로 상환하여 차액만큼 이익을 얻는 경우이다.

해설

2020년 1월 1일 사채 발행 시 회계 처리
(차) 현금 9,253,900 (대) 사채 10,000,000
사채할인발행차금 746,100

(차) 현금	9,253,900	(대) 사채	1,000,000
사채할인발행차금	746,100		

2020년 12월 31일 회계 처리

(차) 이자비용	925,390	(대) 현금	700,000
		사채할인발행차금	225,390

2021년 1월 1일 조기 상환 시 회계 처리

(차) 사채	10,000,000	(대) 현금	9,400,000
		사채할인발행차금	520,710
		사채상환이익	79,290

즉, 사채상환이익은 79,290원이다. 이는 사채의 장부가액이 상환대가보다 클 때 발생한다.
사채의 가격과 시장이자율은 반비례 관계를 가진다. 시장이자율이 상승하면 기존에 발행된 사채는 고정된 표시 이자율을 가지므로 상대적으로 매력이 떨어진다. 따라서 그 시장 가격은 하락한다.
결론적으로, 사채상환이익은 사채 발행 이후 시장이자율이 상승했을 때 발생한다. 회사는 장부에 남아 있는 부채보다 더 적은 금액으로 부채를 상환하게 되며, 이 차액만큼 사채상환이익이라는 이익이 발생하게 된다.

06 2010 상업 임용 2차 3번 문항

정답

1. 자산 · 부채의 측정기준: 역사적 원가와 현행원가

1) 역사적 원가(Historical Cost): 역사적 원가의 이론적 배경은 객관성과 검증가능성을 중시하는 전통적인 회계 관점에 기반을 둔다. 이는 자산을 취득하거나 부채를 부담할 당시 실제로 발생한 교환거래 가격을 회계 정보로 기록함으로써, 측정 과정의 자의성을 배제하고 외부 증빙을 통해 확인 가능하도록 한다. 장점은 첫째, 실제로 발생한 거래를 기준으로 하므로 측정의 객관성이 높고 증빙을 통해 쉽게 검증할 수 있어 회계 정보의 신뢰성을 확보한다. 둘째, 측정 및 기록 절차가 비교적 간편하여 실무 적용이 용이하다는 점이다.

단점은 인플레이션과 같은 경제적 환경 변화를 반영하지 못하여 현재의 경제적 가치를 제대로 나타내지 못한다는 것이다. 이로 인해 정보 이용자의 의사결정에 필요한 정보의 목적적합성이 저하될 수 있으며, 취득 시점에 따라 동일한 유형의 자산이라도 다른 금액으로 기록되어 비교 가능성을 해칠 수 있다.

2) 현행원가(Current Cost): 현행원가의 이론적 배경은 정보의 목적적합성을 강조하며, 기업의 현재 경제적 실질을 반영하고자 하는 노력에 있다. 이는 현재 시점에서 동일하거나 동등한 자산을 취득하거나 부채를 이행할 경우 지불해야 할 원가를 측정함으로써, 물가 변동 등을 고려하여 현재 가치를 보여주고자 한다.

장점은 첫째, 현재의 경제적 가치를 반영하여 재무정보의 목적적합성을 높인다는 것이다. 이는 특히 물가 변동이 심한 시기에 기업의 현재 자원 규모를 더 정확하게 보여준다.

단점은 첫째, 시장 가격 변동성이나 유사한 자산의 부재 등으로 측정이 어렵고 평가자의 주관이 개입될 여지가 있어 객관성과 검증가능성이 낮아질 수 있다는 것이다. 이로 인해 회계 정보의 신뢰성이 저하될 가능성이 있으며, 측정 과정이 복잡하고 비용이 많이 든다는 실무적 한계도 존재한다.

2. 2009년 12월 31일 결산 시점 회계처리

1) 당기손익-공정가치측정금융자산의 평가

(차) 당기손익-공정가치측정금융자산평가손실	10,000	(대) 당기손익-공정가치측정금융자산	10,000

2) 재고자산(상품)의 평가

(차) 재고자산평가손실	15,000	(대) 재고자산평가충당금	15,000

3) 상각후원가측정금융자산의 평가

결산 시점에 별도의 평가 회계처리는 없으며, 장부금액은 80,000원으로 유지된다.

4) 기타포괄손익-공정가치측정금융자산의 평가

(차) 기타포괄손익-공정가치측정금융자산	20,000	(대) 기타포괄손익-공정가치측정금융자산평가이익	20,000

5) 사채이자의 지급 및 상각

(차) 이자비용	11,424	(대) 현금	10,000
		사채할인발행차금	1,424

해설

자산과 부채의 측정기준

구분		과거취득가격	현재시장가격	미래가치반영
유입	취득 거래 (거래원가 포함)	역사적원가	현행원가	
유출	매도 및 이전 거래 (거래원가 불포함)		공정가치	사용가치(자산) 이행가치(부채)

1. 역사적 원가: 처음 자산을 창출하거나 취득할 때, 부채가 발생할 때의 실제 거래 가격이다.
   역사적 원가 측정치는 자산, 부채 및 관련 수익과 비용을 발생시키는 거래나 그 밖의 사건에서 도출된 정보를 사용하여 자산, 부채 및 관련 수익과 비용에 관한 화폐적 정보를 제공한다. 현행가치와 다르게, 자산의 손상이나 손실부담에 따른 부채와 관련되는 변동을 제외하고는 가치의 변동을 반영하지 않는다.
   - 자산을 취득, 창출 시 역사적 원가: 자산의 취득 또는 창출에 발생한 원가의 가치로서, 자산을 취득 또는 창출하기 위해 지급한 대가와 거래원가를 포함한다. '대가 + 거래원가'
   - 부채가 발생, 인수 시 역사적 원가: 부채가 발생하거나 인수할 때의 역사적 원가는 발생시키거나 인수하면서 수취한 대가에서 거래원가를 차감한 가치이다. '대가 – 거래원가'
2. 현행가치: 현재 시점에서 자산을 취득하거나 매도할 수 있는 금액, 또는 부채를 이행하거나 이전할 때 필요한 금액이다.
   현행가치 측정치는 측정일의 조건을 반영하기 위해 갱신된 정보를 사용하여 자산, 부채 및 관련 수익, 비용의 화폐적 정보를 제공한다. 갱신에 따라 자산과 부채의 현행가치는 이전 측정일 이후의 변동, 즉 현행가치에 반영되는 현금흐름과 그 밖의 요소의 추정치 변동을 반영한다. 역사적 원가와 다르게, 자산이나 부채를 발생시킨 거래나 그 밖의 사건의 가격으로부터 부분적으로라도 도출되지 않는다.
   - 공정가치: 측정일에 시장참여자 사이의 정상 거래에서 자산을 매도할 때 받거나 부채를 이전할 때 지급하게 될 가격이다. 공정가치는 기업이 접근하는 시장참여자의 관점을 반영한다. 공정가치는 자산을 취득할 때 발생한 거래원가로 인해 증가하지 않으며 부채를 발생시키거나 인수할 때 발생한 거래원가로 인해 감소하지 않는다. 또한, 공정가치는 자산의 궁극적인 처분이나 부채의 이전 또는 결제에서 발생할 거래원가를 반영하지 않는다.
   - 자산의 사용가치와 부채의 이행가치: 사용가치는 기업이 자산의 사용과 궁극적인 처분으로 얻을 것으로 기대하는 현금흐름 또는 그 밖의 경제적 효익의 현재가치이다. 이행가치는 기업이 부채를 이행할 때 이전해야 하는 현금이나 그 밖의 경제적자원의 현재가치이다. 이러한 현금이나 그 밖의 경제적 자원의 금액은 거래상대방에게 이전되는 금액뿐만 아니라 기업이 그 부채를 이행할 수 있도록 다른 당사자에게 이전해야 할 것으로 기대하는 금액도 포함한다. 사용가치와 이행가치는 미래현금흐름에 기초하기 때문에 자산을 취득하거나 부채를 인수할 때 발생하는 거래원가는 포함하지 않는다.
   - 현행원가: 현행원가는 역사적 원가와 마찬가지로 유입가치이다. 자산의 현행원가는 측정일 현재 동등한 자산의 원가로서 측정일에 지급할 대가와 그날에 발생할 거래원가를 포함한다. 부채의 현행원가는 측정일 현재 동등한 부채에 대해 수취할 수 있는 대가에서 그날에 발생할 거래원가를 차감한다. 이는 기업이 자산을 취득하거나 부채를 발생시킬 시장에서의 가격을 반영한다. 이런 이유로, 현행원가는 유출가치인 공정가치, 사용가치 또는 이행가치와 다르다. 그러나 현행원가는 역사적 원가와 달리 측정일의 조건을 반영한다.

회계 처리

1) 당기손익-공정가치측정금융자산의 평가
   2009년 1월 1일 장부금액 60,000원, 결산시점 공정가치 50,000원,
   평가손실 = 장부금액 - 공정가치 = 60,000 - 50,000 = 10,000원(당기손익 인식)

   (차) 당기손익-공정가치측정금융자산평가손실 10,000 (대) 당기손익-공정가치측정금융자산 10,000

2) 재고자산(상품)의 평가
   재고자산은 저가법을 적용하여 취득원가와 순실현가능가치 중 낮은 금액으로 평가한다.
   취득원가 60,000원
   순실현가능가치: 예상판매가격 50,000 - 예상판매비용 5,000 = 45,000원
   순실현가능가치 < 취득원가이므로, 재고자산평가손실을 인식한다.
   평가손실 = 취득원가 - 순실현가능가치 = 60,000 - 45,000 = 15,000원

   (차) 재고자산평가손실 15,000 (대) 재고자산평가충당금 15,000

3) 상각후원가측정금융자산의 평가
   상각후원가측정금융자산은 액면가액으로 취득하였고, 별도의 유효이자율 정보가 없으므로 취득원가인 80,000원으로 평가한다. 이자수익 인식 여부는 자료에 없다. 따라서, 결산 시점에 별도의 평가회계처리는 없다. 장부금액은 80,000원으로 유지된다.

4) 기타포괄손익-공정가치측정금융자산의 평가
   기타포괄손익-공정가치측정금융자산은 공정가치로 평가하고, 평가손익은 기타포괄손익으로 인식한다.
   2009년 1월 1일 장부금액 100,000원, 취득원가 90,000원(2008년 5월 1일 취득)
   결산시점 공정가치120,000원, 현재 장부금액 100,000원을 기준으로 평가손익을 계산한다.
   평가이익 = 결산시점 공정가치 - 2009년 1월 1일 장부금액
   평가이익 = 120,000 - 100,000 = 20,000원

   (차) 기타포괄손익-공정가치측정금융자산 20,000 (대) 기타포괄손익-공정가치측정금융자산평가이익 20,000

5) 사채이자의 지급 및 상각
   현금 지급 이자 = 액면가액 × 표시이자율 = 100,000 × 0.1 = 10,000원
   이자비용(유효이자율법) = 사채 기초 장부금액 × 유효이자율
   = 95,198 × 0.12 = 11,423.76. 원 단위 반올림하여 11,424원
   사채할인발행차금 상각액 = 이자비용 - 현금 지급 이자 = 11,424 - 10,000 = 1,424원

(차) 이자비용	11,424	(대)	현금	10,000
			사채할인발행차금	1,424

07 2020 상업 임용 A 12번 문항

정답

㉠ 충당부채의 인식을 위한 요건 2가지: ① 경제적 자원의 유출 가능성이 높으며, ② 필요한 금액을 신뢰성 있게 추정할 수 있다.

㉡ 우발
2018년도 포괄손익계산서 이자비용: 38,550원

해설

충당부채

충당부채는 지출 시기나 금액이 불확실한 부채이다. 충당부채는 별도로 보고하며, 그 예로 퇴직급여충당부채, 제품보증충당부채, 소송충당부채, 구조조정충당부채 등이 있다.
충당부채의 인식은 3가지의 요건을 충족해야 한다. ① 과거사건의 결과로 현재의무가 존재하고, ② 경제적 자원 유출 가능성이 높으며, ③ 필요한 금액을 신뢰성 있게 추정할 수 있으면 충당부채를 인식한다.
충당부채는 현재의무를 이행하기 위한 최선의 추정치로 측정하며, 화폐의 시간가치가 중요한 경우에는 현재가치로 평가한다. 자산의 예상 처분이익은 충당부채를 측정할 때 고려하지 않는다.

우발부채

우발부채는 현재 인식되지 않지만 미래에 부채가 될 수도 있는 잠재적 의무이다. 우발부채는 재무제표에는 인식하지 않고(금액으로 반영하지 않고), 주석에 공시한다.
① 존재 자체가 불확실한 의무일 때(예: 소송 결과에 따라 손해배상을 할 수도 있는 상황), 혹은 ② 현재의무이지만 아직 부채로 인식하지 않았을 때(자원의 유출 가능성이 낮거나 지급할 금액을 신뢰성 있게 추정할 수 없어 인식기준에 미달할 경우) 우발부채로 간주한다.

충당부채와 우발부채의 관계

충당부채	우발부채
현재의무이며,	현재의무를 가지고 있는지 확인되지 않거나
이행을 위해 경제적자원을 유출할 가능성이 높고	현재의무이지만, 이행을 위해 경제적자원을 유출할 가능성이 높지 않거나
해당금액을 신뢰성 있게 측정할 수 있다.	현재의무이지만, 해당 금액을 신뢰성 있게 추정할 수 없다.

복구충당부채의 회계 처리

최초 인식: 2018년 1월 1일 복구충당부채의 현재가치

미래에 지출될 복구 비용의 현재가치로 인식한다.

예상되는 원상복구 지출액 = 1,000,000, 현재가치계수 (10년, 10%) = 0.3855

= 1,000,000 × 0.3855 = 385,500원

(차) 태양광발전설비	5,385,500	(대) 현금	5,000,000
		복구충당부채	385,500

2018년도말 감가상각 및 이자비용 인식

감가상각비 인식

(차) 감가상각비	538,550	(대) 감가상각누계액	538,550

이자비용(복구충당부채전입액)

2018년 1월 1일 복구충당부채잔액(기초) = 385,500

2018년도 이자비용 = 385,500 × 할인율(10%) = 38,550원

(차) 이자비용	38,550	(대) 복구충당부채	38,550

재무상태표 예

재무상태표

2018. 12. 31. 현재

비유동자산		비유동부채	
유형자산		충당부채	
태양광발전설비	5,385,000	복구충당부채	424,050
감가상각누계액	(539,550)		
	4,846,950		

포괄손익계산서

2018.1.1.~2018.12.31.

감가상각비	538,550
이자비용	38,550

제9절 자본

01 2018 상업 임용 B 5번 문항

정답

㉠ 1,800,000원
2016년 7월 1일
기본주당순이익: 총 가중평균유통보통주식수는 310주이다. 따라서, 기본주당순이익은 당기순이익 124,000 ÷ 310주 = 400원이다.

해설

주당이익(EPS, earnings per share)

주당이익은 기업의 당기순이익을 보통주식수로 나눈 값이다. 보통주식 1주당 얼마의 이익을 창출했는지를 알 수 있다. 다시 말해, 주당이익은 기업의 성과를 주주 1인의 관점에서 보여주는 유용하고 대중적인 지표이다.

기본주당이익(basic EPS) 계산

$$\text{기본주당이익} = \frac{\text{당기순이익}-\text{우선주 배당금}}{\text{가중평균유통보통주식수}}$$

- 당기순이익: 회계기간 동안 기업이 벌어들인 총이익이다.
- 우선주배당금: 우선주는 보통주보다 배당에서 우선적인 권리를 가지므로, 당기순이익 중 우선주에게 먼저 지급될 배당금을 차감해야 한다. 이렇게 해야 보통주주에게 실제로 돌아가는 이익을 정확히 계산할 수 있다.
- 가중평균유통주식수: 회계 기간 동안 유통된 보통주식 수의 평균치이다. 이때 주식 수의 변동(증자, 감자)이 반영된 평균 주식수를 사용해야 한다.

가중평균유통보통주식수

가중평균유통보통주식수는 회계 기간 동안 유통된 보통주식 수를 시간의 흐름에 따라 가중 평균한 값이다. 기업의 주식 수는 증자, 감자, 주식배당, 주식분할, 주식병합 등 다양한 사건으로 변동할 수 있으므로, 이 모든 변동을 반영하여 정확한 주당이익을 계산하기 위해 사용된다.

- 주식 변동 상황에 따른 계산 방법
  1) 유상증자, 감자(현금 유출입 발생): 해당 사건이 발생한 날로부터 가중평균을 시작한다.
  2) 무상증자, 주식배당, 주식분할, 주식병합(현금 유출입 없음): 자본금의 변화없이 주식 수만 변동시키는 사건에서는 기초 주식수와 해당 사건 이전에 발생했던 모든 유상증자, 유상감자에 소급하여 적용한다. 이는 주식수의 단순한 비례적 조정을 반영하여 과거의 수익성 지표와 비교가능성을 높이기 위함이다.

문제 풀이

1. 거래 단계별 회계 처리

4월 1일 1주당 0.5주 주식배당 결의, 주식발행

(차) 현금	500,000	(대) 자본금	500,000

신규발행주식 200 × 0.5 = 100주, 100주 × @5,000 = 500,000원

7월 1일 유상증자 60주 × @8,000

(차) 현금	460,000	(대) 자본금	300,000
		주식발행초과금	160,000

10월 1일 자기주식 취득

(차) 자기주식	800,000	(대) 현금	800,000

12월 31일 자본금

기초 1,000,000 + 4월 1일 주식배당 500,000 + 7월 1일 유상증자 300,000 = 1,800,000원

2. 거래 단계별 가중평균유통보통주식수 계산

① 2016년 1월 1일 ~ 6월 30일(180일)

주식배당, 무상증자는 자본 내 재분류이므로 주식수만 늘리는 것이 되니까, 4월 1일부터 반영할 경우 오히려 주당순이익에서 주식수가 적었던 것처럼 보이게 된다. 따라서 1월 1일에 소급적용한다.

주식수: 기초 주식수 200주 + 주식배당 소급적용 100주 = 300주

가중평균: 300주 × (180일 ÷ 360일) = 150주

② 2016년 7월 1일 ~ 9월 30일(90일)

주식수: 기존 300주 + 유상증자 60주 = 360주

가중평균: 360주 × (90일 ÷ 360일) = 90주

③ 2016년 10월 1일 ~ 12월 31일(90일):

주식수: 기존 360주 − 자기주식 취득 80주 = 280주

가중평균: 280주 × (90일 ÷ 360일) = 70주

총 가중평균유통보통주식수: 150주 + 90주 + 70주 = 310주

3. 기본주당순이익 계산

보통주에 귀속되는 당기순이익 124,000원

주당순이익 = 보통주 귀속 당기순이익 ÷ 가중평균유통보통주식수

즉, 기본주당순이익: 당기순이익 124,000 ÷ 310주 = 400원

02 2009 상업 임용 1차 16번 문항

정답 5,000,000원

해설

우선주(preferred stock)

우선주는 보통주보다 이익배당이나 잔여재산 분배 등에서 우선적 권리를 가지는 주식이다. 실무에서는 우선주를 그 성격에 따라 이익배당우선주, 전환우선주, 상환우선주 등으로 구분하기도 한다. 상법에서는 이러한 우선주를 종류주식이라 한다.

1. 이익배당우선주: 배당 시 우선권을 가지는 주식으로, 보통주보다 먼저 확정된 배당률에 따라 배당을 받는다. 일반적으로 누적적 · 비참가적 우선주이다.

누적	누적적 우선주	배당을 못 받으면 다음 해로 이월하여 누적 지급한다.
	비누적적 우선주	배당을 못 받은 해가 있어도 이후 보전은 없다.
참가	참가적 우선주	정해진 배당을 받고, 보통주와 추가 배당도 함께 받는다.
	비참가적 우선주	정해진 배당만 받고 추가 배당은 없다.

2. 전환우선주: 보통주로 전환할 수 있는 권리가 붙은 우선주이며, 구입 시 전환조건(예: 1주당 2보통주 등)이 정해져 있다. 주주가 행사할 수 있는 전환권이 부여되어 있기 때문에 프리미엄 가격이 붙어 시장에서 더 높은 가격에 거래되기도 한다. 전환우선주를 보통주로 전환 시 의결권을 확보하게 되며 시세차익을 기대할 수 있다.
3. 상환우선주: 일정 조건이나 일정 시점에 회사에 의해 상환될 수 있는 우선주이다. 즉, 회사에게 상환권이 있어, 회사가 상환권을 행사하고 해당 우선주를 되사갈 수 있다. 상환가액은 보통 액면가 또는 그 이상이며, 회사 자금 사정이나 계약조건에 따라 상환한다. 계약 조건에 따라 회사가 상환하면 주주는 더 이상 주주가 아니며 배당과 시세차익의 기회도 종료된다. 회사는 상환우선주를 발행해 자금조달 유연성을 확보하고, 일정기간 후에 이를 상환하여 배당압력을 피할 수 있다.

문제 풀이

조건: 약정 배당률 10%, 2007년 미처리결손금 2,400,000원

2008년의 배당 가능액

당기순이익 9,000,000 − 미처리결손금 2,400,000 − 이익준비금 600,000 = 6,000,000

우선주 배정 2,000주일 때 우선주 배당액

액면가 5,000원 × 10% × 2,000주 = 1,000,000원

보통주 배당액: 배당 가능액 6,000,000 − 우선주 배당액 1,000,000 = 5,000,000원

참고적으로, 보통주 주주의 주당 현금배당액은 5,000,000 ÷ 20,000주 = 250원이다.

03 2025 상업 임용 B 9번 문항

정답

2023년도 가중평균유통보통주식수: 13,900주

12,000 × 3/12 + 15,600 × 3/12 + 13,200 × 2/12 + 14,400 × 4/12 = 13,900주

㉠ 주당순이익

㉡ 배당성향

해설

기간별 조정주식수 계산

조건: 기초 유통보통주식수 12,000주, 무상변동에 따른 조정계수 계산 없음.

1/1~3/31(3개월): 기초 12,000주

4/1~6/30(3개월): 12,000주 + 유상증자 3,600주

7/1~8/31(2개월): 15,600주 – 자기주식 2,400주

9/1~12/31(4개월): 13,200주 + 자기주식 처분 1,200주

가중평균유통주식수 계산

12,000 × 3/12 + 15,600 × 3/12 + 13,200 × 2/12 + 14,400 × 4/12

= 3,000 + 3,900 + 2,200 + 4,800 = 13,900주

배당금(dividends)

현금배당은 주주에게 현금으로 이익을 분배하며 이익잉여금이 감소한다. 주식배당은 주주에게 현금대신 주식으로 이익을 배분하며 이익잉여금이 감소하고 자본금으로 대체된다.

배당 관련 용어

- 배당선언일: 이사회의 결의(현금배당) 또는 주주총회의 결의(현금/주식배당)를 통해 배당이 공식적으로 결정되고 공시되는 날이다. 이 날짜에 미지급배당금(부채, 현금배당), 미교부주식배당금(자본조정 주식배당)을 인식한다.
- 배당기준일: 주주명부에 등록된 주주가 배당을 받을 권리가 확정되는 날이다. 우리나라에서는 보통 결산일(12/31)이 배당기준일이 되는 경우가 많다.
- 배당락일: 배당기준일 직전 거래일이다. 이 날부터는 주식을 사도 배당 받을 권리가 없어, 일반적으로 주가가 배당금만큼 하락하는 경향이 있다.
- 배당지급일: 실제 배당금(현금, 주식)이 주주에게 지급(교부)되는 날이다. 현금배당 시에는 미지급배당금(부채) 소멸, 현금 감소, 주식배당 시에는 미교부주식배당금(자본조정) 소멸, 자본금 증가의 변동이 있다.
- 배당성향: 당기순이익 중 얼마만큼을 주주에게 현금 배당으로 돌려주는지를 나타내는 비율로, 기업의 배당 정책을 평가하는 중요한 지표이다.
  계산식: (총 현금 배당금 ÷ 당기순이익) × 100%
- 주당배당금: 보통주식 1주당 현금으로 얼마를 배당하는지를 나타내는 금액이다.
  계산식: 총 현금 배당금 ÷ 발행주식수(또는 유통주식수)
- 배당수익률: 현재 주가 대비 주주가 받는 배당금의 비율이다. 주식 투자로 얻을 수 있는 배당 수익률을 계산할 때 활용할 수 있다.
  계산식: (주당 현금 배당금 ÷ 주가) × 100%

제10장 포괄손익계산서(수익, 비용)

01 2017 상업 임용 A 5번 문항

정답 70,000원

해설

매출액
매출원가

매출총이익
판매비(물류원가)와 관리비

영업이익
기타수익(금융수익 포함)
기타비용(금융원가 포함)

법인세비용 차감전 순이익
법인세비용
중단사업손익(세후)

당기순이익
기타포괄손익

총포괄손익

매출총이익 = 500,000 × 40% = 200,000원
영업이익 = 매출총이익 − 판관비
= 200,000 − (급여 100,000 + 교육훈련비 10,000 + 광고비 20,000) = 70,000원

02 2022 상업 임용 B 11번 문항

정답

㉠ 건조기 개별 판매가격 300,000 − 건조기에 배분될 할인액 30,000 = 270,000원
㉡ 통제
㉢ 수익 인식 방법: 기업은 기간에 걸쳐 수익을 인식한다.

해설

수익 인식 5단계 모형(five-step model) (계-수-가-배-이인)

① 고객과의 계약 식별 → ② 수행의무 식별 → ③ 거래가격 산정 → ④ 거래가격을 수행의무에 배분 → ⑤ 수행의무 이행시 수익인식

① 단계: 고객과의 계약 식별, 수익 인식의 출발점인 유효한 계약을 확인한다.
② 단계: 수행의무 식별, 고객에게 이전하기로 약속한 재화나 용역(수행의무)을 구체적으로 파악한다.
③ 단계: 거래가격 산정, 고객으로부터 받을 대가를 결정한다.

④ 단계: 거래가격을 수행의무에 배분: 여러 수행의무가 있는 경우, 각 수행의무에 거래가격을 합리적으로 배분한다.
⑤ 단계: 수행의무 이행 시 수익 인식, 가장 핵심적인 단계로, 약속한 재화나 용역에 대한 통제가 고객에게 이전될 때 (또는 이전되는 대로) 수익을 인식한다.

■ **4단계: 거래가격을 수행의무에 배분**

1. 거래가격 배분의 목적: 거래가격 배분은 기업이 고객에게 약속한 총 거래가격을 계약 내의 각 개별 수행의무(또는 구별되는 재화나 용역)에 합리적으로 할당하는 것이다.
2. 개별 판매가격에 기초한 배분
   - 개별 판매가격: 기업이 고객에게 약속한 재화나 용역을 별도로 판매할 경우의 가격이다.
   - 배분원칙: 계약 개시시점에 계약상 각 수행의무의 개별 판매가격에 비례하여 총 거래가격을 배분한다.
   - 거래가격 배분 및 변동의 특수 상황

(1) 할인액의 배분: 총 개별 판매가격 합계보다 낮은 가격으로 할인하여 판매할 때, 할인액은 대부분 모든 수행의무에 그 개별 판매가격 비율에 따라 비례하여 배분된다.

(2) 변동대가의 배분: 성과 보너스 등 변동대가도 기본적으로 모든 수행의무에 비례하여 배분하는 것이 원칙이다. 그러나, 변동대가가 특정 수행의무의 이행과 명백히 관련되고 합리적이라고 판단되면 해당 수행의무에만 배분할 수 있다.

(3) (계약 개시 후)거래가격의 변동: 계약 개시 후 불확실성 해소, 계약 변경 등의 사유로 거래가격이 변동되면, 처음 계약을 개시할 때 배분했던 동일한 기준으로 수행의무에 재배분한다. 이때, 이행이 완료된 수행의무에 배분된 금액은 거래가격이 변동되는 기간에 수익으로 인식하거나 수익에서 차감한다. 즉, 개별 판매가격 변동을 반영하여 과거를 다시 재배분하지는 않는다.

■ **5단계: 수행의무 이행 시(또는 기간에 걸쳐) 수익 인식**

1. 수익 인식 시점: 약속한 재화나 용역에 대한 '통제'가 고객에게 이전될 때 수익을 인식한다. 이는 고객이 자산을 사용하고 그 효익의 대부분을 얻을 수 있는 능력을 갖게 되는 시점이다. 수익은 한 시점에 한 번에 인식되거나(구 성과기준) 기간에 걸쳐(진행기준) 인식된다.
2. 진행률 측정 방법: 기간에 걸쳐 수익을 인식할 때는 수행의무의 이행 정도(진행률)를 합리적으로 측정해야 한다. 그 방법에는 산출법과 투입법이 있다. 산출법은 고객에게 이전된 재화나 용역의 가치에, 투입법은 수행의무 이행에 투입된 노력이나 자원에 직접 기초하여 진행률을 측정하는 방식이다.

건조기 판매에 배분될 거래가격

총 개별 판매가격의 합계
세탁기 개별 판매가격 700,000원 + 건조기 개별 판매가격 300,000원 = 1,000,000원

건조기 개별 판매가격의 비율
건조기 개별 판매가격 300,000 ÷ 총 개별 판매가격 합계 1,000,000 = 0.3(30%)
따라서, 총 할인액: 100,000원
건조기에 배분될 할인액: 총 할인액 100,000 × 건조기 비율 0.3 = 30,000원
건조기 판매에 배분될 거래가격: 건조기 개별 판매가격 300,000 − 건조기에 배분될 할인액 30,000
= 270,000원

03 2002 상업 임용 10번 문항

정답

① 위탁매출액: 위탁자가 수탁자에게 재화를 위탁한 시점이 아니라, 수탁자가 해당 재화를 제3자에게 판매하는 시점에 수익을 인식한다.
② 시용매출액: 고객이 해당 재화의 구매 의사를 최종적으로 표시(인수 의사를 표시)하는 시점에 수익을 인식한다.
③ 용역매출액: 용역의 특성에 따라 한 시점 혹은 기간에 걸쳐 인식된다.
④ 예약매출액: 예약이 특정 시점에 재화의 인도를 약속하는 것이라면 재화의 통제력이 고객에게 이전되는 시점, 용역의 성격을 가진다면 용역의 진행률에 따라 인식한다.
⑤ 장기할부매출의 경우 이자상당액: 재화나 용역의 판매 가격과 별도로 인식되는 이자상당액은 유효이자율법을 적용하여 이자수익으로 인식한다.

해설

매출 유형별 수익 인식

매출 유형	수행의무시점, 수익인식방식	통제 이전 근거
위탁매출	한 시점에 인식	수탁자가 최종 고객에게 재화를 판매하는 시점
시용매출	한 시점에 인식	고객이 재화를 매입하겠다는 의사를 표시하거나, 시험 사용 기간이 경과로 매입 의사 확정 시점
용역매출	'기간에 걸쳐(진행기준)' 또는 '한 시점'	• 기간에 걸쳐: 고객이 용역제공과 동시에 효익을 얻고 소비, 고객이 통제하는 자산을 기업이 만들거나 그 가치를 높이는 경우, 기업이 자산의 대체적 용도가 없고 지급청구권이 있는 경우(3가지 기준 中 1개 충족 시) • 한 시점: 위 해당사항 없음, 용역제공 완료시
예약매출	'기간에 걸쳐' 또는 '한 시점'	• 예약된 재화나 용역이 고객에게 실제로 인도되거나 제공되는 시점 • 예약금 수령 시점: '계약부채' 인식 • 요건 충족 시 '기간에 걸쳐' 수익 인식
장기할부매출 이자상당액	재화 및 용역 판매는 '한 시점', 이자상당액은 '기간에 걸쳐'	• 재화 판매 수익: 재화에 대한 통제가 고객에게 인도되는 시점 • 이자상당액 수익: 총 계약금액에 포함된 유의적인 금융요소(이자)는 자금을 제공하는 대가이므로, 할부기간에 걸쳐 시간의 경과에 따라 이자수익으로 인식

① 위탁매출: 위탁자가 수탁자에게 재화를 위탁한 시점이 아니라, 수탁자가 해당 재화를 제3자에게 판매하는 시점에 수익을 인식한다. 이는 재화에 대한 통제력이 수탁자를 거쳐 최종 고객에게 이전되는 시점이 판매 시점이기 때문이다.
② 시용매출: 고객이 재화를 시험적으로 사용하고 구매 의사를 표시하는 계약인 시용판매의 경우, 고객이 해당 재화의 구매 의사를 최종적으로 표시(인수 의사를 표시)하는 시점에 수익을 인식한다. 고객이 재화에 대한 통제력을 획득하는 시점이 구매 의사 표시 시점이기 때문이다.
③ 용역매출액: 용역은 일반적으로 시간이 경과함에 따라 또는 특정 기준에 따라 이행된다. 따라서 용역매출액은 용역 제공의 진행률에 따라 수익을 인식한다. 고객이 용역을 제공받음에 따라 효익을 얻고 통제력을 획득하는 것이 진행 중이기 때문이다.

④ 예약매출액: 예약매출액은 예약에 따른 재화나 용역의 성격에 따라 수익 인식 시점이 달라질 수 있다. 만약 예약이 특정 시점에 재화의 인도를 약속하는 것이라면 재화의 통제력이 고객에게 이전되는 시점(일반적으로 인도 시점)에 수익을 인식한다. 용역의 성격을 가진다면 용역의 진행률에 따라 인식한다.

⑤ 장기할부매출의 경우 이자상당액: 장기할부매출은 금융 요소가 포함된 계약으로 본다. 이 경우 재화나 용역의 판매 가격과 별도로 인식되는 이자상당액은 유효이자율법을 적용하여 이자수익으로 인식한다. 이는 시간의 경과에 따라 금융 서비스를 제공한 대가이므로, 기간에 걸쳐 인식하는 것이 합리적이기 때문이다.

04 2008 상업 임용 9번 문항

정답

2006년 공사 진행률 75%
2007년의 공사 이익 150,000원

해설

건설계약의 수익 인식방법

건설 공사는 장기간에 걸쳐 고객을 위해 자산을 만들거나 가치를 높이는 대로 고객이 통제하는 자산(건설 중인 건물 등)을 만드는 상황이므로, 진행기준(기간에 걸쳐 수익 인식)을 적용하는 것이 일반적이다.

건설계약의 회계처리 절차

① 공사진행률 계산

건설계약이라는 용역의 특성을 고려하여 일반적으로 투입법으로 계산한다. 투입법 중 가장 흔하게 사용되는 것이 발생 원가 기준 진행률이다.

공사 진행률 = 당기까지 실제 발생 원가(누계) ÷ 총 공사 예상 원가

② 공사 이익 계산

총 계약이익 → 누적 인식해야할 공사이익 → 당기에 해당하는 공사이익

a. 총 계약이익: 총 계약 금액 − 총 공사 예상 원가
b. 해당 연도 말까지 누적 인식해야 할 공사 이익: 총 계약이익 × 해당 연도 말 공사 진행률
c. 당기 공사 이익: 해당 연도 말까지 누적 인식해야 할 공사 이익 − 직전 연도 말까지 인식한 공사 이익

문제 풀이

공사 진행률 = 당기까지 실제 발생 원가(누계) ÷ 총 공사 예상 원가
공사 이익
a. 총 계약이익: 총 계약 금액 − 총 공사 예상 원가
b. 해당 연도 말까지 누적 인식해야 할 공사 이익: 총 계약이익 × 해당 연도 말 공사 진행률
c. 당기 공사 이익: 해당 연도 말 누적 인식해야 할 공사 이익 − 직전 연도 말까지 인식한 공사 이익

1. 2006년의 공사 진행률
   (당기까지 실제발생 원가 1,800,000/ 총 공사 예상원가 2,400,000) × 100% = 75%
2. 2006년의 공사 이익
   a. 총 계약이익: 총 계약 금액 3,000,000 − 총 공사 예상 원가 2,400,000 = 600,000원
   b. 누적 인식해야 할 공사이익(당기 공사이익): 총 계약이익 600,000 × 공사진행률 75% = 450,000원
3. 2007년의 공사 진행률: 2,400,000 / 2,400,000 × 100% = 100%
   2007년의 공사이익
   b. 총 계약이익 600,000 × 2007년말 진행률 100% = 600,000원
   c. 당기 공사 이익 600,000 − 450,000 = 150,000원

05 2017 상업 임용 B 3번 문항

정답

㈜○○의 서버관리 용역 제공과 관련한 수익은 기간에 걸쳐 인식한다.
㈜○○이 2014년 인식한 이익 금액 3,000,000원
㉠에 해당하는 2015년 당기발생원가 10,000,000원
2015년 인식 이익 2,500,000 = (50,000,000 × ((20,000,000 + 당기발생원가) ÷ 40,000,000) − 25,000,000) − 2015년 당기발생원가. 즉, 2015년 당기발생원가는 10,000,000원

해설

용역매출의 수익 인식

용역매출의 경우, 용역의 특성에 따라 한 시점 혹은 기간에 걸쳐 인식된다. 다음의 세 가지 조건 중 하나라도 충족 시에 기간에 걸쳐 인식된다.

① 기업이 수행의무를 이행하는 동안 고객이 동시에 그 효익을 소비.(예 청소 서비스)
② 기업이 고객에게 제공하는 자산을 기업이 창출하거나 그 가치를 높이는 활동을 하며 고객이 해당 자산을 통제하는 경우.(예: 건설 계약)
③ 기업이 자산을 창출하며 해당 자산의 대체적 용도가 없고, 지금까지 수행한 부분에 대해 지급받을 강제할 수 있는 권리가 있는 경우.(예: 맞춤형 소프트웨어 개발).

위 조건에 해당되지 않는 경우, 통제가 고객에게 이전되는 시점(한 시점)에 수익을 인식한다.

2014년 인식한 이익 금액 문제 풀이

① 진행률 계산 ② 이익 계산(총 계약이익 → 누적 인식해야할 이익 → 당기 해당하는 이익)

(1) 2013년 진행률 및 인식 이익
2013년 당기발생원가: 8,000,000원
2013년말 누적 진행률 = 2013년 당기발생원가 ÷ 총추정원가 = 8,000,000 ÷ 40,000,000
= 0.2 (20%)
2013년 인식 총수익 = 총계약수익 × 2013년말 누적 진행률 = 50,000,000 × 0.2 = 10,000,000원
2013년 인식 이익 = 2013년 인식 총수익 − 2013년 당기발생원가 = 10,000,000 − 8,000,000
= 2,000,000

(2) 2014년 진행률 및 인식 이익
2014년 당기발생원가: 12,000,000원
2014년말 누적 발생원가 = 2013년 발생원가 + 2014년 발생원가 = 8,000,000 + 12,000,000
= 20,000,000
2014년말 누적 진행률 = 2014년말 누적 발생원가 ÷ 총추정원가 = 20,000,000 ÷ 40,000,000
= 0.5(50%)
2014년말 누적 인식 총수익 = 총계약수익 × 2014년말 누적 진행률 = 50,000,000 × 0.5
= 25,000,000
2014년 당기 인식 총수익 = 2014년 말 누적 인식 총수익 − 2013년 인식 총수익
= 25,000,000 − 10,000,000 = 15,000,000
2014년 인식 이익 = 2014년 당기 인식 총수익 − 2014년 당기발생원가
= 15,000,000 − 12,000,000 = 3,000,000

㉠ **2015년 당기발생원가 금액**

문제에서 주어진 2015년에 인식한 이익 2,500,000원

2015년 인식 이익 = 2015년 당기 인식 총수익 - 2015년 당기발생원가

즉, 2,500,000 = 2015년 당기 인식 총수익 - ㉠

총예상이익은 10,000,000이므로, 각 연도별 인식 이익의 합계는 총예상이익과 일치해야 한다.
(총예상이익: 총계약수익 50,000,000원 - 총추정원가 40,000,000원 = 10,000,000원)
그러나, 주어진 만기일이 2016년 3월 31일이므로 2015년 말까지의 이익은 총예상이익의 일부이다. 따라서, 문제에서 2015년 인식 이익을 2,500,000으로 제시한 것을 활용해 역산하는 방법을 활용해야 한다.
(총예상이익 = 2013년 인식 이익 + 2014년 인식 이익 + 2015년 인식 이익 + 2016년까지의 이익)

2015년 말 누적 발생원가 = 8,000,000(2013년) + 12,000,000(2014년) + ㉠
= 20,000,000 + ㉠

2015년 말 누적 진행률 = 2015년 당기발생원가 ÷ 총추정원가 = (20,000,000 + ㉠) ÷ 40,000,000

2015년 말 누적 인식 총수익 = 총계약수익 × 2015년말 누적 진행률
= 50,000,000 × [(20,000,000 + ㉠) ÷ 40,000,000]
= 1.25 × (20,000,000 + ㉠)

2015년 당기 인식 총수익 = 2015년말 누적 인식 총수익 - 2014년말 누적 인식 총수익
= [1.25 × (20,000,000 + ㉠)] - 25,000,000

2015년 인식 이익 = 2015년 당기 인식 총수익 - 2015년 당기발생원가
2,500,000 = 〖[1.25 × (20,000,000 + ㉠)] - 25,000,000〗 - ㉠
즉, ㉠ = 10,000,000

06 2014 상업 임용 A 9번 문항

정답

확정기여제도(DC)

해설

퇴직급여 "확정기여제도와 확정급여제도"

퇴직급여제도는 기업이 한 명 이상의 종업원에게 퇴직급여를 지급하는 근거가 되는 공식 약정이나 비공식 약정이다.

구분	확정기여제도(DC) (Defined Contribution plan)	확정급여제도(DB) (Defined Benefit plan)
기업의 의무	정해진 기여금(부담금)만 납부 의무가 있다. 즉, 추가 납부 의무는 없다.	미리 정해진 급여를 지급할 의무가 있다. 급여 지급을 위한 모든 위험(투자위험, 보험수리적 위험)을 기업이 부담한다.
종업원 위험	투자 성과에 따라 급여액이 달라지므로, 종업원이 투자위험을 부담한다.	기업이 정해진 급여를 약속했으므로, 기업이 모든 위험을 부담한다.
비용 인식	납부할 기여금 발생 시 비용으로 인식한다. (매우 간결)	미래 추정치 및 가정을 바탕으로 3가지 요소를 인식한다.(매우 복잡)

제11장 현금흐름표

01 2007 상업 임용 6번 문항

정답

39,000원

해설

현금흐름표

현금흐름은 현금및현금성자산의 유입과 유출을 말한다. 현금흐름표는 특정 기간 동안 기업의 현금이 어떻게 들어오고 나가는지를 보여주는 재무 보고서이다. 이는 현금주의 관점에서 기업의 실제 현금 흐름을 파악하는 데 중점을 둔다.

영업활동에서 발생하는 현금흐름

영업활동 현금흐름은 주로 기업의 주요 수익창출활동에서 발생한다. 따라서, 일반적으로 당기순손익의 결정에 영향을 미치는 거래나 그 밖의 사건의 결과로 발생한다. 즉, 기업이 외부의 재무자원에 의존하지 않고 영업을 통하여 차입금 상환, 영업능력의 유지, 배당금 지급 및 신규투자 등에 필요한 현금흐름을 창출하는 정도에 대한 중요한 지표가 된다.

1. 현금 유입
   ① 재화의 판매와 용역 제공: 상품 및 서비스 판매의 대가. (현금매출, 매출채권 회수)
   ② 로열티, 수수료, 중개료 및 기타수익: 주된 영업활동 외에 발생하는 부수적인 영업 관련 수익. (로열티수익, 수수료수익, 임대료, 잡이익)
   ③ 법인세의 환급. 재무활동과 투자활동은 제외: 영업활동으로 발생한 이익에 대해 부과되는 법인세를 초과 납부 등으로 환급. (법인세환급금 수취)
   ④ 단기매매목적으로 보유하는 계약: 단기적인 시세차익을 목적으로 주식, 채권, 파생상품 거래. (당기손익-공정가치측정금융자산 처분)
2. 현금 유출
   ① 재화와 용역의 구입: 상품 및 원재료 매입, 서비스를 제공받은 경우. (현금매입, 매입채무 지급, 지급수수료)
   ② 종업원과 관련하여 직·간접으로 발생하는 현금유출: 종업원의 고용과 관련된 모든 현금 지출. (급여, 퇴직급여, 복리후생비, 각종 수당)
   ③ 법인세의 납부. 재무활동과 투자활동은 제외: 영업활동으로 발생한 이익에 대해 부과되는 법인세를 납부. (미지급법인세 지급)
   ④ 단기매매목적으로 보유하는 계약: 당기손익-공정가치측정금융자산 취득

'영업활동' 현금흐름의 보고. "직접법 혹은 간접법"

1. 직접법(K-IFRS의 권장 방식)
   직접법은 기업이 실제로 받은 현금과 지급한 현금을 주요 항목별로 직접 나열하여 영업활동 현금흐름을 보여주는 방식이다. 미래 현금흐름을 추정하는 데 더 유용한 정보를 제공하며, 현금의 구체적인 유입원과 유출원을 파악할 수 있어, 기업의 현금 창출 능력을 직관적으로 이해할 수 있다.

2. 간접법(실무상 보편적)

간접법은 당기순손익에서 출발하여, 현금 유출입이 없는 항목(비현금 항목)이나 영업활동과 관련 없는 손익(투자/재무활동 항목)을 조정하여 영업활동 순현금흐름을 계산한다. 손익계산서의 당기순이익과 현금흐름의 차이를 쉽게 파악할 수 있다. 또한, 작성 과정이 비교적 간단하여 실무에서 널리 사용된다.

- 간접법의 조정 항목(당기순손익에 더하거나 빼는 항목)
  - ① 재고자산 및 영업활동 관련 채권 · 채무의 변동(예: 재고자산 증가는 현금유출이므로 차감, 매출채권 증가는 현금을 아직 못받은 것이므로 차감)
  - ② 비현금 항목 조정: 감가상각비(가산), 충당부채 설정액(가산), 외화환산손익(이익 차감, 손실 가산) 이연법인세 변동(이연법인세자산 감소 및 이연법인세부채 증가 시 가산, 반대는 차감)
  - ③ 투자/재무활동 현금흐름으로 분류되는 기타 모든 항목: 제거(유형자산처분손익 등)

문제 풀이

당기순이익 40,000원에서 시작한다.

\+ 감가상각비: 3,000원(현금 유출이 없는 비용은 가산)

\- 유형자산처분이익: 1,000원(영업활동과 무관한 수익이므로 차감)

\- 매출채권: 기말 9,000 − 기초 5,000 = 4,000원 증가 (자산 증가는 현금유출)

\+ 매입채무: 기말 3,000 − 기초 2,000 = 1,000원 증가 (부채 증가는 현금증가)

= 40,000 + 3,000 − 1,000 − 4,000 + 1,000 = 39,000원

'유형자산의 처분'은 투자활동 현금흐름(유입), '은행차입금 상환'은 재무활동 현금흐름(유출)이므로 고려하지 않는다.

02 2005 상업 임용 18번 문항

정답

① 20,000,000원

② 1.4

해설

① 영업활동으로 인한 현금흐름 계산 (간접법)

당기순이익: 7,000,000 (시작점)

\+ 감가상각비: 4,000,000 (현금 유출이 없는 비용)

\+ 외상매출금의 감소: 5,000,000 (자산 감소는 현금 유입)

\- 상품의 증가: 1,000,000 (자산 증가는 현금 유출)

\+ 미지급비용의 증가: 2,000,000 (부채 증가는 현금 유입)

\+ 외상매입금의 증가: 3,000,000 (부채 증가는 현금 유입)

= 7,000,000 + 4,000,000 + 5,000,000 - 1,000,000 + 2,000,000 + 3,000,000 = 20,000,000원

② 기말 유동부채 ÷ 영업활동으로 인한 현금흐름

$$\text{유동비율} = \frac{\text{유동자산}}{\text{유동부채}}$$

기초 유동비율 200%, 기말 유동비율 150%.

x(기초 유동자산), y(기초 유동부채)로 두었을 때,

기말 유동자산 = 기초 유동자산 - 4,000,000

기말 유동부채 = 기초 유동부채 + 5,000,000

$$\frac{x}{y} = 2 \ , \ \frac{x - 4,000,000}{y + 5,000,000} = 1.5$$

x = 46,000,000, y = 23,000,000

따라서 ②의 지표는 기말 유동부채 28,000,000 ÷ 영업활동으로 인한 현금흐름 20,000,000 = 1.4 이다.

03 2009 상업 임용 1차 13번 문항

정답 다, 라

해설

영업활동 현금흐름의 보고 방식 '직접법'(K-IFRS의 권장 방식)

직접법은 기업이 실제로 받은 현금과 지급한 현금을 주요 항목별로 직접 나열하여 영업활동 현금흐름을 보여주는 방식이다. 미래 현금흐름을 추정하는 데 더 유용한 정보를 제공하며, 현금의 구체적인 유입원과 유출원을 파악할 수 있어, 기업의 현금 창출 능력을 직관적으로 이해할 수 있다.

직접법의 정보 획득 방법: 직접법을 적용하는 경우 총현금유입과 총현금유출의 주요 항목별 정보는 다음의 ① 또는 ②를 통하여 얻을 수 있다.

① 기업의 '회계기록'이 담긴 장부에서 현금 유입 · 유출을 직접 추출한다.

② 매출, 매출원가 및 그밖의 포괄손익계산서 항목에 다음 항목을 조정한다. 직접법에서의 '조정'은 발생기준 계정(매출, 매출원가, 판관비 등)을 실제 현금의 흐름으로 변환하기 위한 계산 과정이다.

- 재고자산, 영업 관련 채권 · 채무의 변동 및 기타 비현금 항목
  (예 매출액→ 고객으로부터의 현금 유입, 매출원가 · 판관비→ 공급자에게 지급한 현금)
  (기타 비현금항목인 감가상각비, 무형자산상각비 등은 포함시키지 않음.)
- 투자/재무활동으로 분류되는 항목의 영향
  (예 유형자산처분손익, 이자수익 · 비용, 배당금수익 · 비용 등은 포함하지 않음.)

직접법의 예

항목	금액
영업활동으로 인한 현금유입액	
고객으로부터 현금 유입현금 (매출 관련)	1,000,000
이자 수취액	50,000
배당금 수취액	20,000
영업활동으로 인한 현금유출액	
공급자에게 지급한 현금 (매입 관련)	(600,000)
종업원에게 지급한 현금 (급여 등)	(200,000)
기타 영업비용에 대한 현금 지급	(80,000)
이자 지급액	(30,000)
법인세 지급액	(40,000)
영업활동으로 인한 순현금흐름	120,000

즉, 직접법에서 '영업활동'은 주요 영업활동 항목별로 직접 계산한다. 직접법 간접법의 방법은 영업활동 현금흐름을 계산하는 방법이므로, 투자활동 및 재무활동의 현금흐름은 어느 방법에서나 같다. 투자활동 현금흐름은 유형자산, 투자자산 등의 취득 및 처분, 재무활동 현금흐름은 부채 및 자본의 조달 및 상환을 계산한다.

문제 풀이

(가) + 2,200,000 - 이중 현금으로 받지 못한 것 300,000 = 1,900,000(영업활동 현금 유입)

(나) + 7,000,000 (재무활동 현금 유입)

(다) +100,000 - 800,000 = -700,000(재무활동 현금 유출)

유동성장기부채는 주로 장기차입금 중 1년 이내 상환 예정분을 말한다. 계정 변동을 통해 차입금 상환내역을 파악할 수 있다.

유동성장기부채	
차입금 상환 700,000 기말 100,000	기초 500,000 비유동대체 300,000

(라) - 판관비(영업상 비용) 100,000
+ 미지급비용 20,000 + 선급비용 감소 10,000
= - 70,000(영업활동 현금 유출)

(마) +50,000(투자활동 현금 유입) 및 +50,000(영업활동 현금 유입)

04 2013 상업 임용 1차 16번 문항

정답 555,000원

해설

당기순이익: 500,000 (시작점)
+ 감가상각비: 50,000원 증가
+ 유형자산처분손실: 200,000원 증가
- 재고자산 증가: 300,000원 현금 유출
+ 매출채권 감소: 100,000원 현금 유입
+ 미지급법인세 증가: 5,000원 현금 유입

즉, 영업 활동으로 인한 현금흐름액 = 500,000 + 50,000 + 200,000 - 300,000 + 100,000 + 5,000 = 555,000원

05 2010 상업 임용 1차 21번 문항

정답 543,000원

해설

발생기준 회계에 의한 순이익 조정 계산

현금기준 회계에 의한 순이익: 500,000원(시작점)

+ 매출채권: 30,000원 증가
- 매입채무: 10,000원 증가
+ 재고자산: 40,000원 증가
+ 선수수익: 2,000원 감소
- 선급비용: 19,000원 감소

즉, 발생기준 회계에 의한 순이익: 500,000 + 30,000 - 10,000 - 40,000 + 2,000 - 19,000 = 543,000원

06 2015 상업 임용 B 3번 문항

정답

(가) 500,000원

(나) 당기순이익 1,000,000원 + 감가상각비 500,000원 - 유형자산처분이익 90,000원 = 1,410,000원

(다) - 건물 취득 360,000원 + 건물처분 550,000원 - 토지취득 90,000원 = 100,000원

해설

(가) 당기에 계상한 감가상각비의 금액

기말 건물감가상각누계액

= 기초 1,600,000 + 당기 감가상각비 - 처분 자산 감가상각누계액

건물 감가상각누계액

제거(처분된 자산)		기초	1,600,000
기말	1,400,000	당기 감가상각비	

거래 분개

(차) 건물	360,000	(대) 현금	360,000
(차) 건물감가상각누계액	700,000	(대) 건물	1,160,000
현금	550,000	유형자산처분이익	90,000
(차) 토지	90,000	(대) 현금	90,000

즉, 처분된 자산의 감가상각누계액은 700,000원이다.

즉, 기말 건물감가상각누계액 = 기초 금액 + 당기 감가상각비 - 처분 자산 감가상각누계액 식에 대입하면,

1,400,000 = 1,600,000 + 당기감가상각비 - 700,000

즉, 당기감가상각비는 500,000원이다.

(나) 영업활동으로 인한 현금흐름의 산출 과정, 금액(간접법)

당기순이익: 1,000,000원 (시작점)

\+ 감가상각비 500,000원

유형자산처분이익 90,000원

= 1,410,000원

(다) 투자활동으로 인한 현금흐름액의 산출 과정과 금액

\- 건물 취득 360,000원

\+ 건물처분 550,000원

\- 토지취득 90,000원

= 100,000원

07 2024 상업 임용 A 10번 문항

정답

㉠ '보고기간 말로부터'를 '취득일로부터'로 수정해야 한다.
㉡ 표시이자율(액면이자율)이 시장의 유효이자율(실질이자율)보다 낮기 때문이다.

재무활동 현금흐름 거래
① ㈜○○은 당기 말에 사채(액면금액 ₩100,000)를 현금 ₩97,500에 할인발행하였다.: 현금유입 97,500원
② ㈜○○은 자기주식 취득 후 처음으로 자기주식 ₩100,000을 현금 ₩200,000에 당기 중 처분하였다.: 현금유입 200,000원

해설

현금흐름표의 현금및현금성자산
현금및현금성자산은 현금흐름표의 기준이 되는 중요한 개념으로, 기업의 단기 현금 수요를 충족시키기 위한 목적으로 보유하는 자산이다.

1. 현금성자산의 분류
   - 투자자산의 현금성자산 분류 기준
     ① 확정된 금액의 현금으로 쉽게 전환될 수 있고, ② 가치 변동의 위험이 경미해야(거의 없어야) 한다. 이 두가지 기준을 모두 충족하고, 취득일로부터 만기일이 3개월 이내인 경우에만 현금성자산으로 분류하는 것이 일반적이다.
   - 지분상품: 지분상품은 현금성자산이 아니지만, 상환우선주는 현금성자산으로 분류한다.
     일반적으로 주식과 같은 지분상품은 가치 변동 위험이 크기 때문에 현금성자산에서 제외되지만, 만기일이 정해져 있고 취득일로부터 상환일까지의 기간이 3개월 이내인 우선주 등 실질적으로 현금과 동일한 성격을 가지면 현금성자산으로 분류될 수 있다.
   - 당좌차월: 현금및현금성자산으로 분류된다.
     일반적인 은행차입은 재무활동으로 분류된다. 그러나 당좌차월은 은행 잔고가 예금과 차월 사이를 자주 변동하고, 사실상 현금 관리의 일환으로 간주되므로 현금및현금성자산으로 분류된다.
2. 현금관리 활동과 현금흐름표
   현금및현금성자산 내에서의 변동(예: 보통예금→단기예금)은 기업의 현금관리 활동의 일부로 보아, 현금흐름표상 영업활동, 투자활동, 재무활동의 현금흐름에서 제외된다. 이는 단지 현금과 유사한 자산 간의 이동일 뿐, 기업의 전체 현금성 자산 총액에는 변화가 없기 때문이다. 즉, 현금흐름표는 순수한 현금의 유출입만을 보여주기 위해 현금성 자산 간의 이동은 현금흐름으로 보지 않는 현금주의 원칙을 따른다.

② 사채 할인발행의 발생 이유
사채의 할인 발행이 발생하는 주된 이유는 표시이자율(액면이자율)이 시장의 유효이자율(실질이자율)보다 낮기 때문이다.
발행 회사가 사채에 명시한 표시이자율이 시장에서 투자자들이 요구하는 수익률, 즉 유효이자율보다 낮을 경우, 투자자들은 액면가액으로는 해당 사채를 매입하지 않으려 한다. 이는 투자자가 동일한 위험 수준의 다른 투자처에서 더 높은 수익을 얻을 수 있기 때문이다. 따라서, 발행 회사는 투자자들에게 매력을 제공하고 사채를 성공적으로 발행하기 위해, 액면가액보다 낮은 금액으로 사채를 발행하게 된다. 이 할인액은 투자자가 만기까지 보유할 경우 액면이자 외에 추가적으로 얻게 되는 수익의 일부가 되어, 결과적으로 사채의 실질적인 수익률(유효이자율)을 시장 이자율 수준으로 맞추는 역할을 한다.

재무활동 현금흐름에 영향 당기거래 2가지, 금액

재무활동 현금흐름은 주로 자본금, 사채, 차입금 등과 같은 부채 및 자본 항목의 변동과 관련된 현금 유출입이다. 따라서 문제에서 제시한 거래 내용 중 이에 해당하는 것은 다음과 같다.

① ㈜○○은 당기 말에 사채(액면금액 ₩100,000)를 현금 ₩97,500에 할인발행하였다.
   ⇒ 현금유입 97,500원(사채 할인발행)

② ㈜○○은 자기주식 취득 후 처음으로 자기주식 ₩100,000을 현금 ₩200,000에 당기 중 처분하였다.
   ⇒ 현금유입 200,000원(자기주식 취득거래)

다른 거래인 '㈜○○은 당기 중 매입채무 ₩100,000을 현금으로 거러처에 지급하였다.'는 영업활동 현금흐름으로, 100,000원 현금 유출 거래이다.

제12절 재무비율

01 2007 상업 임용 7번 문항

정답

200%, 150%, 75%, 20%

해설

재무비율

재무비율은 기업의 재무제표에 나타난 둘 이상의 계정과목 간의 관계를 비율로 나타낸 것이다. 이는 기업의 경영 성과와 재무 상태를 분석하고 평가하는 데 사용되는 도구이다. 재무비율은 기업의 강점과 약점을 파악하고, 동종 산업 내 다른 기업과 비교하거나, 시간 경과에 따른 추세를 분석하는 데 유용하다.

구분	내용	예
안정성 비율	기업의 기본적인 재무 건전성. 빚을 얼마나 잘 갚을 수 있나.	유동성비율(유동비율, 당좌비율, 자기자본비율, 고정장기적합률), 레버리지비율 (부채비율, 차입금의존도, 이자보상비율)
수익성 비율	기업이 얼마나 이익을 잘 내는가.	매출액순이익률, 매출액영업이익률. 총자산순이익률(ROA), 자기자본순이익률(ROE) 등
활동성 비율	기업이 자산을 얼마나 효율적으로 활용하는가.(매출 창출 능력)	재고자산회전율, 매출채권회전율, 매입채무회전율, 정상영업주기, 현금전환기간, 총자산회전율 등
성장성 비율	기업의 외형과 이익이 얼마나 성장하는가.	매출액증가율, 순이익증가율, 총자산증가율 등
시장가치 비율	재무 성과를 시장이 어떻게 평가.(투자자 관점)	주당순이익(EPS), 주가수익률(PER) 등
생산성 비율	기업의 투입 요소 대비 산출 효율성. (경영 능률)	부가가치율. 노동생산성. 자본생산성 등
기업위험분석: 레버리지도 분석	고정비용으로 인해 이익이 얼마나 민감하게 변동하는가. (위험 분석)	영업레버리지도(DOL), 재무레버리지도(DFL), 결합레버리지도(DCL)

문제 풀이

유동비율 = (유동자산 ÷ 유동부채) × 100

유동자산: 현금 50,000 + 매출채권 40,000 + 재고자산 30,000 = 120,000

유동부채: 매입채무 45,000 + 미지급비용 15,000 = 60,000

유동비율: (120,000 ÷ 60,000) × 100 = 200%

당좌비율 = (유동자산 - 재고자산) ÷ 유동부채 × 100
(120,000 - 30,000) ÷ 60,000 × 100 = 150%

부채비율 = 총부채 ÷ 자기자본 × 100
90,000 ÷ 120,000 ×100 = 75%

매출액순이익률 = 순이익 ÷ 매출액 × 100
36,000 ÷ 180,000 × 100 = 20%

02 2010 상업 임용 1차 19번 문항

정답

500,000원

해설

재고 자산 금액 계산

당좌비율: 당좌자산 ÷ 유동부채 × 100%
자기자본비율: 자기자본 ÷ 자산총계 × 100%

현행 한국채택국제회계기준(K-IFRS)은 유동자산 분류에서 '당좌자산'을 별도의 명칭으로 경시하고 있지는 않다. 그러나 '당좌비율'은 유용한 재무분석 지표로서 여전히 활용되므로, 유동자산 중 재고자산을 제외하여 당좌자산을 계산하는 것이 적절하다.

1. 자기자본(자본금) 계산
   자기자본비율: 자기자본 ÷ 자산총계 × 100% 이므로,
   30% = 자기자본 ÷ 9,000,000 × 100%
   즉, 자기자본 = 9,000,000 × 0.30 = 2,700,000원

2. 부채 계산
   부채총계 = 자산총계 - 자기자본
   부채총계 = 9,000,000 - 2,700,000 = 6,300,000원
   미지급비용 = 부채총계 - (매입채무 + 장기차입금)
   = 6,300,000 - 5,200,000 = 1,100,000
   유동부채 = 매입채무 + 미지급비용 = 1,200,000 + 1,100,000 = 2,300,000원

3. 자산 계산
   당좌비율: 당좌자산 ÷ 유동부채 × 100% 이므로,
   100%(당좌비율) = 당좌자산 ÷ 2,300,000 × 100%
   당좌자산 = 2,300,000 × 1.00 = 2,300,000원
   매출채권 = 당좌자산 2,300,000 - 현금 700,000 = 1,600,000

자산총계 = 현금 + 매출채권 + 재고 자산 + 유형 자산
재고자산 = 자산총계 9,000,000 - (700,000 + 1,600,000 + 6,200,000)
재고 자산 = 9,000,000 - 8,500,000 = 500,000원

03 2009 상업 임용 1차 17번 문항

정답 20%

해설

매출총이익률 = 매출총이익 ÷ 순매출액
즉, 매출총이익: 순매출액 − 매출원가 = 300,000 − 매출원가

1. 2008 회계연도 말 당좌비율 계산: 당좌비율 = (유동자산 − 재고자산) ÷ 유동부채
   2007 회계연도 말의 유동자산은 60,000원, 재고자산은 30,000원,
   당좌비율 = 30,000 ÷ 30,000 = 1(100%)이다.
   2008 회계연도 말의 당좌비율은 이와 동일하다고 제시되어 있으므로 당좌비율은 1(100%)이다.

2. 매출채권회전율로 매출원가 계산: 매출채권회전율 = 매출원가 ÷ 평균매출채권
   2008 회계연도 말 매출채권을 구하기 위해 위에서 구한 당좌비율을 사용한다.
   당좌비율이 1이므로, '유동자산 − 재고자산 = 유동부채' 이다.
   유동자산(현금 10,000 + 매출채권) − 재고자산 50,000 = 유동부채 50,000
   즉, 매출채권은 40,000원이다.

   2008 회계연도 말 매출채권회전율 = 800%(8회) 이다.
   '매출채권회전율 = 매출원가 ÷ 평균매출채권'이므로,
   매출원가 ÷ 〖(20,000 + 40,000) ÷ 2〗 = 8
   즉, 매출원가는 240,000원이다.

3. 매출총이익률 계산: 매출총이익률 = 매출총이익 ÷ 순매출액 × 100
   매출총이익 = 순매출액 − 매출원가 = 300,000 − 240,000 = 60,000원
   매출총이익률 = (60,000 ÷ 300,000) × 100 = 20%

04 2015 상업 임용 A 6번 문항

정답 200%

해설

유동 비율 계산
유동 비율은 유동자산을 유동부채로 나눈 값이며, 기업의 단기 지급 능력을 나타내는 지표이다.
유동 비율 = (유동자산 / 유동부채) × 100%

1. 유동자산 합계
   유동자산은 1년 이내에 현금화되거나 소비될 것으로 예상되는 자산이다.
   현금 + 매출채권 + 상품(재고자산) + 선급비용
   = 1,000,000 + 3,000,000 + 2,000,000 + 600,000 = 6,600,000원

2. 유동부채 합계
   유동부채는 1년 이내에 상환해야 할 의무가 있는 부채이다.
   매입채무 + 단기차입금 + 미지급비용
   = 2,500,000 + 500,000 + 300,000 = 3,300,000원

3. 유동 비율 계산
유동 비율 = (6,600,000 ÷ 3,300,000) × 100%
= 2 × 100% = 200%

05 2023 상업 임용 A 8번 문항

정답

높다, 낮다
부채비율은 (총 부채 60,000 ÷ 총 자본 120,000) × 100% = 50%로, 낮다.

해설

1. ㈜○○의 2021년 12월 31일 현재 유동비율과 당좌비율

① 유동비율 계산
유동비율은 기업의 단기 채무 상환 능력을 나타내는 지표이다.
유동자산 = 당좌자산 + 재고자산 = 40,000 + 60,000 = 100,000원
유동부채 = 단기차입금 50,000원
유동비율 = (유동자산 ÷ 유동부채) × 100%
= (100,000 ÷ 50,000) × 100% = 2 × 100% = 200%
문제에서 100%를 기준으로 100%이상이면 '높다', 100% 미만이면 '낮다'고 평가하도록 제시하였으므로, ㈜○○의 유동비율은 높다.

② 당좌비율 계산
당좌비율 = (당좌자산 ÷ 유동부채) × 100%
= (40,000 ÷ 50,000) × 100% = 0.8 × 100% = 80%
즉, 당좌비율 80%는 100% 미만이므로 낮다.

2. ㈜○○의 2021년 12월 31일 현재 부채비율 및 계산 과정

부채비율은 기업의 장기적인 지급 능력과 재무 구조의 건전성을 판단하는 안정성 비율이다.
부채비율 = (부채총계 ÷ 자본총계) × 100%
부채총계 = 유동부채 + 비유동부채
= 단기차입금 50,000 + 사채 10,000 = 60,000원
자본총계 = 자본금 120,000원
부채비율 = (총 부채 60,000 ÷ 총 자본 120,000) × 100%
= 0.5 × 100% = 50%
따라서, 부채비율 50%는 100% 미만이므로 낮다.

06 2003 상업 임용 9번 문항

정답

① 50,000
② 420,000
③ 12%

해설

③ 투자 수익률(ROI) 계산: 매출액 순이익률 × 총자본 회전율(듀퐁 공식)
투자 수익률 (ROI) = 3% × 4 = 12%

재무상태표 분석
총 자산 = 현금 및 현금성 자산 + 매출 채권 + 재고 자산 + 유형 자산
800,000(대변 합계) = 100,000 + 80,000 + 재고 자산 + 600,000
재고 자산 = 800,000 - 780,000 = 20,000원
유동 자산 = 현금 및 현금성 자산 + 매출 채권 + 재고 자산
= 100,000 + 80,000 + 20,000 = 200,000원
유동 비율 = 유동자산 ÷ 유동부채
200% = 200,000 ÷ 유동 부채
유동부채 = 200,000 ÷ 2 = 100,000원

① 매입 채무 계산
유동 부채 = 매입 채무 + 선수 수익
100,000 = 매입 채무 + 50,000
즉, 매입 채무는 50,000원이다.

② 이익 잉여금 계산
총 부채 및 자본 = 매입 채무 + 선수 수익 + 비유동 부채 + 자본금 + 이익 잉여금
800,000 = 50,000 + 50,000 + 80,000 + 200,000 + 이익 잉여금
이익 잉여금 = 800,000 - 380,000 = 420,000원

07 2013 상업 임용 1차 17번 문항

정답 ㄴ, ㄷ

해설

각 기업의 재무 비율 계산

매출액 순이익률 = 순이익 ÷ 매출액

총자산 회전율 = 매출액 ÷ 총자산

자기 자본 이익률(ROE) = 순이익 ÷ 자기 자본

부채 비율 = 총부채 ÷ 자기 자본

(가)기업

매출액 순이익률: 순이익 100 ÷ 매출액 1,000 = 0.1 = 10%

총자산 회전율: 매출액 1,000 ÷ 총자산 2,000 = 0.5회

자기 자본 이익률: 순이익 100 ÷ 자기 자본 1,000 = 0.1 = 10%

부채 비율: 총부채 1,000 ÷ 자기 자본 1,000 = 1 = 100%

(나)기업

문제에서 주어진 자기자본 3,000원은 재무상태표의 기본 등식에 따른 계산과 불일치한다. 하지만 주어진 자료를 그대로 사용하여 계산한 결과이다.

매출액 순이익률: 300 ÷ 6,000 = 0.05 = 5%

총자산 회전율: 6,000 ÷ 3,000 = 2회

자기 자본 이익률: 300 ÷ 3,000 = 0.1 = 10%

부채 비율: 600 ÷ 3,000 = 0.2 = 20%

(다)기업

매출액 순이익률: 40 ÷ 4,000 = 0.01 = 1%

총자산 회전율: 4,000 ÷ 5,000 = 0.8회

자기 자본 이익률: 40 ÷ 4,000 = 0.01 = 1%

부채 비율: 1,000 ÷ 4,000 = 0.25 = 25%

구분	(가)기업	(나)기업	(다)기업
매출액 순이익률	10%	5%	1%
총자산 회전율	0.5회	2회	0.8회
자기 자본 이익률	10%	10%	1%
부채 비율	100%	20%	25%

ㄱ. 매출액 순이익률이 가장 낮은 기업은 (가)이다. (X) ⇒ (다)에 해당

ㄴ. 총자산 회전율이 가장 높은 기업은 (나)이다. (O)

ㄷ. 자기 자본 이익률이 가장 낮은 기업은 (다)이다. (O)

ㄹ. (다) 기업보다 (가) 기업의 부채 비율이 낮다. (X) ⇒ (가)의 부채비율이 더 높다.

08 2025 상업 임용 B 7번 문항

정답

㉠ = 총자산 500 ÷ 자기자본 50 × 100 = 1,000%
새로운 총자산 550원 ÷ 새로운 자기자본 100원 × 100% = 550%

해설

1. ㉠에 해당하는 수치

레버리지 비율은 기업의 장기적인 부채 상환 능력 또는 타인자본 의존도를 측정하는 것으로, 은행의 자산을 자기자본으로 나누어 구한다.

A은행의 초기 재무상태
총자산 = 지급준비금 100 + 대출 350 + 지분증권 50 = 500원
즉, 자기자본 = 50원
레버리지 비율 = 총자산 ÷ 자기자본 × 100%
= 500 ÷ 50 × 100% = 1,000%

2. 지분증권의 가치 증가 시 A 은행의 레버리지 비율

지분증권 가치가 50원에서 100원으로 증가하였고, 자산의 합이 500원에서 550원으로 증가하였다.
자기자본의 변화 = 지분증권 가치 증가분 = 50원
새로운 자기자본 = 50원 + 50원 = 100원
새로운 레버리지 비율 = 새로운 총자산 ÷ 새로운 자기자본 × 100%
= 550 ÷ 100 × 100% = 550%

09 2025 상업 임용 B 8번 문항

정답

매출액 1,000,000원 ÷ 평균총자산 2,000,000원 = 0.5회

㉠은 '회수가능금액'이다. 이는 자산으로부터 회수될 것으로 기대되는 금액으로, 순공정가치와 사용가치 중 큰 금액으로 결정된다.

해설

㈜○○의 2022년도 총자산회전율 계산

1. 매출액
   2022년도 매출원가: 900,000원, 매출총이익률: 10%
   매출총이익률 = (매출액 - 매출원가) ÷ 매출액
   0.1 = (매출액 - 900,000) ÷ 매출액
   즉, 매출액 = 1,000,000원

2. 2022말 총자산(기초, 기말 총자산은 동일)
   건물 장부금액 제외한 총자산: 1,550,000원
   7월 1일에 취득한 건물의 감가상각비 = 취득원가 500,000 ÷ 내용연수 5년 ÷ 6/12 = 50,000원
   따라서, 건물의 순장부금액은 450,000원이다.
   즉, 총자산: 1,550,000 + 450,000 = 2,000,000원

3. 2022년도 총자산회전율 계산
   총자산회전율 = 매출액 ÷ 평균총자산
   총자산회전율 = 1,000,000 ÷ 2,000,000 = 0.5회

손상차손

자산의 회수가능금액이 장부금액에 못미치면 자산의 장부금액을 회수가능금액으로 감액한다. 이대 해당 감소금액을 손상차손이라 한다. 기업은 보고기간 말마다 자산손상 징후가 있는지를 검토하고, 그러한 징후가 있다면 해당 자산의 회수가능액을 추정한다.

- 회수가능액: 순공정가치와 사용가치 중 큰 금객
- 순공정가치: 공정가치 - 처분부대원가
- 사용가치: 자산을 보유한다고 가정했을 때 얻을 수 있는 미래 현금흐름의 현재가치

10 2020 상업 임용 B 7번 문항

정답

유동비율 200%, 당좌비율 50%,
매출채권회전율 10회, 해당 회계연도 동안 평균적으로 외상 매출을 통해 발생한 매출채권을 10번 현금으로 회수했다는 것을 의미한다.

해설

1. 유동비율 계산
   유동비율 = 유동자산 ÷ 유동부채 × 100
   = 280,000 ÷ 140,000 × 100 = 200%

2. 당좌비율 계산
   당좌비율(산성시험비율)은 유동자산 중 재고 자산을 제외한 당좌자산만을 사용하여 단기 채무 상환 능력을 보다 엄격하게 평가하는 지표이다.
   당좌비율 = (유동자산 − 재고자산) ÷ 유동부채 × 100
   = 70,000 ÷ 140,000 × 100 = 50%

3. 매출채권회전율 계산 및 의미 서술
   매출채권회전율은 기업이 매출채권을 얼마나 효율적으로 현금으로 회수하고 있는지를 나타내는 활동성 지표이다.
   매출채권회전율 = 매출액 ÷ 평균 매출채권
   = 1,250,000 ÷ 〖(200,000 + 500,000) ÷ 2〗 = 10회
   ㈜○○의 20X8년도 매출채권회전율이 10회라는 것은, 해당 회계연도 동안 평균적으로 외상 매출을 통해 발생한 매출채권을 10번 현금으로 회수했다는 것을 의미한다. 즉, 매출채권의 회수 속도가 빠르기 때문에 기업의 유동성이 양호하고 자산 운용 효율성이 높다고 평가할 수 있다.

11 2002 상업 임용 5번 문항

정답

$$총자산회전율 = \frac{매출액}{총자산}\times 100 \quad 재고자산회전율 = \frac{매출원가}{평균재고자산}\times 100$$

$$매출채권회전율 = \frac{매출액}{평균매출채권}\times 100$$

해설

활동성 비율

기업이 자산을 얼마나 효율적으로 사용하고 있는지를 측정하는 지표이다. 자산이 매출 창출에 기여하는 정도를 나타낸다. 그 종류에는 총자산회전율, 재고자산회전율, 매출채권회전율, 매입채무회전율, 자기자본회전율, 유형자산회전율 등이 있다.

- 총자산회전율: 투자한 총자산이 일정 매출을 위해 1년간 몇 번 사용되었는가를 보여준다. 2회전 이상을 무난한 정도로 판단한다.

  $$\frac{매출액}{총자산}\times 100$$

- 재고자산회전율: 매출원가를 평균 재고자산으로 나눈 비율로, 재고가 얼마나 빠르게 판매되어 현금으로 전환되는지를 보여준다. 재고자산은 '원가' 개념을 기준으로 하므로 분자에 매출원가를 사용한다. 만약, 매출액을 분자로 사용할 경우 판매가격을 기준으로 하는 것이다.

  $$\frac{매출원가}{평균재고자산}\times 100$$

- 매출채권회전율: 매출액을 평균 매출채권으로 나눈 비율로, 매출채권이 얼마나 빠르게 현금으로 회수되는지를 보여준다. 또한, 매출채권회전율을 일수로 환산하면 매출채권이 현금화되는 시간을 계산할 수 있다.

  $$\frac{매출원가}{평균재고자산}\times 100 \quad 매출채권평균회수기간(매출채권\ 평균처리기간) = \frac{365}{매출채권회전율}$$

- 매입채무회전율: 매입채무가 원활하게 결제되고 있는가 여부로, 지급능력의 상태를 나타낸다. 매입채무가 주로 재고자산 매입과 관련되어 발생하므로, 분자에 매출원가를 사용하는 것이 직접적인 매입 활동을 더 잘 반영한다. 또한, 매입채무회전율을 365일(또는 분석 기간 일수)로 나누어, 매입채무를 갚는 데 얼마나 걸리는지 계산할 수 있다.

  $$\frac{매출원가}{평균매입채무}\times 100 \quad 매입채무지급기간(매입채무결제기간) = \frac{365}{매입채무회전율}$$

- 정상영업주기: 재고자산 매입 시점부터 판매하여 매출채권을 회수하는 데까지 걸리는 총 시간이다. 즉, 기업의 영업활동이 돌아가는 총 기간을 말한다.

  정상영업주기 = 재고자산평균회전일수 + 매출채권평균회수기간

- 현금전환기간: 현금을 지출하여 원재료를 구매한 시점부터 재고를 판매하고 매출채권을 회수하여 다시 현금으로 전환되는 데까지 걸리는 순수한 시간이다. 즉, 현금이 실제로 묶이는 기간으로, 정상영업주기에서 매입채무지급기간을 차감하여 구한다. 매입채무를 늦게 갚는 기간은 현금이 묶이지 않으니 그 기간을 빼주는 것이다.

  현금전환기간 = 정상영업주기 − 매입채무지급기간
  = 재고자산평균처리기간 + 매출채권평균회수기간 − 매입채무지급기간

12 2009 상업 임용 2차 1번 문항

정답

〈자료 1〉에 따른 ㈜대한의 2007년도 재무비율 값은 다음과 같다.

평균 재고자산 = (650,000원 + 950,000원) ÷ 2 = 800,000원

평균 매출채권 = (500,000원 + 700,000원) ÷ 2 = 600,000원

2007년 기말 비유동자산: 유형자산 2,124,000원 + 무형자산 354,000원 = 2,478,000원

2007년 기말 장기자본: 사채 1,000,000원 + 자본금 1,200,000원 + 이익잉여금 1,340,000원
= 3,540,000원

이에 따라, 재고자산회전율, 매출채권평균회수기간, 매출채권회전율, 고장장기적합률을 계산할 수 있다.

재고자산회전율 = 매출원가 ÷ 평균재고자산
= 5,600,000원 ÷ 800,000원 = 7회

매출채권회전율 = 순매출액 ÷ 평균매출채권,
= 8,760,000원 ÷ 600,000원=14.6회,

매출채권평균회수기간 = 365일 ÷ 매출채권회전율
= 365일 ÷ 14.6회 = 25일

고정장기적합률 = (비유동자산 ÷ 장기자본) × 100
= (2,478,000원 ÷ 3,540,000원) × 100 = 70%

〈자료 2〉를 바탕으로 ㈜대한이 속하는 업계의 2007년도 평균과 ㈜대한의 2007년도 재무비율 값을 비교하면 다음과 같다.

재무비율	(주)대한 (2007년)	산업 평균 (2007년)	비교 결과
재고자산회전율	7회	6회	우수
매출채권평균회수기간	25일	23일	미흡
고정장기적합률	70%	65%	상대적 미흡

㈜대한은 2007년 기준으로 재고자산 관리 측면에서는 산업 평균보다 뛰어난 효율성을 보인다. 이는 재고가 빠르게 소진되어 불필요한 재고 비용을 줄이고 현금화 속도를 높이는 긍정적인 요인으로 작용한다. 그러나 매출채권 회수 기간이 산업 평균보다 길어 현금 유동성 측면에서 다소 비효율적인 모습을 보인다. 이는 외상 매출이 모두 신용 매출이라는 점을 감안하더라도, 대금 회수 지연으로 인해 기업의 유동성 부담이 증가할 수 있음을 시사하므로, 채권 회수 정책에 대한 점검이 필요하다.
또한, 고정장기적합률이 산업 평균보다 약간 높다는 점은 비유동자산(고정자산) 투자에 대한 장기적인 자금 조달 구조가 산업 평균 대비 아주 미세하게 덜 효율적일 수 있음을 나타낸다. 전반적으로는 안정적인 범위에 있으나, 투자 규모 대비 자금 조달의 최적화 측면에서 추가적인 분석이 필요할 수 있다.
종합적으로 ㈜대한은 영업활동 효율성 중 재고 관리는 우수하나, 채권 회수 관리 및 장기 자금 조달 구조의 효율성 측면에서는 개선의 여지가 있는 것으로 판단된다.

해설

안정성 비율

기업이 단기 또는 장기적으로 부채를 상환할 수 있는 능력을 측정하는 지표이다. 유동성 비율과 레버리지 비율이 있다.

1. 유동성 비율: 기업의 단기 부채 상환 능력을 측정한다.
   • 유동비율: 유동자산을 유동부채로 나눈 비율이다. 단기 부채 상환 능력을 나타내며, 일반적으로

200% 이상이어야 양호하다고 판단한다.

$$\frac{\text{유동자산}}{\text{유동부채}} \times 100$$

- 당좌비율: 당좌자산을 유동부채로 나눈 비율이다. 재고자산을 제외한 더 엄격한 단기 상환 능력으로, 100% 이상을 양호하다고 판단한다. 이때 재고자산은 판매과정을 거치므로 유동성이 상대적으로 낮아 제외하는 것이다. 즉, 당좌자산은 유동자산에서 재고자산을 제외한 것으로 고려하면 된다.

$$\frac{\text{당좌자산}}{\text{유동부채}} \times 100$$

- 자기자본비율: 총자산(또는 총자본)에서 자기자본이 차지하는 비율이다. 기업의 자본 구조가 얼마나 안정적인지를 나타낸다.

$$\frac{\text{자기자본}}{\text{총자산}} \times 100$$

- 고정장기적합률: 기업의 비유동자산이 장기자본(사채+자기자본)에 의해 얼마나 충당되고 있는지 나타낸다. 100% 미만이 양호한 것이다.

$$\frac{\text{비유동자산}}{\text{장기자본}} \times 100$$

2. 레버리지 비율: 기업의 장기적인 부채 상환 능력 또는 타인자본 의존도를 측정한다. 일부 분류에서는 레버리지 비율 자체를 독립된 큰 범주로 보기도 한다.
   - 부채비율: 총부채를 자기자본으로 나눈 비율이다. 타인자본 의존도와 재무구조의 안정성으로, 일반적으로 낮을수록 안정적이라고 판단한다.

   $$\frac{\text{총부채}}{\text{자기자본}} \times 100$$

   - 차입금 의존도: 총자산에서 차입금이 차지하는 비중을 말한다. 금융기관에 대한 의존도를 보여준다.

   $$\frac{\text{총차입금}}{\text{총자산}} \times 100$$

   - 이자보상비율: EBIT를 이자비용으로 나눈 비율이다. EBIT는 이자 및 법인세비용 차감전 계속사업이익이다. 기업이 이자비용을 얼마나 감당하는지 측정하며, 이자 지급 능력을 나타낸다. K-IFRS에서는 EBIT 대신 '영업이익'을 분자에 두기도 한다. 만약, '당기순이익'이 주어진다면, 당기순이익에 금융수익, 금융비용, 법인세비용을 반영하여 산출한 이익을 기준으로 계산한다.

   $$\frac{EBIT}{\text{이자비용}} \times 100$$

   이자보상비율의 경우 100을 곱하여 백분율(%)로 표시하나, 이자보상배율은 '배', '회'로 표시한다.

13 2021 상업 임용 A 12번 문항

정답

영업레버리지도: 1.5

재무레버리지도: 1.25

이자보상비율: 500%, ㈜△△의 이자보상비율은 500%이다. 이는 기업의 영업활동으로 창출된 이익으로 이자비용을 5배까지 감당할 수 있음을 의미한다. 동종 산업평균 이자보상비율인 400%와 비교했을 때, ㈜△△의 이자보상비율(500%)이 산업 평균보다 높다. 이는 ㈜△△이 산업 평균 기업에 비해 더욱 우수한 이자 지급 능력과 재무 안정성을 가지고 있음을 나타낸다. 즉, 영업을 통해 벌어들인 돈으로 이자 갚는 능력이 산업 평균보다 뛰어나다고 판단할 수 있다.

해설

기업 위험 분석: 레버리지도 분석(degree of leverage)

레버리지(leverage)는 기업이 고정비를 지렛대처럼 사용하는 것이다. 고정비용을 사용하여 매출액 또는 영업이익의 작은 변화를 일으키고, 결국 최종 순이익이나 주당순이익에는 더 큰 변화를 가져오게 하는 효과이다. 즉, 레버리지도는 레버리지 현상을 수치화한 것으로, 레버리지의 효과가 얼마나 큰지를 측정한다.

레버리지도는 기업의 고정비가 매출액 또는 영업이익의 변동에 따라 최종 이익(순이익, 주당순이익)에 얼마나 큰 영향을 미치는지, 즉 이익 변동을 얼마나 증폭시키는지를 측정하는 지표이다. 레버리지도에는 영업레버리지도(DOL), 재무레버리지도(DFL), 결합레버리지도(DCL)가 있다.

참고적으로, 안정성 비율의 레버리지비율은 재무상태표를 기반으로 기업의 정적인 재무구조 건전성과 부채 상환 능력을 평가하지만, 해당 레버리지분석은 기업의 손익계산서 항목 간의 관계에 따른 이익 변동 및 사업 및 재무 위험의 동태적인 수준을 분석한다.

매출액 (−) 변동비	···▸ 변동 매출원가+판관비
공헌이익 (−) 고정영업비	
영업이익(EBIT) (−) 고정재무비	···▸ DOL의 결과
세전순이익(EBT) (−) 법인세비용	···▸ DFL의 결과(1)
당기순이익 (÷) 발행주식수	···▸ DFL의 결과(2)
주당순이익(EPS)	···▸ DFL의 결과(3)

DOL × DFL = DCL

레버리지도 분석의 종류

1. 영업레버리지도(DOL, degree of operating leverage)
   '매출액의 변화율'에 대한 '영업이익의 변화율'이다. 기업의 영업비용 중 특히 고정영업비의 비중이 매출액 변화에 따라 영업이익에 미치는 영향을 측정한다. 고정영업비의 비중이 높을수록 영업레버리지도가 커지므로, 매출액 변동 시 영업이익의 변동 폭이 커진다.

$$\frac{\text{영업이익 변화율}}{\text{매출액 변화율}} \text{ 또는, } \frac{\text{공헌이익}}{\text{영업이익}} \qquad \text{*공헌이익 = 매출액 − 변동비}$$

즉, DOL이 높다는 것은 매출액이 증가하면 영업이익이 더 크게 증가하는 것이다. 반대로, 매출액이 감소할 때 영업이익이 더 크게 감소할 위험이 있다. 따라서, 높은 DOL은 높은 영업위험을 수반한다.

2. 재무레버리지도(DFL, degree of financial leverage)
   '영업이익의 변화율'에 대한 '주당순이익(또는 세전순이익)의 변화율'이다. 기업이 타인자본(부채)을 사용함에 따라 발생하는 이자비용 등의 고정재무비용이 영업이익 변화에 따라 주당순이익에 미치는 영향을 측정한다. 이자비용의 부담이 클수록 재무레버리지도가 커지므로, 영업이익의 변동 시 주당순이익의 변동 폭이 커진다.

$$\frac{\text{주당순이익 변화율}}{\text{영업이익 변화율}} \text{ 또는, } \frac{\text{영업이익}}{\text{영업이익-이자비용}}$$

즉, DFL이 높다는 것은 영업이익이 증가하면 주당순이익이 더 크게 증가하는 것이다. 반대로, 영업이익이 감소할 때 주당순이익이 더 크게 감소할 위험이 있다. 따라서, 높은 DFL은 높은 재무위험을 수반한다.

3. 결합레버리지도(DCL, degree of combined leverage)
   ‘매출액의 변화율’에 대한 ‘주당순이익(또는 세전순이익)의 변화율’이다. 영업레버리지와 재무레버리지 효과가 결합되어, 매출액의 변화가 최종적으로 주당순이익에 미치는 총체적인 영향을 측정한다. DOL과 DFL의 곱으로도 계산될 수 있으며, 기업의 총체적인 위험 수준을 보여준다.

$$\frac{\text{주당순이익 변화율}}{\text{매출액 변화율}} \text{ 또는, } \frac{\text{공헌이익}}{\text{영업이익-이자비용}} \text{ 또는, } DOL \times DFL$$

   DCL이 높다는 것은 매출액의 작은 변화에도 주당순이익이 크게 변동할 수 있음을 의미한다. 이는 기업의 영업 고정비와 재무 고정비가 결합되어 수익 변동성을 크게 증폭시키는 효과를 나타내며, 기업의 총체적인 사업 위험도를 보여준다.

문제 풀이

영업레버리지도(DOL)

공헌이익 = 매출액 - 변동영업비
= 5,000,000 - 2,000,000 = 3,000,000원

영업레버리지도(DOL) = 공헌이익 ÷ 영업이익
= 3,000,000 ÷ 2,000,000 = 1.5

재무레버리지도(DFL)

= 영업이익 ÷ (영업이익-이자비용)
= 2,000,000 ÷ (2,000,000 - 400,000) = 1.25

이자보상비율

= (영업이익 ÷ 이자비용) × 100
= (2,000,000 ÷ 400,000) × 100 = 500%

제13절 회계정책, 추정치 변경 및 오류수정

01 2009 상업 임용 1차 18번 문항

정답

1,440,000원

해설

오류수정

오류는 기업의 재무제표가 과거 회계기간 동안 잘못 작성되거나 표시된 것을 의미한다. 전기오류는 과거 회계기간 동안에 재무제표를 작성할 때, 이용 가능했던 신뢰할 만한 정보를 이용하지 못했거나 잘못 이용하여 발생한 재무제표상의 누락이나 왜곡표시를 말한다. 이때, 신뢰할 만한 정보는 다음 두가지 조건을 모두 충족한다.

① 해당 기간 재무제표의 발행 승인시점에 이용 가능한 정보이다.

② 당해 재무제표의 작성과 표시를 위해 합리적으로 획득하여 고려했어야 할 정보이다.

전기오류는 산술적 계산오류, 회계정책의 적용 오류, 사실의 간과 또는 해석의 오류 및 부정행위 등의 유형이 있다. 즉, 오류수정은 잘못된 회계처리를 수정하는 것이고, 위의 회계변경은 당시에는 적절하게 계상하였으나 다른 기준을 적용하여 변경하는 것이다.

오류수정의 회계처리: "소급재작성"

소급재작성은 중요한 전기오류가 발견된 경우, 그 오류가 처음부터 발생하지 않았던 것처럼 재무제표를 수정하는 것이다. 이는 재무제표의 신뢰성과 기간별 비교 가능성을 확보하기 위한 것이다.

- 비교표시되는 과거기간에 오류가 발생한 경우: 해당 과거기간의 재무정보를 수정하여 재작성한다.
- 오류가 비교표시되는 가장 이른 과거기간 이전에 발생한 경우: 비교표시되는 가장 이른 과거기간의 자산, 부채 및 자본의 기초금액을 수정하여 재작성한다.

오류 수정 후 법인세비용차감전순이익 계산

초기 법인세비용차감전순이익 (수정 전): 1,000,000원

오류 1: 토지 취득세 오류 수정

수정전: 비용 300,000원 과대계상되어, 법인세비용차감전순이익이 300,000원 과소계상되었다.

수정:	(차) 토지	300,000	(대) 세금과공과	300,000

오류 2: 업무용 차량 자본적 지출 오류 수정, 감가상각

수정전: 수선비(비용) 200,000원 과대계상으로, 법인세비용차감전순이익 200,000원 과소계상되었다.

수정:	(차) 감가상각누계액	300,000	(대) 감가상각비	300,000
	(차) 차량운반구	200,000	(대) 현금	200,000
	(차) 감가상각비	360,000	(대) 감가상각누계액	360,000

오류 수정 후 법인세비용차감전순이익

= 1,000,000(수정전) + 300,000 + 200,000 - 60,000 = 1,440,000원

02 2013 상업 임용 1차 14번 문항

정답

6,000,000

해설

초기 당기순이익: 5,000,000원(시작점)

각 오류를 알맞게 당기순이익에 반영

- 미수수익 계상 누락: 당기순이익에 가산 400,000원
  미수수익을 계상하지 않으면 수익이 과소계상되어 당기순이익이 낮아진다. 따라서, 해당 오류를 알맞게 당기순이익에 반영하려면 당기순이익에 가산해야 한다.
- 선수수익 계상 누락: 당기순이익에서 차감 200,000원
  미리 받은 수익 중 아직 용역이나 재화를 제공하지 않아 수익으로 인식하지 말아야 할 금액이다. 따라서, 선수수익을 누락한 것은 수익으로 잘못 인식되어 당기순이익이 높게 보고된 것이다
- 미지급비용 계상 누락: 당기순이익에서 차감 300,000원
  비용이 발생했지만 아직 지급하지 않은 금액으로, 이를 계상하지 않았다면 비용이 과소계상되어 당기순이익이 높게 보고되었을 것이다.
- 선급비용 계상 누락: 당기순이익에 가산 500,000원
  미리 지급했지만 아직 비용으로 인식하지 말아야 할 금액이다. 이를 계상 누락했다는 것은 해당 금액이 이미 비용으로 잘못 인식되어 당기순이익이 낮게 보고되었다는 것이다.
- 기말 재고자산 과소 계상: 당기순이익에 가산 600,000원
  기말 재고자산이 과소 계상되면, 매출원가가 과대 계상, 당기순이익이 낮게 보고된다.
  매출원가 = 기초 재고 + 당기 매입 − 기말 재고

수정 후 당기순이익 계산

= 초기 당기순이익 + 미수수익 계상 누락분 − 선수수익 계상 누락분 − 미지급비용 계상 누락분
  + 선급비용 계상 누락분 + 기말 재고자산 계상 누락분

= 5,000,000 + 400,000 − 200,000 − 300,000 + 500,000 + 600,000

= 6,000,000

03 2025 상업 임용 A 8번 문항

정답

오류수정이 2022년도 당기순이익 감소에 미치는 영향: 15,030원 감소
2023년도에 인식할 정확한 이자비용: 96,533원
2023년도 당기순이익: 120,000 - 30,000 - 50,000 = 40,000원

해설

오류의 유형에 따른 회계처리

1. 순이익에 영향을 미치지 않는 오류: 계정 간 분류 오류나 계정과목의 오기입 등으로 인해 발생하며, 당기순이익에 직접적인 영향을 미치지 않는다. 재무상태표 오류와 포괄손익계산서 오류로 구분한다.
   - 재무상태표 오류: 자산, 부채, 자본 계정 간 분류 오류로 발생한다. (예 현금을 보통예금으로 잘못 계상, 매입채무를 미지급금으로 잘못 기록 등) 재무상태표 오류가 발생 하면 즉시 적절한 계정과목으로 재분류하여 회계처리 한다.
   - 포괄손익계산서 오류: 수익, 비용 계정과목 분류 오류나 계정과목의 오기입 등으로 인해 발생하며, 당기순이익에 영향을 미치지 않는다. 오류 발생 연도에 발견하였다면 즉시 재분류 회계처리를 하고, 전기 이전에 발생한 오류를 당기에 발견하였다면 당기에는 영향이 없으므로 오류수정분개를 할 필요가 없다.
2. 순이익에 영향을 미치는 오류: 특정 회계기간의 당기순이익에 직접적인 영향을 미치는 오류이다. 이러한 오류는 해당 기간의 순이익을 과대계상하거나 과소계상하며, 결과적으로 이익잉여금 계정에도 영향을 미친다. 자동조정오류와 비자동조정오류로 구분한다.
   - 자동조정오류: 회계오류 발생연도와 그 다음 회계연도 장부 마감 시, 두 회계연도에 걸쳐 오류가 서로 상쇄되므로 수정분개가 필요하지 않다. 따라서, 장부마감 전이라면 전기손익과 당기손익에 대한 수정분개를 하고, 마감 후라면 수정분개를 하지 않는다.
     자동조정오류가 발생하는 유형으로는, ① 재고자산 오류(기말재고자산 및 매입의 과소 · 과대계상), ② 선급비용 · 미지급비용 · 선수수익 · 미수수익의 과소계상 오류, ③ 매출채권 손실충당금의 과소계상 오류, ④ 충당부채의 과소계상 오류
   - 비자동조정오류: 회계오류가 자동적으로 상쇄되지 않는 오류이다. 예를 들어, 미지급급여를 계상하지 않은 경우, 감가상각비 계상을 누락하는 경우, 유형자산을 취득하고 수익적 지출로 처리하는 경우 등이 해당된다.

자동조정오류 문제 풀이

1. ㈜○○의 오류 수정: 2022년도 당기순이익의 감소에 미치는 영향(금액)

   수정전: (차) 이자비용 80,000 (대) 현금 80,000

   올바른 분개: 2022년말 이자비용 = 기초장부금액 950,300 × 유효이자율 10%

(차) 이자비용	95,030	(대) 현금	80,000
		사채할인발행차금	15,030

   오류수정 분개:

(차) 이자비용	15,030	(대) 사채할인발행차금	15,030

   따라서, 이자비용 증가로 당기순이익을 15,030원만큼 감소시킨다.

2. ㈜○○가 2023년도에 인식할 정확한 이자비용

2023말 이자비용 = 기초장부금액(950,300−15,030) × 유효이자율 10%

= 965,330 × 0.1 = 96,533원

올바른 분개:

(차) 이자비용	96,533	(대) 현금	80,000
		사채할인발행차금	16,533

3. ㈜△△의 오류수정 후 2023 당기순이익

① 자동조정 시나리오(참고)

- 2022년도 오류로 인한 영향: 기말재고 30,000원 과소 계상에 따라, 매출원가는 30,000원 과대 계상 및 당기순이익 30,000원 과소 계상이 발생한다.
- 2023년도 자동 조정 시나리오: 하지만, 2022년도의 오류는 2023년에 자동조정되는 오류이다. 만약, 2023년도에 자동조정이 된다면, 2022년도에 과소 계상한 기말재고는 2023년의 기초재고가 30,000원 과대 계상되는 결과를 발생시킨다. 이는, 매출원가를 30,000원 과소 계상, 당기순이익을 30,000원 과대 계상하게 되어 결국 자동조정된다.

② 2023년에 2022년도의 오류를 수정

자동조정이 되는 오류이지만, 문제에서는 2023년 회계연도 말에 자동조정이 되기 전에 오류를 수정한다.

오류수정 분개:

(차) 재고자산	30,000	(대) 이익잉여금	30,000

따라서, 전기(2022년)의 당기순이익 100,000원은 30,000원이 증가하여 130,000원이 되며, 당기(2023년)의 당기순이익이익 120,000원은 전기에 추가 반영한 30,000원을 차감한 90,000원이 된다.

③ 2023년에 당기 오류를 수정

2023년에도 기말 재고자산을 50,000원 과대 계상했으므로 이를 수정한다.

오류수정 분개:

(차) 이익잉여금	50,000	(대) 재고자산	50,000

따라서, ②에서 계산한 2023년의 당기순이익 90,000원에 50,000원을 차감하면, 최종적으로 당기순이익은 40,000원이다.

제14절 세무회계

01 2024 상업 임용 B 2번 문항

정답 ㉠ 10년

㉡ 수정신고

해설

국세기본법 제26조(납부의무의 소멸) 사항

제26조의2(국세의 부과제척기간) ① 국세를 부과할 수 있는 기간(이하 "부과제척기간"이라 한다)은 국세를 부과할 수 있는 날부터 5년으로 한다. 다만, 역외거래[「국제조세조정에 관한 법률」에 따른 국제거래 및 거래 당사자 양쪽이 거주자인 거래로서 국외에 있는 자산의 매매 · 임대차, 국외에서 제공하는 용역과 관련된 거래의 경우에는 국세를 부과할 수 있는 날부터 7년으로 한다.

(1) 납세자가 법정신고기한까지 과세표준신고서를 제출하지 아니한 경우: 해당 국세를 부과할 수 있는 날부터 7년(역외거래의 경우 10년)

(2) 납세자가 대통령령으로 정하는 사기나 그 밖의 부정한 행위(이하 "부정행위"라 한다)로 국세를 포탈하거나 환급 · 공제를 받은 경우: 그 국세를 부과할 수 있는 날부터 10년(역외거래에서 발생한 부정행위로 국세를 포탈하거나 환급 · 공제받은 경우에는 15년). 이 경우 부정행위로 포탈하거나 환급 · 공제받은 국세가 소득세 또는 법인세인 경우 또한 같다.

(3) 납세자가 부정행위를 한 경우 해당 가산세를 부과할 수 있는 날부터 10년

신고 오류 및 누락 시 납세자의 구제 제도

납세자의 착오나 부주의나 미처 알지 못했던 사정으로 인해 당초 신고 내용에 오류가 있거나, 기한 내에 신고하지 못하는 경우가 발생한다. 이때 납세자의 권리를 구제하고 정확한 세액을 확정하기 위한 제도로 수정 신고, 경정 청구, 기한 후 신고가 있다.

[수정 신고(과소신고 시)]

법정 신고 기한 내에 이미 세금을 신고했으나, 신고한 세액이 실제 납부해야 할 세액보다 적게 신고되었을 때 납세자가 스스로 신고 내용을 정정하여 추가로 세금을 신고하고 납부하는 제도이다. 이는 과세 관청의 세무 조사나 결정(경정) 전까지 납세자가 오류를 바로잡을 수 있다는 것에 목적이 있다.

- 과소신고 시 적용: 이미 세금을 적게 신고한 경우에만 해당된다.
- 가산세 감면: 추가 납부할 세액에 대한 과소 신고 가산세를 감면받을 수 있다. 단, 추가 납부세액에 대해 납부지연의 경우 납부지연가산세는 감면되지 않고 원래 기한의 다음 날부터 수정신고일까지의 기간에 대해 부과된다.
- 언제든 가능: 원칙적으로 세금을 부과할 수 있는 국세 부과 제척기간이 만료되기 전까지는 언제든지 수정 신고가 가능하다. 단, 과세 관청의 경정 통지가 있는 후에는 해당 경정처분에 대한 불복 절차에서 다투어야 한다.

02 2023 상업 임용 B 8번 문항

정답

국세

국세기본법

㉠ 국세청장에게는 심사청구를 제기할 수 있고 조세심판원장에게는 심판청구를 제기할 수 있다.

해설

국세와 지방세

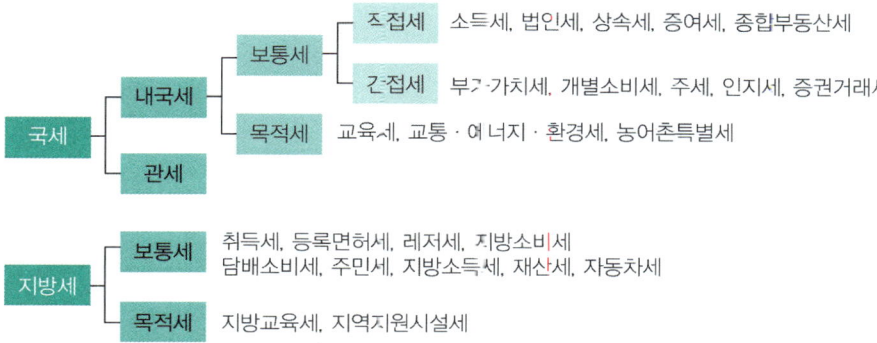

- 국세
  - 내국세
    - 보통세
      - 직접세: 소득세, 법인세, 상속세, 증여세, 종합부동산세
      - 간접세: 부가가치세, 개별소비세, 주세, 인지세, 증권거래세
    - 목적세: 교육세, 교통 · 에너지 · 환경세, 농어촌특별세
  - 관세
- 지방세
  - 보통세: 취득세, 등록면허세, 레저세, 지방소비세, 담배소비세, 주민세, 지방소득세, 재산세, 자동차세
  - 목적세: 지방교육세, 지역지원시설세

국세기본법의 목적(제1조)

국세에 관한 기본적이고 공통적인 사항과 납세자의 권리 · 의무 및 권리구제에 관한 사항을 규정함으로써 국세에 관한 법률관계를 명확하게 하고, 과세를 공정하게 하며, 국민의 납세의무의 원활한 이행에 이바지함을 목적으로 한다.

국세기본법에 따른 조세 불복 절차

세무공무원의 위법 또는 부당한 처분(결정, 경정 등)으로 인하여 납세자의 권리나 이익이 침해되었을 때, 납세자가 그 처분의 취소나 변경을 구하기 위하여 제기하는 일련의 권리 구제 절차이다. 여기에는 크게 세무서장 또는 지방국세청장에게 제기하는 이의신청, 국세청장에게 제기하는 심사청구, 조세심판원에 제기하는 심판청구 등의 행정심판 절차와 법원에 제기하는 행정소송 절차가 포함된다.

- 행정심판 전치주의: 국세에 대하여 법원에 행정소송을 제기하기 전에는 반드시 심사청구 또는 심판청구를 거쳐야 한다. (필수적 전치주의)
- 불고불리 원칙: 납세자가 청구한 범위 내에서만 심리하고 결정해야 하며, 청구하지 않은 내용에 대해서는 심리할 수 없다.
- 불이익변경 금지: 국세청장은 결정을 할 때 심사청구를 한 처분보다 청구인에게 불리한 결정을 하지 못한다. 즉, 납세자에게 불리한 결정은 할 수 없다.

조세 불복의 종류

1. 사전적 구제제도: 과세전 적부심사

   세무조사 결과 통지나 과세 예고 통지 등 세금이 실제로 부과되기 전에 납세자가 그 예정된 과세 내용이 부당하다고 판단할 경우, 해당 처분기관에 미리 심사를 요청하여 부당한 과세를 사전에 방지하는 제도이다. 이는 납세자의 권익을 사전에 보호하고, 과세 관청의 부실과세를 예방한다.

2. 사후적 구제제도: 이의신청, 심사청구, 심판청구

구분	이의신청	심사청구	심판청구
대상	세무서장 또는 지방국세청장의 처분		
제기(청구) 기관	해당 세무서장 또는 지방국세청장	국세청장	조세심판원장
제기(청구) 기간	처분 통지를 받은 날부터 90일 이내	처분 통지를 받은 날부터 90일 이내(이의신청을 거친 경우 결정 통지를 받은 날부터 90일 이내)	
결정	이의신청을 받은 날로부터 30일 이내(의견서 항변 시 60일까지 연장)	청구를 받은 날부터 90일 이내	
특징	• 임의적 절차(이의신청을 거치지 않고 바로 심사/심판청구가 가능하다.) • 간단한 오류를 바로잡거나, 소액 사건에 많이 활용	국세청 내 심판 절차	국세청과 독립된 기관에서 전문적으로 심리
		심판청구와 심사청구 중 하나만 제기 가능	

이 외에도 감사원법에 따른 감사원 심사청구라는 조세 불복 절차가 있으며, 심사청구나 심판청구와 같이 행정소송 전 단계에서 선택하여 제기할 수 있는 불복 절차 중 하나이다.

3. 진행 과정

"결정(경정)처분" 세무서 또는 지방국세청 처분 → (선택) 이의신청 → (필수) 심사청구 또는 심판청구 → (불복 시) 행정소송

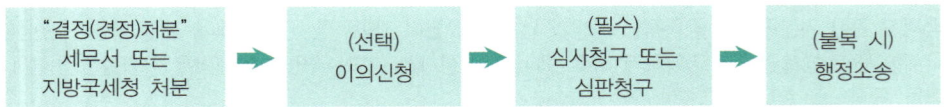

4. 결정의 유형: '인용'은 납세자의 청구가 타당하여 과세 처분을 취소하거나 변경하는 결정이다. '기각'은 납세자의 청구가 이유 없어 과세 처분을 그대로 유지하는 결정이다. '각하'는 청구 요건을 갖추지 못하여 내용을 심리하지 않고 절차를 종료하는 결정이다.

03 2021 상업 임용 B 9번 문항

정답

㉠의 역진성 문제에서, 역진성은 세금 부담이 소득이 적은 사람에게 더 크게 느껴지는 현상이다. 부가가치세는 단일세율이므로 저소득층의 부가가치세 부담률이 고소득층보다 높다는 역진성 문제가 발생한다.

㉡이 설명하는 역진성 문제 완화 방법 중 '면세 제도'는 저소득층의 세 부담을 완화하고, 사회 정책적 목적을 달성하기 위해 도입되는 것이다.

㉢의 회계처리

(차) 부가세예수금	14,000,000	(대) 부가세대급금	10,000,000
		미지급세금	4,000,000

㉣ 비영업용 소형 승용차(8인승 이하, 1000cc 초과)의 구입과 임차 및 유지에 관한 매입세액은 공제받지 못한다.

해설

부가가치세의 역진성(regressivity) 문제 및 완화 방안

가) 역진성 문제: 역진성은 세금 부담이 소득이 적은 사람에게 더 크게 느껴지는 현상이다. 부가가치세는 소득 수준과 관계없이 모든 상품이나 서비스에 동일한 단일세율(10%)을 적용하기 때문에 역진성을 가진다. 저소득층은 소득 대부분을 생필품 구매 등의 소비에 지출하나, 고소득층은 소득에서 소비가 차지하는 비중이 상대적으로 작다. 따라서, 소득 대부분을 소비하는 저소득층은 소득 대비 부가가치세 부담률이 고소득층보다 높다.

나) 역진성 완화 방안 (영세율, 면세 제도)

(1) 영세율 제도

- 의의: 영세율은 특정 재화나 용역의 공급에 대해 0%의 세율을 적용한다. 수출 촉진을 위해 도입되었으며, 수출하는 재화나 용역에 부가가치세를 0%로 적용하여 국내 제품이 해외에서 가격 경쟁력을 가지도록 한다.
- 효과: 영세율을 적용하면 매출세액이 없지만 매입세액은 그대로 존재해서, 매입세액 전액을 환급받을 수 있다. 이는 국내 생산자의 수출 부담을 덜어준다.

(2) 면세 제도

- 의의: 부가가치세의 과세 대상에서 특정 재화나 용역을 제외하여 세금 부과를 면제한다. 주로 저소득층의 세 부담을 완화하고, 사회 정책적 목적을 달성하기 위해 도입된다.
- 효과: 미가공 식료품(쌀, 채소, 수산물 등), 수돗물, 연탄 등 생활에 꼭 필요한 품목은 부가가치세가 면제된다. 소득 수준과 관계없이 모든 사람이 소비하는 품목이므로, 면세를 통해 저소득층의 실질적인 세금 부담을 덜어줄 수 있다. 또한, 의료보건 용역, 교육 용역, 대중교통 용역 등의 정책적 서비스를 면세하여 소비자(특히 저소득층)의 부담을 경감한다.
  다만, 영세율과 달리 면세사업자는 매입 시 부담한 부가가치세를 환급받을 수 없다. 다시 말해, 면세사업자의 최종 판매 가격에 매입 시 부담한 부가가치세가 포함될 수 있어, '완전한' 세금 부담 경감 효과는 아닐 수 있다는 한계도 있다.

㉢의 부가가치세 회계처리 문제 풀이

'부가세대급금'은 추후 정부(세무서)로부터 돌려받을(공제받을) 매입세액을 기록하는 자산계정이다. 따라서, 소매업자가 제조업자로부터 상품을 구매하고 현금으로 지급할 경우 차변에 부가세대급금(자산)을 기입한다.

'부가세예수금'은 소비자로부터 받아 세무서에 납부해야 할 매출세액을 기록하는 부채계정이다. 소매업자가 최종소비자에게 상품을 판매하고 부가가치세를 받으면 대변에 부가세예수금(부채)을 기입한다.

'미지급세금'은 부가가치세 신고 후 정부에 납부해야 할 최종세액을 기록하는 부채계정이다. 확정된 미지급세금을 실제로 납부한 경우에는 차변에 기입하여 상계한다.
만약, 매입세액이 매출세액보다 많으면 환급세액이 발생하는데, 이때는 '미수금(자산)'으로 회계 처리한다.

문제에서 (가)는 매출세액의 합계가 14,000,000원, 매입세액이 10,000,000원으로 납부할 세액이 4,000,000원이다. 따라서, 매출세액와 매입세액을 정리하는 분개를 하기 위해서는 최종소비자에게 받아 부채로 기록해두었던 부가세예수금을 차변으로, 매입세액으로 기록해둔 부가세대급금(자산)을 대변으로 기입하여 상계해야 한다. 또한, 그 차이는 미지급세금 또는 미수금으로 기록하여야 하는데, 매출세액이 매입세액보다 많으므로 대변에 미지급세금(부채)을 기입한다.

(차) 부가세예수금	14,000,000	(대)	부가세대급금	10,000,000
			미지급세금	4,000,000

매입세액
매입세액은 사업자가 재화나 용역을 매입할 때 공급자에게 부담한 부가가치세이다. 전단계세액공제법에 따라 매입세액은 매출세액에서 공제되어 사업자의 실질적인 세금 부담을 경감시켜 준다.
매입세액 = 부담한 부가가치세 + 공제받을 수 있는 금액 - 공제받을 수 없는 금액

공제받지 못할 매입세액(매입세액 불공제)
매입세액 공제는 사업자가 '사업을 위한' 매입에 대해 적용되는 것이 원칙이다. 따라서, 사업과 관련이 없거나, 부가가치세 제도의 취지에 맞지 않는 특정 매입세액에 대해서는 설령 적법한 세금계산서를 받았더라도 매입세액 공제가 되지 않는다. 이를 매입세액 불공제라고 한다.
매입세액 불공제의 목적은 과세형평성(사업관련성 없는 지출은 세금 혜택 방지), 정책적 목적(투기 부동산 관련 매입 세액 불공제 등), 부가세 간접세 원칙 유지 등이 있다.
매입세액 불공제의 종류는 다음과 같다.

1. 세금계산서 미수취 또는 부실 기재분: 법정 필수 기재사항이 누락되었거나 사실과 다른 경우 등
2. 사업과 직접 관련 없는 매입세액: 사업자의 개인적 사용, 사적인 경비 등
3. 비영업용 소형 승용차 관련 매입세액: 개별소비세 과세 대상(8인승 이하, 1000cc 초과)인 승용차의 구입 및유지(유류비, 수리비 등) 관련 매입세액. (단, 영업용 차량은 공제 가능)
4. 접대비 등 관련 매입세액: 접대비, 교제비, 이와 유사한 비용 관련 매입세액
5. 면세사업 관련 매입세액: 면세사업에 사용되었거나 사용될 매입세액. (매출세액이 없으므로 환급해 줄 매입세액도 없다.)
6. 토지의 자본적 지출 관련 매입세액: 토지의 조성, 취득 등과 관련된 매입세액. 토지 자체는 부가가치세 과세 대상이 아니기도 하다.
7. 사업자등록 전 매입세액: 사업자등록을 하기 전에 발생한 매입세액. (단, 등록 신청일로부터 역산하여 20일 이내 발생분은 예외적으로 공제가 가능하다.)

04 2022 상업 임용 A 8번 문항

정답

20,000,000원, 17,000,000원

'영세율'은 매출세액을 0%로 과세하되 매입세액은 전액 공제(환급)하여 완전 면세 효과를 부여한다. 반면 '면세 제도'는 매출세액을 부과하지 않지만 매입세액을 공제(환급)받을 수 없어 부가가치세 부담이 완전히 제거되지 않는 불완전 면세이다.

해설

㉠ 예정신고 누락분

(가)에서 과세 - 세금계산서 발급분은 120,000,000원으로, (나)에서 제시한 과세매출 140,000,000원과 비교하여 20,000,000원이 부족하다. (가)의 과세 - 신용카드·현금영수증 발행분은 30,000,000원으로, (나)의 카드매출 금액과 동일하다. 따라서 ㉠에 들어갈 금액은 과세매출 차액인 20,000,000원이다.

㉡ 세액

㉡에는 ㉠의 20,000,000원까지 반영하여 세액을 산출해야 한다.

즉, 과세분 세액(12,000,000 + 3,000,000) + 예정신고 누락분 세액 2,000,000 = 17,000,000원이다.

영세율제도와 면세제도

영세율제도는 수출 촉진을 위해 도입되었으며, 수출하는 재화나 용역에 부가가치세를 0%로 적용하여 국내 제품이 해외에서 가격 경쟁력을 가지도록 하는 것이다. 공급가액에 세율 0%를 곱하므로 매출세액이 0원으로 계산된다. 영세율은 과세사업의 일종이므로, 영세율 적용 대상 사업자는 해당 매출을 발생시키기 위해 부담했던 매입세액은 전액 공제받을 수 있다.

면세제도는 주로 저소득층의 세 부담을 완화하고, 사회 정책적 목적을 달성하기 위해 도입되는 것이다. 면세 대상 재화 또는 용역의 공급에 대해서는 부가가치세가 과세되지 않으므로, 매출세액이 0원으로 계산된다. 그러나, 면세 사업자는 매출세액을 부담하지 않으므로, 면세되는 재화나 용역의 공급을 위해 부담했던 매입세액을 공제받을 수 없다.

05 2024 상업 임용 A 11번 문항

정답

'3. 수출'분의 공급시기: 2023년 2월 10일

'3. 매입불공제'분의 회계 처리: (차) 접대비 550,000 (대) 미지급금 550,000

1,450,000원, 750,000원

해설

재화, 용역의 공급시기

공급시기는 부가가치세의 과세표준(세금 계산의 기준 금액)과 세율을 결정하고, 세금계산서를 발행하는 시기, 그리고 신고 납부 의무가 발생하는 시점을 확정하는 데 매우 중요하다.

1. 원칙: 공급시기는 원칙적으로 재화 또는 용역이 실제로 공급되는 때를 말한다.
   - 재화: 재화가 인도되거나 이용가능하게 되는 때, 이를 적용할 수 없다면 재화의 공급이 확정되는 때
   - 용역: 역무 제공이 완료되거나 시설물 · 권리 등 재화가 사용되는 때
   - 수입: 수입신고가 수리된 때
2. 구체적인 공급시기
   - 현금판매, 외상판매, 할부판매: 재화가 인도되거나 이용가능하게 되는 때
   - 상품권 판매: 상품권으로 재화가 실제로 인도되는 때(판매할 때는 공급시기가 아니다.)
   - 재화공급으로 보는 가공: 가공된 재화를 인도하는 때
   - 무인판매기 판매: 해당 사업자가 무인판매기에서 현금을 꺼내는 때
   - 수출
     (1) 직수출(L/C포함): 재화가 외국으로 반출되는 때(선적일 또는 기적일)
     (2) 내국신용장(local L/C)에 의한 국내 공급: 재화가 인도되는 때
     (3) 구매확인서에 의한 국내 공급: 재화가 인도되는 때
   - 장기할부 판매, 완성도 기준 지급 조건부 공급, 중간 지급 조건부 공급, 전력 등 계속적 공급: 대가의 각 부분을 받기로 한 때(특례)
   - 세금계산서나 영수증 발급 시: 이를 발급하는 때(특례)

'3. 매입불공제'분 회계처리

(차) 접대비 550,000 (대) 미지급금 550,000

일반적인 경우 부가세대급금(자산) 50,000원을 계상했겠으나, 접대비는 불공제 대상이므로, 불공제되는 부가세(5만원)는 부가세대급금으로 처리하지 않고, 접대비에 포함시킨다.

(가)의 매출세액 합계액

과세매출(A제품): 12,000,000원 × 10% = 1,200,000원

과세매출(B제품): 2,500,000원 × 10% = 250,000원

수출(C제품): 1,000,000원 × 0% = 0원(영세율)

즉, 1,200,000원 + 250,000원 + 0원 = 1,450,000원

(나)의 매입세액 합계액

과세매입(원재료): 6,000,000원×10% = 600,000원

과세매입(1톤 트럭): 1,500,000원×10% = 150,000원

매입불공제(선물세트): 500,000원×10% = 50,000원

즉, 매입세액 합계액 (공제 가능한 매입세액) = 600,000원 + 150,000원 = 750,000원

06 2023 상업 임용 A 7번 문항

정답

기본공제: 5명 × 150만원 = 750만원

추가공제: 장애인 200만원 + 경로우대 100만원 = 300만원

해설

종합소득공제 중 인적공제

종합소득공제(또는 소득공제)는 종합소득금액에서 세금을 부과하기 전에 차감하는 항목들이다. 소득공제를 통해 과세표준을 낮춰 세금 부담을 줄일 수 있다. '인적공제'는 납세자와 그 부양가족의 기본적인 생활비를 보장하기 위한 제도이다. 소득이 있는 자의 생계유지를 위해 최소한의 경비를 인정하여 세금 부담을 줄여준다.

1. 기본공제: 종합소득이 있는 거주자(자연인) 본인, 배우자, 주민등록표상의 동거가족으로서 다음의 일정 소득 요건, 나이 요건, 생계요건을 모두 충족하는 자를 대상으로 하며, 요건을 충족하는 사람의 수에 1명당 연 150만원을 곱하여 계산한 금액을 그 거주자의 해당 과세기간의 종합소득금액에서 공제한다.

구분	소득요건 (연 100만원 이하)	나이요건	생계요건
본인	기본공제		
배우자	○	X	O
직계존속 (부모, 조부모)	○	60세 이상	원칙O 주거형편상 별거가능
직계비속, 입양자 (자녀, 손자녀)	○	20세 이하	O
형제자매	○	60세 이상 또는 20세 이하	O
기초수급자	○	X	O
위탁아동	○	20세 이하	O 6개월 이상 위탁

2. 추가공제: 기본공제 대상자 중에서 특정 상황(나이, 장애 등)을 추가로 충족하는 경우, 기본공제 외에 추가로 공제받는 금액이다.

구분	요건	공제 금액
경로우대자	기본공제 대상자가 70세 이상인 사람	1명당 연 100만원
장애인	기본공제 대상자가 장애인	1명당 연 200만원
(부녀자)	합산 종합소득금액이 3천만원 이하인 거주자로, 배우자가 없는 여성(부양가족이 있는 세대주)이거나 배우자가 있는 여성	연 50만원
(한부모)	배우자가 없는 거주자로, 기본공제대상자인 직계비속 또는 입양자가 있는 경우	연 100만원

문제 풀이

신고서 해석(주민번호가 아닌 신고서 표시로 해석하였다.)

코드	성명	기본공제(5)	추가공제(2)
0본인	홍○○	○	
3배우자	이△△	○	장애인
1직계존속	홍□□	○	경로우대
1직계존속	김☆☆	○	
4직계비속	홍◎◎	○	

기본공제(부녀자, 한부모에 해당하지 않는다.): 5명 × 150만원 = 750만원
추가공제: 장애인 200만원 + 경로우대 100만원 = 300만원

07 2025 상업 임용 A 11번 문항

정답

연 800만원 × 9/12개월 = 600만원
업무외사용금액 2,050,000원 손금불산입, '상여'로 소득처분

해설

법인세 세무조정

세무조정은 법인세법상 각 사업연도 소득금액을 계산하기 위해 재무제표(특히 손익계산서)상의 당기순이익을 세법의 규정에 맞게 조정하는 과정이다.

회계는 발생주의와 수익·비용 대응 등 회계원칙에 따라 이익을 계산하지만, 세법은 과세 형평과 재정 수입 확보 등 세법 목적에 따라 수익과 비용의 인정 범위 및 시기를 다르게 본다. 이 차이를 조정하는 것이 세무조정이다.

'세무조정 = 회계상 당기순이익 + 익금산입 − 익금불산입 + 손금불산입 − 손금산입'

세무조정의 종류

1. 가산조정(세무상 소득 증가)
   - 익금산입: 회계상 수익으로 인식하지 않았으나 세법상 익금으로 보는 항목이다. 예를 들어, 자산수증이익, 채무면제이익 중 세법상 익금에 해당하는 부분 등이 해당된다.
   - 손금불산입: 회계상 비용으로 처리했으나 세법상 손금으로 인정되지 않는 항목이다. 예를 들어, 접대비 한도초과액, 업무무관 비용, 법인세 등이 해당된다.

2. 차감조정(세무상 소득 감소)
   - 익금불산입: 회계상 수익으로 인식했으나 세법상 익금으로 보지 않는 항목이다. 예를 들어, 주식발행초과금, 감자차익, 수입배당금 중 익금불산입액 등이 해당된다.
   - 손금산입: 회계상 비용으로 처리하지 않았으나 세법상 손금으로 인정되는 항목이다. 예를 들어, 감가상각비 시인부족액의 추인, 대손금 중 회계상 미계상분 등이 해당된다.

3. 소득처분: 세무조정 결과, 세법상 소득과 회계상 이익의 차이의 발생 시 그 차이가 사외로 유출되었는지(사외유출) 또는 사내에 유보되었는지(유보)를 구분하여 처리하는 것이다.

- 유보: 세무조정으로 인해 발생한 소득의 차이가 법인 '내부'에 남아있는 경우에 유보한다. 자산 또는 부채의 차이로 인해 발생하며, 추후 반대되는 세무조정(추인)을 통해 소멸된다. 즉, 추후 해소될 일시적인 차이이다. 예를 들어, 감가상각비 한도초과액이나 퇴직급여충당금 한도초과액 등이 해당된다.
- 사외유출: 세무조정으로 인해 발생한 소득의 차이가 법인 '외부'로 유출된 경우에 사외유출로 소득처분이 이루어진다. 이때, 유출된 소득의 귀속자에 따라 소득세 또는 법인세가 과세된다. 사외유출의 종류는 배당, 상여, 기타소득, 기타사외유출이 있다.
  (1) 배당: 주주에게 귀속된 경우.
  (2) 상여: 임원 또는 직원에게 귀속된 경우.
  (3) 기타소득: '특정 개인'에게 귀속되었으나 배당이나 상여가 아닌 경우(예 주주나 임직원이 아닌 특정 개인에게 업무와 무관하게 경제적 이익이 귀속된 경우).
  (4) 기타사외유출: '법인'에게 귀속되었거나 귀속자가 '불분명'하여 소득세를 과세할 수 없는 경우(예 접대비 한도초과액 중 사회에 귀속된 부분).

업무용 승용차 관련 비용

업무용 승용차 관련 비용은 업무용 차량의 감가상각비, 임차료, 유류비 등 모든 관련 비용을 말한다. 업무용 승용차의 세무조정 방식은 다음과 같다.

① 업무사용금액 외 손금불산입: 세법상 '업무사용금액'만 손금에 산입할 수 있다. 업무사용금액은 운행기록부 등을 통해 입증된 업무용 사용 비율에 따라 계산한다. 즉, 업무 외 사용금액은 해당 사업연도의 소득금액에서 손금 불산입한다. 소득처분은 '사외유출'로 한다.

② 감가상각비 등 한도 초과액 처리: 업무사용금액 중 감가상각비(또는 임차료 중 감가상각비 상당액)는 업무용 승용차별로 연간 800만원을 초과하는 경우, 초과분(감가상각비 한도초과액)은 손금불산입한다. (사업연도가 1년 미만이거나 보유 · 임차 기간이 일부인 경우 800만원은 월할 계산) 소득처분은 '유보'로 하며, 한도 초과액 이월하여 손금 산입이 가능(이월공제가 가능)하다.

문제 풀이

제23기 말 업무용승용차(4월 1일 취득) A의 상각범위액
업무용승용차 정보: 취득가액 110,000,000원, 업무전용 자동차보험가입 및 업무용승용차 운행기록부 작성. (업무사용비율 90%)

법인세법의 업무용승용차의 감가상각비는 연 800만원의 특별한도가 존재한다. 재무회계상으로는, 일반적인 정액법, 내용연수 5년을 적용하여 취득가액 110,000,000 ÷ 5년 × 9/12개월 = 16,500,000원일 것이나, 세법상으로는 감가상각비 한도가 연 800만원이므로 이에 따라 계산해야 한다.
따라서, 연 800만원(한도) × 9/12개월(월할계산) = 600만원이 감가상각액이 된다.

업무외사용금액은 2,050,000원으로 손금불산입한다. 임직원이 직접 운전하였기 때문에 소득처분은 '상여'이다.

제15절 원가관리회계

01 2005 상업 임용 14번 문항

정답

① 1,300,000원
② 1,220,000원

해설

원가의 흐름

원재료(자산)	
기초 원재료	당기 사용액
	• 직접재료비*
당기	• (1)간접재료비
	기말 원재료

노무원가(비용)	
당기발생	당기 사용액
	• 직접노무비*
	• (2)간접노무비

제조간접비(비용)	
(1)간접재료비	
(2)간접노무비	당기배부*
(3)제조경비	

재공품	
기초재공품재고액	당기제품제조원가(완성품제조원가)
당기총제조원가	
• 직접재료비*	
• 직접노무비*	기말재공품재고액
• 제조간접비*	

제품	
기초제품재고액	매출원가
당기제품제조원가	기말제품재고액

① 당기제품 제조원가

당기 직접재료비 소비액: 기초 재료 재고액 + 당기 재료 매입액 − 기말 재료 재고액
= 120,000 + 600,000 − 150,000 = 570,000원

당기총제조비용: 당기 직접재료비 소비액 + 당기 직접노무비 + 제조간접비
= 570,000 + 450,000 + 320,000 = 1,340,000원

당기제품 제조원가: 기초 재공품 재고액 + 당기총제조비용 − 기말 재공품 재고액
= 180,000 + 1,340,000 − 220,000 = 1,300,000원

② 매출원가: 기초 제품 재고액 + 당기제품 제조원가 − 기말 제품 재고액
= 260,000 + 1,300,000 − 340,000 = 1,220,000원

02 2004 상업 임용 6번 문항

정답

① 당월 재료소비액: 260,000원
② 당월 제조경비소비액: 95,000원
③ 당월 완성품제조원가: 490,000원
④ 당월 제품매출원가: 520,000원
⑤ 월초 제품재고액: 150,000원

해설

④ 당월 제품매출원가
제품매출액 624,000원 = 매출원가 × 1.2.
즉, 매출원가 = 624,000 ÷ 1.2 = 520,000원

① 당월 재료소비액 = 월초 재료재고액 + 당월 매입액 - 월말 재료재고액
= 80,000 + 250,000 - 70,000 = 260,000원

② 당월 제조경비소비액 계산

임금(비용)

전월 선급액		전월 미지급액	25,000
당월 지급액	150,000	당월 소비액*	
당월 미지급액	30,000	당월 선급액	

제조경비(비용)

전월 선급액	전월 미지급액
당월 지급액	당월 소비액*
당월 미지급액	당월 선급액

당월 노무비 소비액 = 당월 지급액 + 당월 미지급액(기말 부채) - 전월 미지급액(기초 부채)
= 150,000 + 30,000 - 25,000 = 155,000원
당월 제조경비소비액 = 당월 지급액 + 당월 미지급액(기말 부채) + 전월 선급액(기초 자산)
= 62,000 + 18,000 + 15,000 = 95,000원

③ 당월 완성품제조원가 계산

재공품

월초 재공품재고액	당월 제품제조원가(완성품제조원가)
당월 총제조원가	
• 직접재료비	월말 재공품재고액
• 직접노무비	
• 제조간접비	

당월 총제조비용 = 당월 재료소비액 + 당월 노무비 소비액 + 당월 제조경비소비액
= 260,000 + 155,000 + 95,000 = 510,000원
당월 완성품제조원가 = 월초 재공품재고액 + 당월 총제조비용 - 월말 재공품재고액
= 100,000 + 510,000 - 120,000 = 490,000원

⑤ 월초 제품재고액 계산
매출원가 = 월초 제품재고액 + 당월 완성품제조원가 - 월말 제품재고액
520,000 = 월초 제품재고액 + 490,000 - 120,000이므로,
월초 제품재고액은 520,000 - 370,000 = 150,000원

03 2009 상업 임용 1차 14번 문항

정답

5,400,000원

해설

재공품	
기초재공품 재고액 0	
당기총제조비용	
• 직접재료비	
• 직접노무비	
• 제조간접비	

가공원가: 직접노무비 + 제조간접비 (재료를 제품으로 가공하는 데 드는 원가)

1. 직접노무비 계산
   총 노무비 4,200,000 - 간접노무비 1,200,000 = 3,000,000원
2. 제조간접비 예정 배부액 계산: 직접노무비 발생액의 80%로 예정 배부한다.
   즉, 제조간접비 예정 배부액 = 직접노무비 3,000,000 × 80% = 2,400,000원

문제에서 제조간접비 실제 발생액(₩2,000,000)이 주어졌지만, 재공품 계정 차변에는 예정 배부액이 기록되므로 2,400,000원을 사용한다. 배부 차이는 나중에 매출원가에서 조정한다.

따라서, 가공원가 = 직접노무비 + 제조간접비 예정 배부액
= 3,000,000 + 2,400,000 = 5,400,000원

04 2018 상업 임용 A 13번 문항

정답

2016년 직접노무원가 1,000,000원
2016년 직접재료원가 2,000,000원
제품 A의 단위당 판매가격: 22,000 + (22,000 × 0.5) = 33,000원

해설

원가의 분류

- 제조원가 3요소: 직접재료비, 직접노무비, 제조간접비, 가공원가(직접노무비 + 제조간접비)
- 추적가능성에 따른 분류: 직접원가(=기초원가), 간접원가
- 재무제표 보고 목적에 따른 분류: 제품원가(제조원가), 기간원가(비제조원가)
- 조업도 변화에 따른 분류: 변동원가, 고정원가, 준변동원가, 준고정원가
- 의사결정을 위한 분류: 관련원가와 비관련원가, 기회원가, 증분원가와 차액원가, 통제가능원가와 통제불능원가

문제 풀이

2016년 직접노무원가 계산

① 총 제조간접원가 계산
총 제조간접원가 = 고정제조간접원가 + 변동제조간접원가
= 1,000,000 + (1,000,000 × 40%) = 1,400,000원

② 2016년 직접노무원가 계산
가공원가 = 직접노무원가 + 총 제조간접원가
2,400,000 = 직접노무원가 + 1,400,000
직접노무원가 = 1,000,000원

2016년 직접재료원가 계산

기초원가 = 직접재료원가 + 직접노무원가
3,000,000 = 직접재료원가 + 1,000,000
직접재료원가 = 2,000,000원

제품 A 단위당 판매가격 계산

① 총 제조원가: 직접재료비 + 직접노무비 + 제조간접비
(재공품 재고 없으므로 총 제조원가 자체가 당기제품제조원가이다.)
= 2,000,000 + 1,000,000 + 1,400,000 = 4,400,000원

② 제품 A 단위당 제조원가 = 총 제조원가 ÷ 총 생산량
= 4,400,000 ÷ 200개 = 22,000원

③ 제품 A의 단위당 판매가격 = 단위당 제조원가 + (단위당 제조원가 × 50% 이윤)
= 22,000 + (22,000 × 0.5) = 33,000원

05 2013 상업 임용 1차 13번 문항

정답 (가) 610,000원, (나) 960,000원

해설

주어진 조건 분석

제조간접비 = 직접노무비 × 1.5

가공비 = 당월총제조원가 × 0.8.

즉, 직접노무비 + 제조간접비 = 당월총제조원가 × 0.8

직접노무비 + (직접노무비 × 1.5) = 당월총제조원가 × 0.8

재공품 T계정 해석

재공품 차변 3,200,000 = 월초 재공품 200,000 + 당월총제조원가

즉, 당월총제조원가 3,000,000원

가공비 = 당월총제조원가 3,000,000 × 0.8 = 2,400,000원

가공비 2,400,000 = 직접노무비 + 제조간접비

= 직접노무비 + (직접노무비 × 1.5)

(나) 직접노무비 960,000원, 제조간접비 1,440,000원, 직접재료비 600,000원

원재료 T계정 해석

원재료 '차변' 총계 = 월초 원재료재고액 + (가) 매입채무(매입액)

원재료 '대변' 총계 = 직접재료비(당월 재료 소비액) + 월말 원재료재고액

월초 원재료재고액 40,000 + (가) = 직접재료비 600,000 + 월말재고 50,000

즉, (가)는 610,000원

06 2006 상업 임용 14번 문항

정답

- 재료비 소비액: 720,000원
- 노무비 소비액: 1,600,000원
- 제조간접비 소비액: 600,000원
- 당기 제품 제조원가: 2,890,000원
- 매출 총이익: 460,000원

해설

재료비 소비액 = 월초 원재료 재고액 + 당월 원재료 매입액 − 월말 원재료 재고액

= 120,000 + 740,000 − 140,000 = 720,000원

노무비 소비액 = 당월 노무비 지급액 + 당월(월말) 임금미지급액 − 전월(월초) 임금미지급액

= 1,616,000 + 50,000 − 66,000 = 1,600,000원

임금(비용)

전월 선급액		전월 미지급액	66,000
당월 지급액	1,616,000	당월 소비액*	
당월 미지급액	50,000	당월 선급액	

제조간접비 총 소비액(배부액): 직접 작업시간을 기준으로 배부하므로, 직접노무비 소비액을 이용하여 실제 직접 작업 시간을 계산한다.

실제 직접 작업 시간 = 노무비 소비액 ÷ 작업시간당 직접노무비
= 1,600,000 ÷ 4,000원 = 400시간

제조간접비 총 소비액(배부액) = 실제 직접 작업시간 × 작업시간당 제조간접비(예정배부율에 해당한다.)
= 400시간 × 1,500원 = 600,000원

당기 제품 제조원가 = 월초 재공품 재고액 + 당월 총제조비용 − 월말 재공품 재고액
= 180,000 + 2,920,000 − 210,000 = 2,890,000원

매출 총이익 = 매출액 − 매출원가
= 3,320,000 − 2,860,000 = 460,000원

07 2010 상업 임용 1차 22번 문항

정답

제조원가 1,570,000원
매출원가 1,510,000원

해설

제조원가 계산

재료비 소비액 = 월초 원재료 재고액 + 월중 원재료 매입액 − 월말 원재료 재고액
= 90,000 + 720,000 − 120,000 = 690,000원

제조간접비 배부액 계산: 제조간접비는 직접노동시간을 기준으로 예정 배부되므로, 먼저 실제 직접노동시간을 계산한다.

실제 직접노동시간 = 직접노무비 발생액 ÷ 직접노동시간당 직접노무비
= 400,000 ÷ @8 = 50,000시간

제조간접비 배부액 = 실제 직접노동시간 × 직접노동시간당 제조간접비(예정 배부율에 해당한다.)
= 50,000시간 × @10 = 500,000원

당월 총제조비용 = 재료비 소비액 + 직접노무비 발생액 + 제조간접비 배부액
= 690,000 + 400,000 + 500,000 = 1,590,000원

10월 당월 제품 제조원가 = 월초 재공품 재고액 + 당월 총제조비용 − 월말 재공품 재고액
= 120,000 + 1,590,000 − 140,000 = 1,570,000원

매출원가 계산(배부 차이 조정 포함)

조정 전 매출원가 = 월초 제품 재고액 + 당월 제품 제조원가 − 월말 제품 재고액
= 150,000 + 1,570,000 − 180,000 = 1,540,000원

제조간접비 배부 차이 = 실제 제조간접비 발생액 − 제조간접비 배부액
= 470,000 − 500,000 = −30,000(과대배부)

배부 차이 조정 후 매출원가 계산: 제조간접비 배부 차이는 매출원가에서 조정한다. 과대배부는 매출원가를 감소시킨다.

조정 후 매출원가 = 조정 전 매출원가 − 과대배부액
= 1,540,000 − 30,000 = 1,510,000원

회계 처리: (차) 제조간접비(과대배부액) 30,000 (대) 매출원가 30,000

08 2003 상업 임용 6번 문항

정답

① No. 101의 제조 간접비 배부액: 6,000원

② No. 101의 제품 제조 원가: 31,000원

③ 제조 간접비 배부에 관한 분개 : (차) 재공품 30,000 (대) 제조간접비 30,000

해설

개별원가계산(Job Order Costing)

개별 주문이나 개별 작업 단위(Job)별로 원가를 측정하고 집계하는 원가계산 방법이다. 제품 생산에 투입된 직접재료비, 직접노무비, 그리고 제조간접비를 해당 작업에 개별적으로 부여하여 원가를 계산한다.

1. 특징
   - 다품종 소량 생산: 소수의 개별적인 제품이나 서비스(예: 맞춤형 제품)를 생산하는 데 적합하다.
   - 작업별 원가 집계: 각 작업(또는 주문, 프로젝트)은 고유한 식별 번호를 가지며, 원가는 이 번호를 기준으로 개별적으로 추적된다.
   - 작업원가표(Job Cost Sheet) 사용: 각 작업에 대한 재료비, 노무비, 제조간접비 등의 발생 및 배부 내역을 기록하는 핵심 문서이다. 작업원가표는 해당 작업의 원가 명세서 역할을 수행한다.
   - 제조간접비 배부의 중요성: 직접원가는 각 작업에 쉽게 추적할 수 있으나, 제조간접비는 여러 작업에 공통으로 발생하므로 합리적인 배부 기준에 따라 각 작업에 배부하는 과정이 매우 중요하다. 제조간접비 배부의 정확성이 전체 제품 원가의 정확성을 좌우한다.
   - 적용 산업: 고객의 주문에 따라 제품의 형태나 사양이 달라지는 산업, 또는 프로젝트 단위로 진행되는 산업에 주로 적용된다. 예를 들어, 선박 건조업, 항공기 제조업, 건설업, 맞춤복 제작업, 특수 기계 제조업, 인쇄업, 영화 제작업, 병원(환자별 원가), 법률 사무소(사건별 원가) 등이다.
2. 원가계산 절차(작업원가표 중심)

   ① 제조지시서 발행: 고객의 주문이 접수되면, 특정 제품이나 작업에 대한 제조지시서(Job Order)를 발행한다. 각 제조지시서에는 고유한 번호가 부여되며, 이는 작업원가표의 식별 번호가 된다.

   ② 직접재료비 집계: 각 작업에 필요한 직접재료가 출고되면 재료청구서(Material Requisition Form)를 통해 해당 작업원가표에 직접재료비가 기록된다. 작업원가표는 '직접재료비' 항목에 해당 금액을 집계한다.

   ③ 직접노무비 집계: 각 작업에 직접 투입된 생산직 근로자의 노동 시간은 작업시간 기록표(Labor Time Ticket)를 통해 파악한다. 이 작업시간 기록표를 바탕으로 계산된 직접노무비가 해당 작업원가표의 '직접노무비' 항목에 기록된다.

   ④ 제조간접비 배부: 제조간접비는 특정 작업에 직접 추적하기 어려우므로, 사전에 설정된 예정 배부율과 각 작업의 실제 배부 기준 사용량을 곱하여 배부한다. 배부된 제조간접비는 해당 작업원가표의 '제조간접비' 항목에 기록된다.

   ⑤ 작업원가 집계 및 완성품 제조원가 계산: 특정 작업이 완료되면, 해당 작업원가표에 집계된 직접재료비, 직접노무비, 배부된 제조간접비의 합계를 계산한다. 이 합계가 해당 작업의 완성품 제조원가가 된다. 완성된 작업의 원가는 재공품 계정에서 제품 계정으로 대체되며, 미완성 작업의 원가는 기말 재공품 재고로 남는다.

문제 풀이

No. 101의 제조간접비 배부액

① 총 직접재료비 계산(제조간접비 배부 기준): 제조간접비는 직접 재료비를 기준으로 배부되므로, 총 직접재료비 금액을 계산한다.
총 직접재료비 = 10,000 + 18,000 + 22,000 = 50,000원

② 실제 제조간접비 배부율 계산: 실제 발생 제조간접비 총액을 총 직접재료비로 나누어 배부율을 산정한다.
실제 제조간접비 배부율 = 실제 제조간접비 총액 ÷ 총 직접재료비
= 30,000 ÷ 50,000 = 0.6(60%)
즉, 직접 재료비의 60%를 제조간접비로 배부한다.

③ No. 101의 제조 간접비 배부액 계산: No. 101의 직접 재료비에 실제 제조간접비 배부율을 곱한다.
No. 101의 직접 재료비 10,000 × 실제 제조간접비 배부율 0.6 = 6,000원

No. 101의 제품 제조 원가

No. 101은 완성된 제품이므로, 해당 작업원가표에 집계된 원가 요소를 모두 합산한다.
No. 101 월초재공품 6,000 + 직접 재료비 10,000 + 직접노무비 9,000 + 제조 간접비 배부액 6,000 = 31,000원

제조간접비 배부에 관한 분개

제조간접비를 각 작업(재공품)에 배부하는 분개이다. 모든 작업에 배부되는 제조간접비 총액은 실제 발생액인 30,000원이다. 재공품 계정의 차변에 기록하고, 제조간접비 계정의 대변에 기록하여 제조간접비 계정을 감소시킨다.

(차) 재공품	30,000	(대) 제조간접비	30,000

09 2025 상업 임용 B 6번 문항

정답

㉠ 개별

직접재료원가: 원단 560,000원 + 단추 24,000원 + 라벨 2,000원 + 봉제실 3,000원 = 589,000

10,000원

해설

㉠ 개별원가계산

문제에서 회사는 고객 주문에 따라 요구사항, 기능, 특성, 품질 등이 달라지는 제품을 생산하고, 제품 단위로 생산 작업 지시서를 발행하며, 고객 주문 건별로 작업 번호를 부여하여 관리한다. 이는 다품종 소량 주문 생산의 특징을 명확히 보여준다. 따라서, ㉠은 '개별' 이다.

10월에 투입된 직접재료원가 계산

㈜○○은 모든 재고자산에 대하여 월총평균법을 적용하여 평가하고 있다. 월총평균법은 월초 재고와 당월 매입분을 모두 합쳐 평균 단가를 계산한 후, 이 평균 단가를 사용하여 당월 소비액과 기말 재고액을 평가하는 방법이다.

① 원단

총 구매가능수량 = 월초 재고 100 + 구매 입고 150 = 250

총 구매가능원가 = (100YD × 2,500원) + (150YD × 3,000원)

= 250,000 + 450,000 = 700,000원

월 총평균 단가 = 700,000원 ÷ 250YD = 2,800원

원단 소비액 = 200 YD × 2,800/YD = 560,000

② 단추

총 구매가능수량 = 구매 입고 600개

총 구매가능원가 = 600개 × 40원 = 24,000원

월총평균 단가 = 24,000 ÷ 600개 = 40원

단추 소비액 = 600개 × 40원 = 24,000원

③ 라벨

총 구매가능수량 = 구매 입고 100개

총 구매가능원가 = 100개 × 20원 = 2,000원

월총평균 단가 = 2,000원 ÷ 100개 = 20원

라벨 소비액 = 100개 × 20원 = 2,000원

④ 봉제실

총 구매가능수량 = 월초 재고 500m + 구매 입고 1,200m = 1,700m

총 구매가능원가 = (500m × 2원) + (1,200m × 2원) = 1,000원 + 2,400원 = 3,400원

월총평균 단가 = 3,400원 ÷ 1,700m = 2원

봉제실 소비액 = 1,500m × 2원 = 3,000원

10월에 투입된 총 직접재료원가

= 원단 560,000원 + 단추 24,000원 + 라벨 2,000원 + 봉제실 3,000원 = 589,000

재고자산을 선입선출법으로 평가할 경우, 매출총이익의 증가 금액

재고자산 평가 방법을 월총평균법이 아닌 선입선출법을 적용한다.

물가 상승을 전제하였을 때, 선입선출법이 월총평균법보다 매출원가가 적게 계상되어 이익이 더 크다.

선입선출법 적용 시 직접재료원가 소비액 계산

① 원단: 200YD 출고(소비)되었다.
선입선출법이므로 월초 재고부터 먼저 소비한다.
월초 재고 소비: 100YD × 2,500원 = 250,000원
당기 매입분 소비: (200YD - 100YD) × 3,000원 = 300,000원
원단 소비액 = 250,000 + 300,000 = 550,000원

② 단추: 600개 출고되었다. 월초 재고가 없으며 모두 당기 매입분이다.
즉, 600개 × 40원 = 24,000원으로, 월총평균법과 동일하다.

③ 라벨: 100개 출고되었다. 라벨 역시 월초 재고가 없고 모두 당기 매입되었으므로 월총평균법과 동일하다. 100개 × 20원 = 2,000원

④ 봉제실: 1,500m 출고되었다.
월초 재고: 500m × 2원 = 1,000원
당기 매입분: (1,500m - 500m) × 2원 = 1,000m × 2원 = 2,000원
봉제실 소비액 = 1,000 + 2,000 = 3,000원. 월초 재고가 존재하나, 월초와 당기 매입분의 단가가 동일하므로 월총평균법과 동일한 소비금액이 계산된다.
선입선출법 적용 시 총 직접재료원가
= 원단 550,000원 + 단추 24,000원 + 라벨 2,000원 + 봉제실 3,000원 = 579,000원

매출총이익 증가 금액 계산

월총평균법 적용 시 총 직접재료원가: 589,000원
선입선출법 적용 시 총 직접재료원가: 579,000원
즉, 직접재료원가 변화액 = 579,000 - 589,000 = -10,000(감소)

문제에서 '유니폼 제품 100벌을 생산 완료하여 제품 창고에 보관하다가, 10월 말 100벌을 ㈜△△로 판매하면서 매출로 인식함' 이라고 되어 있으므로, 생산된 모든 제품이 판매되어 매출원가가 된다.
'매출총이익 = 매출액 - 매출원가' 이고, 매출액은 변함이 없으므로 매출원가가 감소하면 매출총이익은 증가한다. 매출총이익의 증가 금액은 매출원가의 감소 금액인 것이다.
이러한 특징을 문제에 적용시켜보면, ㈜○○의 재고자산을 선입선출법으로 평가할 경우, 총평균법을 사용할 때보다 매출원가가 10,000원이 감소하며, 이로 인해 매출총이익은 10,000원이 증가한다.

10 2002 상업 임용 11번 문항

정답

① 기말재공품재고액: 5,000원

② 완성품제조원가: 24,000원

③ 분개: (차) 제품 24,000 (대) 재공품 24,000

해설

종합원가계산(Process Costing)

종합원가계산은 동일한 종류의 제품을 여러 공정(부문)을 거쳐 연속적으로 대량 생산하는 경우에 적용되는 원가계산 방법이다. 개별 제품 단위보다는 공정별로 원가를 집계한 후, 총 생산량을 기준으로 단위당 원가를 계산하여 완성품과 기말재공품에 원가를 배분한다.

종합원가계산의 가장 큰 특징은 '완성품 환산량'의 개념이다. 회계 기간 말에 미완성된 재공품(재공품 기말재고)이 존재할 때, 이 **미완성된 재공품을 완성된 제품의 수량으로 환산하는 '완성품 환산량(Equivalent Units of Production)' 개념**이 핵심적으로 사용된다. 이는 완성품과 기말재공품에 원가를 배분하는 공정한 기준이 된다. 각 공정의 총원가를 해당 공정의 완성품 환산량으로 나누어 단위당 원가를 계산한다. 완성품환산량을 계산하는 방법으로는 평균법과 선입선출법이 있다.

종합원가계산을 적용하는 산업은 액체나 기체, 또는 연속적인 흐름 공정을 통해 대량 생산되는 제품을 다루는 산업에 주로 적용된다. 예를 들면, 정유 산업(석유 제품), 제철 산업(철강), 화학 산업(화학 제품), 음료 및 식료품 제조업, 제지 산업, 시멘트 제조업 등이다.

종합원가계산 절차 5단계

① 물량 흐름 파악: 해당 공정(부문)의 재공품 T-계정 항목의 물리적인 '수량' 흐름을 파악한다.

② 완성품 환산량 계산: 재공품 T-계정 대변에 있는 기말 재공품과 완성품에 원가를 공정하게 배분하기 위한 가상의 완성품 수량을 산출한다.

③ 원가 집계: 해당 공정에서 발생한 직접재료비, 직접노무비, 제조간접비를 집계하여 배분할 총원가를 확정한다. 즉, 재공품 T-계정의 차변 요소에 해당하는 '원가(금액)'를 집계한다.

④ 단위당 원가 계산: 각 원가 요소별(재료원가, 가공원가)로 집계된 총원가를 해당 원가 요소의 완성품 환산량으로 나누어 단위당 원가를 계산한다.

$$\text{단위당 원가} = \frac{\text{총 원가}}{\text{완성품 환산량}}$$

⑤ 완성품 원가 및 기말재공품 원가 배분: 4단계에서 계산된 '단위당 원가'를 사용하여 2단계에서 계산한 '완성품 환산량'에 곱하여 원가를 배분한다. 해당 기간 동안 완성된 제품의 총 원가와 기말 재공품(미완성품)의 총 원가를 각각 계산하여 배분하는 것이다. 이때 계산된 원가 금액이 재공품 T-계정의 대변에 기록되는 완성품 제조원가와 기말재공품 원가가 된다.

- 완성품 원가: 완성량 × 단위당 원가
- 기말재공품 원가: 기말재공품 완성품 환산량 × 단위당 원가

완성품 환산량 평균법 계산

기초 재공품에 포함된 원가와 당기에 새로 투입된 원가를 구분하지 않고 모두 합쳐서 평균적인 단위당 원가를 계산하는 방법이다. 기초 재공품도 당기 공정에서 모두 완성된 것으로 가정한다.

- 완성품 환산량 계산

  완성품 환산량 = 당기 완성량 + (기말 재공품 수량 × 기말 재공품 완성도)

$$\text{단위당 원가} = \frac{\text{총 원가}}{\text{완성품 환산량}} = \frac{\text{기초 재공품 원가 + 당기 투입 원가}}{\text{완성품 환산량(평균법)}}$$

문제 풀이

기말재공품재고액 계산

재공품평가는 평균법에 의하며, 원재료는 제조착수시 투입되고, 가공비는 제조진행에 따라 투입된다.

① 원재료 완성품환산량

완성품 수량: 200개 × 100% = 200개

기말재공품 수량: 50개 × 100%(제조착수시 모두 투입) = 50개

원재료 완성품환산량 = 200개 + 50개 = 250개

② 가공비 완성품환산량 계산

완성품 수량: 200개 × 100% = 200개

기말재공품 수량: 50개 × 60%완성 = 30개

가공비 완성품환산량 = 200개 + 30개 = 230개

③ 단위당 원가 계산(평균법)

원재료 단위당 원가: (기초재공품 주요재료비 + 당기발생 주요재료비) ÷ 원재료 완성품환산량

= (1,500 + 16,000) ÷ 250개 = 17,500 ÷ 250개 = 70원

가공비 단위당 원가: (기초재공품 가공비 + 당기발생 가공비) ÷ 가공비 완성품환산량

= (1,300 + 10,200) ÷ 230개 = 11,500 ÷ 230개 = 50원

④ 기말재공품재고액 계산

(기말재공품 원재료 완성품환산량 × 원재료 단위당 원가) + (기말재공품 가공비 완성품환산량 × 가공비 단위당 원가) = (50개 × 70원) + (30개 × 50원) = 3,500 + 1,500 = 5,000원

완성품제조원가 계산

완성품제조원가 = (당기 완성품 수량 × 원재료 단위당 원가) + (당기 완성품 수량 × 가공비 단위당 원가)

= (200개 × 70원) + (200개 × 50원) = 14,000 + 10,000 = 24,000원

※ 검증(총 투입원가 – 기말재공품재고액)

총 투입원가 = 기초재공품원가 + 당기발생원가

= 2,800 + (16,000 + 10,200) = 2,800 + 26,200 = 29,000원

즉, 총 투입원가 – 기말재공품재고액 = 29,000 – 24,000 = 5,000원

완성품에 필요한 분개

(차) 제품	24,000	(대) 재공품	24,000

11 2008 상업 임용 8번 문항

정답

- 월말 재공품 원가: 285,000원
- 제품 단위당 원가: 875원

해설

월말 재공품 원가의 계산은 평균법을 적용한다. 원재료는 제조 착수 시에 전부 투입되고, 가공비는 전 공정에 걸쳐 일정하게 발생한다.

1. 완성품환산량 계산

원재료: 완성품 수량: 1,800개 × 100% = 1,800개
월말 재공품 수량: 600개 × 100%(제조 착수 시 전량 투입) = 600개
원재료 완성품환산량 = 1,800개 + 600개 = 2,400개

가공비: 완성품 수량: 1,800개 × 100% = 1,800개
월말 재공품 수량: 600개 × 완성도 20% = 120개
가공비 완성품환산량 = 1,800개 + 120개 = 1,920개

2. 단위당 원가 계산

원재료 단위당 원가 = (월초 재공품 직접 재료비 + 당월 제조 비용 직접 재료비) ÷ 원재료 완성품환산량
= (150,000원 + 750,000원) ÷ 2,400개
= 900,000원 ÷ 2,400개 = 375원

가공비 단위당 원가 = (월초 재공품 가공비 + 당월 제조 비용 가공비) ÷ 가공비 완성품환산량
= (60,000원 + 900,000원) ÷ 1,920개
= 960,000원 ÷ 1,920개 = 500원

3. 월말 재공품 원가 계산

월말 재공품 원가 = (월말 재공품 원재료 완성품환산량 × 원재료 단위당 원가)
+ (월말 재공품 가공비 완성품환산량 × 가공비 단위당 원가)
= (600개 × 375원) + (120개 × 500원) = 225,000원 + 60,000원 = 285,000원

4. 제품 단위당 원가 계산: 제품 단위당 원가는 완성품 1개당 소요된 총 원가이다.

제품 단위당 원가 = 원재료 단위당 원가 + 가공비 단위당 원가
= 375원 + 500원 = 875원

12 2014 상업 임용 A 12번 문항

정답

2,000,000원

해설

원가-조업도-이익(CVP) 분석(Cost-Volume-Profit Analysis)

CVP 분석은 판매량, 판매가격, 변동원가, 고정원가, 이익이라는 다섯 가지 핵심 요소들 간의 관계를 체계적으로 분석하여, 특정 이익 목표를 달성하기 위한 판매량을 파악하거나, 판매량 변화가 이익에 미치는 영향을 예측하는 데 사용된다.

1. 공헌이익(Contribution Margin) 및 공헌이익률

공헌이익은 판매가격에서 변동원가를 차감한 금액으로, 고정원가를 회수하고 이익을 얻는 데 공헌하는 금액이다. 즉, 판매량이 증가할수록 공헌이익이 증가하며, 이 증가분은 곧바로 이익 증가로 이어진다.

- 단위당 공헌이익 = 단위당 판매가격 - 단위당 변동원가
- 총 공헌이익 = 총 판매액 - 총 변동원가 = 단위당 공헌이익 × 판매량
- 공헌이익률은 판매액 대비 공헌이익이 차지하는 비율이다. 이는 판매액 1원당 고정원가 회수 및 이익 창출에 기여하는 정도를 나타낸다.

  공헌이익률 = (단위당 공헌이익 ÷ 단위당 판매가격) × 100% = (총 공헌이익 ÷ 총 판매액) × 100%

2. 손익분기점(Break-Even Point) 분석

총 수익과 총 원가가 '일치'하여 이익이 0이 되는 조업도 수준을 의미한다. 즉, 손실도 이익도 발생하지 않는 '판매량 또는 매출액' 지점이다. 경영자는 손익분기점을 파악하여 사업의 최소한의 목표치를 설정한다.

- 손익분기점 판매량 = 총 고정원가 ÷ 단위당 공헌이익
- 손익분기점 매출액 = 총 고정원가 ÷ 공헌이익률

문제 풀이

1. 총 공헌이익 계산

   총 공헌이익 = 매출액 - 변동비

   = 4,000,000 - 2,000,000 = 2,000,000원

2. 공헌이익률 계산

   공헌이익률 = 총 공헌이익 ÷ 매출액

   = 2,000,000 ÷ 4,000,000 = 0.5(50%)

3. 손익분기점 매출액 계산

   손익분기점 매출액 = 총 고정비 ÷ 공헌이익률

   = 1,000,000 ÷ 0.5 = 2,000,000원

13 2004 전공 10번 문항

정답

① 20,000,000원
② 2,500개

해설

단위당 공헌이익 = 단위당 판매가격 - 단위당 변동비
= 10,000원 - 4,000원 = 6,000원

공헌이익률 = (단위당 공헌이익 ÷ 단위당 판매가격) × 100%
= (6,000원 ÷ 10,000원) × 100% = 0.6(60%)

① 손익분기점상의 매출액 = 총 고정비 ÷ 공헌이익률
= 12,000,000원 ÷ 0.6 = 20,000,000원

목표이익 달성 분석

기업이 특정 목표 이익을 달성하기 위해 판매해야 할 판매량이나 달성해야 할 매출액을 계산하는 분석이다. 손익분기점 분석의 확장된 개념이다.

- 목표이익 달성 판매량 = (총 고정원가 + 목표 이익) ÷ 단위당 공헌이익
- 목표이익 달성 매출액 = (총 고정원가 + 목표 이익) ÷ 공헌이익률

② 12월에 3,000,000원의 이익을 달성하기 위한 매출수량
목표이익 달성 매출수량 = (총 고정비 + 목표이익) ÷ 단위당 공헌이익
= (12,000,000원 + 3,000,000원) ÷ 6,000원
= 15,000,000원 ÷ 6,000원 = 2,500개

14 2010 상업 임용 33번 문항

정답 ⑤

해설

총 변동원가: 매출원가(변동비) 600,000원
총 고정원가: 판매비와 관리비(고정비) 300,000원
단위당 판매가격 = 매출액 ÷ 판매량
= 1,000,000원 ÷ 500단위 = 2,000원
단위당 변동원가 = 총 변동원가 ÷ 판매량
= 600,000원 ÷ 500단위 = 1,200원
단위당 공헌이익 = 단위당 판매가격 − 단위당 변동원가
= 2,000원 − 1,200원 = 800원
공헌이익률 = 단위당 공헌이익 ÷ 단위당 판매가격
= 800원 ÷ 2,000원 = 0.4(40%)

① (X) 손익분기점의 판매량 = 총 고정원가 ÷ 단위당 공헌이익
= 300,000원 ÷ 800원 = 375단위
② (X) 손익분기점에서는 총 공헌이익과 총 고정원가가 일치하므로, 이익이 0이 된다.
즉, 총 고정원가는 300,000이므로, 손익분기점에서의 공헌이익은 300,000이다.
③ (X) 매출액 1 증가 시 영업이익 증가분은 공헌이익률과 같다. 공헌이익률은 0.4(40%)이므로, 매출액이 1 증가할 때마다 영업이익은 0.4 증가한다.
④ (X) 매출액이 1,100,000일 때의 총 공헌이익은 매출액에 공헌이익률을 곱한 값인 440,000원이다. 이때의 영업이익은 '총 공헌이익 440,000원 − 총 고정원가 300,000'로, 140,000원이다.
⑤ (O) 판매량이 450단위에서 525단위로 증가하면 공헌이익은 60,000 증가한다.
판매량 증가분 = 525단위 − 450단위 = 75단위
공헌이익 증가분 = 판매량 증가분 × 단위당 공헌이익 = 75단위 × 800원 = 60,000원이다.

15 2022 상업 임용 B 2번 문항

정답

공헌이익률 25%

㉠ 안전한계

해설

안전한계(Margin of Safety)

안전한계는 실제(또는 예상) 판매액이 손익분기점 판매액을 초과하는 정도를 나타낸다. 기업이 손실을 입지 않으면서도 매출액이 얼마나 감소할 수 있는지를 보여주는 지표로, 기업의 안전성을 측정한다.

안전한계는 손익분기점과의 거리를 나타내며, 손익분기점이 낮을수록(안전한계가 클수록) 기업의 수익 구조가 더 안정적이라고 볼 수 있다. 즉, 안전한계가 크다는 것은 기업의 매출액이 크게 감소하더라도 손실을 보지 않을 여유가 많다는 의미이므로, 기업의 재무적 안정성이 높다고 판단할 수 있다. 반대로 안전한계가 작으면 매출액이 조금만 줄어도 바로 손실 구간에 진입할 위험이 크다.

- 안전한계액 = 실제(예상) 판매액 − 손익분기점 판매액
- 안전한계율 = (안전한계액 ÷ 실제(예상) 판매액) × 100%

영업레버리지(Operating Leverage)

영업레버리지는 고정원가가 이익 변동에 미치는 영향력을 나타내는 개념이다. 고정원가의 비중이 높을수록 판매량(매출액)의 변화율보다 영업이익의 변화율이 더 크게 나타나는 현상을 말한다. 영업레버리지도가 높다는 것은 매출액이 조금만 변해도 영업이익이 크게 변동할 수 있음을 의미하므로, 매출액이 증가할 때는 이익 증가 폭이 커서 유리하지만, 매출액이 감소할 때는 이익 감소 폭이 커서 위험도도 높다.

- 영업레버리지도(DOL, Degree of Operating Leverage) = 총 공헌이익 ÷ 영업이익
- $DOL = \frac{\text{총 공헌이익}}{\text{영업이익}} = \frac{\text{영업이익 변화율}}{\text{매출액 변화율}} = \frac{\text{실제매출액}}{\text{안전한계액}} = \frac{1}{\text{안저난계율}}$

즉, 영업레버리지도는 안전한계율의 역수이다. 안전한계율이 높다는 것은 기업이 손익분기점에서 멀리 떨어져 있어 안정성이 높다는 의미이며, 이는 영업레버리지도가 낮아 매출액 변동에 따른 이익 변동폭이 상대적으로 작다는 것을 의미한다. 반대로 안전한계율이 낮으면 영업레버리지도가 높아져 위험이 커진다.

문제 풀이

단위당 변동원가 총액 = 단위당 변동 제품제조원가 + 단위당 변동 판매관리비
= 60,000 + 15,000 = 75,000원

단위당 공헌이익 = 단위당 판매가격 − 단위당 변동원가 총액
= 100,000 − 75,000 = 25,000원

공헌이익률 = (단위당 공헌이익 ÷ 단위당 판매가격) × 100%
= (25,000 ÷ 100,000) × 100%
= 0.25 × 100% = 25%

16 2008 상업 임용 15번 문항

정답

안전한계: 3,000,000원
특별주문에 대한 공헌이익: 200,000원

해설

단위당 공헌이익 = 단위당 시장 판매가격 − 단위당 변동원가 = 1,500원 − 1,200원 = 300원
손익분기점 판매량 = 총 고정원가 ÷ 단위당 공헌이익 = 1,200,000원 ÷ 300원 = 4,000단위
손익분기점 매출액 = 손익분기점 판매량 × 단위당 시장 판매가격
= 4,000단위 × 1,500원 = 6,000,000원
현재의 매출액 = 현재의 매출수량 × 단위당 시장 판매 가격
= 6,000단위 × 1,500원 = 9,000,000원
안전한계액: 안전한계는 현재(또는 예상) 매출액이 손익분기점 매출액을 초과하는 정도이다.
= 실제(예상) 판매액 − 손익분기점 판매액 = 9,000,000원 − 6,000,000원 = 3,000,000원

2,000단위의 노트북을 1,300원에 구입하겠다는 특별 주문의 경우
단위당 공헌이익 = 특별주문 1300원 − 단위당 변동원가 1200원 = 100원
총 공헌이익 = 100원 X 2,000단위 = 200,000원

특별 주문의 수락 여부

현재 생산 능력에 여유가 있는 기업이 기존 판매 가격보다 낮은 가격으로 대량의 특별 주문을 받았을 때, 이 주문을 수락할 것인지 결정하는 문제이다.
특별 주문 시에는 '특별 주문 총증분수익 > 총증분원가'일 때 수락의 의사결정을 내리면 된다.
특별 주문 수락으로 인해 추가적으로 발생하는 총수익(특별 주문 수익, 총증분수익)이 특별 주문을 수락함으로써 추가적으로 발생하는 총원가(특별 주문 관련 변동원가, 총증분원가)보다 크다면 특별 주문을 수락한다. 이는 특별 주문 수락으로 인해 총 공헌이익이 증가하는지 여부를 판단하는 것과 같다. (총 공헌이익 증가분 = 총증분수익 − 총증분원가) 이때 고정원가는 일반적으로 관련원가가 아니다. 생산 능력 내에서는 고정원가가 추가로 발생하지 않기 때문이다.

17 2024 상업 임용 B 7번 문항

정답

㉠ 손익분기점
㉡ (10,000,000 + 30,000,000) ÷ 2,000원 = 20,000개
㉢ 영업레버리지 효과

해설

㉠의 총매출선과 총원가선이 교차하는 판매량 수준은 '손익분기점(Break-Even Point)'이다. 이는 이익도 손실도 발생하지 않는 지점을 의미한다.

㉡ 목표 영업이익 30,000,000원을 달성하기 위한 판매량
 = (총 고정원가 + 목표 이익) ÷ 단위당 공헌이익

단위당 판매가격: 총매출 ÷ 판매량 = 100,000,000 ÷ 10,000개 = 10,000원
단위당 변동원가: 총변동원가 ÷ 판매량 = 80,000,000 ÷ 10,000개 = 8,000원
단위당 공헌이익: 단위당 판매가격 − 단위당 변동원가 = 10,000원 − 8,000원 = 2,000원

따라서, 목표 영업이익 달성 판매량을 계산해보면 다음과 같다.
(총 고정원가 + 목표 영업이익) ÷ 단위당 공헌이익
= (10,000,000원 + 30,000,000원) ÷ 2,000원
= 40,000,000원 ÷ 2,000원 = 20,000개

㉢에 '고정원가로 인해 매출액의 변화율보다 영업이익의 변화율이 더 커지는 것'은 '영업레버리지 효과'이다. 영업레버리지는 고정원가가 이익 변동에 미치는 영향력을 나타내는 개념이다. 고정원가의 비중이 높을수록 판매량(매출액)의 변화율보다 영업이익의 변화율이 더 크게 나타나는 현상을 말한다. 영업레버리지도가 높다는 것은 매출액이 조금만 변해도 영업이익이 크게 변동할 수 있음을 의미하므로, 매출액이 증가할 때는 이익 증가 폭이 커서 유리하지만, 매출액이 감소할 때는 이익 감소 폭이 커서 위험도도 높다.

18 2018 상업 임용 A 3번 문항

정답

㉠ 150

㉡ 50

해설

㉠ 물류비 절감액 계산

1. 현재 영업이익 계산
   연간 매출액 100억 원, 영업이익률 2%
   현재 영업이익 = 매출액 × 영업이익률 = 100억 원 × 0.02 = 2억 원
2. 물류비 절감액 계산
   물류비 10억 원, 절감률 10%
   물류비 절감액 = 물류비 × 절감률 = 10억 원 × 0.1 = 1억 원
   따라서, 2억: 3억 = 100억: 총매출액으로 계산하면, 총매출액은 150억이다.

㉡ 매출액 증가 효과

매출액(150억 원)이 현재 연간 매출액(100억 원) 대비 몇 퍼센트인지 계산한다.
매출액 증가 효과 = (필요한 매출액 증가분 − 현재 연간 매출액) × 100%
매출액 증가 효과 = (50억 원 ÷ 100억 원) × 100%
= 0.5 × 100% = 50%

19 2023 상업 임용 B 11번 문항

정답

외부로부터 공급받아야 하는 전력량(kWh): 1,000 − 창고부에 제공한 10% = 900kWh
전력부 변동원가 절감액 20,000원 + 창고부 변동원가 절감액 6,000원 = 26,000원

해설

문제 상황: 특정 제품의 생산 중단 여부, 중단 의사결정

회사의 부서 구성: '보조부문 전력부(A), 창고부(B)' 및 '제조부문(성형부, 완성부)'
보조부문의 공급 관계(1년 기준)

- 전력부(A) 1,000 kWh. 변동원가 20,000원
  ① 창고부(B) 10%(100 kWh), ② 제조부문 90%(900 kWh).
- 창고부(B) 500m^2. 변동원가 30,000원
  ① 전력부(A) 20%(100 m^2), ② 제조부문 80%(400m^2)

이때, 전력부 폐지 시 영향 분석. (현재 조업도 유지, 잔여 시설 대체 수익 없음)

㉠ 전력부 폐지 시 외부로부터 공급받아야 하는 전력량

전력부에서 공급하던 총 전력량(1,000kWh) 중 보조부문 상호 간의 수급량을 제외하면, 1,000 − 창고부에 제공한 10% = 900kWh이다.

여기서 창고부가 전력부에 제공하던 용역(20%인 100m^2)은 이 계산에 직접적으로 상관이 없다. 왜냐하면 ㉠은 전력부의 생산량(공급량)을 기준으로 외부에서 조달해야 할 전력량(kWh)을 묻고 있기 때문이다. 창고부가 전력부에 제공하던 용역은 창고부의 서비스(m^2)이며, 이는 전력부의 '원가'에 영향을 미치지만, 전력부의 '생산량(kWh)'에는 직접적인 영향을 주지 않는다.

㉡ 전력부 폐지 시 절감되는 원가

1. 전력부 자체의 변동원가 절감액: 20,000원, 이 금액은 전력부가 폐지되므로 이 비용은 전액 절감된다.
2. 창고부 변동원가 중 절감액: 30,000원 중 20%를 전력부가 소비하므로 절감한다고 볼 수 있다.
   즉, 절감되는 창고부 변동원가 = 창고부 변동원가 × (전력부의 창고부 용역 사용 비율)
   = 30,000 × 20% = 6,000원.
3. 총 절감 원가: 전력부 변동원가 절감액 + 창고부 변동원가 절감액
   = 20,000 + 6,000 = 26,000원

20 2023 상업 임용 B 5번 문항

정답

㉠ 운영예산, ㉡ 재무예산

3분기 매출액 관련 현금 유입액 57,600 + 2분기 매출액 관련 현금 유입액 33,600 = 91,200원

해설

예산 관리(Budgeting)

예산 관리는 기업의 미래 활동을 계획하고, 실행을 통제하며, 자원을 효율적으로 배분하기 위한 핵심적인 관리회계 도구이다. 여기서 예산(Budget)은 미래의 일정 기간 동안 달성하고자 하는 목표를 재무적(화폐 단위) 및 비재무적(물리적 단위) 용어로 표현한 구체적인 계획이다.

예산 편성의 종류 및 절차(종합예산 중심)

예산은 목적, 기간, 대상 등에 따라 다양하게 분류될 수 있다. 이중 '종합예산(Master Budget)'은 기업의 모든 활동을 포괄한다.

1. ㉠ 운영 예산(Operating Budget): 미래의 영업 및 생산 활동을 계획하는 예산이다. 손익계산서 작성을 위한 기초 자료를 제공한다.
   - 영업 예산(Sales Budget): 미래의 판매량과 판매액을 예측하는 예산으로, 모든 예산 편성의 출발점이다.
   - 생산 예산(Production Budget): 판매 목표를 달성하고 적정 재고를 유지하기 위해 필요한 생산량을 계획하는 예산이다.
   - 직접재료 예산: 생산 예산에 필요한 직접재료의 구매량과 비용을 계획하는 예산이다
   - 직접노무비 예산, 제조간접비 예산 등
   - 판매비와관리비 예산: 판매 활동과 일반 관리 활동에 필요한 비용을 계획하는 예산이다.
2. ㉡ 재무 예산(Financial Budget): 기업의 미래 재무 상태와 현금 흐름을 계획하는 예산이다. 재무상태표와 현금흐름표 작성을 위한 기초 자료를 제공한다. 자본 예산, 현금 예산, 예산 재무상태표 등이 있다.

2022년 3분기 매출 관련 예상 현금유입액

① 3분기 매출액에서 발생하는 현금 유입액(3분기 예상 매출액: 80,000원)
   현금 매출액(3분기) = 80,000 × 60% = 48,000원
   외상 매출액(3분기) = 80,000 × 40% = 32,000원
   외상 매출액 중 판매 분기(3분기) 회수분 = 32,000 × 30% = 9,600원
   3분기 매출에서 3분기에 현금 유입되는 총액 = 48,000 + 9,600 = 57,600원

② 2분기 매출액에서 발생하는 현금 유입액(2분기 예상 매출액: 120,000원)
   2분기 외상 매출액 = 120,000 × 40% = 48,000원
   외상 매출액 중 다음 분기(3분기) 회수분 = 48,000 × 70% = 33,600원

③ 2022년 3분기 총 현금유입액
   = ① + ② = 57,600 + 33,600 = 91,200원

21 2020 상업 임용 A 11번 문항

정답

㉠ 평가원가, ㉡ 내부실패원가

해설

품질원가(Quality Cost)

품질원가는 제품이나 서비스가 품질 요구사항을 충족시키지 못하거나(실패), 이를 방지하거나(예방), 또는 확인하기 위해(평가) 발생하는 모든 원가를 의미한다. 단순히 불량품을 만드는 데 드는 비용뿐만 아니라, 불량을 막기 위한 노력에 드는 비용까지 포함한다. 품질원가는 예방원가, 평가원가, 내부실패원가, 외부실패원가로 구분할 수 있다.

품질원가의 4가지 유형

1. 예방원가(Prevention Costs): 제품이나 서비스의 결함이나 불량을 처음부터 발생하지 않도록 예방하기 위해 지출하는 원가이다. 즉, 실패를 방지하는 데 투자하는 비용이다. 예방원가는 품질원가 중 가장 효율적인 투자로, 초기 투자를 통해 장기적으로 더 큰 실패원가를 줄일 수 있다.
   예 품질 계획 수립, 종업원 품질 교육, 공급업체 품질 평가, 예방 정비, 품질 개선 프로젝트, 품질 보증 시스템 설계 및 유지 비용 등.
2. 평가원가(Appraisal Costs): 생산된 제품이나 제공된 서비스가 품질 기준을 충족하는지 여부를 확인하기 위해 지출하는 원가이다. 즉, 불량을 찾아내기 위한 비용이다. 불량이 발생한 후가 아닌, 불량품이 고객에게 전달되기 전에 찾아내어 실패원가를 줄인다.
   예 제품 검사 및 테스트, 자재 수입 검사, 공정 검사, 최종 제품 검사, 품질 감사, 측정 장비 유지보수 및 교정 비용 등.
3. 내부실패원가(Internal Failure Costs): 제품이나 서비스가 품질 기준을 충족하지 못하여 불량이 발생했을 때, 이것이 고객에게 전달되기 전에 기업 내부에서 발견되어 발생하는 원가이다. 불량을 발견하고 수정하는 데 드는 직접적인 손실이며, 예방원가와 평가원가가 충분히 투자되지 않았음을 의미할 수 있다.
   예 불량품 재작업(수정) 비용, 폐기 비용, 검사 및 테스트 실패로 인한 손실, 공정 불량으로 인한 비효율, 생산 중단 손실 등.
4. 외부실패원가(External Failure Costs): 제품이나 서비스의 불량이 고객에게 전달된 후에 발견되어 발생하는 원가이다. 가장 심각하고 파급 효과가 큰 품질원가이다. 고객 불만족, 기업 이미지 손상, 법적 소송 등 직접적인 비용 외에 측정하기 어려운 무형의 손실을 동반할 수 있다.
   예 제품 보증 비용(A/S), 고객 불만 처리 비용, 반품 처리 비용, 제품 리콜 비용, 판매 손실, 고객 소송 비용, 기업 이미지 손상으로 인한 잠재적 매출 감소 등.

〈 품질 활동의 목표: Zero Defect 〉

1. 불량발생 '전'의 투자(사전적 활동): 불량을 예방하고 찾아내기 위함.
예방원가: 예방원가 투자는 평가원가 및 실패원가 감소에 기여
↓
평가원가: 평가원가 투자는 외부실패원가 감소에 기여

↓

2. 불량발생 '후'의 결과(사후적 활동): 불량이 발생했을 때 발생하는 원가.
내부실패원가: 불량 발견 시점이 늦어질수록 원가는 기하급수적으로 증가
↓
외부실패원가: 원가 및 파급 효과가 가장 큼.

문제 풀이

예방원가: 예방원가는 불량이나 결함을 사전에 방지하기 위해 지출하는 원가이다.
품질교육훈련비 + 우수외주업체선정비 + 설계개선비
= 18 + 4 + 15 = 37원

외부실패원가: 외부실패원가는 불량이 고객에게 전달된 후에 발생하여 기업이 부담하는 원가이다.
반품비 + 고객서비스센터운영비 + 손해배상금 + 제품리콜비
9 + 25 + 7 + 12 = 53원

22 2022 상업 임용 B 6번 문항

정답

2분기 예상 매출원가 6,400,000원
2분기 예상 기말 재고자산 2,400,000원
재고자산 예상 매입액 6,400,000 + 2,400,000 − 1,920,000 = 6,880,000원
총자금 소요 예산액 6,880,000 + 1,200,000 = 8,080,000원

해설

2분기 예상 매출원가

매출총이익률이 20%이므로, 매출원가율은 80%이다.
2분기 예상 매출원가 = 8,000,000 × (1 − 0.2)
= 8,000,000 × 0.8 = 6,400,000원

2분기 예상 기말 재고자산 금액

2분기말 재고자산 금액은 다음 분기(3분기) 매출원가의 30%를 유지할 계획이다.
3분기 예상 매출원가 = 3분기 예상 매출액 × (1 − 매출총이익률)
= 10,000,000 × (1 − 0.2) = 8,000,000원
2분기 예상 기말 재고자산 금액 = 3분기 예상 매출원가 × 30%
= 8,000,000 × 0.3 = 2,400,000원

2분기 재고자산 예상 매입액

'매출원가 + 기말 재고자산 − 기초 재고자산'으로 계산할 수 있다.
2분기 기초 재고자산은 1분기말 재고자산과 동일하며, 1분기말 재고자산은 2분기 매출원가의 30%이다.
1분기 말(2분기 초) 재고자산 = 2분기 예상 매출원가 × 30%
= 6,400,000 × 0.3 = 1,920,000원
2분기 재고자산 예상 매입액 = 2분기 예상 매출원가 + 2분기 예상 기말 재고자산 금액
− 2분기 초 재고자산 금액
= 6,400,000 + 2,400,000 − 1,920,000 = 6,880,000원

총자금 소요 예산액

2분기 총자금 소요 예산액 = 2분기 재고자산 예상 매입액 + 2분기 예상 부서 운영비
= 6,880,000 + 1,200,000 = 8,080,000원

CHAPTER 04

금융/재무관리

제1절 은행 및 통화정책

01 2004 상업 임용 12번 문항

정답

(가) 공개 시장 운영
(나) 지급 준비율 정책
(다) 여 · 수신 제도

해설

한국은행의 통화정책

한국은행은 경기가 과열되거나 침체될 때, 다양한 정책 수단을 통해 물가 안정과 금융 안정을 목표로 통화량을 조절한다.

- 기준 금리 조절: 기준 금리는 한국은행이 일반 은행들과 거래할 때 적용하는 금리이다. 이 금리가 변하면 시중 은행의 예금 및 대출 금리에도 영향을 미쳐 통화량에 변화를 준다.
- 공개 시장 운영: 한국은행이 금융기관을 상대로 국공채나 통화안정증권(통안채) 등을 매매하여 시중의 통화량을 조절하는 가장 빈번하게 사용되는 정책 수단이다.
- 지급 준비율 조절: 일반 은행들이 고객으로부터 받은 예금 중 일정 비율을 한국은행에 의무적으로 예치해야 하는 비율이다. 이 비율을 조절하여 은행의 대출 여력을 변화시킨다.
- 여 · 수신 제도(총액한도대출, 자금조정 대출 · 예금): 한국은행이 일반 은행들에게 자금을 빌려주거나(여신), 일반 은행의 여유 자금을 예치받아(수신) 통화량을 조절하는 제도이다.

문제 풀이

(가) 공개 시장 운영: 한국은행이 금융 시장에서 국채나 통화안정증권과 같은 유가증권을 직접 사고팔아서 시중의 통화량과 금리를 조절하는 방식이다. 가장 자주 사용되고 신축적인 정책 수단이다.
(나) 지급 준비율 정책: 금융기관이 고객 예금 중 일정 비율을 한국은행에 의무적으로 예치해야 하는 비율(지급 준비율)을 조정하여 시중의 통화량을 조절하는 방식이다.
(다) 여 · 수신 제도: 한국은행이 금융기관에 자금을 빌려주거나(여신) 여유 자금을 예치받음(수신)으로써 시중의 유동성을 조절하는 기능을 설명한다. 이는 '여 · 수신 제도'라고 부른다. 이 제도는 금융기관의 일시적인 자금 수급 불균형을 해소하고, 시장 금리가 기준금리를 중심으로 안정되도록 돕는 역할을 한다.

02 2014 상업 임용 B 1번 문항

정답

① 공개 시장 운영: 한국은행이 국채나 통화안정증권 등 유가증권을 매매하여 시중 통화량을 조절하는 정책이다.

② 지급 준비율 정책: 금융기관의 예금에 대한 지급 준비율을 조정하여 시중 통화량을 조절하는 정책이다.

③ 여 · 수신 제도: 한국은행이 금융기관에 자금을 빌려주거나 예치받아 시중 유동성을 조절하는 정책이다.

해설

한국은행의 통화정책 중 '기준 금리 조절'은 한국은행이 통화정책의 목표로 삼는 금리이자, 공개 시장 운영을 통해 달성하고자 하는 목표 금리의 성격이다. 한국은행은 기준 금리를 결정하고, 이 기준 금리를 달성하기 위해 공개 시장 운영, 지급 준비율 조절, 여 · 수신 제도와 같은 '수단'을 활용하는 것이다. 따라서, 문제에서 3가지 수단을 제시하라고 했을 때는, 한국은행이 시장에 직접적으로 개입하는 위 3가지 방법을 답으로 쓰는 것이 출제자의 의도에 더 부합한다.

03 2017 상업 임용 B 5번 문항

정답

㉠ 여 · 수신 제도

1. 공개시장조작 정책 방향: 시중 통화량을 축소하기 위해서는 한국은행이 보유한 국채나 통화안정증권을 매각해야 한다.
2. 지급준비율 정책 방향: 시중 통화량을 축소하기 위해서는 금융기관이 한국은행에 의무적으로 예치해야 하는 지급 준비율을 인상해야 한다.

해설

공개 시장 운영

한국은행이 금융기관을 상대로 국공채나 통화안정증권(통안채) 등을 매매하여 시중의 통화량을 조절하는 가장 빈번하게 사용되는 정책 수단이다.

- 경기 과열 시
  국공채 매각 및 통화안정증권 발행 → 시중의 유동성(돈)을 한국은행으로 흡수 → 통화량 감소
- 경기 침체 시
  국공채 매입 및 통화안정증권 환매 → 한국은행이 시중에 유동성(돈)을 공급 → 통화량 증가

지급 준비율 조절

일반 은행들이 고객으로부터 받은 예금 중 일정 비율을 한국은행에 의무적으로 예치해야 하는 비율이다. 이 비율을 조절하여 은행의 대출 여력을 변화시킨다.

- 경기 과열 시
  지급 준비율 인상 → 일반 은행의 한국은행 예치금 증가 → 대출 가능한 여유 자금 감소 → 대출금액 감소 → 통화량 감소
- 경기 침체 시
  지급 준비율 인하 → 일반 은행의 한국은행 예치금 감소 → 대출 가능한 여유 자금 증가 → 대출금액 증가 → 통화량 증가

(나)를 바탕으로 한국은행이 추진할 수 있는 공개시장조작 정책과 지급준비율 정책

(나) 신문 기사에 따르면 지난 6개월 동안 물가가 지속적으로 상승하였고, 그 원인은 수출 호조에 따른 통화량 증가로 분석되었다. 이는 현재 경기가 과열되고 물가 상승(인플레이션)이 발생하고 있음을 나타낸다. 한국은행의 정책 목표가 '물가 안정'이므로, 한국은행은 시중의 통화량을 축소하여 물가 상승 압력을 완화해야 한다.

1. 공개시장조작 정책 방향: 시중 통화량을 축소하기 위해서는 한국은행이 보유한 국채나 통화안정증권을 매각해야 한다. 유가증권을 매각하면 시중의 통화가 한국은행으로 흡수되어 통화량이 감소하기 때문이다.
2. 지급준비율 정책 방향: 시중 통화량을 축소하기 위해서는 금융기관이 한국은행에 의무적으로 예치해야 하는 지급 준비율을 인상해야 한다. 지급 준비율이 인상되면 은행의 대출 여력이 줄어들어 시중 통화량이 감소하기 때문이다.

04 2021 상업 임용 B 5번 문항

정답

㉠ 한국은행, 공개 시장 운영 및 지급 준비율 정책
조세 측면으로, 조세를 인하하여 가계의 소비를 늘리고 기업의 투자를 확대시킬 수 있다.
정부지출 측면으로, 복지 지출 증가 등의 방식으로 정부지출을 확대하여 수요를 직접적으로 증가시키고 고용을 창출하여 경기를 활성화할 수 있다.

해설

한국은행

우리나라의 중앙은행으로, '한국은행법'에 근거하여 설립되었으며, 가장 중요한 목표는 물가 안정을 도모하는 것이다. 물가 안정을 통해 국민 경제의 건전한 발전을 이끄는 데 핵심적인 역할을 한다.

한국은행의 주요 업무

- 화폐의 발행: 우리가 사용하는 지폐와 동전을 독점적으로 발행한다.
- 은행의 은행: 일반 은행들을 상대로 예금을 받고 대출을 해주는 등, 일반 은행들의 최종 대부자 역할을 한다. (금융기관에 대한 자금 공급, 금융 시스템 안정화)
- 정부의 은행: 정부의 세금 등 수입을 국고금으로 보관하고, 정부에 자금을 내주거나 빌려주는 등 정부의 금고 역할을 한다. 국채 발행 업무도 담당한다.
- 통화정책의 수립 및 집행: 가장 중요한 업무 중 하나로, 경제 상황에 맞춰 시중의 통화량과 금리를 조절하여 물가 안정 및 금융 안정을 꾀한다. 공개 시장 운영, 지급 준비율 정책, 여 · 수신 제도를 수단으로 하여 경기변동을 조절한다.
- 정책 금리(기준 금리) 결정: 한국은행 금융통화위원회에서 기준 금리를 결정하여 시중 금리에 영향을 미친다.
- 외국환 관리: 외환 시장을 안정시키고, 외환 보유액을 관리하는 등 국가의 대외 건전성을 유지한다.
- 연구 업무: 경제 및 금융 관련 연구를 수행하여 통화정책 수립의 기초 자료를 제공한다.

2. 밑줄 친 ㉡과 같은 상황일 때, 정부가 집행하는 재정정책의 예시를 조세와 정부지출 측면에서 각각 서술할 것.

   '㉡ GDP 갭이 음의 값'이라는 것은 실제 GDP가 잠재 GDP보다 낮아 경제에 총수요 부족이 발생하고 있음을 나타내며, 이는 경기 침체 또는 불황 상황을 의미한다. 이러한 상황에서 정부는 경기를 부양하기 위해 확장적 재정정책을 집행해야 한다.

   조세 측면: 경기를 부양하기 위해 조세를 인하한다. 조세 인하는 가계가 세금으로 내는 돈이 줄어들어 쓸 수 있는 돈이 많아지게(소비 여력 증가) 함으로써 소비를 늘리고, 기업의 투자 부담을 줄여 투자를 확대하게 함으로써 총수요를 증가시킨다.

   정부지출 측면: 경기를 부양하기 위해 정부지출을 확대한다. 정부지출 확대는 정부가 도로, 학교와 같은 사회 기반 시설을 짓거나(공공 투자), 취약 계층에게 지원금을 주는 등 직접 돈을 지출하는 것을 늘리는 것을 말한다. 이러한 정부의 직접적인 지출 증가는 곧바로 수요를 늘리고 일자리를 창출하여 경기를 활성화한다.

05 2007 상업 임용 11번 문항

정답

(가) 종합금융회사
(나) 상호저축은행
(다) 새마을금고, 신용협동조합

해설

비은행 예금 취급 기관

비은행 예금 취급 기관은 은행이 아닌 금융기관으로서, 예금과 대출 업무를 수행한다. 은행이 아니기 때문에 은행법의 적용을 받지 않고 각 기관의 설립 목적에 맞는 개별 법률에 의해 운영된다.

비은행 예금 취급 기관의 주요 유형

1. 종합금융회사: 기업의 증권 발행 및 인수, 단기 금융 업무 등 기업 금융을 종합적으로 지원한다. 은행과 증권사의 중간적 성격을 가지며, 주로 기업의 단기 자금 조달 및 운용을 돕는다. 어음 관리 업무(CMA), 발행어음, 기업어음(CP) 할인 및 매매, 국공채 매매, 팩토링 업무 등 다양한 금융 서비스를 제공한다.
2. 상호저축은행: 서민과 중소기업의 금융 편의를 도모하고, 지역 경제 발전에 기여한다. 일반 은행보다 높은 금리의 예금 상품을 제공하기도 하며, 소액 대출에 강점을 가진다. 주로 서민과 중소기업을 대상으로 한다.
3. 신용협동기구(상호금융): 조합원들의 상호 협동을 통해 자율적인 금융 활동을 지원한다. 비영리적 성격이 강하며, 조합원 간의 상호 부조를 통해 운영된다. 지역 밀착형 금융 서비스를 제공한다. 해당되는 주요 기관은 농업협동조합(농협), 수산업협동조합(수협), 산림조합, 신용협동조합(신협), 새마을금고 등이 있다.
4. 우체국: 국민의 편의를 도모하고, 국가의 금융 서비스 인프라를 제공한다. 국가가 운영하므로 안정성이 매우 높으며, 전국적인 네트워크를 통해 접근성이 뛰어나다. 우체국 예금, 우체국 보험, 환 업무 등을 수행한다.

06 2008 상업 임용 13번 문항

정답

(가) 서브프라임 모기지
(나) 지급준비율
(다) 신디케이트론

해설

(가) "미국 금융기관의 특정 담보대출", "주택 경기 하락으로 부실화", "전 세계 자본시장에 큰 충격"이라는 키워드는 2008년 글로벌 금융 위기의 시발점이 되었던 서브프라임 모기지(Subprime Mortgage) 사태를 설명한다. 서브프라임 모기지는 신용 등급이 낮은 사람들에게 고금리로 제공된 주택 담보대출을 의미한다.

(나) "중국 정부가 증권시장의 거품 현상을 제거하기 위해 취한 통화량 조절 정책", "중앙은행이 이 비율을 인상하면 금융기관의 대출 한도가 축소되어 통화량 감소 효과"를 얻는다는 설명은 중앙은행의 통화정책 수단 중 지급준비율 정책과 일치한다. 지급준비율을 인상하면 금융기관의 대출 여력이 줄어들어 시중 통화량이 감소한다.

(다) "여러 은행이 차관단을 만들어", "공통의 조건으로 일정 금액을 융자해 주는 중장기 대출채권", "주로 유로시장과 미국 금융 시장에서 대규모 대출"에 사용된다는 설명은 신디케이트론(Syndicated Loan)의 특징을 나타낸다. 신디케이트론은 대규모 자금 조달을 위해 여러 은행이 컨소시엄을 구성하여 기업이나 국가에 공동으로 대출해 주는 방식이다.

해당 문항이 기출된 해인 2008년은 전 세계적으로 글로벌 금융 위기가 터졌던 해이다. 이 위기의 핵심 원인 중 하나가 바로 미국의 '서브프라임 모기지' 부실이었고, '신디케이트론'은 대규모 국제 대출 방식을 대표하는 용어였다. 따라서, 당시에는 이러한 용어에 대한 이해가 금융 및 경제 전반에 대한 중요한 지표로 여겨져 출제되었을 것이다.

제2절 증권 및 투자

01 2010 상업 임용 1차 16번 문항

정답 ①

해설

증권 시장의 구분 "발행시장과 유통시장"

발행 시장은 증권이 처음으로 발행되어 최초 투자자에게 매각되는 시장이다. 기업이나 정부가 새로운 자금을 얻기 위해 증권을 발행하고, 투자자들은 이 증권을 사면서 기업이나 정부에 돈을 빌려주거나 투자하게 된다.

유통 시장은 이미 발행된 증권이 투자자들 사이에서 매매되는 시장이다. 투자자들이 보유한 증권을 현금으로 바꿀 수 있도록 유동성을 제공하거나, 다른 증권으로 교환할 수 있는 기회를 제공한다. 매일 주가(주식가격)가 변동하는 주식 시장이 대표적인 유통 시장이다. 유통시장에서 증권은 경매매를 통해 대량으로 신속하게 거래되며, 일반 투자자는 유가증권 시장 회원인 증권 회사에 매매를 위탁해야 거래할 수 있다. 유통 시장은 거래소 시장인 유가증권 시장(KOSPI 시장), 코스닥(KOSDAQ) 시장, 코넥스(KONEX) 시장과 장외 시장(OTC) 시장인 K-OTC 시장 등이 있다.

문제 풀이

① (가)와 (나)는 경매매 방식으로 거래된다. (O) 주식 시장의 유통 시장(거래소 시장)에서 주식은 다수의 매도자와 매수자가 가격 경쟁을 통해 거래되는 경매매 방식으로 이루어진다. 코스피와 코스닥 시장 모두 유통 시장의 일종이므로, 이 설명은 옳다.

② (X) (가) KOSPI와 (나) KOSDAQ은 이미 발행된 주식들이 투자자들 사이에서 매매되는 유통시장의 대표적인 지수이다. 발행시장은 주식이 처음으로 발행되는 시장을 의미한다.

③ (X) (가) KOSPI의 '상한가 ▲'는 2개이다. '상승 ▲' 286개는 가격이 오른 종목의 수이지만, 가격 제한 폭(상한가)까지 오른 종목의 수는 아니다. (나) KOSDAQ의 '상한가 ▲'는 10개이다. '상승 ▲' 353개 역시 가격이 오른 종목의 수이다.

④ (X) (가) KOSPI의 현재 지수는 1,640.36이고, KOSPI의 기준 지수는 1980년 1월 4일 100이다. 따라서 1,640.36 ÷ 100 = 약 16.4배 증가했다. 이는 옳은 설명이다. 그러나, (나) KOSDAQ의 현재 지수는 508.26이고, KOSDAQ의 기준 지수는 1996년 7월 1일 500이다. 따라거, 508.26 ÷ 500 = 약 1.01배 증가했다. 5배 이상 증가했다는 설명은 옳지 않다.

⑤ (X) (나)의 그래프는 KOSDAQ 지수의 움직임을 나타낸 것이지, '모든 종목'이 최고로 오른 날을 나타내는 것이 아니다. 또한, 6월 19일은 KOSDAQ 지수가 고점을 찍은 날 중 하나이지만, 그날 모든 종목이 최고로 올랐다고 단정할 수 없다. 그래프는 지수의 전반적인 추세를 보여줄 뿐이다.

02 2003 상업 임용 13번 문항

정답

2-1. 의결권, 이익 배당 청구권, 신주인수권

2-2. ① 상장증권 ② 증권 회사 ③ 기업 공시(또는 공시제도)

해설

주식

주식은 주식회사가 자금을 조달하기 위해 투자자에게 자금을 제공한 대가로 발행하는 증서이다. 투자자는 주식의 소유자로서 '주주'의 지위를 가지며, '주권'은 주주의 권리를 표시한 것이다. 주식 발행은 기업의 '자기 자본'을 늘리는 방법으로, 주주는 기업의 소유자로서 기업 이익에 대한 권리와 경영 참여 권리를 가진다.

주주의 주요 권리

- 이익 배당 청구권: 기업이 이익을 냈을 때 배당금을 받을 수 있는 권리이다.
- 의결권: 주주총회에 참여해 기업 경영에 대한 의사를 결정할 수 있는 권리이다. 일반적으로 보통주 주주의 권리이다.
- 잔여 재산 분배 청구권: 회사가 해산할 경우 남은 재산을 분배받을 수 있는 권리이다.
- 신주인수권: 회사가 새로 주식을 발행할 때 우선적으로 인수할 수 있는 권리이다.

유통 시장

이미 발행된 증권이 투자자들 사이에서 매매되는 시장이다. 투자자들이 보유한 증권을 현금으로 바꿀 수 있도록 유동성을 제공하거나, 다른 증권으로 교환할 수 있는 기회를 제공한다. 매일 주가(주식가격)가 변동하는 주식 시장이 대표적인 유통 시장이다. 유통시장에서 증권은 경매매를 통해 대량으로 신속하게 거래되며, 일반 투자자는 유가증권 시장 회원인 증권 회사에 매매를 위탁해야 거래할 수 있다.

한국거래소(KRX)

한국거래소는 유가증권 시장, 코스닥 시장 및 파생상품 시장 등 주요 증권 시장을 개설하고 운영하는 기관이다. 주요 업무는 다음과 같다.

- 상장 심사 및 상장: 기업이 주식을 시장에서 거래할 수 있도록 심사하고 상장을 승인한다.
- 매매 체결 및 매매 결과 처리: 투자자들의 매수/매도 주문을 접수하여 거래를 성사시키고 결과를 처리한다.
- 기업 내용 공시: 상장 기업의 중요한 경영 정보(실적, 투자 등)를 투자자들에게 알리는 것을 관리한다.
- 분쟁 조정: 증권 거래에서 발생할 수 있는 투자자와 증권 회사 간의 분쟁을 조정한다.
- 주가 감시: 불공정 거래를 방지하고 시장의 건전성을 유지하기 위해 주가 움직임을 감시한다.

03 2023 상업 임용 A 2번 문항

정답

잘못된 내용: ㉠ 우선주가 후배적 지위를 결정하는 기준이 되는 주식이다.
바르게 고쳐 쓴 내용: 우선주란 이익 배당이나 잔여 재산의 청구 등에 있어 우선적 지위를 가지는 주식을 말합니다.

해설

주식의 종류

[권리 내용에 따른 분류]

- 보통주: 가장 일반적인 주식으로, 1주 1의결권을 가지며 이익 배당에 대한 순위가 가장 후순위이다.
- 우선주: 의결권은 없거나 제한되지만, 이익 배당이나 잔여 재산 분배에서 보통주보다 우선적인 권리를 가지는 주식이다. 문제에서 '후배적 지위'를 가진다는 내용은 우선주의 개념에 포함되지 않는다.
- 의결권주: 주주총회에 참석하여 회사의 중요한 의사결정에 참여하고 의결할 수 있는 권리(의결권)가 부여된 주식이다. 보통주가 대표적이다.

[발행 방식에 따른 분류]

- 유상주: 주주가 주식 대금을 납입하고 새로 발행받는 주식이다.
- 무상주: 회사의 이익 잉여금 등을 자본으로 전환하여 주주에게 무상으로 발행하는 주식이다.

채권의 종류

[발행 주체(발행자)에 따른 분류]

- 국 · 공채: 정부나 지방자치단체가 발행하는 채권이다.
- 금융채: 은행, 특수은행 등 금융기관이 발행하는 채권이다.
- 회사채: 주식회사가 발행하는 채권이다.

[특수 권리가 부여된 채권 (복합 증권)]

- 신주인수권부사채(BW, Bond with Warrant): 채권으로서의 성격과 함께, 발행 회사의 신주를 약정된 가격으로 일정 기간 내에 인수(매입)할 수 있는 권리(신주인수권)가 부여된 채권이다. 채권을 보유하면서 동시에 주식 투자 기회를 얻을 수 있다.
- 전환사채(CB, Convertible Bond): 채권으로서의 성격과 함께, 채권 소지자의 의사에 따라 일정 기간 후 약정된 행사 가격에 발행 회사의 주식으로 전환할 수 있는 권리가 부여된 채권이다. 채권의 안정성과 주식의 수익성을 동시에 추구할 수 있다.
- 교환사채(EB, Exchangeable Bond): 채권으로서의 성격과 함께, 발행 회사가 보유하고 있는 다른 회사의 주식(또는 기타 유가증권)으로 교환할 수 있는 권리가 부여된 채권이다.

04 2015 상업 임용 A 2번 문항

정답

㉠ 풋 옵션, 기초자산을 미리 정해진 가격(행사가격)으로 팔 수 있는 권리이다.

㉡ 옵션 매수자는 미래에 기초자산의 가격 변동으로 인해 유리한 상황이 발생할 경우에만 권리를 행사하고, 불리한 상황이 발생할 경우에는 권리를 포기할 수 있는 '권리'만을 가지며 '의무'는 없기 때문입니다. 따라서, 권리에 대한 대가로 프리미엄을 지급하는 것입니다.

해설

옵션(Option)

미래의 지정된 날(만기일)에 특정 기초자산(예: 주식, 통화)을 미리 정해진 가격(행사가격)으로 사거나(콜 옵션), 팔 수 있는(풋 옵션) 권리를 의미한다.

옵션의 종류와 프리미엄의 의미

- 콜 옵션(Call Option): 기초자산을 살 수 있는 권리이다. 즉, 기초자산을 미리 정해진 가격(행사가격)으로 살 수 있는 권리이다. 기초자산 가격이 오를 것으로 예상될 때 매수한다.
- 풋 옵션(Put Option) 기초자산을 팔 수 있는 권리이다. 즉, 기초자산을 미리 정해진 가격(행사가격)으로 팔 수 있는 권리이다. 기초자산 가격이 내릴 것으로 예상될 때 매수한다.
- 프리미엄(Premium): 옵션 계약을 체결할 때, 권리를 얻는 매수자가 그 권리에 대한 대가로 매도자에게 지불하는 금액이다. 옵션 매수자는 미래의 가격 변동에 따른 이익을 얻을 수 있는 '권리'만 가지며 '의무'는 없다. 즉, 유리할 때는 권리를 행사하여 이익을 취하고, 불리할 때는 권리를 포기하여 프리미엄만큼의 손실만 보면 되므로, 손실은 제한되고 이익은 무한할 수 있는 비대칭적인 특성 때문이다. 이러한 '권리'에 대한 대가로 프리미엄을 지불하는 것이다.

05 2013 상업 임용 1차 18번 문항

정답 7,500원

해설

기업의 투자 의사결정

기업은 제한된 자원을 가지고 가장 효율적이고 수익성 높은 곳에 투자하기 위해 합리적인 의사결정 과정을 거친다.

현금 흐름의 계산

기업의 투자 의사결정에서는 '회계 이익'도 중요하지만, 실제로 기업에 유출입되는 '현금 흐름(cash flow)'이 매우 중요하다. 회계 이익은 발생 기준에 따라 기록되므로 실제 현금 유출입과는 차이가 있을 수 있기 때문이다.

- 현금 흐름 계산 시 주요 고려 사항
  1. 감가상각: 감가상각은 자산의 가치 감소를 비용으로 인식하는 것으로, 실제 현금 유출은 없다. 하지만 비용으로 인정되어 과세 대상 이익을 줄여주므로 법인세 부담을 감소시키는 효과를 가져온다.
     '법인세 절감액 = 감가상각비 × 법인세율'
     따라서 현금 흐름을 계산할 때는 회계 이익에 감가상각비(현금 유출 없는 비용)를 다시 더해주고, 여기에 감가상각으로 인한 세금 절감 효과를 고려해야 한다.
  2. 현금 유입액 계산의 일반적인 구조
     현금 유입액 = (세후 회계 이익) + (감가상각비)
     또는, 현금 유입액 = (세전 회계 이익 − 감가상각비) × (1 − 세율) + 감가상각비
     또는, 현금 유입액 = (세전 현금 흐름) × (1 − 세율) + (감가상각비 × 세율)
     시험에서 법인세율이 별도로 주어지지 않고 '회계 이익률'이 제시될 경우, 이는 법인세까지 모두 차감된 최종 순 회계 이익률로 해석하는 것이 일반적이다.

문제 풀이

① 연간 감가상각비 계산(정액법)
감가상각비 = (취득원가 − 잔존가치) ÷ 내용연수
= (30,000원 − 0원) ÷ 10년 = 3,000원

② 연간 회계 이익(순이익) 계산(회계 이익률은 최초 투자액의 15%로 기대)
연간 회계 이익 = 최초 투자액 × 회계 이익률
= 30,000 × 15% = 4,500

③ 법인세 비용 차감 후 현금 유입액(세후 현금흐름) 계산
법인세 비용 차감 후 매년 기대할 수 있는 현금 유입액
즉, 세후현금흐름 = 세후 순이익 + 비현금성 비용인 감가상각비
= 4,500원 + 3,000원 = 7,500원

06 2006 상업 임용 17번 문항

정답

2억 원

500만 원

41대

해설

순현재가치법(NPV, Net Present Value)

투자로부터 발생할 미래의 모든 현금유입의 현재가치 합계에서 초기 투자액(현금유출의 현재가치)을 뺀 값이다. 다시 말해, 미래의 모든 수익을 현재가치로 환산해서 초기 투자 비용과 비교하는 방법이다. 순현재가치법은 화폐의 시간가치를 고려하며, 기업 가치 극대화라는 재무관리의 목표와 가장 잘 부합한다.

1. 의사결정 기준: 'NPV > 0'이면 채택하며, 'NPV = 0'이면 채택해도 무방하다(투자 가치가 중립적).

NPV가 0보다 크다는 것은 해당 투자안의 가치가 기업의 최소 요구 수익률(할인율)을 초과한다는 것이므로, 투자 가치가 있다.

2. 계산 방법

$$NPV = \sum_{t=1}^{n} \frac{C_t}{(1+r)^t} - C_0$$

C_t: t시점 현금흐름 C_0: 초기 투자액, r: 할인율 n: 현금흐름 발생 기간

이 공식은 미래의 모든 현금 흐름(C_t)을 각각 할인율(r)로 현재가치화하여 더한 후, 초기 투자액(C_0)을 빼는 방식이다. 여기서 핵심은 미래에 발생하는 '현금 흐름의 형태'가 무엇이냐에 따라 Σ(시그마) 부분의 계산이 달라진다는 점이다. '일반적인 경우'는 현금 흐름이 매년 불규칙하게 발생하거나, 일정 기간 후 끝나므로 이 시그마 형태 그대로 계산한다. 만약, 현금 흐름이 매년 동일한 금액으로 영구히 발생하는 '영구 연금의 경우' 다음의 영구 연금 현재가치 공식을 사용할 수 있다.

$$PV_{perpetuity} = \frac{C}{r}$$

C: 매 기간 발생하는 현금흐름, r: 할인율

문제 풀이

① 토지 매입안의 순현재가치(NPV) 계산

초기 현금유출(C_0): -8억 원(-800,000,000원), 1년 후 현금유입(C_1): +11억 원(+1,100,000,000원)

할인율(r): 10%

$NPV = \sum_{t=1}^{n} \frac{C_t}{(1+r)^t} - C_0$에 대입하여 보면,

$$NPV(\text{토지 매입안}) = 1{,}000{,}000{,}000 - 800{,}000{,}000 = 200{,}000{,}000$$

$$= \frac{1{,}100{,}000{,}000}{1.1} - 800{,}000{,}000 \text{ 원}$$

② 주차 빌딩 건설안의 순현재가치(NPV) 계산

초기 투자비(C_0): -9,500만원(-95,000,000원), 매년 현금유입(C),

영구히 발생: 1,000만원(10,000,000원)

할인율(r): 10%

$PV_{perpetuity} = \frac{C}{r}$ 에 대입하여 보면, 영구 유입의 현재가치 = $\frac{10,000,000}{0.1} = 100,000,000$원

즉, NPV(주차 빌딩 건설안) = 영구 현금 유입의 현재가치 − C_0 = 5,000,000원

③ **주차 빌딩 건설안이 토지 매입안보다 순현재가치가 높은 시점의 주차 가능 대수 계산**

문제에서 주차 가능 대수는 무제한이며, 신축 규모에 대한 수익률은 일정한 것으로 가정한다는 조건은 주차 빌딩 건설안을 기본 단위(초기 투자비 9,500만원, 연간 현금 유입 1,000만원)의 복수 배로 확장할 수 있음을 의미한다. 주차 빌딩 건설안의 기본 단위 NPV는 5,000,000원이므로, 이 기본 단위를 N배로 확장했을 때의 총 NPV는 'N × 5,000,000원'이 된다. 총 NPV가 토지 매입안의 NPV(200,000,000원)보다 높아지는 N값을 찾아야 한다.

N × 5,000,000 > 200,000,000

$N > \frac{200,000,000}{5,000,000}$ = N > 40

따라서, 주차 빌딩 건설안이 토지 매입안보다 순현재가치가 높아지는 시점의 주차 가능 대수는 40단위를 초과할 때이므로, 41단위부터이다.

07 2009 상업 임용 1차 27번 문항

정답 ②

해설

환위험 관리 방법

환위험(Exchange Rate Risk)은 환율 변동으로 인해 외화 자산 또는 부채의 원화 가치가 변동하여 발생하는 손실의 위험이다. 주요 관리 방법으로 선물환 계약, 통화 스와프 등이 있다.

1. 선물환 계약: 미래의 특정 시점에 특정 환율로 외화를 사고팔 것을 현재 시점에서 미리 약정하는 계약이다. 환율 변동의 불확실성을 제거하여 환위험을 회피할 수 있다.
2. 통화 스와프(Currency Swap): 두 거래 당사자(주로 중앙은행이나 금융기관)가 미리 정한 조건에 따라 서로 다른 통화의 원금 및 이자 현금 흐름을 일정 기간 교환하기로 약속하는 계약이다. 각국 정부는 중앙은행 차원에서 자국 통화를 상대국 통화와 맞바꿔 예치하고, 변제 시에는 서로 예치했던 때의 환시세를 적용하는 내용의 협정을 체결하기도 한다. 이는 국제 금융 시장의 불안정 시 외화 유동성 확보와 환율 안정을 도모하는 데 활용된다.

문제 풀이

① 팩터링(factoring): 기업이 매출채권을 금융기관에 매각하여 자금을 조달하는 금융 서비스이다. 환위험 관리와는 직접적인 관련이 없다.

② 통화 스왑(currency swap): 서로 다른 두 통화의 원금과 이자를 미리 정해진 조건에 따라 교환하기로 약정하는 거래이다. 문제에서, "맞바꿔 예치하고, 변제 시에는 서로 예치했던 때의 환시세를 적용"한다는 부분으로 답을 도출할 수 있다. 통화스왑은 특히 초기와 만기에 원금을 교환하고, 이자도 교환하는 방식이 일반적이다. 중앙은행 간의 통화 스왑은 외환 유동성 확보 및 환율 안정화를 위한 중요한 수단으로 활용된다.

③ 통화 옵션(currency option): '특정 통화'를 미래의 특정 시점(또는 기간)에 미리 정해진 환율로 사고팔 수 있는 '권리'를 사고파는 계약이다. 권리를 행사할 의무는 없으며, 권리에 대한 대가로 프리미엄을 지불한다. 지문의 설명과는 다르다.

④ 선물환 거래(forward exchange transaction): 미래의 특정 시점에 특정 환율로 외화를 주고받기로 현재 시점에 약정하는 거래이다. 원금 교환 방식이 아닌, 미래의 단일 시점에 결제가 이루어지는 점에서 지문의 설명과 차이가 있다.

⑤ 통화 선물 거래(currency futures transaction): 선물환 거래와 유사하지만, '거래소에서 표준화된 형태'로 거래되는 파생상품이다. 지문의 설명과는 다르다.

08 2024 상업 임용 A 2번 문항

정답

㉠ 일물일가의 법칙

㉡ 구매력평가설

해설

환율 결정 이론

환율은 외환 시장에서 외화의 수요와 공급에 의해 결정된다. 단기적인 변동 요인 외에 환율의 장기적인 추세를 설명하는 이론으로는 구매력평가설과 이자율평가설이 있다.

구매력평가설(PPP, Purchasing Power Parity)

스웨덴 경제학자 카셀(G. Cassel)이 주장한 이론으로, 장기적으로 각국의 환율은 한 나라에서 팔리는 상품이 다른 나라에서 팔리는 상품과 같은 가치를 가지도록 결정된다는 이론이다. 즉, 동일한 상품은 어디에서나 동일한 가격을 가져야 한다는 '일물일가(一物一價)의 법칙'에 기초한다. 만약 동일한 상품의 가격이 국가 간에 차이가 있다면, 차익거래(Arbitrage)를 통해 가격이 저렴한 곳에서 사서 비싼 곳에 파는 행위가 발생하고, 이 과정에서 외환의 수요와 공급이 변하여 결국 환율이 조정되어 가격 차이가 사라진다는 논리이다.

절대적 구매력평가설	두 국가의 절대적인 물가 수준(상품 가격)의 비율이 환율을 결정한다는 이론이다. 예를 들어, 한국의 연필 1개 가격이 1,000원이고, 미국의 연필 1개 가격이 1달러라면, 환율은 1,000원/달러가 된다. 공식: $E=\dfrac{P}{P^*}$ E: 자국 통화 표시 환율(예 원/달러) P: 자국 물가 수준 (자국 통화 표시) P^*: 외국 물가 수준 (외국 통화 표시)
상대적 구매력평가설	절대적 구매력평가설의 현실적 한계를 보완한 것으로, 환율의 변동률이 두 국가의 물가상승률 차이에 의해 결정된다는 이론이다. 한국 물가상승률이 5%, 미국 물가상승률이 2%라면, 원/달러 환율은 한국의 물가상승률만큼 원화 가치가 하락(환율 상승)하여 약 3% 상승할 것으로 예상한다. $\dfrac{\Delta E}{E}$ (환율변동률)= $\dfrac{\Delta P}{P}-\dfrac{\Delta P^*}{P^*}$ =자국 물가상승률 － 외국 물가상승률

하지만 구매력평가설은 현실적으로 다음과 같은 한계가 존재한다.

- 비무역재의 존재: 모든 상품이 국제적으로 거래되는 것이 아니므로, 운송 비용이 들지 않는 '일물일가의 법칙'이 모든 상품에 적용되기 어렵다.
- 관세, 비관세 장벽, 운송 비용 등이 존재하여 동일 상품의 가격이 국가별로 다를 수 있다.
- 물가 지수 구성의 차이: 각국의 물가 지수가 포함하는 상품의 종류나 가중치가 달라 정확한 비교가 어렵다.
- 독과점 등 불완전 경쟁 시장에서는 가격이 일물일가 법칙을 따르지 않을 수 있다.

제3절 보험

01 2024 상업 임용 A 8번 문항

정답

㉠ 보험자
㉡ 피보험자
보험금 = 30억 원 × (40억 원 ÷ 60억 원) = 20억 원

해설

보험의 주체

- 보험자: 보험금 지급 의무를 가진 주체로, 주로 보험 회사를 의미한다. (예 ㈜○○보험)
- 보험계약자: 보험자와 보험계약을 체결하고, 보험료 납입 의무가 있는 사람 또는 단체이다. (예 A씨, 보험료 3,000,000원 납입)
- 피보험자: 보험사고 발생 시 직접적으로 손해를 입거나(손해보험), 생명이나 신체에 위험이 발생하는(생명보험) 보험의 목적이 되는 사람이다. 즉, 보험사고로 인해 손해를 입었을 때 보상을 받는 최종 주체이다. 예 B씨, B씨 소유 건물(갑)이 보험 목적물)
- 보험 수익자: 보험사고가 발생했을 때, 보험계약에 따라 보험금을 지급받을 권리를 가진 사람 또는 단체이다. 보험계약자가 지정하며, 피보험자와 보험수익자가 같을 수도, 다를 수도 있다.

손해 보험

손해 보험은 재산상의 손해를 보상하는 보험으로, 물(物)보험이라고도 한다. 화재 보험, 해상보험, 자동차 보험, 운송 보험, 보증 보험, 책임 보험 등 매우 다양하다. 실제 발생한 손해액 범위 내에서만 보상하는 '실손 보상' 방식으로, '보험 금액'을 최고 한도로 하여, 실제 발생한 손해를 보상한다. 손해 보험은 일반적으로 계약 기간이 1년 이내인 단기 보험이다.

손해보험의 비례보상 원칙

보험 가입 금액(보험 금액)이 보험 목적물의 실제 가치(보험 가액)보다 적을 때, 실제 손해액 전액을 보상하지 않고, 보험 가입 금액이 차지하는 비율만큼만 손해액을 보상하는 원칙이다. 이는 보험 계약자가 실제 가치보다 적게 보험에 가입하여 보험료를 덜 냈을 경우, 손해도 그 비율만큼만 책임진다는 공평의 원칙에 따른다.

화재 보험금 산출 방식(비례보상 적용)

① 보험 가입 금액 ≥ 보험 가액(전부 보험 또는 초과 보험): 보험 금액 한도 내에서 손해액 전부를 보상한다. (단, 초과 보험 시 보험 가액이 최고 한도가 됨)

② 보험 가입 금액 < 보험 가액(일부 보험): 보험금 = 실제 손해액 × $\frac{\text{보험가입금액}}{\text{보험가액}}$

(단, 보험금은 보험 가입 금액을 초과할 수 없다.)

문제 풀이

㉠, ㉡의 보험 용어

문제에서 (가)의 계약 사항에서도 ㈜○○보험은 보험자이고, B씨는 보험 목적물(건물)의 소유자이자 손해를 보상받는 피보험자이다.

(나)에서는 손해보험 계약의 본질적인 관계자를 설명하고 있다. 보험 사고로 인한 손해를 보상할 책임이 있는 주체는 보험자이고, 그 손해를 보상받는 대상이 되는 자는 피보험자이다.

비례보상 원칙에 따른 보험금 계산

문제에 주어진 [화재 보험 계약 사항]에 따르면, 보험 가액(보험 목적물의 실제 가치)은 60억 원이고, 보험 금액(보험 가입 금액)은 40억 원이다. 따라서, 보험금액(40억 원) < 보험 가액(60억 원)인 '일부 보험'이다.

따라서 [보험 사고 처리 사항]에 명시된 대로 비례보상 원칙에 따라 보험금이 산출된다.

$$\text{보험금} = \text{실제 손해액} \times \frac{\text{보험가입금액}}{\text{보험가액}}$$

$$= 30\text{억} \times \frac{40\text{억}}{60\text{억}} = 2\text{억}$$

즉, 지급한 보험금은 20억 원(2,000,000,000원)이다.

02 2013 상업 임용 1차 38번 문항

정답 ㄱ, ㄹ

해설

보험 용어

- 보험료: 보험계약자가 보험의 보장을 받기 위해 보험자에게 매월 또는 일정한 주기로 납입하는 금액이다.
- 보험금: 보험사고가 발생했을 때, 보험자가 보험 수익자에게 지급하는 금액이다.
- 보험 금액: 사고 발생 시 보험자가 지급할 최고 한도액이다. 보험계약 체결 시 보험계약자와 보험자가 약정하는 금액이다.
- 보험 가액: 보험 목적물(재산)을 시가로 평가한 손해의 최고 한도액이다. 주로 손해 보험에서만 사용되며, 실제 재산 가치를 의미한다. '보험 금액'은 계약상의 최고 보상 한도, '보험 가액'은 보험 목적물의 실제 가치이다. 둘은 같을 수도 있고 다를 수도 있다.

문제 풀이

ㄱ. 갑 상회는 피보험자이다. (O) 갑 상회는 건물 소유자이며, 건물에 화재가 발생하여 손해를 입고 보상을 받았다. 손해보험에서 보험 사고로 인해 손해를 입고 보상을 받는 자는 피보험자이다. 갑 상회가 보험 계약을 체결했으니 보험 계약자이기도 하지만, 건물이라는 보험 목적물의 소유자로서 사고 발생 시 손해를 입는 주체이므로 피보험자이기도 하다.

ㄴ. (X) 보험 가액은 보험 목적물(건물)의 시가를 의미한다. 문제에서 건물의 시가는 1억 원이라고 명시되어 있다. 6천만 원은 보험 가입 금액, 즉 보험 금액이다.

ㄷ. (X) 지급받은 보험금은 4천만 원이고, 보험 금액(보험 가입 금액)은 6천만 원이다. 4천만 원은 6천만 원보다 작으므로, 보험금이 보험 금액보다 크다는 설명은 옳지 않다.

ㄹ. 갑 상회가 가입한 보험은 손해 보험에 속한다. (O) 갑 상회가 가입한 보험은 손해 보험에 속한다. 갑 상회가 가입한 보험은 '화재 보험'이며, 화재 보험은 재산상의 손해를 보상하는 보험이므로 손해 보험에 속한다.

03 2009 상업 임용 1차 28번 문항

정답 ㄴ, ㄹ

해설

보험 계약의 특수 형태

1. 중복 보험: 하나의 보험 목적물에 대해 두 개 이상의 보험 계약이 동시에 존재하고, 이들 보험 계약의 보험 기간이 같으며, 보험 사고의 종류가 동일할 때 발생하는 형태이다. 각 보험회사는 총 보험 금액에서 자신이 차지하는 비율에 따라 손해를 분담하여 보상한다. 중복 보험의 경우에도 손해보험의 실손보상 원칙에 따라 피보험자가 실제 손해액을 초과하여 보험금을 수령할 수 없다.
   - 총 보험 금액이 보험 가액을 초과하는 경우(초과 중복 보험): 실제 손해액 범위 내에서만 보상하며, 각 보험회사는 보험 금액 비율에 따라 책임진다.
   - 총 보험 금액이 보험 가액보다 작은 경우(일부 중복 보험): 각 보험회사는 비례보상 원칙에 따라(자신이 가입한 보험 금액 ÷ 보험 가액)의 비율로 손해를 보상한다. 이 경우, 총 수령 보험금은 총 보험 금액을 초과할 수 없다.
2. 재보험: 보험회사가 인수한 보험 계약의 위험 중 일부 또는 전부를 다른 보험회사(재보험자)에 다시 보험에 가입하는 것을 의미한다. 즉, '보험을 위한 보험'이다. 보험회사 간의 계약이므로, 일반 보험 계약자(피보험자)와는 직접적인 관련이 없다.

문제 풀이

ㄱ. (X) 홍길동이 가입한 보험은 손해보험 중 화재 보험으로, 이는 실제 발생한 손해액을 보상하는 실손보험의 성격을 가진다. 반면, 정액보험은 보험 사고 발생 시 실제 손해액과 관계없이 미리 정해진 일정 금액을 지급하는 보험으로, 생명보험, 상해보험 등이 해당된다.

ㄴ. 홍길동은 피보험자이다. (O) 홍길동은 건물 소유자이며, 건물에 화재가 발생하여 손해를 입고 보험금을 수령할 대상이 된다. 손해보험에서 보험 사고로 인해 손해를 입고 보상을 받는 자는 피보험자이다.

ㄷ. (X) 홍길동이 계약한 것은 중복 보험이다.

ㄹ. 홍길동이 수령할 보험금은 1억 2천만 원 이하이다. (O) 화재 보험은 손해보험이므로 실손보상 원칙이 적용된다. 즉, 실제 발생한 손해액을 초과하여 보험금을 받을 수 없다.
건물은 화재로 전부 멸실되었으므로 실제 손해액은 보험 가액인 1억 5천만 원이며, 현재는 중복 보험(일부 보험 형태) 상황이다. 각 보험회사는 비례보상 원칙에 따라 보험금을 지급한다.

$$\text{보험금} = \text{실제 손해액} \times \frac{\text{보험가입금액}}{\text{보험가액}}$$

$$\text{갑(甲) 보험회사 보험금} = 150{,}000{,}000 \times \frac{70{,}000{,}000}{150{,}000{,}000} = 70{,}000{,}000\text{원}$$

$$\text{을(乙) 보험회사 보험금} = 150{,}000{,}000 \times \frac{50{,}000{,}000}{150{,}000{,}000} = 60{,}000{,}000\text{원}$$

따라서, 총 수령할 보험금은 '갑 보험사의 보험금 7천만 원'과 '을 보험사의 보험금 5천만 원'을 합해 1억 2천만 원이다. 손해보험의 실손보상 원칙에 따라, 아무리 보험에 많이 가입했어도 실제 손해액(1억 5천만 원)을 초과하여 보상받을 수 없으며, 또한 총 가입한 보험 금액(1억 2천만 원)을 초과하여 보상받을 수 없다. 1억 2천만 원을 수령하므로, 1억 2천만 원 이하라는 조건에 부합한다.

04 2014 상업 임용 A 1번 문항

정답

비례보상 원칙, 손해보험에서 보험 가입 금액(보험 금액)이 보험 목적물의 실제 가치(보험 가액)보다 적은 일부 보험일 때, 실제 손해액을 보험 금액이 보험 가액에서 차지하는 비율만큼만 보상하는 원칙이다.

보험금 산출 공식은 보험금 = 실제 손해액 × $\frac{\text{보험가입금액}}{\text{보험가액}}$이다.

문제의 화재보험 계약 및 사고 내용을 대입하여 계산해보면, 실제 손해 8억원 × $\frac{\text{보험금액 5억원}}{\text{보험금액 10억원}}$으로, 보험금은 4억 원이다.

화재보험금 산출 공식에 사용된 보험 용어의 정의는 다음과 같다.

① 보험금: 보험사고가 발생했을 때 보험자가 보험 수익자에게 지급하는 금액이다.

② 실제 손해액: 보험 사고로 인해 보험 목적물에 발생한 객관적인 손실 금액이다.

③ 보험 금액: 사고 발생 시 보험자가 지급할 최고 한도액으로, 보험 계약 시 보험계약자와 보험자가 약정한 가입 금액이다.

④ 보험 가액: 보험 목적물(재산)을 시가로 평가한 손해의 최고 한도액으로, 손해보험에서 보험 목적물이 가지는 실제 경제적 가치이다.

05 2020 상업 임용 A 5번 문항

정답

㉠ 국민 건강 보험
㉡ 산업 재해 보상 보험
㉢ 계약 체결 시 당사자들이 얻게 될 이익이나 손실이 불확실한 사건의 발생 여부에 따라 결정되는 계약의 특성인 사행계약성의 특징을 보인다.

사회 보험은 직장인의 경우 법률에 의해 가입이 강제되는 의무 보험의 성격을 가진다. 그러나, 민영 보험은 가입자의 자유로운 의사에 따라 가입 여부를 결정할 수 있는 임의 보험의 성격을 가진다.

해설

정책 보험

국가나 지방자치단체가 국민 복지 증진, 특정 산업 육성 등 공공 정책을 실현하기 위해 운영하는 공적 보험이다.

1. 사회보험: 국민의 최소한의 생활을 보장하고 사회적 위험에 대비하기 위한 보험이다. 사회보험은 법률에 의해 가입에 강제성이 부여되는 의무 가입의 성격이 있다. 즉, 개인이나 기업이 자유로운 선택과 필요에 의해 임의적 가입을 할 수 있는 민영 보험(생명 보험, 손해 보험, 제3보험 등)과 차이가 있다.
   보험료는 개인, 기업(고용주), 국가가 공동 분담하는 것을 원칙으로 한다. 소득에 비례하여 보험료를 부과하고 있어 소득 재분배 효과가 있다.
   4대 사회보험은 국민의 주요 사회적 위험에 대비하기 위한 핵심 보험으로, 국민 건강 보험, 국민연금 보험, 고용 보험, 산업 재해 보상 보험(산재보험)이 있다.
   - 국민 건강 보험: 질병이나 부상으로 인한 진료비 부담을 덜어주어 국민의 건강을 보장한다.
   - 국민연금 보험: 노령, 장애, 사망 등으로 인한 소득 상실 시 안정적인 생활을 보장한다.
   - 고용 보험: 실업 시 실업급여를 지급하고, 고용 안정을 위한 직업 능력 개발 등을 지원한다.
   - 산업 재해 보상 보험(산재보험): 업무상 재해(산업 재해)로 인한 근로자의 피해를 보상하고 재활을 돕는다.
2. 산업 정책 보험: 특정 산업의 육성과 발전, 무역 진흥을 목적으로 한다. 농업 재해 보험, 무역 보험 등이 해당된다.

문제 풀이

4대 사회 보험 중 의료 보장을 목적으로 하는 보험은 국민 건강 보험과 산업 재해 보상 보험이다. 국민 건강 보험은 질병이나 부상에 대한 의료비 지원을 한다. 국민 연금은 연금을 통한 노령, 장애, 사망 시 소득 보장(생활 안정)에 목적이 있으므로 의료비와는 직접적인 관련이 적다. 고용 보험은 실업 시 실업급여를 지급하고 재취업 지원을 하므로, 이 역시 의료비와는 관련이 적다. 마지막으로, 산업 재해 보상 보험(산재보험)은 산업 재해에 대한 보험이다. 산업 재해로 인해 근로자가 다치거나 질병에 걸리면 치료비를 포함한 보상과 재활 지원을 하여 준다.

밑줄 친 ㉢은 사행계약성을 뜻한다. 사행계약성은 보험계약은 우연한 사고의 발생 여부에 따라 보험금 지급이 결정되고, 계약 체결 당시에는 어느 당사자가 이득을 볼지, 손실을 볼지 확실하지 않다는 것을 의미한다. 학생 D의 아버지는 보험 가입 당시에는 자동차 사고가 발생할지 알 수 없었다. 그러나 사고가 발생하자 납입한 보험료의 10배에 달하는 보험금을 지급받아 사행계약성을 명확하게 보인다.

보험계약의 특징

- 유상 · 쌍무계약: 보험계약은 보험계약자가 보험료를 지급하고, 보험회사는 보험사고 발생 시 보험금을 지급하는 등 양 당사자가 서로 대가 관계에 있으며 의무를 부담하는 계약이다. 보험계약자의 보험료 납부 의무와 보험회사의 보험금 지급 의무가 해당된다.
- 낙성 · 불요식 계약: 보험계약은 당사자 간의 의사 합치만으로 성립하며, 특별한 방식을 요구하지 않는다. 즉, 청약과 승낙만으로 계약이 성립되며 구두 계약도 가능하다.
- 사행계약: 보험금 지급이 우연하고 불확실한 보험사고의 발생에 달려있어, 계약 체결 시 양 당사자가 얻게 될 이익과 손실이 확정되지 않는다. 예를 들어, 사고 발생 시에만 보험금을 받을 수 있으며, 사고가 나지 않으면 보험료만 납부하게 되는 경우이다.
- 단체계약: 개별 보험계약은 보험계약자와 보험회사 간의 계약이지만, 실제로는 다수의 보험계약자들이 위험을 공동으로 분담하고 공유하는 단체적인 성격을 가진다. 즉, 다수의 보험 가입자들이 낸 보험료로 보험 기금을 형성하여 사고가 발생한 소수에게 보험금을 지급한다.
- 최대선의: 보험계약은 당사자 간의 신뢰를 바탕으로 하며, 특히 보험계약자와 피보험자는 계약과 관련된 중요한 사실을 보험회사에 성실하게 알려야 할 의무(고지의무)를 가진다. 이는 일반 계약보다 더 높은 수준의 정직성을 요구한다.
- 부합계약: 보험회사가 미리 작성해 놓은 정형화된 약관(보험약관)에 보험계약자가 동의함으로써 계약이 체결된다. 즉, 개별적인 협상보다는 약관에 대한 동의가 중요하다.

저자소개

■ **유경옥(옥티)**

교육사업 옥티 크리에이션 대표
KG에듀원/희소쌤플러스 상업임용 전임교수
건국대학교 교직과 겸임교수
서울시교육청 상업 정교사 1급
『나는 하고픈 게 많은 교사입니다』, 『대한민국 미래 교육 트렌드』 등 다수 집필

상업임용 카페 https://cafe.daum.net/eduokt
유튜브 https://youtube.com/@ok_ttt_
인스타그램 https://instagram.com/ok_ttt_

Ok teacher! 옥티의

상업임용 기출문제집

초판 1쇄 인쇄 / 2025년 8월 14일
초판 1쇄 발행 / 2025년 8월 20일

편저자 / 유 경 옥
발행인 / 이 중 수
발행처 / **동 문 사**

서울특별시 서대문구 홍제원 1길 12
(홍제동 137-8)
Tel : 02)736-3718(대), 736-3710, 3720
Fax : 02)736-3719
등록번호 : 1974.04.27. 제9-17호
가격 : 39,000원

ISBN : 979-11-6328-706-3(13370)
E-mail : dong736@naver.com
www.dongmunsa.com